장제스
평전

현대 중국의 개척자

蔣介石

장제스 평전

조너선 펜비

노만수 옮김

민음사

PICTURE CREDITS
1, 2, 3, 5, 25, 31, 33: Camera Press; 4, 17, 20, 21, 36, 43, 47: Popperfoto
6, 8, 9, 12, 14, 18, 19, 22, 24, 30, 38, 39, 41, 45: ChinaStock, Beijing
7, 10, 23, 26~29, 32, 35, 37: Hulton Getty; 11: Asia Magazine
13, 16: Chinapix; 15: Roger Viollet, Paris; 34: Albert Wedemeyer Collection
40: KMT Pictorial History; 42: reproduced by kind permission of
the Marcus family 44: Associated Press

세라와 알렉산더에게 사랑을 담아

감사의 말

이 책은 거의 30년 만에 나온 최초의 전격적인 장제스 평전이다. 만일 중국 본토와 타이완, 홍콩, 미국, 영국, 오스트레일리아, 프랑스 및 기타 각지의 학자들이 1949년까지의 시대를 광범위하게 연구한 성과가 없었더라면 이 전기의 출판은 불가능했을 것이다. 나는 이 책을 집필하면서 참고한 글이나 주석의 출처로 나오는 저작물을 쓴 모든 학자들에게 깊은 감사를 드린다. 나는 또한 타이완 중앙연구원(中央研究院)의 루팡상(呂芳上), 천융파(陳永發), 위민링(餘敏玲) 및 장융창(江永強) 교수 그리고 타이베이 국민당 총본부와 정부 공무원들과의 대화에서 많은 도움을 받았다. 특히 국민당 총본부의 K. Y. 궈(郭)는 인터뷰를 잡아 주고 장쉐량에 관한 4시간짜리 비디오를 제공하여 극히 큰 도움을 주었다. 또한 타이완에서 제이슨 블랫(Jason Blatt)이 언제나 유쾌한 도움을 주었다. 윈저 천(Windsor Chen)은 섭외와 연락 일을 맡아 주었다. 패리스 창(Parris Chang)은 장제스가 대륙에서 보낸 마지막 1년에 대한 영감을 불러일으켜 주었다. 나는 중앙연구원의 사서들과 《타이베이시보(台北時報)》 및 《중국우보(中國郵報)》의 은혜를 입었다. 이 책은 어쩌면 일부 타이완 사람들의 구미에는 맞지 않을 수도 있다. 때문에 나는 내가 쓴 모든 것이 오로지 나 혼자만의 책임임을 강조하고 싶다. 중국 본토와 홍콩에서 나는 윌리 로 랩램(Willy Lo Lap-Lam), 마크 오닐(Mark O'Neill), 재스퍼(Jasper) 및 안토아니타 베커(Antoaneta Becker), 존 기팅스(John Gittings), 매슈 밀러(Matthew Miller)에게 각별하게 고마웠다. 장제스의 삶에 중요한 의의를 지닌 지방을 방문할 때 길을 안내하며 도움을 준 상하이의 미셸 완(Michelle Wan)에게도 감사한다.

이 책의 마지막 단계에서 원고를 읽어 준 두 사람에게 특별한 빚을 지고 있다. 키스 스티븐스(Keith Stevens)는 유익한 제안들을 끊임없이 건네고, 또한 언어적으로 큰 도움을 주었다. 라나 미터(Rana Mitter)는 지지와 도움의 확고한 원천이었는데, 특히 마지막 단계에서 원고가 개선될 수 있도록 의미심장한 논평을 내놓았다. 캠브리지대학의 한스 반 더 벤(Hans van de Ven)은 중국 군대에 관한 그의 원고를 볼 수 있도록 매우 친절하게 허락했을 뿐 아니라 다방면으로 유익한 조언을 해 주었다. 옥스퍼드대학의 성 안토니우스에서 나는 스티븐 창(Stephen Tsang)과 함께 난징 기록보관소의 사진들을 찾는 방법을 지도해 준 그레이엄 허칭스(Graham Hutchings)와 교훈적인 대화를 나누었다. 나는 또 소아즈(SOAS, School of Oriental and African Studies, 런던대학 소속의 아시아·중동·아프리카 지역학 전문 단과 대학)에서 프랭크 디코터(Frank Dikötter)와 게리 티데만(Gary Tiedemann)의 은혜를 입었고, 수윈(舒雲), 에디 유(Eddie U), 앤 모리슨(Ann Morrison)과 돈 모리슨(Don Morrison) 및 장필리프 베자(Jean-Philippe Béja)와의 대화에서 유익한 도움을 얻었다. 고(故) 둔 캠벨(Doon Campbell)은 그가 충칭에 로이터 통신 특파원으로 파견되었을 때의 신문들을 매우 친절하게 제공해 주었다.

런던 소아즈 도서관의 자료는 값을 헤아릴 수 없을 만큼 귀중했다. 나는 도움을 준 도서관 직원, 특히 중문 도서 사서인 스몰(Small) 부인에게 깊이 감사하는 바이다. 학술 서적에 더하여 소아즈는 당시에 중국을 방문한 다양한 인물들의 서적들과 일기들을 소장하고 있는 보고임을 증명했다. 그중 대다수가 이전에는 열람된 적 없는 자료들로, 나는 이곳에서 《북화첩보(北華捷報)》의 자료를 1911년 것부터 읽을 수 있었다. 나는 또한 이전의 작가들에 의해서는 거의 채택되지 않았던 중국 특파원들의 보도문을 인용했다. 나는 객관적인 관점과 세부 내용을 갖추기 위해 핼럿 어벤드(Hallett Abend), 잭 벨던(Jack Belden), 제임스 버트럼(James Bertram), 윌리엄 헨리 도널드(William Henry Donald), 로즈 파머(Rhodes Farmer), 피터 플레밍(Peter Fleming), 헨리 미셸위츠(Henry Misselwitz), 에드거 모러(Edgar Mowrer), 로버트 페인(Robert Payne), 아서 랜섬(Arthur Ransome), 해럴드 팀펄리(Harold Timperley), 시모어 토핑(Seymour Topping) 및 익명의 로이터 특약 통신원들에게 큰 신세를 졌다.(크리스토퍼 이셔우드(Christopher Isherwood)가 오든(Wystan H. Auden)과 함께한 전쟁 여행에 관한 절묘한 평가도 포함된다.) 파리에서 외교부 기록보관소 직원은 상하이 프랑스 조계의 문건들을 확인하는 일을 도와주었다. 로스앤젤레스에서 애넌버그(Annenberg) 커뮤니케이션 학부의 카우스투브 바수(Kaustuv Basu)와 스텔라 로페즈(Stella Lopez)는 22장에서 인용한 가드너 콜스(Gardner Cowles)의 개인적인 출판 회고록을 검색해서 제공해 주었다.

　앤드루 고든(Andrew Gordon)은 처음으로 이 책의 집필을 의뢰했으며, 장제스 이야기를 모조리 보여 준다는 것이 어떤 가치를 지니는가를 가르쳐 주었다. 그는 이 책을 편집하며 서술 방면의 일부 걸림돌을 없애라고 제안했고, 최종적으로 마무리 지은 원고를 날카롭게 벼려 냈다. 나에게 새로운 장제스 평전이 필요하다는 신념을 불어넣어 주고, 집필하는 동안 격려를 아끼지 않은 크리스토퍼 싱클레어 스티븐슨(Christopher Sinclair-Stevenson)에게 늘 빚을 지고 있다. 마틴 브라이언트(Martin Bryant)는 개인적 능력과 걸출한 용기로 이 책의 출판을 보증했다. 질리언 켐프(Gillian Kemp)는 날카로운 눈으로 교열을 봐 주었다. 레그 피고트(Reg Piggott)는 복잡한 전역을 명쾌한 지도로 바꾸었다. 에드위나 바스토(Edwina Barstow)는 사진을 인상적으로 배열해 주었다. 앤드루 아미티지(Andrew Armitage)는 질서 정연한 색인을 능숙하게 만들었고, 캐럴라인 랜스포드(Caroline Ransford)는 원고를 마지막으로 주도면밀하게 검토해 주었다. 세라 펜비(Sara Fenby)는 수많은 귀중한 기술적 도움을 기여했고,

알렉산더 펜비(Alexander Fenby)는 여러 차례의 여행을 도와주었다. 해미시 맥레이(Hamish McRae)는 독자적 통찰력을 선사했다. 잭 홀트먼(Jack Altman)는 일본에 관해 명쾌한 가르침을 주었다. 그리고 데이비드 탕(David Tang)은 홍콩의 중국 클럽(China Club)에서 온 서적들을 관대하게 빌려 주었다. 나는 피터 그레이엄(Peter Graham), 지네트 뱅상도(Ginette Vincendeau)와 시몬 코킨(Simon Caulkin), 샐리와 존 태곰(Sally and John Tagholm) 부부, 리사와 앙드레 빌뇌브(Lisa and Andre Villeneuve) 부부, 마사와 마이클 언스워스(Masa and Michael Unsworth) 부부, 앤과 데이비드 크립스(Ann and David Cripps) 부부, 로저먼드와 에티엔 로이터(Rosamund and Etienne Reuter) 부부에게 큰 신세를 졌다. 이들은 책을 집필하는 동안에 열정적인 지지를 보내 주었고, 장 제스의 복잡한 전기적 이야기를 쓰면서 어려움이 닥치면 고문 역할을 마다하지 않았다.

언제나처럼 가장 큰 빚은 나의 아내 르네(Renèe)에게 졌다. 연구 조사는 물론이거니와 그녀는 첫 번째이자 마지막 독자로서 늘 셀 수 없을 정도로 많은 개선점을 충고해 주었다. 또한 이 주제에 대해 나날이 증가하는 나의 집착, 그리고 그 과정에서 필연적으로 말려들 수밖에 없었던 일상생활에서의 성가심을 참고 견뎠다. 이 책의 가치가 무엇이든지 간에, 그녀가 존재하지 않았다면 그 가치는 훨씬 더 낮아졌을 것이다.

일러두기

1. 본문에 있는 각주는 저자의 주이며
   옮긴이 주는 따로 표시했다.
2. 인·지명 및 고유 명사는 외래어 표기법을 따랐으며
   일부 관례로 굳어진 것은 예외로 두었다.
3. 본문에 사용된 문장 부호의 의미는 다음과 같다.
   『 』: 전집이나 총서 또는 단행본
   「 」: 단행본에 수록된 개별 작품 또는 논문
   《 》: 신문 또는 잡지

차 례

시안에서의 13일

한겨울 동이 틀 무렵. 군인들이 지구 상에서 그 누구보다도 많은 인구를 통치하고 있다고 주장하는 한 남자를 향해 진군했다. 그는 잠옷만을 달랑 걸치고 있었다. 네 대의 군용 트럭에 나누어 올라탄 군인들은 보초병들을 죽이고 복잡하고도 호화롭게 장식된 누각으로 우르르 밀려들었다. 일찍이 당나라 황제의 총애를 받은 비빈이 좋아했던 온천을 빙 에워싼, 구부러진 처마의 누각이었다. 섬돌 계단을 하나씩 밟아 올라간 군인들은 화려한 욕탕을 비추는 달빛을 뚫고 담벼락으로 둘러싸인 뜰로 곧장 나아갔다.

1936년 12월 12일, 중국 북부의 시안성(西安城) 밖 화청지(華淸池)는 새하얀 눈에 뒤덮여 있었다. 산시 성(陝西省)의 수도 시안은 중국과 인도와 이슬람 세계와 유럽을 이은 실크 로드의 동쪽 끝 지점에 자리하고 있다. 길이가 16킬로미터에 달하고 지면으로부터 높이가 15미터에 이르는 벽돌 도성과 1897칸의 방이 있는 보탑 그리고 종루(鐘樓)와 고루(鼓樓)는 모두 명나라 왕조의 빼어난 유적이었다. 얼마 전에는 공성전이 벌어져 얼추 3만 명이 전사하고 많은 사람들이 굶어 죽었다. 시안 북쪽에 자리한 공산당 주요 근거지의 입장에서는 이날 화청지를 급습한 군인들이 표적을 말끔히 없애 주어야만 했다.

짧은 머리카락에 얼굴이 넓고 네모난 스물다섯 살 상교(上校, 대령급)의 인솔 아래 120명의 정예 기습 부대가 연못을 에워싼 채 총질을 하며 불벽돌이 깔린 넓은 뜰 뒤의 단층 건물로 뛰어들었다. 흰색 페인트가 수수하게 칠해진 왼쪽 방에서는 중국의 총사령관이 소년 시절부터 단 하루도 거르지 않은 아침 체조를 하고 있었다. 바깥이 떠들썩한 소리를 듣고 그의 경호 대장이 오른쪽 방에서 뜰로 뛰쳐나왔다. 격렬한 총격전이 벌어지고 있었다. 문에 달린 유리창에 총알이 숭숭 박혔다. 총탄이 요란하게 빗발치는 가운데 장제스는 뒤쪽 창문을 넘어 달아났다. 옷을 갈아입을 틈도 없었던 까닭에 그는 제복과 신발과 틀니를 남겨 둔 채 줄행랑쳤다.¹

이 쉰 살의 중화민국 영도자는 높이 3미터에 한쪽이 가파른 해자로 둘러싸인 담장을 부하 두 명의 도움을 받으며 가까스로 기어올랐다. 장제스는 미끄러지기도 하고 철퍼덕 넘어지기도 했다. 그가 회상했다. "나는 너무 아파서 일어설 수가 없었다. 3분쯤 지나서야 억지로 일어나 가까스로 걸음을 뗐다."

온천 위쪽 산봉우리에 있는 작은 절에서부터 호위병들이 그를 부축해 눈밭을 지나 더 위로 올라갔다. 공격자들은 산비탈을 향해 끊임없이 총을 갈겨 댔다. 장제스가 돌이켜 떠올렸다. "사방에서 총성이 요란스레 울려 퍼지는 와중에 총탄이 몸 주위를 나는 듯이 스쳐 지나갔다. 호위병들은 거의 다 총탄에 쓰러져 죽었다." 장제스는 가시덤불에 잇달아 걸려 넘어져 등과 무릎에 상처를 입었다. 마침내 커다란 바위 뒤에 있는 동굴을 찾아내 은신처로 삼았다. 아래쪽 온천에서는 급습자들이 특히나 평판이 나빴던 장제스의 조카를 총살한 뒤 산꼭대기를 뒤지기 위해 출발했다.

시안에서는 주둔군 장교들이 전화기 주위에 뒤죽박죽 모여 사태의 추이를 지켜보고 있었다. 동이 틀 즈음 그들의 병사들은 시안 내에 있는 장제스의 장군들을 체포하기에 바빴다. 한 명은 창문을 넘어 도망치다 총에 맞아 죽었다. 다른 장군들은 밤새 향락을 좇다 사로잡혔다고 한다. 일부 부대는 난폭해져 제멋대로 약탈을 하고 은행장을 죽이기까지 했다. 150만 위안어치의 밀가

루가 열차에서 강탈되기도 했다.[2]

　수색병들은 사냥감을 발견하지 못한 채 동굴을 휙 지나쳤다. 이윽고 추위에 떨며 기진맥진해진 장제스는 동굴 밖에서 떠드는 군인들의 소란을 듣고 결국 투항하기로 마음먹었다. 이번 기습 작전의 지휘관으로 "남학생처럼 여전히 수줍어하면서도 열정적"이라고 묘사된 둥근 얼굴의 쑨밍주(孫銘九) 상교가 불려 왔다. 쑨밍주는 딱딱한 어조로 포로에게 자신의 계급을 밝혔다. 장제스가 대답했다. "귀관이 내 전우라면, 지금 나를 당장 쏴 죽이고 모든 것을 끝내게."[3]

　인구 4억 5000만 명에 달하는 나라의 통치자가 말 한 필을 부탁했다. 그의 다리에서는 피가 흐르고, 얼굴은 얼어서 푸르뎅뎅한 멍이 들어 있었다. "이곳에는 말이 없습니다." 쑨 상교가 눈밭에 무릎을 꿇고 대답했다. "그렇지만 제가 업고 산을 내려가겠습니다." 장제스는 흠칫 주저하다 이윽고 상교의 넓은 등에 업혔다. 산허리 아래에서는 차 한 대가 기다리고 있었다. 두 사람은 화청지에 다다라 땅 위에 어수선하게 널부러진 시체들을 보았다. 차는 곧장 사령부까지 내달렸다. 군악대가 총사령관을 환영했다. "날 향해 경례하지 마라!" 장제스는 마중 나온 장교들에게 큰소리를 내질렀다.

　장제스 납치 소식은 중국 전역으로 쏜살처럼 퍼져 나갔다. 수도 난징의 반응은 호전적이었다. 미국에서 교육을 받은 중국 명문가의 딸이자 세련되고 도회적인 총사령관의 아내 쑹메이링(宋美齡)은 걱정스러워 마음을 졸였다. 반역자들이 그녀의 남편을 이미 살해했다는 유언비어가 곳곳에 넘쳐 났다. 군정부장 허잉친(何應欽) 장군은 부대를 이끌고 가서 시안 동부의 주둔군과 협력해 폭격기로 공습하자고 압박했다. 쑹메이링은 군사 작전이 남편의 생명을 위험에 빠트릴 수 있다고 극구 반대했다. 금방이라도 폭풍우가 몰아칠 것 같은 회의석상에서, 북쪽의 시안으로 비행기를 타고 가야만 한다는 그녀의 의견은 무시당했다. 허잉친이 선언했다. "아무도 시안으로 갈 수 없습니다. 우리는 시안을 공격할 것입니다. 총사령관께서는 돌아가셨습니다." 쑹메이링은 장군들이 총사령관의 자리를 차지하기 위해 그녀의 남편이 진짜로 피

살되기를 원하는 게 아닌지 의심했다.[4]

1만 2500킬로미터의 대장정을 통해 가까스로 도착한, 지독히도 가난한 산시 성 북부의 동굴과 촌락에서 원기 회복 중이던 공산당원들은 납치 소식을 듣고 환호작약했다. 공산당원들은 머지않아 장제스가 압도적으로 우세한 화력으로 공산당을 섬멸하기 위해 그가 이른바 '최후의 5분'이라고 부른 멸공 작전을 개시하리라 예상하고 있었다. 하루 전날 마오쩌둥은 그의 비서들은 해독할 수 없는 한자 두 자만이 쓰여 있는 전보를 받았다. 그것을 보고 공산당의 우두머리는 웃으면서 말했다. "곧 기쁜 소식이 날아오겠군." 마오쩌둥(毛澤東)은 보통 밤에 일하고 정오까지 잤지만, 1936년 12월 12일에는 아침 일찍부터 깨어 있었다. 납치 현장으로부터 걸려 온 전화가 끊임없이 울려 댔다. 대규모 집회에 모인 사람들은 장제스를 심판하라고 목소리를 드높였다. 정치국은 사형 집행을 요구했다. 공산당 수석 협상 대표 저우언라이(周恩來)는 장제스의 납치범이 자신에게 보낸 비행기에 탑승하기 위해 노새를 타고 출발했다.[5]

저우언라이가 시안으로 향하는 동안 장제스는 그를 납치하고자 쑨 상교를 보낸 남자와 대면했다. 아버지인 만주 '대원수(老帥)'와 구별해 흔히 '청년 원수(少帥)'라고 불리는 서른네 살의 장쉐량(張學良)이었다. 장쉐량은 일본군이 그의 아버지 장쭤린(張作霖)을 암살한 뒤 장제스와 동맹을 맺었다. 그 후 1931년 일본 군대는 장쉐량의 광활한 만주 땅을 차지하고 그를 화북 지방으로 내쫓았다.

마약 중독에 빠진 바람둥이라는 나쁜 세평을 듣던 장쉐량은 총사령관에 의해 퇴역을 당하고 상하이에서 모르핀 중독 치료를 한 뒤, 1933년 유럽으로 장기간 여행을 떠났다. 이듬해 중국으로 돌아와서는 새로운 임무를 부여받았다. 가장 최근에 하달받은 명령은 시안 북부의 소비에트 공산당을 소탕하라는 것이었다. 하지만 서북 초비부사령관(西北剿匪副司令) 장쉐량은 공산군에게 몇 차례 패배를 당한 뒤, 장제스가 그를 강등할 계획이라는 것을 알아차렸다. 장쉐량은 그의 고향 만주를 빼앗아 간 일본군에 맞서 국민당이 공산당과 함께 통일 전선을 형성해야 한다는 결론에 이르렀다.

장쉐량이 자신을 죽이든 살리든 아랑곳하지 않는 장제스의 태도는 평소대로 매섭고 호되었다. "지금부터는!" 장제스가 호통쳤다. "이 세상이 끝없이 넓다 할망정 네 몸을 의탁할 곳이 있을 줄 아느냐? 너는 살아서는 발 디딜 땅조차 없을 것이고, 죽어서는 뼈를 묻을 곳조차도 없을 것이다. …… 네가 용감한 사나이라면 어서 날 죽여라! 그렇지 않으면 네 죄를 뉘우치고 즉시 날 석방해라." 청년 원수가 공산당보다는 일본군과 싸우라고 간청하자, 국민당 영수는 대꾸했다. "꺼져 버려!" 비록 장제스가 항일 전쟁을 벌이기 위해 적절한 때를 살피며 암암리에 준비했다 할지라도, 그의 정책은 일본인 침략자들과 결전을 치르기 전에 우선 공산당의 씨를 말리는 것이었다. 이는 장제스가 1931년에 채택한 확고부동한 입장이었고, 지금도 이 책략을 바꿀 속셈은 전혀 없었다.*

중국의 총사령관을 감금한 방은 좁았다. 목제 침대 하나가 달랑 놓여 있었고 창문 커튼은 더러웠다. 위생 설비도 없었다. 한 모퉁이에는 들통이 있었고, 다른 모퉁이에는 빗자루 몇 자루가 덩그러니 놓여 있었다. 장제스는 얼굴을 벽 쪽으로 향하고 침대에 누워 담요를 머리 꼭대기까지 푹 덮었다. 그는 몇 시간이 지나도록 먹을거리와 차를 거부했다. 문밖에서 감시하던 군관이 모피 망토를 건네주려고 했다. 포로는 손사래를 치며 거절했다.

장제스는 위병과 동료들이 돈을 갹출하여 사 온 아침 식사도 마다했다. 증기 난방 장치가 되어 있고 잔디가 깔린 가옥으로 옮기자는 제안에는 만일 석방하지 않으면 이 자리에서 죽을 참이라고 대꾸했다. 허리와 다리의 격렬한 통증 탓에 장제스는 일어나 앉아 있을 수도 없었다. 자정이 얼마 지나지 않아 쑨 상교가 권총을 들고 감방 안으로 걸어 들어왔다. 그는 다른 방으로 옮기자고 청했다. 포로가 거절하자 그가 다시 말했다. "만일 총사령관께서 저를 죽이고 싶으시다면 지금 당장 죽이십시오." 쑨 상교는 1시간 30분 동안이나 머

---

* 이 대화는 장제스의 일기 『기로에 선 중국(十字路口的中國, *China at the Crossroads*)』 161쪽 이하에 나온다. '시안 사건' 뒤에 쓴 것으로 장제스 자신을 과분하게 칭찬한 혐의가 있는 일기이다. 그러나 그 용어와 태도는 장제스와 장쉐량 두 사람의 개성적인 특징을 잘 보여 준다.

물렀으나, 결국 포기하는 수밖에 없었다. 장제스에 따르면, 장쉐량은 문밖까지 두 차례나 왔는데 한 번은 문 앞에 서서 눈물을 글썽거렸다고 한다.

장쉐량은 운명의 순간에 직면해 있었다. 훗날 휘황찬란한 민족 영웅으로 묘사될 장쉐량의 유일한 희망은 내전을 끝내고 중국인이 일치단결하여 외국 침략자에게 맞서 싸우는 것이었다. 그는 요즈음 몇 개월 동안 줄곧 양다리를 걸치고 이중 게임을 벌여 왔다. 그가 마땅히 소탕해야만 하는 공산당과는 상호 불가침 조약을 맺기 위해 비밀 회담을 가졌다. 성당에서 저우언라이와 만나 밤새 몇 차례의 회견을 가지기도 했다. 틀림없이 애국주의가 주요 동기였을지언정 다른 이유들도 있었다. 지휘권을 상실할 위협을 받고 있는 상황은 제쳐 놓더라도, 장제스의 정예 부대가 반공 전선에 참여하기 위해 머잖아 도착할 터이고, 아울러 장제스가 물자 공급을 거절한 것 모두가 그의 지역 통치 기반을 절박한 위험에 빠트릴 터였다. 장쉐량은 이미 만주를 잃었고 이어서 베이징* 부근의 영토마저 빼앗겼다. 이제는 마지막 피난처까지 장제스에 의해 가장자리로 밀려날 위기에 처해 있었다. 비록 항일 통일 전선은 장제스의 권위에 상처를 입힐지 모르지만, 총사령관을 납치하는 권력 게임은 장쉐량의 자리를 지키는 길을 터 줄 듯싶었다. 장쉐량이 무책임하고 허영심이 강하다고 지탄한 미국 대사는 그의 납치 행위가 "질 낮은 시카고 갱" 같다고 묘사하며 분개했다.[6]

친(親)장제스 성향이 강한 《라이프(life)》는 "금주의 악당"이 장쉐량 혼자만이 아니라고 꼬집었다. 납치 계획은 똑같이 자신의 자리를 잃을까 봐 염려하는 예전의 토비(土匪)이자 국민당 지방 주둔군(제17로군) 장군 양후청(楊虎城)에게서 비롯되었다. 양후청이 장제스를 붙잡아 강제로라도 국공 통일 전선을 따르게 하자고 제안했을 때 장쉐량은 처음에는 물리쳤다. 하지만 장제스가 공산군 토벌 작전을 이끌 장군으로 보다 야심 찬 인물을 파견하고, 또한

---

* 베이징(北京)은 1928년 장제스에 의해 '북쪽의 평화'를 뜻하는 '베이핑(北平)'으로 개칭되어 1949년 10월 중화인민공화국 수립 때까지 그렇게 불렸다. 이 책에서는 베이징으로 통일해서 표기했다. ―옮긴이

그를 군사 회의에서 배제할 것이라고 경고하자 장쉐량의 생각은 뒤바뀌었다.

장쉐량은 공산당과 협력하기를 바라는 좌익 고문의 압력을 받았다. 중국군이 내몽골에서 일본 괴뢰군과 싸워 승리한 전투도 납치 작전을 벌일 추동력이 되었다. 1936년 12월 9일 시안 시내의 대로와 골목마다 깃발을 나부끼며 시위한 학생들도 똑같은 요구를 하며, 상하이에서 항일 공동 전선을 촉구하다 구금된 일곱 명의 애국 인사(칠군자(七君子))를 석방하라고 외쳤다. 장제스는 장쉐량에게 그의 좌익 고문을 처벌하라고 재촉하고, 또 시안을 '붉은 도시'라고 낙인찍었다. 국민당 정부의 경찰은 시위 군중을 향해 총격을 가했다. 두 사람이 목숨을 잃었다. 장쉐량이 학생들의 주장을 보고할 때 장제스는 탁자를 내리치며 저주 어린 욕설을 내뱉었다.[7]

12월 11일 장제스는 높고 큰 창문이 달린 복잡하고 현대화된 벽돌 건물로 가서 장쉐량을 만났다. 이어서 두 사람은 장제스가 베푼 연회로 자리를 옮겼다. 장군들 중 한 명이 장제스에게 그를 겨눈 음모가 있을 것이라 경고하며 기차로 빠져나가라고 충고했다. 하지만 국민당 영수는 남기로 결정했다. 장제스는 차를 타고 눈이 뒤덮인 시안 성 동쪽의 밀밭을 지나 온천에 다다랐다. 장쉐량은 그의 사령부로 되돌아가기 전에 다른 사교 연회장에 들렀다. 그는 건물 앞의 열여섯 계단을 올라갔다. 하얀 커버로 싸인 소파와 팔걸이의자가 놓여 있고 놋쇠 샹들리에와 분홍색 유리, 작전용 대형 벽지도가 걸려 있는 2층 회의실에 다다랐다. 군관 열세 명이 그를 오랫동안 기다리고 있었다. 장쉐량이 그들에게 장제스를 포로로 납치할 것이라고 말했다. 그가 명령했다. "절대적으로 필요한 경우를 제외하고, 총을 쏘아서는 안 된다. 어떤 대가를 치르고서라도 총사령관을 아무런 상처 없이 산 채로 붙잡아 와야만 한다. 만일 그가 다치면 나는 너희들을 총살할 것이다."

총을 쏘지 말라는 명령을 무시한 쑨 상교의 병사들이 장제스를 성공적으로 납치했다. 그 뒤 장쉐량은 정부 및 지방 지도자들에게 전보를 쳐서 각자의 지위에 알맞은 통상적인 법도를 지키라고 지시했다. 장쉐량은 난징 정부 개조(改組), 내전 종식, 상하이에서 억류된 항일 인사와 기타 정치범들의 석방, 언론의 자유 보장, 민중 애국 운동 탄압 중지, 전국 구국 회의 소집, 국부(國父) 쑨원(孫文)이 천명한 민족주의·민권주의·민생주의 정책의 이행을 호소했다.

장쉐량은 다음 수순으로 무엇을 해야 할지 어찌할 바를 몰랐다. 포로는 그와 대화 나누기를 거부했다. 장쉐량의 군사적 지위는 강하지 못했다. 난징 정부의 군대는 시안으로 바짝 북진하고 있었다. 시안 주둔군은 친장제스 지휘관들이 통제하는 비행장 공격을 거부했다. 장제스 쪽 지휘관이 통제하는 폭격기 스무 대가 어디에서인가 날아와 시안 상공을 선회하자 장쉐량의 약점은 더욱 도드라졌다. 주저주저하던 청년 원수는 그때 중국에 체류하고 있던 가장 비범한 서양인에게 도움의 손길을 청했다.

오스트레일리아에서 온 전직 기자 윌리엄 헨리 도널드는 중국어를 구사할 줄 몰랐지만 장쉐량을 비롯해 일련의 중국 지도자들의 고문 역할을 수행해 왔다. 영국 작가인 크리스토퍼 이셔우드는 절대 금주를 실천하는 도널드를 두고 "얼굴빛이 불그레하니 혈색이 좋고 진지한 남자로 …… 크고 민감한 코를 가졌다."라고 묘사했다. 이셔우드가 머잖아 시인 위스턴 오든을 길벗 삼아 전쟁터를 여행할 참이라고 말하자, 도널드는 그러면 중국 음식을 먹을 수밖에 없으리라고 경고했더랬다. "절대 먹지 마시오!" 도널드가 메스껍다는 표정으로 얼굴을 실룩거리며 덧붙였다. "중국 음식은 위를 망쳐 버린다오."[8]

'중국의 도널드'는 이때 장제스를 위해 일하고 있었고, 그를 돈(Don)이라고 부르는 총사령관의 아내와 특히나 친밀한 관계였다. 도널드는 또한 몇 해 전에 자신이 마약 중독 치료 과정을 마련해 준 장쉐량과도 여전히 관계를 유지하고 있었다. 장(蔣) 부인이 그녀의 가족들과 상하이에서 만나 남편의 납치 문제를 논의할 때 가족 이외의 사람으로는 도널드만이 유일하게 초대를 받았다. 쌍방의 간청으로 도널드는 쑹메이링의 편지와 함께 장제스의 항일 정신이 사람들이 상상하는 것보다 훨씬 더 투철하다는 것을 증명해 주는 그의 일기를 가지고 북쪽 시안으로 날아갔다.[9]

도널드는 비행장에서 장쉐량의 재무 담당이자 중국어를 할 줄 아는 스코틀랜드 인 지미 엘더(Jimmy Elder)의 영접을 받았다. 그들은 시안 성에 있는 집무실로 차를 타고 가서 장쉐량을 접견했다. 장쉐량은 자신이 납치를 벌인 까닭을 설명했다. 또한 지난 몇 달 동안의 언쟁을 하나하나 상세하게 털어놓았다. 한 사진은 집무실의 주인인 청년 원수가 팔걸이의자에 앉아 종이 한 장을 읽고 있을 때 안경을 쓴 도널드의 몸이 앞쪽으로 살짝 기울어 있는 모습을 보여 준다. 종이는 납치가 국가 통일에 재난을 불러오므로 너무 늦기 전에 사태를 변화시키자고 독촉하는 쑹메이링의 편지임에 틀림없다. 설령 장쉐량의 요구를 받아들이기로 했을지라도 그녀는 법률적인 문제를 탐색했을지 모른다. 그녀는 장쉐량이 전보를 통해 촉구한 요구 사항을 진지하게 받아들이지 않았다. 당시의 비꼬는 어투로 말하자면, 쑹메이링은 시안 사건이 마무리되고 난 뒤 장쉐량을 한층 더 부유한 지방으로 전근시켜 주면 되겠지 하는 꿍꿍이였던 셈이다.

도널드와 장쉐량은 양후청 장군을 비롯해 다른 군관들도 만났다. 엘더가 통역을 맡았다. 도널드는 장쉐량과 양후청에게 납치 행위를 강력하게 규탄하며 총사령관은 반드시 석방되어야 한다고 목소리를 높였다. 이미 장쉐량과 골치 아픈 회담을 가졌던 양 장군은 얼핏 동요하지 않는 듯 보였다. 이어서 도널드와 장쉐량은 장제스를 만나기 위해 함께 차를 타고 갔다. 그들이 방으로 걸어 들어갔을 때 포로는 눈에 눈물을 머금은 채 침대에서 일어나 있었다. 도널드는 쑹메이링의 편지를 장제스에게 건네주었다. 쑹메이링과 장제스는 감리교 신자였고, 그녀는 그를 위해 기도한다고 썼다.[10]

쑹메이링이 비행기를 타고 올 계획이라고 도널드가 말하자 방의 분위기가 긴장감으로 팽팽해졌다. 장제스가 울부짖었다. "당신은 그녀를 이 비적들의 소굴로 데려올 수 없소!" 벽을 향해 얼굴을 돌린 그는 머리까지 담요를 뒤집어썼다. 도널드가 말했다. "저는 당신이 이 방에서 떠나야만 한다고 생각합니다. 여기는 당신이 머물 만한 곳이 아닙니다." 장제스가 모포를 내리며 성난 눈을 부릅뜨고 쏘아보았다. 방 안이 불쾌하리만큼 조용해졌다. 마침내 장제스가 말문을 열었다. "나는 당신과 함께 가겠소."[11]

도널드와 장쉐량이 밖으로 나왔다. 총사령관도 60시간 만에 처음으로 몸을 움직였다. 도널드의 전기 작가는 당시의 정보를 바탕으로 썼다. "군장을 갖춰 입은 그가 나타나자 위병들이 부동자세로 경례를 하고, 자동차 쪽으로 걸어가는 세 사람을 목송했다." 그들이 차를 타고 시안 시내를 지날 때 장제스는 도널드의 손을 꽉 붙잡았다.

증기 난방 장치와 잔디가 있는 가옥에 도착했다. 청년 원수는 차렷 자세로 서서 총사령관이 엄하게 꾸짖는 소리를 공손히 들었다. 도널드는 이 젊은이가 서 있지 못할 정도로 몹시 피곤하다는 것을 눈치 챘다. 장제스가 장쉐량의 요구를 일축해 버릴 때, 도널드는 이 사건의 배후에 자리한 깊은 분노를 느낄 수 있었다. 장쉐량의 자기 절제력도 놀라웠다. 도널드는 장제스에게 그는 친일파로 둘러싸여 있으며 시안에서 표출된 대중의 의견을 경청해야만 한다고 말했다. 장쉐량이 곁에서 통역을 맡아 주었다. 도널드의 이야기가 지나치게 딱딱해지자 그는 통역을 마다한 채 묵묵부답이었다. 지미 엘더가 끼어들었다. 도널드는 장쉐량에게 먼저 집으로 돌아가라고 제안했다. 도널드에 따르면, 문이 닫히면서 안하무인격이던 장제스의 태도는 어디론가 증발해 버렸다고 한다. 장제스는 절망적인 표정으로 그의 고문에게 얼굴을 돌리고 손을 흔들면서 절규했다. "끝났어. 모든 것이 다 끝나 버렸다고!"*

도널드는 시안에서 동쪽으로 320킬로미터가량 떨어진 군사 요충지 뤄양(洛陽)으로 떠나기 위해 비행장으로 갔다. 뤄양에서는 난징의 쑹메이링과 더욱 쉽고도 안전하게 교류할 수가 있었다. 그날은 눈발이 휘날리고 구름은 매우 낮았다. 산을 넘어갈 때는 비행기 날개가 황허 강(黃河江) 연안의 깎아지른 듯한 절벽에 닿을 듯 말 듯했다. 뤄양에 도착한 뒤, 도널드는 쑹메이링에게 전화를 걸어 사태의 진전을 일러 주었다. 그녀는 국민당군 장령들이 남편의 목숨은 아랑곳없이 시안을 공격하기로 결정했다고 말했다.

군용기가 이미 시안 동부를 폭격하기 시작했고, 그중 몇 대는 후진하는 도

---

* 장제스와 도널드는 상대방의 언어를 구사할 줄 몰랐다. 때문에 이 대화는 단지 손짓으로만 이루어졌지 도널드의 전기 작가 셀레(E. A. Selle)가 도널드의 회상을 바탕으로 쓴 전기 『중국의 도널드(Donald of China)』 326~327쪽에서 희극적으로 기록한 대로는 결코 아닐 것이다.

널드의 비행기를 쫓아 산마루에서 귀항하도록 압박했다. 도널드가 탄 비행기는 연료가 얼마 남지 않은 채 착륙했다. 그가 폭격에 관한 일을 말할 때 장제스가 절박하게 물었다. "당신은 그들이 또 폭격할 것이라고 생각하시오?" 그의 고문은 망연자실하여 우두커니 선 채 남몰래 중얼거렸다. "하나님, 제가 정말로 이 사람을 제대로 알고 있단 말입니까?" 이튿날 아침, 장쉐량은 도널드에게 폭격기가 왜 시안을 공격하지 않느냐고 장제스가 줄곧 물었다고 귀띔해 주었다.

그 까닭은 폭설로 폭격기가 이륙할 수 없었기 때문이었다. 도널드가 딱 잘라 말했다. "하나님이 당신을 보호하고 있습니다. 만일 비행기가 시안을 폭격했다면, 그들은 긴박한 상황 중에 당신을 과실 치사로 죽일 수도 있었을 것입니다." 장제스가 어깨를 으쓱거렸다. 장쉐량이 말했다. "장제스 장군께서는 순교자가 되기를 원하십니다." 하지만 상황이 결코 이렇지만은 않았다. 시안에서 함께 구금된 국민당군 장령들의 건의로, 총사령관은 난징에 편지를 써서 사흘 동안 휴전하라는 명령을 내렸다. 장제스의 기록에 따르면, 장쉐량은 만일 병간(兵諫, 윗사람에게 무력으로 올리는 간언)이 실패하면 자결을 하든지 산으로 들어가 토비가 될 것이라 말했다고 한다.

도널드가 뤄양을 왕반하는 사이에 저우언라이가 시안에 도착했다. 그의 임무는 몹시도 곤란해진 상황이었다. 관료 가문에서 물려받은 침착함과 공산당 수석 외교관으로 뽑힐 만큼 섬세한 지혜를 한껏 발휘해야 했다. 스탈린(Iosif Stalin)은 납치에 열광하던 처음의 태도에서 냉정을 되찾았다. 크렘린에서는 시안 사건이 중국의 분열로 내전이 확전되길 바라는 일본의 음모라는 판단을 내렸다. 독일과 일본은 이제 막 국제 공산당(코민테른)에 반대하는 조약을 맺은 차였다. 소련은 장제스가 아시아의 동맹국이 되어 주기를 바랐다. 그래서 마오쩌둥과 그의 동지들에게 이번 납치는 항일 투쟁에 '객관적인 손해'라고 통지했다. 장제스는 10년 동안 공산당원 동지들을 줄곧 도살해 왔음에도 중국 공산당은 역시 모스크바의 뜻에 굴복했다. 소련은 저우언라이에게 '평온한 해결책'을 찾아보라고 지시했다.

이러한 정세는 때마침 장쉐량이 필사적으로 원하는 결과를 가져왔다. 장쉐량은 발걸음을 내딛기가 나날이 힘들어져만 갔다. 도널드가 가져온 장제스의 일기를 읽은 뒤, 그는 총사령관이 전에 생각했던 것보다 더 우국지사라는 결론을 내렸다. 장쉐량은 요구 조건의 절반을 포기하고, 다른 조정자를 물색하여 쑹메이링의 오빠인 쑹쯔원(宋子文)더러 비행기를 타고 시안으로 와 달라고 요청했다. 뚱뚱하고 어마어마한 부자 은행가인 쑹쯔원은 장제스의 재정부장을 역임한 바 있었다. 쑹쯔원은 쑹메이링이 장제스에게 쓴 쪽지를 가져왔다. 만약 그녀의 오빠가 사흘 내에 돌아오지 않으면 "나는 당신과 함께 살든지 죽든지 할 거예요."라고 쓰여 있었다. 그녀의 남편은 쪽지를 읽고 "나의 두 눈은 눈물에 젖었다."라고 일기장에 썼다.

하지만 장제스는 여전히 자신의 자유를 위해 머리를 숙이는 일을 거부했다. 그는 쑹쯔원에게 유언장을 주고 시안을 공격해도 좋다는 뜻을 내비쳤다. 분명히 장제스의 기분은 훨씬 더 좋아졌다. 장제스는 손위 처남이 난징으로 되돌아가기 앞서 그를 만나러 온 12월 21일에 오전 11시까지 잠을 잤다. 수도 난징으로 날아간 도널드는 시안으로 그와 함께 가고자 마음먹은 쑹메이링을 만났다. 그녀는 권총 한 자루와 남편의 예비용 의치를 몸에 지닌 채 시안으로 떠났다. 비행기가 착륙할 때, 그녀는 도널드의 손에 리볼버를 쥐어 주며 낮은 목소리로 속삭였다. "만일 군인들이 나를 건드리면, 주저하지 말고 날 쏴 주세요." 이 고문은 그 어떤 외설적인 희롱도 없으리라고 장담했다. "부탁해요." 그녀가 되풀이했다. 하지만 모피 깃이 달린 검고 긴 코트를 입은 쑹메이링은 비행기의 출입구를 나와 계단을 걸어 내려올 때 언제나처럼 태연하고 차분했다.[12]

장쉐량은 비행장으로 마중을 나왔다. 그와 쑹메이링은 1925년부터 서로 알고 지낸 사이였다. 그때 스물여덟 살이던 쑹메이링은 상하이에서 가장 큰 가문의 총명한 딸이었고, 그는 도시의 현대적인 아파트에서 살고 있었다. 지금은 그녀가 "매우 초췌하고, 몹시도 난처해하고, 다소 민망해하는" 그를 마주했다. 쑹메이링과 도널드는 반란자의 기분을 맞춰 주는 어투로 말하자고 사전에 약속을 했다. 쑹메이링이 남편을 만나기 전에 차를 조금 마시고 싶다고 말했다. 그 뒤 오후 4시에 완전 무장을 하고 전투 태세를 갖춘 채 경계 근무를 서고 있는 위병들을 지나 장제스가 구금된 건물로 들어갔다. 쑹메이링이 방으로 성큼 들어설 때 장제스는 그녀가 온 줄 알고 있었고, 아침에 성경 구절을 송독했다고 감탄조로 말했다. "여호와께서 지금 행운이 가득한 일을 하실 터이니, 여자가 남자를 보호하게 하실지어다."

쑹메이링은 남편을 보았을 때 느낀 분노를 기록했다. "나의 남편은 산을 기어오를 때 손과 다리와 발이 가시에 찔리고 바위에 부딪혀 온몸이 상처투성이인 데다, 옛 모습의 그림자도 찾아볼 수 없을 지경으로 무력하게 침대에 누워 있었다." 하지만 그녀는 시종일관 온화한 어조로 장쉐량과 토론을 진행했다. 그녀와 도널드는 중앙난방 설비와 이발관, 장미색 전구의 무도장에 하얀색 식당이 딸린, 시안에서 유일하게 현대화된 호텔에 머물렀다. 쑹메이링과 도널드는 땅거미가 질 무렵 뜰을 산보하다 장쉐량이 독자적으로 최종 결정을 내리지 않을 것이라는 결론에 다다랐다. 희생양이 될까 봐 두려워하는 양후청 장군의 태도는 꽤나 강경했다. 그는 국민당군이 시안 동부로부터 철수하고, 장제스가 반란자의 주된 요구를 수용한다는 것을 서면으로 보증해 달라고 주장했다. 하지만 장제스는 그 무엇도 들어줄 수 없다고 거절했다.

고립된 시안 성의 상황은 식료품 가격이 폭등하고 석탄이 날로 부족해지면서 한층 더 곤란해졌다. 현지 주민들은 두려운 나머지 방공호를 파거나, 더러는 강제로 도성 밖으로 끌려가 참호를 파는 데 동원되었다. 난징 정부의 비행기들은 중국 각지에서 납치에 격분하고 있다는 소식을 전하는 엄청난 양의 신문 복사본을 마구 뿌려 댔다. 절망스러운 상황에서 장쉐량은 쑹메이링에게 총사령관을 변장시켜 차로 몰래 빠져나가라고 제안했다. 그녀는 총사령관의 존엄을 해칠 것이고, 또한 총사령관도 그러한 여정을 결코 달가워하지 않을 것이라 판단했기 때문에 단호하게 뿌리쳤다.[13]

도움의 손길은 장쉐량의 사령부에 머무르고 있던 저우언라이로부터 왔다. 장쉐량과 도널드의 독촉으로 쑹메이링은 공산당 특사를 만나는 데 동의했다. 두 시간 동안의 회담에서 저우언라이는 그녀 남편이야말로 중국을 이끌 수 있는 유일한 인물이라고 강조했다. 성탄절 전날 밤, 저우언라이는 장제스를 만나러 갔다.

두 사람의 운명은 자주 엇갈렸다. 그들은 10여 년 전 황푸군관학교의 동료였다. 장제스는 그곳에서 권력의 최고봉에 오르기 시작했고, 저우언라이는 정치부 주임이었다. 1927년 장제스가 상하이에서 좌익분자들을 대숙청할 때 이 공산당원은 가까스로 도망쳤다. 여러 가지 기록에 따르면, 시안에서의 회담은 진심에서 우러나왔거나 그렇지 않으면 수준 높은 연극이었다고 한다. 장제스는 더 이상 내전이 일어나서는 안 된다고 역설했다. "비록 우리는 줄곧 서로 싸워 왔지만, 나는 늘 자네를 생각하고 있었네." 그가 덧붙였다. "나는 우리가 다시 함께 일할 수 있기를 바라네." 저우언라이는 공산당원들이 장제스를 '중국의 항일 영도자'로서 지지한다고 대답했다.

이튿날 아침, 도널드가 벽난로 옆에 성탄절 선물을 놓아두었다. 쑹메이링에게 주는 휴대용 타자기와 그녀의 남편에게 주는 갑판 의자용 무릎 덮개였다. 장제스는 열사흘 만에 처음으로 웃었다. 더욱 좋은 선물은 장쉐량이 가져온 저우언라이의 호의였다. 저우언라이는 이미 쑹메이링과 두 번째 회담을 가졌다. 이 회담에서 그녀는 장쉐량이나 마오쩌둥이 구사했을지도 모를 언어를 썼다. 모두가 중국인이므로 당연히 서로 싸우지 말아야 한다고 강조하며, 당시 군사력이 정점에 오른 남자의 아내가 덧붙여 말했다. "무릇 모든 내정 문제는 마땅히 정치적으로 해결해야 하지, 무력을 제멋대로 남용해서는 안 됩니다." 스탈린의 지시를 따르는 저우언라이는 겉으로는 이 말을 받아들이기로 결정하고, 또한 장제스에게 문서로 서약할 것을 요구하는 양후청에게 포기하라고 설득했다. 감금 이후로 어떠한 서면 약속도 완강히 거부하던 장제스는 항일 통일 전선을 펼치겠다는 약속을 구두로 하는 데 동의했다. 총사령관은 자유롭게 떠날 수 있었다.

장제스는 떠나기 전에 마지막 말을 남겨야 했다. 얼마 후 발표한 장쉐량과 양후청에게 내린 '훈령'에서, 장제스는 그를 둘러싼 모든 형세가 낙관적인 방향으로 흘러갈 것이라고 두루뭉술하게 말했다. 장제스는 어떠한 약속도 하지 않았고, 게다가 두 사람은 "나라의 불행을 나라의 축복으로 뒤바꾸기 위해서" 반드시 난징 중앙 정부의 명령을 무조건적으로 따라야 한다고 완강하게 주장했다. 정부 당국의 기록에 따르면, 장제스의 훈령은 두 명의 위병이 부동자세를 취하고 있을 때 그의 부인이 기록했다고 한다. 장제스가 정말로 그때 훈령을 발표했는지는 의심스럽다. 총사령관의 부관들 중 한 명은 시안 사건 후에 훈령이 작성되었다고 주장했기 때문이다. 하지만 훗날 이 훈령은 장제스가 전혀 양보를 하지 않았다는 증거가 되었다. 한편 장쉐량과 양후청 진영을 지지하는 현지 신문은 총사령관이 공산당과 통일 전선을 구축하는 데 동의했다고 보도했다. 마오쩌둥은 장제스가 "국가와 민족에게 이로운 조건을 기꺼이 받아들였기 때문에, 비록 서약은 하지 않았을지언정 그는 구두 약속을 지킬 것이다."라고 공언했다.[14]

12월 25일 오후 4시, 장제스 부부는 시안 비행장에 도착했다. 장쉐량은 그들이 탄 승용차의 조수석에 앉아 있었다. 사건의 주역들이 단체 사진을 찍기 위해 자세를 잡을 때였다. 재킷과 통 넓은 반바지를 입은 장쉐량은 생기가 없는 억지웃음을 지었다. 유일하게 군복 차림인 양후청 장군은 차렷 자세를 취했다. 장제스 부부는 서로 어깨를 나란히 했다. 쑹메이링은 유행하는 검은 윗옷과 엷은 색의 긴치마를 입고 있었다. 그녀의 남편은 검은색 창파오를 걸치고 중절모자를 쓰고 있었다. 난징 정부와 전쟁을 할 뜻도 없고, 자살을 하거나 산속으로 도망가 비적이 될 마음도 없었던 장쉐량은 장제스 부부와 함께 비행기에 오르고자 했다. 무엇이든 적절하다고 간주될 처벌이 기다리는 난징으로 날아가는 비행기였다. 바로 쑹메이링이 기록한 바대로 "반란 행위에 책임감이 강한 고급 장교는 끝끝내 난징으로 가기를 원했다. …… 그의 하극상은 국법에 따라 재판을 받을 게 분명했다. 중화민국 건국 이래 처음 있는 일이었다."[15]

그들은 우선 뤄양으로 향했다. 당시의 비행에 대한 도널드의 회고에 따르면, 장 부인은 알 듯 모를 듯한 희미한 미소를 지으며 창밖을 응시하고 있었고, 그녀의 남편이 깊은 잠에 빠져 있을 때 장쉐량은 파리하고 긴장된 모양새였다고 한다. 비행기가 착륙한 뒤 장제스는 숙박지인 군사 학원으로 가는 차를 장쉐량도 함께 타야 한다고 고집했다. 장쉐량은 그의 맞은편 방에서 잠을 잤다. 다음 날 비행기를 타고 난징으로 간 장제스는 수많은 군중의 환영을 받았다. 도널드의 노고를 표창하기 위해, 장제스는 남색 인끈이 달린 채옥대훈장(采玉大勳章, 중화민국과 타이완에서 최고 영예를 상징하는 훈장)을 수여했다. 총사령관은 하극상을 벌인 부하에게 거절당할 것임을 알면서도 퇴역을 제안했다. 그런 뒤 건강을 되찾기 위해 고향인 저장 성(浙江省) 동부로 휴가를 떠났다.[16]

장쉐량은 다른 비행기를 타고 난징으로 떠났다. 난징 비행장에서 오로지 관리 한 명이 그와 동행하여 도심에 있는 쑹쯔원의 황토 별장으로 갔다. 그러나 비밀경찰이 그들을 뒤따랐다. 장쉐량은 곧바로 군법 회의에 회부되었다. 군사 법정에서 재판이 벌어지는 동안, 한번은 장쉐량이 통치 집단 내에서 장제스만이 유일하게 빌어먹을 가치가 있는 인물이라고 소리쳤다. "당신들 중에 나머지는 그 누구일지라도 중국에 아무런 해를 끼칠 수 없단 말이야." 그가 덧붙여 말했다. "만일 자유의 몸이 된다면, 나는 혁명을 시작할 참이다!" 장쉐량은 10년 징역형을 언도받았다. 며칠 뒤에는 장제스에게 환심을 사서 사면을 받았으나 자유를 얻지 못하고 가택 연금을 당했다.[17]

비록 시안에서 장제스가 어떠한 협정 문서에도 이름을 남기지 않았을지라도, 이 사건은 중국사의 결정적인 순간이었다. 중국 전역은 일본의 침략에 직면하여 국공 합작에 대한 열망을 분명하게 표출했다. 오로지 한 남자가 그러한 요구에 부응할 수 있었다. 시안에서 한 치의 굴복도 내보이지 않은 그는 특별한 지위를 얻었다. 장제스는 난징으로 돌아온 뒤 "두 번째 생명을 얻은 느낌이었다."라고 썼다. 전국적으로 고조된 애국 열정은 장제스가 최후의 공산당 섬멸 작전을 펼치지 못하도록 했다. 장제스와 매우 가까운 측근이 옌안(延安)에 근거지를 둔 홍군을 즉시 공격하자고 제안할 때, 장제스는 고개를 숙이고 아무런 대꾸도 하지 않았다. 공산당원들은 매우 허약하고 공격을 당하기 쉬울 때 한숨 돌릴 중요한 회복기를 얻을 수 있었다. 만일 시안 사건이 일어나지 않았다면, 마오쩌둥은 살아남아 중국의 통치자로서 장제스의 뒤를 잇는 후계자가 될 수 없었을 것이다. 이것이야말로 1936년 12월의 열사흘이 20세기 역사에서 결정적인 순간인 까닭이다.[18]

이 모든 일을 일으킨 남자는 그로부터 반세기 동안 억류된 채 살아야 했다. 장쉐량은 1946년 타이완으로 끌려가기 전에 중국 각지의 가옥과 동굴에 유폐를 당했고, 1991년 마침내 석방되었다. 장쉐량은 기독교에 귀의한 뒤 평생의 반려자와 결혼했다. 2001년 향년 백 살의 나이로 아무런 걱정 없는 평온한 잠 속으로 영면할 때까지 하와이에서 살았다. 장쉐량이 세상을 떠난 뒤 널리 구전된 바에 따르면, 그는 장제스가 자신을 "무조건적으로 혐오한" 까닭은 공산당과 합작하라고 했기 때문이라기보다는 일본과 싸우라고 건의했기 때문이라고 고백했다 한다. 장제스를 "철두철미한 이기주의자"로 묘사한 그는 한 텔레비전 인터뷰에서 덧붙여 말했다. "우리의 우정은 마치 혈육과 같았습니다. …… 그러나 우리의 정치적 이견은 마치 불구대천의 원수 사이와 같았지요." 공산당원들은 마음속 깊이 감사하며 장쉐량을 "위대한 애국자"라고 찬양했다. 장쩌민(江澤民) 주석은 그를 "불후의 영웅"이라고 불렀다.[19]

장제스는 장쉐량을 처음 억류할 장소로 저장 성 닝보(寧波) 동부 항구의 남쪽 쉐더우산(雪竇山)에 자리한 객잔을 골랐다. 풍경이 그림같이 아름다운 곳이었다. 침실이 세 개인 단층집 아래에는 차 밭이 일망무제로 펼쳐져 있었다. 뜰에는 복숭아꽃이 만발했다. 이웃한 소불사(笑佛寺)는 1500년의 역사를 자랑하는 절이었다. 장쉐량은 섬돌 계단에 나무 두 그루를 심었다. 또 그동안 일어난 불미스러운 사건 탓에 불거진 슬픔을 폭죽놀이로 가라앉혔다. 여섯 달 뒤 부엌에서 큰불이 나 객잔이 깡그리 불타자 절간으로 숙소를 옮겼다. 그는 칠언 절구 한 수를 지었다.

> 만 리의 푸른 하늘까지 외로운 그림자 멀리 드리우고　萬裏碧空孤影遠
> 옛사람들 밟아 온 여정은 아득하여 끝조차 없구나　故人行程路漫漫
> 소년의 귀밑머리 차츰차츰 새하얘지건만　少年漸漸鬢發老

오로지 봄바람만이 오늘 또다시 불어오누나　　　　唯有春風今又還

　　산비탈 아래는 바로 장제스가 50년 전에 출생한 시커우(溪口)였다. 그토록
드넓은 중국 대륙에서, 총사령관은 왜 고향 근처의 한 곳을 그의 가장 걸출한
죄수를 가두는 감옥으로 골랐을까?

1부 | 정상을 노리는 혁명가 1887~1926년

1

소금 장수의 아들

1887년 10월 말부터 11월 초까지 중국은 황허 범람, 난징과 항저우(杭州) 등지에서 창궐한 콜레라로 고통을 겪었다. 상하이에서는 범죄자가 음식과 물도 없는 감옥 안에서 죽을 때까지 서 있도록 선고받았다. 양쯔 강 연안의 한 지방 장관은 살인 사건 재판에서 죽은 자의 망혼을 불러 판결했다. 화남(華南) 지방에서는 '사악한 요괴' 퇴치 운동이 벌어져 광둥 성에서만 906명이 사형되었다. 광저우에서는 '거대한 발이 달린 반인반수'인 역신을 보았다는 말이 떠돌았다. 베이징에서는 청 왕조의 두 황자가 앓는 질환에 대해 근심이 가득했다. 동부 연해의 저장 성에서 황궁으로 불려 온 한의사는 황자 한 명을 치료하고 나서, 다른 황자의 전염병을 치료하기 위해서는 강에 사는 수달의 간이 필요하다고 말했다.[1]

이 한의사의 고향에서는 한밤중에 등롱을 든 심부름꾼이 시커우 향에서 머지않아 아이를 낳을 임산부의 산파를 부르기 위해 길을 재촉했다. 1887년 10월 31일 정오, 마을을 가로지르는 강변의 이층집에서 사내아이가 응애응애 울며 태어났다. 그의 할아버지는 갓난아이에게 뤼위안(瑞元, 상서로운 시작)이라는 유명(乳名, 아명)을 지어 주었다. 나중에 아이의 어머니는 아들을 중정(中正, 공명정대한 정의)이라는 이름으로 불렀다. 그리고 마침내 아이는 49년 뒤 시안 성 밖의 동굴에서 피난처를 찾았을 때 운명을 떠오르게 하는 메아리였을 제스(介石, 바위 사이에 끼다)라는 자(字)를 얻었다. 1920년대에 광저우로 옮겨 갔을 때 그는 현지의 방언(광둥 어)으로 음역된 치앙카이섹(Chiang Kai-shek)으로 불리었다. 표준 중국어인 베이징 어로는 장제스라고 불렸지만, 서양인에게는 흔히 치앙카이섹이 익숙하다.

세 개의 큰길이 있는 작은 마을 시커우는 느리게 흐르는 산시 강(剡溪江)의 합류지에 자리하고 있다. 장(蔣)씨 집안이 경영하는 위타이(玉泰) 염포(鹽鋪, 소금 가게)에서는 선체가 평평한 대나무 배가 떠다니는 강줄기가 훤히 내다보였다. 소금은 정부가 전매하는 상품이었으며 소금을 중개 판매하는 상인들은 확실한 지위를 누렸다. 장씨네 저택은 꼭대기에 동그란 기와를 놓은 높은 담 뒤에 있었다. 석판이 깔린 안뜰에는 활짝 열린 방이 하나 있어 장제스의 아버지와 할아버지는 목재 판매대에 소금, 술, 쌀 및 갖가지 상품을 내다 놓고 팔았다. 저택 안에는 방이 두 개 딸렸다. 방 한쪽의 마루에는 봉황 무늬가 새겨져 있었다.

강 맞은편에는 나무가 울울창창하게 들어선 뭇 산이 자리하고, 산 너머 먼 데는 동중국해의 무역항들이 있었다. 골짜기와 채소밭을 지나는 드넓은 길을 따라 북쪽으로 50킬로미터를 가면 큰 닝보(寧波) 항에 다다랐다. 마을 뒤에는 차나무 숲으로 무성한 푸른 산 구릉이 훗날 장쉐량이 구금된 불교 사원까지 겹겹이 이어졌다. 사원 위쪽이 바로 쉐더우산이라고 알려진 산등성마루였다. 봄여름에 산비탈 곳곳은 분홍빛, 자줏빛, 붉은빛의 꽃들로 단장했다. 산봉우리에서는 낙차가 200미터에 달하는 폭포로 통하는 돌길이 보이는데 풍경이 무척이나 아름다웠다. 장제스는 훗날 산등성이에 먀오가오타이(妙高台)라는 여름 별장을 지었다. 별장 한가운데의 뜰 위쪽에는 그가 손수 붓으로 먀오가오타이라 쓴 편액이 걸려 있었다. 산을 등지고 소나무와 대나무 숲으로 사위가 에워싸인 예스럽고 전아한 이층집은 대자연을 사랑하는 집주인의 마음을 한껏 투영하는 듯했다. 시커우에서 가마를 타고 온 훗날의 장제스 총사령관은 이곳에서 넌

지시 산을 바라보는 것을 굉장히 좋아했다. 그가 창파오를 입고, 검은 슬리퍼를 신고, 과피마오(瓜皮帽, 검은 천 여섯 장을 꿰매서 합친 중국 전통 모자)를 쓰고, 안경을 낀 채 등나무 의자에 앉아 먼 곳을 응시하는 사진 한 장이 있다. 사진의 설명은 이렇다. "장제스 선생이 먀오가오타이에서 깊은 생각에 잠겨 있다."

장제스의 집안은 마을에서 명망 있는 가문으로, 고대의 저명한 정치가 주공(周公)의 후예라고 주장하는 많은 중국인들과 동족이었다. 장씨 집안은 19세기 중엽 중국 전역으로 퍼진 태평천국 운동(太平天國運動) 때에 많은 재산을 잃었다. 조부 장위뱌오(蔣玉表)는 집안의 재물을 다시 모으는 임무를 세 아들 중 하나인 장쑤안(蔣肅庵)에게 떠넘겼다. 가족 점포를 경영하는 장쑤안은 마을의 분쟁을 정직하게 조정한다고 알려져 이웃에게 두터운 신임을 받는 중재자였다. 그의 첫 번째 아내는 둘째 아이를 낳다가 불행히도 세상을 떠나고 말았다. 그는 재혼을 했지만, 불임인 듯한 두 번째 아내 또한 여덟 달 후에 세상을 등지고 말았다. 그래서 그는 마흔다섯 살에 세 번째 결혼을 했다.

장쑤안의 아내인 스물두 살의 왕차이위(王采玉)는 남편이 세상을 떠난 뒤 한차례 불문에 들었던 농촌 과부의 딸이었다. 손재간이 출중한 재봉사인 왕차이위는 민활하면서도 의욕적이었다. 그녀는 결혼하고 한 해 만에 장제스를 낳았는데, 젖이 나오지 않았다. 한 현지인 남자가 떠올린 기억에 따르면 그의 할머니가 갓난아이를 길렀다고 한다. 그는 "그때부터 장씨 집안에서 설날마다 우리들에게 답례로 돈을 보내 주었습니다."라고 말했다. 훗날 장쑤안의 사촌들 중 하나가 아이의 유모가 되어 염포 뒷방에서 더부살이를 했다.[2]

장제스는 어릴 적에 건강이 좋지 않았다. 아프지 않을 때 그는 놀이 동무 사이에서 발군의 지위를 얻기 위해, 그가 서술한 바대로 도도하고 거만하게 행동했다. 전쟁놀이를 할 때는 대장 노릇을 무척이나 즐겼다. 그와 같이 유년을 보낸 사람들은 장제스가 "아이들의 왕이 되길 좋아했다."라고 회상했다. 장제스는 지난날을 되돌아볼 때마다 어린 시절의 장난질에 대해 꽤나 과장된 견해를 보였다. 장제스는 "나는 자주 물에 빠지거나 화상을 당해 하마터면 죽을 뻔했다. 그렇지 않으면 칼에 심하게 베거나 상처를 입었다."라고 썼다. 그는 정말로 자신을 위험에 빠트린 적이 한두 번이 아니었다. 가령 젓가락을 목구멍에 집어넣고 얼마나 깊이 들어가는가를 실험해 보기도 하고, 물독에 빠져 익사할 뻔하기도 했다. 사람들의 주목을 끌고 연극의 주인공으로 행세하는 습관은 젊은 시절에 들어 행동거지의 특질이 되었다.

장제스는 경전의 고문을 덮어 놓고 통째로 암기하게 하여 진도가 어지간히도 느렸던 마을의 글방 선생에게 조기 교육을 받았다. 이때는 그의 일생 동안 분명해진, 홀로 쓸쓸하게 지내는 면모가 드러난 시기이다. 그는 계곡에서 혼자 헤엄치거나 숲 속을 외로이 걷고 절에 가기도 했다. 새들이 지저귀고 폭포수가 으르렁거리는 소리를 유심히 들었으며, 더러는 가마우지가 물속으로 잠수해서 잡은 물고기를 삼켜 버리지 못하도록 새의 목에 끈을 매는 어부들을 보러 대나무 뗏목을 타고 개울을 따라 내려갔다.[3]

장제스가 다섯 살 때 할아버지가 세상을 떠났다. 세 아들은 유산을 두고 승강이를 벌였다. 두 해 뒤 장제스의 아버지가 이승을 하직했다. 홀로 남겨진 미망인은 시아주버니들과 전처의 아들이 가산의 대부분을 차지하자 생계를 꾸릴 길을 스스로 찾을 수밖에 없었다. 먼 훗날 장제스의 두 번째 아내는 그의 출신을 조사하고 매우 다른 판본의 기록을 남겼다. 그녀는 장제스가 사실은 기근의 와중에 아내와 아들을 버린 허난 성(河南省)의 가난한 농부 아들이고, 버려진 아내는 장씨라고 불리는 홀아비 소금 장수 집에서 보모이자 가정 교사로 일하다가 오래지 않아 이 소금 장수와 결혼한 것이라고 주장했다. 당시의 시커우 주민들과 후대의 역사학자들이 이 거대한 왜곡 운동에 말려들지 않는 한, 이러한 풍설의 연대기는 도무지 사리에 맞지 않는다. 장제스에게 버림받은 두 번째 아내가 서술한 이야기는 장씨 가족이 꿋꿋하게 주장하고 장제스가 공공연하게 자랑한 고귀한 혈통과는 전혀 달리, 장제스가 미천한 출신이라고 못 박음으로써 중국의 지도자를 헐뜯고자 내민 비장의 카드인 듯하다.[4]*

---

* 1940년대의 다음 일화는 흥미를 자아낸다. 허난 성에서 온 한 남자가 장제스의 사령부로 와서 자신이 장제스의 형이라고 주장했다. 그리고 마치 중국의 통치자에게 모종의 요구라도 한 것마냥 융숭한 환대를 받았다.(로이드 이스트먼(Lloyd Eastman)이 쓴 『천제루: 장제스의 비밀 생활(Chen: Chiang Kai-shek's

한편 어머니가 아들을 보호하기 위해 역경에 맞서 싸운 이야기는 확실히 울림을 자아낸다. 온갖 기록들이 장제스가 아버지와는 서먹서먹했지만, 과부가 된 뒤 곤경에 빠진 어머니와는 가까웠다는 것을 증명하고 있다. 이 이야기는 맹모(孟母)가 가난에도 불구하고 지극한 헌신을 통해 유교의 성인 맹자를 기른 것과 어깨를 겨룰 만하다. 장제스는 늘 모친 왕씨를 그의 저작과 일기의 주선율로 삼고 찬가를 바쳤다. 그는 찬양 조의 사모곡을 통해 어머니를 자기 자신과 보잘것없는 동포들에게 영원히 채찍질을 가하는 완벽한 모범으로 삼을 수 있었다. 장제스의 효성은 일종의 정신적인 위안으로서, 참된 위인이라면 반드시 갖추어야 하는 겸양을 그 자신이 구비했다는 것을 뒷받침하는 원천 역할을 했다. 중국의 예교에서는 꿈이 큰 사람은 반드시 자신의 부족함을 설령 정신적으로는 아닐지라도 표면적으로는 인정해야 했다. 이를 위해 모든 미덕을 갖추었으며 아들에게 심리적으로 필요한 형상으로서 현실을 초월한 우상과도 같은 어머니의 모습을 바로 자신과 비교하는 것보다 더 좋은 방법이 어디 있었겠는가?

왕씨는 미망인이 된 뒤 염포를 떠나 강변길 아래의 세 칸짜리 집으로 이사했다. 곧 이 집은 마을에서 장제스의 거처가 되어 그의 신분에 어울리도록 사당과 석조 정원과 커다란 객실을 포함해서 크게 넓혀졌다. 하지만 장제스의 기록에 따르면, 그의 어머니는 빚을 지지 않고 분수에 맞게 살기 위해 고군분투하고, 아이들을 권위주의 아래에서 스파르타식으로 키웠다고 한다. 이제 마을 유지의 아내가 아닌 탓에 그녀는 하는 수 없이 바느질로 생계를 도모했다. 그런 데다가 다른 지방 출신이었기 때문에 이방인 취급을 받았다. 한번은 세금을 징수하는 관원이 돈을 바치라는 몽니를 부렸다. 그녀가 쉽사리 응하질 않자 관원들은 세금을 죄다 낼 때까지 장제스를 가두어 버렸다. 이 사건은 장제스에게 깊은 상흔을 남겼다. 그는 50세 생일 때 쓴 회고록에서 이렇게 회상했다. "외롭고 의지가지없던 우리 가족은 표적이 되었다. …… 모욕과 냉대에 빠진 우리

Secret Life)』의 서문을 보라.)

가족을 위해 친척과 혈족들은 유감을 표하거나 슬퍼하기는커녕 오로지 냉담할 뿐이었다.”

짧은 몇 년 동안 장제스는 그가 몹시도 영준하게 생겼다고 말한 남동생에게 어머니의 사랑을 빼앗겼다. 왕씨가 가장 좋아했던 그 아이는 네 살 때 요절하고 말았다. 장제스는 그 후로 “선비(先妣)께서는 모든 희망을 나에게만 쏟으시고, 내가 잘 자랄 수 있도록 더욱 애를 태우셨다.”라고 회고했다.

장제스는 훗날 이러한 기록을 남겼다. “어머니의 사랑은 다른 보통 어머니들보다 한층 깊었다. 어머니께서는 여느 엄한 선생들에 비해서도 엄격하게 가르치셨다. 어머니께서는 물을 뿌리고 빗자루로 쓰는 청소를 시킴으로써 나 스스로 갖은 애를 쓰며 자립하는 도리를 가르쳐 주시고, 몸소 비천한 육체노동을 해 보라고 독촉하시며 몸과 마음을 권면하셨다. 이른 아침부터 저녁 늦게까지 어머니께서는 매 순간 나를 훌륭하게 양육하기 위해 모진 고생을 감내하며 헌신하셨다.” 그가 열여덟 살 때 어머니와 함께 찍은 사진이 있다. 네모난 나무 의자에 앉아 있는 어머니 뒤에 선 누비솜 마고자 차림의 잘생기고 젊은 남자의 모습이다. 그녀의 눈은 퀭하다. 웃음기 없는 어머니의 얼굴은 장제스가 “냉혹한 현실의 그림자”라고 부른 그녀의 가혹한 생존 투쟁을 상징적으로 보여 준다.[5]

장제스는 어머니로부터 자신과 주변 환경 사이에 보호벽을 세우는 법, 그리고 실패는 결코 인정하지 않으며 신중하게 행동하는 요령을 배웠다. 그는 어린 나이 때부터 자기 안에 내재하는 지혜에 의지하고, 자신의 도덕관만을 따르며 살았다. 충동적이고 독단적이기 쉬웠다. 남들의 시선도 무진장 갈구했다. 그 자신을 세상의 중심으로 간주했기 때문에 외부 세계로부터 멀리 떨어진 채 자아에 몰입하는 내성적인 사람이 될 수밖에 없었다. “그는 놀 때 교실을 자기 독무대로 삼고, 또한 모든 학우들을 장난감으로 여겼다.”라고 한 교사는 회고했다. “하지만 책상 앞에 앉아 책을 읽거나 붓을 잡고 생각에 몰두할 때는 사위의 백 가지 소리도 그의 주의력을 흩뜨릴 수 없었다. 때때로 안정과 폭발이 단 몇 분 사이에 번갈아 나타났다. 서로 다른 두 성격의 소유자로 보일 만도 했다.”[6]

가족 관계에서 관대함은 매우 적거나 거의 없었다. 오히려 신경질적인 분위기에 둘러싸인 긴장감이 팽팽했다. 그가 어머니 곁을 떠나 홀로 여행을 할 때였다. 글방 선생은 장제스가 눈이 빨개질 정도로 울었다고 회고했다. 어느 교사는 장제스가 풀이 죽어 있을 때 "그 슬픔의 감염력은 주변 사람들까지 깊이 우울하게 만들었고, 또한 모친이 옆방으로 물러나 남몰래 눈물을 흘릴 정도였다."라고 말했다. 열두 살이 되던 해 소년은 사촌네에 잠시 머물다가 집으로 돌아왔다. 이때 어머니를 보자마자 도저히 억누르지 못하고 울음보를 터트렸다. 역사학자 피숑 로(Pichon Loh)는 장제스의 유년 시절 성격을 연구한 논문에 다음과 같이 썼다. "어릴 적부터 그는 경험적으로 적대시한 외부 세계와 드잡이하는 강력한 자아 방어 기제를 만들었다. 이러한 방어 기제는 고립된 세계로 물러난 버려진 아이에게 굳센 정신적 벽이 되었다. 성격의 안정성을 유지하고, 붕괴의 위협에 직면한 내면을 균형 상태로 이끄는 데 특히 좋은 역할을 하는 장점이었다."[7]

1901년 장제스는 몸 튼실하고 '낫 놓고 기역 자도 모르는' 시골 처녀 마오푸메이(毛福梅)와 혼인을 약정했다. 그의 나이 열네 살이었고, 그녀는 다섯 살 연상이었다. 장제스는 남편이 될 마음이 전혀 없었다. 결혼식 도중에 장제스는 밖으로 휙 나가 동무들이 노는 틈에 끼여 있다가, 밥 먹을 때에서야 질질 끌려왔다. 신부는 발의 일부분만 전족을 했기 때문에 왕씨 부인은 며느리를 조수로 쓸 참이었지만, 애정을 듬뿍 주기에는 한계가 있었다. 중국인 시어머니는 며느리를 온화하게 대하는 점으로는 유명하지 않았다. 스무 해가 지난 뒤 마오푸메이를 만난 장제스의 두 번째 부인은 마오푸메이가 장제스와 함께 산 구릉 사이를 거닐고 강물을 따라 대나무 뗏목을 타던 신혼 시절 두 달은 행복했다고 말한 것을 회상했다. 하지만 장제스의 어머니는 10대의 새색시가 아들에게 불온한 영향을 주고, 둘이서 산으로 빈들빈들 돌아다니다가 아들이 행여나 잘못된 길로 들어설까 염려하여 크게 꾸짖었다. 장제스와 마오푸메이가 집에서 크게 웃거나 이야기를 나눌 때면 곧장 왕씨는 입을 다물라고 며느리를 몰아붙였다.

기록에 따르면 마오푸메이는 다음처럼 회고했다. "그래서 나는 침묵을 지키느라 말수가 적을 수밖에 없었다. 나는 갈수록 집에서 드러내 놓고 제스와 이야기 나누는 것을 슬금슬금 피했다. 하지만 쉽지가 않았다. 그가 질문하고 내 대답을 듣고 싶어 할 때 특히나 그랬다. 상황은 나날이 악화되어 그는 곧 나를 귀찮게 여겼다. 나는 감히 단 한마디라도 스스로를 변호하는 말을 할 수가 없었고, 심지어 그가 나를 꾸짖을 때도 마찬가지였다. 알다시피 편협한 촌사람들은 내가 효성스럽지 못할 뿐 아니라 순종적이지 못한 며느리라고 지탄했다. 궁벽한 시골 동네에서 이것이 무엇을 의미하는지, 당신은 알고 있지 않은가! 이러한 긴장 상태에서 제스와 나 사이는 차츰차츰 틈이 벌어지고 말았다. 내가 할 수 있는 모든 것은 전혀 도움이 되지 않았고, 애오라지 남몰래 눈물을 흘리면서 오랫동안 우울증에 시달려야만 했다."[8]

장제스가 마을을 떠나 펑화(奉化)에 있는 평황산(鳳凰山) 학당에서 공부할 때 마오푸메이는 부처를 깊이 믿으며 위안을 찾았다. 장제스는 학당에서 더 나은 교육을 촉구하는 항의 활동을 이끌다 하마터면 쫓겨날 뻔하기도 했다. 두 해 뒤에는 닝보에 있는 사립 학교로 옮겨 가 군사의 중요성을 크게 찬양하는 교사의 강의를 들었다. 이듬해 그는 다시 펑화의 룽진(龍津) 학당으로 옮겼다. 진부하고 질문을 허락하지 않는 중국의 케케묵은 주입식 암기 교육이 그의 사고방식을 형성했다. 그는 늘 지시를 하달받기만 하면 충분하다고 믿었다. 복종은 마치 공자와 그 제자들의 고전이 선언한 바 그대로 영원한 진리인 듯싶었다.

장제스의 은사 중 한 명이자 훗날 그에게 순종적인 신문사의 주임이 된 둥셴광(董顯光, 영문명은 홀링턴 퉁(Hollington Tong))은, 장제스가 상하이에서 도착한 신문들을 낚아채 작은 열람실에서 공부하는 '진지한 학생'이었다고 회고했다. 다른 학생들이 단잠을 자는 동안 그는 일찍 일어나 신체 단련 운동과 명상을 했는데, 이는 평생의 일과로 자리 잡았다. 둥셴광은 칭송 일색인 전기에 썼다. "장제스는 침대 앞 복도에 반 시간 동안 곧추 서 있는 습관이 있었다. 두 입술은 앙다물었고, 얼굴에는 결연한 표정이 가득했으며 팔짱을 낀 채였다. 이럴 때 그의 뇌리에 떠오른 생각들을 확실하게 말하기란 불가능하지만, 자신의 미래를 궁리하고 있다는 것은 꽤나 명백해 보였다."[9]

장제스는 일찍이 군인이라는 직업을 갖기로 마음먹었고, 게다가 일본에서 군사 훈련을 받기로 결정했다. 산업과 군사의 현대화를 기꺼이 받아들인 일본과 중국의 보수적인 왕조 체제는 매우 날카로운 대조를 이루고 있었다. 1894년 8월 일본은 베이징의 청 제국 보호 아래에 있는 조선을 놓고 선전 포고를 해 왔다. 도쿄의 승리는 앞으로 반세기에 걸쳐 중국으로 세력을 팽창한다는 신호탄인 동시에 '아시아의 프로이센'이라는 일본의 위상을 확정했다. 일본의 군사 명령은 곧 법이었다. 1904에서 1905년, 일본이 러일 전쟁에서 러시아를 패배시키고 세계 무대에서 자신의 힘을 마음껏 과시하면서 그 지위는 더욱 굳건해졌다.

일본의 제도를 배우기 위해 장제스는 1905년 봄에 배를 타고 동중국해를 건너갔다. 그의 어머니는 가산을 팔아 여비를 마련해 주었다. 그때 이미 시커우 출신의 청년은 선동적인 책 『혁명자 수첩(革命者手冊)』을 읽었다. 만주인 황제를 죽이고 미국 헌법을 바탕으로 한 공화국을 세워 만주족을 죄다 쫓아내자고 호소하여 '반항적 자유'를 부추기는 책이었다. 중국을 떠나기 전에 장제스는 청나라에 굴복한다는 것을 상징하는 변발을 잘라 집으로 보냈다. 자신이 혁명의 한길에 들어섰음을 주위 사람들에게 강렬하게 알린 것이다. 그의 친척들은 물론 대경실색했다.[10]

일본에서 장제스는 엄청난 실망감으로 괴로워했다. 중국인이 일본의 군사 학교에 입학하려면 청나라 군기처의 추천서가 있어야만 했다. 하지만 그는 없었다. 곧장 고향 시커우로 돌아오는 대신 장제스는 일본에서 몇 개월을 보내며 외국어 능력을 향상했다. 귀국 후 그는 좌절감을 아내에게 화풀이했다. 훗날 마오푸메이는 그가 자신을 구타했으며, 더구나 한번은 머리채를 잡고 아래층까지 질질 끌고 갔다고 한탄했다. 장제스는 "그녀의 발소리를 듣거나 그림자를 보는 것을" 참을 수 없었다고 썼다. 얼마 뒤 장제스는 다시 고향을 떠나 북쪽으로 300킬로미터 넘게 떨어진 중국 최대의 도시 상하이로 갔다.

오래 지나지 않아 어머니가 쫓아왔다. 한 점쟁이가 만일 마오푸메이가 아들을 낳으면 자손이 고관대작이 되리라고 말했기에 마냥 학대받는 며느리를 대도시까지 억지로 끌고 온 것이었다. 장제스는 점쟁이의 예언을 검증하는 일 따위에는 단연코 관심 없다고 뚝 잘라 말했다. 하지만 둘이 동침하지 않으면 자살하겠다고 어머니가 협박하자, 장제스는 마음이 약해졌다. 마오푸메이는 임신을 했고 때가 무르익어 아들을 낳았다.[11]

장제스는 어머니로부터 물려받은 끈기를 보여 주었다. 그는 중국 군사 학교 시험에 응시해서 일본으로 향하는 도약대로 삼았다. 장제스는 저장 성에 배정된 14명의 인원 중 한 명으로 뽑혔다. 사관 학교의 일본인 교관들 가운데 일부는 중국인을 경멸하는 속내를 결코 숨기지 않았다. 한 교관이 위생학 시간에 진흙 덩어리를 손에 들고, 이 안에는 4억 마리나 되는 세균이 '마치 4억 명의 중국인처럼' 득시글하다고 말했다. 격노한 장제스는 책상 앞으로 가 흙 덩어리를 집어던져 뭉개 버렸다. 교관은 교장에게 불평했지만, 청년은 징벌을 모면했다.[12]

일본 사관 학교 생도를 선발하는 시험에서 장제스는 일본어를 배운 적이 없다는 이유로 명단에 들지 못했다. 그는 고향에서 일본어를 배웠다는 것을 근거로 간청해서 시험 참가를 허락받고, 40명의 응모자 중에 한 명으로 뽑혔다.

장제스의 목적지는 신부(振武) 군사 학교였다. 중국 학생을 위해 개설된 교과 과정의 수업료는 베이징 정부가 지불했다. 졸업 후 키 170.3센티미터, 체중 59킬로그램의 장제스는 일본 북부에 자리한 육군 포병 연대에서 복무했다. 한 사진이 군복을 입고 부츠를 신은 이 단정하고 말끔한 청년의 모습을 보여 준다. 허리띠에는 단검 한 자루를 차고, 오른손으로는 편평한 군모를 들고 있다. 그는 군마의 갈기를 빗질하고 군화를 번쩍번쩍 닦거나 대포 쏘는 법을 배웠으나 교관들에게 별다른 인상을 주지 못했다. 누군가는 장제스가 "천부적인 재능은 보이지 않았다."라고 평가했다. 또 다른 사람은 그를 "평범한 사관 후보생"이라 일컬었다.[13]

군대 생활은 고달팠다. 장제스는 엄동설한에도 "우리는 반드시 매일 아침 5시 전에 기상해서, 손수 우물에서 뜬 얼음처럼 차가운 물로 세수를 해야 했다."라고 회상했다. 처음에는 음식 부족 탓에 끔찍이도 괴로웠다. 끼니 때마다 쌀밥 한 사발과 말린 무 세 조각, 그리고 가끔 곁들여지는 소금에 절인 작은 생선 조각이 전부였다. 일요일에만 두부와 채소에 조그마한 고기 조각이 더 얹혔다. 처음 3주 동안 그는 과자를 사 먹으며 허기를 달랬다. 하지만 나중에는 군대가 제공하는 소량의 음식에 적응했다. 장제스는 지난날을 뒤돌아보며 일본에서 일반 사병으로 지낸 그해가 나중에 좋은 이익을 가져다준 밑거름이라고 믿게 되었다. 바깥세상의 유혹으로부터 멀찍이 벗어나 있는 군대는 그에게 기율, 부지런함, 정치 교화, 현대화된 무기 등의 가치를 확실히 심어 주었다.[14]

청나라 정부는 일본의 중국인 유학생들에게 정치 활동을 금지했을지라도 장제스는 학교에서 정치 소집단을 조직했다. 고향 저장 성에서 온 젊은이 천치메이(陳其美)를 일본에서 만난 것은 무척 뜻깊었다. 신분은 유학생이었지만 천치메이의 주요 활동은 중국의 영원한 혁명가 쑨원이 발기한 운동을 위해 일하는 것이었다. 서른 살인 천치메이는 장제스보다 열한 살이 더 많았다. 이 만남은 젊은 장제스에게 인생의 진로를 활짝 열어 주었다. 두 사람은 의형제를 맺었다. 천치메이는 쑨원이 도쿄에 총본부를 두고 창립한 동맹회(同盟會)라는 대규모의 반만(反滿) 지하 조직에 가입하도록 장제스를 이끌었다.

그 후의 문헌에는 쑨원과 장제스가 1908년 일본에서 만난 일에 대한 기록들로 가득하다. 일부 기록에 따르면 쑨원은 이 청년이 혁명의 영웅이 될 것이라고 예언했고, 또한 장제스는 무슨 일을 계획하든지 간에 쑨원과 먼저 상의했다고 한다. 이런 종류의 이야기는 주인공을 회고적으로 성인 취급하는 위인전에 자주 나온다. 그러나 그들이 만났다고 추정되는 시점에 쑨원은 다른 곳에 있었고, 더구나 장제스는 서열이 낮아서 자신의 계획을 제출할 수 없었을 것이다. 여하튼 장제스는 1910년까지 동맹회의 회원이 아니었다.[15]

1911년 가을 장제스는 천치메이가 상하이에서 보낸 비밀 전보를 받았다. 이제 갓 폭발한 반만 혁명에 참가하기 위해 귀국하라는 내용이었다. 장제스는 48시간의 휴가를 얻었다. 그는 떠나기 전에 일본 군관들 및 중국 유학생 둘과 어울려 저녁 식사를 함께했다. 그들은 잔에 물을 가득 채웠다. 군인은 전쟁터에서 흔쾌히 죽고자 해야 한다는 뜻이었다. 그 자리에 참석했던 한 사람이 시간이 아주 많이 흐른 뒤 회고했다. 중국 유학생들은 물을 홀짝홀짝 마셨다. 이에 흥분한 장제스는 얼굴이 새빨개질 정도로 단숨에 물을 들이켰다. 그 후 두 명의 동료 유학생과 함께 도쿄로 간 장제스는 민간인 복장으로 갈아입고, 자신이 결코 평범한 탈영병이 아니라는 것을 보여 주기 위해 군복과 의장용 단검을 군사령부에 등기 우편으로 보냈다. 장제스는 기차를 타고 나가사키(長崎)에 도착했다. 10월 30일 변장을 한 채 상하이로 출항했다. "이때야말로 나의 혁명 생애의 참된 시작이었다."라고 장제스는 회상했다.[16]

2

혁명 생애를 시작하다

청나라의 와해는 예견된 이야기였다. 1644년부터 중국을 통치해 온 청 왕조는 1850년부터 거대한 규모의 무장봉기와 개혁 운동으로 드러난 날로 고조되는 의식의 도전을 받았다. 중국을 명백하게 능가하는 세계로부터 더는 화려한 고립을 유지할 수 없다는 자각이었다. 만주족(滿洲族)을 비롯한 지배층은 늘 자신들의 지배가 보편적이고, 유교 원리에 기초해 형성된 단순한 한족(漢族) 민족 정부를 능가한다고 여겼다. 그들은 다른 어떤 정권도 인정하지 않았다. 비록 청 왕조가 실제로는 유연한 정책을 폈다 할지라도, 타국은 오로지 신하의 나라일 뿐이라는 것이 대원칙이었다. 하지만 19세기 중엽이 되자 하늘에서 물려받은 천하 위임 통치는 크게 기우뚱거리고 비틀비틀했다.

전통주의자에게 헌정(憲政) 개혁은 지진과도 같은 일이었으나, 이조차 너무 늦었다. 각 성(省)의 봉강 대리(封疆大吏, 지방 장관으로 청 대에는 독무(督撫) 즉 순무(巡撫)와 총독(總督))에게 권력을 이양하자 베이징의 권위는 쇠약해졌다. 유교 관료를 뽑는 과거제가 폐지됨에 따라 만주족 지배층은 충성스럽고 헌신적인 한족 엘리트 계층을 잃었다. 체제는 오로지 자신의 안위와 생명만을 돌보려 하는 사회 계층의 출현을 억제할 수가 없었다. 국고는 변통하기가 어려워 늘 재정 곤란에 빠졌다. 조정 역시 음모로 갈기갈기 찢어졌으며 부패가 사납게 날뛰었다. 낙후한 공업과 사회 기반 시설은 잘난 체하는 천자(天子)의 콧대를 조롱했다. 청나라는 중태에 빠져 목숨이 가물가물한 중국을 대표하는 유일하고도 거대한 상징물이었다. 만주족 창업자들은 북방으로부터 침입하여 중원 대륙을 석권한 뒤 한족 신민들에게 굴복을 뜻하는 변발을 강제했다. 청 왕조는 증오심으로 가득 찬 한족 민족주의자들의 민심을 나날이 잃어갔다. 만주족 지배 체제를 변화시키자는 주창자들은 '만주족은 반드시 중원을 떠나야만 한다'는 하나의 신조로 똘똘 뭉쳤다. 하지만 다음으로 무엇을 해야 할지 어리둥절했다.

19세기 후반 백성들의 큰 환영을 받은 반란이 전국에서 연속적으로 폭발했다. 규모가 가장 컸던 태평군(太平軍)은 자신이 기독교 여호와의 둘째 아들이라고 주장하는 광둥 성 농민의 아들 홍수전(洪秀全)이 이끌었다. '거대한 평화(太平)'에서 이름을 딴 태평군은 사유 재산제 폐지, 우상 파괴, 남녀 평등 실현 및 아편, 매춘, 노예 제도, 전족의 불법화를 선포하고, 인간 세상에 만민이 평등하고 천하가 모두 한 가족이 되어 태평성세를 누리는 지상 낙원을 세우자는 태평천국 운동을 일으켰다. 참여자 수가 50만 명으로 불어난 뒤, 1853년 태평군은 고도 난징을 점령하여 천경(天京, 성스러운 도시)으로 개명했다. 기세를 잃고 진압될 때까지 14년 동안이나 지속된 태평천국 운동은 당시 중국의 18개 성 중 16곳에 퍼졌고, 사망자 수는 총 2000만 명에 달했다.

태평군의 흥기는 1864년에 실패로 끝났지만 실로 막대한 영향을 끼쳤다. 베이징의 만주족 조정은 다수를 차지하는 한족에게, 특히 청나라 정권을 튼튼히 하기 위해 애쓰는 유교 정치가 집단에게 더욱 많은 권력을 나누어 주었다. 반란군을 평정하기 위한 전쟁은 자신들의 지위가 견고해지기를 간절하게 바라는 직업 군관들이 직할 통치를 하는 군대를 빠르게 형성했다. 이러한 직업 군관들은 정예 부대를 훈련할 외국 고문을 받아들이기 시작했다. 한 세기가 교체되는 시점에 청나라 조정은 교육, 정치 행정, 공업, 법률 및 예산 방면에서 일련의 변법(變法, 1898년 6월에 시작된 무술변법(戊戌變法))을 단행한다고 선포했다. 하지만 반동적인 자희 태후(서 태후)는 정변을 일으켜 이러한 진보의 물결을 저지했다. 수구 쿠데타로 인해 자희 태후의 조카 광서제(光緒帝)는 유폐되었다가 의문의 죽음을 맞았다. 자희 태후의 명령으로 독살당했다는 소문이 널리 퍼졌다.

1909년 한갓 세 살이던 푸이(溥儀)가 황권을 이어받으면서 만주족은 한층 쇠약해졌다. 변혁에 대한 압력이 나날이 증가하고, 각 성의 향신(鄕紳, 명·청대 향촌의 지역 세력가, 지주, 퇴직 관료 계층)은 점점 더 많은 정무를 인수하여 관할했다. 청 제국의 권위는 이미 두 차례의 아편 전쟁에서 서방 세력에게 연패하고 이어 일본에게도 패배함으로써 크게 실추되었다. 1900년 외국 원정군이 베이징으로 진격하여 의화단 운동(義和團運動, 부청멸양(扶淸滅洋)의 기치 아래 반외세·반기독교 등을 주장하며 일어난 농민 기의)을 진압한 이래 정세는 더욱 악화 일로로 치달았다. 중국은 백성들과 그들의 재산을 공격하는 외세에 배상금을 지불하고 영토를 할양하는 지경에 이르고 말았다. 외국인에게 중국 정부가 체포할 수 없다는 면책 특권을 주고, 또한 열강 6개국에게 해안과 연하(沿河)의 항구 도시 자치권을 허가하는 조항은 중국의 주권을 심각하게 침탈했다. 소수의 외국 열강에게 불평등 조약을 양보한 청나라의 허약함은 중국의 수치심을 부풀렸다.

학습 조직과 비밀 결사 및 신문을 통해 중국의 근대화가 절박하다고 교육받은 세대 중에서 남방 광둥 성 농부의 아들인 쑨원보다 더 활발하게 활동한 사람은 없었다. 쑨원은 일찍이 홍콩에서 미국인 조합교회주의자에게 세례를 받고 의학을 공부했지만, 그의 진정한 소명은 혁명이었다. 쑨원은 천지 사방으로 끊임없이 뛰어다니면서 혁명 이념을 전파하고, 해외의 중국인 디아스포라들로부터 혁명 자금을 마련했으며, 반만 민족주의 사상을 차츰차츰 발전시켰다. 1896년 10월 1일 런던에 도착해 여관에 묵고 있던 쑨원은 11일 교회로 가는 길에 납치되었다. 런던의 중국 공사관에 갇힌 닷새 동안 이 단정하고 말끔한 의사는 영웅이 되었다. 영국 매체들은 그의 석방을 위해 영국 정부가 움직이라고 격렬하게 항의했다.*

동맹회의 지도자로서 쑨원은 민족주의, 민권주의, 민생주의라는 3대 원칙을 제시했다. 첫 번째 원칙은 중국을 통일하고, 외국인에게 준 특권을 폐기하며 중국이 국제 사회에서 정당한 지위를 얻는 것을 의미한다. 두 번째 원칙은 쑨원의 정당이 일정 기간 동안 지도한 후에 권력을 인민에게 양도한다는 계획을 포함한다. 세 번째 원칙은 온건한 개혁주의에서 전면적 사회주의까지로 해석될 수 있다. 쑨원은 모호한 사상가였다. 쑨원의 두 번째 아내는 그가 정치적 맥락과 청중에 근거해 즉흥적으로 성명을 발표했다고 말한 바 있다. 쑨원이 혁명 운동을 하면서 독재자처럼 행동하면 늘 파벌주의가 뒤따랐다. 하지만 쑨원은 자기 방식대로 일을 끈질기게 밀고 나가면서, 얼마 되지 않는 추종자들과 함께 도쿄의 피난처나 프랑스령 베트남에서 비밀 활동을 전개했다. 서남 지방에서 최초의 봉기가 실패로 끝난 뒤 그는 1910년 광둥의 성도 광저우에서 유산된 군사 반란을 꾀했다. 이듬해 4월 쑨원은 그곳에서 또 다른 봉기를 준비했지만, 주력 부대가 홍콩에서 주장 강(珠江江)으로 도착하기 전에 행동이 시작되어 72명에서 86명 정도의 반란자가 목숨을 잃었다.[1]

1911년 5월, 전통적인 관념과 부패로 유명한 청나라의 순친왕(醇親王)이 베이징에 새로운 내각을 세웠다. 내각의 초기 정책 중 하나는 쓰촨 성(四川省) 철도의 국유화였다. 이는 현지의 향신들을 격노하게 하여 대규모의 항의를 촉발했다.(보로 운동(保路運動)) 조정의 군대가 총으로 진압한 쓰촨의 동요는 국지적이었고, 그 요구는 혁명이라기보다는 개혁이었다. 하지만 한층 더 급진적인 항거가 자신의 역할이 독일 통일에서 프로이센 총참모부의 역할과 비슷하다고 여긴 지휘관들의 군부대 내에서 일어났다.

결정적인 불꽃은 1911년 10월 9일 양쯔 강 기슭의 도시 한커우(漢口)에서 피어났다. 도시 내 러시아 조계지에 있는 혁명 군사 조직 본부에서 우발적으

---

* 쑨원이 중국 외교관에게 붙들렸는지, 아니면 자발적으로 중국 공사관에 들어가 붙잡혔는지는 여전히 불분명하다. 베르제르(Bergère)의 『쑨원(Sun Yat-sen)』 62쪽 이하 참조.

로 폭탄이 폭발하는 사건이 일어났다. 경찰이 급습하여 혁명파에 가담한 신군 조직의 명단을 거머쥐자, 혁명적인 병사들은 행동을 취할 수밖에 없었다. 이튿날 이웃한 도시인 우창(武昌)의 수비대가 병란을 일으켰다. 병사들이 지휘관인 상교 리위안훙(黎元洪)의 막사로 몰려가자, 그는 봉기를 이끄는 일을 수락했다. 다른 이야기에 따르면 그는 침대 밑에 숨은 채 발견되었는데, 만일 기의에 참여하지 않으면 총살하겠다고 사병들이 협박하니 마지못해 동의했다고 한다. 이날, 10월 10일 혹은 쌍십절은 중화민국 역법에서 가장 성스러운 기념일이 되었다. 이틀 뒤 봉기 부대는 한커우와 이웃한 두 도시인 한양(漢陽)과 우창을 장악하고 이른바 우한 삼진(武漢三鎮, 후베이 성 동부의 우창·한커우·한양)을 조성했다. 하지만 다음 순서에 관해서는 아무런 계획이 없었으며 다른 지구의 혁명가들도 크게 놀라워할 뿐이었다. 이리하여 봉기는 머리 없는 용이 되고 말았다.

이때 쑨원은 혁명 자금을 모으는 여행의 일환으로 미국 콜로라도 주 덴버에 머무르고 있었다. 그는 여섯 달 전 광저우 봉기의 동지이자 우한에서 2인자로 불리는 땅딸보 황싱(黃興)이 보낸 전보를 통해 중국에서 발생한 사건들을 알게 되었다. 다른 기록에 따르면, 쑨원은 암호로 쓰인 전보를 이해하지 못했고 텍사스 주에서 잃어버렸다고 한다. 또 다른 기록에 따르면, 쑨원은 아무 반응도 할 수 없을 정도로 피곤해서 곧바로 침상에 누워 곯아떨어졌고, 다음 날 아침에 일어나 신문 기사를 보고 알았을 따름이라고 한다. 그 뒤 쑨원은 중국으로 곧장 돌아가는 대신에 런던과 파리에 들러 영국과 프랑스의 중립 선언을 요구했다.[2]

만주인은 스스로를 보호하고자 그들의 가장 뛰어난 장군인 위안스카이(袁世凱)를 다시 불러들였다. 독일인이 훈련한 정부의 신군을 통솔했던 위안스카이는 지나치게 막강한 권력을 쥔 탓에 수도 베이징에서 쫓겨나 있었다. 그의 지휘 아래 제국의 부대는 우한의 반란을 부분적으로 진압했다. 하지만 반란은 이미 15개 성으로 확산되어 위안스카이도 황제의 옥좌를 향해 칼을 겨누었다. 푸이 황제는 자금성에서 살 수 있도록 허락받았지만, 몸소 총리대신 자리에 오른 위안스카이에 의해 1912년 2월 12일 강제로 퇴위했다. 단 한 명의 만주족만이 포함된 내각이 구성되었다.

혁명 견습생

1911년의 신해혁명은 장제스가 권력의 최정상에 오르는 과정에 견습 기간을 제공해 주었다. 일본에서 온갖 고생을 한 뒤, 장제스는 상하이의 매우 색다른 세계 속에서 마구잡이로 뒤얽힌 정치, 음모 그리고 폭력에 도취되어 있었다. 나라에서 가장 크고 가장 근대화된 중심 지역이자 냉혹하고 무정한 상업 및 금융업의 총본부인 상하이는 부근의 빈곤한 향촌에서 온 대량의 이주민을 노동력으로 소비하며 성공에 열을 올리고 있는 잔인한 대도시였다. 19세기에 베이징 정부가 제국주의 열강의 강요로 맺은 조약에 의해 할양한 영미 공동 조계지와 프랑스 조계지는 중국의 정령이나 법률이 통하지 않았다. 현대화된 조계지는 대량의 외국인 거주자를 흡수했고, 그보다 더 많은 중국인을 빨아들였다. 혁명가와 정치 망명객에게는 안전한 피난처였다.

장제스는 1911년 11월 상하이 도독이 된 천치메이의 부름을 받아 합류한 이후로 이 도시의 어두운 측면을 제 손금 보듯 훤히 알게 되었다. 적당한 때에는 그 역시 모략을 꾸며 살인할 수 있었다. 일본에서 처음 만난 의형제보다 더 나은 훈련 교관과 스승은 아직 찾지 못했다. 장제스는 천치메이와의 영원한 의리를 기념하기 위해 단조한 칼을 지니고 다녔다.

사업가의 아들인 천치메이는 군관인 그의 형이 돈을 대서 일본 유학을 보내기 전에 전당포에서 견습생 노릇을 한 적이 있었고, 비단 가게에서 일하기도 했다. 일본에서 군사 학교에 입학했지만 그의 진짜 관심은 정치 활동이었다. 천치메이는 쑨원과 함께 동맹회 창립에 참여했고, 폭력의 끊임없는 사용을 혁명의 수단으로 간주했다. 툭 튀어나온 귀에 올빼미 같은 안경을 쓴 그는 태도가 온화하고 거동이 우아해 젊은 서생티가 묻어났다. 1911년 11월 3일 천치메이는 수백 명의 반역자를 이끌고 도시의 무기고와 병영을 성공리에 점령하고 나서 상하이 호군 도독(滬軍都督, 군정 장관)이 되었다. 쑨원은 훗날 상하이 봉기가 1911년의 가장 위대한 공헌이라고 평가했다. 천치메이는 상업과 금융에 관한 청 조정의 제한 철폐를 환영하는 상인들과 좋은 관계를 맺고 있었다. 또한 주요 범죄 조직인 청방(靑幫)을 비롯하여 상하이의 암흑가 그리고 비밀 결사 단체와도 은밀히 교류하고 있었다. 그의 동료 중 하나인 잉구이신(應桂馨)은 납치와 강탈과 협잡 따위를 저지르기 위해 범죄자들을 고용했다.

장제스의 혁명 활동은 상하이에서 남쪽으로 160킬로미터 떨어진 고향 저장 성의 주요 도시 항저우에서 폭발했다. 1911년 11월 초에 항저우에 도착한 장제스는 100명의 소수 정예 부대를 조직한 뒤, 어머니에게 슬하에 남아 효도를 다하지 못하는 불효를 용서해 달라는 편지를 썼다. 장제스를 찬양하는 한 전기 작가의 기록에 따르면 하늘이 그에게 부여한 임무를 마땅히 수행해야 한다는 것이 어머니의 응답이었다고 한다. 11월 5일 새벽녘, 젊은 두 여성이 인솔하는 기습 대오가 수제 폭탄을 총독부에 투척하자 큰불이 일어났다. 증원 부대의 엄호 아래 공격자들은 시후(西湖) 주변의 수비대 군영을 양측에서 공격했다. 수비대는 군심이 흩어지자 매우 빠르게 무장을 해제했다. 만일 상하이의 선례를 기준으로 판단한다면, 이 공격에 참여한 대오 중에서 '결사대'는 청방 출신 대원들이 포함된 부대였다.

10월 기의에 뒤따라 각 성에서 폭동이 터졌고, 지역마다 제멋대로 자립을 좇는 탓에 중국은 산산이 찢길 가능성이 높아졌다. 이러한 사태를 막기 위해 위안스카이가 대표로 참가한 회의가 상하이에서 열렸다. 1911년 성탄절, 쑨원이 유럽으로부터 싱가포르를 경유해 상하이로 돌아왔다. 프랑스 조계지에 있는 한 거주지에서 쑨원은 회의에 참가한 혁명 대표단의 지도자에게 전화를 걸었다. 그들 중 두 사람이 25년 후에 시안에 출현하는 오스트레일리아 인 도널드를 동반하고 쑨원을 방문했다.

불빛이 희미한 객실에서 쑨원이 벽난로 한쪽에 앉아 있었다. 다른 편에는 크고 반짝이는 단추와 훈장이 달린 군복을 착용한 곰사등이 미국인이 자리했다. 쑨원에게 깊은 신임을 얻고 있는 호머 리(Homer Lea)라는 고문이었다. 쑨원은 그를 "당대의 걸출한 군사 천재"라고 치켜세웠지만, 이날 오후 그의 존재는 일을 순탄치 못하게 만들었다. 도널드의 전기에 근거하자면, 중국인은 장차 혁명의 영도자가 될 사람으로서 왜 그런 남자를 선택했는지 도저히 이해할 수 없었고 호머 리는 곧 조용히 사라졌다고 한다. 12월 29일 임시 의회석상에서 쑨원은 중국에서 최초로 전국적인 의회 선거가 보증하는 헌법에 근거하여 중화민국 임시 총통에 선출되었다.[3]

쑨원은 총통부 비서장을 맡은 남방 출신의 정치 이론가 후한민(胡漢民)을 비롯해 훗날 10여 년 안에 장제스를 지지하거나 아니면 반대하여 일하게 되는 여러 인물들로 정부를 조직했다. 예전 제국 총독부 뒤에 위치한 말끔한 화원이 보이는 서구식 건물에서 내각 구성원들은 커다란 직사각형 탁자에 빙 둘러앉아 회의를 열었다. 그러나 내각의 권위는 몹시 제한적이었다. 또한 쑨원은 혁명 이론의 수립으로부터 실제의 행정 관리로 바뀐 임무를 마음은 있으나 능력이 모자라 감당하기 어려웠다. 45일 만에 쑨원은 위안스카이에게 권력을 넘겨주었다. 그리하여 통일 국가와 공화제 건립에 대한 책임도 민주주의 같은 "추상적인 개념"일랑은 만지작거릴 시간도 없는 장군의 손에 맡겨졌다.[4]

장제스는 첫 번째 승리의 과실을 허리춤에 차고 상하이로 돌아와, 현지 상인들의 자금으로 꾸려진 혁명군 1개 여단을 지휘하라는 명을 받았다. 1930년의 중요한 기록에 따르면 이 여단의 사병들은 오합지졸로 지휘관은 그들을 훈련하는 일을 곧바로 포기했다고 한다. 장제스는 천치메이가 비밀 결사 조직과 관계를 튼 선례에 따라 상하이의 눈부신 야간 사교 활동에 빠져들었다. 당시의 사진 한 장은 하이칼라 셔츠와 세 개의 단추가 달린 줄무늬 재킷을 입고 머리카락을 반들반들하게 뒤로 빗어 넘긴 장제스의 우아하고 사근사근한 모습을 보여 준다. 그는 또한 저명한 금융 자본가 장징장(張靜江, 장런제(張人傑)로도 알려짐)과 친교를 맺고 의형제 명단에 그의 이름을 올렸다.

장징장은 장제스의 고향 저장 성의 부유한 집안 자제였다. 그의 아버지는 청나라의 높은 신분을 돈으로 샀다. 장징장은 파리에 주재하는 중국 공사 일행으로 해외에 나가 금과 차, 비단을 거래하는 무역 회사를 차렸다. 또 두부 공장을 운영하고, 벌이가 짭짤한 골동품 장사를 해서 구둥(古董, 골동품)을 음역한 '쿠리오(Curio) 장'이라는 별명을 얻었다. 제1차 세계 대전 중에 그는 대서양을 건너갔다. 전쟁이 끝나고 중국으로 돌아올 때 그의 아내는 미국에 머물렀지만, 서구식 이름을 가진 다섯 딸은 모두 동행했다.

선상에서 쑨원을 만난 뒤로 장징장은 쑨원의 헌신적인 추종자가 되었고, 그의 혁명 사업을 위해 엄청난 돈을 기부했다. 공동 조계지 내 경마장 부근에 있는 장징장의 저택은 정치가와 상인 들이 모이는 장소가 되었다. 장징장은 척추가 점차 마비되어 매우 고통스러워했다. 그를 두고 프랑스 조계지의 경찰은 '콰시모도(Quasimodo)'라는 별명으로 불렀다. 혁명 뒤에 찍은 한 사진은 쑨원이 앞을 향해 성큼성큼 걸어가는데, 머리에 밝은색 중절모를 쓰고 다채로운 색깔로 수놓은 외투를 입은 장징장이 그 왼쪽에서 어색하게 비틀거리며 걷고 있는 광경을 담았다. 이후 시간이 흐르면서 장징장의 병세는 더욱 악화되어 그는 들것에 실려 이리저리 운반되는 자신을 우스갯소리로 '매미 허물'이라 불렀다. 검은 테 안경을 쓰고 리처드 3세 같은 외양에 돈과 권력의 분위기가 감도는 장징장은 상하이에서 특별한 인물 중 하나로, 본인이 장제스에게 관계를 터 준 암흑세계와 비밀 결사 단체에 힘입어 그 영향력이 더욱 퍼졌다. 전도유망한 젊은 혁명가 장제스는 의심할 여지 없이 장징장을 크게 놀라게 했다. 장제스 또한 이 사업가에게 "두려움과 존경"의 감정을 느꼈다고 언급했다.[5]

이렇게 유용한 인맥을 가지고 있음에도 불구하고 장제스는 혁명 조직 내에서 가장 인기 있는 인물은 아니었다. 모난 성격의 그는 자신이 옳다고 생각하는 것을 끝까지 고집하기 일쑤였다. 그의 불같은 성미는 1912년 당시 병원에 있던 천치메이의 호적수를 만나러 갔을 때 잘 드러났다. 격렬한 말다툼 도중에 장제스는 권총을 꺼내 그자를 쏴 죽였다.*

---

* 아첨으로 일관한 셔서우캉(謝壽康)의 전기 『장제스 총통(*President Chiang Kai-shek*)』 92쪽에 따르면 장제스의 행동은 "정당방위"였다. 하지만 다른 사람들은 장제스가 먼저 총을 뽑았다고 말했다.

이 사건이 터진 뒤 스물다섯 살의 장제스는 다시 일본으로 건너가 철혈 정책과 군권 집중의 학설을 찬양하는 글을 실은 군사 잡지를 발행했다. 중국을 "워싱턴의 이념"과 "나폴레옹의 수단" 그리고 민주 사상과 혁명 정신을 결합한 계몽적인 전제 정부로 통치해야 한다는 논변이었다. 장제스는 독일로 가서 공부를 더 할 참이었으나, 새로운 혁명 사업을 위해 상하이로 돌아와 천치메이와 함께 위안스카이의 권력 확장을 저지하기로 했다.[6]

조세 부담 증가와 부패의 성행에 따라 상하이의 혁명 정부는 최초의 성망을 잃고 말았다. 위안스카이는 기회를 틈타 천치메이를 내쫓고 자신의 심복을 중용했다. 쑨원 또한 융통성 있음이 증명되었다. 1912년 8월 쑨원은 매우 호화스러운 영접을 받으며 베이징에 도착해 위안스카이와 열세 차례의 회담을 가진 뒤, 위안스카이가 "바로 적당한 사람"이라고 선포했다. 9월 25일에는 안정과 국가적 화해라는 명분으로 작고 옹골차며 고집스러운 장군에게 10년 임기의 총통 직위를 맡긴다는 협의에 서명한 사람들 틈에 쑨원이 끼여 있었다. 국민 의회는 위안스카이의 측근을 총리로 임명하는 데 동의했다. 위안스카이는 한 외국 대사에게 "중국의 신해혁명은 아주 유치한 아이입니다."라고 털어놓았다. "반드시 조심스럽게 돌봐야 하고, 소화하기 힘든 육식을 피해야 하며, 더러는 외국 의사의 처방같이 강력한 약을 투여해야 합니다."[7]

쑨원은 전국 철도 관리관으로 임명되어 중국의 철도 체계를 책임지고 기초하는 일에서 새로운 열정을 찾았다. 그는 식당차 두 량이 딸린 긴 열차를 타고 시찰 여행에 나섰다. 웅대한 계획이 실제적인 것을 이긴다는 쑨원의 정치를 상징하는 선호가 새로운 열의에도 적용되었다. 쑨원은 한 장의 초대형 지도 위에 각 성의 수도를 두꺼운 선으로 이은 다음, 가는 선으로는 지선을 연결했다. 만일 연결선이 구부러지면 젖은 목화로 지워 버리고는 지형이나 자연적 장벽에 개의치 않고 직선을 그려 넣었다. 쑨원은 기차에 동승한 기자들에게 지도를 내보이고 싶어 안달했지만, 그를 수행한 도널드는 지도를 조심스럽게 숨겨 두었다.

비록 쑨원은 그 자신이 주변화되는 것을 용인했지만, 예전의 혁명 조직을 대체하며 1912년 8월에 창립된 국민당은 헌법으로 보장한 총선거를 준비하는 과정에서 유능하고 젊은 정치 조직가 쑹자오런(宋敎仁)을 얻었다. 서른 살밖에 되지 않은 쑹자오런은 많은 사람들이 사회주의와 동일시하는 쑨원의 '민생주의' 원칙에 대해 아무런 언급도 하지 않아 중산 계층과 지주 및 상인의 지지를 얻어 냈다. 남녀 평등도 포기했다. 1913년 2월의 선거 결과 국민당은 입법 기구인 하원에서는 전체 의석 596석 중 269석을 얻었고, 상원에서는 274석 중 123석을 차지했다. 이 숫자는 작은 정당들이 연맹하여 의회에서 과반수를 차지하고, 쑹자오런이 위안스카이 정부의 내각 총리가 되는 일이 전혀 어렵지 않다는 것을 의미했다.

이러한 도전을 제거하기 위해 위안스카이의 심복 하나가 잉구이신과 접촉했다. 상하이에서 천치메이의 동료였던 폭력배 잉구이신은 신해혁명이 자신을 푸대접한다고 여기던 중이었다. 잉구이신과 위안스카이 정부의 관계는 매우 친밀해져, 내각 총리 자오빙쥔은 그에게 비밀 전보 암호첩의 복사본을 주기까지 했다. 잉구이신은 쑹자오런을 제거하면 후하게 보상하겠다는 베이징 정부의 약속이 담긴 전보를 받고 우(武)씨 성을 가진 한 젊은이를 찻집으로 불러냈다. 잉구이신은 그에게 만일 "위안스카이의 부담을 덜어 그의 앞길을 평탄하게 닦아 준다면" 유럽으로 여행을 보내 주겠다고 제안했다.[8]

1913년 3월 20일 쑹자오런은 베이징의 국민당 대표라는 새로운 직무를 맡기 위해 상하이 역으로 기차를 타러 갔다. 그가 플랫폼을 따라 앞으로 걸어갈 때, 검은 옷을 입은 우가 브라우닝 리볼버를 발사했다. 쑹자오런은 긴급히 병원으로 옮겨졌으나 의사들은 수술을 해도 좋다는 베이징 정부의 정식 허가를 기다리고 있다고 통지했다. 허가가 도착할 무렵에는 복막염이 발생했다. 쑹자오런은 다음 날 아침 서른한 살의 나이로 사망했다. 한 서양 여의사는 만일 자신이 곧바로 수술에 들어갔다면 그를 살릴 수 있었을 거라고 말했다. 3월 21일 잉구이신이 전보 두 통을 베이징에 보냈다. 하나는 이러했다. "긴급한 명령을 수행했음." 다른 하나가 보충했다. "반란 수괴는 이미 사망. 우리 군에서는 다치거나 죽은 자가 아무도 없음."

위안스카이 정부는 국민당 내부의 불화로 인한 암살이라는 비난을 퍼부었다. 얼마 뒤 부녀암살단(婦女暗殺團)이라는 미지의 조직이 날조되었다. 그러나 잉구이신은 즉시 용의자로 지목되어 기방에서 아편을 피우다 체포되었다. 그의 집에서 경찰은 베이징에서 온 전문과 암살 무기를 발견했다. 자오빙쥔 총리가 연루된 편지 한 통도 있었다. 총리는 곧바로 치통을 구실 삼아 하야했다. 이듬해 그는 독살을 당했다. 암살자 우도 체포되었다가 판결을 기다리던 도중에 똑같이 독살되었다. 한편 잉구이신은 달아나 지지를 호소하기 위해 베이징으로 갔는데, 얼마 지나지 않아 기차의 칸막이 객실에서 두 자루의 칼에 찔려 죽은 채 발견되었다. 그의 죽음에 대한 책임 소재는 밝혀지지 않았다.

쑹자오런이 사망한 뒤, 쑨원은 위안스카이가 1913년 4월 중국의 염세와 관세를 담보로 2500만 파운드라는 거액의 '선후대차관(善後大借款)'을 들여온 것을 비난하는 항의 대오에 참가했다. 프랑스, 영국, 독일, 러시아, 일본 등 5개국 국제 은행단을 통해 국회의 승인도 없이 차관을 받은 것이었다. 위안스카이는 곧장 군대를 보내 국회 건물을 포위하고 민족주의 물결에 동정을 표하는 성장(省長) 세 명을 면직했다. 일곱 성이 '2차 혁명'으로 알려진 운동 중에 베이징으로부터 독립을 선포했으나 오래지 않아 쉽게 진압되었다. 위안스카이는 국민당 해체를 명령했다. 이는 장차 국회가 정족수 미달로 개회할 수 없다는 것을 의미했다. 1914년 봄 헌법 회의는 위안스카이를 종신 독재자로 승인했다. 군주제가 중국 정부의 틀로 적합하다는 미국인 고문 프랭크 굿나우(Frank Johnson Goodnow)의 부추김 아래, 위안스카이는 스스로 황제로 등극하겠다는 계획을 세웠다. 그리고 예전 청나라의 도자기 제조소에 4만 점의 만찬용 자기를 주문했다.

2차 혁명의 일환으로 장제스는 상하이 병기 공장을 공격하라는 임무를 하달받았다. 병기 공장으로 가던 도중 그는 경비병에게 체포되었지만 도망쳤다. 이른 아침의 공격은 참패했다. 수적으로 열세인 그의 군사가 커다란 손실을 입은 뒤, 부대를 포기하고 공동 조계지로 달아난 장제스는 부유한 후원자 장징장과 함께 난징으로 가서 지지를 호소할 참이었다. 이 모든 일이 아무런 진전도

보지 못하고 있을 때 장제스는 현상금 5만 위안이 목에 걸린 천치메이와 함께 일본으로 배를 타고 도주했다.[9]

이듬해 장제스는 또 다른 기의를 계획하는 데 참여했으나, 이 기의는 런던의 그리니치 해군 사관 학교를 졸업한 상하이 진수사(鎭守使) 정루청(鄭汝成) 해군 상장(上將)이 지휘하는 수비군에게 진압되었다. 당국은 체포한 혁명 분자를 매수해서 장제스를 죽이려고 했다. 장제스는 장징장의 집으로 피신했다. 경찰이 그를 추적하여 은신처에 다다른 순간이었다. 장제스는 노름꾼이 남은 밑천을 다 걸고 최후의 승부수를 던지듯 젊은 여자와 팔짱을 끼고 집 밖으로 걸어 나왔다. 감시병은 장제스에게 동행이 있을 줄은 전혀 예상하지 못했다. 거리로 나온 장제스에게 경찰은 자신들이 쫓는 사냥감이 아니냐고 물었다. 장제스가 대꾸했다. "아니오. 우리는 방금 응접실에서 장제스와 작별 인사를 나누었소." 장제스는 다시 한 번 일본으로 나가서, 중화혁명당이라는 새로운 운동 조직을 세우기 위해 온 힘을 기울이고 있는 쑨원과 재회했다. 구성원이 500명밖에 되지 않아 정당이라기보다는 비밀 결사 단체에 가까운 이 조직을 두고 국민당의 한 원로 인사는 "각종 유파의 사람들이 기묘하게 섞인 작은 단체로 …… 최소한의 정치 훈련도 부족했다."라고 묘사했다. 장제스는 조직의 102번째 성원이 되었다.[10]

오랜 고투의 세월을 거쳐 쑨원의 지위는 도리어 이 시점에 와서 미심쩍어졌다. 동료들에 대해 확고부동한 권위를 요구하는 그는 잠재적 경쟁자들을 배척했다. 계집질로 위신도 크게 떨어졌다. 쑨원은 고향 마을에서 중매결혼을 한 아내를 내팽개쳤다. 그들 사이에는 세 명의 아이가 있었지만 쑨원은 여행을 하는 동안 하와이에 그녀를 남겨 두고 떠나 버렸다. 비밀 혁명 운동에 관한 역사가는 "쑨원과 가까운 동료들조차 그가 동남아시아에서 매춘부와 사귀는 것을 불안해했다."라고 썼다. 도널드도 이에 대해 언급했다. "그것이 바로 이 영감의 문제였다. 그를 여자들로부터 떼어 놓을 수가 없었다." 쑨원은 딸이 태어난 일본에서 밀회를 즐겼다. 또 도널드가 묘사한 바대로, 1912년 기차 시찰 여행에 "많은 수의 아름다운 중국 여성"을 초대했다.[11]

미국에서 교육을 받은 쑹아이링(宋靄齡)은 감리교도이자 미국 공화당 지지자인 상하이의 거물 쑹자수(宋嘉樹, 영문명 찰리 쑹(Charlie Soong))의 맏딸로, 쑹원의 비서로서 시찰 여행단에 속해 있었다. 도널드의 회상에 따르면, 쑹원은 기차 여행 동안 눈 하나 깜짝하지 않고 그녀를 빤히 쳐다보았다고 한다. 쑹원은 쑹아이링의 아버지에게 결혼을 허락해 달라고 청했지만 거절당했다. 그가 여전히 첫째 부인과 결혼한 상태였기에 감리교도 사업가는 중혼을 인정할 수 없었던 것이다. 쑹아이링은 정치보다는 돈에 더 관심이 많아 곧 비서직을 그만두었다. 빈자리는 그녀의 아름다운 동생이자 미국 조지아 주 메이컨 시 소재의 감리교 계통 웨슬리언대학을 졸업한 쑹칭링(宋慶齡)이 대신했다.[12]

쑹자수는 딸을 상하이 저택에 가두고 쑹원으로부터 떼어 놓으려 애썼다. 그러나 쑹칭링은 창문을 타고 넘어가 그녀의 남자와 함께 도망쳤다. 1915년 10월, 두 사람은 결혼했다. 쑹원은 쉰 살이고 쑹칭링은 스물세 살이었다. 세간의 논란을 알고 있는 그는 두 해가 넘도록 공식 행사장에는 새 아내와 함께 모습을 드러내지 않았다.

반란과 도주의 나날

쑹원은 혁명 자금을 조달하기 위해 천치메이와 장제스에게 동남아시아 여행을 지시했다. 천치메이와 장제스가 탄 배가 상하이에 잠시 정박했다. 이 도시의 유혹은 너무나 컸다. 그들은 해안 기슭에 올라 기선이 출발하는데도 계속 머물렀다. 2년 전의 실패 이래로 장제스는 상하이에서 위안스카이의 핵심 권력 대리인에게 맞서고자 했다. 1915년 11월 10일 혁명당은 행동을 개시했다.

그날 아침 상하이 진수사 정루청은 일본 천황에게 경의를 표하는 환영회에 참석하기 위해 검은색 들라주 리무진을 타고 일본 영사관으로 향하고 있었다. 차가 전차 궤도를 천천히 건너갈 때 황푸 강변의 와이탄(外灘) 황푸탄 로(黃浦灘路, 지금의 중산둥이 로(中山東一路)) 인도에서 중국인이 폭탄을 던졌다. 아치형을 그리며 리무진을 넘어간 폭탄은 폭발하여 연기 구름을 피웠다. 창파오를 입은 두 사람, 즉 투척자와 다른 남자가 모제르 권총을 꺼냈다. 한 명은 리무진의 발판을 딛고 뛰어올라 차 안으로 총을 난사했다. 다른 한 명은 리무진을 쫓아 뛰어가며 총을 갈겨 댔다. 리무진 앞 유리가 산산이 깨져 차 안의 목공품과 장식 용품에 가득 박혔다. 해군 상장 정루청의 훈장도 날아갔다. 지나가던 영국인 경위 두 명이 끼어들어 공격자들을 진압했다. 공격자들은 198발이 장착된 탄띠를 메고 있었다. 열여섯 차례 사격을 받은 해군 상장은 병원에 도착할 무렵 이미 싸늘한 시신으로 변해 있었다. 암살자들은 황제의 권좌에 오르려는 위안스카이의 계획에 "극도로 실망했고" 그런 까닭에 그의 대리인 정루청을 죽이기로 결심했다고 진술했다.[13]

천치메이와 장제스는 그들이 계획한 대로, 이 암살이 해군을 선동하여 영국이 건조한 배수량 2750톤의 현지 기함 자오허 함(肇和艦)을 탈취하는 병란으로 이어지기를 간절히 바랐다. 청방의 도움 아래 천치메이와 장제스는 다른 두 척의 군함 선원들을 매수하기 위해 20만 위안을 썼다. 1915년 12월 5일 밤, 황색 연통을 단 기정(汽艇)이 스물네 명의 젊은이를 싣고 자오허 함 뱃전으로 스멀스멀 다가갔다. 학생들처럼 꾸민 승객들은 견학을 허가해 달라고 했다. 자오허 함에 오른 뒤 그들은 작은 캐넌포의 탄약을 얻기 위해 곧바로 포탑 주위를 에워싸고는 병기고 열쇠를 내놓으라고 권총으로 협박했다. 권총의 위협 아래 포수들은 하는 수 없이 7.6센티미터 포탄 85발을 도시를 향해 쏘아 댔다. 비록 포수들은 높은 곳을 조준했지만 일부 건물들을 명중시켰으며 그 가운데는 요리사들이 주방에서 만찬을 준비 중인 호텔도 포함되어 있었다.

이와 동시에 경찰국, 전화 교환국 및 전기 발전소도 공격하기 시작했다. 폭탄은 소포 꾸러미와 과일 광주리에 남아 있었다. 하지만 봉기는 순식간에 실패하고 말았다. 대부분 우세한 적의 화력에 맞설 준비를 서툴게 한 탓이었다. 적에게 충성하는 함정의 포탄이 자오허 함의 보일러를 명중했고, 자오허 함에 승선한 사람들은 전함을 모는 법을 몰라 만만한 과녁이 되고 말았다. 다른 두 척의 함정에 탄 승무원들은 합류에 실패했다. 육지 위에 있던 혁명가들도 곧 패

배하여 뿔뿔이 흩어졌다.[14]

프랑스 조계지를 빠져나온 천치메이와 장제스는 점점 더 많은 적군들이 몰려와 고립무원의 형세에 빠졌음을 알아차렸다. 장제스는 이렇게 회고했다. "운이 좋았다.…… 날이 꽤 어두워 그들은 우리가 누군지 식별할 수가 없었다." 두 사람은 왔던 길을 따라 순조롭게 안가로 몸을 피했다. 그런데 천치메이와 장제스가 도착하자마자 완전 무장을 한 경찰이 들이닥쳤다. 천치메이의 조카 천궈푸(陳果夫)가 문을 쾅 닫고, 2층에 있는 그의 숙부와 장제스에게 경고를 전하기 위해 가능한 한 시끄럽게 의자와 책상을 밀었다. 장제스는 "천치메이와 나는 아주 가볍게 이웃집으로 넘어가, 그곳으로부터 샤페이 로(霞飛路, 지금의 화이하이중 로(淮海中路))에 있는 내 방으로 숨어들었다."라고 회상했다. 장제스는 그들의 정신은 동요하지 않았으나 "어둡고 을씨년스러운 나날들이었다."라고 말했다.[15]

장제스는 다시 상하이 동북쪽에 있는 요새를 전복하려는 시도에 참가했다. 처음 현지 부대가 반란을 일으켰을 때는 꽤나 성공적이었다. 하지만 혁명군 지휘관으로 임명된 장군이 위안스카이에게 뇌물을 받고 매수되어 입장을 바꾸고 말았다. 장제스와 일부 동지들은 수적으로 우세한 적에게 격퇴당할 때까지 계속 맞서 싸웠다. 예전에 토비였던 그들의 우두머리는 참수되었다. 한 기록에 따르면, 장제스는 한밤중에 홀로 성루에 남았는데 사병 두 명이 와서 그를 상하이로 되돌아가도록 보내 주었다고 한다.[16]

혁명가들은 그 밖의 실패들과 더불어 나날이 심각해지는 재정 문제로 골머리를 앓았다. 1916년 5월, 천치메이는 누군가가 중국 광산을 일본인 금융가에게 저당물로 잡히고 돈을 빌릴 계획이라며 접촉해 오자 풍요로운 광맥을 발견했다고 생각했다. 장제스가 조심하라고 경고했으나 천치메이는 접촉자가 "우리 쪽 사람"이라고 말했다. 거래를 최종적으로 확정하기 위해 한차례 회담을 갖기로 했다. 여섯 명이 전속 기사의 자동차를 타고 천치메이가 머무는 집으로 왔다. 거래에 관한 논의가 시작되었지만, 위안스카이가 고용한 암살자였던 방문객들은 곧 천치메이를 사살했다. 장제스는 차에 천치메이의 유체를 싣고 프랑스 조계지 내의 은신처에 도착해 장례식을 거행했다. 장제스는 그와 천치메이는 무척이나 가까웠기에 "우리가 헤어질 줄은 꿈에도 생각해 보지 못했다."라는 추도사를 몸소 낭독했다.[17]

다음 암살의 표적이 될까 봐 두려웠던 장제스는 아름다운 유원지를 은신처 삼아 몸을 숨겼다가 훗날 장제스 정부에서 중요한 역할을 하는 천치메이의 두 조카 중 하나와 함께 떠났다. 쑨원은 뒤이어 장제스에게 연해의 큰 성인 산둥(山東)에서 일본인의 도움으로 조직된 혁명 원정대에 참가하라고 명령했다. 이번 조직은 매우 서투르게 꾸려진 데다가 무기도 조악하기 그지없었다. 장제스는 원정이 실패하자 2주 뒤 떠났다.[18]

이러한 침체기에 반(反)위안스카이 세력에게 유리한 방향으로 바람이 불기 시작했다. 비록 현대화를 추구했을망정, 위안스카이의 낡고 케케묵은 관점과 다수의 처첩, 봉건적인 일처리 방식은 변화에 대한 중국인의 열망을 만족시킬 수가 없었다. 토지세 체계를 좀 더 효과적으로 완비하라는 명령은 각 성의 고관들과 사이를 멀어지게 했다. 황제로 등극한 지 83일 만에 위안스카이는 마지못해 퇴위할 수밖에 없었다. 1916년 봄 위안스카이는 베이징의 궁전에서 도널드를 접견했다. 그의 땅딸막한 몸은 굽어졌고 머리카락은 희끗희끗했으며, 어두운 얼굴에는 주름이 가득했다. 위안스카이는 앞으로 조금 구부정한 자세로 의자에 앉아 간단한 교담만을 나눈 뒤에 비틀거리며 방을 나갔다. 천치메이가 암살된 지 한 달 뒤인 1916년 6월 16일 위안스카이는 패혈증으로 사망했다. 이는 크고 작은 군벌들이 중국 대륙 전역에서 끊임없는 전투를 벌이는 군벌 혼전 시대의 도래를 알렸다.*

군벌 파벌들이 주마등처럼 돌고 도며 중국 북부와 중부에서 밀치락달치락 세력 다툼을 벌일 때 쑨원에게 남겨진 유일한 땅은 그의 고향인 남방의 광둥 성뿐이었다. 이웃한 광시 성에서 옮겨 온 루룽팅(陸榮廷)의 부대가 그를 광

---

* 이후 위안스카이의 북양(北洋) 군벌은 크게 둘로 나뉘었다. 하나는 돤치루이(段祺瑞)를 우두머리로 한 완파(皖派, 안후이파), 다른 하나는 펑궈장(馮國璋)이 이끌던 즈리파(直隸派, 즈리는 오늘날 베이징을 중심으로 한 허베이 성)이다. — 옮긴이

둥의 성도 광저우에서 취임시킬 준비를 했다. 쑨원은 장제스를 군사 고문으로 지명하고, 광둥의 주요한 장군 천중밍(陳炯明)의 통일적인 지휘 아래 있는 혁명군에서 야전 작전 부대 하나를 맡도록 했다. 두 군관은 곧 의견 충돌을 벌였다. 장제스는 부대의 기율이 산만하고 그의 의견이 잘 받아들여지지 않는다고 불평했다. 장제스의 저장 성 억양과 사투리도 광둥 인과의 교류를 무척 어렵게 만들었다.[19]

쑨원은 대원수(大元帥) 칭호를 받고 견장과 훈장으로 장식된 제복을 입었다. 전국적인 권력을 쟁취하자는 쑨원의 주장은 수도 베이징을 되찾는 북벌을 추진할 정부 수뇌로 뽑히면서 더욱 힘을 받았다. 베이징을 장악한 돤치루이 군벌이 군대를 보내 국회를 포위하자 남하한 국회 의원들이 쑨원을 선출했던 것이다. 하지만 쑨원은 실제로 동원할 수 있는 군대가 없었고, 광둥의 장군들은 중국 정복보다는 독자적인 지방 정권 수립에 훨씬 더 구미가 동했다. 쑨원의 광둥 정부는 활기 없고 허울뿐인 장식품에 지나지 않았다. 정부 관료들은 앉아서 장기나 두면서 헛되이 시간을 축내고, 쑨원의 영향력은 총사령부로 사용하는 시멘트 공장의 문에서 멈춰 섰다. 남방의 주요 군벌이 광저우의 명사, 상인 및 국회 의원에게 전보를 쳐서 "대원수는 꽤나 혼란스러운 칭호"이니 의문을 품어 볼 만하며 중국은 또 하나의 전국적인 중앙 정부가 필요하지 않다고 하자, 쑨원은 깎아지른 듯한 벼랑 끝에 내몰리고 말았다. 심지어 베이징에서 온 의원들도 이때는 입장을 바꾸어 쑨원을 반대하여 1918년 여름 그는 광둥 정부와 결별하고 상하이로 떠날 수밖에 없었다. 장제스는 쑨원을 따라 대도시로 가는 여행길에 올랐는데, 나중에 알려진 일이지만 이곳에서 새 아내를 찾게 되었다.[20]

3

쑨원 밑에서 권력을 도모하다

___

30대 초기에 장제스는 입신출세를 위해 혁명이라는 외투를 걸치고 쉼 없이 날뛰는 야심만만한 청년이었다. 그는 자아 중심적이고 천성이 의심 많으며 충동에 쉬이 지배당하는 데다가 별난 행동을 했다. 천치메이의 장례식 추도사에서 장제스는 "권력자에게 아부하며 빌붙는 무리들은 나를 공격하고, 나를 헐뜯고, 나를 파멸시키는" 자들이라고 말했다. 일기에 따르면 장제스 자신은 "조심성"이 있었다. 장제스는 눈과 치아, 신경통과 장티푸스 문제로 고통스러워했다. 새롭고 광활한 발전의 무대를 찾고자 했으며 군사 문제에서부터 천문과 지리 등 모든 분야를 폭넓게 읽었으나, 그의 기본 줄기는 보수적인 관점을 날카롭게 벼리는 중국 경전이었다.

장제스의 청년기에 관한 전기를 쓴 피숑 로는 장제스의 사상을 연구해서 그가 평정심, 집념, 고요함, 강인함의 중요성을 강조했다고 말했다. 장제스는 자신을 위해 고상한 준칙을 세웠지만, 그렇게 고아한 방식으로 행동하지 않아도 큰 지장이 없다는 것을 깨달았다. 장제스를 무장 강도단과 연계해서 잡아들이고자 발부된 듯한 체포 영장이 있다. 청방 명단에 있는 '장더정(蔣德正)'이라는 이름은 그의 이름을 변형한 것으로 보인다. 명단은 이 인물의 출생지부터 '정치가'라는 직업까지 밝히고 있다.[1]

설령 어른과 윗사람을 존중하라는 유교의 원칙으로 훈육받았을지라도, 제멋대로 하는 성급함과 고집은 장제스의 성격에서 지배적인 측면이 되었다. 장제스가 시커우를 떠나기 전에 한 스승이 그의 거친 태도에 관해 쓴 기록이 있다. 마을의 원로는 장제스를 두고 "고집스럽고, 질투심 강하고, 무뚝뚝하고, 성깔이 거칠고, 이기적"이라고 말했다. 장제스 본인은 그의 후원자인 장징장에게 자신이 "수양과 존경심과 절조"가 부족하며 또한 집요하고, 무례하고, 우악스럽게 공격적이라는 것을 인정했다.[2]

방탕한 청년 시절

쑨원과 천치메이 같은 극소수의 인물을 제외하고 장제스는 그 누구도 존경하지 않았다. 쑨원은 그에게 "평범함을 혐오하는 면이 지나치다."라고 훈계했다. 장제스는 스스로를 단도직입적이며 양심에 따라 행동하는 사람으로 보았다. 하지만 그의 벗이자 국민당 동료인 다이지타오(戴季陶)는 장제스가 "아무런 까닭도 없이 분개"하며, "구제할 수 없을 정도로 아집이 세다."라고 지적했다. 다이지타오는 한 편지에서 이렇게 말했다. "자네는 언제나 낙담하거나 도취한 상태에서 노여움을 억제하지 못하네."

장제스는 천치메이의 죽음이 그를 "방탕한 삶으로" 이끌었다고 고백했다. 1924년 장제스는 "다들 내가 강한 성욕에 사로잡혀 있다고 한다."라 시인하면서도 그것은 "매우 낙심한 상태에서 부득이하게 찾은 마지막 안식처"라고 술회했다. 장제스에 관한 가장 이른 전기는 1차 신해혁명이 성공한 뒤 그가 "도덕적으로 타락할 기회가 매우 많은" "꽤나 방종한 시기"를 보냈고, 또한 그 결과가 드러나기 시작했다고 서술했다. 다른 기록들은 장제스를 "상냥하며 빈틈없는 연인"이라고 묘사했으며, 그가 "젊은 시절에 난봉꾼 생활을 하며 온 상하

이에 자신의 씨를 뿌릴 때" 술과 여자를 향한 주체할 수 없는 충동에 휩싸여 있었다고 언급했다.[3]

장제스는 그가 "몸집이 작고 맵시 있으며 굉장히 매력적인 미인"이라고 표현한 볼이 포동포동하고 함치르르한 야오(姚)씨의 가녀(歌女)를 내연의 처로 삼았다. 그들은 천치메이가 죽은 뒤 장제스가 은신한 유원지에서 만났다. 본래 야오는 장제스와 그녀의 관계를 질투하게 된 나이 지긋한 남자에게 속해 있었다. 그녀의 기둥서방이 연 만찬회에서 야오는 상어 지느러미 탕을 식탁에 올렸다. 남자가 야오에게 새로 싹튼 정분을 포기할 수 없느냐고 물었다. 그녀는 싫다고 말했다. 장제스가 기록한 바에 따르면, 남자는 야오를 위해 수천 위안을 썼지만 그녀는 도리어 젊은이와 시시덕거리고 자기 체면을 여러 차례 떨어뜨렸다며 닦달했다고 한다. 그러다 그는 탕 사발을 들어 야오의 머리에 내리쏟으며 소리쳤다. "기왕 네년이 그 빈털터리 혁명가를 나보다 더 좋아한다면, 이 모자를 씌워 주마!" 펄펄 끓는 국물이 그녀의 얼굴을 망가뜨리자, 찻집에서 남자에게 환심을 사는 그녀의 직업도 망가지고 말았다.[4]

장제스가 미친 듯이 방탕한 생활을 하는 사이에, 쑨원은 어린 아내와 함께 프랑스 조계지 모리 로(莫利路)(지금의 샹산 로(香山路)) 29호에 있는 말끔한 2층 빌라에 거주하고 있었다. 해외 화교가 기부한 돈으로 산 저택이었다. 비록 쑨원은 늘 자신의 합리성을 확신했으나, 그는 고립된 생활을 하고 있었고 중국 지식계의 전위들이 받아들인 현대적인 행동 방식이 어색해 마음이 편치 않았다. 민족주의 고취를 부르짖었던 쑨원은 당시의 가장 큰 저항 운동에 관해 아무런 역할도 하지 못했다. 이 운동은 연합국이 중국을 대하는 방식 때문에 일어났다. 중국은 제1차 세계 대전 막바지에 반(反)독일 동맹에 가입한 뒤, 대규모의 노동자들을 배로 서부 전선에 보내고 그 보답으로 독일이 차지하고 있던 산둥 성 동쪽 연해의 조차지를 돌려받기를 기대했다. 하지만 연합국의 비밀 조약은 그곳을 일본에 넘겨주었다. 1919년 5월 4일 분노한 5000여 명의 학생들이 베이징에서 항의 시위를 벌였다. 민족주의 의식이 산둥 반도 조차지 결정에 대한 분노와 베이징 군벌 정부에 대한 비난과 함께 뒤섞여, 학생들은 중국이 근대 국가가 되는 길을 가로막고 있는 낡은 사고방식으로부터 벗어나야 한다는 사상의 흐름을 나날이 고조해 나갔다. 비록 일본이 산둥으로 진입하는 것을 막지는 못했지만, 5월 4일은 중국 민족주의 운동의 이정표가 되었다. 훗날 쑨원은 자신의 저항 운동 경력을 신화적으로 엮어 내기 위해, 그 당시 공산주의 사상을 접하기 시작한 지식층이 주도한 5·4 운동을 깎아내렸다. "어린 학생들은 신문화를 재잘재잘 지껄이며 사해동포주의를 신봉한다. …… 우리는 그런 것들을 위해 애쓸 여유가 없다." 대부분의 혁명적인 지도자들처럼, 쑨원도 자신이 통제하지 않는 어떤 운동도 좋아하지 않았다.

상하이 망명지에서 쑨원은 그의 재정적 후원자이자 고문인 장징장을 자주 만났다. 1911년 어느 여름날 오후에 쑨원은 장제스와 다이지타오를 동반하고 지체가 부자유한 장징장을 보러 난징 로(南京路)의 서양 상류층 구역에 있는 저택을 방문했다. 응접실로 걸어 들어간 세 남자는 장징장의 다섯 딸과 이들에게 중국어 교습을 하는 소녀를 만났다. 쑨원이 중국을 위해 젊은이들이 어떻게 해야 하는지에 대한 짤막한 강의를 하자 장제스가 웃으면서 찬동했다. 10대들은 방에서 나갔다가, 쑨원 일행이 초저녁 무렵 떠날 때까지 이따금 차와 간식을 들고 들어왔다.[5]

아명이 아펑(阿鳳)인 여섯 번째 소녀는 종이 상인의 딸로, 양호한 교육을 받은 그 어머니는 훌륭한 서예 솜씨로 널리 알려져 있었다. 아펑의 친구들 중 한 명인 주이민(朱逸民)은 장징장의 첫째 부인이 미국에서 죽은 뒤 장징장과 결혼했다. 장징장의 딸들은 어머니가 사망하고 나서 상하이로 돌아왔는데, 중국어를 하루속히 익혀야 했다. 그래서 주이민은 중국어와 영어를 말할 줄 아는 친구를 다섯 딸의 아버지에게 가정 교사로 추천한 것이다. 그날 밤 주이민과 작별한 아펑은 장제스가 대문 앞에서 파수병처럼 서 있는 모습을 발견했다. "남자는 술을 마셔 얼굴이 빨갰고, 더구나 몹시도 흥분한 듯싶었다." 아펑은 훗날 장제스를 보통 키, 다소 마른 몸, 빡빡 깎은 머리, 돌출한 입, 튀어나온 턱, 짧고 곧은 코라고 묘사했다. 그는 말할 때 목구멍에서 가르랑거리는 소리가 났고, 이는 별나게 드러나 보였다. 눈은 검고 예리했으며, 입술 선은 관능적이었고, 그녀에게 사는 곳이 어디냐고 묻는 음색은 음란했다. 아평은 장제스를 뿌리치기 위해 거짓 주소를 가르쳐 주었다. 장제스가 함께 걷자고 제안했다. 그녀는 거절했다. 그가 길을 가로막았다. 아평은 황급히 지나쳐서 장제스가 그녀의 뒷모습을 뚫어지게 쳐다보는 가운데 집으로 돌아왔다.[6]

40년이 흐른 뒤 천제루(陳潔如)라는 성년 이름에 제니(Jennie, 중국명 潔妮)라고도 불린 아평은 홍콩에서 협력자의 도움을 받아 영문으로 된 회고록을 썼다. 미국의 한 출판사가 이 책을 출간하자고 했으나 장제스의 보좌관 두 사람이 소송을 걸겠다고 협박하여 제안은 철회되고 말았다. 워싱턴에 있는 지지자의 조력을 받아 타이완의 장제스 행정부는 이 회고록이 불러올 수 있는 난처한 국면을 피하기 위해 출간을 금지하기로 결정했다. 미국에서 회고록 출간을 맡은 에이전트는 두 차례나 공격과 구타를 받았다. 그의 사무실도 침입을 당했다. 에이전트는 고소하겠다는 위협에 시달리기도 하고 미국 연방수사국(FBI)의 조사도 받았다. 미국에서 출간이 저지당한 뒤, 장제스 아들을 대변하는 변호사가 홍콩의 협력자로부터 회고록 원고의 복사본을 17만 달러에 사들였다.

천제루가 1971년 세상을 떠날 때 그녀의 회고록은 햇빛을 보지 못할 듯했다. 하지만 18년 뒤 저명한 중화민국사 전문가 로이드 이스트먼은 캘리포니아 주의 후버연구소에서 친필 원고를 찾아냈다. 1992년 이 회고록은 중국어 번역본으로 출간되었고 잇달아 영문 원본도 이듬해에 세상의 빛을 보게 되었다. 물론 회고록은 작가의 시점에서 서술되었고, 그녀가 유일하게 증인인 사건들도 포함하고 있다. 날짜 오류가 있고 감정을 과장하거나 멜로드라마 조인 문장도 더러 있으나, 전체적으로는 정확하다는 데는 의심할 여지가 없다. 사실 이 책의 내용은 사람들이 상상하는 부정적인 장제스의 초상과는 거리가 멀다.

장제스가 처음 어린 아평을 만났을 때, 그녀는 스스로의 표현에 따르면 "키가 크고 말랐지만 몸매가 매우 좋았다. …… 나는 피부가 부드럽고 얼굴 윤곽이 뚜렷했지만 입은 돌출된 치아에 크기까지 하고 턱은 꽤나 두꺼웠다. …… 숱 많고 무거운 앞머리는 눈썹을 거의 덮을 정도였고 길게 땋은 머리카락을 등

뒤로 늘어뜨렸다." 첫 만남 이후 일주일이 흘러 장제스가 아펑의 집 앞을 지날 때, 그녀는 공공 조계지의 시장 로(西藏路)에 자리한 집에서 바느질을 하고 있었다. 아펑의 어머니가 시장에 가면서 딸이 일하는 데 빛이 들도록 문을 활짝 열어젖혀 놓았다. 장제스는 아펑을 보고 그녀를 찾으려고 했지만 잘못된 번지수에 속았다고 털어놓았다. 아펑은 그가 집에 못 오게 하기 위해서였다고 대꾸했다. 얼마 뒤 아펑의 어머니가 돌아와 장제스를 내쫓았다. 다음 날 주이민이 아펑에게 "장제스가 너를 미친 듯이 사랑한다."라고 넌지시 말했다. 아펑이 장 징장의 집에 있을 때마다 장제스도 들렀다. 그리고 마침내 그녀를 설득해 공공 조계지의 성(聖) 조지 식당에서 점심 식사를 함께하게 되었다.

"점심을 먹는 내내 그는 내가 대답할 수 없는 질문들을 연거푸 물었다." 천 제루가 회상했다. "그는 매우 흥분한 채 닝보 사투리로 크게 말했다. 어쩔 수 없이 내가 낮은 목소리로 이야기하라고 몇 번이나 다그칠 정도였다." 식사 후 장제스는 그의 누나를 보러 가자고 청했다. 아펑은 숙제를 해야 한다고 대답했지만 그는 아랑곳하지 않았다. 그녀는 장제스에게 앞쪽에서 걸으라고 우겼다. 어린 여자가 낯선 남자와 함께 길을 걷는 모습이 남의 눈에 띄는 것은 매우 부적절하다고 여겼기 때문이었다.

징안쓰 로(靜安寺路)에서 몇 구역을 더 지나 벌링턴 호텔의 진입로에 멈춰 선 장제스는 여기에 누나가 산다고 말했다. 아펑이 이곳은 외국인들이 사는 데라고 대꾸했다. 하지만 장제스는 그녀를 로비로 이끌더니 두꺼운 양탄자가 깔린 계단을 올라갔다. 흰 제복을 입은 안내원이 층계참에서 그들을 맞이하고는 홀을 지나 객실로 인도했다. 그녀는 회고록에 이렇게 썼다. "방으로 들어가서 …… 한쪽에는 널찍한 서양식 침대가 놓여 있고 다른 한쪽에는 화장대가 있는 엄청나게 큰 침실을 보고 나는 몹시 놀라고 의아했다. …… 널찍하고 커다란 프랑스식 창문에는 눈처럼 하얀 레이스 커튼이 달려 있었다. 모든 것이 더없이 하얗고 깨끗하게만 보였다." 소녀는 방 안을 이리저리 걸어 다니고 화장실도 둘러보더니 장제스에게 누나는 어디에 있느냐고 물었다.

그때 장제스가 몸을 돌려 방문을 잠갔다. "두려워하지 마세요." 그가 웃으며 말했다. "나는 당신과 이야기를 나누고 싶고, 또 비밀 하나를 가르쳐 줄 테니까요. 아핑, 저는 정말로 외롭습니다. 당신은 날 행복하게 하는 유일한 사람입니다. 하지만 당신의 차가움은 절 슬프게만 합니다."

장제스는 나긋이 아핑의 손을 잡고 손가락을 어루만지더니 그녀를 껴안으려고 했다. 그녀가 문어귀로 뛰어갔다. 회고록은 이어진다. "나를 멈추려고 그는 감당하기 힘든 성깔을 부렸다. 그가 광분해서 두 팔로 나를 잡더니, 껴안고 열정적으로 볼에 입맞추고 연달아 입술까지 훔쳤다. 하지만 나는 암범처럼 맞서 싸웠다. 나는 걷어차고 또 후려갈기며 있는 힘껏 그를 마구 때렸다."

장제스가 손을 놓자, 아핑이 살려 달라고 크게 소리를 질렀다. 이때 그가 문을 열었다. 아핑은 핵 뛰쳐나갔다. 집에 돌아와서는 어머니에게 머리가 조금 아프니까 침대에서 쉬겠다고 말했다. 늘 고집스러운 장제스가 이튿날 아침 전화를 걸어왔다. 아핑은 "당신이 원하는 게 도대체 무엇인가요?"라며 쌀쌀맞게 말했다. 장제스는 그녀를 다시 만나 용서를 빌고 싶다고 하소연했다. 아핑은 전화를 끊었지만 그의 용기에 놀라움을 금치 못했다.

장제스는 끊임없이 전화질을 해 댔다. 아핑은 그와 말도 섞지 않았다. 장제스는 편지에 아핑의 거절이 심지어 혁명가의 "사기와 정신"을 떨어뜨릴 수 있다고 썼다. "당신의 대답을 듣기 전까지는 멈출 수가 없습니다. …… 저는 제 마음을 당신의 치맛자락에 놓아두었습니다. 당신이 절 용서하고 하루속히 저와 다시 이야기하기를 바랍니다. 오늘이라도 만나 주세요!" 아핑의 회답은 만일 장제스가 그녀를 내버려 둔다면 보답을 약속하겠다고 암시했다. "당신의 편지를 받았습니다. 전화나 편지로 성가시게 하지 마세요. 그러면 조금씩 당신을 용서할게요." 장제스는 서른두 살이었고, 아핑은 열세 살에 불과했다.

"나의 병은 극단을 마음에 두는 것이다"

1920년 가을, 진보적인 관점을 가진 광둥 성의 한 장군이 쑨원을 광저우로부터 내쫓은 군벌을 축출했다. 현지의 초기 주민들에게 '하카(客家)* 장군'으로 유명했던 천중밍은 비록 훗날의 정사(正史)에서는 혹독한 평판을 받았지만 꽤나 중요한 인물이었다. 영국 대사관 무관들은 중국에서 가장 유능한 군인 중 하나로 그를 꼽았다. 광둥 동부의 지주 집안 출신인 천중밍은 1911년 혁명 후 부성장을 지내며 아편과 도박을 엄격하게 금지했다. 하지만 1913년 2차 혁명이 실패한 뒤로 광둥에서 쫓겨났다. 이웃한 푸젠 성 남부로 옮겨 간 그는 학교와 도로를 많이 세우고 언론의 자유를 증진했다.[7]

광저우를 빼앗고 광둥 성에서 지배권을 확립한 천중밍은 쑨원에게 돌아오라고 부탁했다. 광저우로 다시 진입한 쑨원은 중국 전역의 총통이 되기 위해 북벌을 감행하는 거대한 계획에 착수했다. 쑨원은 장제스를 불러 합류하도록 했지만, 이 젊은이는 예전에 남방을 몇 차례 여행하면서 천중밍과 여러 번 말다툼을 한 적이 있었으므로 여러 달이나 머뭇거렸다. 출발에 앞서 개인적인 지위를 최대한 보장해 달라고 강력하게 요구하며, 장제스는 광둥 성이 자기가 오랫동안 머물 곳으로는 적당하지 않다고 공언했다.

천중밍은 군사비 지출을 예산의 30퍼센트 이내로 한정하는 법률을 도입했다. 백화문 사용을 지지했으며 중국공산당 1세대 지도자가 된 저명한 진보적 지식인 천두슈(陳獨秀)가 이끈 교육 개혁 부문에는 예산 20퍼센트를 지불했다. 정부가 해외로 나간 유학생들에게 보조금을 지불해서 여러 명이 프랑스에서 무정부주의자가 세운 대학에 들어갔다. 소련 정보원들은 천중밍을 "대단한 의지력과 자제력을 가진" 인물이자 "탁월한 조직가이고 인민대중에게 동정심을 갖고 있다."라고 평가했다.[8]

천중밍은 중국 기타 지방의 대규모 군벌로부터 독립하여 남방 연맹을 세우기를 간절히 바라고 있었다. 따라서 쑨원의 베이징 군사 원정 계획을 단행할 짬이 없었다. 천중밍은 쑨원을 존중했지만 동시에 비현실적인 이상주의자로

---

* 주로 화북 지방에서 이주해 온 중국 중남부의 소수 한족 집단으로 장사에 뛰어났다. 태평천국 운동을 이끈 홍수전과 쑹씨 가문이 유명하다. ― 옮긴이

간주했다. 북벌 계획을 중지하지 않은 쑨원은 북방의 한 군벌과 수도 베이징을 공동으로 공격하는 일을 담판하고 있었으나, 이는 예산 부족 때문에 하나의 몽상에 지나지 않았다. 쑨원은 광저우에 모인 225명의 국회 의원에게 보조금을 주고 선거에서 중화민국 임시 대총통으로 선출되었다.(정족수가 부족했기 때문에 전칭(全稱)을 얻을 수 없었다.) 의회는 쑨원의 북벌 계획을 지지했다. 그리하여 쑨원은 광둥 북부를 향해 소규모 부대를 진격하도록 했다.

한층 더 야심만만해진 장제스는 장시 및 쓰촨의 군벌과 연합할 계획을 제출하고, 서북 지역을 공격하는 데 3000만 위안의 비용이 필요하다고 주장했다. 이는 정말로 어리석은 짓이었기에 천중밍은 일체의 경비 지원을 거절했다. 장제스는 다시 한 번 화가 단단히 나서 고향 저장 성으로 횡 돌아가 버렸다. 쑨원이 돌아오라고 독촉하자, 장제스는 제대로 된 북벌 원정 부대가 결집하기 전까지는 떠나지 않겠다고 못 박았다. 쑨원이 그러한 부대가 결성되었다고 전보를 친 뒤에야 장제스의 마음은 누그러졌다. 남방으로 돌아온 장제스는 어느 날 눈이 새하얗게 덮인 풍경을 보는 꿈을 꾸다가 깨어나 어머니에게 불길한 일이 일어날 징조라고 직감했다. 백색은 중국에서 죽음을 상징하는 색깔이었다. 1921년 6월 14일 장제스의 모친이 향년 53세의 나이로 사망했다. 극단적 개인주의자인 장제스의 어머니는 마지막 순간에 이르러서도 남편과 그의 전처 둘이 묻힌 묘에 자신을 매장하지 말라는 유언을 남겼다. 장제스의 어머니는 또한 아들에게 곤란할 때 도와준 가족들을 잊지 말라고 훈계했다. 함께 건네준 명단은 누가 죽을 지경에 빠진 피붙이를 보고도 돕지 않았는지 또한 가르쳐 주었다. 어머니의 독립 자강 신념과 헌신적으로 가족을 부양한 삶은 아들에게 그 후로 몇십 년 동안 매우 깊은 인상을 남겼다.[9]

장제스는 상을 치르기 위해 시커우로 갔다. 그는 흡사 웃고 있는 부처처럼 보이는 나지막한 산의 소나무 숲에 배꼽 같은 무덤을 세웠다. 천천히 올라가는 오솔길을 따라서는 2미터 남짓한 높이의 비각들을 세웠다. 그중 하나는 쑨원이 세워 준 것이었다. 나무들과 관목 숲이 둘러싼 분묘 앞에는 대나무와 봉황을 새긴 비석이 세워졌다. 봉황은 여인을, 대나무는 장제스 어머니가 출생한 산을 상징했다. 산 아래 마을에서 피어오르는 밥 짓는 연기가 마치 향불 같다고들 했다. 삼각형 형태로 융기한 분묘 뒤의 땅 꼭대기에는 들꽃이 피어 있었다.

8월 중순 상하이로 떠난 장제스는 어머니 무덤의 안전이 우려되는 꿈을 꾸었다. 그는 서둘러 시커우로 돌아와 홍수로 마을이 잠겼지만 어머니의 분묘는 아무 탈 없이 무사하다는 것을 확인했다. 9월 중순경 마침내 광저우에 도착한 장제스는 천중밍을 찾아가 인사를 했다. 하지만 이 만남으로 인해 더욱 불쾌해져 곧장 상하이로 되돌아갔다. 자신이 처한 상황을 심사숙고한 뒤 장제스는 단호하게 말했다. "처세를 할 때 나의 병은 극단을 마음에 두는 것이다. 그러므로 생사와 환난을 같이하기로 맹세한 지우는 있지만, 억지로 만남을 유지하는 평범한 벗이나 사회적 교우 관계는 없다. 말하는 바가 이러하고 행동하는 바도 이러하다."[10]

장제스는 상하이에서 그가 벌링턴 호텔로 데려갔던 10대 소녀의 부친이 별세했다는 소식을 들었다. 그는 상복을 입고 아펑의 집으로 조문을 갔다. 유해는 전당(前堂)에 안치되어 있었다. 전통대로 아펑과 그 형제들이 조문객을 맞이하는 동안 미망인은 은미한 모퉁이에 있었다. 장제스는 촛불과 선향에 불을 붙이고 나서 관대 옆의 방석에 무릎 꿇고 엎드려 세 번 절을 올렸다. 면도를 하지 않아 쓸쓸해 보이는 모습으로 어린 상주들에게도 허리를 굽혀 절했다. 그들은 조용히 절하여 답례했다."[11]

연이은 며칠 동안 장제스는 장징장의 집에 자주 전화를 걸어 이제 열네 살이 된 아펑의 상태를 알아보았다. 아펑의 친구 주이민은 아펑의 모친에게 장제스의 구애를 일러바쳤다. 아펑의 모친은 곧장 사설탐정을 고용해 장제스의 사생활을 조사했다. 탐정은 장제스가 일정한 직업이 없는 데다 아내와 첩 하나가 있다고 보고했다. 아펑의 모친은 근본적으로 결혼은 불가능하다고 단언했다. 이에 장징장은 아펑의 모친을 몸소 방문해서 장제스는 이미 첫째 아내와 이혼했고 첩과는 이별의 서약을 했다고 보증했다. 또한 장제스는 자신의 매우 좋은 친구이고 아펑에게 흠뻑 빠져 있으며, 자기더러 중매 역할을 부탁했다고 설명했다. 그는 "장제스는 무척이나 고집스러우니, 절대로 가볍게 포기한다고 말하지 않을 것입니다."라고 덧붙였다.

아펑의 모친이 장제스를 솔직하게 평가해 달라고 요구하자 장징장이 대답했다. "그는 친절한 사람이며 혁명가로서 절대적으로 헌신합니다. 천(陳) 부인! 저는 장제스가 따님의 좋은 남편이 될 것이라 생각합니다. 하지만 아주 솔직하게 말하자면 그는 몹시 충동적이고, 독단적이고, 또 너무나 자주 화를 냅니다. 유일한 단점은 쓸데없는 모험을 무릅쓴다는 것이고요. 그는 우리 조직의 청년 성원이고, 우리는 절대적으로 충성하는 그의 기질을 좋아합니다. 그렇다고 우리가 늘 그의 의견과 제안을 따르는 것은 아닙니다."

아펑의 모친이 점차 설복되는 한편, 장제스가 그녀 아버지의 관 앞에서 보인 절망적인 모습에 호텔 사건에 대한 아펑의 화도 한결 누그러졌다. 아펑은 장제스가 아직 그 자신의 어머니를 애도하고 있음을 몰랐던 것이다. 장징장의 집에서 한차례의 만남이 마련되었다. 쑨원도 참석했다. 아펑이 쑨원에게 머리를 숙여 인사하며 그의 황갈색 구두를 내려다볼 때, 그가 말하는 소리가 들렸다. "무척 참한 아가씨인데, 너무 어리구려." 쑨원은 만일 두 사람이 서로 사랑한다면 결혼하라며, 그들의 삶은 필요할 때 혁명에 바쳐져야 한다는 설교를 늘어놓았다.

쑨원이 떠난 뒤 장제스는 소녀를 장징장의 도서실로 데려가 사랑을 맹세했다. 아펑은 무슨 대답을 해야 할지 몰라 잠자코 있었다. 장제스는 택시를 잡아 프랑스 조계지의 공원으로 자리를 옮겨, 그의 중매결혼과 시첩과의 관계를 자세하게 해명했다. 그들이 결혼하면 아펑이 자신의 "유일하고도 합법적인 아내"라고 약속했다. 그런 뒤 아펑의 회고에 따르면 장제스는 짧은 시를 읊었다.

바다가 모조리 말라 사라지고	海可以幹
산이 산산이 부서질지라도	山可以裂
당신을 향한 나의 사랑은	我對你的愛

　아평의 말문이 여전히 막혀 있자, 장제스가 호주머니에서 작은 칼을 꺼내 자신이 얼마나 진지한가를 보여 주고자 손가락을 갈랐다. 아평은 승복당하고 말았다. 두 사람은 결혼을 약속했다. 카페에서 데이트를 할 때였다. 장제스는 아평에게 군복을 입고 있는 자기 사진을 건네주고, 그녀를 '순결하고 티가 없다'는 뜻의 제루(潔如)라 부르기로 결정했다고 말했다.

　결혼식은 용안(永安) 백화점 건물에 있는 다둥(大東) 호텔에서 열렸다. 신부는 금빛 은빛 실로 수놓은 엷은 분홍색 비단 드레스를 입고 머리에 진주 장식을 달았다. 신랑은 긴 감청색 창파오와 짧고 작은 검은색 비단 마고자를 입었다. 결혼 증서는 두꺼운 홍색 비단이 덮인 탁자 위에 있었다. 다른 탁자에는 붉은 초가 타고 있는 촛대 두 대와 커다란 땜납 향로가 놓였고, 과일과 사탕수수와 간식과 향신료가 보탑처럼 가득 쌓인 접시들이 진열되어 있었다. 벽 위에는 붉은 비단에 금으로 수놓인 기쁠 '희(喜)' 자가 두 장 걸려 있었다.[12]

　혼사를 주관한 장징장은 의자에서 힘들게 일어나 부부의 행복과 행운을 비는 짧은 축사를 낭독했다. 신랑 신부는 주홍색 인주에 도장을 묻혀 결혼 증서에 꼭 눌러 찍었다. 하객들을 향해 허리를 숙여 인사한 뒤 두 사람은 방의 한쪽 끝 제단으로 가서 무릎을 꿇고, 신부의 시중을 드는 부인이 부부의 장수와 화합 그리고 자손의 번창을 비는 축사를 음송하는 동안 은잔에 따라진 술을 마셨다. 문밖에서는 연발 폭죽이 터지며 식의 끝을 알렸다. 회고록의 기록은 이렇다. "머리를 들고 장제스를 몰래 쳐다볼 때마다 나는 몰입한 그가 행복하고 자랑스러워하는 표정을 짓지만, 조금은 성가셔한다는 것을 엿볼 수 있었다. 나는 본능적으로 그가 결혼식이 빨리 끝나기를 바란다고 느꼈다."

　현대적인 유럽식 가구가 구비된 신혼 방이 호텔에 예약되어 있었다. 2인용

---

* 이 시는 천제루가 제공한 것이다. 그녀가 이 시를 조지 거슈윈(George Gershwin)의 프리즘을 통해 회상했는지는 알 수 없는 노릇이다.

놋쇠 침대에는 용과 봉황이 자수된 분홍빛 비단 휘장이 걸려 있고 베개와 이불에도 같은 무늬가 수놓아져 있었다. 네 겹의 비단 누비이불은 침대 한쪽에 가지런히 길게 포개져 있었다. 벽에는 붉은 족자가 걸려 있었다. 혼수는 트렁크 네 개에 꽉 차 있었다.

장제스가 피로연에서 손님들을 응대할 때 신부는 방에서 묵묵히 기다렸다. 시중 드는 부인은 신부에게 장제스가 만지면 저항하지 말아야 한다고 충고했다. "반드시 모든 것에 순순히 따르고, 그가 바라는 대로 하게 돼야 해요." 부인은 이부자리를 정리하고 작은 천을 깐 뒤 베개 옆에 수건과 윤활유를 놓아두었다. 신랑이 돌아왔다. 부인은 떠나면서도 되풀이해 말했다. "신랑에게 저항하지 마세요. 하고 싶은 대로 내버려 둬요. …… 지금 두려워할 필요는 없어요. 축하해요! 많은 자손을 낳길 빌어요!" 장제스를 향해서는 "축하드려요. 즐거운 밤 보내세요, 신랑 선생님."이라고 명랑하게 말했다.

장제스가 문을 잠갔다. 그 뒤를 천제루가 회상했다. "그가 두 팔로 나를 껴안자 심장이 격렬하게 고동치는 것이 느껴졌다. 나는 마치 넝쿨째 걸린 듯 그 자리에 서서, 반쯤 눈을 감고 무방비 상태로 기다렸다. …… 그는 몸으로 나를 열렬하게 누르며 꽉 껴안았다. 나는 그의 욕망에 순종했다." 이튿날 그들은 하루 내내 방 안에 틀어박혔다. "격정의 도가니" 속 어느 순간, 장제스가 어머니의 죽음 뒤로 구상한 포부를 밝혔다. 천제루와 결혼하고, 쑨원의 신임을 얻어 그의 후계자가 되고, 중국을 통일하는 가장 위대한 군사 지도자가 되는 동시에 세계적으로 명성이 드높은 영웅이 되겠다는 야망이었다.

신혼여행 동안 장제스 부부는 시커우에서 신랑의 가족과 전처를 만났다. 산언덕을 산책하고 평평한 대나무 너벅선으로 강을 유유히 유람했다. 상하이로 돌아와 천제루는 그녀보다 고작 네 살 아래인 장제스의 아들 장징궈(蔣經國)를 만났다. 장징궈는 얌전하고 조용한 소년으로 보였으나 아버지를 두려워했다. 천제루가 아들을 거칠게 다루지 말라고 간청하자, 장제스는 부모가 아들을 망치는 것이 가장 나쁘다고 대답했다. "그놈은 규율을 배워야만 하오."[13]

새색시는 남편의 또 다른 가족, 곧 수양아들도 알게 되었다. 웨이궈(緯國)

라는 아이는 장제스의 국민당 동지이자 의형제인 다이지타오가 일본에 머물 때 얻은 아들인데, 어느 날 일본인 엄마가 아기를 안고 나타났다. 이미 결혼한 다이지타오는 자신의 아들이라 인정하고 싶지 않았고 장제스가 아이를 맡아 기르는 데 동의한 것이었다. 천제루는 웨이궈가 섬약한 성정에 길고 마른 얼굴이었다고 서술했다. 웨이궈는 유순하고 총명하며 호기심이 많았다. 장제스는 친아들을 거칠게 대하는 것과는 대조적으로 웨이궈를 무척 좋아하는 듯했다. 그는 일기에 "징궈는 가르칠 만하고, 웨이궈는 사랑스럽다."라고 썼다. 장제스가 전 첩 야오에게 웨이궈를 돌봐 달라고 위탁해서 두 사람은 장제스의 고향 마을로 가서 생활했다. 70년이 흐른 뒤, 웨이궈는 장제스의 첫째 아내가 그들을 매우 학대하고 돼지우리에서 살게 해서 짚단 위에서 잤다고 술회했다.[14]

상하이에 돌아온 천제루는 피부 염증으로 고생한 뒤 더욱 놀라운 사실을 발견했다. 그녀는 의사를 찾아가 혈액 검사를 받았다. 그녀가 회고록에 쓰길 사흘 뒤 의사는 그녀가 임질에 걸렸다고 말했다.

천제루는 택시를 타고 황급히 어머니의 집으로 달려갔다. 장제스는 반 시간 후에 도착했다. 그는 병의 증세가 미미하고 더구나 치료로 완치될 수 있다고 타일렀다. 천제루에 따르면, 그들이 결혼하기 전에 장제스 자신도 같은 병에 걸린 적이 있으며 그녀를 감염시켰다는 것을 인정했다고 한다. 장제스가 상하이에서 살았다는 점을 고려하면 놀랄 일도 아니었다. 어림잡아 상하이 인구의 10~15퍼센트가 매독에 걸린 적이 있고, 임질에 걸린 사람은 훨씬 더 많았을 터였기 때문이다.

천제루의 모친이 사위를 욕하는 동안 천제루가 소리 질렀다. "당신은 나쁜 남자예요. 나는 당신과 이혼할 거예요!" 장제스는 선 채로 고개를 숙이고 용서를 빌었다. 그날 오후 두 사람은 함께 병원에 갔다. 의사가 장제스에게 방에서 잠시 나가 달라고 부탁하고는 비소가 함유된 해독제를 천제루의 팔에 주사했다. 해독제를 열 번 주사하는 과정을 거쳐야 치료할 수 있으나, 그 과정에서 출산 능력을 잃을 수도 있다고 경고했다.

장제스와 천제루가 대기실로 들어갔다. 의사는 장제스에게 결혼하기 전에 마땅히 치료를 마쳐야 했고, 또한 그는 생식 능력을 잃게 하는 부고환염을 앓고 있다고 말했다. 양심의 가책으로 괴로워하며 장제스는 참회의 징벌로 술을 끊겠다고 맹세했다. 천제루는 회상했다. "나는 너무나 고통스러워 말다툼을 할 기력도 없었다. 내가 무엇을 할 수 있었겠는가? 이런 상황에서 어린 아내가 용서 외에 딱히 무엇을 할 수 있었겠는가? 그래서 나는 제스를 용서했다. 그리고 그에게 배갈을 비롯해 모든 종류의 술을 끊고 오로지 끓인 물만 마시겠다는 약속을 엄수하라고 했다."[15]

천제루의 진술은 장제스가 초혼 뒤에 두 차례 더 결혼을 했지만 자녀가 없었던 이유를 밝혀 주는 명명백백한 근거이다. 오랜 세월이 지나 장제스의 양자는 부친에게 생식 능력이 없다는 것을 보다 더 생생하게 해명했다. 임종을 앞두고 장웨이궈는 타이완의 역사학 교수와 인터뷰를 가졌다. 그의 이야기로는, 장제스는 어릴 적 고향 마을에 살 때 나무가 활활 타고 있는 화로의 철 손잡이에 앉아 있다가 성기에 심각한 화상을 입었다고 한다. 장제스 어머니는 돼지기름을 발라서 상처를 치료했다. 잠시 뒤 장제스는 마당으로 똥을 누러 나갔다. 개 한 마리가 돼지기름 냄새에 이끌려 달려오더니 그의 고환을 물어뜯어 버렸다. 이 이야기가 세상에 나왔을 때 장제스는 이미 죽었지만, 그의 경호원 한 명이 신속하게 반박하며 총사령관의 성생활은 60대까지 왕성했다고 변론했다. 장웨이궈의 이야기는 마치 합법적인 친아들 장징궈를 장제스의 첫째 아내와 현지의 장사꾼이 사통해서 낳은 사생아로 깎아내리려는 양아들의 시도인 듯 보였다. 이러한 왕조의 적통 게임은 중국에서 오래된 경기 종목이다.[16]*

---

* 1930년대 중국에서 생활한 미국 작가 에밀리 한(Emily Hahn)은 1955년 장제스에 대한 전기에서 장웨이궈가 실은 장제스의 친아들임을 암시했다.(『장제스(*Chiang Kai-shek*)』, 48쪽) 하지만 동시대의 다른 기록들은 양아들이라는 관점을 견지하고 있다. 만일 장제스가 웨이궈의 친부라면, 화로와 개에 관한 웨이궈의 이야기는 터무니없는 난센스이다. 하지만 반드시 설명해야 할 점이 있다. 장웨이궈는 어머니와 할머니의 네모난 얼굴을 닮은 장징궈보다 총사령관을 훨씬 더 많이 닮았다는 것이다.

쑨원과 생사를 함께하여 신임을 얻다

1922년 초 장제스와 천제루가 정기선 프레지던트태프트 호를 타고 남쪽으로 쑨원을 만나러 갈 무렵, 천제루는 그를 이미 용서한 듯하다. 항해에 관한 그녀의 기록은 낙관적이다. 처음으로 외국 기선을 탄 그녀에게는 모든 것이 신식이고 호화스러웠다. 장제스는 드넓은 바다를 매우 좋아했고 쑨원을 다시 보는 일에 큰 기대를 품고 있었다. 부부는 일등실에 묵었다. 하인 두 명이 삼등실에서 왕래했다. 장제스는 의복뿐 아니라 문건과 지도와 서적이 가득한 두 개의 트렁크를 가져왔고, 영어를 배워 보고자 메뉴판을 연구했다. 천제루는 혁명에 관한 책들을 읽었다. 광저우에서 두 사람은 쑨원의 주요 부관 중 한 명인 랴오중카이(廖仲愷)의 영접을 받아 강가 부두의 한 호텔로 인도되었다. 랴오중카이가 장제스에게 요즈음의 사건을 간단하게 설명했다. 장제스는 하카 장군 천중밍에게 전화를 걸어야 할지 아내에게 상의하며, 그와는 서로 강렬한 반감에 휩싸여 있다고 말해 주었다.[17]

천제루가 한번 만나 보라고 재촉하여 장제스는 천중밍의 사령부로 향했다. 장제스는 출입을 허가받기까지 20분을 기다려야 했다. 천중밍은 쑨원의 북벌을 반대하는 이유를 설명하고는 그의 군관들과 함께 점심을 먹는 자리로 방문자를 초청했다. 식사 도중 장제스는 누군가가 '대포(허풍쟁이라는 뜻)'라는 별명으로 쑨원을 부르는 소리를 들었다. 장제스는 천중밍에게 옆방으로 가자고 한 뒤 그렇듯 모욕적인 언사를 어떻게 용인할 수 있느냐고 따져 물었다. 천중밍은 그에게 유머 감각을 가지라고 조언했다. 장제스는 큰 걸음으로 성큼성큼 나가 버렸다.

장제스와 천제루는 쑨원을 만나기 위해 광둥 성 북부로 갔다. 쑨원은 두 연대를 선봉으로 하는 기선과 목선 함대를 조성하며 북벌 준비를 서서히 진행하고 있었다. 장제스는 이 국민당 영수가 천중밍을 칭찬하자 더한층 화가 치밀었다. 천중밍을 파직하고 그에 대한 공격을 개시하자는 장제스의 주장에 쑨원은 참고 사람을 좀 더 신뢰하라고 말했다. 천제루는 기록했다. "쑨 박사가 요지

부동인 것을 보고, 장제스는 집으로 돌아와 정신이라도 놓은 듯 비통하게 울었다." 이튿날 침울하고 짜증 난 장제스는 그녀에게 상하이로 돌아가자고 졸랐다. 오는 길에 그는 꿈결에서도 큰 소리로 부대원들에게 명령을 하달했다.[18]

쑨원은 장제스의 조언을 물리쳤지만 광저우 방면을 책임진 예쥐(葉擧) 장군과 천중밍은 날이 갈수록 쑨원을 귀찮아했다. 천중밍은 쑨원이 군사 원정을 조직할 능력이 없다고 생각했다. 더욱 나쁜 점은 "나를 파직하려고 하는 저장 출신의 무뢰배 장 씨"의 말을 듣는 것이라고도 덧붙였다. 이즈음 쑨원을 위해 군대의 명령을 전달하고자 홍콩으로 갔던 연락책이 돌아오는 도중에 역전에서 사살되었다. 알려진 바에 의하면 천중밍의 명령이었다고 한다. 상하이에서 장제스는 쑨원의 북벌을 도와 달라는 '마지막 간청'의 편지를 천중밍에게 썼다. 편지는 개봉되지 않은 채 되돌아왔다. 편지 봉투 뒷면에는 "벼락부자에 질투 많고 성질 더럽고 어리석고 이기적인 이간질주의자"라고 쓰여 있었다.[19]

중국 북부의 군벌과 중부의 군벌 사이에서 전쟁이 터졌을 때, 쑨원은 마음속으로 잠시나마 애국적인 역할을 할 수 있기를 학수고대했다. 그러나 쑨원의 왜소한 군대는 광둥에서 출발하기도 전에 충돌로 끝을 맺었다. 뒤이어 쑨원과 관계가 있던 인근의 후난 성 군벌이 돌아서자 쑨원은 두 번째 타격을 입었다. 적의를 품은 광저우 예쥐 장군의 협박 아래 쑨원은 호위병 50명을 데리고 이 도시로 되돌아왔다. 예쥐 장군은 "유독성 포탄을 발사하는 15센티미터 대포로 3시간 안에 60개 대대를 깡그리 박살 낼 수 있다."라고 히스테릭한 경고를 공포했다.

1922년 6월 16일 예쥐 장군이 이른 아침 쑨원의 총통부 관저인 웨슈러우(粤秀樓)에 포격 명령을 내리겠다는 의사를 내비쳤다. 쑨원은 아내에게 옷을 입고 함께 달아나자고 말했다. 하지만 쑹칭링은 혼자서라도 도망가라고 재촉했다. 쑨원은 충성스러운 해군 부대가 대기하고 있는 주장 강 황푸 항의 작은 섬에 간신히 다다랐다. 그가 떠나고 30분이 흐른 뒤 예쥐 장군의 부대원들은 쉐웨(薛嶽)라는 젊은 군관이 지휘하는 쑨원의 경호 부대와 소총으로 교전을 벌였다. 훗날 쉐웨는 국민당 군대의 중요한 장군이 되었다. 쑹칭링은 "아침 8시부터 오후 4시까지 우리들은 문자 그대로 포화가 빗발치는 지옥에 갇혀 있었다."라고 썼다. 그녀는 농장으로 도망친 뒤 군함 위에 있는 남편과 합류할 방도를 찾았다. 총통 관저가 불타 버린 탓에 쑨원이 그의 정치 철학을 기술한 원고와 기록이 소각되었다. 다음 날 쑨원 측 함선 다섯 척이 주장 강으로 진격해 기관총으로 부둣가 거리에 맹렬한 사격을 가했다. 쑨원은 장제스에게 전보를 쳐서 상황을 일러 주고 덧붙였다. "사태가 급박함. 신속하게 도착하기 바람."[20]

장제스는 급보를 받고 앞뒤로 왔다 갔다 하며 분노로 온몸을 부르르 떨고 부르짖었다. "예상한 대로야! 내가 진즉부터 예상한 대로라니까!" 그는 아내에게 남쪽으로 향하는 첫 배에 탈 수 있도록 짐을 꾸리라고 다그쳤다. 천제루는 그때 새 집에 커튼을 달고 있었다. 천제루의 모친이 장제스에게 딸은 두고 가야 한다고 말했다. "자네 아내를 광저우로 데려가는 건 어린 양을 호랑이 입속으로 집어넣는 것이나 같네." 하지만 천제루는 동행하기로 결심했다. 떠나기 전에 장제스는 그의 후원자인 장징장에게 편지를 써서 만일 자신이 살해되면 가족을 돌봐 달라고 부탁했다.[21]

장제스 부부는 먼저 홍콩으로 간 뒤 주장 강을 거슬러 올라가 광저우에 다다랐다. 그곳에서 모터보트를 타고 쑨원의 회청색 함선에 접근했다. 장제스가 기함(旗艦) 융펑 호(永豐號)에 오를 때 쑨원은 뜨거운 눈물을 흘리며 그를 바라다보았다. 장제스는 일기에 그가 왔다는 소식을 듣자마자 천중밍의 낯빛이 새파래졌다고 기록했지만, 근거는 불명확하다. 장제스의 등장에 천중밍은 그가 "매우 많은 음험한 계략"을 꾸밀 거라고 경고했다.

장제스는 아내와 쑨원을 갑판 아래에 은폐한 뒤 함장에게 강가를 따라가며 요새에 포를 쏘라고 명령했다. 함선이 전진할 때 쑨원은 탁자 앞에 앉아 연설문을 썼다. 땀방울이 이마에서 굴러떨어졌다. 천제루는 축축하게 젖은 얼굴을 닦도록 수건을 건네고, 그의 뒤에 서서 파초선을 부쳐 주었다. 포탄 한 발이 군함에 명중하자 천제루가 갑판 위로 굴렀다. 천제루가 회고록에 적었다. "쑨 박사는 탁자를 잡았지만, 의자가 내 머리 위로 떨어졌다. 일어선 나는 속바지가 다리에 달라붙어 있다는 것을 알아챘다. 놀란 나머지 부지불식간에 오줌을 싸고 만 것이다."

　비록 해안포가 폭격을 퍼부었지만 소함대는 영국 조계지에서 가까운 주장 강 정박지의 모래톱에 다다랐다. 공격을 받을 가능성이 거의 없는 곳이었다. 쑨원이 협상을 진행하는 동안, 장제스는 셜록 홈스 이야기의 번역본을 읽으며 시간을 보냈다. 쑨원의 지위는 꾸준히 약해져 1922년 8월 초에는 심지어 장제스도 그를 귀찮아할 지경이었다. 쑨원은 "모두가 우리에게 맞서는 것 같았다." 라고 썼다. 영국은 홍콩으로 갈 수 있도록 배를 제공했다. 장제스 부부와 쑨원만이 배에 오를 수 있었다. 쑹칭링은 나중에 뒤따라왔다. 몇 주 동안 군함에 갇혀 있던 장제스 일행은 엘리베이터, 페르시아 양탄자, 청량음료 판매기를 완벽하게 갖춘 태평양에서 가장 큰 정기선 러시아여제 호를 타고 상하이로 향했다. 그들이 여행하는 동안 천중밍은 스스로 광둥 성 최고사령관에 오르고, 중국 중부의 주요 군벌인 우페이푸(吳佩孚)로부터 광둥 성 및 이웃한 장시 성의 총독으로 인정받았다. 우페이푸가 그에게 500만 위안을 보냈다는 보도가 있었다.[22]

　광저우에서의 대실패는 장제스가 쑨원의 충실한 심복이 되는 데 도움을 주었다. 쑨원은 주장 강에서 함께 보낸 몇 주에 관한 장제스의 보고서에 서문을 써 주었다. 40년 뒤 장제스는 그들이 배에서 보낸 시간 동안 싹튼 "말로는 이루다 형용할 수 없는 우정"을 화제에 올렸다. 비록 진실성을 가늠할 수는 없지만 장제스는 또 쑨원이 이렇게 말했다고 공언했다. 자신은 앞으로 10년 내에 죽을 것 같으니 "만약 미래에 불행한 일이 발생하지 않으면 자넨 적어도 50년은 더 살 것이고, 우리들의 이념을 위해 자네가 50년 넘게 투쟁을 계속하리라 기대해도 지나치지 않을 것이네."[23]

　쑨원은 상하이에서 잠재적 동지들과 일련의 회합을 마련하고, 국민당을 재건하기 위해 온갖 힘을 기울였다. 그의 지지자 세 명은 베이징 정부 내각에서 짧게나마 복무했다. 쑨원의 집을 두고 프랑스 대사는 "명실상부한 내각"이라고 일컬었고, 《뉴욕 타임스》는 "각종 견해를 가진 정치 지도자들의 메카"라고 보도했다. 쑨원은 미국의 지지를 얻으려는 계획이 수포로 돌아가자 방향을 바꾸어 모스크바의 도움을 구하고, 또한 최근에 성립된 중국공산당과 긴밀한 관계를 맺고자 했다.* 국제 공산주의 조직인 코민테른은 네덜란드 국적의 조직원 헨드리쿠스 스니블릿(Hendricus Sneevliet)의 제안 아래, 중국공산당 당원은 개인적인 자격으로 국민당에 가입할 수 있도록 허락하는 동시에 원래의 당적을 계속 유지하도록 했다. 중국공산당은 아마 독자적으로 행동하기를 더 선호했을지 모르지만, 고압적인 스니블릿은 자신의 견해를 강력하게 밀어붙였다. 소련도 국민당을 혁명 정당으로 간주하고, 중국공산당에게 앞으로 30년 동안 국민당과 전쟁 협력 관계를 맺는 사업을 시작하라고 명령했다.[24]

1922년 세밑, 소련은 노련한 외교가 아돌프 요페(Adolf Joffe)를 중국으로 보내 베이징 정부의 승인을 얻도록 했다. 이 임무가 실패하자 요페는 상하이에서 쑨원을 포함하여 다른 전도유망한 협력자들과 접촉했다. 1923년 1월 26일 그들은 중국의 통일과 독립의 필요성을 명확히 한 쑨원·요페 공동 성명서에 서명했다. 성명서에는 쑨원의 강력한 주장에 따라 중국은 공산주의를 실행할 계획이 없다고 덧붙였다. 혁명군이 정권을 장악한 나라와 연맹을 맺는다는 전망은 마음을 들뜨게 했지만, 쑨원은 자신의 군대를 가지려면 근거지가 필요하다는 사실을 잘 알고 있었다. 쑨원은 장제스에게 편지를 썼다. "근거지를 얻기 위해서 우리는 반드시 광둥을 다시 차지해야 하네."[25]

상하이와 고향 저장 성 사이를 오가던 장제스는 나날이 성질이 거칠고 급해졌다. 광저우의 군함 위에서 보낸 몇 주는 벌써 쑨원의 측근에 들었다는 환상을 갖게 했지만, 그는 여전히 한 명의 군사 지휘관일 뿐 결코 정치적 인물이 아니었다. 장제스의 아내가 회고했다. "우리의 결혼 생활 중에서 처음으로 그는 성깔을 가라앉히려는 노력을 전혀 하지 않았다. 그 자신을 위해서 그러한 극도의 포한을 덜어 내려면 무엇이라도 해야만 했다. 안 그러면 그는 정신병자로 돌변했을 것이다. …… 나는 그의 긴장을 풀어 주려고 애쓰기 시작했고, 최대한 힘을 기울여 비위를 맞추려고 노력했다. 하지만 이마저도 몹시 어려웠다."[26]

---

* 중국공산당은 1921년 7월 23일 상하이 프랑스 조계지의 한 사립 학교 기숙사에서 창당되었다. 이때 공산당은 쑨원에 대해서는 비판적인 입장을 취하되 실질적이고 진보적인 활동을 위해 당을 초월한 협력을 해야 한다는 입장이었다. — 옮긴이

천제루의 친구 주이민이 해결 방안을 하나 내놓았다. 주이민의 남편인 장징장이 설립한 주식 중개 회사에 장제스를 참여시키자는 것이었다. 천제루는 장제스가 이미 주식 투기에 발을 들여놓았다는 사실을 몰랐지만, 이 발상은 장제스의 마음을 꽤나 끌었다. 상하이는 확실히 장제스에게 어울리는 곳이었다. 당시 상하이는 황금과 백은에서 비누와 은박지에 이르기까지 모든 것을 거래하는, 중국에서 가장 선진적인 교역 시장이었다. 회사들이 주식을 고가에 내놓고 대규모의 의심스러운 교역이 판을 치는 주식 매매는 늘 고도의 투기성을 띠었다. 새로운 사업의 파트너가 되기 위해 장제스는 한 주당 1000위안의 가격으로 4주를 사들이고 가명으로 등록했다. 주식에 흠뻑 빠지면서 그의 노기도 한 풀 누그러졌다. 하지만 2만 위안어치의 손해를 본 방직물 매매를 포함해 장제스의 주식 투기는 철저하게 실패했다. 주식 투기꾼 직업이 꾀지 못한 장제스를 곧 쑨원이 광저우로 불렀다.

쑨원은 천중밍을 친히 몰아냈다기보다는 윈난과 장시에서 온 용병들에게 40만 위안을 지불하고 광둥으로 진격하게 해서 그가 광둥 동부의 오랜 근거지로 물러나게 했다. 장제스는 만일 용병이 사업을 진척시키는 데 도움이 된다면 그러한 연맹은 정당하다고 말했다. 1923년 2월 21일 쑨원은 광저우로 돌아와 제3차 광둥 정부를 수립하고 미래의 총사령관 장제스를 참모장으로 임명했다. 늘 장제스를 돕는 장징장이 돈을 내놓아 그의 주식 투자 손실을 메웠고, 청방의 우두머리도 돈을 추렴해 주었다고 한다. 그런데 장제스는 여전히 비싸게 굴며 저장에서 여행을 계속한 뒤, 안질을 치료하기 위해서는 상하이에 머물러야 한다고 변명했다. 마침내 광저우를 향해 출발할 때도 그는 개인적인 자격으로 가기를 고집했다. 한 편지에서 장제스는, 만일 자신이 누구의 간섭도 받지 않고 곧바로 행동을 취할 수 있다면 최고의 성과를 낼 것이라고 장담했다.[27]

4

군대를 키워 통일 역량을 기르다

광저우에 도착한 뒤 어느 날 밤, 장제스는 생애에서 20년 동안 깊이 뒤엉키게 되는 저명한 국민당 정객의 집에서 열린 만찬에 초대받았다. 왕징웨이(汪精衛)의 혁명 이력에는 청나라의 섭정왕 암살 시도도 포함되어 있다. 잘생기고 뛰어난 웅변가인 그는 쑨원의 밑에 있는 세 명의 주요 인물 중 하나였다. 베키(Becky)로 알려진 왕징웨이의 아내 왕비쥔(汪璧君)은 머리숱이 많고 눈이 매우 크며 강한 턱을 가진 부유한 상속자로, 도시의 신주택지에 자리한 저택 정문에서 손님들을 맞이했다. 활짝 열린 높고 큰 프랑스식 창문 밖에 거대한 테라스가 딸려 있는 넓은 객실로 손님들은 인도되었다. 황색과 검은색으로 치장된 객실의 네 벽에는 서화 두루마리가 걸려 있었다.

정치가와 장군 들에게 둘러싸인 쑨원은 귀빈이었다. 남녀가 따로 앉은 자리로 음식이 날라져 오는 가운데 여자 손님들은 옛 전통에 따라 식탁 중앙에 놓인 접시들을 쳐다보기만 할 뿐 맛보지 않았다. 세 번째 요리가 들어올 때 천제루가 벌떡 일어나, 혁명가로서 여자가 음식을 먹는 것을 추하게 여기는 구시대의 관념은 위선이라고 호통쳤다.[1]

만찬 후 쑨원은 자리를 떴는데 창백하고 병약해 보였다. 장제스는 용병 사령관 류전환(劉震寰)을 잊지 않고 칭찬했다. 그는 쑨원이 남방으로 되돌아올 수 있도록 광둥을 정복하는 도중에 배와 어깨에 상처를 입어 쑨원에게 '살아 있는 보살(活菩薩)'이라고 불린 인물이었다. 이는 광저우 성내와 그 주위에 주둔한 용병 군대의 보살과는 거리가 먼 행실을 근본적으로 고려하지 않은 판단이었다. 용병들은 음식과 생활비로 하루에 많게는 3만 5000위안까지 받았지만 상점에서 도둑질을 일삼고, 납치를 하고, 철도에 강제로 요금을 물리고, 세금을 빼앗고, 선박을 강점하고, 해적질과 도박과 매춘과 마약 밀매에 노골적으로 개입했다. 어떤 부대는 심지어 신문에 마약 판매 광고를 내기까지 했다. 부하 한 명이 급료와 보급품을 받지 못했다고 불평하자 사령관이 대답했다. "네 놈은 총을 갖고 있건만 왜 할당량이 부족하다고 하느냐?"[2]

용병의 존재는 쑨원의 남방 혁명 기지가 중국을 위해 그가 선포한 이상과 일치하지 않는다는 사실을 반영하는 하나의 징후에 지나지 않았다. 중국을 곧잘 경멸하는 일반적인 태도를 지니지 않았던 미국인 여행가 해리 프랑케(Harry Francke)가 썼다. "쑨원과 그의 부관들이 통치하는 광저우보다 더 비참한 생활을 하는 성은 없었다. …… 광저우는 아마 중국에서 가장 통치가 열악한 도시였을 것이다." 군인들에게 급료와 보급품을 주기 위해 광저우 정부는 상인들에게 돈을 '빌려' 달라고 하소연했고, 돼지에서부터 "러시아 여자들이 주재하는 이른바 무도장"이라고 신문에서 표현한 곳에 이르기까지 온갖 것에 특별세를 부과했다. 도시의 아편굴 800여 곳에 과중한 세금을 부과하자 경영자들이 찻집에서 항의 집회를 열기까지 했다. 전매권, 공공 재산 및 공직이 죄다 경매되었다. 선주들은 50위안에 특수한 깃발을 사야 했고, 깃발이 없으면 해적으로 간주되어 경찰에게 공격을 받았다. 성(省)에서 발행한 지폐는 단지 액면가의 20퍼센트에 유통되었다. 1923년 쑨원은 베이징 중앙 정부로 이양한 광저우의 관세 수입을 빼앗으려고 시도했다. 관세 수입을 받는 일을 책임진 외국인들은 중국 수역에 있는 자국의 군함들을 불러왔다. 그리하여 쑨원은 단념했다.[3]

그럼에도 당시 중국의 표준에 따르면 80만 주민이 사는 광저우는 부유하고 세속적이었다. 베이징과 광둥 간의 머나먼 거리는 베이징과의 관계를 느슨하게 해서 사실상 광둥을 반독립 상태로 만들었다. 해외에서 돌아온 이주민들은 새로운 사상과 이를 실현할 수 있는 자금을 가져왔다. 1729년부터 1842년까지 광저우는 중국에서 유일하게 외국 상인들의 상행위가 허락된 도시였으며, 청 말기에는 외국인이 조차지를 부여받은 초기 개항장 중 하나가 되었다.*

광저우에는 담배, 벽돌, 피혁, 염색, 방직 공장과 자동화된 성냥 공장 및 천연고무와 고무신을 제조하는 업체 20개가 있었다. 도로가 새로 깔렸고, 승객의 무게를 최대한 견딜 수 있도록 좁은 의자를 설치한 버스가 수입되었다. 300여 대의 자동차가 신작로를 질주했다. 주로 관료들이나 차 문 아래 발판에 선 무장 경호원을 대동한 채 질주하는 군벌들이 도로를 이용했다. 강변의 큰길에는 대형 백화점 두 곳이 위용을 뽐냈다. 그중 하나의 꼭대기 층은 가극과 곡예와 영화를 제공하는 오락 구역이었다. 밝은 조명등은 밤새 반짝반짝 빛나고, 상점에서는 무미건조한 축음기 음악을 틀어 댔다.[4]

현대식과 더불어 옛날 방식도 도시의 대부분 지역에 여전히 남아 있었다. 3만 5000여 개의 상점은 태반이 작은 가정식 영업이었다. 작업 조건도 거의가 원시적이었다. 한 프랑스 여행객은 구시가지의 주택들이 "집 한 채의 실내에 있다는 느낌이 들 정도로 한데 모여 있어서 거대한 궁전 안의 무수한 회랑을 방불케 했다."라고 썼다. 비록 해외 화교가 송금한 돈의 은혜를 입기는 했지만, 광둥 주변의 성들은 변함없이 그 시대의 모든 결점 곧 불편한 교통, 군벌의 횡행, 농민층의 빈곤 및 자연재해에 신음해야 했다. 약 85퍼센트의 토지가 땅을 빌려 준 대가로 수확량의 절반에서 4분의 3을 소작료로 가져가는 부재 지주의 소유였다. 엄청난 양의 비가 정기적으로 제방을 무너뜨려 무시무시한 물난리를 초래했다.[5]

한편 광저우 좌익 인사들의 신념은 나날이 성장하는 노동조합 활동으로 크게 고양되었다. 1922년 제1차 전국노동자대회가 광저우에서 열렸다. 국민당의

---

* 다른 네 개항장은 상하이, 샤먼(廈門), 푸저우(福州) 그리고 닝보다.

지지 아래 선원들은 홍콩에 총본부를 둔 주장선운공사(珠江船運公司)에 맞서 파업을 일으켜 승리를 일궈 냈다. 이듬해 쑨원은 200만 루블과 무기를 제공하기로 약속한 소비에트 연방과 관계를 발전시키기로 결정했다. 1923년 8월, 그는 이제 장군 계급에 오른 장제스를 모스크바로 보내 국민당이 어떤 도움을 받을 수 있는지 살피도록 했다.

모스크바 시찰

네 명의 방소 사절단 대표로서 시베리아 횡단 철도에 올라 9월 2일 모스크바에 도착한 장제스는 레닌이나 스탈린은 만날 수 없었다. 하지만 트로츠키와의 회견에서 소련이 있는 힘껏 도와줄 것이라는 언급을 들었다. 서른다섯 살의 장제스는 적군이 훈련하는 방법을 관찰했으며 모범 농장, 전구 공장, 발전소를 견학했다. 중국어로 번역된 『자본론』을 사서 읽고는 "책의 전반부는 이해하기가 매우 어렵지만, 후반부는 의미심장하고 손을 떼기 힘들 정도로 매혹적"이라고 느꼈다. 장제스는 그를 공산당으로 끌어들이려는 시도에는 저항했지만, 코민테른과 혁명군사위원회 그리고 적군의 조언을 받아들였다.[6]

그러나 11월 말 코민테른은 장제스에게 불쾌한 타격을 가했다. 당시 코민테른은 군사 원조를 준비하고 있었지만, 중국 북방에서 군사 작전을 벌이기 위한 쑨원의 지원 요청은 받아들이지 않았다. 코민테른은 국민당이 단지 '조직 단계'에 불과하며 청 제국을 전복한 토대 위에 세워지지 않았다고 판단했다. 광둥 바깥에서 계획되는 어떠한 운동도 모조리 시기상조이고 모험이며, 반드시 실패할 것이라 못 박았다. 국민당은 우선 군대를 강화하고 대중의 지지를 얻어야만 한다는 것이었다.[7]

장제스는 이튿날 중국행 기차에 올랐다. 장제스는 모스크바에서 천제루에게 보낸 마지막 편지에서, 코민테른은 "우호적인 국민당을 매우 무시한다."라고 비판했다. "그렇게도 편협한 시각으로 어떻게 세계 혁명의 중심지가 되기를 바랄 수 있겠는가?" 장제스 아내의 회고록은 1924년 1월 상하이에 돌아온 그가 한 말을 전한다. "공산당은 믿을 수가 없소." 장제스는 광저우로 향하는 대신 고향 저장 성으로 가서, 소련은 50명의 군사 고문과 함께 재정 원조와 군사 장비를 제공할 준비가 되었다고 소련 시찰 보고서에 진술했다. 그러나 소련 공산당은 진실성이 부족한 데다가 그들의 정책은 차리즘(Tsarism, 차르를 중심으로 한 제정 러시아의 전제 군주제)이며, 중국 북쪽 영토를 병합해 소비에트로 만들 참이라고 경고했다. "소련공산당의 유일한 목적은 중국공산당을 합법적인 계승자로 만드는 것이다. …… 사실 소련은 우리 국민당이 그들의 세계 혁명이 성공하는 날까지 영원히 협력하리라고는 믿지 않는다." 쑨원의 부하인 랴오중카이에게 보낸 다른 편지에서 장제스는 직설적으로 잘라 말했다. "저의 개인적인 관찰은 소련공산당은 전적으로 믿을 수는 없다는 결론을 내리게 했습니다. 러시아 인의 말은 30퍼센트만 믿을 수 있습니다. 참으로 삼가 조심스럽게 말하는 바입니다." 또 장제스는 한 사람이 공산주의 이론에 동의한다고 해서 사실이 무시되어서는 안 된다고 썼다.[8]

쑨원은 그러한 관점을 받아들일 심정이 아니었다. 장제스가 떠나 있는 동안 쑨원은 자신을 가장 오래된 적으로부터 구해 줌으로써 존재 가치를 증명했고, 국민당의 발전에 결정적인 역할을 할 러시아 인 특별 고문을 얻었다.

미하일 마르코비치 그루젠베르크(Mikhail Markovich Gruzenberg)는 경험이 풍부한 코민테른 요원이었다. 그는 차르 통치기에 유태인들이 이주되어 간 러시아 서부 페일(Pale, 정착지)에서 1884년에 태어났다. 일찍이 그는 멕시코와 영국에서 조지 브라운(George Brown)이라는 이름으로 지하 공작 활동을 벌였다. 스코틀랜드의 글래스고 감옥에서 6개월 동안 감금된 뒤, 그는 영국 경찰국 공안부에 의해 "가장 위험한 우편물"이라 낙인찍히고 추방되었다. 1918년 7월 러시아로 돌아온 그는 중국으로 가서 혁명 운동에 복무하라는 명령을 받고 작곡가 보로딘(Borodin)의 이름을 가명으로 차용했다. 보로딘은 중국에 대해 전혀 몰랐고 중국어도 구사하지 못했다. 하지만 곤란한 환경에서 낯선 협력자와 함께 일하는 것에 익숙하고, 또한 영어로 쑨원과 대화를 나눌 수가 있었다. 인상적인 인물이자 뛰어난 조직가인 보로딘은 암암리에 하는 공작 활동에 정통해 사람들로부터 신임을 얻었고, 같은 일로 그들의 '체면' 또한 안전하게 지켜 주었다.[9]

빽빽한 수염과 깊은 저음의 목소리에 체격이 크고 우람한 보로딘은 자주 군복 잠바를 걸치고 굽 높은 부츠를 신었다. 보로딘에게 깊이 매료된 미국 저널리스트 밀리 베넷(Milly Bennett)은 그를 두고 "공상가, 지식인이자 늘 예술 가처럼 일을 처리하는 창조자이다. 그가 그렇게도 굼뜨고 어색하며 우아한 거동으로 방 안에 걸어 들어오면 분위기가 찰나에 그의 손안으로 들어가 버린다."라고 썼다.《뉴욕 타임스》특파원 핼릿 어벤드는 보로딘의 머리카락이 "항상 이발사의 도움을 필요로 하는 듯하다."라고 언급했다.[10]

시베리아 횡단 급행 열차로 중국에 도착한 보로딘은 배를 갈아타고 광저우로 가는 도중 영국 당국에 체포될 경우를 대비하여 홍콩에 체류하지 않았다. 태풍을 만난 탓에 양 200마리가 갑판 위에서 죽었다. 1923년 10월 6일 광저우에 다다른 그는 기록했다. "쑨원이 나를 매우 따뜻하게 맞아 주며 옆자리에 앉게 하고는 잠시 동안 꼼짝 않고 뚫어져라 바라보았다."[11]

이러한 관계는 이익에 따른 정략결혼과 엇비슷하게 쌍방이 큰 모순을 안고 있으므로, 언젠가 피비린내 나는 결과를 가져오기 마련이었다. 쑨원은 계급 투쟁에 바탕을 둔 공산주의를 거부하며, 설령 사회적 불평등이 있을망정 그와 관계없이 온 나라가 마땅히 일치단결할 수 있다는 입장을 고수했다. 이로써 그는 볼셰비키 혁명에는 아무런 흥취도 없는 상인과 지주 및 해외 화상(華商)들의 지지를 얻었다. 그러나 만일 정당을 조직하고 북벌을 단행할 계획이라면, 쑨원에게는 러시아의 도움이 꼭 필요했다.

한편 모스크바에게 쑨원은 이 세상에서 가장 인구가 많은 나라에서 가장 전도유망한 맹우였다. 광둥의 노동조합은 대규모 노동 운동의 기반을 제공했고, 지리상 홍콩 근처에 있는 광저우는 영국 제국주의와의 투쟁에 이용할 수도 있었다. 그래서 스탈린은 쑨원이 가져다준 기회를 낚아채 중국공산당은 종속적인 역할만 하는 통일 전선을 형성하라는 명령을 하달하기에 이르렀다. 자연히 중국공산당 당원들은 분개했다. 하지만 그들의 인원수는 너무나 적었고, 또한 진정한 혁명을 홀로 꾸준하게 추구하자고 선양하는 것은 스탈린의 철천지원수 트로츠키의 이설에 빠지는 것을 의미했다. 그리하여 중국공산당의 정책은 자신의 이익보다는 오로지 크렘린의 뜻을 따를 뿐이라는 패턴이 고착화되었다.

보로딘은 새로운 협력자에 대해 아무런 환상도 품지 않았다. 보로딘은 광저우를 "참다운 바벨탑"이라고 불렀다. 쑨원에 대해서는 이렇게 평했다. "매우 퇴보적이다. 그는 정치적 문제를 매우 서툴게 판단한다. …… 늘 저잣거리의 한가한 사람인 양 단순한 방식으로 결론을 내린다. 자신은 영웅인데 다른 사람들은 우매한 백성이라고 생각한다. 그러나 …… 그는 기껏해야 개명한 지방 총독에 불과하다." 쑨원은 국민당 당원이 3만 명이라고 주장했지만 적극적인 협력자는 그 5분의 1에서 10분의 1에 지나지 않았다. 그럼에도 불구하고 쑨원은 국민당 세계의 유일한 중심이며, 군벌들에게는 부족한 합법성을 갖출 수 있는 유일무이한 전국적인 전망을 갖고 있었다. 또 다른 각도에서 영국 총영사 버트럼 자일스(Bertram Giles)가 쑨원에 대해 말했다. "언젠가, 만일 살아 있다면 그가 전 중국을 통치할 것이다. 그는 광신자이고, 자기 모순적이고, 예측하기 어렵다. 나의 관점으로 그는 골칫거리이다. 그러나 영혼 속에는 위대한 씨앗을 품고 있다."[12]

보로딘은 도착하자마자 곧바로 임무에 착수해 레닌주의 노선으로 국민당을 조직하는 새로운 규정을 초안했다. 핵심 조직은 광저우와 상하이에, 지방 조직은 전국 각지의 어느 곳이든 세울 수 있도록 했다. 보로딘이 임무에 온 힘을 쏟고 있을 때 쑨원과 견원지간인 천중밍이 동부로부터 광저우로 진격했다. 보로딘은 토지 재분배와 최저 임금제, 주 6일 근무제와 하루 8시간 근무제를 약속해 노동자와 농민의 전투 참여를 독려하고 지원자 방어 부대를 조직하자고 제안했다. 국민당의 상인 및 향신 당원들은 이러한 생각을 좋아하지 않았고, 쑨원도 중요한 지지자들을 잃을 가능성이 있는 '볼셰비키화'에 동의할 수 없다고 얼버무렸다. 보로딘의 건의를 거절한 쑨원의 편지는 그의 절친한 조력자인 랴오중카이에 의해 보로딘에게 건네졌다. 편지를 전하고 나서 랴오중카이는 쑨원의 견해에 찬동한다고 말했다.

결단을 내리지 못하던 쑨원은 자신이 모스크바를 방문하는 계획을 세우는 게 어떠냐고 물었다. 그러나 보로딘은 쑨원에게 지원자 부대를 조직해 전선으로 떠나도록 했다. 천중밍이 철수했다. 안전해진 쑨원은 보로딘의 의견에 전적으로 동의한다는 의사를 드러냈다. 미국에 있는 쑨원의 지지자들이 그에게 "보로딘은 가명이란 걸 알고 계십니까? 그의 진짜 이름을 알고 싶나요?"라고 묻자, 중국의 조지 워싱턴 지망자가 대답했다. "알고 있습니다. 라파예트(Lafayette)죠."*

보로딘의 지도 아래 1924년 1월 20일부터 30일까지 국민당 제1차 전국대표회의가 광저우에서 열렸다. 이로써 제1차 국공 합작이 정식으로 성립하고 쑨원의 삼민주의 곧 민족주의, 민권주의, 민생주의가 국민당의 지도 이념으로 채택되었다. 쑨원은 여덟 차례의 연설에서 소련공산당은 국민당에게 유일한 좋은 본보기라고 말했다. 그는 공산당원이 당적을 유지하면서도 국민당에 가입할 수 있도록 허락하여 대다수의 지지를 얻어 냈다. 쑨원은 국민당의 종신 총통으로 선출되었다. 그러나 그는 성명서에서 노동자와 농민의 지도적 역할을 삭제한다고 밝혔다. 쑨원은 보로딘과 함께 중앙집행위원회의 위원과 예비 위원 41명을 선출했다. 중국공산당은 10석을 얻었다. 공산당은 농민부와 더불어 당원 모집과 분배 그리고 일자리 감독을 책임지는 조직부를 맡았다. 선전부는 장제스가 상하이에 있을 때의 동지 다이지타오가 이끌었다. 이듬해 다이지타오가 집필과 사색을 위해 직무를 그만두자 마오쩌둥이라는 청년이 그의 직위를 대신 맡았다.

재건 대회는 소비에트 정부 기관을 복제한 이중 권력 구조의 정당을 탄생시켰다. 비록 보로딘이 이전의 국민당은 죽어 매장되었다고 언명했지만 당내 간부 인사의 3분의 2는 좌익계가 아니었다. 국민당이 하는 일이 늘 그렇듯 이론에 비해 실천은 한층 더 명확하지 않았다.

---

* 프랑스 인 라파예트는 미국의 독립 전쟁에 참가하여 혁혁한 공을 세웠다. 미국 초대 대통령 조지 워싱턴의 신임을 얻었으며 영웅으로 칭송받았다. ─ 옮긴이

보로딘의 영향 아래에 놓인 쑨원은 장제스가 러시아에서 본 것을 바탕으로 쓴 비평에 아무런 반응도 하지 않았다. 젊은 장제스는 분개와 인정을 향한 애원이 뒤섞인 편지를 부쳤다. "분명히 선생께서는 제가 임무를 철저하게 완수하지 못했다고 생각하십니다. …… 그렇지 않으면 선생께서는 아무래도 저를 더는 신임하지 않고 계십니다. 어떤 경우이든지 간에 저는 제 명예가 땅에 떨어졌다는 강렬한 모욕감을 느끼고 있습니다!" 쑨원은 회답으로 '제스 형제'는 즉시 남방으로 돌아오라는 요청이 담긴 편지를 보냈다.[13]

황푸군관학교에서 군사를 양성하다

장제스의 가장 중요한 목표는 국민당의 골간이 되는 군대를 조직하기 위한 군사 학교를 세워, 고용된 용병 부대에 의지하는 멍에를 훌훌 벗어 버리는 것이었다. 군사 학교의 터는 광저우로부터 주장 강을 따라 6킬로미터가량 아래 20제곱킬로미터 면적의 섬에 자리한 황푸 부두였다. 군사 학교의 필요성은 보로딘보다 나중에 광저우로 온 러시아 군사 고문들이 초안한 보고서에 언급되어 있다. 그들은 오로지 쑨원의 개인 경호원 200명만이 추호의 의심 없이 충성을 다할 것이라고 예측했다. 용병 장군들은 절대로 혁명에 복종할 리가 없었다. 군관의 소질도 극도로 열악했다. 많은 용병들이 아편을 피워 댔다. 러시아 인들은 일반 병사들에 대해서 "군복도 없고 군화도 없다. 그들은 마땅히 받아야 하는 급료와 보급품도 몇 년 동안이나 받지 못했다. …… 모두 훔친 것이다."라고 썼다.[14]

황푸군관학교가 세워진 날은 고용된 용병이 사라지는 날을 운명처럼 예고하고, 혁명을 위해 복무하는 새로운 정예 부대의 탄생을 알렸다. 군관 후보생들은 적절한 보수와 매우 좋은 배려를 받을 수 있었고, 고도로 정치화되었다. 황푸군관학교 교장의 명령은 쑨원에게 직접 보고를 하는 정치부 수뇌에 의해 반드시 연서되어야만 효력이 생겨 집행할 수 있었다. 장교들은 이데올로

기의 전파자로서 사병들 사이에서 당의 이념을 선전했다. 학교를 정상적으로 운영하기 위한 자금은 대부분 모스크바로부터 전달되었다. 모스크바는 소총 8000자루와 탄약 400만 발도 보내 주었다. 혁명 영웅 파벨 파블로프(Pavel A. Pavlov)가 군사 고문들을 이끌고 왔지만, 1924년 여름에 사고로 익사하고 말았다. 그리하여 적군에서 또 한 명의 전설적인 인물인 바실리 블류헤르(Vasilii Blyukher) 장군이 그를 대신하게 되었다.[15]

사관 후보생 교육 과목은 장제스 자신이 받은 훈련, 일본의 교범, 중국의 전통적인 전략 및 장제스가 모스크바를 방문했을 때 배운 과정 등 여러 가지 요소들을 결합했다. 모든 교과 과정은 소련의 적군을 본받았다. 언어적인 소통의 어려움은 소련 고문들이 예를 들어 가르칠 수 있는 실천적 내용에 집중하도록 했다. 사관 후보생 중 25명만이 러시아 어 수업에 참가했다. 스탈린의 통일 전선 노선은 절대명령이었다. 공산당 군대 창설을 논쟁하는 저우언라이에게 보로딘은 잊으라고 말했다.

군사 훈련과 사상 교육의 결합은 오로지 일부 소수 정예 군벌 부대에서만 볼 수 있는 응집력과 기강의 토대를 만들어 냈다. 군관 후보생들은 엄격하고 대담하며 용감하다는 평가를 들었다. 장제스는 제대로 된 음식과 위생 설비를 강력하게 요구했고, 생도들이 도박을 하거나 매춘굴에 드나들지 못하도록 가르쳤다. 연좌제로 유명한 집단 책임 원칙이 채택되었고, 명령 없이 독단적으로 퇴각하는 부대는 사형에 처하도록 했다. 장제스는 청년들에게 혁명 사업에 온몸을 투신할 준비가 되어 있어야만 하고, 또한 원칙적인 문제에 있어서는 그 무슨 대가를 치르더라도 타협해서는 안 된다고 교도했다. 중요한 것은 전선에서의 실효성이었다. 인기 있는 훈련 중 하나는 6명 1조가 성곽 공격용 사다리를 들고 140미터를 달려가 포화 세례를 받으며 성벽을 오르는 '돌격대' 훈련이었다. 군사 행정과 후방의 병참 업무를 만족스럽게 생각하는 후보생은 매우 적었다. 이는 경력이 쌓이면서 규모가 큰 부대를 지휘하기 시작할 때, 졸업생들이 대부대를 장악할 전문 지식이 부족할 수 있다는 것을 의미했다.

황푸군관학교가 세워지기도 전에 미래의 총사령관은 되풀이되는 싸움에 휘말렸다. 러시아 인들은 교육 과정이 18개월 동안 지속되어야 한다고 생각했지만, 장제스는 가능한 한 많은 졸업생을 배출하고 싶어 속성 훈련 과정을 개설하자고 제안했다. 장제스는 습관적인 술책을 또 한 번 써서 광저우를 훌쩍 떠나 저장과 상하이로 가 버렸다. 그 결과 훈련 과정이 6개월로 단축되었다. 그 뿐 아니라 장제스는 줄곧 정부의 재정을 관리하다가 황푸군관학교의 정치 위원이 된 랴오중카이로부터 경비를 자유롭게 쓸 수 있는 권리를 얻었다.[16]

장제스는 고향에서 쑨원에게 편지를 보냈다. 그는 광저우에서 "바늘방석에 앉은 것마냥 불안했고 …… 허탈하고 얼떨떨해 어찌할 바를 몰랐다."라고 고백했다. 다음으로 장제스는 남들의 질투로 인해 고통스러웠다는 늘 하는 불평을 부렸다. 또한 국민당은 러시아 인들을 의미하는 "새로운 세력"에게 위협받고 있다고 했다. 그는 안심하기 위해 다시 질문했다. "정말로 저를 깊이 신뢰하시는지요, 아닌지요?" 장제스는 또한 국민당의 다른 지도자들은 쑨원이 마음대로 지배하는 것을 그들의 성실성을 희생하면서까지 무심코 허용해서는 안 된다고 써서 유별난 독립성을 보여 주었다. 하지만 그 자신의 통치 범위에 관한 한 그 어떤 반대 의견도 용인하지 않았다.

황푸군관학교의 규율에 관한 편지에서 장제스는 당내의 동료들에게 이렇게 당부했다. "임무에 최선을 다해야겠지만, 너무 많은 의견을 내놓는 것은 자제해 주십시오." 1924년 4월 21일 장제스가 광저우로 돌아왔다. 5월 초에 그는 황푸군관학교 교장 및 월군(粤軍, 광둥군)의 총참모장으로 임명되었다.[17]

황푸군관학교 개학식은 쑨원의 광저우 저택에서 피습 2주년 기념일에 맞춰 거행되었다. 국민당이 자신의 군대를 보유하면 피습 따위는 절대로 일어나지 않으리라는 점을 세상 사람들에게 알리려는 의도였다. 쑨원은 당기와 국기로 장식하고 앞쪽이 탁 트이게 세운 대나무 단상에서 두 시간 동안 연설했다. 쑨원의 아내는 검정색 긴치마와 꽃무늬로 장식된 윗옷을 입고 그의 왼쪽에 서 있었다. 오른쪽에는 제복 차림에 무릎까지 덮는 부츠를 신고 하얀 장갑을 낀 장제스가 자리 잡았다. 쑨원의 조수 겸 경호원 역할을 하는 런던 태생의 뚱뚱보 무기상 모리스 '쌍총' 코헨(Morris 'two gun' Cohen)은 밀짚모자를 손에 쥔 채 시가를 물고 사방을 살펴보고 있었다.

쑨원은 심장병으로 고생하고 있었지만, 군관 학교의 필요성을 강조할 때는 거침없는 말이 청산유수였다. "제군들은 지난 13년간의 혁명을 잘 알고 있을 것이다. …… 오늘날 우리가 얻은 결과물은 중화민국이라는 공허한 이름뿐이기에, 중국 혁명은 완전히 실패했다." 군대가 없다는 것은 군벌 통치를 의미했지만, 이제 "군관 학교를 여는 우리의 목표는 혁명 사업을 바로 오늘 새롭게 창조하는 것이다. 황푸군관학교의 생도들은 …… 앞으로 창설할 혁명군의 영혼과 골간이 될 것이다."

쑨원과 장제스는 석판을 깐 아치형 회랑에서 사진을 촬영했다. 국민당 영수는 등나무 의자에 앉았다. 검은색 승마용 바지를 입고 제복의 허리띠를 팽팽하게 두른 황푸군관학교 교장은 왼 다리에 장검 한 자루를 걸치고 오른손 주먹은 허리를 짚은 채 그 옆에 섰다. 웃음기 없이 카메라를 곧바로 바라보는 장제스의 얼굴은 야망이 있는 남자만의 특유한 표정이다. 장제스의 아내가 쓴 기록에 근거하면 그는 이렇게 말한 바 있다. "만일 내가 군대를 장악하면, 나는 이 나라를 제압할 힘을 갖게 될 것이다. 이것이 중국의 영수가 되고자 하는 나의 길이다."[18]

중국 전역의 국민당 당원들은 황푸군관학교의 생도들을 충원하기 위해 중학교나 고급 소학교 교육을 받은 18살에서 25살까지의 졸업생을 추천하라는 통보를 받았다. 지원자는 나라에 봉사하고자 하는 이유를 쓴 글을 반드시 제출해야 했으며, 졸업한 뒤에는 소위 계급장을 달고 최소 3년 동안 군에서 복무해야 했다. 중국 각지에 있는 국민당이 근거지인 광둥 성 밖에서도 신입생을 모집한 덕분에 민족주의 이념이 광범위하게 퍼져 나갔다. 제1기 생도는 총 645명이었다. 장제스의 계획대로 응모자는 급속히 증가했다. 1926년까지 3000명이 졸업했다. 그중 소수는 몽골, 티베트, 타이완과 조선에서 왔다. 베트남 인 분대는 훗날 호찌민(胡志明)으로 불린 응우옌 아이 꾸옥(Nguyen Ai Quoc)이 이끌었다.[19]

생도들에게 정규 교육 이수를 자격 조건으로 요구한 것은 황푸군관학교가 결코 무산 계급 청년을 위한 훈련장이 아님을 뜻했다. 미국인 학자 리처드 랜디스(Richard Landis)의 연구는 생도의 4분의 3이 지주와 중농 혹은 관료의 아들임을 보여 준다. 상하이 출신의 지원자는 천치메이의 조카 천궈푸를 포함한 우익과 청방 조직원이었다. 생도들은 장제스처럼 강대한 통일 중국을 갈망했다. 하지만 그들이 러시아 인과 국민당 좌파 인사 들의 희망대로 좌측에 선 것은 아니다. 황푸군관학교 안에는 강한 반공산당 그룹이 출현했고, 군사적 측면에서 날이 갈수록 강력해져 이후 몇십 년 동안 장제스 주위에서 자라난 파벌 성원을 충원했다. 새로운 군대는 생도들이 떠나온 가정과 동일시되어 중국 부모가 그렇듯 충성과 복종을 요구했다. 가계의 꼭대기에 우뚝 서 있는 인물의 성격과 야망은 가장 전통적인 충절을 필요로 했는데, 그 자신이 "세계적으로 걸출한 인물"이 되고자 분투하기 때문이었다.[20]

장제스와 천제루는 거실과 식당 및 티크 나무 가구가 배치된 침실이 딸린 황푸군관학교 본관 1층에 살았다. 밤에 장제스는 서예를 익혔다. 그가 친필로 쓴 '친애정성(親愛精誠)'이라는 교훈이 비단으로 표구되어 집무실 벽에 붙어 있었다. 장제스의 열독 도서 목록은 유럽 전쟁, 심리학과 지리학을 포함했다. 그의 숙소 옆에는 기다란 책상과 등받이 의자 24개를 갖춘 대회의실이 자리했는데, 한쪽 벽에는 중화민국 국기와 국민당 당기가, 다른 벽에는 북벌 계획의 노선을 표시하는 녹색, 홍색, 남색 깃발들이 꽂힌 거대한 중국 지도가 걸려 있었다. 장제스의 아내는 남편을 위해 수많은 비서 일을 도맡았다. 그중 하나는 우편물에 '기밀'이라는 문구를 등기한 뒤 자물쇠가 채워져 숙소에 놓여 있는 문서 궤짝에 채워 넣는 일이었다.[21]

광저우의 음험한 환경을 고려하면 장제스에게 경호원을 배치하는 일은 마땅했다. 하지만 그의 의심은 거의 편집증에 가까웠다. 그는 "내가 한때 믿을 만하다고 생각한 사람들이 오늘에 와서는 오히려 신뢰할 수 없는 자로 돌변하고 말았다. …… 요컨대 사람은 오로지 자기 자신만을 의지할 수 있다."라 썼다. 천제루에 따르면 "무엇이든지 일등이 되고자 하는 강렬한 욕망을 지닌 그는 젠체하는 경향이 있었고" 목적을 실현하는 데 도움이 될 만한 우정만 키웠다

고 한다.[22]

장제스는 일기에 "나의 초라한 자아는 허물과 해악으로 가득하다."라고 기록했다. "어찌 내가 이따위 것에 질 수 있겠는가? 당장 오늘부터 나의 본성에 성인과 같은 기질이 자라날 수 있도록 일신할 것이다." 그는 되풀이되는 건강 문제로 고통받았다. 한번은 자신의 의사에 반해 병원에 실려 가서 끊임없이 흘러내리는 코피를 멈추기 위한 수술을 받았다. 이따금 안질 문제도 정상적인 업무와 독서를 방해했다. 장제스는 다음과 같이 썼다. "나는 매우 초조하여 몇 번씩이나 삶을 접을까 하고 생각했다. 그러나 나는 이런 말로 자신을 위로했다. '머잖아 당을 책임져야 할 나의 사명은 하늘의 뜻이다. 어찌 내가 시력을 잃을 수 있단 말인가? 건강을 회복할 때까지 휴양이 필요할 뿐이다.'"

장제스는 자신의 "세심한 자제력"을 언급했는데, 그의 노호와 분노의 대상이 되어 본 사람을 놀랠 만한 표현이었다. 장제스의 완고한 성격은 확고부동이었다. "차라리 케케묵고 어리석다고 비웃음을 살망정, 남들 눈에 내가 거칠고 자제심 없는 미치광이로 보이는 것은 원하지 않는다."라 그는 썼다. 아내가 만일 그의 계획이 불가능하다고 증명된다면 무엇을 할 것이냐고 묻자, 그가 대답했다. "만일 사정이 여의치 않다면 조금은 변경할 생각이오. 하지만 나는 변치 않는 기본적인 계획을 강조하겠소. 일단 결정된 것을 마구잡이로 바꿀 순 없잖소. 변화가 조금 필요한 자잘한 부분들은 나중에라도 조정할 수 있을 것이오."[23]

장제스는 아들을 대하는 태도도 똑같이 엄격했다. 1970년대에 장징궈가 출간한 장제스의 편지들을 보면 장제스는 마치 엄한 훈장같이 아들의 서툰 서예 솜씨를 두고 끝없이 꾸짖고 있다. 만일 치과에서 이를 해 넣거나 때울 일이 있거든 의사가 기구를 소독했는지 반드시 확인하라고 잔소리하는 대목에서 그의 성격을 잘 엿볼 수 있다.

장징궈는 베이징에서 좌익 사상에 몹시 익숙해졌으며 학업을 마친 뒤 광저우를 방문했다. 이 열다섯 살 소년은 이미 모스크바로부터 장학금을 받았고, 아버지의 허락이 떨어지기만을 학수고대하고 있었다. 천제루에 따르면, 장징궈는 벌벌 떨며 자신의 생각을 장제스에게 대신 전해 달라 부탁했다고 한다.

남편이 대답했다. "그 녀석이 먼 곳으로 가는 게 무슨 쓸모가 있단 말이오? 난 녀석의 학비를 부담할 여유가 없소." 장제스의 아내는 간청한 끝에 마지못한 동의를 얻었다.[24]

　모스크바의 동방노동자대학에서 공부하는 10대 소년에게 니콜라이 블라디미로비치 엘리자로프(Nikolai Vladimirovich Elizarov)라는 러시아 이름이 주어졌다. 장징궈는 러시아 어를 배우며 '붉은 담장(the Red Wall)'이라는 대자보를 편집하고 농민과 노동자 조직을 연구했다. 그는 여행 가방을 도둑맞았을 때 아버지에게 편지를 써서 옷을 살 수 있게끔 현금을 부쳐 달라고 부탁했다. 장제스는 젊은이들이란 자신의 소지품을 책임지는 일을 익힐 필요가 있다는 이유로 거절했다고 천제루는 말했다. 그녀는 자신의 비상금을 장징궈에게 보내며 장제스가 준 척했다. 장징궈가 광저우를 떠날 때 천제루는 마치 "나의 일부분을 잃어버린" 듯한 느낌을 받았다. 장제스에게 감염된 성병을 치료하느라 아이를 가질 수 없게 된 정서적 결핍감을 채우기 위해, 그녀는 수양딸을 들였다.[25]

　장제스는 자기 자신에게도 규율을 깐깐하게 적용했다. 황푸군관학교 생도들에게 요구한 것 또한 마찬가지였다. 그는 생도들을 불러 구두끈이나 단추가 왜 느슨하냐고 캐물었다. "대답이 만족스럽지 못하면 그는 큰소리로 하사관을 불러 한바탕 엄하게 꾸짖고, 위반자를 처벌하라고 명령하거나 심지어는 밀실에 가두어 버렸다." 천제루는 한 생도가 3000명의 청중 앞에서 애국주의적인 웅변을 할 때를 떠올렸다. 그는 연설 원고를 암송하려 애썼지만 중간의 한 행을 까먹고 말았다. 생도는 바지 호주머니에서 꾸깃꾸깃해진 종이를 꺼내 펴서 낭독하기 시작했다. 장제스가 외쳤다. "그만! 종이를 접어서 바지 주머니에 넣으면 구겨지지 십상이란 걸 알아야지! 마땅히 셔츠 주머니에 넣어야 할 것 아니야! 명심하라고, 이 멍청아!"[26]

혁명의 아버지가 사망하다

황푸군관학교가 개학하고 사흘이 지난 뒤였다. 광저우의 프랑스 인 거주지를 방문한 인도차이나 총독 마셜 멀린(Martial Merlin)이 저녁 연회를 열었다. 연회는 강변 부두와 마주보고 있는 모래섬 사멘(沙面)의 외국 조계지에서 거행되었다. 18만 제곱미터를 점하고 있는 높은 벽 안에 고립된 땅에는 넓은 가도, 잔디밭, 화단과 함께 저급 벽돌과 대리석으로 지은 건물들이 부겐빌레아로 둘러싸여 있었다. 미국의 한 방문객은 사멘의 여유로운 거리가 뉴잉글랜드 마을을 떠올리게 한다고 표현했다. 영국은 이 섬의 5분의 4를 점유했고, 나머지는 프랑스 차지였다. 멀린 총독이 환영 만찬을 연 빅토리아 호텔이 이곳의 유일한 호텔이었다.

50명의 손님에게 수프를 대접할 때 흰색 와이셔츠와 짧은 바지를 입은 한 남자가 열린 창문을 통해 식당 안으로 가죽 가방을 던졌다. 폭탄은 곧바로 폭발했다. 손님 중 세 명이 현장에서 폭사하고, 두 명이 병원에서 사망했다. 폭발로 인해 나이프, 포크, 자기 접시 파편들이 사람들의 몸속으로 파고들었다. 공격자는 강물에 뛰어들었다. 이틀 뒤 당국은 프랑스 식민지를 비난하는 유언장을 지닌 '안남인' 시체 한 구를 찾았다고 발표했다.

사멘 당국은 다른 비서구인이 아니라 중국인에게 밤에 섬으로 들어오기 위해서는 증명사진을 붙인 통행증을 제시하라고 명령했다. 폭탄 투척자는 베트남 인이었으므로 이는 가장 논리적인 대처라 하기 힘들었다. 광저우 정부가 항의했다. 고립된 섬의 중국 노동자들에게 일을 하지 못하도록 하자, 외국인을 위한 질서 유지를 담당하는 규찰대도 파업을 했다. 시위대는 사멘 조계지를 광저우와 격리했다. 외국인 여성과 아이 들은 홍콩으로 피신했다. 모터보트가 식료품을 영국 식민지 홍콩으로부터 운반해 왔다. 가정 요리사와 파출부가 부족해지자 빅토리아 호텔의 장사는 매우 번성했다.

광저우 노동자들의 급진적인 행동은 러시아 인들과 국민당 좌파의 지지에 고무되어 투쟁의 강도가 더욱 높아졌다. 사멘에서는 10월에 협상이 이루어졌지만 이 사건은 '붉은 혁명'의 심장이라는 광저우의 명성을 떠들썩하게 했다. 중국 상인들은 스스로를 보호하기 위해 국방색 제복을 입은 민병대 상단군(商團軍)을 조직하고, 교관의 지도 아래 훈련받게 하며 요충지에 보루를 세웠다. 그 인원수가 6000명에서 1만 2000명 사이였다는 여러 가지 기록들이 있다. 상단군은 또한 다른 도시와 성읍에 지부를 두었다. 1924년 5월 광둥 성 각지에서 온 100개의 상단 조직이 광저우에 집결했다. 이들에게 대항하기 위해 국민당은 날마다 35센트를 받는 노동자 지원단을 편성하여 제복 한 벌, 단검 한 자루, 라이플총 한 정씩을 나누어 주었다.

　설령 많은 상인들이 보수적일지라도, 이러한 상인 세력의 반대는 단지 기득권을 지키기 위한 반동적인 대응만을 의미하지 않았다. 근대화를 지향하는 걸출한 인물이 이끄는 정부에 대한 환상은 이미 깨져 쑨원은 허풍쟁이를 뜻하는 '쑨 대포'로 불렸다. 상단군의 우두머리는 부상(富商)이자 홍콩은행과 상하이은행을 경영하는 매판 자본가* 천롄보(陳廉伯)였다. 그는 상단군이 무역 혼란과 투자 감소를 막기 위해 어쩔 수 없이 조직된 자위 무장대라고 우겼다.[27]

　1924년 8월 중순, 노르웨이 화물선 해브 호가 상단군이 주문한 위탁 화물 병기를 싣고 주장 강을 거슬러 오르고 있었다. 적하 목록은 라이플총 4850자루와 같은 수의 권총 및 탄약 350만 발이었다. 쑨원의 명령에 따라 총기는 압수되어 황푸군관학교에 있는 장제스의 요새로 보내졌다. 항의 표시로 상인들은 일련의 동맹 철시에 들어갔다. 쑨원은 새로운 북벌을 감행하기 위해 광저우를 떠났지만, 장제스는 죽음을 마다하지 않고 광저우를 지키겠다고 말하며 함께 가기를 거부했다.[28]

　광저우 정부는 무기의 절반을 상인들에게 돌려주고 그 대가로 벌금과 건물세를 받기로 합의했다. 10월 10일 상단군이 강기슭으로 가서 무기를 되돌려 받을 때, 쑨원의 충실한 지지자인 황푸군관학교 생도들과 좌익 인사들로

---

* 외국계 회사를 위해 일하는 중국인 대리상을 일컫는 용어로, 대부분이 어마어마하게 큰 재부를 축적했다. ―옮긴이

결성된 청 제국 붕괴 기념일 행진대가 나타났다. 상단군은 그들의 통행을 막았다. 총격전이 벌어졌다. 여섯 명이 그 자리에서 즉사했다. 최종 사망자 수는 아마도 세 배는 더 많았을 것이다. 상단군이 무장 순찰대를 보내 상업 지구 주위의 출구를 폐쇄하고 지붕과 전당포가 군데군데 자리한 누대에 수비대를 배치했다.

보로딘이 출석한 상태에서 국민당 지도부는 혁명위원회를 구성했다. 장제스가 군사 작전을 책임졌다. 장제스의 부대는 황푸군관학교 분대를 포함해 2000명이었다. 1924년 10월 15일 새벽, 장제스는 상업 지구를 공격하라고 명령했다. 포탄이 비 오듯 떨어지며 상업 지구의 출입구를 파괴했다. 경찰이 강기슭 부두에 있던 한 건물 꼭대기에서 기관총을 난사했다. 장제스는 시민 복장을 하고 전선으로 뛰어들었다. 상단군은 지붕 위에서 죽음을 무릅쓰고 맞서며 좁은 거리에 임시 다리를 세웠다. 건물에 불을 지른 공격 측은 건물에서 뿔뿔이 도망치는 자들을 사살하기에 바빴다.

이 전투에서 정부 측 총사망자는 30명에서 284명, 상단군은 50명에서 200명 사이, 시민은 300명 안팎으로 추정되었다. 뒤따라 두 건의 살인 사건이 있었는데, 그중 하나는 어느 장군이 두 명의 저명한 상인을 저녁 만찬에 초대해 잠시 정치를 논한 뒤 처형한 일이었다. 상단의 우두머리 천롄보는 홍콩으로 도망쳤다. 보도에 따르면 파괴된 가옥은 700~1000채였다. 배를 타고 도착한 한 기자가 기록했다. "공기 중에는 코를 찌르는 자욱한 연기와 나무 타는 냄새가 가득했고…… 모든 연령대의 중국인들, 하지만 주로 노인과 여자와 어린이가 폐허가 되어 버린 그들의 집에서 울고 있었다." 역시나 영국공산당은 이 전투를 크게 찬양하며, 쑨원에게 "서방 제국주의와 중국 자본주의에 맞서 싸운 영웅적인 투쟁"을 "진심으로 축하"한다고 전보를 쳤다.[29]

전투가 벌어지는 동안 쑨원은 광둥 성 밖의 병기고로 잠깐 돌아왔다가 다시 성의 북부로 가서 중국 중부의 주요 군벌인 우페이푸와 베이징 정부 사이의 전쟁에 개입하고자 했다. 그리고 일찍이 쑨원을 지지했던 만주의 통치자 장쭤린과 동맹을 맺었다. 이는 군사력이 약하고 먼 거리를 행군해 가야만 하는 쑨원이 반혁명적인 친일 군벌과의 결맹을 불편하게 느끼지 않았음을 의미했다. 쑨원은 여전히 자신을 국가 통일을 이룩할 인물로 여겼다. 이 꿈이 그가 죽음의 장소라 부르는 광저우에서 도망치는 유일한 길이었다.

출발하기 전에 쑨원은 그의 58번째 생일을 축하하기 위해 2만 명이 등롱 퍼레이드를 벌일 광저우를 방문했다. 쑨원은 모든 군사 단위에 대한 전권을 장제스에게 위임하고 그를 새로운 군사부의 우두머리로 임명했다. 강변 부두에서 거대한 군중이 쑨원과 그의 아내가 군함에 승선하여 주장 강 아래로 항해하는 것을 지켜보았다. 쑨원과 쑹칭링이 광저우기독교대학에 잠시 머물 때 한 교직원은 이 국민당 영수가 회색 창파오를 걸치고, 서양식 갈색 가죽 구두를 신고, 회색 중절모를 쓰고 "매우 좋은 기분으로 …… 그의 베이징 여행에 대해 이야기꽃을 피웠다."라고 기록했다. 쑨원은 마지막으로 황푸군관학교에 들렀다. 장제스의 안내로 학교를 참관하며 쑨원은 생도들을 사열했다. 그의 훈시를 장제스가 기록했다. "비록 내가 죽더라도 나의 혼은 편안할 것이다." 그런 뒤 혁명의 아버지는 상하이로 가는 여정에 오르기 위해 홍콩으로 출발했다. 그는 다시 돌아오지 않았다.[30]

쑨원이 광저우를 떠날 즈음 군벌 싸움에서 그의 존재는 전혀 필요가 없었다. 즈리파 군벌 우페이푸의 주요 동맹자가 갑자기 배반한 탓에 만주 군벌과 그의 맹우들이 중국 북부를 지배했기 때문이었다. 하지만 쑨원은 여전히 꿈을 포기하지 않았다. 그는 1924년 11월 말 상하이에서 일본으로 건너가, 서구 열강은 마땅히 중국의 모든 비극을 책임져야 한다고 역설했다. 동시에 그는 대아시아주의를 제창하며 러시아, 인도와 연합하여 서방에 대항하자고 제안했다. 모든 근거에 어긋남에도, 쑨원은 북방 전쟁의 결과가 "위대한 중원 혁명"의 길이 열렸음을 의미한다고 선언했다. 하지만 북방 전쟁의 한 승리자는 외국 열강과의 불평등 조약을 폐지한다는 국민당의 정책을 두고 "놀랍다"며, 쑨원이 광저우에서 상인들에게 저지른 행동을 베이징의 당원들이 비난한다면 허풍은 끝날 것이라고 평했다.[31]

중국으로 돌아온 뒤 쑨원은 복통으로 괴로워하고 졸도하는 일까지 잦았다.

1924년 12월 31일 베이징에 도착한 쑨원은 미국인들의 자금으로 개업했던 베이징협화의원(北京協和醫院)에서 진찰을 받았다. 1925년 1월 26일 받은 개복 수술은 말기 간암을 확증했다. 2월 중순 그는 베이징의 국민당 당원 집으로 옮겨졌다.

쑨원은 그곳에서 다른 나라들이 중국을 대등하게 인정하고 전국 조정 협정을 거행하며 불평등 조약을 폐지하도록 대중들이 일어나야 한다는 마지막 유언과 정치 선언을 구술했다. 이미 베이징에 도착해 있던 보로딘의 감독 아래 작성한 다른 문건은 모스크바에 보내졌다. 그것은 "전 세계의 압박받는 인민의 해방을 위한 위대한 투쟁에서 승리하기 위해" 중국과 소련이 곧바로 연맹하여 함께 전진하자는 "열렬한 희망"을 표현한 글이었다.

1925년 3월 12일 쑨원은 사망했다. 쑨원에 대한 기억은 국민당원만이 아니라 공산당원들에게도 신성화되었지만, 역사학자 마틴 윌버(Martin Wilbur)가 말한 바대로 그의 삶은 시종일관 "꿈이 산산이 부서지는 침울한 이야기"였다. 그러한 지리멸렬함은 장례식장에서도 언쟁으로 계속되었다. 쑨원의 둘째 부인과 아들은 그가 기독교인으로 사망했기 때문에 기독교식 장례를 원했다. 쑨원의 마지막 유언 중에 하나가 바로 이러했다. "하나님이 예수 그리스도를 이 세계에 보내셨듯이, 하나님께서도 나를 보내셨나이다." 하지만 국민당의 다른 성원들은 민족주의 혁명가에게 외국의 종교 의식은 어울리지 않는다고 생각했다. 그래서 두 가지 의식이 함께 거행되었다. 첫 번째는 의학대학 교회당에서, 두 번째는 옛 왕조의 궁궐 앞에서 열렸다. 소련 대사는 자국 대사관에 조기를 달라고 명령하고, 레닌의 관처럼 유리로 덮인 청동 관을 소련으로부터 운반해 올 수 있다고 말했다. 로이터 통신은 그 관이 "새 것이 아니고" 청동으로 매우 얇게 도금한 질 낮은 주석 모조품이라고 보도했다. 그 관은 사용되지 않았다.[32]

쑨원의 유해는 3주 동안 안치되어 있다가 베이징 시산(西山)에 있는 비윈사(碧雲寺)의 임시 묘지에 안장되었다. 그가 동맹을 맺고자 했던 만주 군벌 장쭤린은 국민당이 "중국의 암적인 존재"라며 머잖아 분열할 것이라고 예언했다. 반동 세력은 여전히 매우 강대해 보였다. 그러나 쑨원이 죽어 가는 무렵에도 국민당 군대는 남방의 전장에서 활약했으며, 이 군대의 통솔자는 가장 강력한 군벌에 비해서도 훨씬 확고한 지위를 확보해 나가고 있었다.[33]

5

쑨원을 뒤이어 국민당을 장악하다

───────────────────────

    쑨원이 먼 곳으로 떠나가는 사이에 장제스는 황푸군관학교 생도들을 영도하여 처음으로 전투에 나섰다. 동정(東征)으로 유명한 이 전투에서 러시아 수석 군사 고문 바실리 블류헤르가 중국 전장에서는 최초로 두각을 나타냈다. 볼가 강 변의 가난한 농민 가정에서 독일인의 후예로 태어난 블류헤르는 적군을 따라 우랄과 크림 반도, 극동 지방에서 수차례의 전투를 치르며 극동 지역을 책임지는 장군 자리에 올랐다. 장제스는 외교 사명을 받고 모스크바로 갔다가 돌아오는 도중에 블류헤르를 만난 적이 있었다. 이 러시아 장군은 최초로 홍기(紅旗) 훈장을 받은 인물이며, 그 뒤로 네 차례 더 획득했다.

    평균 키의 블류헤르는 권투 선수 같은 두 팔에 체격이 건장하고, 침착한 갈색 눈과 농밀한 눈썹 그리고 검은 수염을 지니고 있었다. 한 미국 기자의 묘사에 따르면 서른다섯 살인 그는 "성격이 가혹하고 매서우며, 정력이 왕성한 거친 십장 같았다. …… 늘 맨발로 왔다 갔다 하면서 새로운 계획을 잔뜩 구상했고 있었다." 블류헤르는 만주에서 자란 검은색 머리의 신경질적인 러시아 인 아내를 비서 겸 통역원으로 두고 있었다.'

다른 고문들처럼 블류헤르도 아내 이름의 머리글자와 아버지의 성을 합쳐 만든 게일런(Galen)이라는 가명을 사용했다. 고문들의 위계질서 내 지위는 보로딘 다음이었지만, 그는 장제스가 떨쳐 일어나는 데 훨씬 중심적인 역할을 했다. 게일런은 동료들에게 "전쟁 전체와 각각의 전투는 분리해야 하며, 그 무엇보다도 수학과 통계를 우선해야 한다."라고 말했다. 트로츠키는 게일런이 연극적인 작자이자 정치적으로는 얼치기라고 헐뜯었지만, 또 다른 고문 알렉산드르 체레파노프(Alexander Cherepanov)는 그가 "무지막지하게 뛰어난 군사 천재이며 천부적인 예언 능력의 소유자"라고 회상했다.[2]

게일런과 중국인들은 매우 잘 지냈다. 때때로 그는 국민당 군복을 입었고 광둥 요리에 깊은 관심을 보이기도 했다. 장제스는 게일런을 "합리적인 사람이고 좋은 친구이며 걸출한 러시아 장군"이라고 인정했다. 게일런에게서 가장 유별난 점은 볼셰비키를 연상시키는 특색이 없다는 것이었다. 그는 당면한 군사 임무에는 집중하면서도 이데올로기적인 측면에는 제한적인 열정을 보였다. 게일런은 "혁명은 간단치 않다."라고 경고했다.[3]

동정의 개시

천중밍이 광저우를 다시 공격하려고 준비하는 차에 장제스와 게일런은 처음으로 시험 무대 위에 올랐다. 게일런은 공격적인 태세로 주도권을 장악하자고 건의했다. 1925년 2월 국민당 부대는 둥허(東河)의 좁은 길을 따라서 성 밖으로 빠져나갔다. 날씨는 따뜻했다. 병사들은 남색 무명 윗도리와 짧은 바지를 입고, 삼끈으로 짠 샌들 위에 각반을 차고, 방수모와 크고 둥근 농립모를 썼다. 일부는 고무 천막 조각으로 만든 방수포 우산으로 비를 막았다. 통신 수단과 지도는 원시적이었다. 고문들은 출정하는 군관들이 "마치 안개 속에서 항해하는 배의 선장" 같았다고 언급했다.

첫 번째 조우전은 몇백 명의 적군이 통제하는 기차역에서 벌어졌다. 장제스와 일본에서 같은 사관 학교를 다녔던 황푸군관학교의 고급 교관 허잉친 장군이 지휘하는 제1보병단을 전투에 투입했다. 설사로 고생하던 체레파노프는 키 작고 얼굴이 둥근 허잉친 장군에게 전투 상황을 관망하기 좋은 작은 산으로 올라가자고 제안했다. 체레파노프는 당시의 일을 다음과 같이 회상했다. "그는 무언가 이상했다. 얼굴은 창백했고, 눈알을 굴리는 데다 두 다리는 자꾸 주저앉았다. 전령병 셋이 가까스로 그를 끌고 올라갔다. 산 위에서 그는 연대 단위로 전투 대형을 배치하라는 나의 충고를 기계적으로 되풀이하는 명령을 내렸다. 분명히 자기가 무엇을 하고 있는지 모르는 상태였다. 얼마 뒤 그의 얼굴색이 정상으로 돌아왔고, 점점 더 의식을 회복했다." 체르파노프는 자신의 정양을 위해 가져온 코코아를 그에게 건넸다. 허잉친 장군은 코코아를 나중에 정기적으로 지급해 달라고 부탁할 만큼 매우 좋아했다.

철로를 점령한 황푸군관학교 생도들은 홍기를 들고 플랫폼에 대열을 지어 정렬했다. 그들을 이끄는 공산당 정치 위원이 "중국 혁명 만세!"를 외쳤다. 다음 목표는 6미터 높이의 두꺼운 성벽이 보호하고 있는 소도시였다. 주력 부대를 기다리지 않고 한 소부대가 두 차례 맹공격을 가했으나 성공하지 못했다. 그 후에 러시아 인들이 캐넌포 두 문을 부근의 고지대에 안치하고 성벽을 향해 발포 준비를 했다. 장제스가 도착했다. 그는 수비대가 이틀 안에 투항할 것이라고 판단했기에 소도시를 부분적으로 포위하자고 제안했다. 군사 고문은 그렇게 하면 적들이 증원군을 기다릴 시간을 벌게 된다고 지적하며 곧바로 공격하자고 다그쳤다. 공격은 다음 날 아침 6시에 이르러 개시되었는데, 언제나 비판적인 체르파노프가 일컫길 "고통스러운 망설임" 뒤에야 장제스가 동의한 것이었다.*

성벽 한 지점을 도보로 공격하기로 하고, 황푸군관학교 졸업생들이 학교에서 훈련했던 '돌격대' 전술을 감행하기로 했다. 한 시간 뒤 대포를 발포하고

---

* 체르파노프는 냉전 시기에 출간한 그의 회고록에서 장제스를 강도 높게 비판했다. 그의 관점은 당시의 정세에 영향을 받았을 터이지만 이 전역에 관한 매우 드문 일화를 제공해 준다.

돌격대가 성벽을 기어 올라갔다. 불가사의하게도 그들에게는 사다리가 없었다. 펠트 코트를 입은 장제스가 대포 뒤에서 서성였다. 체르파노프는 장제스가 "까악대는 까마귀처럼 소리를 지르며 양팔을 들어 올릴 때마다 외투 밑자락도 위아래로 펄럭였다."라고 썼다. "그는 증오심이 가득한 눈으로 고문들을 바라보았다. 마치 우리들 중 누가 돌격대에게 사다리를 주지 않았다고 책망하는 듯싶었다." 관목 뒤에서 움츠리고 있는 허 장군은 마치 익사한 사람처럼 얼굴색이 창백했다.

체르파노프는 예전에 소방대에서 근무할 때 배운 등산 기술을 떠올렸다. 한 사람이 양손으로 성벽을 받치고 몸을 구부리면 다른 사람이 그의 등과 어깨를 타고 오른 뒤, 아래에 있는 사람이 허리를 펴서 위에 탄 사람을 공중으로 들어 올리는 방식이었다. 체르파노프와 다른 러시아 인이 시범을 보이러 성벽 아래로 갔다. 그들 중 한 사람이 몸을 웅크리자 중국인 정치 장교와 기수가 달려와 서로 먼저 오르라고 권했다. 기수는 성벽을 오르다 부상을 입었다. 다른 사람들이 따라 올라가 성문을 열었다. 체르파노프는 적군 700명을 포로로 잡았고 소총 1000자루와 기관총 6정을 노획했다고 말했다. 국군은 10명이 전사하고 40명이 부상을 입었다.

나중에 국민당 군사(軍史)에서 중요한 순간으로 칭송받은 한 차례의 격렬한 전투를 통해 전략적 요충지 멘후(棉湖)를 얻었다. 그 뒤 장제스 부대는 가장 큰 목표인 산터우(汕頭) 항으로 진격했다.《자림서보(字林西報)》는 비록 그들이 전진하는 도중에 홍수를 헤치고 나아가야 했지만 "매우 많은 낙승을 거두었다. 천중밍의 군대는 마비 상태에 빠졌다."라고 보도했다. 산터우에서 점령군은 약탈 행위를 하지 않겠다는 선언을 발표했다. 여러 차례 집회를 열어 선교사를 제국주의자라고 비난하는 동시에 국민당의 주장을 설명하는 전단을 대량으로 뿌렸다.[4]

장제스 부대는 적들을 푸젠 성 경계까지 추격한 뒤, 소총 1만 2000~1만 3000자루, 기관총 110정, 탄약 800만 발, 구식 캐넌포 30문, 신식 산포 6문, 무선 통신기 6대를 노획했다고 밝히고 전역의 종결을 선포했다. 전리품의 3분의

1은 황푸군관학교로 운송되었다. 장제스는 부대를 따라와 작전을 수행한 정치 공작원과 러시아 인을 표창했다. 그는 "국민당과 공산당이 합작하여 우리들은 전국적인 지지를 얻었다."라며 쑨원은 서거했지만 "여전히 보로딘 고문이 우리를 영도하고 있다."라고 말했다. 광저우에서 온 기독교대학의 한 미국인은 장제스가 "소련과의 합작" 및 "국민당과 공산당 합작 만세"를 선창하는 것을 들었다고 기록했다. 공산당 지도자 천두슈는 누구든지 장제스 장군을 비난하면 반혁명 분자라고 공언했다.[5]

저우언라이의 영도 아래 정치 위원들은 중국에서는 완전히 새로운 선전 책략을 쓰며 토지 개혁을 하겠다는 약속으로 농민들을 선동했다. 황푸의 군대는 엄격한 기율을 보이며 인민의 재물을 약탈하거나 억지로 노역을 시키지 않았다. 이렇게 해서 길 안내에 정보 제공에 스파이 역할까지 해 주는 농민들을 얻을 수 있었다. 사병들이 전쟁터에서 한 행동은 일일이 기록해서 상벌의 근거로 활용했다. 부상자는 정액 이외의 장려금을 받았다. 전사자는 정중한 장례 절차에 따라 매장되었다. 장제스는 전사자들을 기리는 애도식에 참석했다. 그가 연설에서 훈시했다. "장교와 사병들은 충성과 용기로 기율과 용감성을 보여 주었다. 제군들 모두에게 탄복하는 바이다."

한차례의 조우전에서 죽을 뻔했다가 용케 살아난 게일런은 사병들이 용감하게 작전을 수행했다고 칭찬하며 한껏 만족감을 드러냈다. 게일런은 "장제스 장군이 장비가 우수하고 훈련이 잘된 뛰어난 두 연대를 전선에 성공적으로 배치했고, 정치의식 또한 철저하게 배양한 덕분에 그들은 전선을 견고하게 지킬 수 있었으며 평민들을 약탈하지도 않았다."라고 썼다. 심지어 적대적인《자림서보》도 이 새로운 부대가 "정말로 훌륭한 군대로 장비가 우수하고 기율도 엄격하며, 모든 점에서 그들과 싸울 수 있는 그 어떤 군대보다도 더 강하다."라고 인정했다. 장제스 아내의 기록에 따르면, 장제스는 어느 날인가 의자에서 뛰어올라 자신이 내다본 미래를 목청껏 선포했다고 한다. "나의 슬로건을 찾아냈다! 중국 통일을 위해서는 우선 광둥을 통일해야 한다!"[6]

광둥 정부의 모든 것을 통솔하던 쑨원의 부재로 인해 광저우 통일만도 대단히 어렵고 힘든 임무인 가운데, 광둥 성이나 중국 통일은 더 말할 나위도 없었다. 광저우 국민당 정부 내에서는 당파 분쟁이 끊임없이 벌어졌다. 임금 인상이 물가 인상률과 실업률 증가를 따라잡지 못하자 노동자들의 분노도 커져 갔다. 일련의 파업이 일어났고, 100개에 달하는 노동조합이 새로 조직되었다. 공산당이 이끄는 농민 협회는 20만 회원을 확보했다고 주장했다. 로이터 통신의 보도에 따르면, 광둥 북부에서 일자리를 잃은 농민들이 조직을 만들고 토지를 점령하며 공산공처(共産共妻)를 실행했다고 한다.[7]

만성적인 재원 부족으로 공공 서비스가 중단되었다. 교사 월급은 8개월이나 밀렸다. 묘지에서 탄산음료에 이르기까지, 모든 물품에 각종 세금이 새로이 부과되었다. 1925년 3월에는 갓난애를 등에 업은 부녀자 400명이 새끼 돼지에게 물리는 유저세(乳豬稅)를 폐지하라는 시위를 벌였다. 이러한 세금들의 수익 대다수는 정부가 징세권을 팔아넘긴 사람들에게 돌아갔기 때문에 정부는 상대적으로 매우 적은 수입을 올렸다. 《광저우공화보(廣州共和報)》는 행정 당국이 해마다 유저세로 얻는 수입은 5000위안에 불과하지만 징세권 보유자는 8만 위안의 고수입을 올리고 있다고 보도했다.

범죄율이 급격하게 증가하여 몇몇 은행은 빈번한 강도 사건 탓에 현금 환전 업무를 중지하기까지 했다. 용병들도 통제 불가능했다. 일부는 결혼식장에 난입하여 하객들을 수색하고, 공식적인 쑨원 애도 기간을 위반했다는 빌미로 장식물을 찢어 버렸다. 압류한 결혼 예물과 기타 재물의 가치가 10만 위안을 상회했다고 하며 결혼식 당사자에게 2만 위안의 벌금을 물리기까지 했다.

장제스와 랴오중카이는 황푸에서 쑨원의 추모식을 주재했다. 참가자 중 한 사람이 회고했다. "장제스 선생이 스스로 주체하지 못하고 남들이 다 들을 정도로 비통하게 울어, 자리를 같이한 이들 모두가 눈물바다를 이루었다." 장제스의 아내에 따르면 그는 국민당을 통일하겠다고 결의했지만, 장제스를 정치 지도자로 간주하는 사람은 그리 많지 않았다. 국민당은 크게 세 파벌로 찢어져 있었다. 쑨원과 오래전부터 함께한 주요 우익 인사들의 '구동지파(老同志派)', 광저우에서 두각을 나타낸 '당권파(黨人派)' 및 고인이 된 영수의 아들 쑨커(孫

科) 주위의 '태자파(太子派)' 등이었다. 쑨원의 계승자로서 서로를 견제하는 두 사람, 즉 왕징웨이와 후한민이 이끄는 두 번째 파벌이 가장 막강했다.

왕징웨이는 전통 교육을 받고 일본에서 공부한 뒤 혁명에 뛰어들어 무정부주의 조직에 가담했고, 1910년 순친왕을 암살하려고 기도했다. 1911년 신해혁명으로 감옥에서 석방되고 나서, 미래의 황제 위안스카이의 대신 자리를 거절하고 유럽으로 여행을 떠났다. 1917년 중국으로 돌아온 왕징웨이는 쑨원과 함께 일하며 그는 깊은 감명을 주는 웅변가이자 유연한 협상가에 뛰어난 작가의 면모를 입증해 보였다. 잘생기고 복장이 깔끔하며 약간 살찌고 당뇨병으로 고생하던 왕징웨이를 러시아의 한 여성 통역가는 "여성스러운 마음씨를 지닌 겸손한 사람"이라고 설명했다. 당시의 사진 한 장은 머릿기름을 발라 반질반질한 머리카락에 두 볼이 통통한 왕징웨이가 서양식 흰 정장을 입고 카메라를 쾌활하게 주시하고, 그 곁에 빡빡 깎은 머리의 장제스가 반듯하게 다린 군복을 입고 엄숙한 표정으로 선 모습을 대조적으로 보여 준다.

당시 마흔한 살이던 왕징웨이는 쑨원의 말년에 줄곧 곁을 지키며 그의 유지를 기록했다. 왕징웨이는 러시아 인들과 관계가 친밀하고 좌파로 인정받은 덕분에, 보로딘의 선택에 따라 국민당의 대리 주석 및 정치군사위원회 수뇌가 되었다. 왕징웨이 역시 우유부단한 면모를 보였다는 기록도 있다. 러시아의 한 매체가 논평했다. "그는 야심만만한 인물로, 쑨원이 죽은 뒤 자신이 권력과 지지를 얻을 것이라 확신할 때면 결연하고 의욕 넘치는 행동을 취했다."[8]

왕징웨이보다 네 살 많고 보다 강인한 후한민은 역시 고전을 수학했고 일본 유학 경력이 있었다. 야위고 머리털이 조금 빠졌으며 크고 동그란 안경을 써서 전통적인 학자 관료에 썩 어울리는 모습의 후한민은 청 조정에서 실각한 뒤 광둥 혁명 정부를 이끌어 왔다. 후한민은 정부의 주요 이론가 중 한 명이었지만 냉혹한 기질 및 두 형의 부패 행위에 무관심한 점 때문에 인기를 얻지 못했다. 그의 혁명 정부는 좌익 노선을 취했지만 후한민은 곧 우편향에 빠져 공산주의화를 반대하자고 경고했다. 그는 경쟁자를 꽤나 완곡하게 비평하여 "왕징웨이는 그 누구에게도 참말을 하지 않는다."라고 토로했다.

장제스는 둘 중 젊은 쪽이 승리의 가능성이 크다고 보고, 왕징웨이가 러시아의 지지와 원조를 보장해 줘서 자신이 계획 중이던 용병군 공격을 감행할 수 있기를 기대했다. 천제루의 회상록에 따르면, 쑨원이 류전환을 살아 있는 보살이라고 칭송한 일을 그녀가 상기하자 장제스는 이렇게 대답했다고 한다. "과거는 과거일 뿐이오. 류전환은 너무나 오래 살아서 이제 쓸모가 없소. 그는 틀림없이 다른 사람들과 함께 사라질 게 분명하오. …… 나는 광동의 모든 군대를 통제할 참이오. 용병의 우두머리들이 나의 길을 막는다면 이 일은 불가능할 테니, 유일한 길은 바로 이 한 번의 기회를 이용해 그들을 영원히 쫓아내는 것일 뿐이오."[9]

장제스는 용병군을 축출할 근거를 마련하기 위해 동정 기간에 발견되었다고 하는 문건들을 널리 퍼뜨렸다. 용병군과 광저우 정부의 적이 협상을 벌였고, 게다가 군벌 우페이푸로부터 '찻값' 곧 뇌물을 받았다는 내용이 담긴 문건들이었다. 용병군은 세금을 탈취하고 병기 공장을 점령하는 반응을 보였다. 1925년 5월, 광저우 성 밖의 국민당 군대가 도시로 진입할 때 정부는 용병군 우두머리를 해고했다. 용병군은 전화와 전보 및 조명 설비를 점유하고, 성 동쪽에서 참호를 구축하고, 강변 부두의 대로에 바리케이드를 설치하여 반격에 나섰다. 게일런이 입안한 작전 계획에 따라 철도 노동자와 선창 잡부 들이 고용군에 대항하는 파업을 일으키는 동안 정부군이 신속하게 행동을 개시했다. 장제스는 수비대 사령관으로 임명되었다.[10]

1925년 6월 6일 오후 무렵 전투가 시작되었다. 강을 끼고 격렬한 총격전이 이틀날까지 이어지다가 폭우로 인해 한 시간 동안 중단되었다. 정부의 함정이 기관총과 캐넌포로 공격을 재개했다. 정부의 기함도 위아래를 순유하며 전투를 독려하고 적의 함정을 향해 포문을 열었다. 홍색 스카프를 두른 약 1000명의 황푸 사병들이 러시아 고문 한 명과 함께 밤을 틈타 강을 건넜다. 동정 후에 게일런이 건의하여 채용된 무선 통신 체계로 그들은 서로 막힘없이 연락을 주고받았다.[11]

6월 12일에 이르러 대다수의 용병군은 투항하거나 뿔뿔이 흩어졌다. 그날 오후 전투가 끝났다. 용병 측 장군들은 홍콩으로 도망쳤다. 정부는 소총 1만 6600자루, 기관총 120정, 캐넌포 20문을 노획했다. 전투 현장을 목격한 광저우 기독교대학의 얼 스위서(Earl Swisher)는 일기에 이렇게 적었다. "강둑에는 대나무 몽둥이에 맞아 죽은 윈난 인들이 널브러져 있었다. 이 광경은 집에 돌아온 뒤에도 여전히 구역질이 나게 했다."[12]

이번 승리는 장제스의 지위를 높여 주었고, 강을 도하한 생도들은 세상의 이목을 끌었다. 하지만 다른 장군들의 질투심 또한 유발했다. 봉투에 '기밀'이라고 쓰인 익명의 편지는 장제스에게 정객들이 그를 제약할 방법을 논의하고 있다고 경고했다. 서명이 없는 다른 편지에는 "적개심에 찬 사람들이 당신의 재빠른 상승을 눈여겨보고 있으며, 특히 광둥 해군 총본부에서 그러하다."라고 적혀 있었다.[13]

용병군에 대한 승리는 게일런의 능력을 새롭게 증명하는 계기가 되었다. 중국을 방문한 소련 외교관은 보고서에 중국인은 게일런을 매우 신임하고 있다고 썼다. "군사 행동 문제와 관련한 그의 모든 언급은 법칙으로 인정받고 있다." 하지만 러시아 인 게일런은 고문들이 도달할 수 있는 한계점을 알고 있었다. 한 강연에서 게일런은 두 손을 들어 새끼손가락 하나를 가리켰다. 이것이 모스크바가 할 수 있는 전부이며, 나머지 9할은 중국인들 스스로 해야 할 몫이라는 뜻이었다. 게일런의 목표는 엄청나게 팽창한 군벌들처럼 어마어마한 수의 저질 군대가 아니라, 정예 부대를 키우는 것이었다. 게일런은 "수량이 아닌 품질이 틀림없이 주요한 역할을 할 것"이라고 강력하게 주장했다. 그는 중국 전역을 휩쓸기 위해서는 평소에 훈련이 잘되고, 장비가 우수하고, 동기가 명확한 서너 개의 군단이 있어야 한다고 생각했다.[14]

광저우의 보호자

1925년 7월 1일, 중화민국 국민당 정부가 광저우에서 정식으로 성립되었음을 선포했다. 보로딘의 영향 아래 좌경화 경향이 뚜렷해진 상태였다. 기존의 대원수 제도가 폐지되고 왕징웨이는 주석 겸 군정위원회 수뇌로 취임했다. 랴오중카이는 재정부장을 맡고, 황푸군관학교와 군대의 당 대표 신분을 유지했다. 장제스는 군대의 확충과 명령 체계 집중화를 추구하는 8인 군사위원회의 위원이 되었다. 후한민은 외교부장을 맡아 비주류로 전락했다. 어느 나라도 광저우 정부를 인정하지 않아 외교부와 관련된 일은 거의 없었기 때문이다.

국민당 정부의 급진화는 5·30 운동 이후로 점점 거세졌다. 이 유명한 사건은 일본인이 경영하는 상하이의 방직 공장에서 중국인 노동자들이 일으킨 파업이 발단이었다. 5월 30일 파업에 참가한 노동자들은 상하이 공동 조계지의 거리에서 항의 시위를 벌였다. 영국 경위가 시크교도 경찰에게 시위자들을 향해 발포하라고 명령하여 11명이 사망하고 수십 명이 부상을 입는 대참사가 일어났다. 외국인 배척 운동이 중국 각지로 널리 퍼져 나가고, 1919년 5·4 운동의 민족주의 정신이 빠르게 되살아났다. 주장 강 삼각주에서 노동조합은 시위에 참가하기 앞서 광저우에서 용병군이 패배하기만을 줄곧 기다려 왔다. 이제 그들은 노동 조건 개선, 중국인 평등 대우, 아동 노동 금지, 임대료 인상 취소, 중국인의 입법위원회 선거권 획득 및 인종 차별 금지 등을 요구하며 홍콩에서 파업을 개시했다. 영국인 총독이 계엄령을 내리자 수만 명의 파업 노동자들이 영국 식민지인 홍콩을 떠나 광저우로 집결했다. 한 해 전에 프랑스 총독이 암살당한 뒤 벌어진 일련의 사건을 기억하는 외국인들은 그들만의 고립된 영토인 사몐에서 위기에 대처하느라 여념이 없었다. 빅토리아 호텔에서는 외국인 공동 주방이 문을 열고 다시 여성과 아이들을 대피시켰다.

6월 23일에 기마 경찰과 소년 군악대의 인도 아래 대규모의 반외세 시위대가 녹음 짙은 와이탄 거리를 행진했다. 시위 인파 속에는 황푸군관학교 생도들도 섞여 있었다. 장제스의 동창인 허잉친 장군도 참석했다. 사몐 대교로 통하는 문을 봉쇄한 외국인들은 모래주머니와 철조망 뒤에서 기관총으로 화력망을 구축했다. 시위 행렬 후미가 사몐 대교와 가까워질 무렵 사격이 시작되었다. 중국은 영국과 프랑스 측이 먼저 총을 쏘았다고 완강하게 주장했다. 반면에 영국 영사는 황푸군관학교 생도들을 첫 발포자로 지목했다. 적어도 50명이 사망했는데, 20명은 황포군관학교 출신이었다. 시체들은 경찰국 부근의 골목길에 가지런하게 놓인 채 촬영되었다. 사멘에서는 한 외국인이 타살되었다. 머리가 가격당한 프랑스 상인이었다. 다른 네 명은 중상을 입었다.

거대한 인파가 가두에서 함께 행동에 나서자고 호소했다. 비난의 목소리도 있었지만 당국은 사멘 봉쇄와 외국 상품 불매 운동을 결정했다. 훨씬 더 많은 노동자들이 홍콩에서 광저우로 밀려 들어왔다. 어림잡아 그 수가 6만에서 12만 명 사이를 헤아렸다. 그들은 러시아 인들로부터 후원금을 받았고, 광저우 국민당 정부는 식대와 숙박비를 지불했다. 파업 노동자들에게 경비를 지불하기 위해 정부 당국은 아편 제조 권한을 부활시켰다. 중국인들은 외국 회사를 멀리했다. 영국 상품은 금지되었다. 영국 식민지인 인도의 병사들이 중국인 부녀자와 어린이를 도살했다는 포스터가 대량으로 나붙었다. 현지 신문사의 한 편집인은 《뉴욕 타임스》 기자 핼릿 어벤드에게 영국인이라는 인상을 주지 않도록 짧은 반바지를 입지 말라고 충고했다.[15]

콘크리트 요새, 모래 자루, 가시 돋친 철조망과 기관총 진지 뒤에 숨은 사멘의 외국인들은 다시 포위 공격을 당할 위험에 처했다. 홍콩에서 징발된 인도 사병들이 방어를 더욱 강화했다. 8척의 외국 군함도 주장 강 위에서 전세를 관망하고 있었다. 장제스를 포함한 3인의 방어위원회가 만들어졌다. 공산당의 영도 아래 파업 노동자들은 광저우 둥궁위안에 있는 오락 시설에 숙소, 병기고, 학교, 법정, 감옥이 마련된 본부를 세웠다. 일부 인원은 통제가 불가능해 아편을 피우거나 약탈을 일삼고, 공갈 협박으로 보호 비용을 갈취했다. 주요 감옥의 규찰 감시원들은 체포된 동료를 제멋대로 풀어 주었다. 상인들은 통행증을 사야만 했다. 파업 노동자들이 교회 병원의 물과 전기, 식료품을 끊어 버렸다. 한 외국인이 연 정신 병원에 수용된 환자 300명은 거리로 쫓겨나기까지 했다.

이러한 정세는 좌파 세력에게 큰 힘이 되었으나 자본가 계급의 지지를 받는 우파에게는 큰 위협이 되었다. 우파 세력이 머잖아 랴오중카이를 주요 표적으로 삼아 반격을 감행할 것이라는 소문이 떠들썩했다. 이 재정부장은 일찍이 월군 장군 여러 명을 포함하여 정부가 부패하도록 위협하는 파벌을 없애자는 운동을 제창했기에 정적이 생길 수밖에 없었다. 암살 음모에 관한 의심은 우익을 대표하는 외교부장 후한민에게 집중되었다. 그의 친속들 중 일부는 아무런 거리낌 없이 우파임을 자칭했고, 또한 모두가 알다시피 심한 부패와 횡령, 독직에 연루된 자들이었다. 후한민의 형제 중 하나인 후이성(胡毅生)은 비밀 조직을 운용하며 랴오중카이와 왕징웨이를 제거하자고 제안하는 신문을 발행했다. 장제스를 암살하자고 호소하는 전단지도 뿌렸다. 이 음모자들은 천중밍 및 홍콩의 영국인들과 동맹을 맺은 것으로 알려졌다. 사실 홍콩 총독도 광저우의 '적색 분자들을 진압'하기 위한 작전에 자금을 댈 수 있도록 허가해 달라고 요청했다. 영국은 그러한 계획을 접으라고 통보했다.[16]

1925년 8월 20일 랴오중카이와 부유한 홍콩 차(茶) 상인의 딸인 그의 아내는 집에서 아침 식사를 마친 뒤 차를 타고 국민당 중앙 당사 사무실로 향했다. 당사 건물 밖의 뜰로 들어간 랴오 부인이 러시아 고문 체르파노프를 만나 걸음을 멈췄다. 그들이 이야기하는 사이, 출입구 기둥 뒤에 숨어 있던 자객이 총 한 발을 쏘았다. 랴오 부인은 폭죽 소리라고 생각했으나 이내 땅에 쓰러진 남편이 눈에 보였다. 그녀는 도움을 청하면서 남편 곁에 쭈그리고 앉아 상처를 살폈다. 더 많은 총성이 울려 퍼졌다. 당사 안에서 회의를 열고 있던 장제스, 왕징웨이, 보로딘, 후한민 그리고 월군의 우두머리 쉬충즈(許崇智) 장군이 밖으로 황급히 뛰어나왔다. 1931년 왕징웨이의 전기 작가가 상술했다. "왕징웨이와 장제스는 비통한 눈물을 흘렸다. 보로딘도 그랬다. 그런데 후한민과 쉬충즈는 어떠한 감정도 드러내지 않았다." 랴오중카이는 피를 콸콸 흘리며 이송되었다. 병원에 다다랐을 때는 이미 목숨이 끊어진 뒤였다.[17]

경호원이 자객 한 명의 머리에 치명적인 부상을 입혔다. 왕징웨이의 전기 작가에 따르면, 대금에 관한 설명이 달린 명단이 시체에서 발견되었다고 한다. 명단의 이름들은 모두 어느 전(前) 공군 장교 밑의 개인 경호원이었는데, 그는 후한민의 동생이 만든 우익 비밀 결사체의 중요한 요원이었다. 이 전 공군 장교는 달아났지만 그의 집에서 암살자들이 사용한 것과 동일한 탄알이 발견되었다. 보로딘의 제안에 따라 보로딘 자신과 왕징웨이, 쉬충즈, 장제스로 구성된 전권위원회가 결성되었다. 군사 법정이 열렸고 100명이 체포되었다. 장제스는 매우 가까운 거리에 있던 용의자 한 명을 사살했다. 와이탄에 있는 식당의 별실에서 열린 연회에 참석 중이던 군인 두 명이 황푸군관학교 동교장으로 끌려와 즉결 심판을 받고 총살당했다. 그중 한 명은 최근에 장제스에 대해 "성인인 체하는 위선자이고 감언이설을 잘하는 간사한 자"라고 비난했던 요주의 인물이었다.[18]

처음에 수색대 가운데 피했던 후한민은 버려진 건물에 숨어 있다가 눈에 띄어 황푸군관학교로 끌려왔다. 그의 형제는 성을 빠져나갔다. 보로딘과 장제스는 후한민을 암살범들의 '정신적 지도자'로 간주하고, 그를 모스크바로 보내 공산주의의 미덕을 체험하게 하자고 결정했다. 9월 22일 후한민은 러시아 배를 타고 광저우를 떠나갔다. 그다음 주에 정부는 군사 역량을 굳건하게 하기 위해 다섯 군단으로 구성된 국민혁명군을 창설하고 황푸군관학교 교장 장제스를 제1군 군단장으로 임명했다.

장제스의 다음 표적으로는 월군 사령관 겸 국민당 정부 군정부장인 쉬충즈 장군이 남아 있었다. 아편을 피우는 이 구식 장군은 여러 방면에서 공격받기 쉬웠다. 한 러시아 인은 쉬충즈를 매판 자본가 집단과 연결된 우익 분자로 평가했다. 랴오중카이가 암살된 뒤, 쉬충즈는 일개 작은 군벌로 전락한 천중밍과 싸우는 일을 거부했다. 비록 쉬충즈는 천중밍이 신뢰할 수 없는 반혁명 분자라는 것을 알고 있었지만 두 사람은 오랜 친구 사이였기 때문이다. 그는 '광둥 인을 위한 광저우'라는 구호로 다른 지역에서 온 황푸군관학교 졸업생들을 협박했다. 쉬충즈는 후한민과 서로 원만한 사이는 아니었지만, 그의 형제들과 공동으로 사업을 했고 쉬충즈의 장교들도 반정부 비밀 결사 조직에 참가했다.[19]

광저우로 온 초창기에 장제스는 쉬충즈와 친구 사이가 되었다. 하지만 이제 장제스는 쉬충즈가 천중밍과 내통했다고 고발했다. 왕징웨이의 동의 아래 장제스는 월군의 무장을 해제하도록 군대를 보내고 월군 총본부를 포위했다. 그런 뒤 쉬충즈에게 광저우를 떠나라고 요구하며 월군은 반드시 개편되어야 한다고 몰아세웠다. 쉬 장군은 군정부장 인장을 건네준 뒤 장제스와 동행하여 기선에 올라탔다. 정부 측 입장은 이 노인이 뇌에 질병이 있어 치료차 상하이로 떠났다는 것이었다.

서른여덟 살 생일이 가까워진 장제스는 이제 국민혁명군의 수뇌가 되었고 또한 왕징웨이, 보로딘과 어깨를 나란히 하는 삼두 정치의 한 축이 되었다. 로이터 통신은 "광저우는 장제스 장군의 절대적 통치 아래 있다. 그는 소련의 최고 사령부에 소속되어 있다."라고 보도했다. 《자림서보》는 장제스가 "광저우의 보호자"라고 불리며, 게다가 그와 러시아 인들은 "군사적 우세를 바탕으로 그들이 원하는 바대로 할 수 있게 되었다."라고 썼다. 장제스는 국민당의 정치에서는 보기 드문 결단력으로 과감하게 행동을 취하는 능력을 한껏 과시했다. 장제스의 아내는 이렇게 회고했다. "나는 그의 기질이 갑자기 변하는 것을 뚜렷하게 느낄 수 있었다. 그는 신예 지도자로서 결점이 없다는 즐거움을 맘껏 누렸다. 당시 정황이 무척이나 불만족스러웠던 그는 변화를 위해 고압적으로 명령을 내렸다. 심지어 월권행위까지도 서슴지 않았다. 그는 말하자면 자천 독재자로 변해 갔다."[20]

쉬충즈의 월군 사병을 흡수하면서 장제스 군대는 3만 명 규모로 팽창했다. 이는 양보다 질이라는 게일런의 노선을 위협했다. 아편 중독자를 포함한 신병들은 황푸군관학교가 설정한 표준을 한참이나 밑돌았다. 하지만 이제 그들이 우파의 쿠데타를 지지할 위험성은 없었으며, 장제스는 중국 통일 원정의 야망에 착수하기 위해서는 가능한 한 많은 병사가 필요하다고 생각했다.

장제스는 쑨원의 꿈이었던 북벌을 실현하고자 앞으로 나아가기 전에, 산터우 항을 다시 점령하고 있는 천중밍과 그 지지자들을 먼저 처리해야 했다. 장제스는 부대원 2만 명과 더불어 저우언라이가 이끄는 160명의 정치 위원에게 출정을 준비하라 일렀다. 게일런은 이때 광저우를 떠나 모스크바가 간절하게 동맹을 맺고자 하는 북방의 나로드니키(러시아 지식인들이 제창한 농본주의 급진 사상) 군벌 펑위샹을 긴 시간 방문하고 있었다. 게일런이 부재하는 동안 장제스는 게일런이 예전의 한 전투에서 실행한 측면 우회 전술을 버리고 강, 인공

호수, 운하, 언덕으로 엄호하고 있는 친(親)천중밍 군대의 대진지를 전면 공격하기 시작했다. 천제루의 회고록에 따르면, 이 대진지의 보루는 네 가지 방어물을 갖추고 있었다고 한다. 고리 모양의 철조망, 8센티미터 길이의 못들이 박혀 있는 널판, 말을 저지하기 위해 가시철망으로 뒤덮은 목판과 4.5미터 높이의 전기 철사 담장이었다.

장제스가 산등성이에서 공격을 지휘하자 화포와 기관총이 일제히 사격을 개시했다. 보병이 적진으로 돌격하고, 제1제대는 사다리를 운반했다. 우측에서 기수가 국민당의 남색 당기를 높이 들고 전진했다. 다른 기수는 좌측에서 홍색 군기를 펄럭였다. 체르파노프는 "젊고 옷차림이 단정한 지휘관"이 목제 권총집에서 모제르 권총을 꺼내 들고 부하들을 인솔하여 진격하는 모습을 지켜보았다.

제1제대는 심한 타격을 받았지만 다른 전투원들은 가시로 뒤덮인 고리 철조망을 걷어 내려고 위쪽으로 뛰어들었다. 장제스의 아내는 "한 분대에 이어 또 한 분대가 잇따라 돌진하자, 마침내 철조망 한쪽이 무너졌다."라고 썼다. 이는 나중에 남편으로부터 들은 바를 바탕으로 썼을 것이다. 생도들은 얇은 군화 바닥이 못에 뚫리는데도 널판으로 돌진했다. 못 판에서 벗어나지 못한 병사들은 적들에게 손쉬운 과녁이 되었다. 그러나 다른 병사들은 군우의 몸을 밟고 못 판을 넘어 세 번째 장애물에 다다랐다. 새로 도착한 공격 물결은 짚 더미를 수북이 쌓아 전기선들을 태워 버렸다.

천제루의 전투 묘사는 이어진다. "점점 더 많은 사병들이 볏짚을 들고 달려갔다. 탄알과 폭탄이 머리 위로 비 오듯 쏟아졌다. 전기 철조망이 결국 무너지자 성벽 이곳저곳을 다이너마이트로 폭파했다." 공격자들과 기수가 수류탄, 폭탄, 돌, 생석회, 통나무가 쏟아지는 포화를 뚫고 앞으로 진격하는 전투가 다음 날까지 줄곧 이어졌다. 마침내 사다리가 걸쳐지고 기수가 성벽으로 올라갔다. 체르파노프는 회고했다. "수류탄이 성가퀴 위에서 폭발했고, 소총과 기관총 소리도 들려왔다. 적을 말끔히 쓸어버린 승리의 희열에 취해 국군 병사들이 환호성을 질러 댔다."[21]

국민혁명군은 적군의 열차를 두절시킨 철도 노동자들의 도움 아래 계속 북진했다. 예전 천중밍 군대의 병사가 정거장에서 저격을 시도하여 장제스는 갑작스레 위험에 직면했으나 부상을 입지 않았고, 군대를 인솔하여 11월 초 산터우를 다시 차지했다. 광저우로 보낸 전보에서 장제스는 이번 전투로 6000명의 적군 포로와 그에 상당하는 소총을 얻었다고 보고했다. 천중밍은 그 뒤로 장제스에게 다시는 위협을 가하지 못했고, 홍콩으로 망명해 1933년 발진 티푸스로 죽었다.[22]

두 차례의 동정 성공으로 새로 확장된 영토에서 들어오는 세원 덕분에 광저우 국민당 정부의 재정 수입은 크게 증가했다. 정부는 재정을 관리할 핵심 인물로 하버드대학에서 공부한 상당한 재력가인 쑨원의 손아래 처남 쑹쯔원을 맞아들였다. 훗날 한 미국인 고문은 중국어보다 영어를 더 잘 쓰는 쑹쯔원을 "머리가 좋고, 생각이 아주 민첩하고, 사상이 매우 실용적인" 사람이라고 평가했다. 감리교 신자인 상하이 거물 쑹자수의 아들인 쑹쯔원은 쑨원의 미망인 쑹칭링의 남동생이었다. 중앙은행을 맡으라는 명령을 받고 광저우로 이사 오기 전에 그는 뉴욕의 국제은행기관에서 3년 동안 일했다.《뉴욕 타임스》의 핼릿 어벤드가 회고했다. "그는 두 눈을 크게 뜨고 눈 한 번 깜빡하지 않을 정도로 몰입하여 은행의 모든 고객들을 관찰하는 습관이 있었다. 무척 예의가 바르면서도 늘 아득히 멀고 깊은 명상에 빠져 있는 듯했다. 그는 직접 질문을 받을 때면 잠시 침묵했는데, 분명히 그러는 동안 그의 두뇌는 매우 빠르게 회전했을 것이다. 침묵이 끝난 뒤에는 두드러지게 짧은 몇 마디로 심사숙고한 최종 의견이나 결정을 말했다."[23]

쑹쯔원이 마련한 예비 은괴는 그 당시 중국에서는 매우 드물게 광저우 통화의 건전성을 보장해 주었다. 재정부로 옮긴 뒤 그는 세수 체계를 간소화하고 더욱 효과적인 세금 징수 방법을 도입했다. 토지세에 대한 정부의 의존도를 낮추고 재산 소유자에게는 중과세를 부여했다. 판탄이라는 도박 게임을 합법화했지만 반드시 세금을 물렸다. 사치품, 휘발유, 호텔, 아편, 매춘에도 부가 소득세를 징수했다. 그 결과 1924년과 1926년 사이에 세수 수입이 갑절로 증가했고, 세수로 보증하는 국채를 가정과 소매상에게 의무적으로 사게 하자 정부의 세입은 훨씬 더 증가했다. 개인들이 은행에 저축하는 액수는 여섯 배 증가했다. 밀수 및 부패와의 전쟁도 적극 벌여 나갔다. 지출은 예산위원회의 심의를 거치게 했다. 이러한 모든 사업 덕에 쑹쯔원은 정부 발행 유가 증권을 성공적으로 유통시켰다. 또한 장제스가 급료와 군대의 조건을 개선하고, 무기를 구입하고 전문가를 고용하며, 황푸군관학교 생도들을 경제적으로 도울 수 있도록 자금을 제공할 수 있었다. 비록 전쟁터에 나가 싸우지는 않았지만, 쑹쯔원은 장제스가 품은 야망을 현실적으로 실현하는 데 필수적인 존재였다.[24]

국제적 경험과 유학 배경을 가진 여타의 몇몇 청년들도 국민당 쪽으로 이끌려 전문적인 도움을 주었다. 광저우 시장이자 외교부장으로 취임한 우차오수(伍朝樞)는 영국법 학위를 가진 또 한 명의 하버드 졸업생이었다. 쑨원의 아들 쑨커는 콜롬비아대학에서 도시 행정 관리를 전공했다. 농공부장 천궁보(陳公博)는 같은 대학에서 경제학 박사 학위를 땄다. 상하이와 같은 도시들에서 국민당은 우수한 학생들이 남방으로 내려가도록 격려하는 진보적 기자와 교사들의 지지를 얻어 냈다. 애국적 감정을 호소하는 민족주의자들에게 힘을 실어 주는 군대를 갖추었다는 크나큰 유리함이 있는 국민당은 근대화와 국가 통일을 갈망하는 중국 지식인들에게 가장 밝은 희망을 선사했다.[25]

1926년 초 장제스의 부대는 또 한 번 승리를 거두고, 농작물과 매장 광물이 풍부한 광동 남부의 약 3만 4000제곱킬로미터 면적의 섬 하이난다오(海南島)를 점령했다. 현지의 군벌 부대가 도망친 뒤, 회색 군복을 입고 홍색 완장을 찬 국민당 군은 자신들이 제국주의의 '주구(走狗)'와 전쟁을 벌이고 있다는 표어를 붙였다. 국민당 좌파는 얼마 뒤 개최된 국민당 제2차 전국대표회의를 주도하는 듯 보였다. 대의원들은 망치와 낫이 새겨진 깃발을 높이 흔들었다. 모스크바로부터 날아온 비행기들이 영공을 가로질렀다. 집행위원회 위원 3분의 2는 국민당 좌파와 공산당 출신이었다. 보로딘은 '공동분투(共同奮鬥)'라는 은색 글자가 새겨진 세발솥을 선물 받았다. 하지만 정견이 다른 일부 우익이 쫓겨났을지라도 숙청에는 한계가 있었다. 후한민은 모스크바로 보내졌을망정 여전히 높은 득표율을 기록하며 집행위원회 위원으로 선출되었다.

장제스 또한 선거에서 많은 표를 얻었다. 공산당의 지도자 한 명은 그가 "비범한 성취를 이룬 인물"이자 중요한 군사 보루라고 표현했다. 하지만 당내 최대 계파인 좌파와 관계가 좋았다손 쳐도, 장제스는 상하이의 부유한 지지자인 장징장의 도움 아래 우파에게도 다리를 놓았다. 장제스는 당의 통합은 찬성했지만 구당파 당원 제명은 반대했다. 중앙육군군관학교(中央陸軍軍官學校)로 개명한 황푸군관학교에서는 쑨원주의연구회라는 깃발 아래 적극적으로 반공 운동을 펼치는 세력이 등장했다. 이 연구회는 원래 광범위한 교회 조직이었으나 공산당으로부터 배척당한 뒤부터 우파에 바짝 기대며 후에 장제스 지지자를 많이 배출했다. 《자림서보》의 광저우 주재 기자는 장제스의 절친한 친구가 오랜 교우 관계를 통해 "장제스는 절대로 좌파가 아니고, 때가 무르익으면 볼셰비즘과 볼셰비키주의자들에게 증오감을 표출할 것이라는 명확한 결론"을 얻었다는 언급을 인용했다. 저우언라이는 보로딘에게 이름은 언급하지 않으면서, 몇몇 지도급 인사는 "아마 당신이 생각하는 만큼 우호적이지 않을 것"이라고 경고했다.[26]

핼릿 어벤드는 그 당시 장제스는 체격이 호리호리하고 강인했으며 유난히 눈빛이 반짝였다고 회고했다. "그의 포부는 원대했지만 적들에게 포위되어 아슬아슬했고, 권위 또한 확고하지 않았다. …… 늘 그는 정치적, 군사적 경쟁자가 아무런 준비도 없는 틈을 타 돌연 직접 행동을 취했다. 결국 장제스의 적들은 치명적으로 꾸물댄 반면 그의 민첩한 두뇌는 신속하게 회전했다. 게다가 그는 늘 경호를 받고 있었다." 한 러시아 군사 고문은 보고서에 장제스가 으스대고 오만하며 권위를 즐긴다고 서술했다. "너무나 쉽게 격정에 휩싸이고 난 뒤 똑같이 너무나 쉽게 의기소침해져 중용의 도를 지키지 못하고, 냉정함과 확고부동한 면이 부족하다." 필연적으로 장제스는 나폴레옹의 생애를 연구했고, 어느 러시아 인은 그를 프랑스 대혁명 당시의 자코뱅파에 견주어 보고했다.

저우언라이의 경고에도 불구하고 러시아 인들은 장제스의 충성을 전혀 의심하지 않았으며 "파탄의 가능성을 받아들일 수 없을 정도로 장제스와 우리 사이의 관계는 매우 긴밀하다."라고 생각했다. 그들은 이렇듯 상황 파악을 제대로 하지 못했다. 황푸군관학교 생도들에 따르면, 장제스는 어느 날 칠판에 거위 한 마리와 화로를 그렸다고 한다. 거위는 러시아를 상징했다.(거위 '아(鵝)' 자와 아국(俄國, 러시아)의 '아(俄)'는 중국어에서 똑같이 '어'로 발음된다.) 그는 만일 거위를 잽싸게 요리하지 않으면, 그놈들이 요리사를 요리할 수 있을 정도로 커져서 중국인을 화로에 던져 버릴 것이라고 말했다.[27]

중산함 사건으로 권력 투쟁에서 승리하다

상승하는 지위에 걸맞게 장제스는 암살당한 랴오중카이의 미망인이 소유한 집을 임대해 살았다. 작은 현대식 집에는 부엌, 검은 덮개를 씌운 의자와 소파가 놓인 응접실, 그리고 침실 두 개가 있었는데 그중 하나에는 자수가 놓인 침대보를 씌운 낮은 2인용 침대가 있었다. 니켈로 도금된 수도꼭지와 기타 설비를 갖춘 화장실은 온통 하얀색이었다. 천제루는 "모조리 신제품이었고, 깨끗하고 질서 정연했다."라고 썼다. 장제스 부부는 황푸군관학교와 연결된 전화를 특히 좋아했다.[28]

1926년 초, 장제스는 비밀리에 비서를 고용했다. 상하이 혁명 지도자 천치메이의 조카 천리푸(陳立夫)였다. 장제스 곁에서 평생을 보내게 될 이 젊은이는 일찍이 광산 기사 교육을 받았지만 장제스와 운명을 같이하기로 결정했다. 천리푸는 통신문 처리 및 기밀 정보를 암호화하고 해독하는 기술에 관한 일에 전념하여 매우 빠르게 고용주의 신뢰를 얻었다. 천리푸가 장제스의 집으로 이사한 뒤로 두 사람은 대부분 식사를 함께했다. 장제스는 아침 운동을 하고 반시간 동안 명상한 뒤, 아침을 먹기 전에 긴급 업무를 처리하기 시작했다. 천리푸는 곧 장제스 장군에게 조울증과 화를 억제하지 못하는 경향이 있다는 것을 알아차렸다. 하지만 그는 장제스가 왜 그렇게 변덕스러운지 이해했다. 정치적 위기가 빚어지고 있었던 것이다.[29]

장제스와 국민당 좌파의 영수 왕징웨이의 관계는 걱정스러운 단계에 이르렀다. 장제스는 왕징웨이가 자신의 기반을 약화하고자 갖은 애를 쓰고 있다고 두려워했다. 장제스의 후원자 장징장은 두 사람의 거리를 좁히기 위해 광저우로 여행을 왔다고 선전했지만, 좌파에게 대항하는 장제스에게 용기를 북돋아 주려고 왔을 가능성이 훨씬 더 커 보였다. 우파의 걱정은 날로 커져만 갔다. 국민당은 공산당 정치 활동가들에 의해 좌지우지되었다. 장제스의 친구 다이지타오는 그에게 보낸 편지에 "오늘날 용감하게 분투하는 대다수의 젊은이는 공산당원이고, 국민당 동지들의 부패와 비겁을 인정하지 않을 수 없다."라고 썼다. 진일보한 좌경화 경향 혹은 우익의 선공 모두가 그 어떤 조직으로부터도 제약받지 않고 독립적으로 행동하며 쑨원의 법통을 이어 당의 구심점이 되려는 장제스의 기도를 위기에 빠뜨릴 수 있었다.[30]

고양이를 뜻하는 '키산카(Kisanka, 중국명 지산자(季山嘉))라는 가명을 쓰며, 게일런을 대신해서 소련의 수석 군사 고문을 맡고 있는 발레리안 쿠이비셰프(Valerian Kuibyshev)도 근심거리였다. 그는 왕징웨이를 지지할 뿐 아니라 광저우의 다른 군관과 긴밀한 관계를 유지하는 동시에 윈난과 장시의 군벌에게도 도움을 주고 있었다.

불안한 장제스는 러시아로 갈 계획을 세우고, 분명히 모스크바에서 더욱 큰 권력을 얻으리라고 기대했다. 장제스와 천리푸는 문건을 정연하게 정리하여 포장하고 홍콩 달러로 환전을 했다. 그들이 차를 타고 부두로 갈 때, 천리푸가 장제스에게 왜 광저우에 머무르지 않고서 저항하려 하는지를 물었다. 이에 장제스는 운전수에게 집으로 돌아가자고 했다. 얼마 안 되어 또 생각이 바뀐 그는 부두로 가야만 한다고 말했다. 천리푸는 이렇게 썼다. "바로 그때, 나는 질문을 던졌다. '만일 우리가 떠나면 누가 사령관 직책을 이어받습니까?'" 장제스가 반사적으로, 이번에는 단호하게 말했다. "돌아가자."[31]

왕징웨이가 국민당의 모든 군대 내에서 총 당 대표로 임명되고, 게다가 군대 내에서 정치 위원의 권력을 더욱 강화한다고 결정하자 장제스의 두려움은 더욱 깊어졌다. 보로딘이 게일런을 따라 북상하여 소련 대표들과 미래의 중국 정책을 토론하는 비밀 회견을 열 무렵 상황은 악화되었다. 보로딘의 부재는 왕 징웨이와 장제스 사이에서 조정자 역할을 할 만큼 강한 인물이 없다는 것을 의미했다. 이 밖에도 장제스는 소련과 북방 군벌 펑위샹의 합작이 그를 하급 군사 동맹자의 지위로 떨어뜨리는 결과를 가져올까 봐 걱정했다.*

광저우 곳곳에 장제스를 비판하는 전단지가 뿌려졌다. 그의 공식 전기 작가의 서술에 따르면, 장제스를 겨눈 암살 시도가 두 차례 있었는데 하나는 황푸에서 터졌다고 한다. 장제스는 일기에 "극도의 고통과 불안"에 시달렸다고 적었다. 장제스는 충성심이 의심스러운 두 명의 지휘관을 교체하고 황푸의 공산당원 명단을 작성했다. 비록 주요한 위협은 좌익 세력으로부터 왔지만, 장제스를 현 정부의 일부분으로만 간주하는 우익 장군들도 정변을 일으켜 장제스와 더불어 왕징웨이를 권좌에서 축출하려는 낌새를 짙게 드러냈다. 쑨원이 죽은 뒤 한 해 동안 광저우의 정치 지도층은 끊임없이 큰 파도가 일렁이는 격동의 도가니를 빠져나오는 과정을 겪었다. 정치 논리에 따라 장제스는 다음 차례로 도태되어야 하는 인물이었다. 그래서 장제스는 먼저 선수를 쳐야 한다는 강박 관념에 휩싸였다.

기회는 3월 중순, 논란거리로 남아 있는 한 사건으로부터 찾아왔다. 광저우는 긴장 상태에 빠졌다. 무장한 경찰이 대로를 순찰했다. 야간 통행 금지령이 선포되었다. 우익들의 음모라는 소문이 날개 돋친 듯 퍼져 나갔다. 불시에 떠나야 하는 상황에 대비하여 장제스는 산터우로 가는 기선의 표를 사 두었다. 1926년 3월 18일 아침 무렵, 장제스의 집 전화가 울렸다. 장제스는 부재중이어서 천제루가 전화를 받았다. 왕징웨이의 부인 왕비쥔으로부터 걸려 온 전화였다. 그녀는 당뇨병으로 고생하는 남편을 대신해 전화를 걸었다며, 장제스의 오늘 계획 중에서도 언제 배를 타고 황푸 섬으로 가는지, 또 어느 부두에서 떠나는지를 연신 캐물었다. 두 시간 동안 왕비쥔은 다섯 차례나 전화해 똑같은 질

---

* 소련은 국민당 광둥 정부에 대한 지원과 별도로 1926년 초부터 베이징의 중앙 정부를 타개하는 일과 직접 연결된 펑위샹에 대한 원조도 병행하고 있었다. ─ 옮긴이

문을 했다. 천제루는 이렇게 썼다. "모두 알다시피, 도도한 그녀가 아무런 목적도 없이 그럴 리 없었다. 그래서 나는 생각하면 생각할수록 점점 더 의아해졌다."[32]

집으로 돌아온 장제스에게 천제루는 황푸군관학교에 가는 시간을 늦추라고 졸랐다. 그가 학교에 전화를 하자 국민당 해군 군함이 광저우에서 출항하여 황푸 섬으로 향하고 있다는 보고가 들어왔다. 바로 장제스가 1922년 쑨원과 함께 7주를 보냈고, 지금은 쑨원의 이름을 따서 중산함(中山艦)으로 개명된 군함이었다. 중산함의 함장은 최근에 전복죄로 해군 정치부의 수뇌에 의해 체포되었고, 대신 리즈룽(李之龍)이 중산함의 지휘권을 장악하고 있었다. 리즈룽은 황푸군관학교로 가서 석탄을 적재한 뒤 장거리 항해에 오르라는 전화 명령을 받았다고 학교 쪽에 알렸다. 그는 장제스가 내린 명령으로 알고 있다고 말했다. 하지만 장제스는 황푸군관학교에 간다고 하지 않았고, 그런 명령도 내리지 않았다는 사실을 리즈룽은 알고 있었다. 공산당원인 리즈룽은 군함을 밤새 황푸 섬에 정박해 두었다.

자정이 조금 지나 한 남자가 장제스 집 대문을 두드리며, 장군께 친히 전해야 하는 긴급 보고가 있다고 비서 천리푸에게 말했다. 장제스는 자고 있었지만 천리푸더러 만일 긴급 상황이 있으면 곧바로 깨우라고 말했기 때문에 천리푸는 그렇게 했다. 방문자는 장제스의 고향 저장 성에서 서로 알게 된 공산당원 후궁몐(胡公冕)이었다. 두 사람은 낮은 목소리로 잠시 대화를 나누었다.[33]

장제스의 회고에 따르면, 3월 19일 아침 늦게 그는 이름을 알 수 없는 누군가로부터 언제 황푸 섬으로 가는지 묻는 전화를 몇 차례 받았다. 장제스는 잠시 후 집을 떠났다. 그가 없는 동안 황푸군관학교의 교도주임 덩옌다(鄧演達)가 방문했는데 몹시도 초조한 듯했다. 천리푸가 회고했다. "그는 장제스의 행방을 묻지 않았다. 마치 그는 무슨 일이 발생했는가를 사전에 알고 있는 듯했다." 장제스가 돌아온 뒤 리즈룽이 전화를 걸어 중산함을 광저우로 회항하게 했는지를 묻고, 덩옌다가 앞서 장제스의 원래 명령을 전달해 주었다고 말했다. 장제스는 명령을 내린 적이 없었기 때문에 중산함을 회항하라고 한 것은 자신이 아니라고 대답했다. 리즈룽은 돌아갔지만 군함의 증기를 끊지 않고 무기도 전투 대형으로 배치해 놓았다.[34]

3월 20일 이른 아침 장제스는 쑨원이 1917년에 기지로 쓴 바 있는 시멘트 공장에 본부를 세웠다. 장제스가 집으로 돌아간 뒤, 그의 상관이 어디로 갔는지를 묻는 전화가 쇄도했다. 끈질기게 전화를 건 사람 중 한 명이 왕징웨이의 부인이었다. 천리푸는 "세 번째로 전화한 그녀는 화가 난 채 나에게 욕을 퍼붓다가 수화기를 쾅 하고 내려놓았다."라고 기록했다.[35]

장제스는 친위 부대를 이동시켜 기차역과 중앙은행을 포위했다. 의심스러운 한 연대가 바지선에 올라 강에서 이틀간 머물렀다. 함장 리즈룽은 체포되고 그의 중산함은 점령되었다. 병사들이 파공위원회 총본부를 급습하여 포위하고 규찰대 1000명의 무장을 해제했다. 공산당원들은 포위되어 잡혀갔다. 황푸 섬에서 체포된 사람들 틈에는 저우언라이도 끼여 있었다. 광저우 상황을 둘러보기 위해 막 도착한 소련 대표단을 포함해 러시아 인들은 '보호 구금'에 처해졌다. 소련 고문 쿠이비셰프가 장제스에게 보낸 편지는 수취인 부재라는 쪽지와 함께 되돌아왔다.

왕징웨이에게 병문안을 간 장제스는 그의 행동이 단지 공산당을 겨눈 것일 뿐이라고 해명했다. 미리 통보하지 않았던 까닭은, 만일 일이 잘못되어 상황을 바로잡아야 할 경우 왕징웨이가 손 떼기를 바랐기 때문이라는 것이었다. 이틀 뒤 장징장이 상하이에서 도착했을 때 장제스는 위장을 그만두고 "쾌도난마식으로 문제를 풀어야만 한다."라고 열변했다. 3월 23일, 장제스는 왕징웨이에게 편지를 보내 국민당에 대한 충성을 거절하고 공산당 편을 들었다고 비난했다. 중앙집행위원회는 "좌파 동지들은 …… 마땅히 잠시 물러나야 한다."라는 장제스의 제안에 동의했다.

3·20 정변(중산함 사건)에 대해서는 서로 상반된 두 가지의 해석이 있다. 장제스는 그를 납치하려고 시도한 공산당에 맞선 자구책이라고 표현하며, 왕비췬으로부터 걸려 온 전화가 모종의 계획이 진행되고 있었다는 암시라고 했다. 하지만 좌파는 장제스가 기선을 제압하기 위해 기습한 것이라고 보았다.

정치적인 긴장 관계로 최후의 결판을 피할 수 없었으며, 장제스는 혼란스러운 정국을 이용해 그 자신의 권위를 과시했다는 해석이 가장 그럴싸하게 보인다. 4월 《자림서보》는 "정부 고위층과 매우 가까운 일부 사람들"이 제공한 정보를 바탕으로 다음과 같이 지적했다. 좌파 인사들은 우익의 위협을 저지하기 위해 장제스가 그들 세력에 들기를 희망했고, 장제스의 반제국주의적인 감언이설을 그가 좌파 편이라는 신호로 받아들였다. 이 보도문은 덧붙여 말했다. "장제스 장군은 짐짓 의욕적인 척하며, 다음 날 4시에 사병들을 이끌고 광저우로 진입해 이 계획을 실행하겠다고 약속했다." 만일 장제스가 그의 부대를 결집할 때 정말로 좌익과 손잡은 척했다면, 음모에 가담했다고 알려진 황푸군관학교 교도주임이 방문한 까닭과 무엇보다도 장제스가 공산당 방문자와 심야에 밀담을 나누었다는 점을 설명할 수 있다. 보로딘의 부재, 왕징웨이의 병, 러시아 군사 고문들이 응대해야 할 부브노프(Bubnov) 사절단의 방문 등은 장제스가 정국의 주도권을 장악할 완벽한 기회였다. 거짓으로 적을 달래면서 그들의 신경을 마비시키고 반격을 준비하는 것은 장제스의 익숙한 수법이었다.

이렇듯 극적으로 자신의 권력을 드러낸 뒤 장제스는 신속하게 분쟁의 수습에 들어갔다. 이것도 적을 무장 해제시키며 동시에 체면을 지켜 주는, 장제스가 자주 써먹는 술수였다. 장제스는 일련의 오해로 불거진 모든 일을 싸잡아 비난하고, 파업 노동자들에게는 사과의 뜻을 전하며 그들의 본부를 포위한 군대를 철수시켰다. 리즈룽은 석방했으며 도리어 그를 붙잡고 중산함을 점령한 해군 군관을 적당한 희생양 삼아 체포했다. 장제스는 매우 민족주의적인 투로, 자신이 하는 수 없이 중국공산당을 반대하는 행동을 취한 까닭은 그들이 러시아의 '개'가 되었기 때문이라고 말했다. 체르파노프에 따르면 장제스는 랴오중카이의 미망인에게 "나는 모욕을 당했다. 예산이 삭감되고 무기는 다른 군단에게 넘어가는 등 러시아 인과 중국공산당원 들은 나에게 반대했다. 그리고 나는 코민테른의 계획을 알고 있었다."라고 말했다.[36]

장제스는 러시아 인 소재지를 포위하고 있던 병사들을 철수했지만, 게일런의 후임자인 쿠이비셰프 장군에게 떠나라는 압박을 가했다. 국민당 정치위원회는 합작은 계속되어야 하지만 "의견이 맞지 않는 소련 동지들은 …… 즉시 광저우를 떠나야 한다."라는 결의안을 통과시켰다. 3월 24일 쿠이비셰프를 비롯해 장제스가 싫어하는 세 명의 고문이 소련 방문단과 함께 배를 타고 떠났다. 3주 후 비협조적인 인물로 찍힌 12명도 떠났다. 국민당은 그들에게 고별 연회를 베풀었다. 하지만 장제스는 병을 핑계로 참석하지 않았다. 그의 목적은 달성되었다. 장제스는 한 신문과의 인터뷰에서, 그가 소련이나 중국공산당을 적대시한다고 보도하는 것은 '제국주의의 주구' 노릇을 하는 거나 마찬가지라고 말했다.[37]

뒤이어 장제스는 창끝을 왕징웨이에게 돌렸다. 이런 종류의 사건을 처리하는 관례에 따라, 두 사람은 일어난 일들을 두고 자아비판을 진행했다. 왕징웨이는 자신이 국면을 제어하는 데 실패했다고 말했다. 그의 병상으로 가기 전에 장제스는 스스로 권한 밖의 행동을 했으므로 처벌을 달게 받겠다고 말했다. 이튿날 왕징웨이는 그의 침실에서 열린 정치위원회 회의에서 병세로 인해 일시적으로 자리에서 물러나겠다고 말했다. 장제스는 처벌을 받을 준비가 되어 있다는 말만 되풀이했다. 왕징웨이는 사직서를 쓰고 광저우를 떠나 도시 남쪽의 한 보루에 머물렀다. 재정부장 쑹쯔원이 왕징웨이를 찾아가 돌아오라고 간절하게 애원하는 연기를 펼쳤다.

4월 1일 광저우로 돌아온 장제스는 국민당과 정부에 건의 사항을 제출했다. 왕징웨이는 성 밖의 촌마을로 물러난 다음 프랑스로 떠나기 전에 돌아와 집무실에 있는 관인을 장제스에게 건네주었다. 왕징웨이가 떠날 준비를 하는 사이에, 또 한 명의 노혁명가 후한민이 '학습 여행'차 떠났던 러시아에서 돌아왔다. 그는 잠재적인 정부 지도자로서 일부 우익 인사들의 환영을 받았다. 장제스는 후한민이 광저우에서 정치적 지위를 되찾는 것을 원하지 않았다. 그래서 그를 고립시켜 홍콩으로 떠나는 결정을 내리기까지 압박했다. 왕징웨이와 후한민은 광저우에서 출항하는 같은 배를 탔다. 그들은 각자의 객실에 머무르며 서로 갑판에서 부자연스럽게 마주치는 일을 피했다.[38]

장제스는 다음으로 파업 노동자들에게 우격다짐을 벌였다. 5월 1일 노동절 노동조합이 도시에서 거리 행진을 할 때였다. 노동자들은 연도에서 총검을 지닌 정예병들과 기관총 및 대포를 배치한 엄폐호를 발견했다. 역시나 장제스의 특기인 이중 수법이었다. 그는 열정이 충만한 연설로 혁명을 찬양하고, 영국 파업 광부들과의 연대를 선언했다.[39]

보로딘은 중산함 사건에 크게 놀라 완전히 얼이 나가 버렸다. 불과 며칠 전만 해도 그는 베이징의 한 회의석상에서 장제스를 신뢰할 수 있다고 소련 대표단에게 보증했다. 장제스도 물론 예전처럼 러시아의 원조를 필요로 했다. 5월과 6월에 걸쳐 소총 1만 3694자루, 탄알 1100만 발, 비행기 9대가 재정적 원조와 함께 제공되었다. 하지만 보로딘이 광저우로 돌아오자 장제스는 후한민이 그를 체포하는 데 동의했다고 통지했다. 이로써 이 코민테른 대표는 만일 장제스가 행동을 취하기로 결단하면 얼마나 자신이 허약해질 수 있는가를 깨달았다.

보로딘은 공산당원의 지위를 실질적으로 격하하자는 장제스의 건의를 받아들였다. 공산당원은 관리 직위에서 배제되거나 강등되었다. 장제스의 일부 우익 적수들이 감당했던 것과 규모 면에서 균형을 맞추기 위해서였다. 중국공산당으로부터 온 모든 명령은 반드시 국민당을 대표하는 위원회의 비준을 거치도록 했다. 보로딘은 통일 전선 유지라는 명목 아래 동의했다. 스탈린은 통일 전선을 위해 중국공산당의 이익을 희생시킬 준비가 되어 있었다. 모스크바에서 코민테른은 국민당을 "노동자, 농민, 지식인 그리고 도시 민주주의자의 혁명 연합"이라고 표현했다. 저명한 중국 전문가 그레고리 보이틴스키(Gregory Voitinsky)는 장제스의 정변 이야기를 "제국주의자의 발명품"이라고 일컬었다. 다시 한 번 러시아 인들은 장제스가 그의 목적을 이루기 위해 최대한도로 이용하는 중요한 협력자임이 증명되었다.

1926년 5월 15일 아침, 장제스가 국민당 중앙집행위원회에 당무정리안(黨務整理案, 국민당 내에서 공산당원의 활동을 제한하는 방안)을 제출하여 공산당과의 새로운 관계를 공포할 때였다. 군인들이 광저우의 주요 거점과 정부 청사 옥상을 점거했다. 군인들은 회의실 입구에서도 경계 근무를 섰다. 좌익 인사들이 이러한 조치는 쑨원의 신성한 유지와 배치된다며 반대의 목소리를 드높였다. 하지만 격렬한 논쟁 뒤 그들은 굴복했다. 《자림서보》가 논평했다. "많은 외국인들이 장제스 장군을 크게 신뢰하는 경향이 있고, 그가 냉정한 머리를 가졌다고 믿는다. …… 그의 모든 움직임이 자기 권력을 강화하려는 욕구에 의해 추동된다는 결론을 내릴 수밖에 없다." 일찍이 장제스와 함께 일했던 러시아 고문 스테파노프(V. A. Stepanov)도 비슷한 어조로 썼다. "우리는 장제스가 기괴한 사람이고 기묘한 개성을 지니고 있는데, 그중에서 가장 특이한 점은 바로 명예와 권력을 추구하며 중국의 영웅이 되고자 하는 매우 강한 갈망이라고 생각했다. …… 어떤 문제에 대해서라도 그와 논쟁하거나 그를 대신하는 것은 허락되지 않았다."[40]

프랑스 영사는 "그의 행적은 오로지 그의 최측근 부하만이 알고 있었다."라고 보고했다. "차를 타고 외출할 때는 미심쩍은 몸짓을 하는 누구라도 사격할 준비를 하고 자동차 발판에 서 있는 경호원들에게 둘러싸인 채 움직였다." 이렇게까지 경계하는 까닭은 어느 날 오후 장제스가 회의에 참석하고자 당 총본부로 갈 때 뚜렷해졌다. 장제스가 아내와 경호원들을 대동하고 복도를 걸어가는데 군복을 입고 손에는 신문 뭉치를 든 한 청년이 다가왔다. 청년이 권총을 쥔 손을 신문에서 뺐다. 경호원 한 명이 뛰어올라 공격자를 쳤다. 청년은 비록 목표물을 명중시키지는 못했지만 총을 발사했다. 한 경호원이 자객을 땅에 눕혔고 다른 한 명은 권총의 탄알이 다 떨어질 때까지 사격했다. 장제스와 천제루는 복도를 따라 미친 듯이 뛰어갔다. 청년은 광저우에서 쫓겨난 쉬충즈 장군의 친척이라고 밝혀졌다. 천제루는 남편과 함께 "마치 나뭇잎처럼 부들부들 떨었다."라고 회상했다.[41]

장제스는 군대 내에서 두마음을 가지지 않고 충성을 바치는 자만을 요직에 앉혔다. 장군들에게는 신병을 모집할 때 반드시 군사위원회의 허가를 받으라고 명령했다. 장제스는 우익 경찰 우두머리인 우톄청(吳鐵城)의 집무실로 군인들을 보내 그 자리에서 해임을 통보했다. 장제스의 비서가 "부도덕하고 간사하고 교활"하다고 평판한 우톄청은 독방에 갇혔다. 우톄청은 경찰의 무기와 자금을 자신이 통제하는 군대로 빼돌리고 40만 위안의 세입을 착복했다는 죄로 고발되었다. 진짜 이유는 우톄청이 필히 없어져야 할 우익의 잠재적 위협 요소를 대표하기 때문이었다. 우톄청의 후임자는 군사위원회의 규제를 받았다. 또 한 명의 중요한 우익 인사 우차오수(伍朝樞)는 상하이에 있는 부친의 묘소로 가서 오랫동안 성묘를 했는데, 일종의 현명한 처세였다.

두 명의 우 씨에게 행동을 취했지만, 장제스는 여전히 좌파를 반대하는 경향이 매우 확고했다. 마오쩌둥을 포함해 공산당원들은 모두 배척을 받았다. 러시아 인은 관료와 접촉하는 데 엄격한 제한을 받았다. 훗날 사회의 각 계층을 체제 내에서 단결시키려는 시도로 정부의 보호를 받는 공상학농(工商學農) 연맹이 성립되었다. 노동자들을 대상으로 한 강연에서 장제스는 공산당원을 '범죄자'라고 비난하며, 그들은 정부와 국민당 내에서 절대로 직책을 맡지 못할 것이라고 선포했다. 쑨원주의연구회와 그 좌익 경쟁자들 모두 해산당했다. 장제스의 통제를 받는 황푸동학회가 이 조직들을 대신했다. 황푸군관학교 잡지는 공산당은 쥐로, 러시아는 개 두 마리 즉 중국공산당과 군벌을 거느린 뚱뚱한 제국주의자로 묘사했다.[42]

광둥 동부에서 장제스의 부관 허잉친 장군은 현지의 향신들에게 압력을 가하는 농민과 노동자 조직을 통제하라고 자신의 부대에게 명령했다. 장제스는 상하이와 고향 저장 성의 우익 인사들을 불러들였다. 그들 중에서 비서 천리푸의 형인 천궈푸를 조직부에 부임시켜 '진짜 공산 분자를 색출'하는 임무를 부여했다. 날로 근심이 깊어지던 공산당원들은 왕징웨이에게 돌아오라고 요구했지만, 그는 알프스의 에비앙 온천 휴양지에 남기를 원했다.[43]

장제스는 천여우런(陳友仁, 영문명 유진 천(Eugene Chen))이라는 영국 시민을 새로운 외교부장으로 임명하고, 홍콩과 상의하여 노동자 파업을 끝내기 위한 협의를 맺도록 했다. 천여우런은 부모가 중국인이고 트리니다드(Trinidad, 지금의 트리니다드 토바고 공화국)에서 태어났다. 달변가인 그는 중국어는 읽지 못했고 단지 회화만 아주 조금 할 수 있을 뿐이었다. 하지만 영미법을 연구한 그의 경력은 협상자로서는 우위를 갖도록 했다. 《뉴욕 타임스》의 핼릿 어벤드는 그가 "왜소하고 매우 말랐으며, 균형에 맞지 않게 큰 머리와 매섭게 빛나는 검은 두 눈의 소유자로, 심한 영국식 억양으로 영어를 하고 교담을 나눌 때나 정부 문서에서 신랄한 독설을 퍼붓는 데 뛰어났다."라고 썼다.

쑨원이 사망한 후 16개월 만에 장제스는 쑨원이 가져 보지 못한 군대를 도약판으로 삼아 광저우 정부의 군사적, 정치적 지도자로 급부상했다. 대중적인 지지를 받는 정부와 그 자체의 이념에 따라 중앙 집권적으로 조직된 정당이 결합하여 중국인의 민족주의 감정을 강렬하게 호소하는 정치 체제는 중국에서 오로지 광저우 국민당 정부뿐이었다. 보로딘은 여전히 남아 있었지만 영향력은 크게 떨어진 채였다. 장제스는 자주적이었다. 그는 권력의 최고봉으로 가는 길 위에서 아무에게도 빚을 지지 않았다. 장제스는 여전히 혁명가처럼 보였고 그의 뜨거운 민족 감정에는 의심할 여지가 없었으며, 중국 통일과 함께 외국의 강요로 맺은 불평등 조약 폐기를 강하게 원했다. 쑨원에 대한 추모와 그의 삼민주의에 공헌하고자 하는 마음은 확실했지만 이 모든 것이 본질상 진보적이라고는 단언할 수 없었다.

장제스의 혁명 이념은 보수적이고 심지어는 반동적이기까지 했다. 쑨원은 중앙 정부의 정치적 지도를 받는 훈정기(訓政期)를 거친 뒤 민주제를 실행하겠다고 약속하면서 민족주의와 사회 혁명을 결합했다. 하지만 장제스는 민족주의와 사회 혁명 중에서 후자는 본체만체하며 전자만을 추구하는 경향이 강했다. 때문에 민족 혁명과 사회 혁명을 자연스럽게 연결할 수 있다고 보는 러시아 인들에게 끊임없이 풀기 어려운 수수께끼를 던졌다. 본래 장제스는 통치 이념으로서 사회적 조화와 통일이 주도적 지위를 가지며 필요하다면 무력으로 강요될 수 있는 사회, 계급이 존재하지 않는 협동 조합적인 사회를 추구하는 국민당과 뜻이 일치했다. 하지만 장제스는 중국의 전통적 사회 구조를 파괴하는 대가를 치를 필요는 없다고 여겼다. 반대로 유교적 권위주의가 침투한 그의 사상은 그 자신과 같은 '스승 지도자'에 대한 복종을 극도로 강조했다.

장제스는 광저우에서 부상하기 시작하면서 뛰어난 정치 기교로 여러 세력을 통합하는 능력을 과시했다. 이제 장제스는 국민당 중앙집행위원회 선거에서 그의 후원자 장징장을 상무위원회 주석 대리로 선출해 당에 대한 통제력을 강화했고, 자신은 상무위원회 주석으로서 당의 기율을 엄격하게 관리했으며 또한 조직국의 수뇌가 되어 임면권을 장악했다. 쑨원의 삼민주의는 국민당 이념의 명판이 되었다. 쑨원의 정치적 유지는 성서에 상당하는 지위로 격상되어 국민당 회의와 학교에서 낭독되었다. 쑨원의 사진은 국민당이 통치하는 모든 지역을 굽어보았다. 만일 장제스가 이때 그의 군대를 이끌고 베이징으로 진격한다면, 그는 쑨원의 꿈을 실현한 진정한 계승자라고 주장할 수 있을 터였다. 서른여덟 살의 장제스는 강력한 군벌들이 통치하는 중국의 나머지 지방을 빼앗을 채비를 하고 있었다.

2부 | 북벌 최고사령관

1926~1927년

6

군벌 혼전의 시대

중국을 차지하기 위한 투쟁에서 장제스의 앞을 가로막은 자들은 1916년 황제가 되기를 갈망했던 위안스카이가 죽은 뒤 수년 동안 정계에 발을 들여놓았다. 중앙 권력은 연속적인 기반 위에서 통치를 강화할 자가 없었던 탓에 분열되었고, 주요 군벌들은 더 큰 지역을 지배하기 위해 격렬하게 싸웠다. 거대한 넓이의 중국 대륙은 군벌 혼전이라는 무정부 시대로 빠져들었다. 권력이 정점에 이른 만주 군벌 장쭤린은 서유럽과 같은 크기의 영토를 통치했다. 작은 군벌들도 지방 정권을 차지하고자 각축을 벌였다. 중국에서 가장 큰 성(省)인 쓰촨에서는 20년 동안 50명의 장군들이 어림잡아 500차례 충돌을 일으켰다.

일부 군벌은 토비였다가 세력을 넓혔고, 선원이나 하층 노동자 출신도 있었다. 군사력과 정치적 술수를 통해 단숨에 높은 자리로 욱일승천할 수 있는 시대였다. 몇몇 통치자들은 근대화에 관심을 갖고 도로, 학교, 공공시설을 세웠으며 외국에서 새로운 사상을 공부하고 돌아온 청년들을 중용했다. 하지만 총체적으로 보아 중국은 20세기로 진입하는 시점에서 본질상 매우 원시적이고 낙후된 체제의 장애를 받았다. 그리하여 국민당은 국가 통일을 전도하는 세력으로서 그 흡인력이 크게 높아졌다.

외국의 뛰어난 관찰자들은, 타조 깃털을 꽂은 모자를 쓰고 화려하게 장식된 복장에 견장과 훈장 다발을 늘어뜨린 채 땅까지 닿는 의장용 보검을 차고 있는 군벌들을 우스꽝스러운 오페라에 나오는 장군들이라고 조롱했다. 섬세한 두 손에 금니를 한 왜소한 장쭤린이 한 장의 사진 속에서 바로 이렇게 어린애 크기만 한 깃털 장식 모자를 쓰고 훈장을 주렁주렁 매단 화려한 제복에 보검을 차고서, 곁에 선 어린 두 아들과 함께 거드름을 피우고 있다. 하지만 길버트(W. S. Gilbert)와 설리번(Arthur Sullivan)이 만든 오페라와는 딴판으로 대다수 군벌들은 잔악한 폭력을 숭상하는 교활하고 변덕스러운 인물의 전형이었다. 도덕관념이 없는 그들의 세계에서는 권력을 위해서라면 모든 것이 가능했고 허용되었다. 가장 중요한 문제는 권력의 최고봉에 오르는 것이었다. 되도록 큰 군대를 유지하는 데 필요한 자금을 모으기 위해서 그 어떤 수단을 써서라도 농민과 지주와 상인을 쥐어짜고 착취했다. 군벌들에게 공권력은 군대, 영토, 금전을 통제하는 하나의 수단에 불과했다.

산둥의 '개고기 장군' 장쭝창(張宗昌)은 "코끼리 몸집, 돼지의 두뇌와 호랑이 성미"의 소유자로 묘사되었다. 당시의 작가 린위탕(林語堂)은 이 술주정뱅이이자 전직 잡역부를 "현대 중국에서 가장 다채롭고, 가장 전설적이고, 가장 중세적이고, 가장 뻔뻔한 통치자"라고 불렀다. 마지막 만주 황제 푸이는 장쭝창이 "두루 알려진 바대로 혐오스러운 괴물"이고, 그의 부은 얼굴은 "아편 탓에 검푸르게 뜬 안색"이었다고 회고했다. 그의 사병들 또한 '수박 쪼개기', 곧 검으로 적의 두개골을 쪼개는 짓과 깨트린 머리를 전신주에 걸어 놓기로 악명이 높았다. 장쭝창은 그 자신이 "큰 몸집, 둥근 얼굴에 긴 다리의 산둥의 대식가 불한당"이라고 공언했다. 인민들의 전승에 따르면 그의 음경은 은화 86위안어치를 쌓은 길이에 육박했다 하며, 그는 첩이 너무나 많아 다 기억할 수 없었기에 번호표를 배정해 주었다고 한다. 첩들 중에는 중국인, 조선인, 일본인, 백러시아 인, 두 명의 프랑스 인이 있었을 뿐 아니라 한 방문 기자의 기록에 의하면 "자칭 미국인인 헐어 빠진 여자 한 명"도 있었다.[1]

다른 군벌들은 보다 깊이가 있었다. 호박색 눈에 한시를 쓰는 유장(儒將, 유학자 장군)으로 알려진 우페이푸(吳佩孚)는 일찍이 청나라 과거 시험에도 합격했다. 양쯔 강 중류의 물자가 풍부하고 인구가 많은 지역(후베이 성)을 권력 기반으로 삼은 그는 자신을 조지 워싱턴에 빗대기를 좋아하여 집무실에 워싱턴의 초상화를 걸어 두기까지 했다. 우페이푸는 수입 브랜디를 비롯해 유달리 술을 좋아하는 것으로 유명했다. 그는 학문에 조예가 깊다는 인상을 유지하기 위해 책상 앞에서 붓을 쥐고 허장성세를 부리는 사진을 촬영했다. 하지만 그의 개인 비서가 죽은 뒤 서예의 질은 눈에 띄게 낮아졌다. 우페이푸는 외국 조계지에 들어가지 않을 정도로 민족적 자긍심이 매우 강렬했다. 심지어 치아 감염으로 인한 패혈증을 치료하러 들어가기를 거부하다가 결국 죽고 말았다.[2]

대원수라고 불리는 일자무식에 빽빽한 팔자수염을 한 장쭤린은 '녹림(綠林)대학'의 졸업생 즉 토비로, 만주에서 세력을 일으켜 세웠다. 청나라와의 연맹 및 무력과 교활함을 통해 그는 프랑스와 독일을 합친 면적만큼 광활하고도 요원한 둥베이 삼성(헤이룽장 성, 지린 성, 랴오닝 성)에서 통치권을 확립했다. 그의 통치 지역은 비록 중국 총인구의 3퍼센트에 불과했지만, 일본의 투자 덕분에 90퍼센트의 중공업이 몰려 있었다. 신속한 기동력을 자랑하는 기병을 보유한 장쭤린의 대군은 만리장성 이남의 통치자들을 끊임없이 위협했고 그는 이윽고 중국 대륙에서 가장 큰 군벌이 되었다.[3]

베이징 서부의 산시 성(山西省)에서 '뚱보 원수' 옌시산(閻錫山)은 군국주의, 민족주의, 무정부주의, 민주주의, 자본주의, 공산주의, 개인주의, 제국주의, 세계주의 그리고 온정주의 등 수가지 요소를 결합한 최신식 이념과 개혁 조치로 '모범 장관'이라는 호칭을 얻었다. 성의 경계가 산악 지대인 산시는 옌시산의 외교술 덕에 외부로부터 간섭을 받지 않았다. 옌시산은 군대가 열차를 타고 침입하는 것을 저지하고, 석탄과 광산 자원을 보호하기 위해 중국의 다른 지역과는 선로의 폭이 다른 철도를 건설했다. 다른 지역의 한 우두머리가 옌시산에 대해 묘사했다. "피부가 까무잡잡하고 중키에 수염을 기른 그는 함부로 웃지 않았으며 극도로 신중한 태도를 유지했다. …… 첫눈에 나는 그가 꽤나 교활한 인간이라는 것을 알아챘다. …… 옌시산은 여태까지 속마음을 보인 적이 없다."[4]

전족을 금지하고 사창가를 폐쇄하여 거리를 깨끗하게 청소한 '기독교도 장군' 펑위샹(馮玉祥)은 윌리엄 글래드스턴(William E. Gladstone), 오토 폰 비스마르크(Otto E. L. von Bismarck), 시어도어 루스벨트(Theodore Roosevelt)에 대한 존경을 공개적으로 천명했다. 게일런과 보로딘은 펑위샹을 중국에서 두 번째로 동맹할 수 있는 인물로 간주해서 그를 방문하기도 했다. 펑위샹의 부대는 가는 곳마다 검소하고 도덕적인 삶을 숭상하고 흡연과 음주에 반대하는 구호를 쏟아부었다. 펑위샹은 우페이푸에게 물 한 병을 선물로 준 적이 있다. 이 유학자 장군의 술버릇을 비꼬려는 의도였다. 펑위샹의 부대가 행군할 때 사병들은 「천사 찬송하기를」이라는 찬송가에 맞춰 '탄약 절약이 필요하다'는 노래를 불렀다. 가난한 농민의 아들로 체구가 우람한 그들의 사령관은 늘 일반 병사와 같은 옷을 입고 커다란 밀짚모자를 썼다. 감리교로 개종한 펑위샹은 자신이 통치하는 중국 북부는 너무나도 가난해 소방 장비가 없다고 말했지만, 그가 소방 호스로 대규모의 세례식을 거행했다는 보도가 있었다.

화려한 소비와 방종을 신분의 상징으로 뽐내던 시절에 펑위샹은 절검 숭배로 당대의 예외적인 존재가 되었다. 우페이푸는 세계에서 가장 큰 다이아몬드를 가지고 있었고, 장쭤린은 챙 없는 검은 모자에 세계에서 가장 큰 진주를 박아 넣었다. 대원수 장쭤린은 그의 수도 펑톈(奉天, 지금의 선양(瀋陽))에 궁전을 건립하고 프랑스 와인과 유교 경전을 저장해 두었다. 다섯 명의 아내가 그곳에 머물렀으며 주방에는 요리사 70명을 고용했다. 산둥에서 장쭝창은 한 끼 식사에 마흔 가지 찬이 즐비한 벨기에 상류층의 진수성찬을 즐겼다. 그를 방문한 한 미국인 기자가 보도했다. "그는 나를 저녁 식사에 초대했는데 식탁에는 죄책감을 느낄 정도로 비싼 산해진미가 차려져 있었다. 프랑스 샴페인과 최고급 브랜디도 있었다."[5]

역사학자 루시안 파이(Lucian Pye)가 지적한 바대로, 이런 부류들은 "본능적으로 의심이 많고, 그들의 이익이 위협받을 낌새를 재빨리 알아챘다. …… 고집스럽고, 시야가 좁고, 이상주의자의 추상적 이념에는 영향받지 않았다."

군벌들은 냉혹하고 인정머리 없는 권위주의자였다. 모범 장관 옌시산은 근대화에 대한 애착을 공언했을지 모르지만 그가 지배하는 산시 성은 경찰국가였다. 우페이푸는 조지 워싱턴과 같은 명예를 열망했는지 몰라도 그의 군대는 철도 파업 노동자들을 학살하고 역전에서 그들의 지도자를 참수했다. 장쭤린의 사병들은 베이징의 러시아 대사관에 난입해서 그곳에 은신하던 공산당원 수십 명을 질질 끌어내 고문하고 목 졸라 죽이고 사살했다. 찬송가를 부르고 설교를 하는 기독교도 장군 펑위샹의 병사들은 이슬람교도 반란군을 진압하는 전역을 벌였다. 양측이 무시무시한 잔인성을 드러내며 서로를 죽여 어림잡아 10만 명이 희생되었다. 인간적인 삶이라고는 전혀 고려되지 않는 야만의 시대였다. 한 영국 외교관은 쓰촨 성에서 목격한 전투 포로들의 말로를 기록했다. 거리에서 목이 잘린 포로 두 명의 심장과 간이 식당에 내걸렸다. 다른 포로 둘은 솜으로 휘감겨 군중들 앞에서 산 채로 불태워졌다. 다른 포로들의 몸을 가느다랗게 째서 양초를 넣고, 차라리 죽고 싶어 안달이 날 때까지 서서히 태워 죽였다.[6]

군벌들이 제멋대로 폭력을 휘두르는 방식은 부하들에게 전염되어 군벌 부대는 기율이라고는 없었다. 1921년 《자림서보》가 산시 성(山西省)에 대해 보도했다. "폭력과 강탈이 크게 횡행했다. 사람이나 짐승이나 교전 중인 군벌 부대에게 강제로 끌려가 노역을 당하지 않기 위해, 농민들은 당나귀를 밖으로 끌고 나가는 것조차 두려워했다." 1924년 허난 성에서 한 기자가 이야기했다. "대수롭지 않은 도시들은 잘 먹고 잘 입은 기생충 같은 사병들로 넘쳐 났고, 그들이 가장 힘들어하는 직무는 날마다 군가를 부르며 거리를 행진하는 일이었다. 장군들은 저마다의 통치 영역 내에서 죄다 전제 군주였다." 지방 군벌은 두 가지의 배역, 곧 사병과 비적을 오가는 변장술을 발휘했다. 북방의 잡패군(雜牌軍, 잡군)에서 복무했던 한 군관은 저녁을 먹고 난 뒤 그의 동료가 평민 복장으로 갈아입고 모제르총을 메고서 강탈과 갈취를 하러 가는 모습을 묘사했다. 쓰촨 성에서 어느 신문사가 받은 편지 한 통의 내용이다. "군인들이 가고 나면 토비들이 뒤따라오고, 토비들이 물러나면 군인들이 다시 되돌아온다. 더욱 엉망진창인 것은 바로 군인들이 토비라는 재앙을 조성한다는 점이다. 해산된 군인들은 모조리 토비 떼로 돌변한다. 군대는 병사가 더 필요하면 토비 무리에서 모집했다. …… 군인과 토비는 무릇 한 집의 두 이름인 셈이다." 중화민국 총통 또한 논평했듯 군대를 해산하면 군인들이 토비로 변하고, 신병을 뽑을 때는 토비가 군인으로 변했다.[7]

살인과 약탈뿐 아니라 납치도 일상적으로 범람하는 재앙이었다. 많은 가정들이 납치된 희생양의 가차 없이 잘린 귀나 손가락을 받고 할 수 없이 몸값을 지불해야만 했다. 납치된 인질은 속칭 '표'라고 해서 부자는 '복권', 빈자는 '전당표'로 불렸다. 만일 몸값이 제시간에 당도하지 않으면 토비들은 그들의 사냥감을 죽임으로써 '표를 찢어 버렸다.' 1923년에 대서특필된 사건을 보면 토비들은 산둥 성에서 호화로운 란콰이(藍快) 열차를 습격하여 300명의 여행객을 납치했다. 승객 중에는 록펠러 가문의 사람을 비롯해 '외국 표'가 30장이나 되었다. 베이징 중앙 정부는 이 사건의 국제적인 파급력을 매우 염려하여 몸값을 건네주는 데 동의하고, 외교 사절단 대표에게 30만 위안의 배상금을 지불했다.[8]

단순한 도적들과 달리 로빈 후드의 역할을 하거나 농민을 보호하는 품격을 지닌 축은 향촌의 비밀 결사체였다. 도시를 습격할 수 있을 만큼 강한 반(反)군벌 홍창회(紅槍會)는 칼과 창을 막아 주는 마법의 부적 먹기를 비롯해 정성 어린 의식과 비밀 전례를 거행했다. 한 러시아 고문은 마치 사천왕처럼 붉은 점토를 바른 가면을 쓰고 상체를 벌거벗은 단원들이 안장도 없이 말에 올라타 전투에 투입되는 것을 목격했다. 철문회(鐵門會)의 젊은 미혼녀는 하얀 옷을 입고, 날아오는 총알을 손에 쥔 바구니로 떨어뜨리는 부채를 다른 한 손에 들고 있었다. 가장 유명한 토비 바이랑(白狼)은 공민토벌군(公民討伐軍)의 수령으로서 북방을 유랑할 때 혁명을 요구했으며 쑨원과 관계를 트기도 했다. 바이랑은 시안으로 진격하는 대규모의 작전 후에 자신의 산채로 퇴각했다가 부상으로 죽었다. 정부군은 그의 시체를 파내고 자른 머리를 성벽에 걸어 두었다.[9]

중국 인구의 4분의 3을 차지하는 농민들은 대개 군벌 군대와 토비를 방어할 능력이 전혀 없었다. 남자는 강제로 끌려가 짐꾼으로 일하고, 여자는 납치되어 강간을 당했다. 식량은 강탈되고 수레는 빼앗기고 가축은 끌려가 도축되거나 군수품 운송 수단이 되었다. 산둥에서 한 일본인 기자가 기록했다. "곳곳에서 방화와 더불어 절도와 강간이 일어나 흡사 들짐승들이 천지 사방을 배회하는 것만 같았다. 게다가 살인과 납치가 백주에 공공연히 일어났다. …… 같은 지방의 농민들은 외부인들에게 거듭 노략질을 당했다. …… 그들은 집도 없고 음식도 없어 극도로 비참한 곤경에 처했다." 그러한 농민들에게 군대에 들어가거나 토비가 되는 것은 빈궁과 억압으로부터 탈출할 유일한 길이었다. 약탈과 도적질로 물질적 생활을 예전보다 훨씬 더 개선할 수 있기 때문이었다.

농민들은 또한 거대한 자연재해로도 고통받았다. 1918년 북방에서는 한차례의 대가뭄으로 어림잡아 50만 명이 굶어 죽었다. 1920년부터 1921년까지의 기근으로 400만에서 600만 명이 목숨을 잃었다. 1923년부터 1925년까지 열두 성이 극심한 물난리로 고생했다. 지진과 병충해 피해도 잇달았다. 중국의 광대한 향촌은 가난하고 낙후했다. 교통수단은 원시적이었다. 대다수의 촌민들은 고향 지방의 밖으로 나가 본 적이 없었고, 또한 교육이나 매체를 통해 국민당 정부의 사상을 접해 보지 못했다. 강과 선로가 주요 교통수단이었다. 한 조사에 따르면 향촌 인구 3분의 2가 최저 생활 수준이나 그 이하의 삶을 살았다고 한다. 교육은 사실상 존재하지 않았다. 부재지주가 토지의 4분의 3을 차지하고, 수입의 절반이 넘는 소작료를 거두어 갔다. 농민의 3분의 1이 부채 더미에 시달리면서 해마다 20퍼센트에서 최대 200퍼센트에 달하는 이자를 지불한 것으로 추정되었다.[10]

제1차 세계 대전 동안 서방 세계의 공업이 전쟁 물자 생산에 전력을 다하고 아시아로의 수출을 줄임에 따라 중국의 도시 경제가 발전했다. 중국의 공장들은 국내 시장을 키웠고 생산품을 이웃 국가에 팔 수도 있었다. 군벌 통치 지역 안에 규모가 꽤 큰 기업이 존재했고 군벌들도 병기 생산을 독려했지만, 일본 덕분에 광산, 철강, 유리, 도자기 제조업이 활발한 만주를 제외하고는 군사 작전을 위한 경제 기반의 발전은 미미했다. 방직 공업은 외국 조계지가 있는 상하이, 톈진(天津), 칭다오(青島) 세 도시가 전국 생산량의 70퍼센트를 차지했다.

1922년 워싱턴에서 열린 국제 회담은 중국의 주권과 영토를 보증했다. 베이징 정부는 상징적인 지위와 더불어 외국으로부터 승인받은 정부라는 점에서 여전히 중요했고, 사람들은 이곳에서 각종 국가 제도를 발전시키고자 시도했다. 군벌들은 베이징을 통제하거나 자신의 대리인을 그곳에 심어 두려 했다. 하지만 진정한 힘은 그들 수중의 군사력에 있었고, 군벌이 난립하는 체제는 일종의 자동 조절 기제를 만들어 냈다. 만일 아무개 장군이 전국을 지배하겠다고 위협하면 그를 저지하는 반대자 연맹이 형성되었다. 그리하여 청나라 이후의 중국은 지방주의의 원심력과 거대한 영토 내의 지리적, 지질적, 문화적 차이를 반영하는 분열이 가속화되었다.

격동하는 이 세계에서는 개인적인 조건들이 매우 중요했다. 신구 군사 통치자들 사이에서 가족, 지역, 조직 및 사제 관계들이 가로세로로 마구 뒤엉킨 망은 다층적인 인맥을 제공했고, 비밀 결사 조직과 의형제 결성에 의해 강화되었다. 군벌들은 부관에게 성과 현의 관리권을 주는 방식으로 충성의 사다리를 세웠다. 하지만 '은탄'으로 불린 뇌물로 인해 곳곳에서 배반이 만연했다.

야심만만한 부하들은 주인에게서 등을 돌리기도 했다. 대원수 장쭤린의 수하에 있던 모 주요 장군은 기독교도 장군과 은밀하게 연맹을 맺고 반란을 꾸몄다. 하지만 그의 부관들이 도리어 장쭤린에게 충성을 바치며 그를 버리자 반란은 실패로 끝나고 말았다. 그와 그의 아내는 사살을 당했고 시체는 사흘 동안 뭇사람들에게 공개되었다. 자기 이익만을 우선시하는 군벌은 한 맹우가 지나치게 강성해지거나, 부하가 너무 야심적이거나, 적이 매우 강해지는 것을 두려워했기에 자꾸 입장을 바꿨다. 한 중차대한 전쟁에서 펑위샹은 갑자기 방향을 돌려 베이징을 점령했다. 그에게 배신당한 우페이푸는 중국이 "제도가 없고, 무정부주의와 배반이 도처에서 횡행하는 나라이다. 옛 주인에 대한 반역을 밥 먹듯이 수월하게 하고 …… 부하들은 오로지 우두머리 자리를 빼앗을 궁리만 하기 때문에 동란이 끊임없이 만연한다."라고 한탄했다.[11]

비록 전쟁을 예고하는 온갖 수사와 감언이설이 난무하고 정원에서나 연회 뒤에 이따금 모살이 발생했지만, 군벌 할거 초기에는 지나치게 위험한 폭력을 피하고자 하는 경향이 뚜렷했다. 전쟁은 위험한 사업이었다. 동맹 정치의 수단을 써서 제휴 가능한 맹우와 연합하고 호적수가 퇴각할 수밖에 없도록 압박하는 것이 더 좋은 선택이었다. 변화가 아주 빠른 전쟁의 흐름을 고려하면 장래를 생각하는 것도 현명한 행동이었다. 우페이푸는 패배한 만주 군대가 고향으로 돌아가도록 두 량의 증기 열차를 내주면서 어쩌면 자신도 언젠가 같은 호의를 받을지 모른다고 생각했다. 과연 다음 전쟁에서 우페이푸를 격퇴한 장쮜린도 교통수단을 제공해 주었다. 흔히 말해지던 대로 오로지 부상을 입고도 치료받지 못해 죽은 보병이나 메뚜기 떼 같은 군대에게 음식과 아내와 딸과 재산을 잃어버린 농민만 아니라면, 중국의 내전은 꽤나 문명적이었다.

그러나 10여 년이 흐르면서 전쟁은 나날이 격렬해지고 범위도 점점 더 넓어졌다. 1916년 중국에는 어림잡아 50만 명의 병사들이 득실댔다. 1922년과 1924년에 벌어진 전쟁에서 각 군벌 휘하의 사병 수는 세 배로 늘었다. 군벌들은 어마어마한 군비 지출을 감당하기 어려웠다. 상대적으로 부유한 만주의 장쮜린이 1925년에 지출한 군비는 5100만 위안이었는데, 재정 수입은 2300만 위안에 불과했다. 결과적으로 군벌들은 가장 직접적이고 가장 억압적인 수단으로 재부를 긁어모았다. 모든 것이 그들의 금전적 수입에 비하면 부차적인 문제였다. 쓰촨에서는 소금에 27가지 세목을 부과했다. 항구 도시 샤먼의 징세 세목은 똥거름과 폭죽과 매춘을 포함해 모두 70개였다. 지방 군벌은 중앙 정부에 납부해야 하는 식염세와 인지세를 가로막고 제멋대로 징수했다. 국내 상품의 물류에 부과하는 리진(厘金)이라는 지방세는 지방 군벌의 주요한 자금원이었다. 양쯔 강을 따라 종이를 운반하는 배에는 상품 가치의 160퍼센트에 달하는 11차례의 징세가 이루어졌다. 어느 지방의 한 군벌은 기근이 든 해에 식량을 포함한 철도 화물에 100퍼센트의 중세를 매겼다.

한 연구는 1920년대 중반에 토지와 관련된 세목이 673종에 달했다는 것을 밝혀냈다. 만주에서 이는 1922년과 1928년 사이에 12배나 뛰어올라 곡물 소득의 3분의 1을 차지했다. 세금 납부는 차후에도 강제할 수 있었고, 사전에도 독촉할 수 있었다. 미국 작가 펄 벅(Pearl Buck)은 10년치 조세를 미리 내놓아야 했던 농민과 조상이 납입해야 할 토지세를 징수당한 농민의 경우를 기록했다. 어느 지방에서 철수하는 군벌은 떠나기 전에 반드시 세금을 거둬들였고, 이어서 들어닥친 군벌도 똑같은 짓거리를 일삼았다. 패배한 군대는 평화롭게 떠날 수 있도록 '여행비'를 걷었다. 승리한 군벌 우두머리는 자신의 군대에게 화를 입지 않으려면 '환영 기부금'을 내라고 했다.

은행은 융자 대출의 압박을 받았다. 상공회의소는 군벌의 채권을 억지로 사들여야 했다. 우페이푸는 중국하류선운국(中國河流船運局)을 차지하고 싶어 군침을 흘리다가, 책임자를 체포하고 그가 회사를 넘기는 데 동의한 뒤에야 석방했다. 군벌이 통제하는 은행들은 현금을 제공하기 위해 인쇄기를 마구 돌려 돈을 찍어 내느라 바빴다. 지폐가 복사기에서 찍혀 나오기도 했다. 허난 성은 저축 예금이 100만 위안 이하인데 2200만 위안의 지폐를 발행했다. 산둥 성에서는 5500만 위안어치의 지폐를 단지 150만 위안 상당의 백은 비축을 담보로 발행했다. 펑위샹은 자본금도 없이 은행을 세웠다. 장쭤린은 지폐를 지나치게 찍어 대면서도 한편으로는 상인들을 소집해 화폐 가치 안정화를 보증하라고 다그쳤다. 그는 요점을 설명하기 위해 다섯 명을 총살했다. 화폐 가치는 계속해서 하락했다.[12]

전매권이 매각되었으며, 대재해 동안 일부 장군은 구제 기관으로부터 돈과 식량을 '차용'했다. 한번은 펑위샹이 2만 7000마리의 양을 얻어다 부하들을 먹이고 입혔다. 그는 베이징 정부의 군사 수뇌일 때 관광 명소마다 부하들을 보내 입장료를 걷게 했다. 또한 북방 본거지에 청징(誠淨) 호텔을 열고, 서북기차운수공사(西北汽車運輸公司)에 자동차를 운용할 수 있는 독점적인 권리를 주었다. 베이징 정부가 펑위샹이 요구하는 금전을 제공하지 못하자, 그는 열차에서 수십 만 위안의 정부 자금을 강탈했다.

중국 총통이 된 한 군벌은 한 성의 군정장관이었던 기간에 2000만 위안을 횡령했다. 1925년 교통부는 전년도 말까지 철로에서 1억 8000만 위안어치의 자금이 사라졌다고 보고했다. 한 철도선에서 한 해 총수입의 절반에 육박하는 600만 위안을 약탈한 우페이푸는 측근을 이 철도의 사장으로 임명하고, 철도 재산을 담보로 융자금 500만 위안을 대출받기 앞서 철도 연선 주변의 토지 저당 가격을 인상했다. 융자금은 총액 2000만 위안의 채권을 발행하는 은행을 여는 데 쓰였다.

돈에 대한 군벌들의 끊임없는 욕심을 고려하면, 한 세기 전에 영국인들이 자유 무역이라는 명목으로 이 나라에 도입한 아편 무역을 그들이라고 하지 않았겠는가? 정부 측에서는 공식적으로 아편이 불법이라고 선포했지만 군벌들은 전혀 이 점을 개의치 않고 전매권을 최고 입찰값을 낸 자에게 빌려 주었으며, 생산과 판매 및 사용에 따른 수입을 올렸다. 옌관(煙館, 아편을 팔거나 피우는 곳)과 아편 흡연 기구에는 모조리 세금을 물렸다. 농민들에게는 양귀비를 키우라는 강제 명령이 떨어졌다. 남방의 한 성에서는 양귀비꽃을 피우지 못한 농민에게 게으름이라는 죄목으로 벌금을 물렸다. 금연국은 벌금을 걷거나 몰수한 아편을 중개상과 아편 중독자에게 되파는 방식을 통해 훨씬 더 많은 돈을 벌어들였다.

해마다 군벌들이 아편으로부터 얻은 수입은 윈난 성에서 5000만 위안, 간쑤 성(甘肅省)과 푸젠 성은 2000만 위안, 쓰촨 성은 1000만에서 3000만 위안 사이였다. 펑위샹은 비록 공개적으로는 아편을 비판하고 그의 사병들에게 금지했지만, 해마다 아편세로 2000만 위안의 수입을 올린 것으로 추정되었다. 대량의 아편을 생산하지 않는 지방들은 운송로에서 통행세를 징수했다. 윈난 성의 양귀비가 홍콩을 비롯해 세계 시장으로 팔려 갈 때 반드시 거쳐야 하는 길에 위치한 광시 성의 통치자는 통행세로 군사 비용을 거의 다 메꿀 수 있었다. 일부 지휘관들은 부대원에게 급료 대신 아편을 지급했다. 윈난 성의 군벌 부대는 아편 운수로 매우 부유해져 일반 사병들도 금반지와 금시계를 뽐냈고, 하루 수입이 보통 사람들의 한 달 수입보다 더 많았다.

엄격하게 훈련받은 사병들을 보유한 질 좋은 군벌 부대도 있었다. 우페이푸의 정예 제3사는 매일 아침 6시 30분에 훈련을 시작했다. 펑위샹의 부대원들은 체조를 하고 얼어붙은 땅에서 참호를 파고 27킬로그램 행낭을 지고 70킬로미터를 행군하며 체력을 단련했다. 그가 거느린 대도대(大刀隊)의 모토는 이러했다. "우리는 전투할 때 먼저 총알을 쏜다. 총알이 떨어지면 총검을 쓴다. 총검이 무뎌지면 개머리판으로 싸운다. 개머리판이 부서지면 주먹을 쓴다. 주먹이 으스러지면 우리는 이로 물어뜯는다." 1920년대 중반에 제1차 세계 대전을 몸소 겪은 영국 준장 브루스(C. D. Bruce)는, 만일 적절한 훈련만 받는다면 체격이 그 누구에게도 뒤지지 않고 강철과 같은 기질을 가진 중국 북방 출신의 사병들이 "가장 뛰어난 동방의 천연 자원"일 것이라고 확신했다.[13]

브루스가 격정적으로 자신했음에도 불구하고 대다수 군벌 사병들은 훈련 경험이 없는 농민과 도시 실업자 그리고 유랑민이었다. 한 수비대의 조사에 따르면 90퍼센트가 문맹이었다. 많은 사병들이 아주 가난한 집안 출신이었다. 오로지 3분의 1만이 두 해 이상 복역했다. 1926년, 훗날 장제스의 미국인 고문이 된 조지프 스틸웰(Joseph Stilwell)은 '허수아비' 중대를 관찰했다. 사병 20퍼센트의 키가 140센티미터에 못 미쳤고, 많은 경우 나이가 열네 살이 채 안 되었으며, 맨발인 병사도 있었다. 스틸웰은 일기에 이렇게 썼다. "상상력을 최대한 발휘해 봐도 이 오합지졸이 전투 중에 도망가는 것 외에 무엇을 할 수 있을지 떠올릴 수가 없었다."[14]

해산 명령을 받은 부대들은 때로 반란을 일으켜 항의 표시를 했는데, 그들에게 가장 좋은 생명선인 총을 얻고자 했기 때문이었다. 란콰이 열차를 강탈한 비적들의 요구 중 하나는 군대로 개편해 달라는 것이었다. 패배한 측의 사병들은 승리한 측 군대에 흡수되기를 원했다. 이로써 승리자는 군대를 확충할 수 있었지만, 충성도가 의심스러운 질 낮은 병사들을 데려오는 셈이었다. 우페이푸가 20만 병력을 투입한 전투에서 많은 사병들은 이전에 전투를 치러 본 적이 없었고, 일부 부하들은 그에게 충성을 바치지도 않았다.

대다수 군벌 부대가 대체로 사병의 질이 낮을 뿐 아니라 장비도 매우 열악했다. 포병은 아예 드물었다. 현대식 무기를 외국에서 사들여 오면 병사들은 어떻게 사용해야 할지 몰랐다. 펑위샹의 러시아 고문들이 본 중국 군관들은 기관총을 배치하는 방법을 몰랐다. 산둥을 시찰한 어느 영국 용병은 진열되어 있는 야전포 40문 가운데 사용할 수 있는 포가 거의 없었다고 보고했다. 비행기는 맨 처음 출현할 때는 두려움을 불러일으켰지만, 군벌 측 조종사들은 대공 포화 공격을 피하기 위해 지면으로부터 너무 높이 비행한 탓에 효과적으로 폭탄을 투하하지 못했다. 1924년 중국에는 170대의 군용 비행기가 있었다. 4년 뒤 총대수는 240대에 그쳤다. 한 전투에서 만주 군벌의 비행기가 여드레 동안 공격을 퍼부었는데, 비행기 두 대를 잃은 대가는 적군 다섯 명을 죽이고 나무 두 그루를 넘어뜨리고 호텔 하나를 부순 게 고작이었다. 평위샹은 만주 군벌 조종사들이 폭탄을 투하해 명중시킬 확률은 마치 새똥을 맞을 확률만큼 낮다고 말했다.

따라서 군벌들은 고문단과 용병을 모집했다. 국민당과 평위샹을 돕는 러시아 인들은 이념적이고 정치적인 이유로 왔지만, 대부분의 외국인은 중국에서 전리품을 추구했다. 미국인들은 비행기를 조종했다. 장쭤린은 일본 사병을 400명 고용했는데 주로 포병이었다. 장쭤린의 참모 중에는 서턴(Sutton)이라고 불리는 곰배팔이 노인이 있었다. 그는 이튼 칼리지 출신의 러시아 발명가로, 시동을 걸자마자 곧바로 이륙할 수 있게 이동 날개를 단 비행기를 연구했다. 자신을 '양구이즈(洋鬼子, 양코배기)'라 부른 소년을 죽인 죄로 기생충이 들끓는 감옥에 갇힌 독일인 엔지니어도 있었다.

가장 많은 외국인은 소비에트 정권으로부터 도망쳐 온 백계(白系) 러시아 인들이었다. 일부 백러시아 인은 방한 외투를 입고 타타르 모자를 쓰고 만주에서 전투를 벌였다. 이들 중 한 사람에 따르면, 그들이 "중국 군대를 무찌르는 일은 마치 나이프로 버터를 자르는 것과 같았다." 산둥에서 개고기 장군 장쭝창은 콘스탄틴 네차네프(Konstantin Nechanev) 장군이 지휘하는 옛 러시아 제국의 한 부대를 고용했다. 짙은 녹색 군복을 갖추어 입고 넓적다리까지 올라오는 황색 군화를 신은 네차네프의 군사들은 냉혹하고 무자비하고 사치스럽기로 유명했다. 1926년 그들은 전투 중에 장갑 열차 3대를 운전하며 기관총으로 평민들을 마구 사살하고, 옮길 수 있는 물건은 모조리 노략질했다. 현지 주민들이 철로를 부술 때 백러시아 군인들은 가장 가까운 마을을 송두리째 부수고 황폐화시켰다.

대규모 군대를 가장 신속하게 이동시키는 철도는 군벌 간의 충돌에서 중요한 장소였다. 기관총이 즐비한 장갑 열차는 포병과 같은 역할을 했다. 1925년 베이징과 양쯔 강 중심 지역인 우한 사이의 징한(京漢) 철로 기관차 70퍼센트를 군대가 사용했다고 한다. 전쟁으로 상하이-난징 간 철도에서 열차의 절반 이상을 사용할 수 없었고, 또한 사병들이 객실 300칸을 숙소로 점령한 탓에 교통도 막혀 버렸다. 또 다른 전쟁 중에 베이징-펑톈 선의 열차 중 절반이 군사적 목적으로 쓰였다. 전역은 철도선을 따라 벌어졌고 종착지와 교통 요충지는 주요 전쟁터였다. 퇴각하는 장군들은 추격을 저지하기 위해 철로를 폭파하라고 명령했다. 1924년만 해도 철도 손실이 대략 1억 위안에 달했다. 연이은 두 해 동안 중국 중부와 동부에서는 전쟁으로 인해 비군사적 운수 물동량이 4분의 1로 줄었다. 식량과 공산품 물류를 방해하고 대규모 물자를 쌓아 둠으로써 시장 가격이 상승하고 농촌과 도시의 관계는 절단되어 버렸다.

대작가 루쉰(魯迅)은 중국의 상황을 매독에 비유하며 선천적으로 부패하고 "암흑과 혼란의 독소"가 가득한 혈관은 철저한 청결이 필요하다고 역설했다. 수세기 동안 지속된 군주제의 명명백백한 압박이 막을 내린 뒤 잡아먹지 않으면 잡아먹히는 치열한 경쟁이 벌어지는 군벌 천하에서는 예전 같으면 낮은 벼슬자리에도 오를 수 없던 자들이 엄청나게 광대한 영역을 지배했다. 중국인은 더 이상 유교 성인을 경외하지 않았다. 대신 손안의 군대를 쥐락펴락하는 지휘관의 명령에만 머리를 조아리며 굴복했다. 전국적인 정치 체계가 부재하는 상황에서 군벌은 그 자체로 권력 기관이었다.[15]

군벌 천하에서는 봉건 제국이 부활할 수도, 보다 안정적인 태평성대로 되돌아갈 수도 없다는 것이 확실했다. 경제와 사회 및 지식의 진보가 이루어진 곳도 있었다. 특히 연해와 외국 조계지가 있는 도시가 그러했다. 하지만 군벌들은 그와 같은 진보를 추진할 제도가 없었다. 또한 군벌들이 무정부주의로 국가를 허약하게 한 것은 그들에게 신뢰할 만한 지지 기반이 없음을 뜻했다. 군벌들은 죄다 허풍스러웠지만, 심지어 가장 강대한 군벌일지라도 중국 통일의 지도자가 되기에는 역량과 결심이 모자랐다. 그들은 구체제를 깨뜨렸지만 새로운 제도를 빚어낼 능력이 없었다. 기독교도 장군 펑위샹처럼 부분적인 예외를 빼고는, 군대의 무력을 초월하는 합법적인 정부를 세우기는커녕 민심을 얻으려는 지향도 그들의 본성과 너무나 동떨어져 있었다. 이와 대조적으로 쑨원의 삼민주의를 받아들인 국민당은 훈련이 잘된 군대와 조직화된 정당, 중국의 어떤 지역보다도 선진화된 재정 체계를 등에 업고 있었다. 무장 세력들 간의 균형은 1926년 장제스가 광저우에서 발동한 도전을 매우 위험한 일로 만들었지만, 이제 전국 통일을 열망하며 중국에 근대적인 제도를 이식하려는 세력이 존재했다. 장제스가 광저우에서 최고의 권력을 갖게 되자, 중국은 북벌을 맞아들일 준비가 되었다.

7

북벌 원정을 개시하다

1926년 7월 1일 장제스는 두 차례의 세계 대전 사이에서 세계적으로 가장 큰 군사 작전인 북벌 동원령을 낭독했다. "우리 국민혁명군은 대원수의 유지를 받들어 혁명 이념을 철저하게 관철해야만 한다. 인민의 번영을 지켜 내기 위해 반드시 모든 군벌들을 무너뜨리고 반동 세력을 숙청하고 난 뒤에야 삼민주의를 실행하고 민족 혁명을 완성할 수 있을 것이다." 국민당 중앙위원회는 장제스의 권력 그리고 북벌 성공을 위해 그에게 모든 권한을 부여하는 문제의 중차대함을 인식하고, 당 자체를 제외하고는 "민사와 군사, 개인과 공공을 아우르는 전 조직의 통제권"을 그의 손에 쥐어 주기로 표결했다.

여드레 뒤 장제스는 수만 명이 참가한 광저우 동교장 의식에서 북벌군 최고사령관에 취임한다고 선서했다. 쑨원의 유지를 강조하기 위해 그 아들은 아버지의 화상을 들고 있었다. 장제스는 매우 크고 우렁찬 목소리로 "만일 우리가 피를 흘리지 않으면 나라가 침몰하고 마는" 결정적인 시기가 도래했다고 열변을 토했다. '외국 제국주의의 주구인 군국주의를 타도하라(打倒外國帝國主義的工具軍國主義)'라고 쓰인 남색 깃발이 수여되었다. 백마에 올라탄 장제스는

발로 등자를 밟고 말을 앞쪽으로 몰며 북벌군을 향해 거수경례를 했다.[1]

3주가 흐른 뒤 장제스는 200명의 국민당 인사들이 그를 전송하기 위해 기다리고 있는 광저우 기차역으로 차를 타고 갔다. 장제스는 보로딘, 무표정한 게일런, 천제루 및 밀짚모자를 들고 반바지를 입은 그의 양자 등 일군의 사람들과 기념사진을 촬영하기 위해 환하게 웃으며 플랫폼에 섰다. 상하이의 후원자 장징장은 강시 같은 표정으로 앞줄의 대나무 의자에 앉았다. 장제스의 아내가 동행하겠다고 하자 그는 웃으면서 쑨원과 군함에 있을 때의 일을 떠올렸다. "여자들은 대포의 꽝음 소리를 들으면 놀라서 치마에 소변을 보고 만다오." 기차가 요란스럽게 움직일 때 천제루는 뜨거운 눈물을 머금었다. 장제스는 뒤돌아서서 그녀가 보이지 않을 때까지 손을 흔들었다.[2]

최고사령관으로서 북벌을 지휘하다

다가올 원정에는 커다란 위험이 도사리고 있었다. 중국 중부와 북부의 주요 군벌들은 총 75만 명에 달하는 군사들을 소집할 수 있었고, 이는 국민혁명군보다 최소 다섯 배가 많은 수였다.* 무기와 장비도 군벌 측이 압도적으로 우세했다. 러시아 고문들의 보고서는 일부 국민당 부대는 무기가 없었고, 화승총을 지닌 부대도 있었음을 보여 준다. 《뉴욕 타임스》의 핼릿 어벤드 기자가 국민혁명군이 출발하는 광경을 기록했다. "대다수가 신통찮고 키가 작으며 짚신

---

* 1926년 북벌 개시 시점에 각 세력의 분포는 다음과 같다. (1) 즈리 군벌 우페이푸는 허난 성, 후베이 성, 즈리와 후난 지역 및 징한 철도를 장악하고 있었다. 총병력 25만이었다. (2) 펑톈 군벌 장쭤린은 베이징에서 총사령관을 자칭하며 즈리와 산둥 및 징펑(京奉) 철도와 진푸(津浦) 철도를 장악하고 있었다. 총병력 35만 명이었다. (3) 즈리파와 결별한 쑨촨팡은 난징에서 자립하여 동남부의 5개 성인 장쑤, 저장, 푸젠, 장시, 안후이 성을 통치하고 있었다. 총병력 20만이었다. (4) 평위샹의 국민군은 훨씬 더 전에 서북의 산시 성(陝西省)으로 철수하여 즈리파와 펑톈파 세력의 압박을 받고 있었다. (5) 옌시산은 산시 성(山西省)에 세운 견고한 근거지에 머물며 내전에 참가하지 않았다. 제1차 북벌 당시 군벌들은 이해관계에 따라 서로 합종연횡과 이합집산을 거듭했는데, 평위샹과 옌시산은 군벌 집단에도 국민당 혁명군에도 속하지 않았지만 혁명군을 더 지지하는 입장이었다. — 옮긴이

을 신은 병사들은 …… 몸에 안 맞는 더러운 암회색이나 칙칙한 황색의 무명 군복을 입었고 …… 조직적이지도 않았다. 이번 북벌 원정은 희망이라고는 보이지 않는 어리석은 짓 같았다."[3]

북벌의 대가는 광저우가 이전에 치렀던 그 어떤 사건보다도 컸다. 군비가 예산의 4분의 3을 차지했다. 2000만 위안에 달하는 재정 적자는 다가올 20년의 선례를 보였다. 국민혁명군에 대한 대우는 군벌 부대에 비해 점점 더 나아지고 규칙화되었지만, 봉급의 3분의 1은 원정 동안 정복지에서 현금으로 바꿀 수 있는 약속 어음 형식으로 지불되었다. 북벌의 근거지는 안정되기는커녕 노조와 수많은 실업자들의 투쟁으로 점철되었다. 반영(反英) 불매 동맹은 무역을 붕괴시켜 홍콩을 통한 전쟁 물자의 수입을 가로막았다.

이러한 난점들이 있었으나 국민혁명군은 동방 원정에서 승리한 이래로 사기가 고조되었고, 황푸군관학교 졸업생들도 능력을 증명했다. 러시아 인들은 측면 우회 공격과 적의 배후에서 기습하는 전술을 가르쳤다. 군벌 혼전기에 착취와 토비의 기승으로 인해 광범위하게 퍼진 불만은 인민의 생계를 향상해 주겠다고 약속하는 정당에게 유리한 조건을 제공했다. 1924년 우페이푸와 만주 군벌 사이에 벌어진 대전은 쌍방 모두를 쇠약하게 했다. 중국의 광활한 영토에 걸쳐 근거지를 둔 국민당은 그 어떤 세력에도 뒤지지 않을 만큼 지리적으로 확산되었다. 쑨원이 세운 정당의 광범위한 성격은 민족주의자, 민주주의자, 근대주의자, 기술 관료, 개혁론자, 사회 정의 추구자, 교육 개혁가, 기업가 그리고 중국이 국제 사회에서 제대로 된 역할을 하기를 원하는 사람들 모두에게 자못 큰 호소력을 가졌다. 농촌 개혁에 전력을 다하는 공산당은 농민 지지의 원천을 마련해 주었다.

국민혁명군은 남방의 일반적인 정황을 반영하는 잡다한 출신으로 인해 여덟 개 군단으로 나뉘어 있었고, 지휘관들은 앞으로 20년 동안 중요한 역할을 할 인물들이었다. 장제스의 직할 부대인 제1군은 최고의 정예군으로, 많은 수가 황푸군관학교 출신들이었으며 다른 장군들이 약 오르게도 장비를 먼저 얻을 수 있는 우선권을 가졌다. 천중밍을 몰아낸 동정 시기의 고참병들을 비롯해 2만 명의 강병으로 이루어진 정예 부대를 장제스의 부관인 허잉친이 이끌었다.

1만 5000명의 제2군을 이끄는 군단장은 이웃한 후난 성의 전임 성장 탄옌카이(譚延闓)였다. 탄옌카이는 쑨원을 따라 광둥에 왔다가 중산함 사건 때 장제스의 심복이 되었고, 왕징웨이에 뒤이어 정치위원회 주석으로 취임했다. 1만 명의 제3군은 황량한 산악 지대인 서남쪽의 윈난 성에서 왔다. 같은 규모의 제4군은 청나라의 주요 군사 기관을 졸업한 '우익 장군' 리지선(李濟深)이 통솔했다. 지휘관의 정치적 성향에 따라 이 군단은 모스크바 유학 시절 비밀리에 공산당에 입당한 참모장 예팅(葉挺)의 독립 부대를 포함해 좌익분자들을 집결시키기에 안전한 장소로 간주되었다. 특별히 광저우 주변의 수로 보호 공사를 맡고 있던 제5군은 기본적으로 자치 군단이었기 때문에 근거지의 수비대로 남았다. 하지만 광둥 장군이 통솔하는 제6군은 충성스럽고 믿을 만하다고 여겨졌다.[4]

제7군의 존재는 광둥 서쪽의 광시 성 통치자와 동맹을 맺은 결과였다. 태평천국 운동의 발발지인 광시 성은 곳곳이 낙후한 시골이었다. 통치층의 수장 리쭝런(李宗仁)은 25살 때 광둥을 방문했다가 처음으로 증기 열차를 보고 놀라서 정신을 잃을 뻔한 지경이었다. 구이계(桂系, 광시 파벌) 군벌 집단으로 알려진 리쭝런과 그의 동료 군국주의자들은 절을 학교로 바꾸고 부대원의 행동거지를 단속하면서 국민혁명군과 정치적으로 일치하게 되었다. 역사학자 유진 레비치(Eugene Levich)는 리쭝런의 성격을 "진취적이고, 야심적이고, 총명하고, 국가주의적이고, 엄격하고, 유능하고, 정직하고, 대담하고, 혁신적"이라고 기술했다. 영국 정보 기관은 광시 파벌의 또 다른 성원인 무슬림 바이충시(白崇禧)를 이렇게 묘사했다. "키가 크고 건강하며, 높게 튀어나온 총명한 이마를 갖고 있다. 정치와 전략 두 방면에서 사상가이자 기획자라고 할 만하다. …… 유머 감각이 풍부하며 …… 와인을 마시고 돼지고기를 먹는 이슬람교도이다."[5]

우페이푸가 파견한 후난 성장에 대해 반란을 꾸민 후난 남부의 장군이 패퇴하면서 광저우에 도움을 요청했다. 이로써 국민혁명군 대열에 제8군이 들어왔다. 러시아 고문 한 명은 청나라 관원의 아들인 탕성즈(唐生智)를 두고 "활기차게 말하고 과단성 있으며 극단적"이라고 평했다. 다른 고문은 탕성즈가 신랄하고 소유욕이 강한 동시에 으스대는 입신출세주의자라고 생각했다. 탕성즈는 자신의 불승(佛僧)이 하는 충고를 따랐으며 전쟁터에 불상을 갖고 다녔다. 그는 아편을 피웠다는 보도가 있었지만, 그의 부하들은 아편 흡연이 금지되었다. 한 고문은 그의 오른손 두 손가락에서 "그을린 소시지처럼 검어진" 아편 흡연 흔적을 보았다.[6]

국민당과 광시 군벌들은 모두 탕성즈를 지지하는 데 관심이 있었다. 만일 탕성즈가 패배하면 우페이푸 군대가 그들의 북부 경계에 다다를 수 있기 때문이었다. 그래서 탕성즈의 군대는 제8군으로 조직되고, 100명의 여성 특수 부대가 동행한 광시군이 그들을 지원하고자 성의 경계를 넘어갔다. 역사학자 다이애나 래리(Diana Lary)는 이렇게 지적했다. "전선에서 불과 몇 주 전만 해도 군벌과 전혀 다를 바 없었던 자를 끌어들이고, 조금 전에 전향한 군벌의 주요 부대로 병력을 보충하면서 국민당은 자신들의 위대한 혁명 사업을 변칙적인 위치에서 이끌고 있었다."[7]

장제스의 애초 계획은 두 갈래의 전선을 따라 북진하면서 후난 성과 그 동부에 접한 장시 성을 지나가는 것이었다. 그러나 게일런은 군대가 분산되는 것을 피하기 위해 북쪽으로 960킬로미터에 위치한 우페이푸의 전략적 요충지이자 양쯔 강의 주요 도시인 우한에 도착하도록 병력을 집중하자고 장제스를 설득했다.

이번 전쟁은 장제스가 그 후 20년 동안 운용할 군사 작전의 유형을 만들었다. 만일 중국 대륙을 통일하는 것이 목표라면 주요 군벌들을 모조리 상대해야 했다. 하지만 군벌들 사이의 시기심을 이용하여 하나하나씩 각개 격파를 하는 것이 가장 현명한 책략이었다. 전선에서의 싸움은 탕성즈와 광시 장군들에게 맡긴 뒤 장제스는 외교와 정치 공작, 재정, 조직 및 뇌물 수수의 통제에 집중하고자 후방인 광둥 북부의 사오관(韶關)에 머물렀다. 북벌이 시작되자 장제스는 동부 장시 성의 주요 군벌인 쑨촨팡(孫傳芳)과 담판을 짓는 데 온 힘을 기울였다. 또한 후난 성과 장시 성의 고관 여섯 명이 입장을 바꾸도록 했다. 7월 말까지 장제스는 적 진영의 장군 여섯 명을 꾀어 국군에 가입시킴으로써 군대 규모를 확충했고, 동시에 양보다 질이라는 게일런의 목표를 한층 더 손상했다. 군사 행동 문제에 관한 한 장제스는 이 러시아 고문에게 전적으로 의존했다. 장제스의 참모장이 게일런을 접견해 의견을 구하고, 게일런의 명령을 적은 글을 장제스에게 전하면 그는 변경하지 않고 서명했다. 게일런은 말했다. "나의 동의가 없으면 그는 어떤 독자적인 결정도 할 수 없다."⁸

'불교도 장군' 탕성즈와의 연맹으로 국민혁명군은 후난 성 남부를 순조롭게 통과했다. 국민혁명군이 성도 창사(長沙)에 바싹 다가설 즈음 우페이푸의 군대는 이 도시를 버렸다. 노동자들로 조직된 평화유지단은 떠나는 우페이푸 군대로부터 무기를 빼앗았다. 서부의 구이저우 성(貴州省)에서 온 두 군벌이 같은 과정을 거쳐 제9군과 제10군으로 편성되었다.⁹

사오관에서 장제스는 아내와 합류했다. 천제루가 보기에 그는 야위었으나 정신은 의기양양했다. 부부는 검은 목재로 짠 전통 가구가 놓인 큰 집에 묵었다. 천제루의 기록에 따르면, 장제스는 방문을 닫으며 "있는 힘껏 나를 껴안더니 달콤한 말투로 속삭였다. 매우 열정적으로 나를 애무하는 손길에서 그가 나를 얼마나 그리워했는지 느낄 수가 있었다." 그날 밤 두 사람은 저녁 식사를 마친 후 일찍 잠자리에 들었다. 장제스는 자신이 죽을 수도 있다고 말했다. 천제루는 장제스가 죽음을 언급한 것은 이때가 처음이라고 썼다.¹⁰

여름철 장제스와 게일런은 푹푹 찌는 더위를 참으며 산을 넘어 후난 성으로 진입했다. 현지 민가에서 숙박을 하고, 한번은 기독교 장로회 학교의 여자 기숙사에서 묵기도 했다. 장제스가 장군들에게 말했다. "중국과 중화 민족은 자유와 독립을 회복할 수 있는 운명의 갈림길에 서 있다." 분노로 흥분하여 목소리마저 변한 채 북벌군 최고사령관은 도박을 하고 유곽에 드나드는 데다 민가를 무단으로 점거하고 사병들을 올바르게 대우하지도 않는 장군들을 엄하게 나무랐다. 그는 매복치 탓에 한층 더 초조해졌다. 나중에 이 매복치는 예일 대학이 창사에 세운 병원의 미국인 치과 의사가 발치했다.

8월 18일 국민혁명군은 철로를 따라 후난 북부로 들어갔다. 우페이푸의 군대는 철수하기 전 이틀 동안 참호에서 저항했다. 국민혁명군은 양동 작전으로 그들을 함정에 빠뜨려 포위 공격했다. 뒤이어 국군은 거대한 호수(둥팅 호(洞庭湖))와 중국에서 가장 큰 양쯔 강의 합류 지점인 웨양(嶽陽)의 거대한 기지를 공격하기 시작했다. 《북경첩보(北華捷報)》의 보도에 따르면, 요새를 맹렬하게 공격하면서 병사들을 가득 실은 열 척의 커다란 뗏목이 적의 방어 진지를 향해 나아가는데 갑자기 바람의 방향이 뒤바뀌어 멈췄다고 한다. 적진에서 사격을 시작하자 뗏목 위의 병사 수백 명이 총에 맞아 죽었다. 두 번째 공격은 성공했다. 《중국중앙우보(中國中央郵報)》는 전진하는 남군(南軍)이 "도시를 안무하며 백성들을 우호적으로 대하고, 그들이 얻은 모든 것에 제대로 값을 지불하는" 행동에 주목했다. 8월 26일 장제스는 국군에게 계속 진군하라고 명령했다. 성의 경계를 넘어 후베이 성으로 진입해 중국 중부의 최대 도시 우한으로 내달릴 참이었다.[11]

양쯔 강의 가장 큰 지류인 한수이 강(漢水江)이 합류하는 전략적 요충지 우한은 한양, 한커우, 우창 세 도시를 총칭하는 이름으로 인구 80만이 살고 있었다. 양쯔 강 남안에 위치한 성도 우창은 11킬로미터에 달하는 성벽으로 둘러싸여 있고, 또한 장제스가 자신의 직계 조상이라고 공언한 주(周) 왕조와 역사적으로 관계가 깊었다. 양쯔 강 너머의 한양에는 우페이푸의 주요 무기고가 있었다. 세 도시 중에서 인구가 가장 조밀한 한커우는 외국 조계지가 있는 상업 대도시였다. 공업 중심지이자 농산물 집산지로서 시카고와 비슷하다고 일컬어지는 한커우를 당시의 여행 안내서는 "극동의 가장 화려하고 매력적인 지방"이라고 묘사했다.[12]

이 지역은 물이 지배하는 곳이었다. 양쯔 강은 풍수기 때 그 너비가 1.6킬로미터에 달했다. 1920년 중반 우한에서 근무했던 오스트레일리아 인 역사학자 찰스 피츠제럴드(Charles P. Fitzgerald)는 그의 집무실 주변 지대가 "도처에 건널목이 극히 어지럽게 걸쳐진 늪이거나 인력거의 굴대가 수렁과 하수 깊숙이 구르며 질주하는 길"이었다고 회상했다. 《자림서보》는 국민혁명군이 바투 접근해 올 때 이곳의 "흙탕물과 오물, 악취는 참을 수 없을 지경이었다."라고 보도했다. 도로와 철도는 모두 물에 잠겨 버렸다. 전술적으로 우세를 점하기 위해 양측 모두가 다리를 폭파했다. 우페이푸의 망나니는 다리 아래에 폭탄물을 설치하려다 붙잡힌 학생 여덟 명의 목을 베었다.[13]

통례적인 속도로 진군하는 국군 제4군은 선봉을 맡고, 좌익 독립 연대는 가장 중요한 역할을 맡았다. 현지 농민들의 인도 아래 남군은 우한 남부에서 뒤쪽으로 비스듬히 80킬로미터 정도에 자리한 난공불락의 철교 팅쓰차오(汀泗橋)를 공격했다. 우페이푸는 몸소 방어를 지휘하며 명령 없이 퇴각하는 군관들을 즉결로 처분했다. 국군이 최후의 승리를 거두기까지 24시간 동안 이 다리는 세 번이나 소유자가 바뀌었다. 1만 명의 수비대 중에서 3분의 2가 포로로 잡히거나 사망했다. 수많은 병사들이 도망가다가 익사했다. 일부는 우페이푸의 열차가 우한을 향해 쏜살같이 후퇴할 때 깔려 죽었다고 한다. 그런데 단결보다는 자기 잇속을 고려한 광시와 후난 군대의 장군들은 병력을 보존하고자 전투에 참가하지 않았다.[14]

우페이푸는 쑨촨팡에게 도움을 청하는 전보를 보냈으나, 이 동부 군벌은 우페이푸와 국군 양측 모두가 상처를 입고 나서 개입하고자 시간을 끌었다. 진공을 지체시키기 위해 제방들이 붕괴되었다. 우페이푸는 우한상회(武漢商會)에 600만 위안의 경비를 요구하고 곳곳으로부터 증원 부대를 불러들였다. 하지만 한 기자가 묘사한 대로 "남루하고 더러운 옷에 전쟁터에서 몇 주간 시달린 흔적이 역력한" 그의 군대는 극도로 열악한 상황에 처해 있었다. 많은 군인들이 병들었고 식량조차 부족했다. 이와 반대로 남군 측은 "규율이 엄격해 민간인들의 이익을 추호도 침해하지 않았고, 총탄과 포탄에도 결코 두려운 기색이 없었다."[15]

9월 2일 국군은 우창 남부의 한 호수에 이르렀다. 우페이푸가 양쯔 강을 따라 한커우로 도망치는 사이, 장제스는 열차를 타고 전선으로 움직였다. 우페이푸를 만나고자 그의 총사령부로 간 미국 기자 존 파월(John Powel)은 이 유학자 장군이 곤드레만드레 취한 채 자신의 군대가 붕괴한 것에 대해 의기소침해하고 있는 모습을 발견했다. 우페이푸는 낡고 해어진 『우페이푸 왕국의 군사행동(吳佩孚王國裏的軍事行動)』이라는 책을 들고 있었다. 그는 향수에 젖은 투로 말했다. "이제 우리 군사들은 기관총도 없고 비행기도 없소이다."[16]

장제스의 훈시가 끝난 뒤 국군은 우창을 향해 진군했다. 수류탄과 권총을 지닌 군인들은 9미터 높이의 벽돌 성벽을 기어올라야 했다. 그다음부터는 이전의 재난을 연상케 했다. 전초 부대는 사다리가 없었다. 강한 화력이 비처럼 쏟아졌다. 공격자 200명이 죽어 나갔다. 광시 군대는 역시 오지 않았고, 후난 장군의 군대는 너무 늦게 도착했다. 장제스의 8개 연대는 또 한 번 맹공을 개시했지만 도시 성벽을 쉽사리 돌파할 수가 없었기에 쌍방은 공성전에 들어갔다.[17]

다음 날 양쯔 강 건너편의 한양으로부터 좋은 소식이 날아왔다. 뇌물로 매수된 수비대 장군이 자신의 차로 떠나게 해 달라고 강력하게 요구하면서, 한커우의 외국 조계지에 은신처를 마련한 뒤 한양과 무기고를 넘겨주었다. 앞으로 저항하지 않겠다는 것을 보증하기 위해 그의 사병들은 10위안을 받고 보총을 전부 내놓았다.

한양을 잃고 우창이 포위당하자 한커우는 더 버틸 수가 없었다. 우페이푸가 북방으로 퇴각하면서 한커우는 전투 없이 함락되었다. 국군의 좋은 행실에 대한 명성이 널리 퍼져 있었기 때문에 현지 주민들은 그들을 환영하며 먹을 것과 머물 곳을 제공해 주었다. 《자림서보》의 한 기자가 보도했다. "광둥 인들이 세운 공은 무모하고 무작정인 듯 보였으며 사전에 계획했다고는 믿기 어려울 정도였다. 며칠 동안 한커우는 마치 갑자기 현실로 돌변한 동화를 마주한 어른처럼 당황한 눈으로 광둥 인들을 바라보았다. 그들이 놀라운 성적을 얻었다는 결론을 도출할 수밖에 없다."[18]

국군은 광저우에서 북쪽으로 960킬로미터를 성공적으로 진군했지만, 우창은 여전히 완강하게 저항했다. 식량이 모자라고 콜레라가 창궐했으며 성 밖으로 내던진 시체들이 썩어 문드러졌다. 장제스의 비서 천리푸가 썼다. "사방에 시체가 널려 악취가 공기 중으로 스며들었다. 송장들의 얼굴은 검었는데, 내가 탄 말이 꼬리를 흔들며 지나가자 시체를 뒤덮은 파리들이 흩어지면서 검은 얼굴들도 사라졌다."[19]

장제스는 한커우를 점령하자마자 동남부의 장시 성을 공격하기 시작했다.

그는 이번만은 게일런과 상의하지 않고 주도권을 행사하고 싶었다. 처음에는 이것이 절묘한 선택인 듯했다. 변절한 지휘관 세 명의 도움 아래 국군이 북쪽으로부터 재빨리 남하하면서 장시 성 남부가 신속하게 점령되었다. 성도 난창(南昌)은 백병전 후 정복당했다. 그러나 군벌 쑨촨팡은 철로와 강안에 증원 부대를 보냈으며 그 자신도 군함을 타고 난창에 효과적인 반격을 가했다. 쑨촨팡 군대는 수백 명의 학생과 교사 및 국군 사병을 처결했다. 남학생이건 여학생이건 '러시아식' 짧은 머리를 했다는 이유로 처형되었다. 핏방울이 뚝뚝 떨어지는 머리들이 말뚝에 꽂혔다.[20]

국군 간의 협조는 마비 상태에 빠졌다. 윈난 성에서 온 제3군은 명령을 따르지 않았고, 다른 몇몇 부대는 명령을 하달받기 전에 독단적으로 철수해 버렸다. 한 러시아 고문은 장제스가 "당황하여 잘못된 조치를 취하고, 예전 그 자신의 그림자가 되어 버렸다."라고 보고했다. 광시 장군 한 명이 퇴각 작전을 떠맡았다.[21]

장시 성에서 남군의 사망자 수는 매우 높았다. 일부 부대에서는 대대급 지휘관 절반과 소대급 지휘관 80퍼센트가 죽거나 부상을 입었다. 북벌군은 처음으로 주도권을 상실했고, 이번 공격으로 쑨촨팡을 전쟁에 끌어들였다. 쑨촨팡 군대는 국군 스파이 셋을 붙잡아 장제스 총사령부로 진입하는 암호를 알아냈다. 쑨촨팡은 노획한 국군 군복을 입은 암살자들을 보냈으나 그들은 발각되어 대부분 사형에 처해졌다.[22]

바로 이때 우창에서 수비대 일부가 배반하고 국군이 성벽을 탈취하는 데 협조하여 마침내 우한 삼진이 함락되었다. 이번 승리는 우한에서 반만(反滿) 혁명이 시작된 지 15주년이 되는 날에 쟁취했다는 점에서 매우 상징적인 의미를 지녔다.* 같은 날 광저우에서는 반영 보이콧의 종식이 선언되었다. 파업 노동자들을 회유하기 위해 광저우 정부는 해관부가세(海關附加費)에서 1인당

---

* 1911년 10월 10일 신해혁명의 도화선이 된 우창 봉기가 일어난 지 15년 만에 반동적인 군벌을 물리치고 혁명 군대가 들어섰다. ─ 옮긴이

100위안씩을 지불하는 안에 동의했다. 또한 장제스의 고향인 저장의 성장이 쑨촨팡으로부터 독립을 선언하자 잠시 희망의 서광이 비쳤다. 하지만 쑨촨팡 군벌의 병사들은 공격을 막아내며 달빛 아래에서 기관총으로 수백 명의 반란자들을 학살했다. 성장은 차를 타고 탈출했으나 붙잡혀 총살을 당하고, 시체는 목이 잘려 수급이 쑨촨팡에게 보내졌다. 상하이에서 공산당이 이끄는 노동조합은 그의 패배를 관망하다가 파업을 일으켜 곧바로 진압되었다는 점이 모순적이었다.[23]

장제스로서는 게일런에게 도움을 청할 때가 오고야 말았다. 게일런은 적군의 기동성을 약화하고 난창을 외부로부터 단절시키기 위해 도시 북부의 넓은 협곡에 있는 장시의 유일한 철도선을 탈취하는 작전에 병력을 집중하기로 결정했다. 게일런은 부대원들이 추위를 이길 수 있도록 동복을 마련하고, 야전병원을 세우고, 무선 통신 연락망을 구축하는 대책을 세웠다. 우한에서 증원부대가 몇 대의 소련제 비행기와 함께 도착했다. 더 많은 뇌물이 반대자들을 구워삶는 데 쓰였다. 남군은 한 주를 전투 기한으로 잡고 철도선을 끊은 뒤, 협곡의 요충지를 점령한 채 적군의 주요 병력이 성 북부에 있는 광활한 포양 호(鄱陽湖)의 수역에 머무르도록 압박했다. 다른 부대는 양쯔 강 변의 도시 주장(九江)을 빼앗기 위해 적의 방어선을 우회하여 산길을 따라갔다. 공군의 지원 아래 후난과 윈난의 군대가 11월 8일 난창 수비군의 항복을 받아냈다. 쑨촨팡의 부대원 4만여 명이 포로로 잡혔다.

승리가 다가옴에 따라 광저우의 정치 지도자들은 북쪽으로 가서 우한을 새로운 수도로 삼고자 했다. 도중에 그들은 장제스와 상의하기 위해 양쯔 강 변의 산간 명승지로 갔다. 그들이 떠날 때 장제스는 장시 성에 남았다. 장제스의 눈은 훨씬 더 먼 동쪽의 난징과 상하이를 노려보고 있었다. 더구나 그는 우한의 정치에 휘말리고 싶은 마음이 전혀 없었다. 광저우에서 독립과 단독적 직권 운용은 권력의 최고봉으로 통하는 열쇠였다. 흔히들 하는 말과 같이 '아무도 그의 상사가 될 수 없고, 아무도 그의 동료가 될 수 없으며, 오로지 그의 부하가 될 수 있을 뿐이었다.'[24]

앞에는 호랑이, 뒤에는 늑대

1927년 연초에 이르러 국민당의 깃발은 남중국해의 하이난다오에서부터 양쯔 강 유역까지 펄럭였다. 후난, 후베이, 장시, 광둥, 광시, 구이저우 성을 평정한 뒤 장제스의 부관 허잉친 장군이 연해와 접한 푸젠 성을 격퇴하고 퇴각하는 적군을 추격하여 성도 푸저우마저 점령하자, 모두 일곱 성이 국민당의 판도에 들어왔다. 1차 북벌 기간에 국민혁명군의 사망자 수는 2만 5000명으로 추정되었다. 그중 1만 5000명이 장시에서 사망했다. 부상자와 부상으로 인해 나중에 죽은 사람은 훨씬 더 많았다. 24개 군벌들이 이번 북벌에 참가했고, 국군의 규모는 30개의 군단에 총 26만 명으로 확대되었다. 130만 제곱킬로미터로 넓혀진 영토 내에는 1억 7000만 명의 인구가 드넓게 퍼져 있었다. 언제나처럼 재정이 문제였다. 급료를 받지 못한 사병들이 병란을 일으켰다. 1927년 1월 장제스는 재정부장 쑹쯔원과의 관계 단절로 급료 지불 정지를 지시할 수밖에 없었다. 쑹쯔원은 그의 지출이 예산에 큰 영향을 미친다는 것을 너무나 잘 알고 있었다. 장제스는 쑹쯔원에게 만일 150만 위안을 즉시 지원하지 않는다면, 이를 "우리 관계의 마지막 불화"로 간주하겠다고 경고한 바 있었다. 쑹쯔원은 장쑤성과 저장 성의 재정을 관장하라는 명령을 받은 뒤로 비축 자금을 마련해 두었으나, 예산 지출 문제를 둘러싼 두 사람의 갈등은 고착된 상태였다.[25]

남군의 행실이 전설처럼 항상 좋은 본보기였던 것은 아니다. 장제스는 "나 또는 다른 자와 동맹을 맺어야만 자신들의 실력을 보존할 수 있다는 속셈"으로 국군에 참가한 군벌들을 "짜증스럽고 고약한 기회주의자"로 간주하며 돌려보냈다고 장제스 아내는 기록했다. 국민당의 핵심 병사들은 소매상인 및 농민과 공평하게 거래함으로써 군벌 부대와 구별되었으나, 종종 현금 대신에 군대의 임시 증명서로 지불했다. 난창에서는 낮은 급료로 인해 불만에 휩싸인 부대가 군관을 살해하고 은행을 약탈하는 사건이 터지기도 했다. 정치 지도자들도 늘 모범을 보이지는 않았다. 명백하게 적대적인《자림서보》는 장제스의 총사령부를 예방한 일군의 정객들이 침상에서 담배를 피우다 침대보를 태우고,

러시아 여인들과 시시덕거리고, "아무 데나 침을 뱉어" 댔다고 보도했다.[26]

　그럼에도 국민혁명군은 신선한 모범이었다. 가장 우수한 부대들은 용맹, 결단력, 기동성, 뛰어난 전술로 전투에 임했다. 광저우의 목계영(穆桂英)*이라고 불린 푸푸왕(傅馥旺)이 이끄는 여성 결사대도 있었다. 이들은 승마용 바지와 벨트로 졸라맨 긴 웃옷을 입고, 무릎까지 올라오는 부츠에 군모를 착용한 채 사진을 찍었다. 국민혁명군은 광범위한 지지를 누렸다. 바로 군가 한 곡이 선포한 것과 같았다. "병사들은 인민과 한 가족이나 마찬가지니, 절대 인민을 속이지 않네. 우리가 날마다 인민을 사랑하는 노래를 부르면, 하늘과 땅과 사람이 평화로워지리라."[27]

　정치 간부들이 이러한 바탕을 다졌다. 해럴드 이삭스(Harold Isaacs)는 북벌 성공의 주요한 요소가 '대중 봉기'라는 생각을 기조로 삼아, 1938년에 출판한 『중국 혁명의 비극(Tragedy of the Chinese Revolution)』에 이렇게 썼다. "자발적인 인민 봉기로 인해 국민혁명군은 이미 그들을 위해 확보된 영토를 점령하는 것 외에는 대개 더 할 일이 없었다." 이러한 의견은 미래의 몇십 년 동안 이데올로기를 쫓다가 판단의 앞뒤를 잘못 바꾸어 버린 공산당에 의해 심화되었다. 후난 성을 통과한 최초의 전진은 대중 봉기 때문이 아니라 광저우와 탕성즈 장군이 연맹을 맺었기에 가능했다. 현지 농민들이 길을 안내하고 병참 지원을 한 공은 컸지만, 국민혁명군 병사들이 우페이푸 그리고 쑨촨팡 군대와의 싸움에서 노동자와 농민에 의해 확보된 낙승을 누린 것은 아니다. 총검을 장착한 한 군인이 농민, 노동자, 점원, 학생을 향해 전진하는 모습이 담긴 당시의 선전 포스터가 이러한 현실을 반영한다. 한양과 우창은 대중 기의가 아니라 배반으로 얻을 수 있었다. 우한 삼진을 차지한 뒤 일어난 노동자 소요와 광저우의 노동자 파업은 북벌을 지체했다. 이삭스보다 40여 년 뒤에 역사학자 도널드 조던(Donald Jordan)은 북벌이 '아래로부터의 승리'라는 논점은 "매우 불완전하다고 여겨진다."라고 권위 있는 결론을 내렸다. 비록 국민혁명군을 영도하는

---

* 중국 고전 희곡 『양가장(楊家將)』에 나오는 주인공으로, 용맹한 여장군이다. ─ 옮긴이

자의 뒤이은 경력이 다음의 진실을 받아들이기 어렵게 할지라도, 혁명의 문을 연 것은 아래로부터의 자발성이라기보다는 바로 국민당 군대였다.[28]

이는 북벌이 독특한 깊이와 반향을 가져오며 새로운 정치의식과 투쟁성을 구현했다는 점을 부인하는 것은 아니다. 국공 합작은 훗날 유명한 자서전에서 혁명적인 부녀자들은 전통 사회의 속박을 타파해야 한다고 역설한 작가 셰빙잉(謝冰瑩)과 같은 이상주의자 청년들을 빨아들였다. 여러 해 동안 군벌 통치에 반대해 온 정치 간부들은 사병들이 행군할 때 신중국에 대한 희망과 근대 국가에 대한 메시지를 선전했다. 이런 신질서의 선지자들과 매우 전통적인 권위주의적 군사 정권에 대한 비전을 가진 장제스 사이에는 갈등의 씨앗이 광범하게 뿌려져 있었다. 장제스가 상하이 국민당 우파와 관계를 발전시켜 나가는 동안, 국민당 좌파는 우한을 혁명의 온상으로 변화시키며 당 기구의 통제권을 이용해 자신들의 유일한 정통성을 단언했다.[29]

비록 정치와 체면에 관한 이유 때문에 보로딘은 무대의 맨 앞을 국민당 좌파에게 넘겨주었으나, 그는 국민당의 발전을 세심하게 조직하는 데 중요한 역할을 했다. 우페이푸의 옛 자동차를 타고 우한을 돌아다니며 예전 어야(俄亞) 건물의 아파트에 입주한 보로딘은 우한을 혁명의 성패가 달린 요지로 여겼다. 보로딘의 방문객 중 한 명인 쑹쯔원의 막내 누이동생 쑹메이링은, 사자같이 곱슬곱슬한 짙은 갈색 머리카락을 목덜미까지 늘어뜨린 그의 위엄 있는 풍채를 보았다. 보로딘은 왼손 집게손가락과 가운뎃손가락 사이에 담배를 끼우고 오른손 주먹을 웃옷에 바싹 붙인 채 방 안에서 맨발로 서성이고 있었다. 그는 담뱃재가 거의 떨어질 무렵에야 재떨이에 떨었다. 보로딘이 깊고 맑고 느긋한 바리톤 조의 미국 동부 연안 영어로 말할 때 러시아식 억양은 전혀 없었다. 영미 역사, 레닌과 볼셰비키 혁명, 종교와 공산주의를 논하는 그는 쑹메이링에게 "위대한 자제력과 인간적 흡인력"을 가진 인물이라는 인상을 남겼다.

평소에 적대적이던《자림서보》도 우한의 국민당 좌파 정부의 새로운 정신을 칭찬했다. "아무리 오늘날 국민 혁명 운동의 특정 측면을 싫어한들 쟁론할 필요가 없는 하나의 사실이 있다. 총괄적으로 말하건대 인민은 여태껏 누려 보지 못한 자유와 안전의 왕국으로 진입한 듯하다. …… 모든 측면에서 근래의 정부 아래에서는 감히 꿈도 꿀 수 없었던 조화와 더불어 협력하는 모습을 엿볼 수 있다. 소매점 주인들은 이제 두려움에 떨지 않고, 여인네들과 소녀들은 어두워진 다음에 동반자 없이 외출하기까지 했다." 심지어 부녀절(婦女節, 3월 8일 국제 여성의 날)에 "속박을 벗어난 부녀자들의 남편들은" 아내들이 밤에 귀가하지 않고 "골목길 고양이처럼" 군다고 항의하기에 이르렀다.[30]

많은 협회가 우후죽순으로 생겨났다. 비구와 비구니 모임까지 결성되었다. 상인들은 무거운 세금 부담을 짊어지웠다. 군중집회는 정치 기온을 급속도로 상승시켰다. 학생들은 교사를 해고할 수 있는 권력을 요구했다. '쑨원 부인의 부녀정치사상훈련학교'도 세워졌다. 카를 마르크스 탄생일, 파리 코뮌과 레닌 서거 기념일 등이 공휴일로 지정되었다. 고용인연합회는 매년 3주의 휴가와 함께 성병을 제외한 모든 질병에 의료 혜택을 제공하라고 고용주에게 요구했다.[31]

부녀절에는 가기(歌妓)들이 다음처럼 쓰인 전단지를 뿌렸다. "우리 한커우의 기녀들은 여러분이 알기를 바랍니다. 비록 혁명군은 이미 도착했지만 우리들은 여전히 고통받고 있습니다. …… 정세가 불안정한 탓에 우리들은 매우 적은 수의 손님을 받고 있습니다." 하지만 이 도시의 카바레는 외교관, 상선 선장, 외국 상인, 변호사, 의사, 은행가, 중국인 공무원으로 꽉 찬 기괴한 잡탕이었다. 미국 기자 헨리 미셀위츠가 썼다. "모스크바에서 온 공산주의자들은 자신들이 쫓아내려고 하는 자들과 함께 어깨를 나란히 하고 춤을 추었다. 전부 러시아 인인 젊은 아가씨들은 미소를 지으며 그들 모두와 함께 춤추고 '와인 좀 사 주지 않을래요?'라며 자꾸 칭얼댔다."[32]

농촌에서는 소지주와 농민의 협회가 만개하여 후난과 후베이 성만 해도 100만이 넘는 회원을 모집했다. 주로 공산당원들이 조직한 이 운동은 생계 문제와 정치를 결합했다. 식량 창고를 열고 부재지주의 토지를 몰수했으며, 혁명 법정은 부패한 관원, 지주, 토호와 열신(劣紳, 행실이 못된 지방의 악덕 인사)을 심판했다. 농민위원회를 이끈 마오쩌둥은 '혁명은 농촌으로부터 온다'는 테제를 창도하고, 대지주들을 제국주의와 군벌 체제의 토대로 간주했다.

이런 적극적 행동주의에 깊은 불안을 느낀 국민당 우파는 대규모 군중 운동을 반드시 진압하거나 철저하게 소멸시켜야 할 위험한 동력으로 파악했다. 향신과 상인 당원들은 국민당이 나아가는 방향이 두려울 뿐이었다. 쑹메이링은 우한을 파리 코뮌에 비유했다. 스탈린 또한 급진적인 농민 행동에 대한 보고를 접하고, 이로 인해 자신의 정적 트로츠키가 중국에 계속해서 보급하고자 했던 토지 균분 혁명의 신념이 한층 더 고무되지 않을까 근심하게 되었다.[33]

국민당의 성공은 또한 서방 열강들의 태도를 바꾸었다. 우페이푸의 옛 지지자인 영국은 주 베이징 대사를 한커우로 보내 회담을 갖게 하고, 뒤이어 다른 열강들에게 중국이 정부를 세울 때 그들은 이전의 조약을 새로 개정하고 그밖의 모든 중요한 문제를 담판할 준비를 하고 있다는 것을 내비쳐야 한다고 제안했다. 하지만 북벌군이 외국인들과 그들의 종교 사절단을 공격하면서 일이 엎어지고 말았다. 몇 교회에는 쑨원의 화상이 예수가 수난을 받은 십자가 위에 놓였다. 선전 포스터 한 장에 이렇게 쓰여 있었다. "예수 그리스도는 죽었다. 민족주의처럼 살아 있는 것을 숭배하지 않겠는가?" 일부 영국인들은 양쯔 강 연안 도시에 방어 요새를 구축하고 크리켓 가방에 무기를 담아 몰래 들여왔다. 1927년 1월 초 주장 시내에서 반외세 소요가 일어난 뒤, 한커우에서 중국 시위대와 총검을 장착한 영국 해군 육전대 간에 충돌이 벌어졌다. 시위자들이 영국 조계지로 난입하자 정무회의는 조계지를 잠시 국민당에게 넘겼다. 이어 영국은 국민당을 외국인으로부터 영토를 회수한 중국의 첫 번째 정부로 만드는 영구 협정을 이끄는 담판을 열었다.[34]

이러한 성공은 임시연석회의를 최고 직권 기관으로 세우고, 장제스를 가장 기탄없이 비판하는 사법부장 쉬첸(徐謙)을 의장으로 임명한 우한의 국민당 좌파를 대담하게 만들었다. 머리통이 작고 이마에 주름이 빽빽한 쉬첸은 대다수의 동료들보다 나이가 많은 55세의 남자였다. 열렬한 민족주의자이자 소련 숭배자인 그는 외국 조계지를 꺼려 자신의 부서를 중국인 거리의 좁은 골목에 있는 공동 주택에 두었다. 내방한 영국 기자이자 훗날 아동 문학의 고전『제비호와 아마존호(Swallows and Amazons)』를 쓴 아서 랜섬은 젊은 동료들 사이에서 높은 명성을 누린 쉬첸을 이렇게 묘사했다. "뇌에 심각한 문제가 있는 듯한 우수한 남자로 …… 불안정하고 예측 불가능하며 고집스러운 데다 교조적이다."[35]

우한에 나붙은 선전 포스터들이 장제스를 폭군이라고 비난했다. 장제스는 난창의 북벌군 총사령부에 머물며 임시 중앙정치위원회를 세우고 반격했다. 또한 그의 제1군에 가능한 한 많은 군수 물자를 운송하도록 보증하기도 했다. 보로딘이 방문 요청을 거절하자 장제스는 게일런과 함께 우한으로 떠났다. 방문은 재난이었다. 보로딘은 권력을 좇는 군벌들을 날카롭게 힐난하고, 새로운 수도를 어디에 세우든 간에 격렬한 논쟁이 일어날 것이라 지적했다. 국민당 좌파는 베이징을 점령하기 전까지 우한을 수도로 삼고 싶어 했다. 장제스는 난창을 임시 수도로 삼자는 입장을 견지했다. 난창에서 양쯔 강 하류의 고향으로 이동해서 마지막으로 난징에 자리 잡을 계획이었다. 쑨원이 1912년 총통에 취임한 곳이라는 점도 관계가 있었다.

장제스는 우한에서 주도적인 군사 인물로 부각된 후난 장군 탕성즈를 국민혁명군 내에서 서열을 다퉈야 할 최초의 군사적 라이벌로 맞닥뜨렸다. 탕성즈는 러시아 고문에게 "장제스는 지쳤습니다. …… 쉬는 게 더 나을 것입니다."라고 말했다. 탕성즈는 결코 모범적인 혁명가가 아니었다. 그는 군벌 쑨촨팡의 스파이와 통했고, 더구나 일본인과 접촉했다. 공산당 대표단과의 면담에서 탕성즈는 게일런이 자신의 고문이 되어 주기를 원하며, 모스크바에 자금을 요청한다고 말했다. 고문 타이로프(V. K. Tairov)는 탕성즈를 "자신의 아름다움을 뽐내며 …… 최고의 값을 쳐 주는 누구에게나 자기를 바치는 미녀"에 비유했다. 비록 이런 결점들이 있었지만, 탕성즈는 우한 정부에게 자신이 장제스를 저지할 수 있는 군사 지도자라는 점을 각인시켰다. 장제스가 난창으로 되돌아올 즈음 사법부장은 당 회의에서 그를 문책하도록 준비했다. 흥미롭게도 게일런은 우한에 남기를 선택했다.[36]

지난해 가을 왕징웨이가 귀국하라는 국민당대회의 요청에 응수하여 프랑스를 떠나 독일에서 귀국길에 오를 때, 세계의 반대편에서 장제스의 또 다른 도전자가 출현했다. 장제스는 두 사람이 가장 좋은 친구 사이라고 주장했지만 왕징웨이는 중대한 맞수가 될 터였다. '러시아 스파이'의 보고서에 따르면, 장제스는 왕징웨이에게 그를 필요로 하지 않는다는 암시가 담긴 전보를 보냈다고 한다. 베를린에서 이 전보문을 받은 왕징웨이는 그의 전형적인 우유부단한 성격을 보여 주며 파리로 되돌아가고 말았다. 나중에 그는 또 생각이 바뀌어 결국 중국으로 향했다.[37]

이런 상황 이외에도 산둥의 개고기 장군 장쭝창이 안국군(安國軍)이라는 군벌 동맹을 맺어 쑨촨팡의 맹우로 전쟁에 개입하면서 중국 동부에서 새로운 적이 생겼다. 장쭝창의 우락부락하고 악덕한 부대는 백러시아 용병들과 함께 장갑 열차를 타고 남하했다. 겨울 추위를 막는 솜옷 외투를 입은 그의 군사들은 장쑤 성과 양쯔 강 북쪽의 안후이 성을 방어하는 임무를 부여받고, 그 보답으로 쑨촨팡으로부터 다달이 60만 위안의 보수를 챙겼다. 1927년 2월 말 그들은 난징을 방어하는 임무를 인계받았다. 부하들과 합류하기 위해 장쭝창은 개인 열차에 심혈을 기울여 장식하고 옻칠을 한 목관을 타고 앉아 처첩 무리와 함께 술을 마시고 줄담배를 피우며 여행했다.

장제스는 계속 공격의 고삐를 죄기로 결정하고, 제1군에게 그의 고향인 상하이 남쪽의 저장으로 진격하라고 명령했다. 하지만 남군은 막대한 손실을 입은 상태였다. 비록 장제스에 대한 비판이 끊이지 않았지만, 우한의 좌파들은 그의 패배를 보고 수수방관할 수만은 없는 노릇이었다. 쑨촨팡이 승리하면 양쯔 강 연안에서 국민당 좌파의 지위가 위협받을 수 있었다. 국공 통일 전선에 대한 스탈린의 강력한 지지 또한 게일런을 보내 자신을 보좌해 달라는 장제스의 요구에 보로딘이 동의하도록 했다.

게일런은 양쯔 강 양안에서 안국군을 향해 진공하는 작전을 세웠다. 저장 성의 국군도 광시에서 온 무슬림 장군 바이충시의 인솔 아래 북쪽으로 용감하게 진군했다. 적들이 다리와 둑을 폭파하는 바람에 국민혁명군 병사들은 물에 잠긴 들판을 걸어서 건너야만 했다. 그런데 저장 성장이 배신을 했다. 또한 군벌 부대는 현지 상인들이 조용히 떠나라며 돈을 바치자 한 번도 전투를 치르지 않은 채 주요 도시들을 포기하고 떠났다. 한 기자가 썼다. "쑨촨팡 원수의 부대는 철저하게 궤멸되었다. 배 수백 척이 우리 앞을 지나갔다."[38]

장제스의 군사적 지위와 자신감은 날이 갈수록 강해졌다. 그는 모스크바에 전보를 보내 보로딘의 소환을 요구했다. 하지만 국민당 중앙집행위원회는 북벌을 개시할 때 장제스에게 준 예외적인 권력을 철회하자고 주장했다. 장제스는 새로 성립된 위원회에서 한자리를 차지하고 최고사령관 직책을 유지했으나 권한은 제한적이었다. 그의 행동은 공산당원과 그의 정적인 사법부장을 포함한 위원회의 감독을 받아야 했다.

남편을 만나기 위해 주장으로 온 천제루는, 비록 그녀에게는 부드럽고 애정이 가득하지만 장제스가 여위고 지쳤으며 초조해한다는 것을 알아차렸다. 장제스는 식욕을 잃어버린 데다 자신을 "앞에는 호랑이가 다가오고 뒤에는 늑대가 버티는데 몸에 창살을 맞은 한 마리의 말"에 빗대었다. 부부는 뜰에 버드나무 가지가 늘어져 있고 홍칠을 한 작은 다리와 팔각정이 있는 현지의 명망가 집에 머물렀다. 장제스의 건강을 걱정한 천제루는 그에게 침상에 누워 쉬라고 설득했다. 같이 가마를 타고 양쯔 강 상류의 루산(廬山)에 가서 산수 간을 거닐기도 했다. 첫날 발이 아플 때까지 산비탈을 오른 뒤, 두 사람은 커다란 바위 위에 앉아 일몰을 구경했다. 각자 조용히 기도를 올렸다. 천제루는 회상했다. "제스가 나를 매우 골똘히 응시하기에 나는 내 얼굴에 뭐가 묻었나 생각했다. 나는 손을 들어 무언지 모르는 것을 닦았는데 …… 그는 내 손바닥을 자기 손으로 꼭 쥐고서 말했다. '당신에 대한 나의 사랑이 얼마나 특별한지. 나는 방금 부처님께 당신을 지켜 달라고 빌었다오.'" 그리고 그들은 아무런 말 없이 숙소로 돌아왔다.[39]

주장으로 되돌아온 장제스는 우한으로부터 그를 겨눈 결정이 담긴 전보를 전해 받았다. 그는 전보를 한쪽으로 내던졌다. 천제루의 회고록에 따르면, 장제스는 두 주먹으로 자신의 머리를 치며 책상 위의 꽃병을 깨뜨려 버리고, 간이 의자에 쓰러져 고개를 숙이고 흐느꼈다고 한다. "한 시간여 동안 제스는 미친 사람처럼 굴었다. …… 그는 책상을 쾅쾅 치고 하늘을 향해 울부짖으며 노

골적으로 보로딘을 저주했다."⁴⁰*

장제스는 대표를 파견해 사정의 자초지종을 설명해 달라고 요청하는 전보를 우한에 보냈다. 우한 정부는 암살당한 광저우 지도자 랴오중카이의 미망인을 보냈다. 그녀는 응접실에 앉아 대다수 사람들의 투표로 결정한 일이라고 해명했다. 그런 뒤 장제스를 독재자로 묘사한 전단지를 건네고, 1925년 상하이로 추방된 광저우의 쉬충즈 장군이 쓴 편지도 보여 주었다. "명령에 복종하고 당신의 잘못을 인정하십시오. …… 신용을 지키지 못한 자신을 책망하고, 당신이 한 약속을 지켜야만 이 나라가 평화로워질 것입니다." 랴오 부인은 우한의 관리들이 장제스를 충성스러운 군관이라고 생각하면서도 그가 새로운 군벌이라는 비난을 퍼붓고 있다고 경고했다.

천제루는 분노로 추하게 창백해진 남편의 얼굴과 필사적으로 꽉 쥔 손을 보았다고 기록했다. 만일의 경우가 두려워 그녀는 침실로 미끄러지듯 들어가 옷걸이에 걸려 있는 권총집에서 총을 꺼내 승마화에 감추어 두었다. 천제루가 돌아왔을 때, 랴오 부인은 장제스의 독재자적인 야심을 경고하며 "무기를 들고 이 반란을 소탕하자."라고 당원 동지들에게 호소하는 왕징웨이의 편지를 장제스에게 넘겨주고 있었다. 보로딘은 이미 "독재자와 군사 독재"는 단 하루도 용납할 수 없음을 선포했다고 그녀는 덧붙였다.⁴¹

장제스는 비몽사몽인 상태로 일어나 침실로 갔다. 비록 그는 대중 앞에서는 속을 짐작할 수 없게 보였으며 군자와 같이 평정심을 유지해야 할 필요성을 역설하고는 했지만 여태껏 역경에 아주 잘 대처한 사람은 아니었다. 천제루가 썼다. "극도의 증오와 격노가 맹렬하게 용솟음치면서 냉정한 판단 능력은 죄다 박살 나고 말았다. …… 그는 노발대발해서 거품을 문 채 의자 위에서 여행 가방 두 개를 세차게 끌어당겨 안에 담긴 것들을 모조리 바닥에 쏟아부었다. 하지만 권총은 없었다. 랴오 부인과 내가 문간에 서서 부들부들 떨고 있을 때

---

* 천제루가 비밀리에 쓴 다른 기록들처럼 이 일화도 진위를 고증할 수는 없지만, 이는 당시의 정황만이 아니라 장제스의 성격과 행동에 일치한다.

그가 분노에 차 소리쳤다. '내 권총 어딨어?'

나는 그의 두 눈이 기묘하게 번뜩이는 것을 보았다. 나는 흐느끼기 시작했고, 랴오 부인은 필사적으로 그를 진정시켰다.

'내 권총 어딨어?' 그는 절망해서 되풀이했다. 새파란 얼굴과 부르르 떠는 손이 보였고 …… 연이어 정신 착란을 일으킨 듯 길길이 날뛰었다. 그는 탁자 위의 물건들을 바닥에 내팽개치고 가구를 마구 부숴 버렸다." 랴오 부인이 한 손으로 그의 팔을 붙잡으며, 지금 버릇없는 아이처럼 굴고 있다고 말했다. 이 집은 그의 소유가 아니고, 게다가 남의 물건을 파손하는 것이라고 일깨워 주기도 했다. 천제루의 회상은 이어진다. "그러자 그는 갓난아이처럼 울음보를 터트리더니 비통하게 울부짖었다. 그날 오후와 밤 내내 그는 아무것도 먹지 않고 아무 말도 하지 않았다. 군사 업무도 모조리 중지했다. 그는 아무도 방에 들어오지 못하게 했다. 하인도 방 밖에서 기다리는 수밖에 없었다."

이튿날 아침 장제스는 안정을 되찾았다. 그는 만일 권총을 찾았다면 자살했을 것이라 인정했다. 천제루가 썼다. "그는 눈을 감고 누웠다. 나는 그의 뺨에 흐르는 눈물을 닦았다. 그는 매우 피곤하고 허약해 보였다."[42]

액운의 엄습에 산산이 부서질 직전까지 갔던 장제스는 원기를 회복하고 보복 계획을 세우는 데도 크나큰 능력을 갖고 있었다. 그는 충성스러운 장군들을 소집해 우한 정부의 공격에 대비한 방어 계획을 세웠다. 의욕을 되찾은 그는 집회에서 한차례 격렬한 반공 강연을 한 뒤 동부의 전쟁터로 복귀했다. 사병들이 쉽게 전진할 수 있도록 언제나처럼 뇌물을 썼다. 안후이 성장이 중립을 선언했다. 뇌물 60만 위안에 대한 보답이었다고 한다. 사단장 셋이 부대원들을 데리고 국군에 편입되었다. 이는 장쭝창이 안후이 성을 통과하는 철로를 통해 증원 부대를 보낼 수 없다는 것을 의미했다. 상하이에서는 해군 사령관이 남방 진영에 가담했고, 북부의 장쑤 성 수로 경찰의 수뇌도 입장을 바꿔 운하와 수로의 통제권을 국민혁명군에 이양했다. 상하이 경비사령관으로 잠입한 스파이는 쑨촨팡이 그를 상하이 시장으로 임명하지 않아 조바심을 냈다.[43]

장제스만 상하이를 장악하고 싶어 하는 것은 아니었다. 국군 부대가 승세를 잡고 상하이 인근 도시인 항저우까지 진군할 때, 공산당이 이끄는 상하이의 노동조합은 10만 노동자가 참가한 총파업을 일으켰다. 인민을 보호하는 정부 건립, 군벌 소탕, 임금 인상, 언론 자유, 노동 조건 개선 및 6주간의 출산 휴가가 요구 사항이었다. 그들이 만일 국민혁명군이 이 도시를 신속하게 점령할 것이라 기대했다면 실망할 게 뻔했다. 장제스는 준비를 마치지 않았고, 또한 우한의 정적과 관계를 맺고 있는 좌익들과 연맹할 생각도 없었다. 그래서 파업 노동자들은 거리를 맴돌며 의심스러운 파괴 분자를 사냥하는 쑨촨팡 사형 집행 부대의 자비에 내맡겨졌다. 일부 포로는 즉결 참수를 당한 뒤 수급이 나무 광주리에 담겨 조명등 기둥에 내걸렸다. 하늘색, 담황색, 흑색으로 장식된 백러시아 장갑 열차 창청 호(長城號)가 배에 실려 강을 건너와 방어에 투입되었다. 한 기자는 그것을 "아름다운 색깔의 사악한 괴물"이라고 묘사했다.[44]

노동조합의 폭동과 국민혁명군의 진격을 마주한 외국인들은 상하이에 자국의 군대를 증강했다. 베트남 인 군대가 프랑스 조계지 수비를 강화하기 위해 도착했다. 더럼(Durham) 경보 병대 1500명이 영미 공동 조계지에 상륙했다. 미국은 해병대를 급파했고, 일본은 방어를 강화했다. 2월 중순이 되자 강에는 23척의 외국 군함들이 닻을 내리고 있었다.

3월 중순, 장제스는 난창을 떠나 상하이까지 약 880킬로미터를 신속하게 진군했다. 결정적인 인물 한 명이 그와 함께하지 않았다. 게일런은 군사적 공격과 새로운 노동자 봉기를 결합한 이중 타격으로 상하이를 얻을 계산이었다. 하지만 그는 점차 장제스가 좌파와 협력할 뜻이 없다는 것을 알아챘다. 국민혁명군 최고사령관이 진정한 혁명가임을 스스로 증명해 주기를 바라는 게일런의 희망은 희미해져 갔다. 그리하여 게일런은 우한으로 떠났다. 전적으로 그 자신의 의지인지 아니면 보로딘의 지시에 따른 것인지는 명확하지 않았다. 장제스와 게일런이 함께 첫 번째 동정을 시작한 지 세 해가 흘러 그들의 협력 관계는 과거 속으로 사라졌고, 국공 통일 전선은 점점 더 틈이 벌어져 마침내 중단되었다.[45]

게일런은 전선에 없었지만 장제스의 군대는 여전히 특유의 전술을 펼쳐 나갔다. 장제스는 양쯔 강 양안을 따라 남쪽으로부터 북상하며 호적수들에게 거대한 부대 자루와 같은 올가미를 씌웠다. 장제스가 강을 따라 동쪽으로 향하면서 저지른 행동은 떠나기로 결정한 게일런의 합리성을 완벽하게 입증했다. 장시 성에서는 공산당 노동조합 지도자가 처형되었다. 난창에서는 국민당 좌파 본부가 해산을 당했다. 항저우에서는 군대와 노동조합이 충돌했다. 주장에서는 계엄령이 선포되고 공산당이 이끄는 단체가 탄압을 받았다. 안후이의 성도 허베이(合肥)에서는 좌파에 대한 공격이 공식적으로 인정받았다. 장제스의 비서가 말한 바대로 목적은 단순했다. 공산당 세력이 널리 퍼지게 둘 수는 없다는 것이었다. "우리는 반드시 공산당을 저지해야만 한다." 이로써 중국사에서 피비린내 나는 결정적 전환점을 피할 수 없게 되었다.[46]

8

빛, 열기, 권력의 도시

영국 작가 올더스 헉슬리(Aldous Huxley)는 상하이가 "그보다 자극적인 생활은 상상할 수 없는 삶 그 자체"라고 썼다. 국민혁명군이 바야흐로 공격을 개시하려는 이 도시는 중국에서 가장 활력이 넘치고, 가장 현대화된 곳이었다. 거물 기업가, 급성장한 중산층, 민족주의자 학생, 모험적인 작가, 화가와 영화 제작자, 공산주의자, 조계지의 외국인, 난민 및 전국 자동차 수의 절반에 달하는 차량 들이 넘쳐 났다. 이주민의 증가로 인구는 10년마다 100만 명이 늘어나 1920년대 말에는 300만 명에 육박했다. 양쯔 강 입구의 광활한 지류 근처에 자리한 공업과 금융의 중심지인 상하이는 중국 대외 무역의 반을 담당하는 거대한 항구였다. 전국 공장의 절반이 터를 잡고 4만 명의 노동자를 고용하고 있었으며, 중국에 투자한 외국계 회사의 3분의 1이 몰려 있었다. 황푸 강을 따라 자리한 와이탄 영미 공동 조계지의 신고전주의 건축물에 본점을 둔 은행들은 서방의 금융 시스템을 도입했다. 부두는 중국에서 가장 컸다. 발전 용량이 어마어마한 발전소는 이 도시의 힘을 상징했다. 마오둔(茅盾)의 유명한 소설 『자야(子夜)』는 발전소 옥상위에서 시뻘건 색과 형광 녹색의 '빛, 열기, 권력(LIGHT,

HEAT, POWER)'이라는 문구의 거대한 네온사인이 깜빡이는 광경을 묘사하는 것으로 시작한다.

레스토랑, 영화관, 탁구대, 안마 시술소, 무도장 그리고 장제스와 천제루가 결혼한 곳과 같은 호텔이 들어선 다층 백화점은 정점에 달한 소매업을 상징했다. 번창하는 대중 매체와 광고업은 고도로 현대화된 도시 경관을 한층 돋보이게 했다. 옷차림이 깔끔한 젊은 중국인들은 옷과 행동거지 양면에서 서양인의 유행을 바싹 뒤쫓았다. 머리카락을 볶은 여자들은 펄럭이는 옷들을 걸치고 다녔다. 고층 건물들은 최신식 아르 데코 인테리어를 뽐냈다. 진보적인 중산층 사이에서는 핵가족이 중국 전통의 대가족을 대체했다.[1]

은행가들은 저장 성 닝보에서 왔고 상인들과 소매상들은 광둥에서 왔으며 전당포 업자들은 안후이에서 왔다. 해외의 중국인들은 외국에서 배운 지식을 갖고 고향으로 돌아왔다. 매판 자본가들은 서양인의 브로커로서 거대한 부를 축적했다. 그들에게는 외국인의 방귀도 향기로웠다고 한다. 보수적인 상인들은 증기 선박 회사의 회장이자 철강, 석탄, 종이 회사의 이사이며 상공회의소 회장인 푸샤오안(傅筱庵)을 지도자로 삼았다. 푸샤오안의 주요 경쟁자는 예전의 매판 자본가이자 선운 업계의 거물인 위샤칭(虞洽卿)으로, 그는 개혁 운동 및 국민당과 관계를 맺고 있는 저명한 상인 기업가였다. 위샤칭은 장제스가 잠시 증권 투자에 손댈 때 도움을 준 사람들 중 하나이기도 했다. 그는 1927년 초에 양쯔 강을 거슬러 올라가 장제스와 관계를 텄으며, 한편으로는 군벌 정권에게도 원조를 제공했다.[2]

보다 일반적인 수준에서 보자면 상하이는 직업, 소재지 또는 출생지를 바탕으로 조직된 무수한 협회들의 일원인 수많은 소상인들, 소매점 주인들, 대리상들의 본거지였다. 국민혁명군이 진격할 때 국민당 스파이들은 그러한 조직들을 상대로 국군을 따르는 것이 가장 큰 이익이라고 적극적인 선전 활동을 펼쳤다. 그리고 상하이에는 쑹(宋)씨 가문이 있었다. 가장인 쑹자수는 젊을 적에 미국으로 건너가 감리교 신자가 되었다. 선교사로 중국에 돌아온 그는 기독교 전도가 소명이 아니란 것을 깨닫고 대신 성경을 펴내는 출판사를 창립했다. 영어가 매우 유창한 덕분에 그는 매판 자본가로서 교과서 사업을 크게 일으켰고, 또한 상하이에서 가장 큰 제분소를 경영했다. 일찍이 쑨원을 지지했으나 그가 자신의 둘째 딸과 결혼하면서 사이가 벌어지고 말았다. 쑹자수는 상하이가 상업적으로 최고 절정기에 다다르기 전인 1918년에 사망했지만, 그의 자식들은 쑹씨 가문을 중화민국의 통치 왕조로 만들었다.

상하이에서는 영미 공동 조계지와 프랑스 조계지의 높다란 사무실 구역 및 호화 주택에 거주하는 비중국인 상업계 거물들도 똑같이 유명했다.《자림서보》의 소유주 헨리 모리스(Henry E. Morris)는 도시 한 구역 크기인 런던 교외 가옥풍의 단지에 살았다. 이라크에 뿌리를 둔 가문의 빅터 서순(Victor Sassoon)은 상업과 부동산 왕국을 경영했는데 사교 모임, 미인, 경마장에 대한 열정으로도 명성이 자자했다. 그는 "유대인보다 위대한 유일한 인종"이 "바로 더비(Derby) 경마"라고 말했다.* 제1차 세계 대전 때 비행 사고로 불구자가 된 그는 와이탄에 목재로 지은 사냥용 오두막집과 옥상에서 360도의 전망이 보이는 서순 빌딩을 소유했다. 이곳에 있는 후이중(彙中) 호텔은 영국 극작가이자 배우인 노엘 카워드(Noël Coward)가 머물며 유행성 감기에 걸린 채로 48시간 동안 「사생활(*Private Lives*)」을 집필한 곳이다.

또 한 명의 세파르디(Sephardic) 유대인 엘리 카두리(Elly Kadoorie)는 흰색으로 칠한 대리석 저택에 전구 3600개가 반짝이는 40제곱미터 너비 무도회장을 설치해 놓고 탱고를 향한 열정에 빠져들었다. 창고 파수꾼으로 가업을 일으킨 사일러스 하둔(Silas Hardoon)은 유라시아 혼혈계 아내 셋 그리고 수양 자녀 열 명을 거느리고 집 세 채, 정자, 인공 산, 호수와 죽림의 장원(莊園)이 있는 사유지에서 살았다. 이곳은 개고기 장군 장쭝창이 남군에 대항하여 상하이 수비를 계획할 때 머물던 장소였다. 하둔은 거부였지만 집세를 직접 수금하기를 좋아했다. 그의 어수선한 집무실에는 카펫, 커튼, 난방 장치도 없었다.[3]**

---

* '인종, 경주'를 뜻하는 영어 단어 race를 이용한 말장난이다. ─옮긴이

** 지금은 후이중 호텔이 허핑(和平) 호텔의 일부분이다. 카워드는 이렇게 회상했다. "수많은 파티, 중국식 만찬과 국제적인 연회가 있었고 …… 우리들은 세 명의 영국 해군 장교와 함께 이 도시에 사는 숱한 하

서순의 전철을 따라 중동의 유대인들과 유럽에서 도망친 유대인들이 입국 사증을 요구하지 않는 이 외국인 거류지로 합류했다. 제1차 세계 대전 기간에 영국령 동남아시아 해협 식민지에서 쫓겨난 독일인들은 북쪽으로 이주해 왔다. 상하이 방적 공장의 3분의 1은 일본인이 경영했다. 볼셰비키 혁명 후 백계 러시아 인들이 블라디보스토크로 몰려들어 왔고, 프랑스 조계지에 8000명이 살게 되었다. 일부는 상업에 종사했다. 다른 사람들은 경호원, 직업 무용수, 기녀로 고용되었다. 경건한 신도들은 프랑스 조계지에 그리스 정교회 예배당을 세웠다.*

상하이, 우한, 톈진과 같은 다른 상업 대도시의 외국인 거류 지역은 중국의 민족주의와 주권을 모욕하는 식민주의 노선의 연장이었으며, 청 말에 강제로 체결한 불평등 조약의 치욕을 생생하게 상기시켰다. 하지만 외국인 거류지는 또한 가스등, 전기, 전화, 상수도, 자동차, 전차, 법제 체계를 비롯해 중국계 거대 기업들에 필요한 상업적 안전성도 가져다주었다. 조계지에서 거주하기를 선호하는 현지의 중국인들은 날이 갈수록 외국인들을 수적으로 압도했다. 프랑스 조계지에서 생활하는 50만 인구 중에서 단지 1만 9000명만이 중국인이 아니었으며, 그중 1400명이 프랑스에서 왔다. 많은 부자 중국인들은 조계지 밖의 토착민 거주 지역보다 징안쓰 로(靜安寺路, 지금의 난징시 로(南京西路))나 파화민궈 로(法華民國路, 지금의 런민 로(人民路))에 있는 집을 더 좋아했다. 쑨원은 제국주의를 반대했지만 모리 로에서 살았고, 이 거리는 바로 공산당이 창립 대회를 연 프랑스 조계지 안에 있었다.[4]

충민들과 게이들이 출몰하는 곳을 방문했다." 모리스의 사유지는 게스트 하우스이다. 카두리의 집은 소년궁이다. 하둔의 장원은 집들로 가득하다.

* 이곳은 현재 레스토랑이다.

지하 조직의 위세

상하이가 중국에서 가장 뛰어난 현대화 역량을 가진 활기찬 도시였을망정 번영은 선택받은 소수에게만 집중되었다. 속담에서 말하듯 이 도시는 두꺼운 지옥 층 위에 얇은 천당 한 층이 있는 꼴이었다. 하층민에게 공공 위생은 언감생심이었고 질병이 만연했다. 수만 명의 하층민들이 더럽기 짝이 없는 삼판선(三板船) 위에서 살았다. 노동자들은 골목길의 작은 방과 임대 주택에 한데 모여 살거나 혼잡한 기숙사에서 잠을 잤다. 상하이의 중앙에 위치한 강의 부교 위에서는 거지, 행상인, 어부 무리가 북새통을 이루었다. 가장 가난한 사람은 거리에서 잤다. 공장 노동자의 임금은 매우 낮았고, 10시간에서 14시간마다 교대를 했으며, 매주 6일에서 7일씩 노동하며 포악한 십장에게 시달렸다. 일터는 비좁고 갑갑한 데다 무더운 여름에도 환기가 되지 않았다. 노동자들을 가두고자 문을 닫아 두었기에, 화재가 흔했지만 대피할 길이 없기가 일쑤였다.

많은 노동자들이 엄지손가락 지장으로 계약을 맺는 문맹이었다. 방직 공장이 가장 큰 고용주였다. 고치를 켜서 실을 뽑는 제사(製絲) 공장의 노동 조건은 오싹할 정도로 열악했는데, 노동자들은 물이 펄펄 끓는 솥 안의 누에고치로부터 고치실을 뽑기 위해 빨갛게 부은 손을 계속 물속으로 집어넣어야만 했다. 한 방문자는 엄마들이 일하는 동안에 100명이 훌쩍 넘는 갓난애들이 수증기에 둘러싸여 긴 나무 걸상 위에 누워 있는 것을 목격했다고 기록했다. 또 다른 사람이 적었다. "하루 11시간 동안 서서 일하는 조그마한 소년공들은 피부가 수증기에 흠뻑 젖어 손가락은 관절까지 하얗게 데쳐지고, 한 다리에서 다른 다리로 지친 몸을 지탱하느라 이리저리 흔들거리면서도 일을 멈추지 않았다. 그런데도 혹독한 현장 감독관은 정신을 집중하지 못하는 아이들을 아무런 망설임 없이 잔인하게 팼다." 일본인이 경영하는 면방직 공장에서 파업을 일으킨 노동자들은 고용주들이 "우리들을 마소로 여기고, 개돼지처럼 다룬다."라고 항의했다.[5]

공장의 노동 조건이 열악했다면, 15만 명의 사회 취약 계층 곧 임시 노동자, 인력거꾼, 잡역부, 노숙자, 거지 등의 생활은 훨씬 더 위험했다. 이들은 사방에서 달려드는 포식자의 먹잇감이었다. 노동자 파벌 조직은 노동력을 알선하고 임금의 일정량을 배당받는 암흑가의 노무 공급 청부업자에게 극악무도한 권력을 쥐어 주었다. 거지들조차 비럭질한 수입의 일부를 넘겨주어야만 거리에서 안전하게 구걸할 수가 있었다.

이러한 상황은 상호 부조 조직과 의형제의 출현을 부채질했다. 선원들의 비밀 결사 단체가 성장하여 탄생한 청방은 세대 간의 구분을 불문하고 상하이의 모든 생활 방면과 연결된 광대한 지하 네트워크를 형성했다. 노동 대중, 개혁주의자와 좌파 지식인의 결합은 상하이를 노동조합과 급진주의의 온상으로 만들었다. 노동조합총연합회의 탄생을 촉진한 1925년의 반외세 운동은 투쟁 역량을 두루두루 보여 주었다. 공산당 총본부가 수립되었고, 저우언라이는 정치와 노조 활동을 전개하기 위해 광저우에서 옮겨 왔다. 만일 중국에서 마르크스주의 도시 혁명을 계획하는 사람이 있었다면 상하이 무산 계급의 힘을 빌릴 수밖에 없었을 것이다. 하지만 암흑가와 청방은 강한 어용 노동조합을 틀어쥐고서 노동자들을 조종했고, 고용주가 얼마만큼의 현금을 주느냐에 따라 노동자들을 나긋나긋하게 만들 것인지 아니면 반항적으로 만들 것인지를 결정했다. 통통한 몸매에 우아한 옷차림을 한 무즈잉(穆志英)이라는 유명한 여성 조직원은 대가를 지불한 소유주를 노동 소요로부터 보호하기 위해 비단 공장에 여자 반장 조직망을 구축했다.[6]

사치스러운 생활을 하는 부자와 고통의 망각을 좇는 빈자 그 모두에게 상하이는 각양각색의 오락거리를 제공했다. 《런던 타임스》의 특파원은 이렇게 썼다. "뼛속까지 짜릿한 육체의 향락과 맛난 산해진미에 관해서는 미국 남부의 대부호이든 북부의 갑부이든 간에 빠르게 익숙해져 상하이에서는 언제나 깊고도 오묘한 안락을 얻으리라고 기대했다." 불로장생약과 강장제 보약을 만드는 한 제조업자가 프랑스 조계지에 세운 대세계오락중심(大世界娛樂中心)은 하나의 대표적인 상징으로서, 500여 가지의 상품을 선전하는 광고를 온 벽에 잔뜩 발라 놓았다. 이곳을 방문한 미국 영화감독 요제프 스턴버그(Josef von

Sternberg)는 다음처럼 묘사했다.

1층에는 도박장, 가녀, 마술사, 소매치기, 슬롯머신, 폭죽, 새장, 부채, 선향(線香), 곡예사, 진저에일이 있었다. 2층은 식당, 10여 곳의 이발소와 귀지 파 주는 가게가 들어섰다. 3층에는 공 던지기 곡예사들, 약초 한약방, 아이스크림 가게, 사진관과 더불어 높은 깃에 엉덩이가 드러나도록 터진 치파오를 입은 신식 아가씨 무리가 있었고 …… 신형이라는 문구와 함께 몇 개의 변기가 활짝 열린 채 열을 지어 놓여 있었다. 감독들은 흥이 난 단골들에게 쭈그려 앉지 말고 이 수입품에 걸맞게 앉은 자세로 용무를 보라고 일러 주었다.

4층에는 옥내 사격 연습장, 판탄 테이블, 룰렛 게임 기계, 안마 시술소, 침술 노점, 뜨거운 수건 매대, 건어물과 가축 내장이 가득했다. 또 무대 위에서 서로 경쟁적으로 상대를 누르고 무언가를 보여 주려고 열심인 한 무리의 악사들이 있었다. 5층은 겨드랑이까지 터진 원피스를 입고 있는 아가씨들, 박제 고래, 책 이야기꾼, 풍선, 요지경, 가면, 거울 미궁, 결과가 보증되는 연애편지를 써 주는 가게 두곳, 고무 제품 그리고 흉악한 귀신과 선향이 가득한 사당이 성행했다. 맨 위층과 다양한 즐거움을 선사하는 건물의 지붕에서는 줄타기 곡예사가 팽팽한 줄 위에서 앞뒤로 주르르 미끄러지듯 왔다 갔다 했다. 시소, 바둑, 마작, 연발 폭죽, 복권에 결혼 중매인들도 있었다.[7]*

대화원(大花園)에서는 2500명의 무희가 대기하고 있었다. 마오둔의 『자야』는 뱃놀이를 즐길 수 있는 호수와 잔디밭을 완비한 리오 리타(Rio Rita)에서 "당신 곁에 붙어 다니며 비위를 맞추어 주는 백러시아 공주들, 왕자의 딸들, 황가의 첩들과 시녀들"을 제공한다고 묘사했다. 뿐만 아니라 26만 제곱미터에 달하는 개 경주장은 최대 수용 인원 5만 명에 세 개의 그레이하운드 경주로를

---

* 이곳은 여전히 원래 자리에 우뚝 솟아 있지만, 과거의 그림자만 남은 채 지금은 학생들의 건강 체조 시범이 스턴버그가 목격했던 오락을 대체했다.

갖추고 있었다. 프랑스 클럽에는 아시아에서 가장 좋은 스프링 무도장이 설비되어 있었다. 상하이 엘리트의 모임 장소인 캐니드롬(Canidrome) 무도장은 미국인 트럼펫 연주자 벅 클레이턴(Buck Clayton)과 그의 '할렘 신사들'의 무대를 올렸다. 미래의 윈저(Windsor) 공작 부인은 상하이가 "여자에게 더할 나위 없이 좋은 곳"이라고 여겼다. 상하이 역사를 연구한 스텔라 둥(Stella Dong)은 최고급 호텔에서 오후에 차를 마시는 무도회가 가장 유행했다고 언급했지만, 차보다 위스키가 훨씬 더 많이 팔렸다. 그보다 급이 낮은 무용 학교는 사교춤을 출 수 있는 여자들을 제공했으며, 값싼 무도장에서 필리핀 밴드가 단조로운 음악을 연주하는 가운데 해바라기 씨를 까먹으며 기다리는 남자들에게 여주인이 10전짜리 표를 건네주었다.[8]

한 조사는 거의 1퍼센트의 여성 인구가 매춘으로 생계를 잇는다는 사실을 밝혀냈다. 1920년 시정위원회의 통계로는 외국 조계지 내에 7만 명이 넘는 매춘부가 있었고, 그중 8000명이 백계 러시아 인이었다. 관광 안내서에서는 어리면 어릴수록 더 좋다는 기준하에 100명의 '사교계의 꽃'을 소개하기도 했다. 중국 남자들에게 기원(妓院)은 섹스 외에도 아편을 피우고, 연회를 즐기고, 마작을 하는 사교 장소였다. 고급 기녀는 등불이 밝고 안뜰이 있는 저택에서 손님을 받았다. 방에는 비단 커튼, 최고급 가구, 아편 담뱃대, 거울과 샹들리에가 있었다. 술값으로 3위안을 받는 삼류 기녀들은 검은 목재 가구가 놓인 도발적인 이름의 차관에서 같은 값의 화대를 받았다. 가장 밑바닥에는 거리에서 손님을 낚는, 이른바 예지(野雞, 야생 닭) 또는 예즈(野雉, 꿩)라고 불리는 밤거리의 여자들이 있었다. 셴수이메이(鹹水妹, 바닷물 아가씨)들은 선원들의 욕망을 채워 주었고, 딩즈(釘子, 못)들은 골목길의 담벼락에 기대어 성적 서비스를 제공했다.[9]

빈부의 차이와 상관없이 가장 큰 도피처는 마약이었다. 아편은 19세기 중엽 서양으로부터 합법적으로 들어와 없어서는 안 될 물건이 되었으며, 현지 판매를 관리하는 중국 조직과 아편 관련 회사에 거대한 이윤을 안겨 주었다. 1917년 국제 협정은 아편 무역을 금지했으나 아편만이 아니라 모르핀과 헤로

인을 포함한 진정제가 통상적으로 사용되는 중국에서는 국제 조약을 간단히 회피했으며, 이 모든 약물은 의료와 사회적 목적으로 쓰이는 동시에 아편 중독자들을 만족시켜 주었다.[10]

돈벌이가 너무나 쉬운 이 사업을 근본적으로 뿌리 뽑을 수 있는 단호하고 강력한 정부는 중국에 분명히 없었다. 잠시나마 생활의 신산함과 고통으로부터 해방되고자 하는 갈망으로 상하이의 노동자 대군은 마약 거물의 거대한 시장을 채웠다. 상류층 마약 중독자들은 훨씬 더 좋은 아편굴에 출입할 수 있었다. 양쯔 강 입구에 자리한 상하이는 중국 내륙과 인도 및 중동으로부터 들어오는 아편의 환승 지점이었다. 공공 치안 상황이 매우 열악한 상하이에 어림잡아 10만 명의 깡패가 존재한다는 것은 수입 업자, 거래상, 아편 가게들이 폭력 조직의 공격 목표가 될 수밖에 없음을 의미했다. 규모가 큰 폭력배 무리들은 아편 무역을 보호해 주는 대가로 보호료를 뜯어냈다. 팔대방(八大幫, 8대 거대 조직 폭력단)이라고 불리는 폭력 조직을 이끄는 공동 조계지의 중국인 형사들보다 이 일을 쉽게 처리할 자가 있었겠는가?[11]

이러한 1인 2역은 매판 체계의 연장이었다. 외국인과 그들이 식민지로부터 수입한 경찰대는 중국의 범죄 세계와 거래할 수가 없었다. 그래서 외국인들은 지위를 이용하여 현지의 중국인을 임명했고, 임명된 이들은 국외 거주자가 가능한 한 안전한 생활을 하도록 도우면서 음지와 양지 양쪽과 관계를 맺고 자신의 잇속을 채웠다. 1923년 《자림서보》는 온스(ounce)당 보호료가 1위안이었고, 범죄단의 연 수입은 대략 3000만 위안에 달했다고 보도했다. 중국 경찰대의 우두머리도 이들의 일원이었다. 그가 공중목욕탕에서 치명적인 총상을 입은 후 밝혀진 그의 재산 목록에는 현금 400만 위안이 포함되어 있었다.[12]

1924년, 단호한 영국인 경관이 공동 조계지의 경찰국장에 임명되었다. 그는 팔대방과의 전쟁에 착수하여 대량의 마약을 몰수했다. 이와 대조적으로 프랑스 조계지의 경찰 수뇌 피오리(Fiori) 청장은 마취 약품 처리 허가증으로 세수를 늘리는 데만 열중했다. 그는 아편굴을 개설하는 대가로 청방의 두목들로부터 엄청난 보상을 받는 협정을 맺었다. 이 협정은 훗날 장제스가 권력의 정점에 오르는 과정에서 핵심적인 역할을 하는 3대 폭력단 거두의 신속한 부상을 조장했다.

첫 번째 인물은 조계지 내 중국 경찰의 형사 반장 황진룽(黃金榮)으로, 천연두 탓에 뺨에 마맛자국이 남은 그는 황마즈(黃麻子)라고 불렸다. 경찰의 아들인 황진룽은 젊었을 때 경찰계로 들어갔는데, 그보다 낮은 계급의 누군가가 비단 창파오를 지나치게 뽐낸다고 지적하자 화가 치밀어 뛰쳐나왔다. 황진룽은 비단의 도시 쑤저우(蘇州)로 가서 미모보다는 두뇌로 유명한 전직 매음굴 포주인 만만찮은 아내를 만났다. 그녀는 돈벌이가 쏠쏠한 상하이 분뇨 사업을 독점하고 있었다. 몸집이 땅딸막하며 머리가 둥근 그는 상하이의 집으로 돌아와 경찰에 복귀하고 의형제들과 관계망을 더욱 넓혀 갔다. 1923년 란콰이 열차에서 납치된 인질들을 석방하는 협상을 도운 뒤로 황진룽의 지위는 더욱 높아졌다. 극장과 부동산을 소유하고 대세계오락중심마저 손에 넣은 그는 반으로 접어 손바닥에 감출 수 있는 도금한 리볼버 권총을 호신용으로 지니고 다녔다. 옛날식 폭력배 두목의 전형인 황진룽은 1920년대에 이르러 미국의 마피아와 비슷한 방식으로 잠재력이 큰 마약 장사를 개척하던 더 젊은 인물에게 영역을 잃고 말았다. 황진룽의 약점은 그의 극장에서 한 가수에게 모욕적인 언사를 내뱉은 군벌의 아들과 싸움을 대판 벌인 뒤 일시적으로 체포되면서 훤히 드러났다. 이후 그는 형사직을 사퇴했다. 나중에 되돌아왔지만 명예직만을 얻었다.[13]

세 명의 거두 중에서 두 번째 인물은 온화하고 교양 있는 장샤오린(張嘯林)이었다. 그는 외국 조계지와 군벌 통치하에 있는 상하이의 중국인 거주지 사이에서 중개자 역할을 했다. 하지만 장제스의 가장 중요한 맹우는 세 번째 인물이었다. 가난한 쌀집 주인이 키운 고아인 두웨성(杜月笙)은 명백한 이유로 '큰 귀 두'라고 불렸다. 과일 가게의 금고에서 돈을 훔치다 해고된 그는 시시한 범죄를 저지르고 마약 장사를 했는데, 이러한 나쁜 버릇을 통해 마치 눈동자가 없는 것처럼 흐릿한 동태눈을 갖게 되었다. 그는 기녀 의자매들의 보호자였고, 청방에 가입했으며, 또한 황진룽 아내의 주의를 끌어 도박장에서 세 개의 테이블을 경영하게 되었다.

두웨성은 암흑세계에서 지위가 꾸준하게 높아짐에 따라 자신의 조직을 만들었다. 1925년 그는 장쭝창을 위해 각각의 코스 요리마다 아가씨를 한 명씩 제공하는 만찬의 주인 역할을 할 만큼 저명해졌다. 입은 크지만 말라빠진 두웨성은 아내가 아편 연기에 빠져 있는 동안에 쑤저우 출신의 열다섯 살 먹은 아가씨 둘을 첩으로 두었다. 이 세 여인들은 모두 프랑스 조계지에 있는 저택의 다른 층에서 살았다. 맞은편은 두웨성이 고용한 고급 창녀들이 기거하는 집이었다. 그는 또 영향력 있는 거물들에게 반드시 갚을 필요는 없는 돈을 빌려 주었다. 일부 역사학자들은 이 같은 행동을 그가 관대했다는 증거로 삼았지만, 실상 빚을 지워서 자신에게 은혜를 갚도록 하는 술수나 다름없었다.

비록 두웨성의 아내는 아이를 낳지 못했지만 첩들은 백러시아 경호원의 보호를 받는 여섯 명의 아이들을 낳았다. 어디를 가든지 간에 두웨성은 장정 네 명을 대동했다. 그는 복잡한 성격의 인물로 간사하고 인정머리라고는 없이 무자비했지만 매우 충성스럽고 유능했다. 1930년대에 두웨성을 만났던 시인 위스틴 오든과 극작가 크리스토퍼 이셔우드는 그의 얼굴이 언뜻 보기에 마치 스핑크스처럼 돌로 조각한 듯했다고 묘사했다. 이 영국 작가들은 덧붙였다. "비단 양말에 날씬하고 뾰족한 유럽식 부츠를 신은 그의 발이 긴 비단 창파오 아래로 드러나면 형용할 수 없을 정도로 기괴하고 무서웠다."[14]

두웨성은 프랑스 조계지에 흑색재료공사(黑色材料公司)를 세우고 아편굴로부터 금전을 갈취했는데, 아편 담뱃대당 30퍼센트의 세금을 물렸다. 또 다른 마약 판매 기구의 인수는 세 거물이 그들의 삼성공사(三盛公司)를 통해 해마다 4만 상자의 아편 밀매를 통제한다는 것을 의미했다. 삼성공사라는 이름은 곧 이들 셋을 가리켰다. 군벌 쑨촨팡과의 협정은 어림잡아 해마다 5600만 위안에 달하는 이득을 얻는 데 큰 도움을 주었다. 이 기업은 줄여서 대공사(大公司)라고 불렸다.

상하이 경찰을 연구한 역사학자 프레더릭 웨이크먼(Frederic Wakeman)이 지적한 대로, 1927년이 되자 청방의 허가 없이 취급할 수 있는 불법적인 물건은 거의 존재하지 않았다. 이를 무시하는 사람은 총격과 납치를 당하거나 과도로 힘줄이 끊길 가능성이 매우 컸다. 중국의 춘절 때마다 두웨성은 주요한 마약상들을 연회에 초청하여 보호비를 내라고 을러댔다. 마지못해라도 돈을 내지 않는 사람이 눈에 띄면 경고로 관을 그의 집에 배달했고, 때로는 관에 그를 실어 오도록 했다. 하나의 불가사의한 사건은 두웨성이 싫어하는 세 명의 프랑스 관원들을 초대해 닝보 항에서 온 버섯으로 향취를 더한 저녁 식사를 대접한 뒤 그들이 죽고 만 일이었다. 이 악당의 검은 마수는 도처에 뻗쳤다. 버섯 연회 사건이 벌어지고 얼마 못 되어 조계지 마약 무역을 파리에 보고하는 문서를 싣고 가던 배 한 척이 인도양에서 화재로 침몰했다. 보고서는 유실되었고, 사망자 중에는 "다이너마이트처럼 폭발적인" 사건을 취재했다고 자랑하던 저명한 프랑스 기자 알베르 롱드르(Albert Londres)도 포함되어 있었다. 자연스럽게 침몰 사건은 두웨성의 소행으로 돌려졌다. 의심의 여지 없이 그는 상하이를 통제하려는 자라면 누구든지 거래를 터야만 하는 인물이었다.[15]

난징 사건

1927년 3월 18일 국민당군은 상하이 남부 방어선을 돌파했다. 상하이 경비 사령관은 장제스의 대리인과 담판을 지은 뒤, 군사 계획을 넘겨주고 공격자에게 협력했다. 이후 그는 국군이 제안한 지위를 묵살하고 무작정 달아났는데 어리석게도 산둥 성의 고향으로 도망갔다가 처형되었다. 그의 부대는 곧바로 뿔뿔이 흩어졌다. 《자림서보》의 미국인 통신원 헨리 미셀위츠가 보도했다. "만일 북군의 저항이 여지없이 와해되었다고 말한다면 착오일 것이다. 여태까지 아무런 저항이 없었기 때문이다. 실제로 방어 중에는 총알 한 방도 발사되지 않았다. 이미 사기가 땅에 떨어졌고 우두머리도 없는 북군은 도시를 버리고 달아나기 바빴다." 한차례의 드문 저항이 궤도를 따라 보행하는 속도로 움직이며 남군을 향해 발포한 러시아 인의 장갑 열차에서 벌어졌으나 탑승원들이 마침내 투항했다.[16]

난민들이 모래주머니와 가시철조망으로 둘러싸인 외국인 조계지로 몰려들었다. 수백 명의 북군 사병들이 뒤를 따랐고, 영국 보병이 발포하자 수십 명이 사망했다. 헨리 미셸위츠는 결국 진입을 허락받은 사람들을 이렇게 묘사했다. "내가 살면서 보았던 가장 처참하고 의기소침한 사람들이었다. 너덜너덜하고 찢어진 옷을 걸친 수십 명의 부상자들은 붕대를 얼기설기 감은 채였다. …… 그들의 영혼은 파국에 사로잡혀 있는 듯했다."[17]

남방 군대는 광시 장군 바이충시의 인솔 아래 나흘 만에 상하이로 진입했다. 이 기간 동안 총공회(總工會, 노동조합 총연합회)의 총파업은 상하이를 마비시켰다. 파업 노동자들은 경찰국을 습격하여 무기를 탈취하고 자베이(閘北) 노동자 지역을 점령했는데, 이곳에서 벌어진 격전 중에 약 300명이 사망했으며 3000여 가구가 전소했다. 나중에 공산당에서는 이 파업을 상하이를 국군에게 넘겨준 무산 계급의 행동으로 묘사했다. 총파업은 방어자들을 와해시켰지만, 여하튼 상하이를 점령한 것은 남군이었다. 공산당 지도자들은 장제스와 바이충시에게 유익한 일을 하기보다는 군대가 도착하기 전에 통제권을 장악하여 소비에트 정권을 세우기를 원했다. 극렬한 반공주의자 바이충시는 파업을 중지하라는 명령을 내리고, 부대원들에게 소요를 진압하라고 지시했다. 총공회는 외국인의 '주구'인 고용주들을 처단하고 거리에서 무장 순찰을 계속하며 굴복하지 않았다.[18]

배외 정서가 상하이와 양쯔 강 연안의 각지에서 빠르게 확산되었다. 프랑스 조계지에서는 폭도들이 파화민궈 로의 대문을 때려 부쉈다. 양쯔 강을 따라 각지의 교회와 전도사들이 공격을 받았다. 우한에서는 노조원들이 일본인 거류지를 공격하자 일본 해군 육전대가 상륙하여 그들 가운데 몇 명을 살해했다. 《자림서보》의 기사에 따르면 그다지 유혈이 낭자하지 않았던 주장에서는 시위자들이 외국인들을 향해 '머저리'라며 욕설을 퍼붓고, 꼬마들은 외국인 클럽 테니스장에 있는 선수들에게 돌을 던졌다고 한다.[19]

비록 장제스는 서방 국가 및 일본과 체결한 불평등 조약들을 폐기하고 싶었지만, 특히 외국인들이 증원 부대를 조계지로 이동시킨 뒤로 그들과의 충돌을 꺼렸다. 그러나《랜싯(the Lancet)》의 기록에 따르면, 당시 영국인들이 할수 있는 일이란 그들의 주요한 건강 문제가 성병일 만큼 매우 적었다. 난징에서 일어난 사건들은 여전히 형세가 얼마나 폭발적인지를 보여 주었다. 남방의 제6군이 가까이 접근하기 전에 방어 부대는 이 도시에서 달아나면서 약탈과 방화, 강간을 일삼았다. 국군은 상하이를 접수한 다음 날 난징에 진입했다. 일부 북군 병사들이 때맞춰 후퇴를 하지 못해 산발적인 총격전이 벌어졌으나 대규모 전투로 확전되지는 않았고, 주민들은 새로 온 군대를 환영했다. 승리자들은 외국인의 집과 사무실을 공격하기 시작했다.[20]

한 무리의 사람들이 영국 영사관에 난입했다. 항구의 의사는 건물 밖의 잔디밭에서 붙잡혀 총살당했다. 영사도 중상을 입었다. 항무 국장이 총소리를 듣고 급히 달려와 사병 둘과 격투를 벌였다. 총탄들이 땅바닥에 가득 널렸다. 군대가 대학 부총장인 미국인 존 윌리엄스(John E. Williams)의 집에 난입하여 그를 총살했다. 프랑스와 이탈리아 천주교 신부도 피살되었다. 일본 영사관은 몽땅 약탈당했다. 남군은 외국인이 거주하는 건물 아홉 곳을 불태웠다. 불법 침입자들은 양쯔 호텔에서 피아노와 탁구대를 훔쳤다. 다른 무리는 선교사의 집 밖에서 큰 상자를 비틀어 열고 안에 도대체 무엇이 들어 있는지 들여다보다가 윙윙거리는 벌 떼에 쫓겨 혼비백산 달아났다. 외국인들은 중국인의 창파오를 입고 변장했다. 잡역부 옷을 입은 브리지(Bridge) 호텔의 사장과 그의 아내는 지저분한 진흙 투성이인 돼지우리에 숨었다.[21]

존 데이비스(John Davis) 영사는 그의 해병 소대가 미국 영사관을 방어하기에는 역부족임을 깨달았다. 그래서 해병대와 함께 24명의 여자와 아이 들을 보다 안전하리라고 기대한 3킬로미터 거리의 스탠더드석유공사 소유 산 위의 집까지 이동하게 했다. 하지만 광저우의 군인들이 공격했다. 해병대가 반격을 가하는 동안 도망자들은 위층 욕실 마루에 누워서 숨어 있었다. 그 후 양쯔 강에 정박해 있던 외국 군함이 난징을 향해 포격을 개시하자, 광저우 군인들은 공격을 멈추고 무슨 일이 벌어졌는지 살폈다. 소강기를 틈타 도망자 일행은 밧줄, 침대보, 커튼과 담요를 이용해 욕실 창문으로부터 기어올라온 뒤 성벽까지 달려가서 해자를 건넜다. 저격병의 총격을 무릅쓰고 들판을 지나 강가에 도착한 그들은 삼판선을 타고 영국 군함에 승선했다. 이 군함은 일행을 상하이로 가는 배까지 실어다 주었다.[22]

난징 사건은 외국인들, 상하이 외교단과 그들의 정부로부터 격렬한 항의를 불러일으켰다. 장제스의 지지자들은 공산당 측 장군을 곤란한 처지에 몰아넣고자 제6군 정치부의 공산당 지도층이 벌인 배외 활동 선동을 질책했다. 총사령부를 난징으로 이전하면서 장제스는 이 사건을 두고 "저열한 난동"이자 남군 제복을 입은 북군 사병들이 "반(反)선교 활동이라고 불릴 만한 짓"을 저지른 것이라고 비난했다. 수십 명의 사병들이 사형에 처해졌다. 국군은 외국 군함을 향해 포격하며 항의 표시를 했다. 중국인이 외국인을 소수이지만 특권을 누리는 공동체로 바라보기 시작하면서 외국인들에게 난징은 현실의 악몽이 되었다. 하지만 이 사건은 중국 최대의 도시에서 머지않아 벌어질 일의 여흥에 지나지 않았다.[23]

9

상하이 대숙청

얼굴이 얽은 황진룽은 아침 10시에 기상해 아침밥을 먹고 나서 전바오(珍寶) 찻집에 가기를 좋아했다. 상하이 역사학자의 기록에 따르면, 그곳에서 그는 "방문객, 밀수업자, 탄원자, 연극인, 사교계 여자와 밀고자 들에게 둘러싸여 있었다." 오후에는 사업 동료를 만나거나 첩과 밀회를 나누었다. 더러는 자신의 극장으로 가기 전에 청방 두목과 카드놀이를 즐기기도 했다. 1927년 3월 26일 그는 평소의 습관과 달리, 승리를 거머쥔 국민혁명군 지휘관을 예방하러 갔다.

장제스는 그날 일찍 군함을 타고 상하이에 도착했다. 그의 지위는 쉽게 이룬 군사적 승리가 과시하는 것보다 훨씬 약했다. 상하이 내에서 장제스는 충성심이 불확실한 예전의 군벌 사병들을 포함해 단지 3000명의 군대를 거느리고 있었다. 국민당 우파와 상업계의 맹우들도 병사를 보충해 줄 수는 없었다. 상하이의 급진적인 학생들은 그가 떠나야 한다고 부르짖었고, 노동자들도 '타도 장제스'를 촉구하는 깃발을 흔들었다. 제국주의를 비난하며 조계지 주위를 행진하던 시위 군중은 시먼(西門) 군중집회에서 외국인을 보호하자고 호소하는 장제스를 거들떠보지도 않았다.

노동조합은 주요 건물 내에 견고한 방어 진지를 구축했다. 공산당위원회는 반대자를 암살할 권한을 재가하고, 군벌 군대가 철수한 뒤 국군이 오기 전에 통제권을 차지하자는 계획을 세웠다. 무장한 노조 소분대가 파업 방해자들을 공격하고 행인들을 수색하여 무기 소지 여부를 조사했다. 저우언라이는 대담하게도 총사령부를 방문하여 군대가 강요한 야간 통행 금지령을 통과할 수 있는 암호를 요구했지만 성공하지 못했다. 유럽에서 되돌아온 왕징웨이가 국민당 좌파 영도권을 차지한 것을 경축하기 위해 4월 12일 한차례의 대규모 시위 행진이 계획되었다. 하지만 공산당은 최후의 단계를 선뜻 밟으려 하지 않았다. 장제스는 일찍이 우익으로 전향했지만 여전히 국민혁명군의 최고사령관이었고, 스탈린은 쑨원이 세운 정당의 양대 파벌이 통일 전선을 형성할 수 있도록 애를 썼다. 왕징웨이는 상하이에 도착한 뒤 장제스에게 전면적인 폭동을 저지하는 데 최선을 다하겠다고 말했다. 이는 장제스가 자신의 생명이 달린 연맹을 강화할 틈을 가져다주었다.[1]

공산당 숙청을 단행하다

지난해 말 이미 황진룽은 양쯔 강을 따라 올라가 장제스를 예방하는 여행을 했다. 장제스와 청방의 관계는 이로부터 10년 전까지 거슬러 올라간다. 이제 황진룽은 장제스를 방문한 상하이의 첫 번째 시민이었다. 거래는 아주 간단했다. 청방 조직원들은 몸을 마음을 다 바쳐 장제스를 지지하는 보답으로 특권을 부여받았는데, 아마도 상하이의 마약 거래 독점권을 획득했을 것이다.

황진룽이 토대를 닦은 뒤, 외국인과의 관계를 충분히 이용하고 있는 '큰 귀' 두웨성이 본격적으로 무대에 등장했다. "공공 질서 유지와 소비에트 연방과의 투쟁"을 호소하는 프랑스 총영사의 지지 아래 두웨성은 공진회(公進會)라는 명의로 민병대를 조직했다. 프랑스 경찰이 이 단체 본부의 경호를 맡았고, 외교관이 총 450정을 제공해 주었다.[2]

두웨성은 총과 반자동 기관총이 대청에 진열되어 있는 프랑스 조계지 내 그의 저택에서 회의를 열었다. 프랑스 경찰국장 피오리를 통해 영미 공동 조계지 공부국(工部局)의 미국인 국장 스털링 페선든(Sterling Fessenden)이 초대되었다. 이 51세의 작고 뚱뚱한 미국인을 훗날 미국 국무부 관리는 "유약한 사람으로 …… 극동아시아에서 정신이 산산이 붕괴되었기에 그의 지위에는 분명히 걸맞지 않은 자"라고 묘사했다. 피오리는 외국인에 대한 공산당원들의 위협을 먼저 화제에 올렸다. 두웨성은 만일 프랑스가 총을 더 많이 공급해 준다면 좌익분자들을 공격할 채비를 할 것이라며, 페선든에게 공진회 회원들이 무기를 휴대하고 공동 조계지를 지나 중국인 거주지로 이동할 허가를 얻어 달라고 말했다. 페선든은 만약 공동 조계지 공부국이 비준하면 자신도 동의할 것이라고 대답했고, 일은 성사되었다.[3]

계획을 적절하게 안배한 뒤 장제스는 강을 따라 난징으로 거슬러 올라갔다. 상하이의 군사 지휘권은 광시 장군 바이충시에게 맡겨 두었다. 장제스는 평소대로 전쟁터에서 떨어져 있기를 선호했다. 좌파가 군중대회를 계획한 바로 전날 밤, 두웨성은 두 번째 활약으로 상하이에서 가장 영향력이 센 노동조합 지도자 왕쉬화(汪壽華, 허쑹린(何松林)으로도 알려짐)를 초대하여 저녁 연회를 열었다. 왕쉬화는 암흑가와 소원해지는 것을 원하지 않았기 때문에, 4월 11일 밤 8시에 고용 운전수가 모는 자동차를 타고 두웨성의 저택 앞 철문을 통과했다.[4]

집 안에서 청방의 다른 두목 장샤오린이 왕쉬화를 맞이했다. 장샤오린은 그에게 노동자규찰대를 해산하고 그 자신의 이익을 위해 입장을 바꾸라고 종용했다. 왕쉬화가 거절하자 네 명의 청방 조직원들이 그를 심하게 구타했다. 한 기록에 따르면, 이때 두웨성이 계단 위에 나타났는데 무표정한 얼굴에 목소리는 아편 때문에 극히 공허했다고 한다. '난폭한 늙은 까마귀'라고 불리는 깡패가 왕쉬화의 목을 조를 때 두웨성이 소리쳤다. "여기서 꺼져! 내 집에서 꺼지라고!" 왕쉬화가 이미 죽었다고 생각한 깡패는 그를 삼베 자루에 처넣고는 프랑스 조계지 밖의 황야에 매장하기 위해 차를 몰았다. 깡패들이 구덩이를 다

팔 때쯤 신음 소리가 들려왔지만 그대로 묻어 버렸다.

8시간 뒤 남색 무명 작업복을 입은 두웨성의 민병대 무장대원 2000명이 상하이 거리에서 행동을 개시했다. 팔에 두른 백색 완장은 '노동자' 신분을 나타냈다. 여명 전에 어둠을 틈타 노동자 거주지로 쳐들어갈 때 일부는 밤거리를 경비하는 시민 복장을 한 군인들을 지나쳤다. 동이 틀 무렵, 군대 총사령부에서 나팔을 불고 한 척의 군함이 사이렌을 울렸다. 바로 남색 옷을 입은 자들에게 노동조합 지부와 노동자가 점거한 요새를 공격하라고 알리는 신호였다.[5]

민병대는 길을 열어 준 군대의 도움을 받았고 군대 역시 좌익분자들에게 사격을 가했다. 노동자들은 대로에서 총살되거나 참수를 당했다. 남방 철도역에서는 포로들이 산 채로 기관차 화로에 내던져졌다는 보고도 있었다. 특히 격렬했던 전투는 당구장이 구비되어 있고 노동자규찰대가 주둔하고 있던 거대한 상무인서관(商務印書館) 건물의 종업원 클럽에서 벌어졌다. 포위망을 뚫고 나온 인원들 중에는 저우언라이(당시에 노동자규찰대 부대장이었다.)도 끼여 있었다. 저우언라이는 나중에 체포되었지만 가까스로 탈주했다. 그의 목에 걸린 현상금은 8만 위안에 달했다. 장제스는 공산당이 광저우의 난폭한 좌파들로부터 자신을 구해 주었던 일을 참작해 빚을 갚는 차원에서 저우언라이를 풀어 주라는 명령을 내렸다고 한다.

경찰은 4월 12일에 400명이 사망하고 그 밖에 300명이 체포되었다고 발표했다. 하지만 사망자 총수는 동틀 무렵의 충돌에서만 해도 이보다 두 배는 많았을 것이며, 룽화(龍華) 군영에 갇힌 포로 중 일부는 그곳에서 처형되었다. 청방 깡패들은 노동조합 총본부로 몰려가 새로운 노동자 조직을 결성하겠다고 선포했다. 60여 개의 상업 단체가 장제스와 바이충시 장군에게 축하 전보를 보냈다.

비록 노동조합과 공산당원들은 이러한 공격을 이미 예상했지만, 군대와 청방 조직원들을 효과적으로 방어하는 데 실패했다. 그들은 몹시도 순진하게 행동했다. 마치 그들을 포위 공격 하려는 군대를 언쟁으로 이길 수 있을 거라고 믿는 듯했다. 한 젊은 좌파는 저우언라이에게 가서 자신이 어떻게 도울 수 있을지 물었다. 전단지를 뿌리고 포스터를 붙이라는 것이 대답이었다. 여자들과 어린이들을 대동한 시위대는 군대의 총사령부까지 항의 행진을 벌였다. 이들의 힘이 얼마나 보잘것없는지 보여 주기라도 하듯 군대는 무차별적으로 기관총 세례를 퍼부었다. 총검을 꽂은 병사들은 사방으로 흩어지며 도망치는 시위 군중을 쫓아갔다. 도합 300명이 이 행진에서 학살된 것으로 추정되었다. 장제스는 꽤 시일이 지나 이 사건에 대해 간단하게 기록했다. "4월 12일 공산당 폭동을 진압하기 위해, 국민혁명군은 현지의 노동조합 및 상공회의소와 힘을 합쳐 적색 노동자규찰대의 무장을 해제하고 공산당의 파괴 활동을 감시했다. 상하이는 비로소 평정을 되찾았다."[6]

공포가 온 도시를 휩쓸었다. 두웨성의 조직원들과 국민당 군대의 군인들이 마구잡이로 대학살을 벌였고, 포로를 가득 실은 차들이 룽화로 몰려들었다. 청방의 부하들은 다섯 개의 좌익 조직에 공격을 가해 1000명 이상을 체포했다. 군중집회와 시위행진은 금지되었다. 이때 상하이에서 일을 하고 있던 저널리스트 에드거 스노(Edgar Snow)는 5000명에서 1만 명이 이번 대숙청으로 목숨을 잃었다고 추정했다. 작가 한쑤인(韓素音)은 사망 인원수를 8000명으로 잡고, 추가로 노동자들의 아내와 딸 6000명이 매음굴과 공장으로 팔려 나갔다고 보았다. 훗날 공산당원과 비공산당원을 포함해 사망자 수는 3만 4000명, 부상자는 4만 명, 포로는 2만 5000명으로 판명되었다. 장제스의 비서 천리푸가 썼다. "적을 소멸하기 위한 피비린내 나는 전쟁이었다. 나는 무고한 사람들이 수도 없이 죽어 갔다는 것을 인정할 수밖에 없다."[7]

공산당은 양쯔 강 중류 유역과 후난 성에 근거지를 보존하고 이곳에서 토지 개혁, 열신 처결 및 재산 몰수를 추진하면서 농민 자위대를 조직했다. 하지만 좌파는 무자비한 군대가 진압하러 올 것이라는 위험을 점점 더 뚜렷하게 인지했다. 쑨원의 느슨한 거대 조직이 내부로부터 파열음을 내며 폭발하고 있었던 것이다.[8]

광저우에서는 진짜 공산당원과 의심적은 공산당원이 함께 밧줄에 묶여서 동교장으로 끌려가 총살당했다. 마치 한 해 전의 난창에서처럼 단발머리를 한 여자들은 기필코 사형에 처해야 할 과격분자 취급을 받았다. 항저우에서 사병들이 장제스는 국민당과 쑨원의 삼민주의를 대표할 수 없다고 말한 젊은 여자의 배를 갈라 창자를 꺼냈다고 미국 기자 빈센트 시언(Vincent Sheean)은 보도했다. "창자를 그녀 몸에 둘둘 감을 때에도 그녀는 살아 있었다. …… 젊은 남녀들은 자신들이 믿는 바를 피력했기 때문에 참수당했다. 남자들은 허기와 탈수로 죽을 때까지 나무 우리에 갇히거나 선반 위에서 목이 잘렸다."[9]

국군이 1926년 첫 번째로 군사적인 승리를 쟁취한 후난 성은 특히 잔인한 충돌이 오랫동안 벌어진 무대였다. 우파는 공산당이 조직한 농촌의 급진성을 근절하고자 했다. 농민 기의는 잔혹하게 진압되었다. 후난에서 태어난 마오쩌둥이 증언했다. "눈을 파내고 혀를 자르고, 배를 가르고 목을 잘랐다. 칼로 마구 베고 나서 모래로 갈고 가솔린으로 불태우고 붉은 인두로 지져 댔다. 여자들은 유방을 자르고 …… 나체로 끌고 다니며 사람들에게 구경시키거나 갈기갈기 난도질했다." 이 성에서의 유혈 사태는 10년 동안 지속되어 대략 30만 명이 목숨을 잃었다.[10]

상하이의 사업가들은 좌파 숙청을 환영했지만 곧 자신들이 새 질서의 두 번째 희생양이 되었다는 것을 깨달았다. 사업은 국가의 이익에 봉사해야 한다고 확신하는 장제스는 독립심이 강한 자본가들에게는 일말의 동정심도 갖지 않았다. 그들은 단지 자금 출처로서만 유용할 따름이었다. 금융위원회가 누가 얼마를 낼지를 결정했고, 전직 법관이 대형 자동차를 타고 도시를 돌아다니며 회사와 개인에게 각자 몫의 융자금을 통보했다. 청방과 치안 부대는 협조적이지 않은 사람과도 거래를 텄다. 납치와 노골적인 강탈이 훨씬 더 많은 돈을 벌어들였다. 동시대의 작가 오언 채프먼(Owen Chapman)은 썼다. "부유한 중국인도 자신들의 집에서 체포되거나, 거리에서 묘연히 실종되었다가 가난뱅이가 되어 다시 나타났다. 하지만 압제자들을 밀고하기 위해 입을 여는 사람은 결코 없었다. 백만장자도 공산당원으로 간주되어 체포되었다!"[11]

새로운 정권의 포악한 무장 군대를 회유하기 위해 중국 총상공회는 청방 두목들에게 오찬을 베풀었다. 하지만 아무런 도움이 되지 않았다. 청신(誠信)

백화점을 소유한 거물은 세 살배기 아들이 납치를 당해 50만 위안을 지불하고 아들을 되찾았다. 방직 공장 사장 아들의 몸값으로는 67만 위안이 책정되었다. 제분 공장을 소유한 거물로부터 갈취한 재부는 700만 위안어치에 달했다. 보수적인 상인 지도자 푸샤오안이 융자금 1000만 위안을 조달하지 않자 장제스가 친히 비준했다는 체포 영장이 발부되었다. 푸샤오안이 상하이를 탈출한 뒤 당국은 그의 운수 회사를 접수했다. 장제스는 그의 저택들을 점용했다.

장제스는 상하이 자본가들의 창조물로 묘사되고는 한다. 1927년 봄여름 사이에 일어난 사건들은 이로부터 몇십 해 동안 계속될 관계의 실재를 적나라하게 보여 주었다.[12]

조계지의 외국인들은 가시철조망과 모래주머니 그리고 군대의 보호 아래 평소대로 일상생활을 이어 나갔다. 탱크들이 프랑스 조계지의 거리를 순찰했고, 영국 공군의 쌍날개 비행기 여섯 대가 경마장의 경주로에 대기하고 있었다. 상하이 대숙청이 시작되던 그날 공동 조계지의 납세자들은 중국인을 도시의 공원과 정원에서 내쫓는 방안에 동의를 표했다. 한 대변인은 금지령을 느슨하게 하면 그러한 장소들에 "상하이의 인간쓰레기들이 가득 차는 꼴"을 보게 될 것이라고 경고했다. 프랑스 인은 두웨성과 마약 협정을 연장하면서 마약 운반선을 해군이 보호해 주기로 했다. 피오리 경찰국장은 더 많은 돈을 거두어들이고자 청방의 우두머리가 조계지에 도박장을 여는 것을 허락했다. 두웨성은 그곳에서 마약을 판매할 권리를 얻기 위해 고분고분한 페선든이 이끄는 공동 조계지 공무국에 엄청난 돈을 쏟아부었다. 수입의 일부분은 양쯔 강을 따라 올라가면서 좌파와 대결하고 마침내 중국을 완전히 정복하고자 하는 장제스에게 원조 자금으로 바쳐졌다.[13]

군벌과 손잡고 국민당 좌파를 치다

우한 국민당 좌파 정부는 닷새 만에야 상하이의 공격에 대해 반응했다. 4월

17일에는 우한 정부가 국민당의 합법적인 대표라는 선언을 기초로 삼아 장제스에게 출당 처분을 내리고 '인민 학살'에 대한 책임을 추궁했다. 거대한 규모의 집회에서는 장제스를 '반혁명의 수괴'라고 비난했다. 장제스의 목에 걸린 현상금이 25만 위안에 달했다는 보도가 있다. 우파의 대숙청이 현실로 다가오자 모스크바도 입장을 바꾸기 시작했다. 코민테른은 국군 최고사령관에게 반역자라는 낙인을 찍었고,《이즈베스티야(Izvestia)》는 그 당시 러시아에서 공부를 하고 있던 장제스의 아들 장징궈가 쓴 편지를 공개했다. 그 편지에는 "혁명은 내가 아는 유일한 것이며, 나는 이제 당신을 아버지라 인정하지 않겠습니다."라고 적혀 있었다. 스탈린은 상하이 대숙청 전에 장제스에게 서명해서 부친 사진을 문득 떠올리고는, 그를 '짜낸 뒤에는 버리는 레몬'에 비유했다.[14]

외국 기자들과의 인터뷰에서 보로딘은 격앙된 어조로 발언했다. 헐렁한 회색 플란넬 바지에 하얀 상의를 입은 그는 얇은 승마용 회초리로 자신의 넓적다리를 찰싹 때리며, 장제스는 이미 반혁명 분자와 무정부주의자가 꾸민 "음모의 희생양"이 되었으므로 반드시 제명해야 한다고《런던 데일리 익스프레스 (London Daily Express)》기자에게 말했다. 그러나 우한 국민당 좌파 정부의 지위는 날로 걱정스러워져 갔다. 좌파 정부의 재정은 옹색했고, 인플레이션과 화폐 가치 하락으로 악화되었다. 세관의 주요 직위를 장제스의 지지자가 차지하여 아편 무역에서 생기는 관세 수입을 가로챘다. 우한의 노동자들은 제멋대로였고 국민당의 상인 지지자들은 점점 더 정부와 반목했다. 강폭이 1킬로미터가 넘는 양쯔 강에는 만일 자신들의 이익이 침해당한다면 언제든지 간섭할 것임을 깨우쳐 주기 위해 열강들의 군함 30척이 정박해 있었다. 콜레라가 창궐하여 수천 명이 목숨을 잃었다. 로이터 통신 기자는 예전의 영국 조계지에서 잡부들이 "한때 아름다웠던 부두의 큰길과 갯벌을 공중변소로 쓰고 있다."라고 썼다.[15]

난징에서 장제스와 그의 지지자들은 1925년에 우익으로 지목되어 쫓겨났던 국민당 이데올로그 후한민이 합류한 반정부를 세웠다. 비록 광범위한 지지 기반은 없었지만, 난징 국민당 우파 정부는 언제나 국민당의 주요한 재정적 지지층인 중산 계급과 향신의 이익을 대표한다고 선언했다. 그리하여 우한 정부가 좌경화로 기우는 것을 우려하는 사람들에게 영향력을 끼칠 수 있었다. 동시에 난징 정부는 군국주의로 향하는 새로운 행보를 표명했다. 바로 훗날 후한민이 인정했듯, 공산당을 진압하기 위해 군대의 물리력을 사용하는 것은 군대가 문민정부의 통제권을 벗어났음을 의미했다.

당시 우한 좌파 정부에 동조적이던 빈센트 시언 기자는 장제스를 취재하면서 그의 여윈 얼굴에서 잔혹한 표정을 읽었다. "민감하고 기민한" 모습이 실제 나이인 마흔보다 열 살은 젊어 보인다고도 느꼈다. "나는 장제스의 사상에서 열렬하고 야심만만한 특질을, 그의 염려에서는 매우 좋은 사고를 발견했으나, 그의 희망에서는 혁명적인 신조와 언사라는 보호색이 개인적 야망을 가려 주고 있다는 것도 알 수 있었다. ⋯⋯ 이러한 결론을 피할 수 없다. 이 젊은 남자는 비록 절호의 기회가 있을지라도 혁명 운동에 관해 의식의 표층을 넘는 말은 하지 않았다. 그는 약삭빠르고 야심적이고 정력이 충만하며 ⋯⋯ 벌써 성공의 길을 걷고 있었고, 나 또한 그가 성공할 것이라고 완전히 믿었다."[16]

1927년 늦봄에 장제스는 산둥 성에서 진격하여 난징을 폭격할 수 있을 만큼 가까이 접근한 개고기 장군 장쭝창의 군대에 우선 대응해야 했다. 같은 때 우한에서 국민당 좌파는 북쪽으로부터 황허를 건넌 26세의 청년 원수 장쉐량이 통솔하는 만주 군벌 동맹군의 위협에 직면해 있었다. 두 방향에서의 공격은 국민당 군대의 약점을 노출시켰으며 난징과 우한이 협력하여 공동의 적에 맞서야 할 필요성을 부각했다. 그러나 그들이 연합한다 하더라도 수적 측면에서는 여전히 북방의 군벌 동맹군에 맞서기에 역부족이었다. 때문에 그들은 새로운 협력자를 찾았다.

기독교도 장군 펑위샹은 18개월 전 북방의 군벌에게 패배한 뒤 그의 군대에게 베이징 북부를 철통같이 방어하라고 명령했다. 그는 기차를 타고 모스크바로 가는 여정에서 축음기로부터 흘러나오는 경극 음반을 들으며 시간을 죽였다. 소련의 수도에서 고위직들을 만나 혁명 방법에 관한 지도를 받은 펑위샹은 인민주의 경향은 있었지만 실제 공산주의에 대해서는 아무런 열정도 없었다. 단지 소련으로부터 보급품과 금전을 제공받는 길만 알고 싶을 따름이었다. 그는 귀국한 뒤 군대를 소집하고, 소련의 원조 약속을 믿으며 복수의 기회를 엿보았다. 기동성이 뛰어난 기병대를 보유한 펑위샹의 군대는 국민당을 지지하지 않는 지역에서 황허를 따라 근거지를 구축했다. 펑위샹은 국민당과 연합함으로써 북방 군벌과의 전쟁에서 중심적인 인물로 부상하고자 했으며, 분열된 남방 군벌들을 좌우지하기를 원했다. 늘 돈이 부족했던 그는 국민당에 가입해서 자금 원조를 약속받았지만, 여전히 돈이 부족하다고 불평했다.[17]

5월 초, 두 갈래로 나뉜 국군은 서로 멀리 떨어진 지방에서 북벌을 전개함에 따라 군벌 부대를 삼면에서 포위하여 공격하는 작전을 개시했다. 동부에서는 장제스가 장쫑창을 격퇴하고, 이 군벌의 고향인 산둥 성으로 진입하여 주요 항구 도시인 칭다오에서 100킬로미터 떨어진 곳까지 내달았다. 제1차 세계 대전 뒤에 산둥에서 얻은 칭다오 조계지가 염려스러웠던 일본은 곧바로 군대를 파병하여 수비대 6000명을 주둔시켰다. 도쿄의 조치는 중국인의 항의와 저항을 불러일으켰고, 더욱이 장제스를 민족 영웅으로 만들었다. 비록 장제스는 향후 10년 동안 장비가 더 우수한 외국 군대와의 싸움은 기피하는 방식을 고수했지만 말이다.[18]

서쪽으로 650킬로미터 밖에서는 7만 명의 우한 정부 군대가 불교도 장군 탕성즈의 통솔 아래 높고 험준한 산들을 넘어 허난 성으로 진입했다. 5월 중순 내내 탕성즈의 '강철' 정예 부대는 파죽지세로 일련의 격전을 치르며 철도 연선의 도시와 마을을 빼앗는 혁혁한 승리를 거두었으나 동시에 막대한 손실을 입기도 했다. 장쉐량은 황허 이북의 광활한 지방으로 후퇴하기로 결정하고, 국군의 전진을 저지하는 견고한 방어선에 강한 포병을 배치했다. 아주 오래 뒤 장쉐량은 바로 이때부터 중국인들끼리 서로 죽이는 짓을 혐오하기 시작했다고 고백했다. 여하간에 허난 성 전쟁 기간 동안 장쉐량은 마약에 심각하게 빠졌다. 1992년의 텔레비전 인터뷰에서 그가 털어놓았다. "나는 분노와 군대를 통솔해야 한다는 압박 탓에 아편에 손대고 말았다. 한 군의관이 주사약으로 마약 중독에서 빠져나오도록 도와주었다. 마침내 나는 마약을 끊었지만, 약제에 중독되고 말았다." 그 약제는 모르핀이었다. 장쉐량의 마약 중독은 너무나도 심해 그의 둔부에서 주사 바늘을 꽂을 데를 찾을 수 없을 지경이었다고 한다.[19]

기독교도 장군 펑위샹은 전쟁에 서둘러 뛰어들지 않았다. 그의 부대원들은 대규모의 적군이 우한 정부의 강한 정예 부대에게 유인되기 전까지는 움직이지 않았다. 펑위샹의 기병대는 실제로 아무런 저항도 받지 않고 황허를 따라가며 만주 군대의 배후를 쳐서 철도 요충지인 정저우(鄭州)를 점령했다. 이처럼 질질 끈 결과, 1만 4000명이 사망한 우한 정부의 군대에 비해 그의 부대는 40명의 사상자를 냈을 뿐이었다.

우한의 정예 부대가 철도선을 따라 허난 성을 공격하는 동안, 장제스는 국민당 양파 간의 연합이 얼마나 보잘것없는지를 증명했다. 5월 중순에 그는 일찍이 좌파와 연맹했던 장군을 얻었는데, 이제 이 사람은 우한을 향해 맹진하고 있었다. 동시에 우파는 남부 후난 성의 급진파 성도인 창사를 맹렬하게 공격하여 점령했다. 대규모 군대가 출정하여 전쟁을 치르는 와중에 좌익 맹우가 창사에서 패배하자 우한 정부는 운이 다한 듯 보였다. 그러나 보로딘은 광저우에서 쑨원을 보호할 때 써먹은 상투적인 수법을 다시 활용해, 북벌군 독립 여단의 공산당원이 통솔하는 자위 부대를 조직해 반란군을 격퇴하고 우한 정부를 구하도록 했다.

하지만 형세는 여전히 위급했다. 우한 좌파 정부의 군대는 엄청난 타격을 입었다. 뿐만 아니라 군관들도 그들의 토지 소유권을 농촌의 좌익 조직이 빼앗았다는 소식을 듣고 거리를 두기 시작했다. 왕징웨이와 그의 동료들은 펑위샹과 관계를 군건하게 해야 할 시기가 도래했다고 판단했다. 6월 중순, 공산당을 포함한 우한 정부 대표단이 정저우에 도착했다. 그들을 맞이하기 위해 덩치가 큰 펑위샹은 일반 병사의 군복을 입고 빵 조각을 우적우적 씹으며 군용 트럭 뒤에 타고 도착했다. 나중에서야 그가 처음에는 전용 열차를 타고 도시 변두리에 도착한 뒤 트럭으로 옮겨 탔다는 것이 드러났다. 펑위샹은 자신이 유리한 위치에 있다는 것을 알고서 가혹한 조건을 내걸었다. 그의 지지를 얻기 위해 우한 정부 대표단은 군대를 허난 성으로부터 철수하는 데 동의하고, 이 군벌에게 17만 제곱킬로미터에 이르는 토지를 통치하도록 했다. 평위샹은 또한 전쟁 지휘권을 얻었고 앞으로 점령할 북방의 다른 성들에 대한 통제권도 획득했다. 동시에 썩 괜찮은 금전적 원조도 받아 냈다.

우한 정부 대표단은 장제스를 "늑대의 심장에 개의 폐를 가진 냉혹한 놈"이라고 질타한 평위샹의 언사에서 조그마한 위안을 얻었을 뿐이었다. 대표단이 우한으로 돌아갈 때, 관방 신문은 정저우 회담을 통일 전선의 승리라고 선언했다. 사실은 완전히 그 반대였다.

공산당원들이 듣지 못한 대화에서 평위샹은 소련 고문들을 귀국시키고 공산당원들을 우한 정부 지도층에서 내쫓으라고 했다. 왕징웨이와 그의 비공산당원 동료들은 이 요구를 처리할 준비를 하고 있었다. 나날이 증가하는 비급진적 국민당 당원들의 불만과 끊임없이 불거지는 경제 문제로 그들은 좌경화 혁명의 신념을 잃었다. 보로딘의 영향력은 약해졌고 그의 추종자들도 나날이 미움을 받았다. 난징 우파 정부와의 공통점을 찾을 시기가 무르익은 가운데 평위샹이 우한 정부의 동맹자라는 점은 국민당 좌파 세력이 장제스와 거래를 하는데 크게 이로울 수 있었다. 하지만 마치 1926년 광저우에서 장제스에게 대결했던 일이 되풀이되듯 왕징웨이는 곧 철저하게 허를 찔렸음을 알아차리고, 평위샹의 두 번째 별명이 왜 '배반 장군'인지를 충분히 이해하게 되었다.

정저우 회담 소식을 듣고 장제스는 동부 전선의 또 다른 철도 요충지인 쉬저우에서 두 주 후에 평위샹과 몸소 대면하기로 했다. 장제스는 자신이 쑨원의 진정한 후계자임을 공표하기 위해 쑨원의 거대한 초상화가 맨 앞에 걸려 있는 기관차를 타고 다녔다. 장제스는 평범한 녹갈색 군복을 입고 역에서 연설을 진행했다. 덴마크의 한 기자가 보도했다. "그의 목소리는 또렷하고 잘 들렸으며, 강하고 총명해 보이는 외관에 기민하고 힘이 넘치는 듯했다." 이 덴마크 기자와 다른 외국인 두 명이 기차 문의 차창에 붙은 '모든 제국주의자에게 죽음을'이라는 표어를 쳐다볼 때, 장제스가 웃으면서 인사를 했다. 정거장으로 가서 평위샹을 만나기 전에 장제스는 쉬저우의 화위안(花園) 호텔에서 광시 장군들과 회담을 했다. 국군 장령들은 제복을 단정하게 입고 있었다. 장제스는 플랫폼에서 연주를 하도록 군악대를 배치했다. 광시 파벌의 우두머리 리쭝런은 펑위샹의 기차가 역에 들어올 때를 다음처럼 회상했다.

기차에는 펑위샹 장군은 없고 제복을 입은 급사들만 있었다. 우리가 누구를 찾는지 분명하게 아는 급사들이 흔히 군대에서 가축을 실어 운반하는 후미의 유개 화차를 가리켰다. 화차의 열린 문을 통해 키가 무척 크고 건장하며 초라한 군복을 입고 마룻바닥에 앉아 있는 병사 하나가 보였다. 기차가 멈추자 그가 벌떡 일어나 화물칸 밖으로 걸어 나왔다. 장제스가 먼저 그를 향해 다가가서 물었다. "펑 최고사령관은 어디에 계시나?"

농민 같은 사병이 웃으면서 대답했다. "내가 펑위샹이오." 우리 모두는 충격에 빠졌다! 이어서 펑위샹이 환영 인파인 우리와 일일이 악수를 나눌 때 군악대의 연주가 시작되었다.

펑위샹은 우한 대표단에게 트럭 위에서 보여 주었던 연출처럼, 대부분의 여행 동안에는 급사들이 시중을 드는 객실에 머물다가 바야흐로 쉬저우에 다다를 때에서야 유개 화차로 이동했다.[20]

허물없는 옷차림의 펑위샹과 말끔하고 쌀쌀맞은 장제스는 성격이 매우 달랐지만, 공동의 목적을 바라보았다. 우한 정부의 대표단에게 무슨 말을 했든 간에 펑위샹은 자신이 통치하는 지역에서 반장(反蔣) 포스터들을 떼어 내라는 명령을 내려 그 의도를 드러냈다. 두 사람 사이에는 개인적인 인연도 있었다. 장제스의 아들과 마찬가지로 펑위샹의 딸은 모스크바에서 유학하는 중이었는데, 이 10대들은 동거를 시작한 참이었다. 모스크바와의 한층 더 진일보한 관계는 귀국한 뒤 펑위샹의 고문이 된 그들의 동급생이 제공했다. 바로 덩샤오핑(鄧小平)이라는 젊은 공산당원이었다.[21]

나흘 동안의 회담에서 이 군벌과 국군 사령관은 협의에 도달했다. 펑위샹은 달마다 200만 위안을 약속받고 허난 성을 통치하기로 했다. 난징으로 돌아가는 장제스의 열차에 탑승한 헨리 미셀위츠 기자는 그가 구두로 비서들에게 명령하는 모습과 아울러 서양식 나이프, 포크, 스푼으로 햄과 계란, 잼을 곁들인 토스트를 커피와 함께 먹는 모습을 지켜보았다. 여행 도중에 장제스의 조수가 펑위샹이 우한에 보낸 전보를 낭독했다. 정저우에서 반공 비밀 협의를 맺었다는 내용이었다. 전보는 급진 분자들이 국민당을 장악하기 위해 당내로 파고들어 있다고 공언했다. 유일한 해결 방안은 보로딘을 즉시 귀국시키고, 떠나기를 원하는 우한 정부 성원들도 '휴식차' 외국으로 보내는 것이었다. 탕성즈 장군은 펑위샹과 합작을 하기 위해 군대를 보내야 했다. "대계를 신속하게 결정하여 조속히 실행하기 바랍니다." 전보의 결론이었다.[22]

펑위샹을 얻은 장제스는 보로딘을 포함하여 주요 좌익 인사에 대한 체포령을 하달했다. 형세의 변화를 눈치챈 덩샤오핑은 펑위샹의 병영을 떠나 공산당 통치 지역으로 갔다. 《자림서보》가 보도한 대로, 전장에서 난징 정부의 군대는 "마치 빨대로 레모네이드를 빨아올리는 것처럼" 기세등등하게 진군했다. 그들의 사령관은 상하이로 가서 상업계를 새로이 갈취했다. 현지의 부자들은 즉각 돈을 내놓지 않으면 친일 분자로 매도하겠다는 협박을 받았다. 7월경 상하이에서 거행된 행사에서는 장제스를 위해 자금을 조달하고자 상면에 '중망소귀(衆望所歸, 인망이 높아 뭇사람의 촉망이 쏠림)'라고 새긴 거대한 은제 방패를 주조하기로 결정했다. 4월 12일의 상하이 숙청에 협력했던 조직의 우두머리들은 명예 소장이라는 계급장을 받고 고문으로 임명되었다. 아편을 근절하기 위해 3년에 걸쳐 아편전매국을 세우는 동안 난징 정부에 자금을 댄 청방의 장샤오린에게는 보답으로 국장 자리를 주었다.[23]

장제스는 또한 반공 연맹 전선을 구축하기 위해 만주 대원수 장쭤린 및 산시의 모범 장관 옌시산과 담판에 들어갔다. 하지만 장쭤린은 회담을 중단하고 장제스의 반공이 진심인지 의문스럽다고 말했다. 한편 장제스는 동부 군벌 쑨촨팡이 공격을 감행해 오자 난징을 방어하기 위해 후퇴할 수밖에 없었다.[24]

장제스가 새로운 위협에 대처하기 위해 군대를 이동할 때, 100도가 넘는 고온의 위기가 우한에서 불타올랐다. 공산당은 아직도 그들을 내쫓기 위해 왕징웨이와 펑위샹이 협정을 맺었다는 사실을 알지 못했기 때문에, 보로딘은 "펑위상 장군은 우리들의 친구이며 나의 친구다."라고 주장했다. 이는 비극으로 상연된 희극과도 같았다. 뇌관은 코민테른의 새 대표이자 브라만 계급에 속하는 마헨드라나트 로이(Mahendranath Roy)였다. 빈센트 시언이 "아름다운 떡갈나무로 조각한 고고한 수녀"라고 표현한 이 인도인은 1923년 이래 자본가 계급과 통일 전선을 꾀하던 것과는 다르게, 농촌 혁명을 눈앞의 선결 과제로 간주했다. 그는 농민을 무장시켜야 하고, 혁명은 군대를 보유한 농촌 자치 정부에 의해 아래로부터 완성될 수 있다고 생각했다. 로이의 메시지는 크렘린의 주인이 책략을 바꾸었다는 것을 분명하게 드러냈다. 장제스가 간 길이 국공 통일 전선을 무너뜨린 증거라고 지적하며 더한층 혁명의 복음을 설파하는 트로츠키파의 비판에 응수하기 위한 변화였다.

1927년 6월 1일 스탈린이 모스크바에서 보낸 긴급 전문은 다음과 같았다. 농촌 혁명 없이 승리는 불가능하다. 중국공산당은 2만 명의 공산당원과 5만 명의 혁명적 노동자 및 농민을 동원하여 믿음직한 군대를 조직하라. 혁명 법정을 세워 장제스를 지지하는 군관들을 엄벌에 처하라. 중국공산당은 국민당 중앙 집행위원회에서 영향력을 더욱 강화해야 한다. 새로 수혈된 젊은 피, 곧 혁명적 노동자와 농민이 "흔들리며 타협하는" 원로들을 대체해야 한다.

중국공산당 지도부는 이 전문을 의심쩍게 보았다. 누군가는 웃어야 할지 울어야 할지 모르겠다고 말했다. 공산당의 영수 천두슈는 전문이 "마치 똥통에서 씻어 낸 것 같다."라고 불평했다. 그는 일찍이 장제스에게 맞서기 위해서 공산당이 무력을 갖추고 국민당 좌파와 연합해야 한다고 건의했지만, 스탈린에 의해 여러 차례 거절을 당했다. 오랫동안 국공 통일 전선이 교착 상태에 빠진 뒤, 중국공산당원들은 이전에는 트로츠키주의라고 금지됐던 정책을 채택하라는 지령을 받은 셈이었다. 게다가 군벌과 국민당 우파로부터 잔혹하게 진압받고 있던 때였다. 충성스러운 보로딘조차 이 지령은 어리석기 짝이 없다고 말했다.[25]

로이가 형세를 더욱 악화시켰다. 그는 왕징웨이를 집으로 초대해서 보로딘이 크렘린으로부터 온 긴급 전문을 보여 주었는지를 물어보았다. 로이는 이 중국인 정객이 봄에 유럽에서 귀국하는 도중에 분명히 모스크바를 방문하여 머지않아 발생할 사건에 관해 미리 주의를 받았으리고 믿고 있었다. 왕징웨이는 보지 못했다고 대답했다. 로이는 곧바로 전보의 원문과 중국어 번역본을 왕징웨이에게 건넸다.[26]

이튿날 왕징웨이는 전문 내용을 받아들일 수 없다며, 그것은 쑨원과 러시아 인들이 맺은 협의 조항을 위반했다고 주장했다. 소련 사절은 도리어 그것이 최후통첩이라고 대답했다. 로이는 정치국 회의석상에서 이렇게 못 박았다. "만일 국민당이 협조하지 않으면 우리는 국민당을 맹우가 아니라 적으로 간주할 수밖에 없다."[27]

보로딘에게는 절망적인 시기였다. 그는 싱클레어 루이스(Sinclair Lewis)의 소설 『엘머 갠트리(Elmer Gantry)』을 읽으며 시간을 축낼 수밖에 없었다. 보로딘은 국공 통일 전선을 통해 중국 혁명의 기초를 닦는다는 스탈린의 정책을 실행하기 위해 여태껏 최선을 다했다. 기민한 전략가로서 보로딘은 사전에 자신의 거취를 계획했고, 절망적인 상황을 최선의 상태로 만들기 위해 자신은 늘 "원대한 탁견"을 활용한다고 허풍 떨기를 좋아했다. 하지만 그의 계획은 이제 파산에 직면했다. 스웨덴 기자와 인터뷰를 할 때, 보로딘은 중국이 이념을 위한 전쟁의 길을 걸어왔지만 "유구한 역사와 헤아릴 수 없는 인구, 거대한 사회 문제, 무한한 포용 능력을 지닌 중국 그 자체는 나를 아연실색하게 하며 압도한다."라고 말했다. 말라리아와 낙마 사고로 부러진 팔 때문에 고생하는 그에게 또 다른 걱정거리가 생겼다. 그의 미국인 아내 파냐(Fanya)가 양쯔 강을 항해하는 러시아 증기선에서 북방 군벌에게 체포된 것이다. 사람들에게 경외감을 불러일으키는 보로딘의 부인은 선동성이 강한 전단지를 휴대한 죄목으로 베이징으로 압송되었다. 이곳에서 만주 대원수 장쭤린의 군대는 러시아 대사관을 급습하여 공산당원들을 주저 없이 무참하게 죽인 바 있었다.[28]

비록 왕징웨이와 펑위샹은 비밀 회담에서 공산당원을 내쫓을 준비를 하자고 결의했지만, 우한 정부의 지도층은 모스크바로부터 온 폭탄과도 같은 전보에 대처할 방법을 몰라 결정을 내리기까지 6주를 허비했다. 쑨원의 미망인은 국공 통일 전선을 유지하자고 주장한 사람들 중에 한 명이었다. 마침내 왕징웨이는 탕성즈의 군대를 북부 전선에서 소환한 뒤, 7월 15일 정치위원회를 통해 국민당 내에서 공산당 세력을 축출하고 러시아 인을 추방하기로 결의했다. 대다수의 공산당 지도부가 우한을 떠났고, 남은 사람들은 총회를 열었다. 총회에 참가한 모스크바 특사 베소 로미나제(Besso Lominadze)는 스탈린의 새로운 노선을 따르라고 강요하면서도 중국공산당은 여전히 국민당의 기치 아래 남아야 한다고 주장했다. 국민당 좌파와 우파 모두가 공산주의를 반대하는 입장으로 선회한 상황에서 이는 스탈린마저도 받아들일 수 없는 비현실적인 조건을 추가한 격이었다. 9월에 모스크바는 마침내 통일 전선을 중지하라고 명령했다.[29]

보로딘은 아내가 풀려날 때까지 출발을 미루었다. 다양한 기록에 따르면 그녀는 미국 상원 의원이 방문하여 압박했거나, 혹은 그녀에게서 공산주의 혐의를 찾지 못했을 가능성이 큰 판사에게 소련 외교관들이 뇌물을 먹인 덕분에 석방되었다고 한다. 그녀는 재빨리 일본으로 달아났다.[30]

1927년 7월 27일 차와 탄산음료를 마시며 송별회를 한 뒤 왕징웨이와 다른 정부 관리들은 우한 기차역에서 보로딘을 떠나보냈다. 러시아 인 6명, 외교부장 천여우런의 아들들과 미국 기자 애나 루이스 스트롱(Anna Louise Strong)이 그와 동행했다. 상하이에서 체포되는 것보다 더 가혹한 재난이 닥칠 징조를 감지한 로이와 보로딘은 자동차와 트럭으로 몽골의 고비 사막을 지나 모스크바로 돌아가는 기나긴 철도 장정에 올랐다. 몸이 아픈 데다 성깔 있는 보로딘은 그 모든 부르주아 정당과 마찬가지로 국민당은 "아무리 물을 끼얹더라도 여전히 악취가 코를 찌르는 변기통"이라고 비꼬았다. 그는 10월 6일 고향 집에 도착했다. 쑨원을 처음 만난 때로부터 장장 4년이 흐른 뒤였다.

소련으로 귀국한 후 연금된 보로딘은 중국에서 발생한 온갖 사건에 부분적인 책임이 있음을 받아들였고, 모스크바 소재의 영자 신문 주필에 임명되었다. 그는 스탈린의 보호 아래 20여 년을 보냈지만 독립적인 사상을 지닌 외국의 공산당원들을 동정했다는 혐의를 얻어 권세를 잃고 말았다. 1949년의 대숙청 중

에 체포된 그는 1951년 시베리아 강제 수용소에서 사망했다.[31]

보로딘이 우한을 떠나고 나서 나흘이 지난 뒤인 1927년 8월 1일, 공산당원들은 장시 성의 수도 난창에서 기의를 일으켰다. 참가자 중에는 저우언라이와 난창 시의 경찰국장이자 미래의 홍군 사령관 주더(朱德)가 있었다. 기의 공모자들은 사각형 철근 콘크리트 건축물인 난창의 주요 호텔을 총본부로 삼고 침실과 응접실 사이가 다채로운 장식의 유리 병풍으로 분리되어 있는 널찍한 객실에 머물렀다. 처참한 전투가 벌어졌다. 기의는 일주일 만에 진압되었다. 기의군 잔여 부대는 성 밖으로 퇴각하여 홍군의 핵심이 되었다. 비록 실패로 끝을 맺었지만 난창 기의는 오늘날 중국에서 공산당의 군사 역량이 탄생한 기점으로 유명하다.

게일런에게도 보로딘을 따라가야 하는 시간이 다가왔다. 소수의 몇몇 관리들만이 우한 기차역에서 그를 송별해 주었다. 로이터 통신이 보도하기를 "사전에 알리지도 않고, 찬양도 없이 …… 그는 떠났다." 하지만 게일런은 그에게 큰 빚을 진 중국 사령관과 작별할 수 있게 상하이를 경유하여 떠날 수 있으리라고 생각했다. 장제스는 이 러시아 인이 매우 풀이 죽어 있었지만 그에게 이별에 낙담할 필요가 없다고 말해 주었다고 기록했다. "게일런은 이렇게 답했다. '오늘이 우리가 서로 볼 수 있는 마지막 날이 아니길 진심으로 바랍니다.'" 장제스는 이 말이 "내 평생 동안 가장 인상 깊은 고별사였다."라고 덧붙였다.[32]

게일런은 중국에서 자신의 군사적 재능을 별처럼 빛낸 장군이었다. 그는 소련에 돌아간 뒤 극동 아시아 군대를 지휘해서 만주군의 침공을 여러 차례 격파했다. 레닌 훈장을 받은 게일런은 소련공산당중앙위원회에 들어가 원수 계급까지 승진했다. 1937년 스탈린이 군사적 입장을 바꾸었을 때는 주요 장군들을 심판하는 특별 법정의 명단에 들었다. 한 보도에 따르면, 그는 사형 집행 감독을 억지로 맡았으나 자신의 부대가 숙청되는 것을 막지 못했다고 한다. 게일런은 사면되어 극동 아시아에서 일본과의 큰 전투를 승리로 이끌었다. 그 후 모스크바로 불려가 스탈린의 명령으로 학교 선생님인 아내와 아이들과 함께 체포되었다. 비밀경찰 총수 라브렌티 베리아(Lavrenti Beria)가 심문을 진행했

다. 게일런은 협조를 거부하고 혹형을 받았다.[33]

장제스는 몇 년이 지난 뒤 스탈린에게 게일런을 다시 고문으로 보내 달라고 부탁했다. 하지만 회신이 없었다. 1939년 장제스는 모스크바에 특사를 보내 같은 요청을 되풀이했다. 하지만 스탈린은 게일런이라는 이름도 몰랐다. 보좌관이 낮은 목소리로 블류헤르라고 속삭였다. 장제스의 요구는 만족스러운 결과를 얻지 못했으니, 소련의 독재자는 예의 그 사람이 일본인 여간첩에게 비밀을 누설한 죄로 총살당했다고 말했다.[34]

최고사령관에서 물러나 뒷날을 기약하다

1927년 늦여름, 우한 사건 및 펑위상과의 연맹으로 장제스는 세계의 최고 지도자들 중 한 명으로 부상했다. 하지만 그의 일생이 늘 그러했듯 두드러진 성공은 심각한 위협을 동반했다. 소련인 추방 이후 상하이에서 새 지도자의 영도 아래 지하 운동으로 방향을 전환한 중국공산당과의 결렬로 국민당 좌우파 간의 다툼의 씨가 사라지자, 장제스의 지위는 서서히 쇠약해졌다. 4월 상하이에서의 잔인한 진압으로 충격을 받은 많은 당원들은 이제 장제스를 새로운 통일 전선의 장애물로 간주했다. '공산당 축출, 장제스 반대'라는 구호가 도처에서 들려왔다. 광시 파벌은 우한 정부의 지도자들과 비밀 회담을 열었다. 장제스의 군대가 군벌 쑨촨팡의 함정에 빠진 뒤로 난징의 사령관이라는 그의 군사적 지위도 도마 위에 올랐다. 비록 다른 장군이 견책을 받고 처형당했지만, 장제스는 전권을 가지고 승리를 얻겠다 맹세했던 까닭에 책무를 회피할 수가 없었다.[35]

8월 중순, 장제스를 동부군 사령관이라는 보다 덜 중요한 직위로 전출시키자는 제안이 군사위원회에 제출되었다. 우한 국민당 좌파 정부와 난징 국민당 우파 정부의 합병을 조건으로, 장제스는 곧바로 국민혁명군 최고사령관을 그만두겠다는 사직서를 제출했다. 조지 소콜스키(George Sokolsky) 기자는 "몇 분

동안 회의장은 정적에 휩싸여 아무도 말문을 열지 않았다."라고 보도했다. 얼마 후 위원회에서 별로 중요하지 않은 직책을 맡은 자가 일어나서 우한 정부와의 합병이 얼마나 중요한지를 열변했다. 장제스는 벌떡 일어나 회의장을 빠져나와서 임시 열차를 타고 난징을 벗어났다. 상하이에서 자문들과 상의한 뒤 그는 고향으로 향했다. 장제스의 주요 정치적 맹우들도 분분히 사직을 청했으며, 청방의 우두머리들은 불만을 드러내고자 난징 정부에 대던 자금을 끊었다.[36]

장제스는 시커우 고향 마을 뒤 산비탈에 자리한 절에 거처를 마련했다. 밤마다 키 높은 풀과 대나무 숲 사이에서 반딧불이 반짝반짝 빛나는 곳이었다. 새벽 다섯 시에 자명종이 울려 취재차 방문한 《뉴욕 타임스》의 미셸위츠 기자를 깨우면 캘리포니아산 오렌지, 뜨거운 우유, 케이크, 빵과 초콜릿 웨이퍼가 아침 식사로 날라져 왔다. 목까지 단추를 채운 비단 윗옷을 입은 장제스는 넓은 툇마루에 앉아 방문객을 맞이했다. 이 기자가 썼다. "그는 침착해 보였고, 지난번에 만났을 때와는 생판 다르게 긴장과 피로감이 전혀 보이지 않았다." 두 사람이 녹차를 마시고 견과와 사탕을 아작아작 씹어 먹는 동안, 장제스는 이미 자신은 혁명의 한 부분이고 혁명도 자신의 한 부분이기에 도저히 완전하게 은퇴할 수는 없다고 말했다.[37]

장제스가 하야하고 떠난 뒤 열흘이 지났을 때였다. 쑨촨팡의 3만 부대가 양쯔 강을 건너 난징성 아래까지 쳐들어왔다. 새로 정부를 세운 광시 지도자들은 엿새 만에 적을 격퇴했다. 우한의 군대는 새 정부에 저항을 시도하다 패배했고, 사령관 탕성즈는 배를 타고 일본으로 가 버렸다. 광시 군대는 북방 군벌의 공격을 또 한차례 격퇴했다. 하지만 이런 군사적인 성공에도 불구하고 광시 파벌은 정치적으로 고립되었고 자금도 절망적으로 부족했다. 장제스는 그의 지지자들이 난징에서 벌인 시위행진을 통해 정치적 역량을 과시했다. 이 시위에서 보안 부대는 3명을 죽이고 75명에게 부상을 입혔다. 장제스는 또한 광시 파벌에게 배척당한 왕징웨이와 연락을 취했다. 적의 적은 곧 친구라는 원칙 아래, 왕징웨이와 장제스는 상하이에서 만나 공동 대책을 논의했다. 그 후 공산당원들은 혁명적인 업적을 증명하라는 스탈린의 명령으로 12월 11일에 광저

우 봉기를 일으켰다. 그러자 정세가 갑자기 돌변했다.[38]

'반동적인' 군관과 상인은 곧바로 총살되었다. 경찰국이 공격받았고 주요 건물들이 약탈당했다. 광저우 소비에트 정권은 노동자들에게 음식, 의복, 집 그리고 8시간 노동제를 약속했다. 광둥 군대의 반격은 만만찮게 격렬했다.《북화첩보》는 "죽음의 도시"에서 최초의 공식적인 사망자 수는 5700명이라고 보도했다. 털모자를 쓰고 무릎까지 올라온 장화를 신은 망나니들이 용의자들을 결박하고 참수했다. 어린이 시체들이 길가에 쌓였다.《남화조보(南華早報)》는 "대부분 단발머리를 한" 여자들이 거리에서 총살당했다고 보도했다. 교육가 얼 스위셔는 포로를 가득 실은 배 일곱 척을 강에 밀어 넣고 총격을 가하는 장면을 목격했다.[39]

광저우 봉기를 계획한 소련 영사관도 습격을 당해 외교관 5명이 처형되고 시체는 잔디밭에 버려졌다. 난징 우파 정부는 통치 지역 내의 모든 소련 외교기관을 폐쇄하라고 명령해 소련과의 외교를 단절했다. 광저우에서와 마찬가지로 강변에서 잔혹한 백색 테러가 자행되었다. 어떤 보도에 따르면 공산당 반란자들의 심장을 먹고, 자른 머리를 소금물에 절였다고 한다. 우한에서는 공산당 혐의자도 어김없이 거리에서 총살되었고 소련 영사관이 약탈당했다. 영사는 그의 비단 중산모를 쓴 병사와 여자 옷을 훔치는 무리를 보았다고 보고했다. 공산당 조직은 한 해에 걸친 진압으로 인해 사망한 인원수가 3만 7981명이라고 확정했다.[40]

왕징웨이는 봉기 전부터 줄곧 광저우에 머무르고 있었다. 이 때문에 그는 타격을 입었다. 머지않아 정변이 터지리라는 것을 그가 알았든 아니면 의식하지 못했든 간에 여하튼 결과는 나빴다. 왕징웨이의 약한 지위와 광저우 봉기의 충격을 고려하면, 장제스는 이제 좌파의 도전을 걱정할 필요가 없었다. 동시에 중국의 사분오열은 국가 통일에 훨씬 더 큰 희망을 가져다줄 수 있는 유일한 남자가 복귀해야 할 시기가 도래했음을 의미했다. 하지만 그 전에 장제스는 크나큰 개인적 배반을 통해 중국에서 가장 영향력이 센 가문과 인척 관계를 맺어야 했다.[41]

10

정략결혼

1927년 연초, 장제스는 우한 정부와의 대립으로 곤혹스러운 가운데 양쯔 강 가의 총사령부에서 출신이 좋은 방문객을 맞이했다. 쑹아이링은 상하이 유력 가문의 세 딸 중에서 가장 무정하고 교활했다. 영미 공동 조계지를 자전거로 왕래해서 추문이 왁자지껄했던 그녀는 상하이에서 자전거를 타고 다니는 최초의 중국인 아가씨로, 감리교 신자인 아버지 쑹자수에 의해 미국에서 대학에 다녔다. 쑨원의 비서로 잠시 일한 뒤 그녀는 공자의 직계 자손이라고 주장하는 산시 성(山西省) 출신의 부유한 은행가 쿵샹시(孔祥熙, 영문명 H. H. Kung)와 결혼했다. 부부는 프랑스 조계지 내 저택에서 살며 네 아이를 길렀다. 미국에서 공부했고 표준석유공사(標准石油公司)와 모종의 관계를 발전시켜 온 쿵샹시는 훨씬 더 큰 부자가 되고 싶은 아내와 꿈을 공유했다. 산시에서 옌시산의 재정 고문을 지내기도 한 그는 우한 국민당 좌파 정부의 공업부장으로 임명되었지만, 재정부장인 처남 쑹쯔원과 마찬가지로 좌익에는 가담하지 않았다. 두 사람은 자연스럽게 보로딘이나 공산주의자들보다는 보수 혁명을 추구하는 장제스와 가까워졌고, 저마다 장제스의 앞날에서 중요한 역할을 맡았다.

"참된 애정은 희생으로 평가되는 것이오"

키가 작고 포동포동하며 머리 모양을 공들여 단장한 쑹아이링은 되도록이면 내부 정보망을 이용해 재정적, 정치적 연줄을 끌어당기는 데 노련한 수완가였다. 한 미국 방문객은 그녀를 이렇게 묘사했다. "작은 키를 제외하고 말하자면 그녀에게는 매우 권위적이고, 매우 권력 지향적이고, 매우 통찰력이 예민한 무언가가 있어 사람들은 어디에서나 그녀에게 쉽사리 빠져들었다. 바로 권위, 자의식, 권력 의식이었다. 나는 이것이 그 어떤 일도 잊어버리지 않고, 그 누구일지라도 용서하지 않는 마음이라고 짐작했다." 훗날 미국 연방수사국의 한 문서는 그녀를 "가만히 앉아 암암리에 가문을 진두지휘하는 사악하고 영리한 여자"라고 묘사했다. 암살된 국민당 영수 랴오중카이의 미망인은 천제루에게 이렇게 경고한 적이 있었다. "저 여자를 멀리하고, 장제스가 그 올가미에 걸리지 않도록 주의하세요."

이 경고는 쑹아이링이 1922년 광저우에서 연 만찬 뒤에 현실이 되었다. 연회는 표준석유공사 사장이 부재한 저택에서 열렸다. 손님은 장제스 부부, 외교부장 천여우런, 랴오 부인 그리고 쑹아이링의 여동생으로 국민당의 한 당원과 약혼을 한 쑹메이링이었다. 장제스는 초대를 받고 매우 들뜬 채 아내에게 말했다. "난 쑨(孫), 쑹(宋), 장(蔣) 이 성씨들이 아주 긴밀한 관계를 맺길 원하오." 일부 기록에 따르면, 장제스는 줄곧 쑹메이링과 결혼을 하길 바랐고 쑨원에게 도와 달라는 부탁까지 했다고 한다. 쑨원은 쑹씨 가문의 세 자매 중에서 둘째인 아내 쑹칭링과 이 문제를 상의했다. 쑹칭링은 이 구상을 극도로 혐오했고, 쑨원은 장제스에게 시기가 무르익기를 기다리라고 충고했다. 특권 집단으로 들어가고자 하는 장제스의 욕망이 너무나 강했기에, 쑹칭링에 따르면 쑨원이 사망한 뒤 장제스는 쑹메이링이 그를 내내 증오했던 것도 묵살하고 그녀에게 청혼했다고 한다. 그녀는 미국인 기자 에드거 스노에게 "이 혼사는 애정이 아니라 정치라고 생각했기에" 거절했다고 밝혔다. 설사 이렇더라도 장제스는 분명히 권력 연맹을 추구하기 위해 두 번째 아내를 버릴 준비를 하고 있었다. 미국에서 교육을 받고 영어를 유창하게 구사하는 쑹메이링에게 매료된 광저우 지도층이 장제스만은 아니었다. 작가 에밀리 한은 보로딘도 쑹메이링에게 푹 빠져 있었다고 진술했다. "보로딘이 그녀의 이름을 몇 번이고 써 놓고 '사랑하는'이라고 덧붙인 종이 한 장을, 하인 하나가 그의 침실에서 훔쳐 쑹가 집안사람에게 보여 주었다."[2]

1922년 저녁 연회에는 용무가 바쁜 장제스보다 천제루가 먼저 도착했다. 천제루는 가장 좋아하는 엷은 흰색 비단 원피스와 같은 색 새끼 염소 가죽 구두 차림에, 하얀 구슬 장식이 달린 핸드백과 단향 부채를 들고 "장제스가 나를 자랑스럽게 여길 수 있게끔 청순하고 재치 있게 보이려" 갖은 애를 썼다. 쑹아이링과 쑹메이링은 색채가 고운 치파오를 입고, 당시 가장 유행하는 머리 모양인 목 뒤로 똘똘 말아서 쪽을 진 머리를 하고 있었다. 천제루는 회고록에서 "그녀들은 마치 상하이 패션 책에서 걸어 나온 것처럼 보였다."라고 회상했다. 다음은 천제루의 기록을 바탕으로 쓴 내용이다.

날씨가 덥고 눅눅한 까닭에 다 같이 시원한 음료를 마신 뒤 쑹아이링은 천여우런더러 천제루를 데리고 집을 둘러보라고 했다. 천여우런과 함께 응접실로 들어갈 때, 장제스의 아내는 쑹씨 자매 중 맏언니가 그녀를 두고 "그냥 중산층 가정주부일 뿐이군."이라고 이죽대는 소리를 들었다. 쑹메이링이 물었다. "전도유망한 지도자의 아내 자격을 어떻게 얻었을까?" "틀림없이 무언가 꿍꿍이를 벌였겠지." "맞아, 맞아. 그럴 거야." 쑹메이링이 맞장구치며 말했다. "하지만 난 저 여자에게도 장점이 있다고 봐. 닝보 농사꾼의 아내로는 딱 제격이잖아."

랴오 부인이 벌떡 일어나 천제루를 위해 맞받아쳤지만, 이야기는 장제스의 아내가 방으로 들어오면서 끊겼다. 수다가 다시 시작될 때 쑹씨 자매들은 차례대로 천제루의 남편에 대한 소식을 탐문했다. 장제스가 도착한 뒤 그들은 식탁으로 갔다. 장제스는 쑹아이링과 쑹메이링 사이에 앉았다. 만찬으로는 콩소메 젤리를 시작으로 미나리와 감자튀김이 곁들여진 구운 빵에 비둘기 가슴살이 나왔다. 쑹메이링이 말했다. "비둘기 고기를 먹는 건 마치 망고를 먹는 것 같아요. 둘 다 아무도 보지 않는 화장실에서 손가락으로만 먹어야 하잖아요." 그래서 그들은 식사를 마칠 때까지 접시에 시선을 집중해야 했다. 천제루는 이 젊은 숙녀가 속물이라는 인상을 깊이 받았다.

북벌에서 최초의 승리를 거둔 뒤, 쑹메이링은 장제스에게 축하 편지를 보냈다. 장제스는 천제루에게 쑹씨 자매 두 사람을 주장의 기지로 초청하자고 제안했다. 천제루가 전혀 흥미를 못 느꼈기 때문에 장제스는 잠시 이 생각을 접어두었으나, 1927년 초에 이르러 쑹씨 가문과 관계를 틀 시기가 무르익었다고 보았다. 쑹아이링은 그의 초청에 응해 중국은행 소유의 증기선을 타고 양쯔 강을 거슬러 올라와 주장 항에 도착했고, 하루 동안은 배에서 줄곧 머물렀다.

쑹아이링의 남편 쿵샹시는 우한 정부의 재정부장이였지만 그녀는 양쯔 강 상류의 국민당 좌파 정권을 향해서는 아무런 충성심도 느끼지 않았다. 천제루의 기록에 따르면, 장제스는 만일 그가 먼저 행동을 취하지 않으면 좌익분자들에게 제거되는 일은 단지 시간문제라는 쑹아이링의 경고를 듣고 곧바로 천제루에게 토로했다고 한다. 쑹아이링은 남동생 쑹쯔원에게 장제스와 연맹을 맺도록 하고, 또한 상하이 은행가와 상인 들을 장제스 편으로 끌어들여 그를 구원해 줄 수 있었다. 당연히 여기에는 대가가 따랐다. 장제스는 반드시 쑹메이링과 결혼하여 쑹씨 가문과 정치적, 경제적, 개인적 관계를 굳게 맺어야 한다는 것이었다.[3]

맨 처음 쑹메이링을 쫓아다닌 지 다섯 해 만에 위대한 야망이 현실화되는 정경에 취해 장제스는 현기증이 날 지경이었다. 천제루는 자신의 결혼을 한 폭의 전원화로 그렸지만, 쑹씨 가문의 환경에 맞설 재량은 없었다. 이 밖에 장제스는 천제루의 일부 습관에 속을 태우기도 했다. 특히 천제루의 돈 낭비 습성과 장제스의 천성적인 절검은 도무지 맞지 않았다고 한다. 하지만 쑹메이링의 재력을 고려하면 장제스는 쑹메이링이 돈을 물 쓰듯 쓴다 한들 반대할 이유가 없었다. 오만한 장제스는 천제루가 그의 이익을 먼저 고려해야 한다고 말하기에 이르렀다. 장제스 아내는 그가 말한 대로 기록했다. "나는 필사적이오. 쑹아이링은 받아들이기 어려운 조건을 내걸었지만 그 말에도 일리가 있지 않소. 그녀의 제안은 중국을 통일하겠다는 나의 계획을 이룰 수 있는 유일한 길이오. 지금 나는 당신에게 나를 도와 달라고 부탁하는 것이오. 나의 청을 거절하지 말길 바라오. 어차피 참된 애정은 한 사람이 기꺼이 치를 수 있는 희생으로 평가되는 것 아니겠소."

장제스는 자신의 결정이 천제루에게 달렸다고 주장했으나, 그녀는 거래가 이미 이루어졌다고 판단했다. 비록 장제스는 자신의 애정이 영원히 변치 않으리라 맹세했지만 그의 마음은 정리된 상태였다. 장제스는 천제루에게 미국으로 5년간 '유학'을 가 보라고 권유했다. 천제루에 따르면, 장제스는 쑹메이링과의 결혼이 "그저 정치적 혼사"라 해명했다고 한다. 이후 그들은 다시 함께 생활할 수 있을 것이라고도 말했다.

본능적인 직감을 받은 천제루는 그를 지옥으로 보내고 싶다고 부르짖었다. 하지만 장제스는 만일 그녀가 동의하지 않으면 북벌이 실패할 거라며 더욱 압박을 주었다. "만일 내가 북벌을 완수할 수 있다면, 중국도 구하고 나 자신도 살 수가 있소. 그렇지 않으면 나는 죽을 것이오. 실패나 실망으로 결국 죽고 말 거란 말이오. 당신은 그렇게 되길 바라는 게 아니지 않소?" 천제루는 생각할 시간을 달라고 했다.

장제스는 쑹아이링과 쑹메이링에게 편지를 썼다. 그리고 출정할 때 천제루에게 건네주며 부치도록 했다. 물론 그의 아내는 편지를 읽어 보았다. 그녀의 회고록에 따르면 한 통은 쑹메이링이 장제스를 향한 태도를 분명히 하도록 만들라고 쑹아이링에게 요구하는 것이었고, 또 하나는 쑹메이링에게 사진 한 장을 보내 달라며 "내가 당신을 계속 볼 수 있도록 해 주시오."라고 쓴 내용이었다. 천제루는 상하이로 향해 장제스와 쑹메이링의 '아름다운' 결혼을 축하하는 손님들의 물결을 참고 지켜보아야만 했다. 그녀는 쑹아이링을 "역겨운 여자"라고 욕했지만 남편을 책망하지는 않았다. 하지만 모친에게는 장제스를 향한 그녀의 사랑이 끝났다고 고백했다.

1927년 8월 1일, 난징에서 사직하기 2주 전에 장제스는 상하이에 머물고 있는 아내를 찾아갔다. 집에 혼자 있던 천제루는 그를 매우 차갑게 대했다. 장제스는 그녀가 외국에서 다섯 해를 보낸 후에 재결합하자고 계속해서 얘기했다. 천제루는 과거는 과거일 뿐이고 해외여행보다는 모친 곁에 있고 싶다고 대꾸했다. 하지만 장제스는 그녀가 중국을 떠나는 것이 쑹아이링이 내건 조건 중 하나이니 감안해 달라고 끈덕지게 우겼다. 장제스가 쑹메이링과 결혼할 때, 만일 그의 합법적인 아내가 상하이에 있다면 쑹씨 가문 사람들은 거북할 게 틀림없었다. 천제루는 기록했다. "나는 그를 경멸하며 쳐다보았지만 가슴속 깊이 동정을 느꼈다. 그는 매우 창백했고, 긴장한 데다 수척해 보였다. 파리한 얼굴은 절망으로 가득 차 있었다."[4]

장제스는 천제루와 자신의 후원자 장징장의 두 딸을 위해 미국행 프레지던트 잭슨 호 표를 샀다고 말했다. 과거에 한 약속을 깼다고 천제루가 일침을 놓은 뒤에도, 그는 또 불단 앞에 서서 5년 이내에 다시 혼인 관계를 지속할 것이라고 맹세했다. "만일 제가 약속을 깨고 아내를 다시 제 곁으로 오게 하지 않는다면, 부처님께서 제 난징 정부를 산산이 부숴 주십시오." 그런 뒤 표를 쥐어주며 그녀가 떠날 때 정부에서 경비 일체를 지불할 것이라 말했다.

장제스가 난징에서 하는 수 없이 하야한 지 일주일 뒤, 천제루는 장징장의 두 딸 테레사와 헬렌과 함께 캘리포니아를 향해 상하이를 떠났다. 머나먼 런던에서 그녀들의 출발을 보도했다. 하와이에서는 국민당 인사들이 꽃다발과 깃발을 들고 나와 환영했다. 천제루 일행이 샌프란시스코에 도착했을 즈음에는 장제스가 머지않아 쑹메이링과 결혼한다는 소문이 상하이에서부터 날개 돋친 듯 퍼져 나갔다. 기자들은 프레지던트잭슨 호를 타고 여행을 떠난 여인들과 장제스의 관계를 파고들었다.

《뉴욕 타임스》 기자에게 장제스는 1921년에 첫 번째 아내와 이혼했고 두 명의 첩도 떠나보냈다고 해명했다. "나는 그들 중 한 명이 제 아내로서 미국에 갔다는 소식을 듣고 매우 놀랐습니다." 장제스는 위선을 멈추지 않았다. "이 결혼의 정치적 함의를 전혀 고려해 본 적이 없고, 쑹 양과 열애에 빠진 지는 벌써 여러 해가 지났습니다. 이 일에 대한 그 어떠한 추측일지라도 저에게는 불공평하고 쑹씨 가문에게도 부당합니다. …… 저는 일부일처제에 맞게끔 자유롭게 결혼하는 것입니다. 쑹 양은 조건에 따라 결혼하는 일에 찬성하지 않으며, 저 또한 감히 그녀와 같은 숙녀에게 조건을 바탕으로 결혼하자고 간청할 수 없는 노릇입니다."[5,6]

천제루는 미국 신문을 통해 이러한 이야기를 읽고 기진맥진했다. 뉴욕의 중국 영사관에 간 천제루는 그녀와 접촉하지 말라는 지시를 받았다는 말을 들었다. 그녀는 격분했다. 야밤중에도 리버사이드 드라이브(Riverside Drive) 거리에 있는 방을 왔다 갔다 하며 눈물이 머리카락을 적실 정도로 울고 고함을 질러 대서 이웃들이 관리인을 부를 지경이었다. 도시 곳곳을 배회하다가 허드슨 강에 투신해 생을 마감하려던 찰나, 한 노인이 그녀를 저지하고 집까지 데려다 주기도 했다. 1933년 상하이로 돌아온 그녀는 장제스가 제공한 자금과 어학 교습 수입으로 생계를 이었다. 1960년대 초에는 홍콩으로 이주해 장제스와 그의 친구 한 명이 사 준 집에 기거했다. 1971년에 천제루는 "우리의 행복한 결혼, 그리고 평범한 한 남자가 어떻게 하늘이 준 기회를 끈질기게 부여잡고 마침내 한 나라의 명실상부한 지도자로 올라섰는지"를 보여 주고자 회고록을 완성한 뒤 사망했다. 이 책에는 천제루가 언급한 바대로 1921년 12월 5일이라는 날짜와 함께 그녀와 장제스의 이름이 또렷하게 쓰여 있고, 다둥 호텔에서 결혼했다는 혼인 증명서의 영문 번역본이 첨부되어 있다. 혼인 증명서에는 이렇게 쓰여 있다. "부부의 백년해로를 기원하며 이 결합이 많은 자손을 낳는 축복을 받기 바랍니다. 본 증명서는 이 결혼의 증거입니다."[7]

이미 정치와 군대를 능수능란하게 조종하는 수완가가 된 남자에게 천제루를 버린 것은 특별한 일이 아니었다. 천제루에게는 한 줌의 권력도 없었고, 장제스의 말은 구정(九鼎)만큼 무거웠다. 천제루는 장제스를 도와주기 위해 조용히 떠났다고 기꺼이 인정했다. "그러나 그를 도울 때에는 알지 못했다. 나는 어쩔 수 없이 그가 나에게 준 치욕을 뒤집어쓰고, 또 뒤집어쓸 수밖에 없었다."라고 그녀는 결론을 내렸다. "쓰디쓴 고난의 세월 동안, 나는 다시 결혼을 하지 않았다. 성과 이름을 숨긴 채 곤궁하고 억압적인 삶을 살았다. …… 거리를 지나가다 나의 과거를 아는 사람의 눈에 띄기라도 하면 늘 호기심 어린 시선을 받았고, 더구나 장제스가 쑹메이링과 결혼하기 위해 내다 버린 여자라는 손가락질을 받아야 했다."[8]

천제루를 버린 뒤 장제스에게는 이제 새로운 장모의 공공연한 적대심을 극복하는 일이 남았다. 쑹자수의 미망인은 군인에 대해 전통적인 편견을 갖고 있었다. 딸의 구혼자로 기독교도가 아닌 남자를 인정하지도 않았다. 예전에 결혼한 적이 있고 첩을 두었던 데다 스무여 살 무렵에는 방탕한 생활을 했다고 알려진 장제스는 하나님을 경외하는 가모장(家母長)에게는 결코 이상적인 사위가 아니었다. 그녀는 일본에서 의학 치료를 받고 있었다.

1927년 9월 말 장제스는 동중국해를 건넜다. 쑹자수의 미망인은 고베(神戸) 근처의 온천 휴양지에 있었다. 장제스는 한 호텔에 머물며 그녀를 만날 기회를 얻게 되었다. 그는 그녀에게 첫째 아내와의 이혼 증명서를 보여 주고, 천제루와 관련된 의혹을 부인했다. 『성경』을 읽을 터이지만 기독교도가 되는 것은 장담할 수 없다고 말했다. 이로써 혼인을 선언하기에는 충분했다. 쑹칭링이 훗날 언급했다. "그는 쑹메이링과 결혼하고자 예배 중에 열광하는 류의 신자가 되는 일에 동의했을 것이다. 하나의 왕조를 세우기 위해 그에게는 쑹메이링이 필요했다." 쑨원의 미망인은 천여우런을 통해 여동생에게 '푸른 수염'과 결혼하지 말라는 편지를 전했다. 쑹메이링은 거들떠보지도 않았다.[9]

쑹메이링과 결혼하여 쑹가와 결탁하다

《상하이시보(上海時報)》는 1927년 12월 1일의 결혼식이 "최근 몇 년 동안 가장 성대하게 거행된 중국 혼례"였고, 이렇듯 군사와 정치, 경제계의 거물들이 한꺼번에 모인 선례는 일찍이 없었다고 보도했다. 장제스는 아직 개종을 하진 않았지만, 신랑 신부는 벽에 결혼식 종 모양의 하얀 장미들이 잔뜩 걸려 있는 후이중 호텔의 무도회장에서 중국식 전통 혼례를 올린 뒤 기독교 예식도 거행했다. 식장에 모인 인파는 1300명에 달했고 밖에서 기다리는 사람들은 1000

여 명이나 되었다. 정탐원들도 운집했다. 현지의 지도층과 중국의 명사들뿐 아니라 영국, 미국, 프랑스, 일본 영사들도 참가했다.

마흔 살짜리 신랑이 연미복과 줄무늬 바지를 입고 새끼 양 가죽 장갑을 낀 채 예식장으로 들어갈 때 우레와 같은 박수갈채가 울려 퍼졌다. 스물여섯 살 신부는 오빠 쑹쯔원의 팔짱을 끼고 러시아 오케스트라가 연주하는 멘델스존의「결혼 행진곡」에 맞추어 뒤를 따랐다. 들러리 넷과 소녀 둘에 검은 벨벳 예복을 입은 생질 둘을 대동한 쑹메이링은 긴 레이스 면사포와 오렌지 꽃가지, 오렌지 꽃봉오리로 짠 화관을 쓰고 은백색의 조젯 웨딩드레스를 입었다. 신발과 양말도 은백색이었다. 부케는 은백색 리본으로 묶은 엷은 분홍색 카네이션과 긴 이파리들로 만들어졌다.

뉴스 영화 카메라가 돌아가는 동안 신랑 신부는 무대 위의 국민당 깃발 옆에 걸린 쑨원의 화상을 향해 국궁의 예를 세 번 올렸다. 성단 양쪽에는 초록색과 하얀색 이파리 그리고 하얀 꽃이 그려진 거대한 병풍이 놓여 있었다. 장수와 행복을 비는 축(祝) 자와 수(壽) 자가 빨간 제라늄으로 새겨진 병풍이었다. 결혼 증명서가 낭독되고 도장이 찍혔다. 가수가 분위기를 고조시키는 찬송가「약속해 주오」를 불렀다. 장제스와 쑹메이링은 서로 허리를 굽혀 절하고 내빈에게도 인사하며 감사의 뜻을 전했다. 두 사람은 장미로 만든 종 아래에서 사진 촬영을 위해 자세를 잡았다. 리본이 나풀거리는 커다란 종에서 꽃잎들이 비처럼 쏟아졌다. 피로연이 열린 뒤 부부는 신혼여행을 떠나기 위해 기차역으로 향했다.

장제스는 "앞으로 나는 차분한 마음으로 혁명이라는 엄청나게 큰 책임을 떠맡을 수 있기 때문에" 이 결혼은 국민당 사업을 훨씬 더 크게 발전시킬 거라는 성명을 발표했다. 그와 쑹메이링은 이 결혼이 결단코 정치적 연맹이 아니라고 주장했다. 쑹메이링은 삶 속에서 감정이 우위를 차지하는 한때가 있는 법이라고 말했다. 그리고 주지하다시피 장제스가 영어로 '달링'이라 말하는 법을 배운 것은 그녀의 강력한 요구 때문일 터였다. 신문지상에서도 볼 수 있는 편지에서 장제스는 쑹메이링에게 이렇게 고백했다. "내가 평생 동안 경모해야 할 사람을 생각한다면 나의 여인, 오로지 당신 한 사람뿐이라오. …… 전선에서 숱한 전투를 치른 나 자신의 영웅적인 업적을 뒤돌아보더라도, 나는 이른바 전공이라는 것이 한낱 환영이나 꿈결에 지나지 않는다고 생각하오. 그럼에도 나의 여인인 당신의 재능과 미모와 덕만은 내가 결코 잊을 수 없는 것들이라오. 유일한 문제는 온 세상이 버린 이 퇴역 군인만 바라보는 나의 여인을 위해 무엇을 해 줄 수 있는가 궁리하는 것뿐이라오."[10]

단호하고 활력이 넘치는 신부는 보스턴 교외에 있는 웰즐리대학(Wellesley College)에서 공부했다. 영문학을 전공한 그녀는 4학년 때 가장 우수한 성적을 얻었다. 대학 기록부에는 이렇게 적혀 있다. "다정하고 외향적이며 인기가 많다. 한 친구에 따르면, 문 앞의 계단에서는 항상 중국인 청년이나 다른 사람들이 그녀를 기다리고 있는 것 같다고 한다."[11]

쑹메이링은 1917년 졸업한 뒤 중국으로 돌아와 사회봉사에 참여했다. 특히 아동 노동을 줄이고 기독교여자청년회(YWCA)를 장려하는 운동을 벌였다. 그녀는 중국어 실력을 다시 키울 필요가 있었는데, 집에서는 영어를 더 많이 쓰는 듯했다. 완벽한 영어 그리고 미국과의 관계로 인해 쑹메이링은 서방인과의 왕래에서 언제나 매력적으로 받아들여지는 가장 유능한 외교관이 되었다. 장제스의 통역이자 편지 대필자로 활동하며 그녀는 고문으로서 영향력을 꾸준히 키워 갔다. 이른바 쑹씨 세 자매에 대한 하나의 관용구가 생겨났다. '한 명(쑹메이링)은 권력을 사랑하고, 한 명(쑹아이링)은 돈을 사랑하고, 한 명(쑹칭링)은 중국을 사랑한다.'[12]

장제스 부부는 서양식 건물과 테니스장, 수영장, 교회당 두 곳과 더불어 달리아가 즐비한 상하이 교외의 모간산(莫干山) 휴양지에서 달콤한 신혼여행을 즐겼다. 장제스는 대숲을 빠져나가 산봉우리에 올라 산 아래의 논을 굽어보았다. 15년 뒤 쑹메이링이 미국의 출판업자이자 《룩(Look)》의 창업자인 가드너 콜스에게 털어놓은 바로, 첫날밤에 장제스는 아이를 낳는 것 외에는 성관계를 옳게 여기지 않는다고 말했다 한다. 콜스는 그의 회고록에 썼다. "장제스는 이전의 결혼에서 아들 하나를 두었고, 또한 아이를 더 갖는 일에 흥미가 없었으므로 그들은 당연히 섹스를 하지 않았을 것이다." 그는 장제스가 쑹메이링을 믿었는지 믿지 않았는지는 확신할 수 없다고 덧붙였다.[13]

신혼여행에서 돌아온 뒤 장제스는 국민당이 단결하여 난징에서 광시 파벌이 이끄는 정부를 공격하자고 호소하는 회람 전보를 돌렸다. 활짝 열린 문을 밀어젖힌 것이었다. 끊임없이 오간 전보는 그의 귀환을 호소했다. 난징의 위기가 깊어 가는 사이에 전선으로부터 허잉친 장군이 그의 복귀를 원하는 전보를 보내왔다. 국민당 상하이 지부에서도 그에게 다시 정권을 잡으라고 간청했다. 한 신문의 만평에서 장제스는 '국민당'이라는 이름을 단 여인이 끌고 '민족주의'라는 문구가 쓰인 말을 타고 있었다. 표제는 "좀 다루기 어려움"이었다.[14]

국민당은 예상했던 대로 협력하는 듯했다. 하지만 장제스의 부상을 도와준 다른 일부 사람들은 그가 아직 적당히 순종할 필요가 있음을 일깨워 주었다. 결혼 후 얼마 지나지 않아 상하이에서 떠돈 이야기에 따르면, 리무진 한 대가 장제스의 집으로 와서 쑹아이링을 방문한다며 쑹메이링을 태워 갔다고 한다. 장제스가 돌아왔을 때 걱정스럽게도 쑹메이링은 언니의 집에 아직 도착하지 않았다. 장제스는 처남 쑹쯔원을 중재자로 내세워 두웨성과 연락을 취하고, 쑹메이링을 찾는 일을 도와 달라고 부탁했다. 두웨성은 쑹메이링이 여자 하인 한 명만을 데리고 상하이의 위험한 거리를 지나가는 것이 발견되었다고 말했다. 그녀를 보호하기 위해 안전한 별장으로 데리고 왔는데, 쑹메이링은 매우 짜증 난다는 듯 음식을 거절하고 있다는 것이었다. 두웨성은 장제스가 아내를 잘 지키지 못하고 있다는 것을 유감스러워했으나, 쑹쯔원이 필요한 '형식적 절차'를 거치자 기꺼이 그녀가 안전하게 집으로 돌아갈 수 있도록 처리해 주었다. 군말을 늘어놓을 필요 없이 그가 조성한 위협이란 게 명명백백했다.[15]

1928년 1월 난징 정부는 장제스에게 전권을 다시 맡아 달라고 요구했다. 장제스는 장갑 열차 세 대의 호위를 받으며 난징으로 향했다. 호위 열차를 전복하려는 시도가 두 번 보고되었지만, 그는 무사히 도착했다. 장제스의 오랜 국민당 맹우 탄옌카이는 8월에 떠날 때의 "우울하고 낙담한" 모습과는 달리 귀환하는 그에게서는 기쁨이 넘쳐 났다고 말했다. 장제스는 다시 한 번 임시 후

퇴하는 전술로 주도권을 잡았다. 이제 그는 기필코 중국 정복을 이루어 내야만 했다.[16]

3부 | 난징 10년의 지도자 1928~1937년

11

난징 정부의 개막

1928년 1월 4일, 난징에서 확실히 우파로 기울어진 정부가 새로이 들어섰다. 당뇨병 치료차 유럽으로 떠났던 왕징웨이는 공개적인 비판을 받았다. 정치위원회 주석에 임명된 장제스는 군(軍)과 정(政)의 실권을 장악하고 신속하게 북벌을 단행했다. 이제 2차 북벌의 목표는 만주 대원수 장쭤린이 장악한 베이징이었다. 밀사들이 잠재적인 배반자들에게 유세를 하기 위해 분분히 북상하고, 기독교도 장군 펑위샹은 북벌 공격에 참가하는 데 동의했다. 산시(山西)의 모범 장관 옌시산도 만주 군대가 그의 성 변경을 침범하자 가담하기로 했다.

이로써 북벌군의 수는 북방 군벌과 대등하졌고, 또한 펑위샹과 국민당에 속한 옌시산의 주요 부관 등으로 구성된 지휘관들은 비슷한 세계관을 공유하게 되었다. 결정적으로 장제스가 자금과 군수 물자의 흐름을 통제하고 있었다. 자금을 마련하기 위해 장제스는 상하이의 은행과 회사에 1500만 위안을 조달하라는 압력을 넣었다. 재정부장으로 돌아온 쑹쯔원이 말했다. "우리는 이번 전쟁에서 끝장을 보길 원했기 때문에, 가슴이 미어질 정도로 사치스러운 자금과 인력을 쏟아부었다."[1]

장제스는 게일런을 대체할 만한 인물을 찾기 위해 독일로 눈을 돌렸다. 처음에는 제1차 세계 대전에서 독일군 사령관이었던 에리히 폰 루덴도르프(Erich von Ludendorff)를 초빙하려고 했지만, 이 육군 원수는 관심이 없었다. 대신 루덴도르프는 1918년 자살 공습을 개시해서 파리를 '불타는 잿더미'로 만들어 버리자고 주장했던 막스 바우어(Max Bauer) 대령을 추천했다. 바우어는 독일의 다른 극우 군관들을 데려와서 "역량, 존엄, 견실함, 호의"를 갖춘 중국인과 "물질주의, 향락주의, 신경과민의 영향"으로 타락한 백인종을 비교했다. 장제스는 상하이의 애스터(Astor) 호텔에서 다섯 시간 동안 그와 첫 번째 대면을 가졌다.[2]

북벌 원정을 완수하다

2차 북벌은 1928년 4월 7일 정식으로 선포되었다. 국민혁명군 100만이 집결하여 4개 군으로 개편되었다. 평위샹의 군대가 31만 명으로 가장 컸고, 장제스 휘하의 병사는 29만 명, 광시 파벌은 24만 명에 달했으며 옌시산의 군대는 15만 명이었다. 장제스의 제1군과 평위샹의 기병대는 동해 연안의 산둥 성을 양쪽에서 공격했다. 성도 지난(濟南)에서 장쭝창은 그의 모친과 첩 몇몇을 북방의 안전한 항구로 미리 피신시키고, 2만 8000명의 굶주린 백성들이 하루에 묽은 죽 한 그릇으로 연명하는데도 새로 갖춘 중앙 난방 장치를 경축하기 위해 성대한 연회까지 열었다. 5월 1일 남군의 선두 부대가 황허를 가로지르는 대교한 곳을 점령했다. 수비대는 뿔뿔이 달아났고, 장쭝창은 베이징으로 가서 만주 맹우와 회합했다. 러시아 장갑 열차 한 대가 포획되었다. 한 보도에 따르면 탑승원들은 "질긴 밧줄에 코가 꿰인 채" 거리로 끌려가 행진을 했다.[3]

장제스는 이튿날 지난에 다다랐다. 그는 부대원들에게 규율을 엄수하라고 명령하며 과중하고 잡다한 세금을 폐지하겠다고 약속했다. 로이터 통신은 미국 목사의 말을 인용해서 새로 입성한 군사들은 전혀 저항을 받지 않았다고 보도했다. 하지만 이곳은 장제스가 처음으로 일본군과 부딪힌 장소가 되었다. 1919년 일본은 독일의 옛 산둥 조차지를 얻었고, 지난에는 일본 민간인 1800명과 병사 2300명이 머무르고 있었다. 장제스는 우수한 장비를 보유한 외국인들과의 충돌을 피하고 싶었다. 또한 그의 맹우가 베이징에 입성하여 주도권을 잡을 수 있도록 시간이 지체되는 것도 결코 원하지 않았다. 그래서 장제스는 이 도시의 일본인 점령 지역에서 부대를 철수하기로 결정했다. 하지만 철군을 마무리하기 전에 몇 곳에서 교전이 벌어졌다. 쌍방은 서로를 비난했다.[4]

일본인들은 성 소재지 외무관의 집무실로 몰려가서 바로 이 건물로부터 그들을 향해 총알들이 날아왔다고 단언했다. 그들은 집무실을 때려 부수고 직원들을 한 방에 몰아넣은 뒤, 외무관을 무릎 꿇리고 누가 총을 쏘았는지 털어놓으라고 했다. 그는 거절했다. 장제스의 일본어판 전기 작가 후루야 게이지(古屋奎二)에 따르면, 일본 군인들은 16명의 직원을 한 사람씩 사살했다고 한다. 한 군인은 보총으로 외무관을 때려눕혀 다리를 부러뜨리고 혀를 자른 뒤, 머리에 총 한 방을 쏘아 죽였다.[5]

일본 측은 자국민 300명이 중국인에게 살해되었는데, 일부는 눈알을 도려내고 돌로 채운 시체로 발견되었다고 주장했다. 나중에는 사망자 13명, 실종자 28명으로 줄였다. 난징으로 보낸 전보에서 장제스는 중국인 1000명이 죽었다고 보고했는데, 아마 정확한 계산보다 10배 정도 과장되었을 것이다. 곧바로 도쿄에서 최대한의 무력을 사용할 참이라는 게 명백해졌다.

앞으로 10년 동안 뒤따라올 선택에 직면한 장제스는 일본인이 "필설로 다할 수 없을 정도로 사악하고 압제적"이라고 비난하는 전보를 난징에 보냈다. 또한 "이렇듯 괴롭히고 능욕을 일삼는 자들에게 비굴하게 굽실거릴 수는" 없다고 말했다. 하지만 영국과 미국의 영사들이 중재를 시작하자 그 역시 "냉정한 태도"를 촉구했다. 비록 일부는 철수를 반대했지만 중국 군대는 이 도시를 포기하기로 했다. 북방 군벌군의 비행기가 총사령부 뜰에 두 발의 폭탄을 떨어뜨려 장제스는 공격을 당했다. 한 발은 그의 침실에서 15미터가량 떨어진 곳에서 폭발해 경비병 두 명이 폭사했다. 5월 6일 장제스는 지난을 떠나 외교적 수단으로 위기를 해결하자고 난징에 건의했다. 상하이, 광저우, 우한에서는 반일 배척 운동과 가두 행진이 폭발했다. 장제스의 태도는 신중했지만, 그의 군대가 침략자에게 과감하게 맞선다는 이미지가 널리 퍼지면서 장제스는 영웅이 되었다.[6]

5월 8일 현지의 일본군 사령관 후쿠다 히코스케(福田彦助)가 잔류하는 중국 군대에게 24시간 내에 철수하라는 최후통첩을 보냈다. 후쿠다는 또한 총격전에 대한 책임이 있는 군관들을 처벌하고, 반일 선전을 금지하고, 일본군에게 작전을 펴고 있는 군대의 무장을 해제하라고 요구했다. 최종 기한이 닥쳐올 즈음 그는 성벽으로 둘러쳐진 3제곱킬로미터의 도시에 포화 공격과 비행기 폭격을 가했다. 대다수의 희생자는 시민들이었다. 다음 날 후쿠다는 성내에 남아 있던 중국군이 떠나도록 했지만, 일본군은 매복 공격으로 많은 사람들을 죽였다.

이틀 뒤 일본군 증원 부대를 따라 기차를 타고 도착한 《뉴욕 타임스》 핼릿 어벤드 기자는 이따금 나타나는 순찰대 외에는 아무도 없는 황량한 거리를 목격했다. 인도와 큰길 중앙에는 중국인 시체들이 널브러져 있었다. 어벤드가 썼다. "시체 대부분은 썩어 문드러져 색이 변해 있었다. 죽은 말들의 수많은 다리가 기괴하고도 측은한 자세로 하늘을 향해 뻣뻣하게 뻗어 있었고 …… 거의 모든 상점들은 부서진 채 열려 있어서 재빠르게 약탈당한 무질서의 흔적만이 고스란히 남아 있었다." 한 조사에 따르면 중국인 사망자 수는 3000명이었다. 하지만 어벤드는 그보다 갑절은 더 많을 것이라고 생각했다.[7]

난징 정부는 일본을 제지하기 위해 국제 연맹에 호소했지만, 도쿄에서는 계속해서 사과와 배상 및 연루된 중국 군관들의 처벌을 요구했다. 열강들은 아무 관심도 표방하지 않았다. 중국에 조계지를 두고 있었기 때문에 일본을 동정했던 것이다. 장제스는 선언문을 공표했다. "복수심에 불타는 우리의 적개심을 노출해서는 안 된다. 아니면 적과 싸울 수가 없을 것이다. 우리의 복수심을 숨기고 보여 주지 말자. 우리의 정신을 가다듬고 와신상담하자. 나라의 치욕을 되갚아 주기 위해 다 함께 똘똘 뭉치자. 자유와 독립이라는 목표를 향해 나아

가도록 중국을 이끌어 가자!"⁸

장제스가 지난 사건에 휘말리는 사이 북방에서의 전쟁은 새로운 전기를 맞고 있었다. 산시의 옌시산 군대와 펑위샹의 병사들이 평원을 넘어 서쪽과 남쪽 두 방향으로부터 베이징에 임박했다. 펑위샹은 1924년 군벌 맹우 우페이푸를 배반한 뒤로 청나라의 옛 수도를 손에 넣을 방법을 궁리하고 있었다. 장제스는 그가 베이징에 먼저 입성하는 것을 원하지 않았다. 그리하여 베이징 점령은 옌시산에게 맡기자는 데 동의했다. 양면 공격에 직면한 만주 군대는 고향으로 철군하기로 결정했다.

은색 돔 위에 시계탑이 있고 회색과 하얀색이 갈마드는 베이징 기차역은 북상하는 인파로 꽉 차 있었다. 1928년 6월 3일 새벽이 밝기 전 호위 차량 20대가 기차역으로 질주했다. 만주 대원수 장쭤린은 곧바로 장갑 열차를 타고 그의 수도인 펑톈으로 돌아가는 여행길에 올랐다. 군악대의 연주가 시작될 때 장쭤린은 암청색 개인 객실로 들어갔다. 로이터 통신은 그가 매우 밝게 웃었다고 보도했다. 장쭝창도 그와 함께 여정에 올랐다. 외국 사절단의 요구와 난징 정부의 협의 아래, 믿을 만한 만주 부대가 국민혁명군이 당도할 때까지 질서 유지를 위해 베이징에 남았다.

이튿날 이른 아침 5시, 장쭤린을 태운 열차가 펑톈 교외의 황구툰(皇姑屯)으로 진입할 즈음 54세의 만주 지도자는 앉아서 담배를 피우고 있었다. 그의 개인 객차가 다리 아래를 지날 때 엄청난 굉음을 동반한 폭발이 아치형 돌다리를 무너뜨렸다. 조계지의 일부인 이 지역은 일본인이 관할했지만, 수비대는 철도선을 지키지 않고 병영에서 대기하고 있었다.

장쭤린은 일본인 고문의 부축을 받으며 기차에서 빠져나왔다. 코와 부상당한 왼팔에서 선혈이 쏟아졌다. 펑톈 방직 공장으로부터 포드 자동차 한 대가 20분 만에 도착했다. 대원수를 태우고 관저로 내달리는 차 안은 피로 흥건했다. 들것으로 운반할 때 그는 피를 토했다. 영국인 의사가 그에게 장뇌 주사를 놓았다. '동북 호랑이'는 일본인 병원으로 이송되어 폭발 사건이 벌어진 지 4시간 만에 숨을 멈췄다.⁹

이 암살은 도쿄로부터 점점 더 독립적인 세력이 되어 가던 만주의 유명한 관동군(關東軍) 군관들이 저지른 짓이었다. 관동군은 원래 조계지에 주둔했다. 당시 펑톈 성내의 일본인 주택가에서 일어난 폭탄 사고 또한 일본인 보호를 명목으로 병사들을 성내에 진입시키기 위해 그들이 벌인 자작극이었다. 비록 장쭤린은 예전의 협력자였지만, 관동군 장교들은 그를 영토 확장 계획에 방해가 되는 인물로 간주했으며 아편 중독자인 그의 아들 장쉐량은 나약한 갈대이리라고 예상했다.

암살 음모에 참가하지 않은 일본인 총영사가 일본 국민들을 보호하기 위한 행동을 취할 필요가 없다고 도쿄에 보고하면서 일은 다소 어긋났다. 관동군이 아편 중독자 중국인 세 명을 체포하여 그들이 장쭤린을 암살하려 폭발 사건을 일으켰다고 고발하자 또 다른 우여곡절이 생겼다. 이 셋을 총살형에 처하려 할 때 한 명이 달아나 장쉐량에게 자초지종을 일러바쳤다. 하지만 아무런 도움이 되지 않았다. 관동군은 이미 대세를 꽉 틀어쥐고 있었다. 도쿄에서 수상 다나카 기이치(田中義一) 남작은 한 달이 지나서야 사건의 전말을 들을 수가 있었다. 그가 군사 법정을 열어 이 사건의 책임자를 심판하라고 요구하자 군부 고위층이 제지했다. 또한 다나카는 엄격한 처벌을 고수하지 않은 쇼와(昭和) 천황으로부터 신임을 잃었다는 사실을 듣게 되었다.

펑톈의 청년 원수 장쉐량은 일본으로부터 굴종적인 압력을 받았다. 그가 아버지의 장례를 치른 뒤, 중국을 방문한 한 일본 대신은 그에게 도쿄는 만주와 "내부적으로 불안정하고 친공산당적인 난징 정부" 사이의 그 어떠한 협의도 제지할 것이며, 만일 국민당의 깃발이 만주에 휘날리면 그에 상응하는 필요한 조치는 무엇이든 다 하기로 결정했다고 말했다. 장쉐량의 기록에 따르면 그는 이렇게 대답했다. "당신은 한 가지를 잊고 있습니다. 내가 중국인이라는 사실 말입니다." 그들 사이의 대화가 매우 솔직했기 때문에, 통역가는 통역을 계속할 수 없다고까지 말했다.[10]

장쭤린이 죽음의 길로 내달릴 때 국민혁명군 전초 부대는 이미 베이징에 당도했다. 도성 밖 이허위안(頤和園)에서는 격렬한 전투가 벌어졌지만, 회색 군복을 입은 수천수만의 국민혁명군이 먼지와 때를 뒤집어 쓴 채 달빛에 반짝거리는 총검을 차고 베이징으로 진군할 무렵에 이르자 더는 저항이 없었다. 난징에서 장제스는 이제 전쟁이 필요하지 않으므로 군사적 직위를 내려놓겠다며 사직서를 제출하는 연기를 펼쳤다. 물론 그의 요구는 거절당했다. 장제스는 아내를 데리고 승리의 여행길에 올랐다. 그는 우선 양쯔 강을 거슬러 올라가 그에게 경의를 표하는 성대한 연회가 열린 우한에 도착했다. 그런 뒤에는 현지의 유명 인사들이 기차역에서 밤을 새워 기다리고 있는 베이징으로 기차를 타고 갔다. 국가의 수도는 난징으로 정해졌기에, 그는 단지 모자를 흔들며 몇 마디 인사말을 하고 사진을 함께 찍자는 부탁은 거절하는 것으로 이 황성(皇城)을 얕잡아 보고 있다는 뜻을 내비쳤다."

이번 여행은 국민당 정부가 2년 전에 개시한 2400킬로미터의 북벌 원정에서 얻은 전국적인 승리를 널리 선포하는 것이기에 그 의의가 각별했다. 장제스의 첫째 일은 시산에 안치된 쑨원의 영구를 배알하는 것이었다. 장제스와 쑹메이링이 커다란 깃발들로 장식되어 있는 절에서 걸어 나올 때, 쑹메이링은 그를 대신해 햇빛을 피하는 양산을 펼쳤다. 이틀 후 한층 더 큰 의식석상에서 장제스는 쑨원의 영전에 북벌 완료를 보고하는 추도사를 읽은 뒤 목이 메어 관 위에 엎드린 채 흐느껴 울었다. 평위샹이 그의 팔을 잡아 일으켜 세우고는 부축해서 자리를 떠났다.¹²

입장을 바꾼 장쭝창의 부하 한 명이 도성 밖 청나라 황가의 능묘를 약탈할 때 장제스에게 결집한 맹우들의 유형이 낱낱이 드러났다. 톈진의 일본 조계지 피난소에 숨어 있던 청나라의 마지막 황제 푸이는 이 일로 분노에 치를 떨었다. 하지만 장제스는 그 어떤 행동도 취하지 않았고, 황관(皇冠)의 진주들은 쑹메이링에게 몽땅 보내져 그녀의 구두를 장식했다는 소문이 파다했다. 평위샹의 군관 중 한 명은 독단적으로 경호원을 대동하고 쑨원의 묘 주변에서 위세를 부리며 거드름을 피우는 광경을 연출하기도 했다. 하지만 대다수의 경우 일들은 평탄하게 진척되었다. 장제스와 그의 아내는 도성 내에서 가장 좋은 시설인 베이핑 호텔로 숙소를 옮겼다. 그들은 베이징에 있는 장쉐량을 초청해 차를 마셨는데, 쑹메이링이 장쉐량의 별명을 부르자 장제스가 어떻게 아는 사이가 되었느냐고 물었다. "당신을 만나기 전에 그를 만났어요." 그녀는 1920년대 중반 상하이에서 장쉐량과 내왕할 때를 회상하며 대답했다.[13]

베이징에 체류하면서 장제스는 북방의 장령들을 만났을 뿐 아니라, 서방 국가의 외교관들과 교류하는 채널을 가질 수 있었다. 우한의 좌파 정부가 끝난 뒤부터 외국인과의 관계는 개선 일로였다. 난징은 미국과 관세 문제를 협의했고 사실상 승인까지 된 상태였다. 7월 21일 장제스 부부는 외교 사절단을 초청해 연회를 베풀었다. 이후 영국 대사가 장제스를 초청해 저녁 만찬을 대접했다. 한 달 뒤 난징 사건에 관한 중·영 협의가 공포되었다. 이 협의에서 중국은 책임을 인정하고 사과하면서 배상을 약속하고 공산당을 비난했다.[14]

대사관 연회 뒤 장제스는 밤 기차를 타고 난징을 향해 떠났다. 앞뒤로 장갑 열차가 길을 열고 뒤를 따랐다. 북상할 때보다 야위고 피곤한 듯 보였지만 정신은 활기찼다는 보도가 있었다. 장제스는 북벌 전쟁으로 중단한 충치 치료를 위해 수도 난징에서 상하이로 갔다. 발치로 인한 잇몸 출혈 탓에 고향 마을로 가서 휴양하며 건강을 되찾은 그는 가을이 되어 새로운 중국을 세우기 위한 구상이 가득한 난징으로 되돌아왔다.[15]

난징 국민당 정부에서 개혁을 이끌다

정부가 제안한 계획들이 넘쳐 나는 가운데 난징 정권의 행정 집행 능력은 늘 시험대에 올라 있었다. 하지만 중국이 현대화를 받아들인 1980년에 이르기까지, 실로 이 무렵에는 다른 어떤 시기보다도 많은 행정 처리 문제가 산적했다. 열강의 난징 정부 승인은 장제스의 국제적 지위를 확립해 주었다. 오로지 일본만이 중국이 불평등 조약으로 잃은 관세 자주권을 되돌려 주기를 거절했다. 비록 외국인 조계지는 여전히 존재했지만 장제스는 학생들에게 다음과 같이 보증했다. "만일 3년 내에 외국 군대를 중국에서 철수시키지 못하고 불평등 조약을 폐지하지 못한다면, 나는 직무를 소홀히 한 죄로 처단되는 첫 번째 사람이 될 것이다." 난징 정부는 워싱턴, 유럽 그리고 라틴 아메리카에 외교관을 파견했다. 군대의 사관 후보생도 외국으로 보내 훈련을 받도록 했다. 쑹메이링은 장제스에게 영어를 가르치기 시작했다. 에밀리 한의 전기에 따르면, 이러한 시도는 장제스가 새로 배운 영어 실력을 영국 대사 마일스 램프슨(Miles Lampson) 경에게 선보인 뒤 중단되었다. 그는 대사에게 "굿 모닝, 램프슨." 하고 인사하는 대신 "키스 미, 램프슨."이라 말했다고 한다.[16]

헨리 포드(Henry Ford)를 포함한 외국 고문들이 임명되었다. 그는 제안을 처음부터 받아들이지는 않았지만, 중국을 방문할 필요가 없다는 조건을 걸고 나서 수락했다. 미국인 도시 디자이너 어니스트 페인 굿리치(Ernest Payne Goodrich)는 초빙을 받아들이고 난징과 광저우를 다시 설계하는 일에 몰두했다. 프랑스 인 한 명이 초청에 응해 입법 기관을 구성하는 일을 도왔고, 영국의 식민지 행정관 프레더릭 화이트(Frederick Whyte) 경은 정부의 고급 고문이 되었다.[17]

쑹쯔원은 적절한 국가 예산 편성과 세수의 표준화 및 중앙은행 설립을 약속했다. 전국적인 도량형 체계도 마련되었다. 염세 수입은 교육 재원으로 쓰였다. 난징이 직접 관할하는 다섯 성에서는 농지세와 상품 운송 리진을 폐지하겠다고 발표했다. 토지 점유 현황에 대한 등기도 계획되었다. 부패를 없애기 위해 공무원 봉급을 인상했다. 전족과 흡연을 반대하는 운동이 일어났으며 음력을 양력으로 대체했다.

강물 범람을 막고 농업과 광업 발전을 도모하기 위한 대공사가 심혈을 기울여 계획되었다. 하루 8시간 노동제, 아동 노동 금지 및 주의 기간 제공, 사원 이익 배당에 관한 법률의 초안도 잡았다. 쑨원의 아들 쑨커는 아버지의 뒤를 따라 교통부장으로서 수천 킬로미터에 달하는 철로, 도로, 항공 운송로를 세우는 계획을 입안했다. 황푸군관학교는 여전히 황푸로 언급되었지만 난징으로 옮겨져 더욱 확대되었다. 장제스는 이 학교의 제1기 졸업생 1000명에게 훈시했다. "우리는 반드시 새로운 환경을 창조해야 한다. 그렇지 않으면 우리는 건강하지 못했던 옛 환경의 희생양으로 전락하고 말 것이다."[18]

용이 몸을 서리고 있는 듯한 양쯔 강과 동쪽으로 도사리고 앉은 호랑이 같은 쯔진 산(紫金山)이 둘러싼 이 새로운 수도는 1400킬로미터의 현대식 도로망을 갖춘 신중국의 명소가 되었다. 현대식 콘크리트 기둥과 거대한 유리창, 전통적인 곡선 지붕과 아치형 문을 가진 정부 각처의 관공서 건물들이 지상으로부터 우뚝 솟았다. 미국인 디자이너는 사찰과 고대 유적은 보존하겠다고 서약했지만, 성벽 위에 고가 도로가 세워져야 한다고 주장했다. 부유한 주민들은 부근의 산기슭에 세운 별장을 소유했다. 시내에는 공무원들과 공무원 준비생들이 차고 넘쳐 호텔에 빈 방이 없을 지경이었다.[19]

일부 제안들, 특히 쑹쯔원의 건의는 이미 실행에 옮겨졌다. 장제스의 후원자 장징장의 지도 아래 전국재건위원회가 발전소를 현대적으로 개조하고, 교통을 개선하고, 또한 라디오 방송국도 설립했다. 매년 공산품 생산량, 발전량, 철로 교통이 평균 10퍼센트 가까이 증가했다. 국가가 경제 분야에서 나날이 중요한 역할을 도맡았다. 하지만 이러한 성장은 매우 열악한 기초 위에 세워졌고, 더구나 중국의 일부 작은 지역에만 집중되었다. 나머지 대부분의 지역은 여전히 뒤쳐졌으며 가난했다.[20]

절반의 성들이 기근으로 황폐화되어 2000만 명이 기아에 빠지고 600만 명가량이 굶어 죽었다. 돌림병이 각지에서 창궐했다. 메뚜기 떼가 농작물을 깡그리 먹어 치웠다. 굶주린 농민들은 메뚜기를 잡아서 삶아 먹었다. 혹독한 겨울 추위로 수만 명이 목숨을 잃었다. 미국의 자선 단체가 구제를 위해 800만 위안을 조달했지만 지방 관리들이 구호 물자를 빼돌려 팔아먹었다. 군벌 부대의 패배로 토비가 급속도로 증가했다. 병든 사병들은 발진 티푸스와 콜레라를 전염시켰다. 전쟁 지역에서는 철로가 끊기고 다리가 무너졌으며, 버려진 기관차는 녹이 슬어 버렸다. 산처럼 쌓인 음식물과 화물이 역에서 오지도 않는 열차를 기다렸다. 광저우는 경기 불황으로 몸살을 앓았다. 우한에서는 실업자가 10만 명에 달했다. 난징이 국가의 수도가 된 뒤 이름이 베이핑으로 바뀐 베이징에서는 25만 명이 극빈층이었다고 한다.[21]

장제스가 맹우들을 무차별적으로 한데 모은 것은, 국민혁명군의 깃발을 흔들긴 하나 여전히 옛날 방식대로 행동하는 군벌들을 정부의 보호 아래에 둔다는 걸 의미했다. 비록 법령으로는 금지했지만 아편은 군인과 공무원, 지방 정부와 무법자의 주요 수입원이었다. 안후이 성을 방문한 누군가는 그 어떤 농작물도 볼 수 없었다고 말했다. 1928년 말 로이터 통신은 거의 모든 주요 군벌 집단들이 아편 운송에 발을 들이고 있으며, 아편 금지 법령을 강제로 집행하는 것은 전쟁을 뜻한다고 보도했다. 난징 정부는 아편 장사를 비난했지만, 필요한 경비 대부분을 상하이의 청방이 양쯔 강에서 걷은 아편 운송세로 충당했다.[22]

정부 자금이 끊임없이 부족했다. 난징 정부에 대해 입에 발린 말을 하는 성들조차 세금을 중간에서 가로채고 내지 않았다. 1929년 쑹쯔원은 억류한 자금을 중앙 정부에 납입해야 하는 성 12곳의 명단을 작성했다. 군사비 지출과 채무 상환에 예산의 80퍼센트가 소요되었다. 정부 채권을 팔기 위해 재정부는 하는 수 없이 20퍼센트의 실제 이율을 지불했다. 많은 공무원들이 무능하거나 거창한 계획들을 철저하게 실행할 준비가 근본적으로 되지 않았다. 일부 계획은 집행할 때 지방 군벌들과 향신들의 방해로 제한을 받았다. 방문 중인 영국인 사회 분석가 리처드 토니(Richard H. Tawney)가 지적했다. "아무것도 이루어지지 않았다. 조금이라도 잘될 것이라고 희망하는 사람도 거의 없었다. 자금은 늘 모자랐고 행정 인원도 부족했다. 상업과 관련된 공무원의 관심은 오로지 금전에만 쏠려 있었다. 후임자는 납치될까 두려워 국가의 배려가 가장 필요한 지역을 방문할 수가 없었다."[23]

장제스는 문제를 잘 인식하고 있었다. 그가 국무위원회에서 발언했다. "나는 일찍부터 많은 공무원들이 자신들이 해야 하는 일을 모르고 있고, 다른 사람들도 일을 어떻게 처리해야 하는지 모르는 듯하다는 점에 주의하고 있었습니다. 이것이 우리의 정부 조직이 점점 더 나빠지는 이유입니다." 공무원들은 하루에 6시간만 일했지만 "나는 많은 관리들이 집무실 책상에 앉아서 허공만 뚫어져라 쳐다보거나 아니면 신문을 읽든지 잠을 자고 있는 모습을 자주 목격했습니다."[24]

행정 관리 방면에서는 결함이 있었을지라도, 이 시기는 이제 41세인 장제스가 스스로를 중국의 운명을 짊어진 지배자로 여기며 그 통치력을 전국적으로 확장하는 순간이었다. 장제스는 유교에서 말하듯 자기 자신을 중국을 통치할 수밖에 없는 천자(天子)와 같은 인물로 간주했다. 난징은 단지 다섯 성에만 권한을 행사할 수 있었지만 장제스는 정복자였기에 순종을 기대했다. 그가 삼중으로 방비되고 있는 국무위원회 건물 안뜰의 성전으로 들어서자 모두 벌떡 일어나 경례를 했다. 스웨덴 탐험가 스벤 헤딘(Sven Hedin)은 장제스를 만나 그의 엄숙하고 굳은 표정에 깊은 인상을 받았다. "그는 높은 권위를 지녔으며 과감하고 개성이 강한 사람이라는 느낌을 곧바로 남들에게 심어 주었다." 내방한 영국 사학자 아널드 토인비(Arnold Toynbee)는 그의 "냉정한 두뇌와 절제된 활력"에 대해 쓰기도 했다.[25]

장제스는 중국을 세계 속의 떳떳한 근대 국가로 만들고 싶은 열망과 전통적인 이상 및 실천 규범을 지고지상으로 여기는 고집 사이에서 갈팡질팡하는 곤경에 빠져 있었다. 그의 사상은 그간 열독한 중국의 고대 경전 및 오랜 친구 다이지타오의 사상에 바탕을 두고 있었다. 다이지타오는 마르크스주의를 중국에 들여오는 데 크게 일조했지만, 나중에 유가 학설로 전향하고 완고한 반공 분자로 변신했다. 쑨원의 비서를 맡았던 다이지타오는 신경 쇠약으로 고생하며 몇 차례 자살을 시도하기도 했다. 장제스의 양자 장웨이궈의 생부이기도 한 그는 국민당이 국가에 대한 무제한의 "독점적, 배타적, 통일적, 통치적" 권한을 가지고 모든 계급을 대표하는 독재 국가를 세우자고 건의했다. 대권을 쥔 장제스가 국민당은 인민을 위해 권력을 행사해야만 한다는 법령을 정한다. 노동자들은 사익을 추구할 수 없다. 파업과 주 노동 시간 단축 요구는 "생산량을 억제하고 노동자를 파멸로 인도하며 국가에 무한한 손해"를 끼칠 것이다.[26]

좌익 인사들이 더 많은 민주주의와 혁명 수단 회복, 대규모 군중집회 거행 및 반제국주의를 요구하기 위해 개조동지회(改組同志會)*라는 단체를 조직하

---

* 왕징웨이와 천궁보 등 좌파는 국민 혁명 전개의 원점이던 국민당 개조 때의 방침을 지속해야 한다며 중

자 장제스와 그의 동맹자들은 그들의 힘을 보여 주었다. 1929년 3월에 열린 국민당 전국대표회의에서는 38개의 당 부서 중 4개만 직접 선거로 뽑도록 허용했다. 대회가 열리는 회의장을 군인들이 에워쌌고, 당 관리위원회는 충성스러운 추종자들로 채웠다. 의제에서 민주주의 내용을 없애기 위해 중앙집행위원회는 국민당이 인민을 대표하여 1935년 말까지 '훈정'을 실시할 것이라고 규정했다. 다수의 동창생들을 공산 분자라고 고발한 뒤 장제스의 관심을 받은 황푸군관학교 졸업생 다이리(戴笠)는 오로지 장제스에게만 충성을 바치는 비밀경찰 조직을 꾸리고자 매우 은밀하게 활동했다. 다이리의 계획 중 하나는 잠재적인 좌파 변절자에게 마약을 투여하여 자신이 원하는 일이라면 무엇이든지 하는 마약 중독자로 만드는 것이었다고 한다.[27]

수그러들지 않은 반공 탄압은 지적 불임이 국민당 정부의 표식이라고 비판한 중국의 가장 우수한 청년 작가 및 사상가 들과 체제 사이의 틈을 더욱 넓히는 데 일조했다. 후난에서는 대대적인 진압으로 수천 명이 비명횡사했다. 산터우에서는 정치범의 몸에 무거운 물건을 매달아 바다에 던졌다. 하지만 공산당은 궤멸되지 않았다. 난창 봉기가 실패한 뒤 홍군은 남쪽으로 이동하여 장시성 산악 지대에 있는 마오쩌둥의 홍구(紅區, 소비에트 지구)에 합류했다. 양쯔강 이북의 대규모 근거지도 여전히 잔존했다. 국민혁명군의 승리는 청나라가 망한 뒤 중국인들이 서로를 끊임없이 잔살하는 흐름을 종식시키지 못했다. 당대의 위대한 풍자 소설인 라오서(老舍)의 『고양이 나라(貓城記)』가 내린 결론처럼, 심지어 세상에 두 사람만이 살아남을지라도 그들은 상대방을 죽일 때까지 싸움을 멈추지 않을 터였다.

그렇더라도 근대 국가의 기초를 다지기 위한 새로운 정치 제도가 들어서고 국민당의 훈정 시대가 개막되었다. 장제스는 정치적으로 최고 직위인 국무회의 주석으로 임명되었다. 원(院)이라는 5개의 정부 기구가 세워졌다. 총리의

국국민당개조동지회를 조직하고 자신들의 주장을 담은 《혁명평론》이라는 잡지를 펴내 청년 당원들의 큰 지지를 받았다. 흔히 개조파라고 부른다. ─옮긴이

행정 부서에 해당하는 행정원은 중앙 부서의 사무, 경제 계획 그리고 각 성과 지방 정부의 관계를 전반적으로 책임졌다. 입법원은 법안을 토론하고 비준하며, 대외 정책과 예산을 심의하고 표결했다. 국민당 원로 후한민이 입법원장을 맡았고 쑹메이링도 위원이 되었다. 법률 제도가 국민당의 이익에 복종해야 한다는 점은 명확했지만, 고시원과 사법원은 각각 공무원 임명과 사법 재판을 책임졌다. 다섯 번째 원인 감찰원은 이데올로기적인 순결과 기율을 유지하고 강화하는 기구였다.

청년 원수 장쉐량이 국무위원으로 참가했다. 모범 장관 옌시산은 내정부장을 맡았다. 잠옷 같은 하얀 옷에 낡은 밀짚모자를 쓰고 헝겊신을 신은 채 난징에 나타난 기독교도 장군 펑위샹은 군정부장에 임명되었다. 정부가 제공한 백색 뷰익 자동차를 마다한 펑위샹은 예상대로 화물 트럭을 타고 사방을 돌아다니기를 고집했다. 각 부서를 예방할 때는 몸소 자신의 명함을 위병들에게 건네어 놀라게 했다. 검약을 제창하는 그가 물었다. "수백만의 사람들이 굶주림에 시달리고 있을 때, 우리는 왜 다이아몬드로 처자를 화려하게 꾸미게 하고 수많은 자동차와 집을 소유하며 세상의 산해진미를 먹는가?"[28]

장제스와 후한민, 펑위샹 그리고 여타의 정부 요인들이 촬영한 단체 사진에서 장제스는 여느 때와 마찬가지로 흠잡을 데 없이 깔끔하고, 후한민은 목도리로 목을 단단히 감쌌고, 펑위샹은 두꺼운 군용 외투를 입고 각반을 두르고 있었다. 북벌 승리가 표면적인 단결을 가져왔으나 정부의 분열은 여전히 뿌리가 깊었고 장제스 암살 음모에 관한 보고들로 인해 긴장이 증가했다. 마치 강력한 봉건 영주들에게 포위된 중세의 왕처럼, 장제스는 북벌 맹우들 중에서 둘 이상의 군벌이 연합하면 그의 군대보다 수적으로 많아진다는 것을 잘 알고 있었다. 주요 지휘관들은 한 회의에서 총 160만의 군대를 절반으로 감축하는 데 동의했지만, 장제스는 연이어 중앙 집권화 의도를 명백하게 드러내는 담화를 발표했다. 병기와 군비를 모두 중앙에서 지급하고 무기의 제조 및 사적 소유를 금하며 지방 군벌 세력을 약화하겠다는 이 군사 정리안으로 인해, 다른 군벌 지휘관들은 결코 군대를 해산하려 하지 않았다.[29]

군벌 내전의 종식

평위샹, 옌시산, 광시 군벌 그리고 장쉐량은 모두 그들의 지역적 기반 위에서 권위를 보존하고자 했으므로 전국적인 군대, 세수와 정치 구조를 세우고자 하는 장제스의 뜻에 저항했다. 1929년 봄 광시 군벌이 가장 먼저 공개적으로 반란을 일으켜 난징 당국의 손아귀에서 우한의 통제권을 빼앗기를 기도했다. 장제스는 6만의 반란군을 쳐부수기 위해 10만 대군을 출정하는 것으로 대응했다. 필요할 때에는 뇌물을 쓰는 장제스는 다른 군벌들이 반역자와 맹약을 맺지 못하도록 옥죄었다. 장제스의 군대는 봄비를 막는 우산을 들고 국민당 찬가 「프레레 자크(Frere Jacques)」에 맞추어 진군했다. 양쯔 강을 따라 올라가는 도중에는 아무 저항을 받지 않았다. 하지만 독일인 수석 고문 막스 바우어가 천연두에 감염되어 사망하고 말았다.[30]

우한에서 수비대 5000명을 꾀어 투항을 받아 내고 방어선에 균열을 낸 국군은 성내로 물밀듯 밀어닥쳤다. 1924년 4월 5일 장제스가 배를 타고 이 도시에 도착하자 포병이 일제히 예포를 쏘며 경의를 표했다. 태양 아래 월계수 사이에 그린 그의 초상 위에 영어와 중국어로 '통일 기념'이란 글자를 박은 기념 우표가 이날 발행되었다. 광시 군벌의 지도자 리쭝런과 바이충시는 호당구국군(護黨救國軍)이라는 군대로 광둥 성에서 공세를 취했으나, 국군에게 격퇴당하고 곧바로 홍콩으로 도망쳤다가 나중에 다시 돌아왔다.[31]

자신의 세력 범위 내에서 새로운 승리를 거둔 장제스는 유럽과 미국으로부터 전투기를 사들이고 일본에서는 야전포, 영국에서는 보총 6만 자루를 사서 전력을 강화했다. 1919년 연합국과의 정전 협정 때 "20년 후에 다시 보자."라는 말을 남겼고, 그 뒤 1923년 나치의 뮌헨 맥주 홀 폭동에 참가했다가 히틀러와 함께 란츠베르크 요새의 감옥에 갇혔던 또 다른 독일인 고문 헤르만 크리벨(Hermann Kriebel)이 도착했다.

사실상 장제스의 생활 양식이 된 끊임없는 충돌은, 한 해 전의 지난 사건 후 일본에게 점령되었지만 이제 일본군이 철수를 준비하고 있는 산둥 성을 점령하고자 펑위샹이 움직일 때 곧바로 일어났다. 장제스는 믿을 수 없는 맹우가 더 강대해지는 것을 바라지 않았기에 일본에게 철군을 늦추라고 요구하는 동시에 자신의 부대를 파견했다. 하지만 펑위샹은 군정부장이라는 그의 직책을 마다하는 방식으로 협박했다. 이것은 분명히 그가 전쟁을 신중하게 고려하고 있음을 뜻했다. 장제스는 '은 탄환'을 푸는 수법을 다시 써서 펑위샹의 사단장 한 명을 매수하는 동시에 두 명의 산둥 군벌을 얻었다. 전술적으로 실기를 한 펑위샹은 산시(陝西)로 철군하는 수밖에 없었다. 장제스는 칼에 피 한 방울 묻히지 않고 첫 번째 교전에서 승리했다.

이번 승리의 중대한 가치는 숨 돌릴 틈을 마련했다는 것이었다. 1929년 5월 중순, 쑨원의 유해가 담긴 관이 베이징으로부터 기차에 실려 난징으로 실려 왔다. 난징은 쑨원이 짧은 기간이나마 중화민국의 초대 총통을 지냈던 기념 장소이기에 그는 이 도시에 영면하고자 했던 것이다. 기차 앞에는 쑨원의 화상을 달고 양측에는 국기와 국민당 당기를 내걸었다. 밀짚모자를 쓴 선전대 공작원들이 연도에 선 군중에게 확성기로 쑨원의 가르침을 상세하게 설명했다. 원래는 양복을 입고 있었을 유해에는 다시 방부제를 발라 남색 비단 창파오와 흑색 비단 덧옷을 입히고, 백색 장갑에 비단 양말과 흑색 비단 구두를 신겼다. 난징에 도착하여 유해는 배로 국민당 총본부에 옮겨졌다. 수상 이동 중에 쑹칭링은 선실에 앉아서 쑨원의 영구를 뚫어져라 바라보았고, 장제스는 차려 자세로 서서 예를 표했다. 국민당 건물에서 사흘 동안의 공식 참배가 시작될 때 장제스는 관대에 화환을 놓았다.

쑨, 쑹, 장씨 일족이 모이자 주목을 크게 끌었다. 우한 좌파 정부가 와해된 뒤 러시아로 망명했던 쑹칭링은 전에 자신이 혁명의 배반자라고 비난했던 남자와 함께 대중의 관심을 나누었다. 쑹메이링은 언니가 미워하는 정부에서 저명한 인물이 되었다. 쑹커는 정치에 얽히는 일을 기피했다. 쑹쯔원은 우한과 광저우 정부에서 일한 뒤 이제 난징 정부의 재정을 손아귀에 쥐었다. 장례식 주재자인 쿵샹시는 충성의 대상을 바꾸었고, 만일 천제루의 기재가 믿을 만하다면 그의 아내 쑹아이링은 장제스의 세 번째 결혼을 기획했다. 이렇게 해서 아무런 배경도 없던 장제스는 쑨원의 유산을 물려받게 되었다.

6월 1일 새벽, 장례 행렬이 사륜 장갑차의 인도 아래 난징 중심가를 벗어났다. 햇살이 꼬리에 꼬리를 무는 따뜻한 날이었다. 예포 101발이 울려 퍼지자 영구차를 탄 쑹칭링, 장제스 부부, 쑨커와 쑹쯔원은 쑨원의 이름을 딴 넓은 대로를 따라 도시 동쪽 쯔진 산 기슭의 거대한 흰빛 능묘로 향했다. 쑨원의 커다란 화상 한 폭이 자동차 전면에 걸렸다. 국기가 관을 덮고 있었다. 검은색 무명 치마와 무명 양말에 검은색 신발 차림의 쑹칭링은 하얀 손수건을 초조하게 어루만지면서 흐르는 눈물을 훔치고 있었다. 한 기자가 썼다. "그녀는 오로지 꿋꿋한 의지와 침착함을 유지하기 위한 숭고함만을 얼굴에 띤 채 남편의 유골을 뒤따랐다."[32]

사병들, 보이 스카우트, 정부 공무원들, 각 성의 대표단 및 학생들로 이루어진 장례 행렬이 3킬로미터나 길게 늘어져 있었다. 뭇 인파가 길 양쪽을 가득 메웠다. 주요 관리들은 검은색 옷을 입었지만 추모객들 대다수는 중국에서 애도의 색깔인 새하얀 옷을 입고 있었다. 장례 행렬은 6시간 만에 15킬로미터가 넘는 여정을 마쳤다. 그 속도가 매우 느려 《뉴욕 타임스》 기자는 대오가 출발하는 것을 보고 나서 투숙한 호텔로 돌아와 기사를 쓴 뒤 다시 차를 몰아 따라잡을 수 있을 정도였다. 영구차가 산기슭에 다다라서는 오로지 쑨원의 미망인과 아들, 장제스 부부와 쑹쯔원만이 운구자들을 따라 폭이 넓은 400개의 화강암 층계를 올라가서 능묘에 도착했다. 영구가 예법대로 균형을 맞추어 운반될 때 군악대가 장송곡을 연주했다. 푸른 기와 지붕, 남색과 홍색과 금색이 뒤섞인 처마, 염색된 유리창, 목재 기둥과 더불어 천장에 국민당기가 상감되어 있는 능묘는 어슴푸레하게 빛나고 있었다. 추도사가 낭독되었다. 비행기가 공중을 선회하며 애도의 뜻을 표했다.

의식이 끝난 뒤 쑹칭링은 쑨원과 함께 머물던 상하이 모리 로의 집으로 떠났다. 그곳에서 그녀는 아무도 난징이 중국 인민의 대표라고 생각하지 않는다며, 장제스는 만날 쑨원을 위한다고 입으로는 떠들지만 그녀의 남편을 저버렸다고 비난하는 성명을 발표했다. 이러한 공격은 장제스에게 영향을 주지 못했

다. 그는 전쟁의 시기가 임박했다는 데만 신경을 집중했다.[33]

　반(反)난징 연맹이 펑위샹, 옌시산, 그리고 유럽에서 귀국한 장제스의 국민당 맞수 왕징웨이 간에 형성되었다. 장제스의 군대는 30만에 달해 누구와 비해서도 수적 측면에서 두 배로 앞섰고, 잇달아 펑위샹의 일부 주요 장령들이 엄청난 뇌물에 유혹되어 10만 병사가 창을 거꾸로 들었다. 장제스는 동시에 광둥 군대의 지지를 얻었고, 후난 성으로 진입하려 하는 광시 군대의 보급선을 차단해 버렸다. 하지만 적수들은 국민당확대회의라는 명의로 베이징에 분리주의 정부를 세웠다. 국민당확대회의는 호전적인 좌익 개조파부터 전통적인 우익 시산(西山) 회의파까지 총망라했기 때문에 규모가 매우 컸다. 그들을 묶는 유일한 공통의 동기는 장제스에 대한 적개심이었다.[34]

　이로 인해 발발한 전쟁은 당시에 가장 피 튀기는 싸움이었다.* 장제스는 국군 사망자 수가 3만 명, 부상자는 그 두 배라고 공포했다. 북방군의 사망자 수는 15만이라고 주장했다. 기타 사상자 총수는 어림잡아 25만에서 30만 사이였는데, 그중에서 10만은 국민당 측이었다. 전쟁은 난징의 군사비 지출을 50퍼센트나 증가시켰다. 철도선은 전역의 중추를 형성했다. 수많은 도시와 읍이 파괴되었다. 농민들은 토지를 떠났다. 북방군은 대규모 농민을 강제로 끌고 갔는데 그중 대다수가 돌아오지 못했다. 어떤 지방에서는 군대가 참호를 6미터 깊이로 파고 통로를 연결했다. 한 지방에서는 들개들이 시체를 뜯어 먹고 다닌다고 구제 공무원이 보고했다.[35]

　장제스가 장갑 열차를 타고 작전을 지휘하는 가운데 그의 군대는 비가 세차게 내릴 때 전투를 치러 산둥을 점령했다. 한번은 장제스가 포로로 잡힐 뻔하기도 했다. 허난 성에 진입한 뒤 그의 부하들은 전략적 요충지인 정저우와 카이펑(開封)을 점령했는데 이곳에서 북방군 2만 명이 죽거나 다쳤다. 북방군

---

* 1930년 5월부터 10월 사이에 치러진 이른바 중원(中原) 대전(또는 남북 대전)을 가리킨다. 같은 해 3월 제2, 3, 4집단군의 주요 지휘관 57명이 모여 장제스의 하야를 주장하고 4월에는 산시의 옌시산과 서북의 펑위샹, 광시의 리쭝런이 독자적으로 중화민국 육해공군 총사령관에 취임하면서 전군에 동원령을 내렸다. 이리하여 5월에 장제스와 반(反)장제스 세력 간에 건곤일척의 대전이 개시되었다. ─ 옮긴이

은 또한 독가스를 시험했지만 단지 풍향의 변화만으로 심대한 타격을 입었다. 전쟁터에서 장제스를 만난 기자들은 그가 매우 건강하고 확실히 쾌활했다고 보도했다. 8월에 장제스는 군대를 황허 변에서 휴양하며 정비하게 했다. 사태를 관망하고 있는 만주의 장쉐량이 어떤 행동을 취할 것인가가 결정적인 관건이었다. 만일 그가 반란자들을 지지하면 난징은 액운에 빠지고, 중국은 군벌 할거 시대로 되돌아가야 했다.[36]

오스트레일리아 출신 전직 기자 윌리엄 도널드를 고문으로 초빙했던 장쉐량은 여전히 난봉꾼, 춤과 골프 마니아, 도박꾼, 마약 중독자였다. 하지만 그는 일련의 개혁 조치를 단행했고, 일본인과 결탁하여 은밀히 소총 2만 자루를 숨겨 두고 2억 위안의 재부를 긁어모은 것으로 의심받고 있던 부친의 참모장에게 맞서는 용기를 보여 주었다. 장쉐량은 이 장군과 그의 부관을 저녁 연회에 초대해 마작을 했다. 하루 전날, 손님들에게 어떤 행동을 취할지 은화를 던져서 결정해 둔 차였다. 바닥에 떨어진 은화가 가리켰던 대로 그는 마작 탁자에서 일어나 손수건으로 입을 훔치고 몸이 조금 불편하다고 말했다. 이것은 모르핀 주사가 필요하다는 증상으로 여겨져 손님들은 아무런 주의도 기울이지 않았다. 장쉐량이 문 밖으로 나간 후 곧바로 그의 경비원들이 뛰어들어 손님들을 사살했다. 장쉐량은 그 은화를 행운의 호신부로 여겨 안전하게 보관해 두었다.

난징과 베이징의 반란자들 간에 전투가 한창일 때 장쉐량은 동북 철도 통제권을 놓고 벌어진 러시아와의 갈등에 주의를 기울여 왔다. 하지만 우세를 점하고자 한 그의 시도는 게일런이 지휘하는 소련군이 국경을 넘어 그를 강제로 퇴각시키면서 엄혹한 좌절을 맞닥뜨렸다. 이 전투는 사상자 수가 크게 많지는 않아, 장쉐량은 만리장성 이남의 중국 내지로 관심을 돌릴 수 있었다. 《뉴욕 타임스》의 핼릿 어벤드에 따르면, 장쉐량은 국민당의 주장을 중국의 유일한 희망으로 보았으나 "뼛속까지 부패한" 난징 정부는 이미 중국을 배반했다고 여겼다. 사실 장쉐량의 가장 중요한 목표는 자치권을 얻는 것이었고, 장제스는 그에게 가장 좋은 전망을 제시했다. 만일 펑위샹과 옌시산이 승리한다면 옛 군벌들이 한층 더 혼전을 벌이는 국면은 불가피했다. 난징에서는 장쉐량이 국민당의 세력권으로 들어오는 것에 만족하도록 하기 위해 그에게 만주를 자유롭게 통치하며 북중국을 지배하도록 했다.[37]

베이징의 반란자들은 협의하지도 않고 장쉐량을 그들의 정무위원회에 포함한 탓에 도리어 장제스를 크게 돕고 말았다. 극도로 격노한 장쉐량은 고급 장령들과 새벽 1시까지 회의한 뒤 난징을 지지하기로 결정했다. 장제스와 만주 군대는 옌시산과 펑위샹을 포위하여 무릎을 꿇도록 했다. 서른 살의 장쉐량은 국민혁명군 부사령관이 되었고, 또한 중국 북부의 통치자로서 정정당당하게 경계를 넘어 군대를 만리장성 남쪽으로 이동시켰다.

한편 최근의 승리 이래로 장제스는 종교 문제를 해결하고자 했다. 아내의 신앙을 받아들이고자 상하이에서 열린 쑹씨 가문의 종교 의식에 참여한 것이다. 장제스는 목사에게 자신은 『성경』에서 영감과 지혜를 구한 것이 아니라, 그의 군대와 격리되어 위험에 빠졌던 카이펑 전투 때 결심하게 되었다고 고백했다. 그때 그는 하나님에게 기도하며 만일 위험으로부터 벗어나 구출되면 개종할 것이라고 맹세했는데, 갑자기 눈보라가 들이닥쳐 적군이 진격하지 못하는 사이 국군 증원 부대가 도착해 승리할 수 있었다. 맹세를 지키고자 장제스는 의식을 위해 준비한 창파오 한 벌을 간소하게 입었고, 머리에 성수가 뿌려지면서 감리교 신자가 되었다. 이튿날 장제스와 쑹메이링은 배를 타고 그의 고향 닝보에 가서 열흘 동안 휴가를 즐겼다. 펑위샹과 옌시산을 격퇴한 뒤 그는 매우 다른 성격의 결판을 준비해야 했다.[38]

장제스의 다음 상대는 당이 정부와 군대를 통제하는 현실이 구현되기를 바라는 국민당 열성 당원 후한민이었다. 장제스는 자신의 야심에 부합하는 헌법 초안을 제의하며 반격했다. 후한민은 이제 쑨원의 가르침을 따르는 것은 그만됐다고 주장했다. 장제스의 저택에서 열린 한차례의 저녁 만찬에서 둘은 헌법의 필요성에 관한 문제를 밤늦게까지 격렬하게 토론했다. 새벽 2시, 정부 측 기재에 따르면 후한민은 장제스의 '밤을 지내고 가라는 초청'을 받아들였다고 한다. 다음 날 후한민이 부근의 휴양지로 가서 연금되는 안을 수락했다는 완곡한 화법이 난징에서 나왔다. 이틀 뒤, 후한민이 모든 직무에서 사임했다고 공표되었다. 그는 고되게 일하고 매일 밤 세 시간밖에 자지 못했기에 휴식이 필요하며, 두 번이나 의식을 잃기까지 했다는 이야기가 유포되었다. 천리푸가 그렇게 저명한 인물을 가두는 일에 우려를 내비치자 장제스가 답했다. "기왕 이렇게 된 이상 더는 숨길 방법이 없네."[39]

후한민에 대한 처리는 당내의 일부 원로를 격분시켜 그의 고향인 광둥 성에 근거지를 둔 반대파의 결집을 불러일으켰다. 왕징웨이도 남하하여 광둥 파벌에 대한 지지를 천명하고, 장제스와 사적으로 연결된 사람들 말고는 당과 군대 내의 모든 사람들이 '장제스 진압'을 원한다고 선언했다. 쑨커는 그의 부친이 살아 계실 적에 장제스는 줄곧 '비루한 소인'에 불과했다고 말했다. 이들의 군사력이 상대적으로 허약한 것을 고려하면 이러한 도전은 근본적으로 장제스의 야심에 장애가 될 수 없었다. 장제스는 지지자들이 참가한 의회를 소집해 헌법을 비준하고, 통상적인 공민의 권리와 의무를 보호하겠다고 선포했다. 또한 다섯 원(院)의 원장을 임명할 수 있는 총통 직위를 설립했다. 6월에 장제스는 총통으로 지명된 동시에 행정원장 혹은 총리라고 불리는 직책을 겸임하게 되었다.[40]

북벌이 시작된 이래 4년이라는 기간 동안 장제스는 6개의 주요 군벌, 우한 정부, 왕징웨이, 후한민 및 광시 파벌을 무너뜨렸다. 공산당원들은 세력이 줄어들어 고립된 홍구 안으로 뿔뿔이 흩어지고, 소련 고문들은 쫓겨났다. 장제스는 중국을 새 시대로 이끄는 정부의 통치자로 그 자신을 우뚝 세웠다. 그는 '쑹씨 왕조'와 혼인 관계를 맺으면서 청년 원수와도 동맹했다. 1930년 여름 장제스를 취재한 한 기자가 그의 상태가 최고임을 알아챈 것도 별로 놀랄 일이 아니었다. 국방색 제복과 바지를 입고 가죽 슬리퍼를 신은 채 가슴께 호주머니에 펜을 꽂고 있는 장제스에 대해《자림서보》기자는 "그의 눈은 산만하리만큼 취재 기자를 훑어보았지만 여전히 예리하고 자신감이 넘쳤다."라고 썼다.

중키와 야윈 체격은 건강과 신중함을 드러냈다. …… 습관적으로 명령을 내리는 그에게서 불안한 흔적이라고는 찾아볼 수 없었다. 그의 정부가 승리할 수 있었던 역량에 대해 한 치의 의심도 들지 않았다. 이러한 자신감은 자만심이 아니라 장제스의 능력과 그의 부대원의 협동에 대한 유쾌한 신뢰를 떠올리게 했다. 겸허함, 소박함 그리고 자기 억제가 바로 그와 악수한 뒤에도 시종일관 떠나지 않던 주선율이었다. 인터뷰를 마칠 때까지 모든 대화 중에서 그가 유일하게 사용한 영어 단어는 "굿바이"였다.[41]

12

두 개의 중국

___

장제스는 평생 동안 어제의 적과 함께 일하는 능력을 보여 주었다. 펑위샹, 옌시산, 왕징웨이 그리고 광시 파벌과 같은 적수들은 여러 해에 걸쳐 그의 진영에 나타났다가 이따금 다시 떠나가고는 했다. 중앙 정부 및 그 군대의 협소한 기반을 고려하면 이러한 연맹은 권력의 정점에 서고자 하는 그의 현실 정치에서 부수적인 구성 성분이었다. 그러나 장제스가 여전히 가장 큰 위협으로 느끼는 공산당원들은 국민당이 흥기하여 정권을 거머쥘 때와 똑같은 깊이와 폭의 호소력을 가진, 절대로 타협할 수 없는 숙적이었다.

홍군 섬멸 작전을 벌이다

1927년 대숙청을 시작한 도시가 진압의 초점이었다. 상하이 외국 조계지의 경찰이 좌익 혐의 분자를 넘겨주기 때문에 조계지는 예전보다 훨씬 안전하지 못한 피난소가 되었다. 세계 여론을 떠들썩하게 한 급습 중 하나는, 영미 공동 조계지의 경찰이 장제스와 천제루가 혼례를 올린 호텔에서 열린 비밀회의에 참가한 작가 5명을 포함해 24명을 체포한 일이었다. 체포된 사람들은 중국 당국에 신병이 인도되어 교외에 있는 룽화 병영의 감금 막사에 억류되었다. 서방 국가에서 석방 운동이 시작될 무렵 그들은 수갑과 족쇄를 차고 콘크리트 감방에 한 달 동안 갇혀 있었다. 그런 뒤 길고 어두운 통로를 따라 형장으로 인도되었다.

정치범은 생매장되었다는 보도가 많았다. 고문이 당연히 가해졌다. 《자림서보》는 경찰들이 전기 기구로 고문해 자백을 가능한 한 빨리 얻어 냈다고 보도했다. 이때 중국에 있던 미국인 학자 존 킹 페어뱅크(John King Fairbank)가 썼다. "국민당은 독창성이 매우 풍부해, 죽지는 않지만 많이 삼키도록 하기 위해 등유와 대소변을 섞어서 정치범의 코에 들이부었다." 그런데 룽화의 상황은 다른 수용소보다 나은 편이었다. 역사학자 프랭크 디코터는 상하이에서 수감자들에게 쌀과 야채 국을 제공하는 데 비해 이웃한 장쑤 성 감옥에서 주는 음식은 "모래알, 자갈 그리고 석탄재의 혼합물"이라고 말했다. 한 공산당원은 그가 갇혔던 감옥에서 수감자의 열에 아홉은 질병이나 다른 원인으로 1년 내에 죽었는데 "이 역시 일종의 사형으로, 단지 총살 집행대에서의 사형에 비해 조금 더 오래 걸리는 점이 다를 뿐"이라고 기록했다.[1]

그럼에도 지하 조직은 중국 최고의 대도시에서 변함없이 활동하며 상점과 부동산 회사, 진료소를 이용해서 몰래 자금을 조달했다. '개 잡는 부대'로 알려진 암살단이 청방 조직원 구순장(顧順章)의 영도 아래 움직였다. 블라디보스토크에서 소련 비밀 정보기관으로부터 훈련을 받아 아무런 흔적 없이 희생자를 목 졸라 죽일 수 있다는 인물이었다. 역사학자 프레더릭 웨이크먼은 그가 위장과 속임수의 대가이자 유창하고 발음이 분명한 웅변가이며 바람둥이 기질이 있다고 묘사했다. 일종의 부업으로 구순장은 가짜 큰 코와 작은 콧수염을 달고 외국인으로 변장한 채 청신 백화점 꼭대기 층의 화위안(花園) 극장에서 마술을 선보였다.[2]

1931년 구순장은 공산당원이 난징 정부로 깊이 스며들 수 있음을 보이라는 비밀 지령을 받고 파견되었다. 그는 장제스가 공산당 근거지를 소탕하고자 군사 행동을 준비 중인 여러 도시에서 공연을 하는 오락 극단에 가입했다. 그의 임무는 바로 국군에 잠입하여 그들의 계획을 알아내는 것이었다. 장제스를 암살하라는 명령을 받았다는 보도도 있었다. 좌익 인사를 자신이 투숙하는 호텔로 초청하는 광경이 눈에 띄어 구순장은 비밀경찰에게 구금되었다. 난징으로 압송된 그는 안전부장 쉬언쩡(徐恩曾)을 만났다. 쉬언쩡은 그에게 공산당과 국민당, 죽음과 삶 중에서 하나를 선택하라며 두 시간의 말미를 주었다. 암살의 달인은 투항을 결정했다. 쉬언쩡은 그를 장제스의 수하 천리푸에게 데려갔다. 청방이라는 공통의 연계로 인해 두 사람은 같은 언어로 말했다. 구순장은 국민당에게 충성을 바치겠다고 맹세했다.

　구순장은 경찰에게 체포되었을때 자신의 구금을 난징의 비밀경찰 총본부에 전보로 알려서는 안 된다고 말했다. 하지만 경찰은 개의치 않았다. 구순장은 전보가 쉬언쩡의 집무실에 놓이면 그의 비서이자 공산당 지하 공작원 첸좡페이(錢壯飛)도 보게 될 것이라고 짐작했다. 첸좡페이는 비밀경찰 수뇌 쉬언쩡의 신임을 얻어 공산당 정보 수집을 위한 조직망을 책임지고 있었는데, 공산당 비밀 당원들을 이 조직에 추천하는 동시에 스파이로 하여금 비밀 라디오 송신기를 맡도록 했다. 구순장이 체포되었다는 전보는 쉬언쩡이 차(茶) 무도회에 가기 위해 집무실을 떠난 뒤에 난징에 도착했다. 그래서 전보는 첸좡페이에게 전달되었고, 그는 곧바로 자신의 사위를 상하이로 보내 저우언라이를 포함한 당내의 지도자들에게 경고를 보냈다. 사람들은 곧바로 피신했다. 저우언라이는 조금 뒤에 목사로 위장을 하고 도시를 빠져나갔다. 첸좡페이도 슬그머니 떠났다.

　첸좡페이의 활동이 드러난 것은 국민당에게 유쾌하지 않은 충격이었지만 구순장의 변절이 가져온 결과는 공산당에게 엄청난 재난이었다. 구순장은 주요 도시의 공산당 지하 당원 활동에 대한 정확한 정보를 제공했다. 국민당의 기재에 따르면 핵심 간부들 다수가 체포되었다. 많은 공산당원이 처결되었고 변절자도 적지 않았다. 상하이 지도층과 농촌 근거지 간의 통신망을 비롯해 대

다수 도시의 공산당 기반 구조가 허물어졌다.[3]

같은 해 얼마 뒤에 구순장 밑에서 일하던 암살자 중 한 명이 배반하여, 경찰과 구순장은 상하이의 몇 곳에서 오로지 어린 아들만을 제외하고 포박된 채 참수된 구순장 일가의 시체를 발견했다. 구순장은 상하이의 신문에 광고를 내서 저우언라이가 배후에서 암살을 교사한 것이라고 비난했다. 구순장은 국민당 중앙집행위원회 위원이 되면서 난징으로 거처를 옮겨 장제스의 적을 추적하는 중요한 인물로서 일했다. 하지만 그는 권력이 막강한 천씨 형제에게 죄를 지어 "공산주의 신념으로 전향"했다는 죄목으로 처형당했다고 추정되었다. 비록 이것은 반공 작전에 더 깊게 관여하도록 그를 은폐하려는 미명에 불과하다는 풍설이 나돌았지만 말이다.[4]

끊임없는 일제 단속은 프랑스 조계지에서 체포되어 룽화 사형장에서 처결된 '중국의 스탈린', 곧 공산당 비서장 샹중파(向忠發)를 포함해 대어를 약간 낚기도 했다. 공산당의 최고 지도자 천두슈도 체포되었지만 15명의 변호사가 변론을 진행하고 그에게 유리하도록 광범위한 여론을 일으킨 결과 징역 13년 형을 판결받고 죽음을 면했다. 더욱 애매한 인물은 미래의 마오쩌둥 부인인 장칭(江青)이었다. 그녀의 정적이 진술한 내용에 따르면 장칭은 국민당을 위해 일한다는 데 동의하고 감옥에서 풀려나는 흥정을 했다고 한다. 훗날 장칭은 1930년대 상하이에서 여배우로 활약한 시절의 증거물을 철두철미하게 불살랐다.

진짜 적이든 상상된 적이든 간에 국민당 정권의 다른 적수들도 위험에 처했다. 불명확한 사건 중 하나로 장제스의 고향인 저장 출신의 잠재적인 국민당 경쟁자가 버스에서 사살되었는데, 의심스럽게도 암살범 두 명은 쉽사리 도망쳤다. 하지만 죽은 사람들은 대부분 좌익 출신이었다. 그중에는 1926년 광저우에서 일어난 중산함 사건 때 장제스의 집을 방문했고 황푸군관학교 주임을 맡았던 덩옌다도 있었다. 덩옌다는 이때 '제3당'의 당수를 역임하며 난징 정부 및 공산당과는 별개로 쑨원의 가르침을 열렬하게 따르고 있었다. 이 당은 수적으로 작았지만, 장제스는 이들이 죽지 않으면 "국가는 평화롭지 못할 것이다."

라고 선포했다. 공동 조계지에서 열린 비밀회의에서 체포된 덩옌다는 중국 경찰에 인도되어 반역죄로 난징에서 처결되었다. 덩옌다의 체포는 장제스가 당 대회에서 친공산당 파벌을 패배시킨 뒤 곧바로 실행되었기 때문에 내부의 경쟁자가 덩옌다를 배반했을 것이라는 소문이 널리 퍼졌다.[5]

　도시의 공산당 조직 및 제3의 길을 주창한 자들이 타격을 입으면서 농촌 혁명의 무게가 증가했다. 무선 전신 연락망의 단절로 많은 공산당 무장 세력은 중국의 광대한 농촌에서 장기전을 통해 앞날의 길을 모색하게 되었다. 1928년 후난 기의 중에 포로로 잡혀 죽음의 위협에 처했던 마오쩌둥은 탈출하여 소부대 동지들과 함께 장시 접경의 산악 지구로 가서 현지 토비들의 양해를 구했다. 국군이 그들을 포위하여 섬멸하고자 할 때, 마오쩌둥과 예전에 군벌의 사병이었던 주요 군사 동료 주더는 극도의 곤란(특히 마오쩌둥의 애인은 임신 5개월째였다.)을 견디며 길도 없이 눈만 새하얗게 덮인 산봉우리를 넘었다. 그들은 장시 성에 이로부터 5년 넘게 마오쩌둥의 근거지였던 새롭고도 훨씬 규모가 큰 소비에트를 세웠다. 이곳에서 충분한 역량을 축적한 공산당은 주변 지역에 공세를 취하며 후난 성과 푸젠 성으로 파고들었다.

　훗날의 역사는 마오쩌둥의 근거지에 초점을 맞추었지만, 공산당원들은 다른 곳에도 홍구를 세웠다. 잔존한 홍군 부대는 전 국민당 장군이자 난창 기의의 참가자 허룽(賀龍)의 지휘로 후난과 후베이 접경 지역에서 성공적으로 기반을 잡았다. 꽤나 규모가 큰 다른 공산당 부대는 장궈타오(張國燾)라는 자신감 넘치는 전 정치국 지도자의 영도 아래 양쯔 강 이북의 난징과 우한 사이에서 활약했다. 중국 북부의 산시(陝西)에서는 급진주의자들이 소비에트 정권을 세우고, 비록 펑위샹에게 한차례 패배했지만 여전히 투쟁을 계속하며 버티고 있었다.*

　군대 보유는 중국공산당을 다른 나라의 급진 좌익 운동과 구별지었고, 또

---

* 1930년 초 마오쩌둥과 주더의 장시 소비에트를 중심으로 허난과 후베이로 점차 연결되어 전국적으로 13곳 성의 300여 현에 이르는 지역에 총 6만 병력의 홍구 벨트가 형성되었다. — 옮긴이

한 국민당과의 장기 투쟁은 군사상으로든 정치적으로든 서로를 용납할 수 없다는 것을 확실하게 했다. 홍군은 계급의 적은 물론이고 적을 돕는다고 조금이라도 의심되는 어떤 자에게든 인정사정없었다. 장시 성에서는 반혁명주의자 혹은 '부농'으로 고발되어 수만 명이 마녀사냥을 당했다. 전반적으로 중국에서 혁명이 잉태되는 과정은 소탈한 표정의 마오쩌둥 그리고 서방 방문자들을 받아들인 그의 적들 간의 무자비하고도 심각한 불화로 특징지어졌다.[6]

공산당 입장에서 보면 국민당 군대는 거대한 지역을 파괴하여 황폐화하고 백만에는 미치지 않을지라도 수십만의 인민을 살해했다. 농민들을 우리 안에 떼로 몰아넣고, 적의 은신처를 없애기 위해 삼림을 불태웠으며, 부녀자들을 납치해 창기로 팔아넘겼다. 어떤 국민당 부대는 죽인 사람들의 머리를 수집해 점수를 매겼다. 하지만 이러한 행동이 심각한 부담이 되자 대신 귀를 모았다. 한 사단은 모두 합쳐 300킬로그램의 귀를 모았다고 한다. 공산당 영도자 가족들도 연좌되었다. 주더가 쓰촨에 있는 그의 집을 장제스의 부대가 급습했다는 기사를 신문에서 읽었을 때, 그것은 그의 아내와 아들에 관한 마지막 소식이었다. 홍군이 후난의 성도 창사를 공격하여 점령하자, 아흐레 뒤 반격한 국군은 그곳에 살고 있던 마오쩌둥의 아내를 포로로 잡아 참수했다. 그녀는 마오쩌둥이 장시까지 그와 동행한 젊은 여자와 함께 떠난 것을 알았지만 남편에 대한 충절은 변하지 않았다고 선언한 바 있었다.

1930년 10월 장제스는 4만 4000명의 병력으로 장시의 홍군에 대한 '위초(圍剿, 포위 공격 섬멸)' 작전을 개시했다. 공산당은 정면 전투를 피하는 유격 전술을 펼치는 동시에 위험에 노출되거나 허약한 적의 대오를 타격하는 데 병력을 집중하고, 자신들의 근거지 깊숙이 국군을 유인하여 함정에 빠진 적들을 격파했다. 국군은 참담한 실패를 맛보았다. 12월 말 《자림서보》는 난징의 1개 사단이 점령한 시내에서 "공산당원들에게 빼앗은 금전으로 향락을 즐기다가" 공격을 받았다고 보도했다. 이 사단은 갑작스러운 역습을 받고 5시간 뒤에 투항했다. 포로가 된 국군 장병들의 군장을 갖춘 공산당 부대는 다른 선봉 사단을 급습했다. 포로가 된 제1부대 지휘관은 땅에 무릎을 꿇고 죄를 인정해야 했고 심한 고문을 당했다. 머리가 잘리기 전에 혀가 잘리고 뺨에는 구멍이 뚫렸다. 붉은 천으로 싸인 그의 수급은 귀가 판자에 못으로 박힌 채 퇴각하는 부대 쪽으로 흐르는 강물에 내던져졌다.[7]

이러한 대실패 후 장제스는 황푸군관학교 시절부터 오랜 동료인 허잉친 장군더러 10만 이상의 군대를 통솔하여 제2차 위초 작전을 벌이도록 했다. 1931년 5월 중순 마오쩌둥이 높은 산봉우리에 자리한 불교 사원에서 몸소 전투를 지휘하는 와중에 홍군은 국군 2개 사단을 매복했다가 습격하여 전승을 거두었다. 연이어 2주 동안 다섯 차례의 전투에서 장제스의 병력은 3만 명이 죽거나 포로로 잡히거나 부상을 당했고, 2만 자루의 소총을 빼앗겼다. 공산당이 통치하는 지역은 세 배로 넓어졌다.[8]

장제스가 몸소 지휘한 제3차 장시 위초 작전은 "성공 아니면 죽음"이라고 선포되었다. 독일 고문을 대동한 장제스는 난창 시 중심의 호반에 자리한 복합 건물로 이동했다. 요컨대 난징의 당과 정부에게 이곳은 권력의 또 다른 중심부였다. 장제스는 학교 안에 지휘부를 세우고 커다란 지도 위에 홍색으로는 공산당 군대의 위치를, 남색으로는 국군의 위치를 표시했다. 그는 이전의 두 전역에서 몇몇 부대가 "비겁함과 무책임"을 보였다고 비난하는 성명을 발표했으며, 전투에서 전공을 세운 병사들에게는 "두터운 포상"을 내리겠다고 약속했다. 전선으로 출정하기 전에 장제스는 주요 장령들을 이 도시의 기독교청년회(YMCA)가 주관하는 저녁 연회에 초청했다.[9]

공산당원들은 1931년 가을까지는 새로운 토벌을 예상하지 않았다. 그러나 장제스는 7월에 13만 병력으로 세 갈래에서 공격을 개시했다. 갑작스러운 공격을 받은 데다가 병력을 분산했던 홍군 지휘부는 긴급 통지를 발포하여 "매우 잔혹한" 전투가 벌어질 것이라 경고했다. 가마를 타고 이동하던 장제스는 매복 공격을 피하기 위해 조심스럽게 전진하다가 홍군에게 후퇴할 시간을 벌어 주고 말았다. 태양이 이글이글 타오르는 뜨거운 한여름에 640킬로미터를 반원형으로 돈 홍군은 주요 도로를 피해 시골길로 이동하며 정찰을 피했다. 이는 훗날 대서사시와 같은 대장정에 앞선 하나의 본보기였다. 장제스의 부대는 방치된 홍군 근거지에 진입한 뒤 농민의 저항과 식량 부족 그리고 더러운 물로 인한 설사로 고생했다. 그들은 마을을 불태우고 주민들을 도살하고 농작물을 약탈하는 것으로 대응했다.[10]

일련의 전투 후, 두 개의 국군 사단이 1킬로미터가 좀 못되는 높이의 산 밑에서 2만 명의 강적을 압박했다. 마침내 장제스가 적들을 겹겹이 포위한 듯싶었다. 하지만 공산당원들은 야밤에 국군 배후의 높은 산을 넘었다. 대규모 탈출이었으나 장제스는 추격하지 않고 도리어 퇴각하기 시작했다. 이에 공산당원들은 정면으로 맹공격을 감행할 용기가 솟았는데, 4000명의 사상자라는 대가만 톡톡히 치렀을 따름이었다. 그럼에도 홍군은 살아남아 근거지로 되돌아와서 중화소비에트공화국을 선포했다. 마오쩌둥이 선언했다. "지금으로부터 중국 영토 내에는 완전히 다른 두 개의 나라가 존재한다. 하나는 제국주의의 도구에 지나지 않는 이른바 중화민국이다. …… 또 하나는 착취당하는 대중과 압박받는 노동자, 농민, 군인과 임금 노동자의 나라인 중화소비에트공화국이다."[11]

창시 전역을 치르는 장제스의 전투력은 난징 정부의 발전을 위협하는 광저우 자치주의자들을 저지하기 위해 병력을 파견함에 따라 쇠약해졌다. 난창에서 장제스는 차를 타고 공원을 지나는 도중 저격을 당했다. 붙잡힌 세 명의 저격수는 광둥 군대를 위해 일해 왔다는 뉴스가 보도되었다. 쑹쯔원이 북쪽 역의 기차에서 걸어 내려올 때 사람들이 '쑹가 왕조 타도'를 외치며 그에게 총격을 가했다. 그는 아무런 부상 없이 탈출했지만 곁에 있던 비서는 방광, 팔, 엉덩이에 총탄을 맞고 병원에 이송된 뒤 사망했다. 이번 공격도 공식적으로는 광저우 파벌의 짓이라고 비난되었지만, 쑹쯔원과 상하이 마약 거물들 간의 의견 충돌이 초래한 결과라는 설이 넓게 받아들여졌다. 쑹쯔원은 명령을 받들어 그들과 왕래했지만 충분히 원활한 관계는 아니었다. 하얀 차양 달린 모자를 썼기 때문에 군중들 사이에서 쉽게 식별되었던 뚱뚱한 쑹쯔원을 명중시키지 않은 점으로 보아, 이 사건은 마치 난징 정부에게 보내는 경고 같았다. 다음번 아편 금지 운동이 발표되었을 때 장제스는 그의 맹우 두웨성을 난처하게 만들지 않기 위해 군대가 이 운동을 통제하도록 했다. 쑹쯔원의 경우에는 4미터 남짓한 그의 상하이 저택 담장에서 무장 경비원들이 밤낮으로 순찰을 돌도록 했다.[12]

딸들의 결혼으로 인해 '국가의 장모'로 불린 쑹쯔원의 모친은 공교롭게도 맏아들이 공격을 받은 지 4시간 만에 사망했다. 쑹메이링이 그녀가 숨을 거둘 때 임종을 지켰다. 쑹칭링은 장례식에 참가하고자 유럽에서 돌아왔다. 자매들과 쑹쯔원 모두 역으로 마중을 나오지 않았다. 장례 행진에는 100대의 차량이 행진했다. 하얀 옷을 입고 하얀 모자를 쓴 조문객들이 걸어갔다. 병사들은 길 양쪽에서 대열을 지었다. 세 딸은 한차에 타고 세 아들은 방탄이 되는 뷰익 자동차에 탔다. 쑹쯔원의 경호원들은 총알이 장전된 권총을 들고 있었다. 장제스는 황푸군관학교 졸업생 25명의 호위를 받았는데 그중 12명은 차 양측에서 걸었다. 가모장의 장례식조차 위험하기는 마찬가지였다.[13]

그러나 이는 1931년 여름에 대홍수가 범람한 지역에서 수백만 명의 생명이 입은 재앙과 견주자면 위험이라고 할 수도 없었다. 양쯔 강 연안의 성들에서 큰 바람이 거대한 물결을 일으켜 제방을 부수면서 건물이 무너지고 농작물이 황폐해졌으며, 상업 활동은 중지되고 감옥이 물에 잠겨 수감자들이 익사했다. 우한에서는 삼판선이 교통경찰의 지휘 아래 홍수가 범람한 거리를 왕래하며 표류하는 시체들을 건져 올렸다. 인신매매 업자들은 도시 변두리에서 난민 35만 명의 딸을 사기 위해 바삐 돌아다녔다. 견딜 수 없는 악취가 풍겼다. 사람들은 나무 위에서 생활했다. 역병이 도처에서 창궐했다. 동북부에서는 폭우로 대운하(베이징에서 항저우까지 통하는 운하)가 범람하여 현지의 관원에 따르면 20만 명 이상이 죽었다. 이후 황허의 제방도 터져 버렸다. 9월 초 어림잡아 1억 8000만 명이 재난을 당했다. 유명한 미국인 비행사 찰스 린드버그(Charles Lindbergh) 대령은 장제스 부부와 함께 차를 마시기 전에 비행기를 타고 이 지역을 둘러본 뒤 "심각한 충격"을 받았다고 언급했다.[14]

1931년 9월 중순, 장제스는 홍군에 대한 작전을 새로 시작하기 위해 배를 타고 양쯔 강을 거슬러 장시를 향했다. 그러나 시위자들이 "죽을지언정 망국노는 되기 싫다."라는 구호를 외치며 거리를 행진할 무렵 하는 수 없이 도중에 난징으로 돌아와야 했다. 일본인들이 만주에서 행동을 개시한 것이다. 비록 장제스는 일본에 대항하기 전에 공산당을 먼저 소멸시키고 싶었으나, 만주 사변으로 인해 수도로 돌아갈 수밖에 없었다. 그리하여 마오쩌둥과 그의 동지들은 장제스, 공산당원 그리고 일본의 삼각관계에 관한 첫 번째 사건에서 한숨 돌릴 휴지기를 가질 수 있었다. 이러한 관계는 14년 넘게 지속되었다.

만주 사변

1931년 이래 꾸준히 격화된 만주에서의 긴장 국면은 도쿄 정부의 관동군이 연루된 사건들 그리고 중국과 조선 국경 지대에서의 충돌로 한층 더 악화되었다. 베이징에 사령부를 세우고 많은 부대를 화북으로 이동시킨 청년 원수 장쉐량의 눈은 이미 고향을 주시하고 있었다. 늦여름에 난징을 방문한 뒤 장쉐량은 비행기를 타고 베이징으로 돌아갔다. 베이징에서 기자들은 그가 통치 집단과의 관계를 더욱 끈끈하게 하기 위해 딸을 쑹씨 문중으로 시집보낼 계획임을 알게 되었다. 난징에 도착해서 성긴 수염을 가위로 세련되게 다듬고 머리카락을 뒤로 빗질해 넘긴 이 북방 사령관은 밤 무도회를 보기 위해 곧장 호텔로 갔으나 너무나 피곤해 인터뷰는 사절했다. 그 후 고열에 시달리다 병원에 옮겨져 난징의 나쁜 수질 탓에 장티푸스에 감염되었다는 진단을 받았는데, 실제로는 마약 중독 치료를 받았다는 소문이 떠돌았다.

1931년 9월 18일에 퇴원한 장쉐량은 영국 공사관에서 열린 저녁 연회에 참석하고 이어서 극장에 들렀다. 거처로 돌아온 그에게 아시아에서 제2차 세계대전이 터질 징후가 보인다는 펑톈발 전보가 날아왔다. 이는 유럽의 전쟁보다 꼭 8년이 앞서고, 장제스에게는 1945년까지 지속된 도전이었다.

수십 년 동안 일본은 만주와 화북을 자연스럽게 팽창을 위한 전역으로 여겨 왔다. 베르사유 평화 회의에 참석한 바 있고 국제 연맹의 정신을 지지한다고 믿는 일본의 주요 정치가 고노에(近衛) 친왕은 일본이 "폭발하는 과잉 인구의 수요를 만족시키기 위해 중국에서 일본 영토를 확장할 권리를 온전히 가지고 있고 …… 중국은 일본 사회와 공업 수요를 위해 희생하는 것이 마땅할 따름"이라고 생각했다.

서양으로부터 열등하게 취급받고 있으며, 또한 구미(歐美) 종족주의로 인해 고통받고 있다고 느끼던 일본은 반드시 세계에서 그 자신의 위치를 찾고 무력을 사용해 '제국주의의 길'을 추구하는 것이 하늘이 정한 운명이라는 결론을 도출했다. 비록 중국을 자국의 문화적 원천으로 여겼고 일부 저명한 일본인들은 협력을 제창했지만, 많은 일본 군인들은 중국인을 깔보았다. 돼지고기가 식용으로 쓰이는 장점을 제외하면 중국인은 돼지와 종이 같다는 논조도 있었다. 군사 전문가 이케자키 다다카타(池崎忠孝)는 심지어 서너 사단과 몇 척의 군함이면 "중국 토비를 평정하는 데 충분"하다고 했다. 약자는 강자에게 압도될 수밖에 없다는 것을 합리화한 사회 진화론을 채택한 일본은 중국은 결코 진정한 의미의 국가가 아니고, 속국이 되어 더 나은 생존을 위해 지도받을 필요가 있다고 논했다.[15]

일본의 식민지 조선과 접해 있는 만주는 일본인의 거대한 투자 및 천연자원과 공업으로 인해 저절로 첫 번째 목표가 되었다. 장쉐량은 기대보다는 더 다루기 힘든 인물임이 증명되었다. 게다가 그는 동북 삼성을 근대화하기 위한 개혁을 추진하며 자신의 지위를 더욱 강화했다. 관동군 매파 이시와라 간지(石原莞爾) 중좌는 "가짜 구실로 군사 행동을 취해" 그를 전복하자고 제안했다. 반(反)서방 십자군에 중국을 가입시키기를 원하던 이시와라는 이렇게 말했다. "중국 인민을 도와주는 것은 일본의 신성한 임무다. 일본, 중국, 조선 그리고 만주 이 네 종족은 앞으로 책임 분배를 통해 공동 번영을 누릴 것이다. 일본은 정치적 지도와 중공업, 중국은 노동력과 경공업, 조선은 쌀, 만주는 축산품을 제공해야 한다." 이 지역의 일본 주요 일간지는 "외교적 수단과 평화적 방법을 통해서는 만주와 몽골에서의 이익을 전혀 보호하지 못할 것"이라고 선언했다. "이익을 지킬 수 있는 단 하나의 길이 있다. 바로 무력을 사용하는 방법이다." 일본 과학자 이시이 시로(石井四郎)가 위풍당당하게 제출하여 뜻밖에도 비준을 받은 제안은 보다 사악했다. 바로 악명 높은 731부대가 만주에서 비밀리에 세균전을 연구한다는 계획으로, 수만 명의 죄수를 탄저(炭疽)와 여타 치명적인 질병에 노출시켜 중국에서 100만 명을 도살할 수 있는 살상용 세균전 무기를 생산하는 것이었다.[16]

도쿄의 국가주의 물결은 매우 높았지만, 내각은 관동군을 통제하기 위해 노심초사했다. 도쿄 정부는 관동군 지휘관에게 보내는 편지 한 통을 총참모부의 정보부 수장 다테카와 요시쓰구(建川美次) 장군에게 딸려 보냈다. 분규를 일으키지 않도록 관동군에게 경고하는 내용이 담긴 편지였다. 다테카와는 9월 18일 밤에 착륙한 뒤 레스토랑과 게이샤 하우스에 들러 만취하도록 술을 마시고는 편지를 전달하지 못한 채 잠이 들어버렸다. 누군가는 그가 관동군 군관들에게 공감하는 입장이었다고 하는데, 그렇다면 이는 실수가 아니었을 것이다.[17]

다테카와가 잠들어 있던 사이에 한 부대가 평톈 북쪽의 남만주 철도에 폭약을 설치했다. 폭발로 인한 피해는 매우 작아 곧이어 열차가 지나갈 수 있었다.* 하지만 일본 측은 이것이 중국군의 소행이라며 자위라는 명목으로 최후통첩을 보냈다. 만일 만족스러운 결과를 얻지 못하면 일본 국민의 이익을 보호하기 위해 이 도시를 점령할 참이었다. 평톈의 전화 교환수는 일본 측의 위협을 베이징의 장쉐량에게 타전했다. 그는 어떻게 대응할지 몰라 아무런 행동도 취하지 않았다.

동이 틀 무렵 일본군은 이미 장쉐량의 수도 비행기장과 라디오 방송국을 점거한 상태였다. 만주의 관동군 사령관 혼조 시게루(本莊繁) 장군은 "주저 없이 극단의 행동을 취할 의무가 있었다."라고 을렀다. 일본 총영사가 협상을 독촉할 때, 한 소좌가 협박하듯이 군도를 꺼내 들고 군대의 특권은 그 누구의 간섭도 허락하지 않는 것이라고 말했다. 최후통첩이 떨어진 지 11시간째에 평톈의 전화 교환수가 장쉐량에게 말했다. "저는 더 이상 말을 할 수 없습니다. 일

---

* 1931년 9월 18일 평톈 시 북쪽 류탸오거우(柳條溝) 부근의 남만주 철도 일부가 폭파되었다. 9·18 사건 혹은 류탸오거우 사건이라고 한다. — 옮긴이

본군이 집무실에 진입했습니다."

정부 청사가 점령되고 현지 군인들은 무장 해제를 당했다. 조선에서 온 일본의 증원 부대가 도착했다. 사건의 전모를 알게 된 일본 수상이 말했다. "군대가 이미 행동을 개시했는데 더 무엇을 할 수 있겠는가?" 일본군이 무방비인 도시들과 기차들을 폭격할 때, 히로히토 천황이 이를 두고 "시대적인 각도로 보면 매우 자연스러운 일일 뿐"이라고 한 것은 이목을 끌었다. 반신(半神)적인 지위로 인해 천황의 기복(祈福)은 특별히 중요하게 여겨졌다. 이 일에 참여한 군관들은 훈장을 받거나 승진했다. 관동군 사령관은 남작에 봉해졌다.[18]

만주 사변은 중국에서 저항 운동을 일으켰다. 학생들은 탈취한 기차를 타고 난징으로 가며 일본에 저항할 것을 호소했다. 상하이에서는 5000명의 시위대가 적과 무역을 하는 자는 누구든 간에 죽이라고 요구했다. 톈진에서는 소요가 일어났다. 난징의 학생들은 외교부에 침입해 창문을 부수고 외교부장에게 들이닥쳤다. 간호복을 입은 젊은 여성 300명을 포함해 6000명의 젊은이들이 난징에서 연합회를 조직하고 참전을 위해 북방으로 보내 달라고 탄원했다. 공산당원들은 국민당이 "비굴하게 굽실대고 우유부단하게 구는 정책"으로 인민 대중을 배반했다고 비난했다.《중국시보(中國時報)》는 노래를 발표하며 인민에게 호소했다. "적을 죽여라! 적을 죽여라! 어서 일어나 적을 죽여라!"[19]

장쉐량은 난징으로 날아가 장제스와 의논했다. 장쉐량으로서는 영토 외에도 금괴가 3분의 1을 차지하는 1억 위안 가치의 가산이 펑톈에서 위기에 처해 있었다. 장제스는 전례 없는 가혹한 시기가 중국 민족에게 엄습했다고 선포하며 국내의 분쟁을 멈추자고 호소했다. 정신적인 지도를 위해 초청한 외국 선교사들은 경건한 의식과 만찬을 치른 뒤, 장제스에게 국제 연맹이 위기를 안정시킬 수 있도록 하나님께 기도했다고 말했다. 신해혁명 기념일을 경축하는 열병식이 난징에서 개최되어, 독일에서 구입한 융커 비행기 아홉 대가 묘기를 펼치고 이번 침략 행위는 중국을 철저하게 정복하려는 서곡이라고 경고하는 성명서가 발표되었다.

마치 1928년의 지난 사건 때처럼, 장제스는 일본이 너무나 강하므로 저항할 방법이 없다고 판단했다. 이는 외국의 적에 대항하며 국가의 이익을 대표해야 할 그의 첫 번째 커다란 실패로 간주되는 동시에 여러 해 동안 반복될 하나의 패턴으로 자리 잡았다. 군사적 측면에서 말하자면 장제스는 장비가 훨씬 우수하고 훈련이 더 잘된 관동군을 함락하기 위해 수가 엄청나게 많은 중국 군대를 시험할 수 있었다. 또한 일본 군부의 팽창주의자들을 억제하고자 하는 도쿄의 민간인 정치가에게 희망을 걸 수도 있었다. 결과가 어떠했을지는 예상할 수 없다. 하지만 장제스는 당시 일본의 군사 행동에 대한 두려움보다 다른 제약들을 더욱 받았다. 만일 그의 군대가 동북 지방에서 작전을 펼치면, 만주에서의 전쟁은 중국 각지의 토호들이 자립적인 왕국을 다시 세울 기회가 될 수 있었다. 국민당은 분열되어 있었다. 양쯔 강은 홍수의 충격에 빠져 있었고, 공산당은 아직 소탕되지 않은 상태였다.

장제스는 일본이 마침내는 영미 동맹 및 러시아와의 싸움에 각각 말려들기를 기대했다. 1931년에 그는 독자적으로 대일 작전을 펼치는 것보다, 난징 정부가 방어력을 강화하고 국내의 숙적을 궤멸해서 역량을 키우는 편이 더 낫다고 믿었다. 그런 뒤 제2차 세계 대전이 벌어지는 사이에 중국은 더욱 강대한 면모와 이전보다 한층 커진 정치적 독립성을 보여 줄 수가 있을 터였다. 단기적으로는 장제스도 서방 국가가 도와주기를 희망했다. 그러나 설령 이 사건의 옳고 그름의 문제는 의심할 바 없더라도, 국제 연맹은 자신들의 신뢰성을 실험하는 최초의 거대한 도전에서 충돌을 우려해 전혀 간여하지 않았다. 국제 연맹의 주요 국가들은 의지 혹은 행동을 취할 수단이 없었다. 대신 영국 귀족 리턴(Lytton) 경이 이끄는 조사단을 파견해 발생한 사건을 조사하도록 했다.

만주에서 관동군은 철도를 폭파하고 전화국과 은행을 점유한 뒤 장쉐량의 초상화를 정부 청사에서 떼어 냈다. 장쉐량이 "불성실한 태도"를 보였다고 비난하며 그들의 행동을 정당화하고, 상자 417개에 돈을 제외한 그의 물건과 가구를 담아서 그에게 보냈다. 폭격기들이 공업 도시 진저우를 공격했다. 일본이 만주군의 존재야말로 평화와 질서를 파괴한다고 선언한 곳이었다. 1931년 12월 29일 장제스의 정책에 동의한 장쉐량은 만주의 군대에 철수를 명령했다. 무

저항 정책을 따르지 않은 현지의 지휘관은 각지에서 일련의 유격전을 펼쳤지만, 진저우는 1월 1일 아침에 소개되었다. 주 중국 미국 공사는 기차역이 "마치 벌집 같았고 움직일 수 있는 모든 차량은 징발되었으며, 군대와 가축 그리고 화물이 마지막 1센티미터의 공간까지 채웠다."라고 보고했다.[20]

만주 사변의 충격은 장제스가 중국 통일을 진척할 필요가 있다는 것을 뜻했다. 장제스는 후한민을 석방하고 상하이에서 왕징웨이, 쑨커와 함께 그를 만났다. 이는 네 사람이 6년 만에 처음으로 함께한 자리였다. 그들은 중국의 재건을 위해 합작을 하고 국민당 화해 회의를 개최하는 데 동의했다. 장제스는 언제나처럼 호적수들의 분열에 희망을 걸었다. 남방 집단이 대표자를 뽑기 위해 거행한 한차례의 대회는 회의장에서 난투극이 벌어지면서 혼란에 빠지고 말았다. 상하이에 있는 대세계오락중심의 소유자인 청방의 곰보 황진룽이 호의를 베풀어 왕징웨이는 그곳에서 자신의 선거 회의를 개최했다. 이 또한 장제스가 그의 호적수들을 파괴하는 또 다른 정변을 일으킬 시기임을 뜻했다.[21]

1931년 12월 15일 장제스는 난징 국민당 회의에 참가했다. 90분간의 회의가 끝난 뒤 장제스는 국가 통일의 이익과 대일 전쟁을 위해, 또한 "훨씬 더 유능한 사람"에게 길을 열어 주기 위해 사직서를 제출하고 떠났다. 익숙한 목적지인 고향 마을로 출발하기 전에 장제스는 재통합대회의 개회식에 참가했다. 항공기 라디오로 이 소식을 들으며 비행기를 타고 난징으로 날아가는 중이던 장쉐량은 곧장 베이징으로 되돌아와 부사령관직을 사임했다. 그 후 장제스는 14명의 경호원 그리고 줄곧 북방을 방문해 왔던 쑹메이링과 함께 모터 세 대가 달린 포드 비행기를 타고 상하이로 갔다. 물론 장제스의 헌신적인 지지자들이 모여 있었다.

이와 같이 정치 투쟁을 벌이는 와중에 장제스는 매우 다른 성격의 결정을 내려야 하는 국면을 맞았다. 모스크바의 이익을 위해 행동하는 쑹칭링은 상하이에서 체포한 폴란드 공산주의자를 석방하는 조건으로 그의 아들 장징궈를 러시아로부터 귀국시킬 수 있다고 장제스에게 제안했다. 소비에트 체제에 헌신적인 21살의 장징궈는 비록 당뇨병으로 고생하고 보드카의 맛에 나날이 빠져들었지만, 레닌그라드에 있는 적군 군사 학교에서 무척 우수한 성적을 받았다. 그가 자발적으로 떠날 수 없다는 것은 자명했다. 쑹메이링은 그녀의 의붓아들이 귀국을 원한다는 징후는 없었지만 이 거래를 받아들일 수 있다고 생각했다.

장제스는 부자가 떨어져 살았던 6년 동안 아들을 향한 감정이 누그러져 있었다. 게다가 아버지로서 의무를 다하지 못했다는 심한 자책감에 빠져 있었다. 그는 일기장에 "징궈가 매우 그립다. 나는 줄곧 그애를 잘 보살피지 못했기에 좋은 아버지가 아니다."라고 썼다. 나중에 그는 반성하며 말했다. "나는 아이들을 어떻게 다정하게 대하는지 모른다. 나를 이를 깊게 뉘우친다." 하지만 장제스는 "내 아들을 위해 국가의 이익을 희생할 가치가 없기" 때문에 공산당 스파이와의 교환 대신 아들이 소련에 남도록 결정했다. 이 문제를 두고 장제스는 전형적인 방식으로 자기 자신을 위로하기 위해, 사람은 "자손 때문이 아니라" 덕행과 업적으로 기억되어야 한다고 생각했다.[22]

가족 드라마가 상연되는 동안 난징의 상황은 보다 더 혼란스러워졌다. 얼굴에 마맛자국이 있는 소년과 소녀가 이끄는 반일 학생들이 국민당 총본부를 공격했다. 대나무 곤봉을 쥔 군인들이 시위 군중을 해산시키고, 또 기차에 태워 교외 밖까지 끌고 갔다. 국민당 재통합대회는 주연 없는 익살극으로 변해버렸다. 왕징웨이는 상하이에 머물고, 후한민은 난징에서의 안전이 걱정스러워 광저우로 피신했다. 대표들은 장제스 지지자 42퍼센트, 광저우 파벌 지지자 39퍼센트, 왕징웨이 지지자 15퍼센트, 기타 중립자로 쪼개졌다. 전체 회의는 쑨커가 이끄는 내각을 받아들였지만, 장제스와 후한민과 왕징웨이가 아홉 명으로 구성된 상무위원회 위원으로 선출되었다. 그중에서 세 명은 장제스 파벌이었다.[23]

영국 기자 아서 랜섬은 쑨원의 살찐 아들 쑨커를 "많은 저명한 아버지들의 아들처럼 평범한 인물"로 묘사했다. 장제스의 상하이 친구들이 쑨커의 자금줄을 끊어 버린 탓에 쑨커의 정부는 곧바로 경제 위기에 봉착했다. 쑹쯔원도 장제스를 떠났다. 각 성의 지도자들은 더욱 독립적인 행동을 취했다. 절망에 빠진 쑨커는 장제스, 후한민, 왕징웨이가 참석하지 않은 상황에서 국가 긴급 사태를 처리할 위원회를 구성했다. 한 국민당 파벌 역사학자가 논평한 바대로 "그는 사실상 정부의 책임을 분담해 달라고 세 지도자에게 구걸했다."[24]

장제스는 이미 왕징웨이와 담판을 지어, 서로가 지난 5년 동안 품고 있던 적개심을 내다 버리기로 했다. 1월 중순 항저우에서 만난 두 사람은 함께 쑨커를 예방하며 왕징웨이는 정부 수반이 되고 장제스는 군사 지휘권을 되찾을 준비가 되었다고 말했다. 장제스와 쑹메이링은 객실에 소파와 안락의자가 고정된 신식 시코르스키 수상 비행기를 타고 난징으로 갔다. 왕징웨이는 기차를 타는 편을 택했다. 두 귀환자는 수도에 다다른 뒤 쑨원 기념당으로 가서 참배를 했다. 지병이 다시 도진 왕징웨이는 가마에 앉아 이동했다. 능묘로 가는 도중에 그가 심하게 울어서 잠시 멈출 수밖에 없었다.[25]

장제스 부부와 함께 차와 샌드위치를 먹으며, 신문 기자 핼릿 어벤드는 "한껏 자신감과 침착함을 되찾은 상태"인 장제스를 지켜보았다. 그럴 만한 이유는 충분했다. 장제스는 현재 국민당에서 가장 카리스마적인 정치가를 자신의 진영으로 끌어들이고 후한민을 고립시켰다. 쑹쯔원은 정부의 재정을 관장하는 자리로 복귀했다. 장제스의 이데올로기적 지도자 다이지타오는 공무원을 임명하는 고시원을 이끌었다. 다른 지지자들은 공직자를 양성하는 기구를 이끌었다. 장제스가 상하이 혁명 기간에 처음 만난 천씨 형제의 'CC단'은 정치적, 행정적 지지의 중요한 원천일 뿐 아니라 직속 비밀경찰 기관을 두고 있었다. 천리푸가 언급한 대로 국민당이 군대를 영도해야 한다는 쑨원의 주장은 형식적인 절차일 따름이었다. 장제스는 자신의 지위를 더 강화하기 위해 주로 황푸군관학교 졸업생들인 헌신적 지지자들이 결성한 조직의 창립 대회에 참가했다. 그들이 '우리의 구세주'로 부르는 인물에게 헌신하는 이 충성스러운 비밀 결사 단체는 역행사(力行社)로 알려져 있었다. 그러나 이 모든 것에도 불구하고 장제스는 이전의 6년보다 앞으로의 18년이 훨씬 더 평온하지 못했다.[26]

13

총사령관 장제스

1932년 1월 장제스와 왕징웨이가 권력의 중심부로 다시 복귀했을 때, 상하이에서는 불쾌한 사건이 발생했다. 공동 조계지를 떠나던 일본인 승려 다섯 명이 한 무리의 중국인들로부터 공격을 받은 것이다. 승려들 중 두 명은 중상을 당하고 한 명은 그 자리에서 죽고 말았다. 일본 영사는 기자들이 일본으로 돌아와서 전한 대로 승려들의 고통을 묘사한 그림을 발표했다. 1년 전 9월의 평톈 공격 이래로 격렬해진 일본 상품 불매 운동 정서는 한층 더 고양되어 있었다. 반(半)공식적인 국민당 신문이 "불행히 탄알은 빗나가고 암살자는 도망치다"라는 표제하에 히로히토 천황 암살 시도에 대한 소식을 게재하자 일본인들도 격분했다.[1]

일본인이 중국 경찰 두 명을 살해한 두 차례의 수건 공장 소요 뒤, 2000명의 일본 거주민들이 상하이 거리로 쏟아져 나와 상점을 부수고 행인을 공격하며 버스와 전차까지 때려 부쉈다. 광저우 경찰국장을 맡다가 상하이 시장으로 복직한 우톄청은 고문 윌리엄 도널드와 의논을 하기 위해 난징으로 갔다. 돌아온 우톄청은 사과와 배상을 하라는 일본 측 요구에 대부분 동의했다. 하지만 만주에서 관동군이 획책한 음모는 제지할 수 없었다. 만주 사변 뒤 일본은 여전히 영토를 확장하고자 했고, 상하이에서 일어난 사건은 그저 시선을 돌리기 위한 헛손질에 불과했다. 상하이 주재 일본 무관 다나카 류키치(田中隆吉) 소좌에게 음모를 꾸미도록 사주한 것이 바로 관동군이었다. 다나카는 만주 공주를 정부로 둔 노련한 음모가로, 분규를 조장하기 위한 행동 경비 2만 위안을 받고서 중국인 폭도를 고용하여 승려들을 습격하고 가두 폭력으로 귀결될 집회를 조직하도록 했다.[2]

일제의 상하이 침공

상하이 황푸 강에 정박한 일본 해군 군함의 해병대원들은 육군이 펑톈에서 보였던 공격성을 자신들도 유감없이 과시하기를 갈망했다. 상하이 주재 해군 사령관 시오자와(鹽澤) 제독은 1월 28일 기함 갑판에서 열린 칵테일파티에서 《뉴욕 타임스》 기자 핼릿 어벤드를 접견할 때, 비록 상하이 시장이 양보를 하더라도 그의 해병대는 밤 11시에 상륙하여 "속수무책인 일본 국민들을" 보호할 것이라고 말했다. 어벤드는 이 사실을 쑹쯔원과 미국 총영사에게 알렸지만 미국 총영사는 믿지 않았다. 밤 11시 5분 공격이 시작되었다. 애스터 호텔 방에서 도널드는 상하이 시장에게 전화를 걸어 수화기를 창문 밖으로 꺼내 놓고 총포 소리를 들려줬다.[3]

늘 그랬듯 양측은 상대가 먼저 사격을 시작했다고 비난했지만, 어느 쪽이 공격자인지는 의심의 여지가 없었다. 오토바이를 탄 일본 해병대가 인구가 조밀한 자베이 구를 주요 목표로 삼아 기관총을 난사하자 중국 저격병들이 응사했다. 야회복을 입은 서양인들은 택시를 타고 전투를 지켜보았다. 어벤드는 이들이 "질척질척한 거리에 둘러서서 담배를 피우거나 간간이 병술을 마시고, 부근 카페에서 산 샌드위치와 뜨거운 커피를 즐겼다."라고 회고했다. 그들의 관점은 간단했다. 일본은 "건방진 중국인"이 마땅히 새겨야 할 교훈을 가르쳐

주고 있다는 것이었다.[4]

아침 7시, 일본 비행기들이 상하이의 잿빛 상공을 선회했다. 하늘이 더 밝아졌을 때 두 대의 비행기가 각각 폭탄을 투하했다. 작고 뾰족한 원통형 폭탄 두 개는 평행선을 그리며 천천히 지붕 위로 떨어졌다. 어벤드가 회고했다. "땅이 도자기처럼 마구 흔들렸다. 세차게 부딪히는 느낌과 폭발 소리가 잇달았다." 상하이만 한 도시에 사는 엄청난 수의 무방비 민간인들을 과녁으로 삼은 세계 최초의 이번 공습은 게르니카(Guernica)와 제2차 세계 대전의 선례가 되었다. 나흘 뒤 기함에서 어벤드를 만난 시오자와 제독은 미국 신문들이 그를 "어린애들을 도살하는 망나니"라고 명명했다는 것을 알게 되었다. 그는 230킬로그램 무게의 폭탄 대신 15킬로그램짜리를 사용했기에 자신은 칭찬을 받아야 한다고 말했다.[5]

일본군의 맹습은 무자비했다. 지붕으로부터 90미터 위 지점에서 폭격기 떼가 폭탄을 투척했고, 조종사들은 기관실에 비스듬히 기대어 목표물을 관찰했다. 갑판의 대포는 육지를 향해 포탄을 발사했다. 백색 각반을 찬 해군 육전대는 도로변에 기관총을 쏘아 댔다. 일본에서 건너온 낭인들은 수백 명의 시민들을 도살했다. 폭격기 한 대는 저공비행을 하며 적십자사 표시가 선명한 난민 대피소를 폭격했다.

하지만 중국인들은 진지를 굳건히 지켰다. 주요 방어는 쑨커가 동남부의 반공 전선으로부터 양쯔 강 연변으로 이동시켜 군사적 방패로 삼은, 반일 사상이 결연한 광둥의 19로군이 맡았다. 바람 속의 봉화처럼 불타는 북부역을 둘러싸고 참혹한 전투가 벌어졌다. 1927년 대숙청 때 격렬한 충돌이 벌어졌던 현장인 중국 최대의 출판사 상무인서관 건물이 파괴되었다. 국가동방도서관(國家東方圖書館)이 불타면서 돈으로 환산할 수 없는 고서적들도 사라지고 말았다. 외국인 공동 조계지가 안전을 위해 대문을 닫기 전에 수많은 인파가 몰려들었다. 양쯔 강을 따라 올라간 일본 군함은 수도 난징에 포격을 가했다. 난징과 상하이 사이 철도선은 폭격으로 끊기고, 버스 회사 운영자는 12시간 여행 표의 가격을 갑절로 올렸다. 일본이 전면 공격을 할까 봐 두려워한 정부 요인들은 한때 우페이푸의 요새였던 난징 북쪽의 뤄양으로 떠났다.

1월 28일 일본은 공동 조계지에서의 특권적 지위를 이용해 그곳에 있던 해병대를 부근의 중국인 지역을 공격하도록 파견했다. 증원 부대도 조계지에 상륙했다. 상하이 시장은 이에 항의했지만, 공동 조계지 공부국의 국장 맥노튼(E. B. MacNaghten) 준장은 도리어 이 행동이 공동 조계지 내 각국 대표가 협의한 바에 부합하며, 자신의 조직은 그 어떤 경우에도 간섭할 권한이 없다고 대답했다. 다른 일본 부대들은 교외의 우쑹커우(吳淞口) 요새 방어선으로 가서 격렬한 전투를 벌였다. 2월 4일 자베이 구를 향해 분당 한 발가량의 포격이 집중되었다. 이튿날 《자림서보》가 보도했다. "지난밤 비교적 큰 건축물들은 예외 없이 허물어져 황량한 담벼락으로 변했고, 세차게 불타고 남은 실내의 물건들에서 채 가시지 않은 잔화가 밤하늘을 비추었다. 수백 년 묵은 집들이 산산이 부서져 폐허가 되었다." 그러나 폭격기와 중형 화포를 가졌을망정 공격자들의 장갑차는 좁은 도로를 빠져나갈 수가 없었고, 또한 그들의 보병 전술은 오로지 최전방의 진지에만 의지해 공격을 감행했기 때문에 매복 공격에 노출되었다.[6]

독일 고문이 세운 작전 계획에 따라 중국군 수비대는 해자와 가시철조망 방벽으로 둘러친 곳에서 참호를 깊이 파고 포격과 공습을 피했다. 그러다 일본군이 장애물을 넘어 진격할 때 갑자기 나타나 맹렬하게 공격했다. 청방 조직원들도 저격수로 전투에 참전했다. 현지 주민들은 수백만 위안의 자금을 조달했다. 해외 화교의 경제적 지원도 끊이지 않았다. 쑹씨 자매는 자금을 모아 침대 1000개를 갖춘 야전 병원을 세웠다. '큰 귀' 두웨성을 포함한 상하이항적후원회(上海抗敵後援會)의 지지 아래 중국의 최대 신문 《신보(申報)》는 저항을 독려하는 대변인으로 활약했다. 장제스의 후원자 장징장은 식사를 하다가 일본군이 쳐들어왔다는 소식을 들었다. 약육강식이라는 말을 생각하고, 그는 채식주의자가 되었다.[7]

중국 군대는 마침내 일본군의 진공을 효과적으로 막아 냈다. 하지만 상투적인 권모술수에 의존하는 한 사람은 아무런 지원도 하지 않고 수수방관하며 한쪽에 비켜 서 있었다. 일본과의 충돌을 피하고자 하는 장제스는 제어하기 어려운 남방의 광둥 성에서 온 19로군이 그에게 위협이 되리라는 걱정에만 사로잡혀 있었다. 뒤이어 19로군은 실제로 전투에 참가하지는 않았으나 자신들의 애국 열정이 장제스의 유화 정책과 대조되기를 원하는 공산당의 지지를 얻었다. 직속 선전부를 두고 있는 19로군 수뇌부는 푸아그라 파이와 마르텔 코냑을 마련한 기자 초청 간담회를 열어 그들의 명성을 알렸다. 39세의 작전지휘관 차이팅카이(蔡廷鍇)는 미디어 스타가 되어 위풍당당한 자세로 사진을 찍으며 한 치의 중국 영토도 포기할 수 없다고 맹세했다.

전쟁이 시작될 무렵 장제스는 난징 정부에서 공식적인 직위가 없었다. 단지 2월 말 펑위샹, 옌시산, 장쉐량 등이 모두 국가 단결의 이름하에 정부로 다시 모일 때 군사위원회에 참가했을 뿐이었다. 당연히 장제스는 상하이 전투를 피하려 했다. 그와 왕징웨이는 앞서 19로군에게 결코 일본 측이 공격할 빌미를 제공하지 말라고 훈계했다. 장제스는 전투가 개시되자 일정한 범위 내로 제한되기를 간절히 원하는 동시에 되도록 담판으로 분쟁의 실마리를 풀고자 했다. 전쟁이 대규모로 번져 그의 가장 큰 우환거리로 남아 있는 홍군과의 전투에서 상하이 전역으로 병력을 돌려야 할 가능성이 문제였다.

그럼에도 복잡한 동기 때문에 장제스는 일반적으로 알려져 있는 것보다 훨씬 적극적인 행동을 취했다. 독일인이 훈련한 그의 정예 부대 제5군을 참전시키라는 압력이 거셌다. 정적들은 장제스의 무저항을 이용해 그를 약화시키려고 작정했다. 이 밖에 또 다른 위험은 장제스에게 이 도시 안에 직속 부대가 없으면 그의 호적수들이 소속된 항일구국회가 상하이 통치권에 도전할 수 있다는 것이었다. 애국열은 이미 고조되었다. 쑹쯔원도 행동에 찬성했다. 장비가 우수한 그의 금고 수비대 수천 명이 방어전에 참가했다. 미국 기자와의 인터뷰에서 쑹쯔원이 물었다. "만일 중국이 외국 군대의 통치를 따르기보다 통일하기 위하여 공산주의나 소비에트주의로 방향을 바꾼다면 당신들은 놀라지 않겠습니까?"[8]

장제스와 그와 가장 친밀한 군사 보좌관 허잉친 장군이 회담을 한 뒤,《연합통신》은 2월 중순에 "긴요한 중국군 증원 부대를 상하이 지역으로 파견하는 계획이 이미 확정되었다."라고 보도했다. 하지만 장제스는 19로군이 악전고투를 치르는 3주 동안 중앙 정부 군대의 파견을 늦추었다. 그때까지는 일본이 신속한 휴전에 관심이 없다는 것이 명확했다. 장제스는 마침내 자신의 직속 부대를 보내 19로군의 지휘 아래 두었다. 전투가 시작된 이래 남방인들이 한 역할을 부분적으로 인정한 셈이었다. 하지만 다른 이유도 있었다. 광둥 인은 난징 정부의 핵심 부대가 아니었기에, 그들과 일본군 간의 전투는 중국과 일본의 전쟁이라는 범주 밖에 놓일 수가 있었다. 또한 장제스의 제5군 출현이 과장되면 중국은 일본과의 전면전에 휘말릴 수 있었다. 그러므로 장제스가 최소한의 행동을 한 원인의 일부는 공산당을 철저하게 궤멸하기 전까지는 일본과의 전면전을 피하려는 바람 때문이었다.[9]

2월 17일 《북화첩보》는 기병 부대를 보유한 신군대가 상하이를 향해 출정했다고 보도했다. 그들의 서양식 철모는 대나무로 만든 농립모를 쓴 남방인과는 다른 난징의 군대임을 확인시켜 주었다. 쑹쯔원은 "용맹스러운 19로군 동지들과 어깨를 나란히 하고 기꺼이 전사할 준비"가 된 "장제스의 군대"라고 언급했다. 2월 말, 19로군의 성명문 또한 제5군이 "늘 용기와 불굴의 정신으로 싸우는" 사단이라고 격찬했다. 이 사단의 부상자들을 문병한 사람이 《자림서보》로 보낸 독자 편지는 제5군이 진격할 때 보여 준 "예사롭지 않은 용감성" 및 고통을 겪고 있는 "매우 많은 사상자들"을 증명했다. 역사학자 도널드 조던은 이 전투에 관해 2001년에 출판한 권위 있는 저술에서, 19로군이 목숨을 걸고 맹렬하게 싸우고 있을 때 장제스는 관망하기만 했다는 일반적인 논지의 오류를 증명하기 위해 대량의 증거를 들이댔다. 훗날 장제스가 인터뷰에서 말한 바대로다. "중포 부대도 없이 소총과 기관총으로만 무장한 19로군을 돕기 위해 상하이로 달려온 제5군의 87사와 88사 그리고 보세(保稅) 대대는 누가 보냈습니까? 중국의 중포가 어디에서 왔단 말입니까?"

맹공격이 시작될 때 미국 국무 장관 헨리 스팀슨(Henry Stimson)은 일본이 더 이상 팽창하지 못하도록 공동 조치를 취하자고 영국에 제안했다. 하지만 영국의 반응은 냉담했다. 국제 연맹은 시야가 좁은 공명정대한 태도로 일본의 중국 침략과 중국인의 일본 승려 습격을 비난하며, 마치 양측이 똑같다는 듯 마구잡이로 섞어 논했다. 폭탄이 외국 조계지에 떨어지고 그들의 군함을 위협하자 서방 측은 동요하며 염려스러워했다. 하지만 만주에서와 같이, 2월 말 일본군이 참담한 고전을 하고 있는 해군 육전대를 원조하고자 상륙할 때마저 서방의 어느 국가도 일본을 저지하려는 행동을 실제로 취하지 않았다.

중국군은 반격을 가했고, 일부 지역에서는 진군했다. 길이 좁고 빽빽해서 방어가 쉬운 시가전에서는 일본의 탱크가 전혀 쓸모가 없었다. 농촌을 쟁탈하려는 격렬한 전투에서 방어자들은 참호 앞에 너비가 3.7미터에 달하는 가시철조망을 설치했다. 중국군의 한 여단은 한 시간 동안 다섯 차례 돌격을 감행하다가 군관의 4분의 1을 잃었다. 한 사단은 하루 사이에 2700명의 전투력을 잃었다는 보도도 있었다. 도쿄의 비행기 200대가 폭격 범위를 확대했다. 항저우의 공군 기지 공습으로 그곳에 착륙해 있던 장제스의 전용기 날개 한쪽이 파손되었다.

일본군의 맹렬한 공격이 수비대를 새로운 방어선으로 후퇴시킬 때, 19로군의 차이팅카이 장군은 '동방의 진주'라 불리는 만주 공주의 예방을 받았다. 쑨커를 교묘하게 속여서 이 위풍당당한 전사를 소개받은 그녀는 일본이 자베이-우쑹 전선에 다른 사단을 파견할 것이라는 비밀 정보를 주었다. 그리하여 19로군은 해상으로부터 우회 공격이 있을 거라는 장제스의 경고를 무시하고 그곳에 병력을 집중했다. 일본군은 장제스의 예측을 입증했다. 새벽녘에 수천 명의 일본군이 공군의 엄호 아래 상륙한 뒤 중국 군대의 뒤쪽에서 일제히 포위 공격을 감행했다. 음험한 다나카 소좌에 따르면, 만주 공주는 19로군을 잘못된 지점으로 유인하는 임무를 띠고 있었다. 장제스는 일기에서 방어자들이 자신의 충고를 받아들이지 않은 것은 그녀의 이야기 탓이라고 언급했다.[10]

중국은 할 수 없이 상하이를 포기했다. 일본군은 끊임없이 공습을 했지만 최후의 결전을 피하기 위해 철수했다. 그러나 시민들을 제멋대로 체포하고, 학대하고, 도살했다. 자베이를 "타오르는 모닥불"로 묘사한《자림서보》기자는 그 불빛이 너무나 강해 야밤에 800미터 밖에서도 그 빛으로 신문을 읽을 수 있었다고 했다. 20만 명 이상이 70곳의 임시 숙영지로 몸을 피했다. 일본은 자베이에 괴뢰 정부를 세워서 프랑스 조계지로부터 아편굴과 매음굴을 옮기도록 했다. 역사학자 크리스티앙 앙리오(Christian Henriot)가 기록한 바대로, 일본 군대는 "점령한 지역에서 조직적인 파괴 활동에 뛰어들었다. 아직 폭격과 불로 망가지지 않은 것은 부수거나 해체해서 일본 군함에 적재했다."[11]

참전한 중국 군인은 총 6만 3000명에 달하는 것으로 추정된다. 일부 사단 병력은 꽉 차 있지 않았음을 고려하면 이 수치는 과장일 수 있다. 일본은 4만 7000명의 병사를 파견했다고 말했다. 중국은 그들의 병력을 7만 7000명으로 잡았다. 중국인 사망자 수는 4600명에서 6080명 사이이고, 실종자 수는 1만 명에 달했다. 헬릿 어벤드는 사상자가 총 3만 5000명이라고 썼다. 일본 영사관은 일본 측의 전사자가 385명이라고 웃음을 자아낼 만큼 낮게 공표했고, 부상자는 2000명 이상으로 잡았다. 인구 통계에 따르면 도망자 수는 50만 명에 달했다. 상하이 시 정부는 15억 위안에 상당하는 손해를 입었다고 추산했다. 상점 4000곳, 공장 600곳, 학교 200곳, 대학 5군데 등과 더불어 1만 2000채의 가옥이 파괴되거나 파손되었다. 수만 명이 실직했다. 농토는 무참하게 훼손되었다. 철도 교통은 단절되었다. 무역 활동의 침체로 인해 세수와 해관 수입이 심각한 타격을 입었다.[12]

3월 3일 전투가 중지된 후 국민당 정부는 뤄양에서 난징으로 돌아왔다. 영국과 미국의 외교관들은 평화 협상에 참가했는데, 협상에서 일본 측은 중국 도시 및 그 주변 지역의 비군사화를 실시하라고 압박했다. 이는 곧 중국이 군대를 철수하고, 조약 협정을 통해 일본이 조계지와 강에서 무장력을 유지하는 것을 허락한다는 의미였다. 장제스는 영국 측에 이것은 절대로 용납할 수 없는 모욕이라고 말했다. 일본은 관동군이 마지막 만주 황제를 명목상의 수석 집정관으로 내세워 세운 괴뢰 국가 만주국에 주의를 집중할 수 있도록 협정을 맺는 데 열중했다. 조선의 망명자가 도시락으로 위장한 폭탄을 히로히토 천황의 생일 축하 의식이 거행되고 있는 상하이 공원에 던졌을 때, 놀랍게도 일본 측이 미미한 반응을 보였다는 사실은 일본이 북방에 초점을 맞추고 있다는 것을 뜻했다. 일본인거주민협회의 수뇌가 현장에서 폭사했다. 상하이의 일본군 사령관은 부상으로 한 달 뒤에 죽었다. 중국 주재 일본 공사는 한쪽 다리를 잃어 훗날 천황으로부터 의족을 하사받았다. 만일 다른 시기였다면 이 사건은 새로운 공격의 도화선이 되었겠지만 평화 협상은 계속되었다. '매국노'라는 의미로 난징의 협상자 얼굴에 동전을 던진 중국인 매파들이 중심이 되어 평화 회담을 반대하는 목소리가 일어났다.[13]

마침내 절충안이 양측을 구해 주었다. 일본은 4주 내에 중국인 지역에서 철수하는 것에 동의하고, 난징 정부의 군대는 도시 진입을 금지당했지만 국가 경찰을 파견할 수 있도록 허가받았다. 이 협정문은 얼굴에 상처를 입어 이목을 끌 수 있는 중국 측 수석 대표와 다리 부상을 치료받기 위해 기다리고 있는 일본 공사가 서명할 수 있도록 각각 다른 병원으로 보내졌다.[14]

19로군은 장제스가 그들을 공산당 토벌 작전에 재투입하자 불만이 고조되었다. 19로군의 초임 사령관이었고 난징에서 고위직을 맡고 있는 천밍수(陳明樞)는 6월에 사직한 뒤 유럽으로 떠났다. 천밍수는 일본에 대한 강경책을 원했지만 일을 그만둔 이유로는 다른 게 있었다. 이 지역에서 정치적 야심이 있던 천밍수가 파리로 떠날 때, 그의 부관은 정부 자금 70만 위안을 챙겨서 홍콩으로 향했다. 훨씬 더 극적인 것은 쑹쯔원이 사직을 택한 일이었다. 그 역시 일본에 대한 강경 노선을 고수했으나 천밍수처럼 다른 동기는 없었다. 쑹쯔원은 4개월 동안 전력을 다해 재정 수지의 균형을 이루어 놓았지만, 재정 전망은 여전히 암담했고 상하이와 만주로부터의 세수가 줄어들어 나날이 악화 일로를 걷고 있었다. 주요 자금 원천인 채권 시장도 크게 붕괴될 위기에 처해 있었다. 하지만 장제스는 장시 성에서 반공 작전을 개시하기 위해 별도로 500만 위안을 지출하길 원했다. 쑹쯔원은 "채무의 악순환"을 성토하며 경제와 정부 내부의 개혁을 호소했다. 그는 이렇게 물었다. "정치와 군사, 경제의 불균형으로 인해 비적과 공산주의가 번성하지 않는단 말입니까? 그들이 정치-군사-경제의 종합적인 개혁에 대해 설령 뚜렷하지는 않더라도 더 나은 반응을 보이지 않는

단 말입니까?"[15]

　장제스를 본보기로 삼아 쑹쯔원도 앞날을 개척할 무기로 사직을 이용했다. 그는 왕징웨이와 연락을 유지했고, 군사비 증가를 절반으로 줄인다는 협의 아래 한 달 뒤 집무실로 돌아왔다. 정부로 복귀한 쑹쯔원은 군사비 지출 때문에 장제스에게 비판적인 금융업자들과 여전히 친밀한 관계를 유지했다. 또 좌익과 소통하는 데 교량 역할을 할 수 있는 작은누나 쑹칭링과도 관계가 좋았다. 쑹쯔원은 자신을 일본에 저항하는 대변자로 동일시해 왔다. 두 남자의 역량을 잴 시험의 대두는 시간문제일 뿐이었다. 이 밖에 큰누나 쑹아이링이 쑹쯔원과 그녀의 친구 간에 싹튼 연애를 반대하면서 가정 분규가 불거졌다. 쑹아이링이 그녀의 작은여동생 쑹메이링에게 미친 영향을 감안하면, 이 일은 장제스 부부와 개인적인 충돌을 빚고 정책의 혼란을 가중했다.[16]

일본은 피부병, 공산당은 심장병

　정부가 장제스에게 군대의 가장 중요한 수뇌를 가리키는 총사령관(總司令, Generalissimo) 칭호를 수여함으로써 그의 지위는 확고부동해졌다. 군대가 난징 국민당 정권에서 차지하는 무게를 감안할 때 총사령관직은 장제스의 전반적이고도 지고지상한 권위를 상징했다. 난징에서 열린 한 만찬에서 국제 연맹이 보낸 만주 조사단의 대표 리턴 경은, 중국인의 이름을 발음하기란 조금 어렵지만 하나의 이름만은 "전 세계가 숙지하고 있다. 바로 장제스다. 온 누리 사람들 모두가 장제스 장군을 위대한 군인으로 알고 있다."라고 말했다.

　만주 조사단은 대체로 중국에 유리한 보고서를 제출했다. 보고서는 일본의 권리를 얼마간 용인했지만, 만주가 중국 영토의 없어서는 안 될 일부분이라고 천명하며 만주 사변은 일본의 합법적인 자위로 간주될 수 없다고 했다. 또한 만주국을 독립 국가가 아니라 일본의 창조물로 묘사했으며 도쿄가 국제 연맹 조약을 위반했음을 지적했다. 보고서를 두고 제네바의 국제 연맹 본부에서 논쟁이 벌어지는 가운데 일본은 유일하게 반대표를 던지고 국제 연맹에서 탈퇴했다. 일본은 리턴 조사단이 어떤 결론을 도출하든 간에 중국과 국제 연맹은 행동을 취할 수 없다는 것을 알고 있었다. 심지어 한 일본인은 장제스가 이렇게 논평했다고 보고했다. "만일 일본이 만주에 만족한다면, 비록 달갑지는 않지만 우리들은 일본군이 만주에 없다는 식으로 굴 수 있다."[17]

그러나 일본은 동북 지방에서 순조로이 항해하지 못했다. 괴뢰 정권에 가담했던 만주 군대의 지휘관 마잔산(馬占山)이 국고를 습격하고 달아나 3500명의 저항 부대를 조직했다. 한 유격 부대는 만주국의 수도 창춘(長春)까지 공격했다. 또 다른 유격 부대는 비행장에서 일본 비행기 여섯 대를 훔쳐 갔다. 관동군은 장군 제복을 입고 몽골 말 옆에 누워 있는 마잔산의 시체를 발견했다고 공표했는데, 이는 유인을 위한 미끼용 시체임이 판명되었다. 마잔산 장군은 소련 국경으로 슬그머니 빠져나가 유럽을 경유해 중국으로 되돌아왔다.[18]

만주의 마적들은 성의 진지와 여행자들을 끊임없이 공격했다. 마적 떼가 기차를 습격하여 일본인과 조선인 350명을 2주일 동안 억류한 사건이 있었다. 경마장에서 마적들이 미국석유공사 임원의 열여덟 살 난 영국인 아내와 영국 장군의 아들을 납치해 갈대숲 사이 흙집에 7주 동안 가둔 납치 사건도 일어났다. 뮤리얼 폴리(Muriel Pawley)가 몸값으로 120만 위안을 요구하는 쪽지에 적었다. "이들이 우리 귀를 자르려고 해요. 귀를 잃고 싶지 않아요. …… 몸이 더러워서 목욕이 너무 하고 싶어요. 먹을거리도 지독하게 나빠요." 아버지에게 보낸 편지에서 그녀는 "이 지옥의 화신들"에게서 구출해 달라고 애걸하며 분첩과 립스틱을 부탁했다. 결국 민병대가 그들을 구해 주었다.

비록 이러한 현지의 곤란에 봉착했지만, 관동군은 만주와 만리장성 한끝에 접해 있고 산이 많은 러허 성(熱河省)*의 경계 지대에서 군사력을 뽐냈다. 또한 자신의 성을 되차지하려다가 실패했던 산둥의 개고기 장군 장쫑창의 위협도 있었다. 장쫑창은 만회를 위해 또 한 번 명령을 내렸으나, 몇 해 전에 죽였던 한

---

* 지금은 허베이와 랴오닝 성으로 나뉘었지만, 당시에는 독립된 성이었다.

장군의 조카에게 기차역에서 총격을 당하고 사망했다. 그의 첩들은 가산을 거머쥘 수 있는 만큼 나누어 가졌다. 금고를 열기 위해 부른 열쇠공은 그 안에 든 보석을 깡그리 훔쳐 가 버렸다.[19]

행정원장 왕징웨이는 상하이 방어전의 "용맹스러운 저항"과는 대조적으로 장쉐량은 북방에서 무력했다고 전보로 비난했다. "상하이 방어전은 확실히 엄청난 공적입니다. 따라서 당신에게는 합리적으로 기대할 수 있는 것이 아닙니다. …… 만주 사변이 일어난 지 한 해가 지났는데도 당신은 당신의 명성과 어울리는 업적을 전혀 이루지 못했습니다." 이후 왕징웨이는 사직서를 내며 선수를 쳤다. 그는 장쉐량의 재정적 요구를 만족시켜 줄 수 없으므로 자신은 하야해야 한다며, 장쉐량도 "만리장성 남쪽의 중국이 헤아릴 수 없이 큰 축복을 받을 수 있도록" 똑같이 사직하기를 바랐다. 장쉐량은 저항을 조직할 시간을 달라면서도 사직서를 제출했다. 그는 베이징의 자금성에서 기자들을 접견하며 이탈리아, 터키, 독일을 방문하고 옥스퍼드나 케임브리지로 가서 공부할 생각이며, 뒤이어 프랑스에서 거주할 것이라고 말했다.[20]

정부가 총사퇴를 한 뒤 장제스는 벼슬길에 나와 베이징 군사위원회 주석으로 취임했다. 《자림서보》는 "장제스 장군은 어제 중국의 정부가 되었다."라고 보도했다. 왕징웨이가 당뇨병 치료차 함부르크로 가자 내각은 그의 사직서를 수리하고 쑹쯔원을 후임자로 임명했다. 북방의 장군들로부터 여전히 지지를 받고 있는 장쉐량은 베이징 군사위원회 위원을 유임했지만 그의 권력은 깎아내려졌다. 장제스는 정치적 위기가 자신에게 유리한 방향으로 돌아가자, 스스로 우선시할 뿐더러 선교 시찰 여행을 온 미국인의 지지를 받은 선결 과제를 해결하는 쪽으로 선회할 수 있었다. 미래의 국무 장관인 존 포스터 덜레스(John Foster Dulles)는 공산당 문제를 해결하기 전에 일본에 대항하는 것은 어리석은 짓이라고 말했다. 바로 장시 성장이 적에 관한 중국의 옛 속담을 인용하여 호소했듯, "일본은 피부병이지만 공산당은 심장병"이었다.[21]

일본과 어쩔 수 없이 전면전을 치르기 전에 장제스는 1932년 네 곳의 성에서 대규모 군대가 참전한 홍군 토벌 작전을 개시하여 공산당을 철저하게 궤멸하고자 했다. 경제 봉쇄와 더불어 어위완(鄂豫皖, 후베이·허난·안후이 성)으로 불리는 양쯔 강 이북의 홍군 근거지를 향한 맹공격이 시작되었다. 공산당은 몇 차례 전투에서 승리를 거두었지만, 거대한 압박으로 인해 서쪽의 쓰촨 성으로 향하는 장도에 오를 수밖에 없었다. 공산당은 쓰촨에 우수한 장비를 갖춘 8만 군대와 더불어 9만 제곱킬로미터에 달하는 소비에트 근거지를 세웠다. 군대에는 2000명의 용맹한 부녀 연대가 포함되었다. 어위완에서 장제스는 19세기에 일어난 태평천국 운동을 평정할 때 쓰인 전략을 펼쳤다. 농촌에 민병 자원 부대를 조직하라는 명령이 떨어졌고, 국민당 정부가 그들의 우두머리를 훈련했으며 장비를 제공했다. 각 마을은 사이에 세운 도로를 통해 서로를 도왔다. 성마다 네 사단이 와서 홍군에게 엄청난 위협을 가했다.

이 정책의 성공은 마을 사람들의 자발적 참여로 공산당에 공동으로 대응하는 데 달려 있었다. 하지만 정부는 농민들을 열광시킬 수 있는 정치적 메시지가 부족했고, 군인들이 잔혹한 억압을 자행하는 가운데 농민들을 윽박지를 뿐인 현지의 권세가들에게 의지했다. 장제스가 말한 바대로 "이미 해방되었던 지역에서는 대숙청을 진행했다." 공산당의 통제권에서 벗어난 게 확실해진 뒤, 현지인들은 노역에 시달리는 몸으로 바뀌었을 뿐이었다.[22]

연이어 장제스는 남쪽으로 방향을 바꿔 장시 성에서 제4차 위초 작전을 펼쳤다. 농촌 민병대에게 국민당군을 지원하도록 하여 지방 행정을 더 엄격하게 통제하려고 했다. 장제스는 성의 동부와 남부의 경계 지대에 주둔한 14만 명의 군대로 장시 소비에트를 포위하고, 10만 대군을 보내 6만 5000명가량의 홍군에 맞서도록 했다. 공산당이 산악 요새를 벗어나 공격했다가 엄청난 손실을 입었을 때 위초 작전은 좋은 전과를 얻기 시작했다. 국군 비행기들이 광둥으로 진입하려는 홍군의 기습을 효과적으로 제지했다. 이후 공산당 주력 부대는 국군의 주위를 숨 돌릴 틈 없이 이동하는 기동성을 보여 주며 일련의 조우전에서 승리했다.

장제스 군대가 부단히 확충된 것은 군대의 질이 지속적으로 저하된다는 것을 의미했다. 전선을 방문한 영국 작가 피터 플레밍이 본 사병들은 음식을 훔쳐 먹으며 패배하면 비적으로 돌변했다. 국군의 작전 효율성, 기율, 장비는 모두 초라했다. 군관들은 오로지 방어에만 골몰했다. 현지 인민들의 입장에서 국민당 군대가 "강제 징집을 하고, 노동력을 징발하고, 잡다한 세금을 물리고, 각양각색으로 능멸하고 강탈하는 것은 큰 짐이었으며 그 대가는 가장 부적절한 보호일 뿐이었다. 만일 중국 농민이 자발적으로 공산주의 쪽으로 전향하게 만든 무언가가 있다고 간주한다면 …… 그것은 농민에게 끝없이 숙소를 제공받는 국군이다."[23]

국민당 정부는 민심을 얻기 위해 얼마간의 복리 시설을 세웠으나 거의 성공하지 못했다. 1만 8000명이 살고 있는 장시 성의 한 지역을 방문한 국제 연맹의 전문가는 침대가 20개밖에 없는 병원에서 60명이 의료 혜택을 받고 있다고 보고했다. 10퍼센트의 농민들만이 복리 시설의 협동 농장에 가입했다. 장시 성의 다른 지역에서는 한 농업 경제학자가 전쟁이란 "논에 잡초만 무성해지고, 민가는 무너져 황량하게 퇴락하고, 마을은 모조리 텅 비어 버리고, 이곳저곳에서 가족들이 초라한 흙집에 웅크린 채 살고, 엄동설한을 마주하여 차츰차츰 굶주려 가는 것"을 의미한다고 보고했다.[24]

성탄절 무렵 장제스는 장시에서의 군사 행동을 중단한 뒤, 쑹메이링과 쿵샹시를 대동하고 휴가를 보내고자 시커우로 향했다. 일행은 이따금 버스를 타고 여행했다. 길가에서 일부 사병들이 악질적인 행동을 하는 것을 본 장제스는 차를 멈추게 하고 그들을 체포하라고 명령했다. 고향 마을의 집에 머무르면서는 조상의 무덤과 모친의 분묘를 참배하고, 맑고 깨끗한 공기를 마시며 산보를 했다. 1933년 1월 1일, 일본군이 새로운 군사 행동을 개시했다.[25]

전투 장소는 해안가의 군사적 요충지인 산하이관(山海關)이었다. 산들과 바다 사이에 자리 잡은 만리장성의 동쪽 기점인 산하이관은 만주에서 중원으로 진출하는 관문이었다. 베이징 의정서에 근거하여 일본은 이곳에 규모가 작은 수비대를 주둔시킬 권리가 있었다. 밤중에 도발적인 행군을 한 일본군 병사들은 그들의 총본부에서 폭탄 두 발을 발견했다고 발표했다. 작은 읍이 폭격과 포격을 받았다. 탱크와 장갑 열차도 공격에 참가했다. 사흘 째 되는 날, 화염과 연기가 뒤덮인 가운데 산하이관이 함락되었다. 방어 측 총사상자는 약 600명, 일본인 사상자는 300명이었다. 장쉐량이 물었다. "야만적이고 잔인한 국가를 뒤로하고 후퇴해야만 하는가?"[26]

도쿄에서 일본 외상은 러허 성이 중국에 맞서 방어할 필요할 필요가 있는 만주국의 일부분이라고 천명했다. 토비 출신이자 장쉐량의 친구인 탕위린(湯玉麟) 러허 성장은 그의 처첩들에게 아침마다 기마 연습을 하라고 명령했으며, 잔인성과 부패로 악명이 높았다. 탕위린은 관저의 뜰에 마약 공장을 열었으며 약탈한 만주 유물을 외국 조약항에서 팔아넘겼다. 그의 군대 2만 명은 오합지졸이었다.[27]

베이징을 여행한 쑹쯔원은 이 지역을 화약고라고 일컬었다. 그는 일본인의 약탈과 현지 관리들이 골동품 장사꾼에게 팔아 치우리는 것을 막기 위해 청나라 황궁의 보물을 난징으로 옮기도록 했다. 장쉐량과 도널드는 눈보라를 뚫고 러허 성의 성도 청더(承德)로 가서 아편 공장을 지키고 있는 유일한 부대를 시찰했다. 성장 탕위린은 일본에 저항하라고 방문자들이 재촉하는 말을 전혀 귀담아듣지 않았다. 성의 험준한 산맥은 방어에 유리한 지형이었지만, 아무런 은신처도 없는 좁은 골짜기에서 현지 중국군들과 낙타, 당나귀, 소달구지는 비행기와 대포로 공격하는 일본군에게 대량 살육의 과녁이 되었다. 난징은 금전과 보급품 지원을 거절했고, 장비가 열악하고 훈련도 잘 안된 이른바 지원 부대를 보냈다.[28]

눈보라를 뚫고 전진하는 일본군은 살을 에는 듯한 바람 속에서 자유롭게 대오를 지은 기병과 트럭 및 장갑차 대열을 선봉에 세웠다. 개들이 부대 간의 통신 수단이었다. 한편 중국군은 탈영으로 한층 더 쇠약해졌다. 소이탄이 중국군 병사들이 은폐해 있는 숲을 태워 버렸다. 러허 성의 주민들은 새로 온 자들이 구체제보다 더 나쁘지는 않을 것이라 여겼다.

성장 탕위린은 방어 부대에게 빼앗은 교통수단에 개인 재물을 적재한 뒤 안전한 장소로 옮기라고 명령했다. 트럭들이 만리장성의 관문에 다다르자 국민당군은 운송 화물을 압수해서 청더로 돌려보냈다. 장쉐량은 탕위린을 체포하라고 명령했지만, 그는 200명의 호위병들과 함께 말을 타고 달아났다. 맹렬한 공습이 지나가고 나서 이 도시는 관동군 1개 여단에 의해 점령되었다. 군용 트럭에 실려 온 수많은 조선 처녀들이 여단의 뒤를 따라왔다. 일본 군대는 후퇴하는 중국인을 만리장성까지 추격했다. 그곳에서는 계엄령이 선포된 베이징까지 곧바로 통하는 일망무제의 평원이 내다보였다.[29]

이 재난은 쑹쯔원이 가장 날카롭게 분석했다. 그는 일본군의 준비, 기계화 및 장비를 중국군과 대비하며 이렇게 꼬집었다. 중국군은 "참모의 조직적인 작전이 없고, 장군들은 모두 몇백 킬로미터나 떨어진 후방에 있으며, 가장 원시적인 방식 외에는 교통수단이 없고, 보급품은 몇 주 만에 전선에 도착하고, 서로 다른 사령부끼리 연락관도 없고, 공습을 방어할 화포와 참호를 구축할 재료 혹은 포병이 없으며, 사병 훈련은 연병장에서 하는 것으로 만족한다." 또한 "가죽피 달린 벨트를 맨 잿빛 군복 차림으로 거들먹거리는" 중국 장군들의 낡고 케케묵은 사고방식과 달아날 생각만 바쁜 정신 상태를 맹렬하게 규탄했다. 가장 강한 비판은 "위기의 순간에 구제할 길 없는 오합지졸로 퇴화할 수 있는 군인들을 양산하는 광범위한 영양 불량, 열악한 무기 그리고 훈련이 부족한 군대"를 두고 펼쳐졌다.[30]

북방에서 새로운 재난이 한창일 때, 장제스는 일정 정도 성공을 거둔 장시 전장으로 되돌아왔다. 난징의 어느 신문사는 산림에서 벌어진 한 전투를 보도했다. 홍군이 군화, 허리띠, 각반, 부서진 우산, 종이, 책과 붉은 별로 기운 모자를 버리고 하는 수 없이 후퇴할 때, 전장에서는 시체로부터 흘러나오는 "검은 피가 모래땅을 붉게 물들였다." 하지만 공산당은 국군 2개 사단을 매복했다가 습격하여 막대한 타격을 입혔다. 사단장 한 명은 자살하고 말았다. 전쟁 중지를 결정한 총사령관은 러허에서의 대패를 대신할 속죄양을 찾아야 했다.[31]

1933년 3월 8일 장제스는 쑹쯔원과 함께 베이징 남쪽의 도시 바오딩(保定)에 기차로 도착했다. 개인 열차를 타고 온 장쉐량이 기다리고 있었다. 5분 간의 냉담한 회의에서 장쉐량은 사직을 받아들였다. 장제스는 현 정세를 갑판 위의 물건 하나를 버려야만 균형을 잡을 수 있는 불안정한 배에 비유했다. 장쉐량은

총사령관의 조수 허잉친에 의해 대체될 것 같았다.[32]

이틀 후 장쉐량은 베이징 교외에서 그의 부대에게 연설했다. "우리가 중원으로 들어온 까닭은 국가 통일을 달성하기 위함이었다. …… 하지만 그 결과는 이제 우리가 돌아갈 집이 없다는 것이다." 그는 부하들에게 장제스의 명령에 복종하라고 촉구했다. 국가에 대한 의무를 명심한다면 만주로 되돌아간다는 목적을 달성할 수 있을 것이라고 덧붙였다. 그런 뒤 장쉐량은 두 명의 아내, 경호원 네 명 그리고 도널드와 함께 개인용 포드 비행기를 타고 떠났다. 상하이에 착륙할 때 군악대가 환영의 곡을 연주했다. 검은 비단 모피 외투를 입은 장쉐량은 차를 타고 쑹쯔원의 관저로 가서 관리들을 만났는데, 매우 피곤해 보였다. 현지의 신문 기자들을 초청해 기자 간담회를 연 그는 경호원들이 무기 소지 여부를 검사하기 위해 몸을 수색하자 거부했다. 누군가가 대문 앞에서 두루마리를 펴고 읽어 내려갔다. "당신이 만주를 잃어버린 일을 기억하는가? 지금 당신 때문에 중국은 러허를 잃었다."[33]

도널드는 미국인 마약 전문가를 데려와 포슈(Foch) 로의 한 집에 거처를 정한 장쉐량을 치료하도록 했다. 이 전문가는 장쉐량과 함께 마약을 한 그의 아내들을 마취제로 잠들게 한 뒤, 그들 배에 난 수포에서 액체를 추출해 팔에 주사했다. 그들은 며칠 동안 의식이 없었다. 만주 부관이 경고했다. "만일 그가 잘못되면, 당신도 죽을 것이오." 장쉐량과 아내들은 깨어났다. 마약 중독에서 벗어난 장쉐량은 도널드와 함께 유럽을 향해 바닷길에 올랐다. 해상에서 그는 중국 주재 외교관을 역임하다가 돌아가는 중인 갈레아초 치아노(Galeazzo Ciano)의 아내이자 무솔리니의 딸과 바람을 피웠다. 장쉐량이 5월에 로마로 갈 때 그녀는 아버지에게 그를 데리고 가서 일면식을 갖게 했다. 그 무렵 장쉐량의 몸무게는 새 옷을 사야 할 정도로 불어나 있었다. 영국에 간 장쉐량은 체커스에 있는 지방 관저에서 램지 맥도널드(Ramsay MacDonald) 수상을 접견했다. 런던의 도체스터 호텔에 숙박할 때는 저명인사들을 만났다. 이후 그는 브라이턴 해변가의 집을 빌려 정장 차림의 손님들을 초청하고, 저녁을 먹고 시작해 커튼을 친 채 다음 날 오후까지 계속된 트럼프 파티를 벌였다.[34]

장쉐량의 옛 영토였던 만리장성에서 일본 군대는 저격병을 비롯해 대도를 휘두르는 수비대에게 완강한 저항을 받았다. 유럽에서 돌아와 행정원장직에 복귀한 왕징웨이는 상하이의 명성전영공사(明星電影公司)에서 일본에 맞서 저항하라고 호소하는 연설을 녹음했다. 그러나 처음으로 퇴각했던 관동군은 베이징으로 다시 진격했다. 새벽 4시 30분까지 계속된 국군 군관들과의 회의석상에서 일본 측은 30만 제곱킬로미터 면적에 인구 600만에 달하는 지역을 비군사화하라고 요구하며, 그러지 않으면 옛 제국의 수도 베이징을 공격하겠다고 협박했다. 중국 측은 동의했고 협정에 서명할 시기는 1933년 5월 31일, 성벽으로 둘러싸인 해안 도시 탕구(塘沽)로 정해졌다.[35]

중국 대표단은 칸막이 객실이 있는 아주 긴 열차를 타고 도착해 측선에 정차했다. 일본 구축함 두 척은 맞은편 강어귀의 작전 지역에 정박했다. 《뉴욕 타임스》 기자 핼릿 어벤드가 썼다. "창문 커튼이 닫힌 객실에서 이윽고 약 20명의 중국 고관들이 내려왔다. 자동차나 마차는 제공되지 않았다. 그들은 인도가 없는 탕구의 더럽고 좁은 길을 따라 걸어갈 수밖에 없었다. 일본 영사관 정문에 선 경비병들은 무뚝뚝하게 굴며 중국인들을 10분가량 무더운 뙤약볕 아래에 서 있도록 했다. 마침내 출입 허락을 받았을 때, 주의 깊게 선발된 중국 대표들보다 계급이 낮은 일본 관리들이 그들을 맞이했다."[36]

일본 측은 한 시간 내에 서명하라며 문건을 내밀었다. 중국 대표단의 수뇌는 정치적 효과가 없는 순수한 군사 협정임을 강력하게 주장했다. 일본 측은 말을 자르고, 동의하든 말든 그것이 할 수 있는 전부라고 말했다. 중국 대표가 서명했다. 샴페인이 날라져 왔다. 그런 뒤 중국인들은 먼지와 무더위를 뚫고 걸어서 기차로 돌아갔다.

국군 병사들은 조용히 베이징을 떠났다. 한 목격자는 그들이 철수하는 모습을 이렇게 묘사했다. "큰길을 따라 삼삼오오 무리를 지어 무척이나 낙담한 채 떠나갔다. 그들이 마구잡이로 탄 인력거와 마차에는 상상할 수 있는 모든 가구 잡화들이 어지럽게 쌓여 있었다." 러허 성이 괴뢰 만주국으로 병합되자, 3000명의 기병대를 거느린 새로운 성장이 부임했다. 의화단의 난 이후 일본은 이 지역에 군대를 주둔시킬 권리를 부여하는 조약을 강제로 맺었기 때문에, 일본에서 관심을 갖는 한 비군사화는 단지 속임수일 뿐이었다. 일본은 이곳에 수비대를 마음대로 주둔시켰다. 일본의 통치 지역은 베이징 이북의 허베이 성 거의 전체와 톈진의 큰 항구를 포함했다. 북방 각지에서 자치 운동을 힘껏 선동하기 위해, 한 일본 군관은 시시한 군벌에게 30만 위안을 제공했다. 이 군벌은 얼마 안 지나 톈진의 어느 호텔 욕실에서 국군 스파이에게 암살당했다. 이곳에 남은 중국 지휘관들은 생존하기 위해 일본인과 거래하며 난징 정부로부터 실질적으로 독립하려는 자치 운동을 벌였다.[37]

유화의 분위기는 새로운 저항의 물결을 일으켰다. 특히 베이징 학생들의 항의는 지식인 청년과 난징 정부 사이에 또다시 틈이 벌어지게 했다. 남방의 장제스 반대자들은 그가 탕구 정전 협정으로 일본에게 중국 내부 문제에 자유롭게 간섭할 수 있는 권리를 내주었다고 비난했다. 상하이에서 쑹칭링은 80명의 참석자들이 촛불 아래에 비밀스럽게 모인 국제 회의를 조직하고 "중국의 통치 계급과 국민당의 비열한 배반"을 맹비난했다. 쑹쯔원도 일본 수입품에 대한 관세를 높여야 한다는 입장을 표명하면서 자신의 색깔을 드러냈다. 일본은 복수로 외국고문위원회를 세워 중국에 대한 투자를 촉진한다는 쑹쯔원의 계획 자체를 망가뜨렸다. 미국과 유럽 은행가들에게 일본과의 사업을 잃고 싶지 않으면 외국고문위원회에 참가하지 말라고 설득했던 것이다. 머나먼 북방에서 기독교도 장군 펑위샹은 패배한 만주국 군대로 항일군을 조직했지만, 곧바로 펑위샹이 권토중래하기를 바라지 않는 장제스가 파견한 국민당군과 관동군의 협공을 당했다. 양쪽에서 위협을 받은 펑위샹은 권력을 부하 두 명에게 넘겨주었다. 그중 한 명은 톈진에서 저격당해 부상을 입은 뒤, 국군에게 체포되었다가 난징으로 보내져 처결되었다. 펑위샹은 깊은 산의 한 절에 은거하며 날마다 새벽 네 시에 일어나 시를 짓고 하루에 60여 장씩 글을 썼다. 그중 한 수는 날로 쇠약해지는 중국을 읊었다.

참을 수 없이 아른거리네!

미친 듯이 보고 싶네!

뜻있는 자들이여, 떨쳐 일어나 행동하라!

잃어버린 강산을 되찾기 위해![38]

왕징웨이는 중국을 생명이 극도의 위험에 빠진 병자에 비유했다. 일본을 두고 장제스는 '미친개'에게 지모를 요구하는 것은 마치 호랑이에게 가죽을 벗으라고 하는 것이나 마찬가지라고 일기에 썼다. "그러므로 숨이 붙어 있는 한, 나는 적과의 싸움을 멈추지 않을 것이다." 그는 휴전이 숨 쉴 틈을 주었다고 덧붙였다. 국제 정세는 개선될 조짐이었다. 장제스는 스스로에게 썼다. "나라가 치욕을 당할 때 우리는 마땅히 와신상담해야 하며, 결코 의기소침하거나 경계심을 늦추어서는 안 된다. …… 우리는 반드시 국가 재건 계획을 세워 되도록 최대한의 효과를 10년 안에 이루어 내야 한다!"[39]

14

난징 10년의 빛과 어둠

장제스의 이상 속에서 중국은 언제나 전통적인 가정으로, 중국의 사회는 그 위에 세워져야 했다. 4억 8000만의 아이들은 마땅히 아버지의 초상을 공경하고 우러러보며 그 가르침들을 따르고, 제멋대로인 공산주의자 아들의 악영향을 제거하며, 더불어 공격적인 일본인 이웃이 끼친 손상을 회복하여 무궁무진한 불굴의 정신을 보여 주어야만 했다. 가부장은 반드시 사랑받을 필요는 없지만, 국가를 구원하는 상징으로서 존경을 받아야 했다. 만일 인민들이 어머니가 아이들을 양육할 때처럼 목표를 위해 온 몸 온 마음을 다 바쳐 헌신한다면, 중국은 세계 열강들의 틈바구니에서 자신의 위치를 찾을 수 있다고 장제스는 말했다.

"아버지는 만일 아이들의 행동이 양호하면 존중받고 있다고 생각하고, 아이들의 행동이 나쁘면 불명예스럽게 여긴다. …… 좁은 의미에서 가족은 단지 한 가정을 뜻한다. 하지만 더 넓은 의미에서 가족은 민간 및 정부의 모든 조직을 포함하고, 여기에는 혁명당과 학교까지 든다." 장제스는 몸소 지휘하는 군대를 '가족 부대'로 간주하고, 측근인 천씨 형제를 '양자'로 여겼다. 장제스는 이렇게 말했다. "가정 관리와 군대 관리는 결코 큰 차이가 없다. 나는 늘 군대를 가정과 비교하며, 군대에서 내 밑에 있는 부하들을 아버지가 자식을 대하듯이 다룬다."[1]

국가 대가정은 자신의 일로 목소리를 내기보다 무엇을 할 것인가를 통지받아야 했다. 사상은 서로 다른 생각의 길을 추구하거나 혼란을 야기하려는 유혹에 빠지지 않고 반드시 통일되어야 한다는 것이었다. 광저우에서 국민 혁명을 시작할 때 장제스의 스승 다이지타오는 중국을 그 영수의 선택에 따라 색칠할 수 있는 백지장에 비유한 적이 있었다. 장제스는 관원들에게 마치 세 살 먹은 어린아이를 대하듯 말했다. 그는 통제 체제를 확립하면 몇 시간 내에 수백만의 사람을 "엄격하고 거대하고 튼튼한 조직"으로 집결할 수 있다고 자부했다. "모두가 한 사람을 절대적으로 신임하지 않으면, 우리는 절대로 국가를 중건할 수 없고 혁명을 완수할 수도 없다고 믿는다."[2]

그 이전의 황제와 그 이후의 공산당 영수 덩샤오핑처럼, 장제스는 안정과 질서의 필요성을 강조했으며 정치적 다양화에 적대적이었다. 민주주의는 "온 나라에 절대적으로 불가능한 것"으로 배척되었다. 대신에 신중히 고른 전국대표대회가 3년마다 열려 법률 제정을 위해 고무도장을 찍었다. 장제스의 한 충신이 말한 바대로, 외국의 침략과 봉건주의의 지속은 이 나라에 일종의 "중국식 독재"가 필요하다는 것을 의미했다.

장제스를 향한 권위주의적인 충성을 강화하자는 역행사 운동은 1932년에 황푸군관학교의 헌신적인 지지자들에 의해 발기되어, 남의사(藍衣社)로 유명한 정치 돌격 부대를 포함한 50만 명의 성원으로 확대되었다. 하지만 연속적이고 대규모적인 군중 운동의 개념은 군사화된 난징의 관료 기구에게는 깊은 근심거리였다. 이것이 바로 장제스 체제가 무솔리니의 이탈리아 혹은 히틀러의 독일과 다른 중요한 지점이다. 역행사는 국가 최고 권력 기관과 그 영수를 지지하는 보수적 문화 정책으로, 독재를 역사적으로 합리화하며 중국의 전통적인 권위주의를 대표했다. 지식인들은 국가를 위해 개인의 자유를 희생할 것을 강요당했다. 만일 난징 정권에 파시즘 경향이 있었다면, 그것은 역사학자 프레

더릭 웨이크먼이 언명한 바대로 '유교 파시즘'이었다.[3]

전국적인 개혁으로 근대 국가의 초석을 놓다

'난징 10년'으로 알려진 시기는 개혁, 근대화 그리고 국가 대가정의 통일을 시행하는 기간이었다. 1927년부터 1937년까지는 전쟁이 주기적으로 빈발했지만, 대다수 지역은 영향을 받지 않았고 난징 국민당 정부도 청나라 멸망 이후로 여태껏 볼 수 없었던 전국적인 역할을 수행했다. 군벌이 혼전을 벌이는 동란이 지난 뒤, 난징 정부가 빚어낸 후(後)제국 시대의 중국이 도래한 것이다.[4]

주요 도시들에서 경제가 크게 성장했다. 일부 농업 지역은 상업성을 지향하는 자본가들에 의해 토지가 매매된 뒤로 발전되었다. 이 시기에는 북벌의 초기 승리 뒤에 입안된 계획들을 바탕으로 한 물질적인 진보가 이루어졌다. 전국적으로 화폐가 발행되어 각 성의 지폐와 은량(銀兩)을 대체했다. 소득세가 부과되었다. 트럭과 비행기를 생산하기 위해 독일 기업과 합자 회사를 세웠다. 기간 시설이 개선된 주요 도시들에는 새로 고층 건물이 들어섰다. 장제스의 동서 쿵샹시는 양쯔 강의 물을 이용해 수력 전기를 생산하자고 제안했다. 새로운 농작물이 시험적으로 재배되고, 수도 난징의 교외에서는 모범 농장이 설립되었다. 정부는 감옥 개혁을 선포하고 죄수를 교화하는 모범 감옥을 세우기로 계획했다. 난징과 상하이에는 의약 대학이 세워졌다. 중앙연구원(中央研究院)은 천문학에서 농업에 이르기까지 모든 것을 연구했다. 800자로 간소화한 한자가 문맹을 퇴치하기 위한 보조 수단으로 개발되었다.[5]

항공 사업은 미국 및 독일의 회사들과 합자 기업으로 시작되었다. 일부 국가들은 그들로부터 장비만 구입하면 의화단의 난 이후 받았던 배상금의 일부로 기간 시설 공사를 재정적으로 지원했다. 1930년대에는 4800킬로미터의 철로가 건설되었다. 우한과 광저우를 연결하는 철로가 완성되어 기차를 타고 베이징과 광둥 사이를 여행하는 일이 가능해졌다. 수백 량의 기관차와 화물 열차가 수입되었다. 중국은 처음으로 트럭과 기관차를 외국제 부품으로 조립해 완성했으며, 시속 360킬로미터로 날 수 있는 비행기도 만들었다. 1936년까지 2만 4000킬로미터에 달하는 도로를 건설하여 전국 도로망의 총길이가 11만 킬로미터에 이르렀다. 1934년 깊은 인상을 받은 미국 대표단은 중국이 "광대한 변화"를 겪고 있다고 보도했다.

비록 천씨 형제는 순종을 강요하려 했지만, 이성적 질문과 문화적 발전은 지식인, 학생, 개명된 소자산 계급 사이에서 빠르게 퍼져 나갔다. 대다수가 좌익 경향인 주요 작가들은 문학이 사회적 진보를 촉진하는 역할을 해야 한다고 보았다. 상하이에서 영화 산업이 왕성하게 발전했다. 중국은 미증유라는 표현을 쓸 수밖에 없을 정도로 국제 사회에 참여하며 그 존재를 해외에 알렸고, 외국도 중국에 깊은 영향을 주었다. 국제 연맹이나 기타 국제적인 회의에서 사람들은 현대적인 사상을 가진 중국 외교관이 출현했다는 것을 알 수 있었다. 중국은 관세, 해관세 그리고 염업 전매에 대한 통제권을 되찾았으며 외국 조계지에 대한 권한이 꾸준히 강화되었다. 여전히 다양한 문제가 산재하고 만주와 러허를 상실했지만, 난징 국민당 정부는 영토를 온전히 지키고 있다는 의식으로 충만했다. 역사학자 윌리엄 커비(William Kirby)는 "선망할 수 없던 허약한 지위로부터 놀랄 만한 성취를 이룬 것"이라고 기록을 남겼다.[6]

하지만 대부분의 진보는 역시나 연안의 매우 작은 도시 지역들과 극히 일부의 인구에 국한되었다.* 난징 정부는 근대 국가의 기초를 닦고 꼭 필요한 행정 기구를 세우고자 했지만, 개혁파들은 자금 부족에 허덕였고 광대한 농촌 지역에 대한 정부의 권위는 제한적이었다. 농촌 엘리트들은 보수적이고 전통은 뿌리 깊었으며 현실 권력을 한 꼭대기에, 특히 중국을 대표하는 장제스의 인격에 집중시키는 체제가 남아 있었다. 근대화는 주로 경제와 기술 방면의 문제

---

* 이전의 기재들이 문제점에 중점을 두었다면, 중화민국사에 관한 최근의 역사서는 난징 10년이 이룬 성취들을 강조하고 있다. 두 가지 학파 모두 정확성을 주장할 수 있으나 척도가 다른 듯하다. 웨이크먼과 에드먼즈(Edmonds)는 『중화민국의 재평가(Reappraising Republican China)』에서 최신의 '수정주의적' 견해를 보여 주고 있다.

로 간주되었지 정치적 진화를 의미하는 것은 아니었다. 과도한 특권이 정부가 선호하는 인물들에게 부여되었고, 변혁을 위한 안정성과 행정 관리 기구는 부재했다. 역사학자 프래신짓트 두아라(Prasenjit Duara)가 언급한 대로, 중국은 "약한 국가와 강한 국가 통제 주의 이념이 혼재하는 특징을" 지닌 나라였다.[7]

정부는 행정 부문의 개혁을 공표했지만 많은 전직 관리들이 어김없이 제자리를 지켰고, 새로운 직책은 주로 구군벌의 관료 계열이나 국민당 요직 인사의 친척들로 충원되었다. 쑹쯔원은 여전히 각 성의 정부로부터 자금을 얻어 내려 분투해야 했다. 상업세 징수는 농민과 지방 소상인에게 적용되지 않았다. 대상인에게 거둬들이는 세입은 부패의 상징이 되었다. 실제로 유일하게 소득세를 납부하는 사람들은 공무원들이었다. 정부가 수입을 확인할 수 있는 유일한 집단이었기 때문이다. 재산세는 재산 소유 여부를 확인할 정보가 부족해 징수에 지장이 많았다. 일부 성들에서는 토지의 절반이 등기처에 기록되지 않았다. 일본이 지배하는 동북의 네 성은 세수가 끊겼고, 암거래가 관세 수입을 대폭 감소시켰다.[8]

도로와 철로의 대다수는 경제 발전에 기반 시설이 필요한 지구가 아니라 공산당에 대항해 군사 작전을 펴는 지역에 집중되었다. 헤아릴 수 없이 광대한 지역들이 철도선을 갖지 못했다. 윈난의 성도 쿤밍(昆明)에서 베트남 국경까지의 철로가 서남 지역 전체에서 유일한 철도선이었다. 시안으로 통하는 철로는 남북을 연결하는 유일한 서향 지선이었고, 닝보와 광저우 사이의 동남 항구에도 철로가 개통되지 못했다. 새 도로의 4분의 1만이 포장도로였다. 한 오토바이 운전수는 하루 내내 비가 온 뒤 상하이 남부의 교통로가 시속 20킬로미터의 속도로 움직이는 죽음의 덫으로 변했다고 썼다. 항저우에서 버스를 탄 한 여행객은 차량이 "도로라는 말에 전혀 어울리지 않는 구불구불하고 질척질척한 늪지에서 한 웅덩이로부터 다른 웅덩이로 튀어 오르고, 흙탕물과 진창 속에서 그저 엉금엉금 기어 다녔다."라고 묘사했다. 장제스와 쑹씨 가족 및 상류층들은 비행기를 타고 엄청나게 비약적인 여행을 했지만, 중국 교통의 4분의 3은 기계화되지 않은 방식이었다. 한 전투에서 장제스는 단지 두 시간 만에 구이저우에

서 쓰촨으로 날아갔다. 반면 다른 사람들은 걷거나 가마를 타고 17일의 여정을 거쳤다.[9]

수도 난징은 얇은 빵 껍질처럼 표면적인 근대화와 아무런 변화 없는 인민 대중 사이의 거대한 격차를 드러내는 상징이었다. 난징은 멋지고 새로운 정부와 당 본부 건물들, 쑨원의 능묘까지 직통하는 대로, 높이 솟은 방송 안테나와 양쯔 강을 오르내리는 수상 비행기를 뽐냈다. 하지만 화려한 겉모양 뒤 곳곳에는 좁은 뒷골목, 판잣집 그리고 왜소한 셋집이 가득했다. 1933년 한 여행자는 잡초로 뒤덮인 큰 운동장과 햇볕으로 균열이 생긴 수영장을 목격했다.[10]

장제스의 군대 중에는 그럭저럭 훈련이 잘되고 장비가 우수해서 난징 정부에 군사적 광휘를 비추는 부대가 있었다. 독일인 고문이 이러한 정예 부대를 훈련했다. 장제스가 독일 부대에 보낸 양아들 장웨이궈는 오스트리아를 병탄하는 전쟁에 참가했다. 이탈리아 대표단도 중국 공군을 훈련하기 위해 도착했지만 결과적으로 효과는 훨씬 미미했다. 뤄양 출신이 대다수인 생도들은 명문가 자제였고, 비행기 사고로 죽지 않은 이들은 모두 자동으로 졸업 증서를 받았다. 미국인이 그들의 비행 훈련 학교를 항저우로 옮기면서 비로소 훨씬 더 유능한 조종사가 나오게 되었다.[11]

그러나 국군의 많은 부대는 1920년대 이후로 전혀 개선되지 않은 군벌 부대로 구성되어 있었다. 장제스는 자신의 집단을 주로 황푸군관학교 졸업생으로 꾸렸지만, 군벌 부대 출신인 다른 지휘관들은 현대전 경험이 없었다. 승진은 능력의 인정보다도 정치적인 이유에서 이루어지는 성싶었다. 군대가 전례 없이 중요해지면서 중앙 정부의 허약함을 조성했다. 장군들이 중국 대다수의 성을 통치하고 있었다. 권력의 중심은 군사위원회 및 장제스가 때 없이 나타나는 어딘가에 있었다. 군대가 청나라의 고급 관료 정치를 대체하자, 출신이 빈한한 청년들은 최고 영수의 족적을 좇는 일을 상층 계급으로 올라서는 사다리로 삼았다. 정부는 군사적 방식으로 운영되었고, 그 영수의 국가 개념은 자신의 병영 생활에 뿌리를 두고 있었다.[12]

장제스가 의견 차이를 절대로 용인하지 않는다는 것을 그보다 아래에 둔 제도가 보여 주었다. 그 결과 정치 구조는 발전하지 못했고, 변화무쌍하며 영토의 크기만큼 많은 중국의 문제들을 처리할 수 있는 혁신적인 행정 관리 집단이 부재했다. 반대로 권력은 한 사람과 그 주위를 둘러싸고 있는 파당에 집중되었다. 진압 기구는 지속적으로 증가했다. 매우 엄혹해진 반(反)전복법은 적절한 법률 체계가 없는 상태에서 무제한으로 남용되었다. 졸속 처분이 자유로웠고 구금과 고문이 제멋대로 횡행했다. 백색 테러 집단 또한 비판자들을 마구잡이로 처리했다. 공민협회의 주석으로서 상하이의 부르주아 계급을 집결하는 지도자가 될 위협이 있었던 상하이의 한 주요 일간지 주편은 국민당 특무 기관에게 암살당했다. 가족들과 휴가를 보낸 뒤 차로 집에 돌아오다가 벼운 운동을 하려고 멈췄을 때 일어난 일이었다. 두웨성이 곧바로 그 신문사를 통제했다. 민권보장동맹(民權保障同盟)의 지도자는 상하이에서 열다섯 살 난 아들을 데리고 자가용에 타다가 저격을 당했다. 그의 친구인 저명한 좌파 소설가 딩링(丁玲)은 훨씬 운이 좋았다. 그녀는 세 해 동안 구금되었지만 애인과의 면회를 허락받고 침대보와 음식, 책을 얻을 수 있었으며 풀려난 후 공산당에 가입했다.[13]

국민당이 탄생한 초기부터 보이기 시작했고 장제스의 분할 통치 책략에 의해 한층 격화된 종파주의는 심지어 반대 세력을 제거하여 체제를 공고히 하려는 욕망을 선언한 자들 사이에도 균열이 있음을 뜻했다. 이렇듯 파벌 투쟁을 벌인 예 중 하나가 비밀경찰의 우두머리 다이리 그리고 천씨 형제, 곧 장제스가 상하이에서 활약하던 시절의 스승 천치메이의 조카 천리푸와 천궈푸 사이의 갈등이었다.

황푸군관학교의 전 생도이자 장제스의 고향인 저장 출신인 다이리는 훨씬 더 은밀한 조직과 함께 명목상으로는 순수한 군사통계조사국(軍事統計調査局, 군통)을 이끌었다. 그의 기관원들은 첩보 수집, 암살, 정적과 일본인에 대한 사보타주 및 경찰 내부로 잠입해 그들을 조종하고 통제하는 공작을 벌였다. 한 공산당원의 말에 따르면 10만 명 중 3000명은 국민당 스파이였다고 한다. 다이리는 고향 사람들을 통신 참모로 기용했는데, 비밀 암호를 쓰지 않고도 다른 사람들이 이해하기 어려운 사투리로 이야기할 수 있기 때문이었다. 다이리는 장제스와 고향이 같았기에 서로 친밀했다. 1936년 시안 납치 사건 때 그의 상관과 함께 시안으로 간 뒤 관계는 더욱 끈끈해졌다. 다이리를 비판하는 사람들은 그가 중국에서 가장 두려운 자가 된 이래 미소 속에 숨은 잔인함이 보인다고 말했다. 하지만 다이리는 국민당의 다른 많은 수뇌부들이 갖추지 못한 개인적인 지도력을 갖춘 영리한 정객이었다. 무엇보다 어떠한 경우일지라도 장제스를 보호하기 위한 준비를 늘 갖추고 있었다. 다이리는 부하들에게 장제스와 같은 영수는 어느 곳에서든 법률적 제약을 지나치게 받지 않는 '귀와 눈'이 필요하다고 역설했다.

한편 천씨 형제는 정당을 감독하는 국민당 조직부를 이끌고, 이러한 권력을 바탕으로 관료들 사이에서 추종자들을 모았다. 천씨 형제의 조직인 CC단은 정부에서 가장 큰 정치적 영향력을 지닌 파벌이 되어 당내 우파의 지지를 받았다. 1931년까지 중앙집행위원회 위원 중에서 15퍼센트가 이 파벌에 속했다. CC단은 중앙정치학원(中央政治學院)에서 장제스를 위한 밀정으로서 각 성의 정부에 침투할 추종자들을 양성했다. 정부를 지지하는 은행에서 경비를 얻었으며 출판과 선전 분야로 진출하여 정보 및 안보 무기를 갖추었다. 다이리와의 경쟁 행위에 대해 언급하면서 천리푸는 그의 조직원들에게 말했다. "장제스 장군께서는 귀와 눈이 두 쌍씩 필요하시다."[14]

천씨 형제는 극단적인 충성을 바치는 역행사 운동과 1932년에 세워진 남의사를 극렬하게 반대했다. 남의사는 국가 숭배, 반(反)일본인 테러를 포함한 극단적 민족주의, 장제스에 대한 절대적 충성 그리고 모든 반대자는 모조리 제거해야 한다는 믿음에 기초한 조직이었다. 남의사는 "인민을 섬뜩 놀라게 하며 그들이 …… 다시는 법률을 어기지 않도록 극단적 수단을 써서라도" 사회의 "부정적 요소"를 말살해야 한다고 다그쳤다. 중국의 고전적 전통과 그 영웅들은 구국의 길에서 군왕에게 헌신적인 충성을 바쳤다고 해석되었다. 다이리가 암살과 협박을 일삼는 이 조직의 안전 분대를 이끌었다.[15]

"혁명가들이 타락 분자로 변했다"

장제스는 총통 직위를 자신의 권위를 전혀 위협하지 않을 인물에게 넘겨주었다. 1911년 신해혁명 후 참의원 의장을 지냈던 린썬(林森)은 국민당 원로의 전형으로, 둥근 테 안경을 쓰고 염소수염을 달고서 지혜로운 조언을 해 주는 것으로 유명했는데 상담을 부탁해 오는 사람은 드물었다. 린썬의 공식 지위는 총사령관의 최고 권위에 아무런 영향을 주지 못했다. 장제스는 행정원과 군사 위원회의 영수로서 군대와 정부를 통제했다. 한때 그는 25개의 직위를 맡기까지 했다.[16]

일이 몹시도 고된 탓에 장제스는 자주 기진맥진했다. 대리인을 통하지 않고 모든 일을 만기친람 한다는 것은 적임이 아닌 영역까지 결정해야 한다는 것을 의미했다. 장제스는 심지어 경찰에서 채택할 지문 시스템까지 결정했다. 고향 말투가 두드러지는 높고 날카로운 목소리로 자신을 늘 국가와 동일시하는 그의 일장 연설에는 학교 선생님 같은 훈계가 가득했다. 그는 청중이 돌아가서 자신의 말대로 행동해 주기를 열망했다. 현지 시찰을 할 때 결과는 충격적이었다. 가령 1930년 초 장제스는 업무에 더욱 매진하라는 가르침과 음력에 따른 신년 휴가를 폐지하고 양력을 따르라는 법령을 준수하는지 보기 위해 정부 부서를 갑작스레 방문했다. 내정부에서는 단지 몇 사람만이 집무실에서 일하고 있었다. 장제스는 정부 회의석상에서 일갈했다. "이것은 중요한 사실 하나를 지적하고 있다. 중국인은 법률을 존중하지 않는다는 것이다. 타성은 우리의 가장 강한 적이다. …… 모든 정부 기구가 주목할 만한 활동을 하지 않고 있다. 모두가 집무실에 앉아만 있을 뿐 아무 일도 하지 않는다. 실로 정부 기구가 제대로 돌아가고 있는지도 장담 못할 지경이다."[17]

장제스는 1931년 말에 "혁명은 실패의 위험에 처해 있고, 온 나라는 당에 대한 믿음을 점차 잃어 가고 있다."라 경고했다. 이듬해 그는 "중국 혁명은 이미 실패했다."라고 간주했다. 그는 정부 활동이 문건 전송에 국한되어 있다고 불평했다. "실무와 관련해서 중국인은 어떻게 하는지를 모르거나, 만일 안다고 해도 동작이 극도로 굼뜨다." 국민당원들은 개인적인 도덕 수양에 충분한 주의를 기울이지 않았고, 또한 "구호를 외치고 포스터를 붙이는 일에 너무 많은 시간을 허비했으며, 실제적인 것에 정신을 쏟기보다 선언을 발표하는 데 열중했다. …… 우리는 반드시 우리의 사상을 바꾸고 목표를 이루는 일에 성실해야 하며, 위험한 의식을 떨쳐 버리고 개인적 차이를 누르며 양심의 명령에 따라야만 한다." 공무원들에게 적절한 행동 규범이 얼마나 부족한가를 설명하기 위해 장제스는 당원들이 국민당 총본부에 모직 슬리퍼를 신고 출근하는 것을 예로 들었다.[18]

장제스 또한 국가에 보다 더 영향을 미치는 문제들에 마땅히 주의를 집중해야 했다. 건강, 복리, 사회 복지가 현저하게 부족한 상황이었다. 질병이 유행했다. 절반에 달하는 아동이 다섯 살이 되기 전에 죽었다. 난징의 위생 부문 책임자는 50퍼센트의 사망률을 열악한 공중위생 탓으로 돌렸다. 4억 5000만 명의 인구에 비해 병원 침대는 3만 개, 등록 의사는 5000명, 간호사는 1700명에 불과했다. 장제스는 끊임없이 아픈 치아를 고려해 서방 고문의 건의에 따라 난징에 치과 진료소를 세웠는데, 본질적으로 그의 사적인 이익 때문이었다.[19]

교육도 마찬가지로 열악한 상태였다. 모든 사람에게 무상 교육을 실시한다는 정부의 목표에 따라 해마다 2억 6000만 위안의 경비가 소요될 예정이었다. 하지만 예산 배당은 4200만 위안을 넘지 않았고, 자주 그 절반에 못 미쳤다. 농촌에서는 가장 기초적인 유형의 학교도 극히 드물었다. 현대적인 교과서는 전통적인 붓, 먹과 종이보다 훨씬 더 비싸서 구하기가 어려웠다. 셀 수 없이 많은 지역에서 국민당은 지극히 열악한 토대를 바탕으로 삼아 시작했다. 1926년부터 1935년 사이에 중학교 수는 거의 세 배로 늘었지만, 아직도 학교 3000개에 학생 5만 명에 그쳤다. 상하이에서조차 고등학생이 인구의 2퍼센트에 그쳤고, 중국 서부에서는 0.004퍼센트로 떨어졌다. 국제 연맹의 한 대표단은 대학생 수가 3만 명이라고 확정했다.

중국의 고전 문체인 문언문(文言文)을 대체하자는 백화문(白話文) 운동이 교육 방면에 큰 변화를 몰고 왔지만, 그 영향은 주로 중심 도시에 한정되었다.

개혁가 타오싱즈(陶行知)가 제창한 향촌 교육 운동과 일하면서 배우는 공학단체(工學團體)와 같은 흥미로운 제안이 있었다. 하지만 물이 가득 채워져야 할 양동이에 고작 한 방울을 떨어뜨리는 격이었고, 또한 농민들이 계속 무지몽매하길 바라는 측의 정치적 반대에 부딪혔다. 도시에서 중산 계급의 사립 학교들은 언제나 외국의 교과 과정을 가르쳤다. 외국에서 교육받은 사람들을 현실적으로 우대한 것은 분열의 골을 깊게 팠다. 상무인서관은 미국 대학을 졸업한 직원에게 국내 대학을 졸업한 직원보다 네 배 더 많은 보수를 주었다. 그뿐 아니라 주문 제작한 책상과 책꽂이, 수정 잉크스탠드와 등의자를 제공하기로 약속했다. 전통적으로 문화적 성취와 학문을 숭상해 온 중국에서 난징 정부 10년간 교육의 부족은 군사 역량이 우월한 체제의 특징을 나타냈고, 지식인은 조합주의 국가*를 위해 마지못해 복무했다.[20]

국민당 엘리트들은 주로 도시에 거주하며 도시를 보다 고향처럼 느꼈다. 장제스의 아내는 도시에서 성장하고 외국 교육을 받은 상층 계급의 상징이었는데, 이 점에서 장제스가 고향 마을 시커우로 자주 돌아간 것은 예외적인 경우였다. 1930년대에는 인구 20만 명 이상의 도시가 15개에 불과했고, 인구가 10만 이상인 중심 도시는 중국의 4.5퍼센트만을 차지했다. 1934년 경제학자 야오신닝(姚新寧)은 산업 인구가 140만 명, 사병은 200만 명인 것과 비교해 농촌의 노동 인구는 3억 6000만 명이라고 추산했다.[21]

농촌은 예전처럼 기본적인 사회 단위이면서 연해 도시의 근대화와는 상당히 동떨어진 곳이었다. 흔히 진흙이나 흙벽돌로 오두막을 지었고, 때로는 나무로 단단하게 짓기도 했다. 수많은 마을은 농민들이 가축과 함께 사는 몇십 가구 미만의 집들로 구성되었다. 전기도, 하수 설비도 없었다. 자족적인 지역 공동체이자 문맹 집단이며 계속 전해 오는 전통에 깊이 속박된 내향적인 농민들은 통신 수단의 부족으로 시야가 제한되었다. 권력은 지주 내지 마름에게 있었

---

* 입법권이 산업, 농업, 직업 단체에서 파견한 대표에 의해 장악된 국가로, 국가가 자본과 노동을 통제하며 선거에 의한 정책 결정 과정이 결핍되어 있다. — 옮긴이

고, 국민당 정부는 단지 추상적인 개념에 불과했다. 정부는 제스처를 취했다. 장제스는 1935년 발표한 경제개혁계획에 농업을 포함했다. 신품종 벼와 밀이 작은 규모로 도입되었다. 비료 공장을 세우자는 논의도 일시적으로 들끓었다. 하지만 농촌에 대한 정부의 개입은 극히 제한적이었고, 더구나 지방 권력층의 동의를 얻어야 비로소 집행될 수 있었던 탓에 자주 제약을 받았다.

협동조합 운동이 1만 5000곳의 지역 사회에서 벌어졌고 그중 반이 낮은 이자로 신용 대출을 제공했다. 그러나 대개 지방의 권세가들에 의해 운영되며 그들의 새로운 돈줄이 되었다. 일부 성에서는 실제로 이용할 수 있는 대출금의 절반만이 농민에게 돌아갔다고 한다. 전국적인 토지 소유 등기 체제, 토지의 새로운 분배와 임대료 개혁 및 이자율 감소를 둘러싼 본격적인 개혁이 필요했다. 하지만 새로 개점한 농민 은행의 주된 목적은 아편 제조자와 중개상에게 금융 서비스를 제공하며 마약 무역 수입을 높여서 장제스가 군사 자금을 더 많이 확보하도록 돕는 데 머물렀다. 은행에는 회계 감사가 없었다. 누군가 감사를 제안하자 장제스는 노발대발했다.[22]

중국의 5800만 농장들은 규모가 작아 비경제적이었고, 가축이나 기계가 아니라 사람이 몸소 경작을 했다. 토지의 40퍼센트가 소작지이고, 대개 생산량에 비해 소작료가 매우 높았다. 장제스의 고향 저장에서는 3.3퍼센트의 인구가 53퍼센트의 토지를 점유했다. 광둥에서는 같은 비율의 토지가 인구 2퍼센트의 소유였다. 국외에서 현대 기술을 교육받은 극소수의 전문가들은 대부분 그들의 전문 지식이 실용적인 효과를 볼 수 있는 곳보다 도시에서 살기를 선호했다. 비료로 사람의 똥오줌이 주로 쓰였기 때문에 질병이 만연했다. 한 통계에 따르면 중국의 사망 원인 가운데 4분의 1이 대소변에서 나오는 기생충이었다고 한다. 화학 약품은 대소변을 안전하게 만들 수 있었지만 구할 수가 없었다. 수입 비료의 세율은 50퍼센트 더 높았다.[23]

경제사학자 로렌 브란트(Loren Brandt)의 연구는 농업이 인구보다 훨씬 더 빠르게 성장했다는 것을 보여 준다. 하지만 농촌에서 1인당 연평균 수입은 여전히 대략 26위안에 불과했다. 농민들의 수입에서 50퍼센트는 지주의 호주머니로 들어갔다. 대금업자는 터무니없이 월리 6퍼센트까지 받아 냈다. 비단 생산지인 장쑤와 저장에서는 40일 동안 이자가 100퍼센트까지 불어났다. 농민 중 4분의 1만이 돈을 꾸지 않고 살아갈 수 있었다. 흉작과 홍수, 가뭄은 대재난이었다. 농민들은 흥정할 능력이 없어 시장의 변덕에 굴종할 수밖에 없었다. 경제학자 야오신닝은 "중국 농촌은 이제 파산했다."라는 결론을 내렸다. 영국인 사회학자 리처드 토니는 중국의 농민을 "물속에 목까지 잠긴 채 기약 없이 서 있다가 잔잔한 물결에도 익사할 수 있는 사람"에 비유했다. 지방 중심지에서 가장 번성한 가게는 거의가 전당포였다.[24]

남의사의 일부는 토지를 국유화하거나 개인의 토지 소유가 4만 제곱미터 이하로 제한되어야 한다고 믿었다. 하지만 이는 국민당이 처음부터 끝까지 대책 마련을 피한 주제였다. 국민당은 이미 지주 그리고 농촌 엘리트와 운명을 함께하기로 했고, 장제스는 혁명에 관한 연설을 하는 내내 농촌의 현상 유지를 인정했다. 하지만 세상은 변화하고 있었다. 향신과 농촌 공동체 지도자들의 전통적인 권력은 부재지주 노릇을 하는 관원들과 군관들의 토지 매입으로 약화되었다. 그들은 만족스러운 임대료를 받는 한 현지의 대리인에게 모든 것을 위임했는데, 이로써 농촌 생활의 결합력이 서서히 쇠퇴했다. 이러한 경향을 촉진한 것은 향신 계층의 젊은 성원들의 도시 이주 및 사회적 접합제 작용을 하는 토착 종교 숭배를 겨눈 정부의 반(反)미신 운동이었다. 농촌의 전통적인 저명인사들은 난징 정부가 강압적으로 꾀하는 중앙 집권 관료제를 미심쩍어했다. 그 결과 장제스가 의지하는 엘리트 계층은 중국의 많은 지역에서 약세를 면치못했고, 그들 위에 군림하는 난징 정부의 통치에 대한 회의로 가득했다. 그리하여 정령을 막힘없이 통하게 하는 정부의 능력이 훨씬 더 쇠약해졌다.[25]

도시에서 국민당 정권의 출현은 상인들과 상인연합회의 환영을 받았다. 하지만 신정권이 복종을 강요하자 그들은 곧 환멸을 느끼고 말았다. 외국인들로부터 주권을 회수한 난징 정부는 국가는 마땅히 산업을 증진해야 한다는 쑨원의 중앙 계획 경제 신념을 계승했다. 따라서 난징 정부는 소규모 기업을 장려하는 것이 아니라 큰 공장들을 발전시키기 위한 계획을 입안했다. 외부의 위협으로부터 중국의 안전을 지키기 위해 기획된 야심 찬 프로젝트들은 일련의 전국적인 경제 계획들로 과시되었다. 바로 일본의 발전이 명백한 모범 사례였다. 상인은 이상적인 유교 체계와는 이질적인 모리배로 분류되었고, 또한 근대 상업 경제의 기초로 간주되기보다는 세금으로 압박해야 할 대상으로 취급받았다. 모두가 그랬듯 대도시의 자본가들도 필요한 경우에는 무력으로 국가 대가정에 흡수되었다. 어떠한 독립적인 움직임이든 억압의 빌미가 되었다. 노동 대중에 관해 국민당 지도부는 역사학자 엘리자베스 페리(Elizabeth Perry)가 '경영자-고객(patron-client)' 관계로 묘사한 것을 발전시켜, 암흑가 조직들이 조직 운영하는 황색 노동조합으로부터 지지를 받는 보답으로 특권적 지위를 부여했다. 그녀는 "무법자들이 급진주의자들을 대체하는 것"을 목격했다.[26]

1930년대 대공황이 일어난 사이에 세계 시장에서 지속적으로 하락한 백은의 가치는 중국 화폐를 비축하는 데 기여했다. 화폐의 효과적인 평가 절하는 외국인 투자를 유도하고 수출을 자극하여 경제 발전에 도움을 주었다. 연안 도시들에서 경제 성장이 추동되어 연평균 경제 성장률이 6퍼센트에 달했다. 하지만 일본과 영국이 1931년 금본위제를 포기하고, 미국이 금을 구입하기로 결정하여 가격이 상승하면서 백은의 우위는 사라졌다. 이에 따라 저축이 빠져나가고 이율은 폭등했으며, 디플레이션(통화 긴축)이 일어나 제조업이 쇠퇴한 탓에 노동자들의 대규모 실업 상태가 불거졌다. 전 세계적인 불황은 찻잎과 비단, 담배 수출에 타격을 입혔다. 농촌의 수입은 급격하게 줄어들었다. 1934년 농산품 가격과 농민 소비량의 총비율은 1926년 수준의 절반에 머물렀다.[27]

정부의 재정 수입 토대는 너무나 취약해 군사비를 부담할 수가 없었고, 높은 채무 이자도 지불할 수 없었다. 자금을 모으기 위해 1933년 유럽과 미국을 방문한 쑹쯔원은 백악관에서 루스벨트 대통령을 만나고 차관을 얻어 돌아왔다. 정부가 국내 시장에서만 팔 수 있는 5000만 위안 상당의 면화와 밀이었다. 상하이로 돌아온 그는 영웅 대접을 받았다. 9월 초 쑹쯔원은 양쯔 강을 따라 올라가 루산 명승지에서 차관의 지출 문제에 대해 토론했다. 주요 의제는 차관을 경제 개발 촉진에 쓸 것인지, 아니면 군사비에 보탤 것인지였다.

쑹쯔원의 명성은 급상승하여 장제스의 잠재적인 경쟁자가 되었다. 상하이의 은행가 및 상인들과의 강력한 관계 외에 그의 애국심 또한 국가 경제를 발전시키려는 시도들과 일본에 부담을 주는 관세의 도입으로 분명하게 증명되었다. 군사비 지출 증가를 반대하는 쑹쯔원의 입장은 모든 사람들이 주지하고 있는 바였다. 그는 우한 시기의 비공산당 좌파와도 여전히 관계를 맺고 있었고, 유럽에서는 장쉐량을 접견하기도 했다. 심지어 장제스보다 쑹가와 쑨가 사이의 관계망을 잘 이용할 수 있었다. 또 정변 시에 준군사 조직으로 활용할 수 있는 3만 명의 세무 경찰을 통제하고 있었다. 하지만 장제스의 무자비함과는 선명한 대조를 이루는 소심함을 포함해 그도 약점이 있었다. 평자들은 쑹쯔원이 난징 정부의 채권을 매각하면서 어마어마하게 할인한 것은 정부가 액면 가격의 절반만을 보았음을 의미한다고 지적했다. 재정 예산의 균형을 맞추려는 그의 목표는 매달 적자가 1000만 위안에 육박하는 시기에는 절대 실현할 수 없는 몽상처럼 보였다. 그가 외국으로 출국한 시기에 난징 정부의 새로운 채무는 6000만 위안에 달했다.[28]

습관대로 장제스는 타격을 가하기 전에 양보하는 척했다. 루산 회의는 미국 차관을 "생산적인 기업들"을 위해 쓴다는 성명을 발표하여 종결하고, 쑹쯔원은 상하이 은행가들에게 7500만 위안을 따로 선불로 내놓도록 했다. 그렇지만 장제스는 홍군에 공격을 가하기 위해 더 많은 돈을 요구했다. 1933년 10월 25일 쑹쯔원이 사임했다. 장제스의 정적 후한민에 따르면, 쑹쯔원은 "재정부장이 되기란 장제스의 개가 되는 것과 다르지 않다. 나는 지금부터 사람이지 개가 아니다."라 말했다고 한다. 난징 정부 측은 그의 사직 이유가 건강상의 문제라고 통상적인 해명을 내놓았지만, 이와 상반되게 쑹쯔원은 자신의 건강이 매우 좋으며 관직에서 물러나는 까닭은 "나의 직무를 감당할 수 없기 때문"이라고 말했다. 장제스의 요구를 만족시킬 수 없다는 완곡한 어법이었다.[29]

장제스는 중앙집행위원회 회의에 출석해 동서인 쿵샹시에게 재정부장 자리를 맡김으로써 집안이 이 직위를 지키도록 했다. 신입 재정부장은 중국의 은행업계를 잘 알고 있었지만,《자림서보》는 "새 신발은 그가 평소 편하게 신던 것보다 한 치수가 더 크다."라고 논평했다. 상하이 상인들을 안심시키기 위해 쿵샹시는 야간 열차에 개인 객실을 끼워 달고 곧바로 달려갔다. 비록 예전에 군사비 지출 규제를 언급한 적이 있었지만, 작고 옹골차며 붙임성 있는 이 공자의 후예는 장제스가 원하는 군사비를 전심전력을 다해 확보해 주었다. 그 과정에서 쿵샹시는 결과적으로 막심한 피해를 낳은 재정 정책을 펴기로 결심했다. 쿵샹시의 정책은 국가를 대표한다는 정부의 선언을 한층 더 손상시키는 동시에 그와 그의 아내가 나라에서 가장 부유한 축에 들도록 돕는 식으로 공공 대중과 개인의 이익을 병합하는 경제 체제를 낳았다.[30]

쿵샹시의 첫 시도는 깊은 인상을 주지 못했다. 그는 경제를 훨씬 더 위축시키는 세율을 올리고, 일본 상품에 대한 관세를 내렸지만 다른 국가로부터의 수입 관세는 올렸다. 이는 중국 제조업과 일본 제조업을 더욱 격렬하게 경쟁시키는 동시에 타국의 1차 생산품 가격을 높이고 말았다. 쿵샹시는 장제스를 위해 돈을 조달하고자 더 많은 국채를 발행했지만 그럴수록 금융가들은 정부에 투자하기를 꺼렸다. 그리하여 정부는 주요 금융 기관을 쉽게 접수한 뒤 국가의 은행 자산 중 4분의 3가량을 통제했다. 장제스와 의견이 맞지는 않았지만 쑹쯔원은 가장 큰 기구인 중국은행의 총재가 되었고, 그의 동생 쑹쯔량(宋子良)은 정부가 인수하여 관할하는 다른 주요 분과 기구의 총재 자리에 앉았다. 거대한 규모의 상업은행이 난징 정부에 저항하려 하자 쿵샹시는 두웨성의 무력을 이용해 강제로 복종하도록 했다. 사임한 중국은행장은 한 기록에서 자신이 장제스 수하 비밀경찰의 협박에 벌벌 떨었으며 "건강을 위해" 그 어떤 반대도 하지 말라는 암흑가 두목의 경고를 받았다고 했다.[31]

쿵샹시의 직위는 그의 탐욕스러운 아내에게는 하늘이 내려 준 선물이었다. 쑹아이링은 남편이 집에서 정책을 토론할 때 비밀 정보를 얻고, 사업 파트너인 두웨성을 포함한 그녀의 다종다양한 투자처를 통해 막대한 돈을 벌어 들였다. 모든 일이 전적으로 순조롭지만은 않았다. 쓰촨 성에서 법폐(法幣, 법정 화폐)라는 국가 화폐를 도입하기 전에, 쑹아이링은 이 정보를 두웨성에게 흘려 이 성의 은원(銀元)에 크게 투기를 하도록 했다. 불행하게도 오해로 인해 청방의 두목은 참담한 손실을 보았다. 그는 배상을 요구했다. 재정부장은 거절했다. 영국 고문 프레더릭 리스로스(Frederick Leith-Ross)가 회상했다. "그날 밤, 최상급 품질의 관이 여섯 명의 장례 수행원에 의해 쿵 박사의 대문 앞 계단에 도착했다." 다음 날 중앙은행은 회의를 열어 태환(兌換) 손실을 본 '애국 시민'에게 보상하는 데 동의했다.[32]

전국적인 통화 유통은 중국의 금융 체계가 합리적으로 나아가는 데 중요한 단계였다. 하지만 쿵샹시는 난징 정부가 정부 은행들에 예금해서 나중에 통화 보증금으로 사용할 금액을 채권으로 발행했다. 요컨대 쿵샹시는 정부의 재원을 조달하기 위해 화폐를 마구 찍어 댔다. 이는 인플레이션을 격화시켰다. 처음에는 구매력을 자극해 불황에서 벗어났기 때문에 나쁜 일만은 아니었다. 1936년 말에는 공업 생산량도 증가했다. 하지만 장기적으로 쿵샹시의 정책은 정부 금융의 신용을 악화시켜 엄청난 수의 중국 인민대중 그리고 쑹씨 가문으로 대표되는 국민당 내 인사들 및 소규모 도시 집단 사이의 격차를 나날이 심화시켰다. 쿵샹시와 쑹쯔원은 각각 재정부장을 맡고 중국은행을 관리하는 것 외에도 정부 및 개인이 공장 경영, 영업, 상업 활동을 위해 대량의 돈을 투자한 회사들을 소유하고 있었다. 상하이 자본주의 역사학자 파크스 코블(Parks Coble)이 지적한 바대로 "재정부장으로서 쿵샹시는 자신이 이사장과 대주주로 있는 사기업을 수단으로 삼아 자신이 통제하는 정부의 은행들에서 돈을 빌렸다." 쿵샹시는 마치 능력 이하의 일을 하는 공무원들이 충분히 많지 않다는 듯 행정 업무 계획을 가족 회사에 넘겨주었다. 쑹쯔원이 국내 최대의 담배 회사에 투자한 지 한 달이 지나 쿵샹시는 세수 구조를 바꿔서 그 회사의 외국 경쟁자들이 불리한 처지에 빠지게 했다. 이러한 모든 일을 처리할 때 두 사람은 정부 고위층의 보호에 의지했다. 공업부가 상하이 면화 교역 시장의 투기 행위를 적발한 보고서에서 시장을 조종하는 "모종의 영향력 있는 인물들"을 언급하자, 장제스는 이 일을 조사한 장관을 성(省)급 기관으로 전보 조치하라고 명령했다. 영향력 있는 인물이란 바로 쑹아이링과, 보고서가 비판한 교역감독위원회의 정부 대표 두웨성이었다. 이 둘은 비판의 영역을 뛰어넘는 성역으로 간

주되었다.[33]

난징의 국민당 정부 10년 동안 정경유착은 신흥 공업 및 상업 프로젝트들을 장려하는 긍정적인 측면이 있었다. 하지만 국가가 육성하고 보호하는 독점 기업에는 근본적으로 효과가 없었다. 이러한 기업은 자격이 없는 측근들과 친척들에게 일자리 거저 주기를 일삼았다. 개인의 치부와 부패는 전혀 새로운 일이 아니었지만, 국민당이 추진한 개혁 약속은 한층 더 시들 수밖에 없었다. 미국 고문 아서 영(Arthur Young)이 언급했다. 급료는 여전히 낮았지만 "공무원들이 직위를 남용해 얻는 부당 이익은 극단적인 행위만 저지르지 않는 한 정상적이면서 윤리적이었다."

능력을 인정하기보다는 정치적 고려나 충성에 대한 보답 차원에서 직책을 나누어 주는 장제스의 습관은 상황을 악화시켰다. 고시원은 원래 관료를 임명하는 부처였지만, 1938년에는 공무원들의 4퍼센트만이 그곳을 통해 일자리를 얻었다. 고위 관리직의 끊임없는 변동은 불안정성을 야기했는데, 1930년과 1937년 사이에 허베이 성은 성장이 다섯 차례 바뀌었고 안후이 성에서는 여섯 차례나 바뀌었다. 장제스 아래의 고위 관리들은 실질적으로 수행할 수 있는 직무보다 더 많은 자리를 겸임했다. 한 조사는 중앙집행위원회와 정치위원회 위원들이 저마다 평균 다섯 개의 직위를 갖고 있음을 밝혔다. 장군들은 부대원의 급여를 일괄 지불했는데, 그 사정은 오로지 그들만이 설명할 수 있었다. 청구 금액을 부풀리기 위해 전사자나 존재하지 않는 사병의 이름이 인명부에 올랐다. 1931년과 1937년 사이 감찰원은 불량한 이권 다툼을 벌인 공무원 6만 9000명의 이름을 적은 보고서를 제출했다. 이 중 268명은 죄과가 증명되었고 13명은 일자리를 잃었다. 장제스는 상황의 심각성을 인식하고 있었다. 그는 이익과 권력만을 좇는 당원들을 지적하며 "혁명가들이 타락 분자로 변했다."라고 탄식했다. 변함없이 그의 비탄은 실제 행동을 동반하지 않았다.[34]

아편뿐 아니라 모르핀과 헤로인을 포함한 고수익의 주요 원천인 마약에 관해서도 마찬가지였다. 중국에 체류 중인 국제 연맹의 반(反)마약국 대표가 마약을 금지해야 한다는 주장을 되풀이했지만, 마약은 너무나 중요한 재정 수입원이었기 때문에 간단하게 막을 수가 없었다. 장제스는 마약이 위험한 상황을 초래할 수 있다는 것을 알고 마약 소비 감소 운동을 시작했다. 동시에 그는 이 운동을 정치적 무기로 사용했는데, 군대로 하여금 반항적인 지방 장관들의 영토로 통하는 교통 노선을 끊도록 하는 게 목적이었다.

1935년, 장제스는 중앙아편금지위원회의 주임이 되어 마약 퇴치를 목표로 하는 6개년 계획을 공표했다. 마약 중독자 등기 서류를 만들고 개조 기간 동안 정부가 생필품을 제공하기로 했다. 반(反)아편 센터는 3년 동안 아편 중독자 100만 명을 치료했다. 주로 가난한 농민과 부랑자들이었다. 의심할 여지 없이 그들 중 많은 사람들이 퇴원한 뒤 마약에 다시 손을 댔다. 모르핀은 여전히 돌림병에서 말라리아까지 치료하는 약물로 널리 인식되고 있었다. 난징 정부는 진실한 신뢰를 얻었다. 런던의 튀소 밀랍인형관은 중국 아편굴 전시를 취소하기로 했다. 중국 대사관이 모든 증거와는 상반되게 그러한 것들은 이제 존재하지 않는다고 전력을 다해 주장했던 것이다. 하지만 세입을 늘리고 공무원들과 군관들에게 고수익의 달콤한 꿈에 부풀게 하는 사정을 고려하면, 과거의 경험은 아편을 근절하겠다는 목표가 얼마나 달성하기 어려운가 하는 의혹만을 불러일으켰다. 일부는 양귀비 재배자와 수지맞는 협의를 맺고 손상이 없는 양귀비를 확보하거나 농작물에 매우 높은 벌금을 매겼다. 지방 당국에서 세금을 세 배로 올리고 밧줄을 포함해 토지를 측량하는 데 사용하는 종이와 먹물 등에 모조리 요금을 매긴 뒤 안후이 성 북부에서는 폭동이 일어났다. 2만 명의 농민들이 참가한 기의에서 50명 이상이 사망했다.[35]

가장 큰 아이러니는 두웨성을 상하이 시 금연국 국장으로 임명한 것이었다. 이 깡패 두목은 1932년 프랑스 조계지에서 정화 운동이 벌어질 무렵 마약 장사를 중국인 지역으로 옮기도록 압박받는 좌절을 겪었다. 하지만 일시적 침체를 극복한 뒤 그의 마약 장사는 합법적인 영업이 되어 호황을 누렸다. 두웨성은 에두아르(Edouard) 거리에 프랑스 건축가가 설계한 5층짜리 건물 중외은행(中外銀行)을 설립했고, 또한 시정위원회(市政委員會) 의장 및 중국은행, 상하이증권거래소, 은행가협회, 상공회의소의 이사가 되었다.『중국연감(中國年

鑒)』에서는 그를 "저명한 사회 복지 사업가"로 묘사했으며, 영문판 『명사인명록(Who's Who)』은 "공공 및 사회 복지 부문에서 오랫동안 존경할 만한 중요한 성취를 이룬" 인물이자 "중국의 주요한 금융가, 은행가, 공업 지도자 중 한 명"이라고 기술했다. 실로 두웨성은 중국 적십자회 부이사장으로서 매주 일요일 아침마다 쿵샹시의 저택으로 가서 기도하고, 여덟 명의 고아를 경제적으로 후원하고, 홍수를 구제하는 데 쓸 기부금을 냈으며 반(反)아편 구호로 명성이 높은 농촌 센터를 후원했다.

하지만 두웨성의 권력이 나오는 근원은 명약관화했다. 쿵샹시가 언급했다. "상하이에서 10만 명이 그의 명령에 복종한다. 그는 언제라도 혼란을 조장할 수 있다." 두웨성이 우정공회(郵政工會)를 통제한다는 것은 마음대로 우편물을 열어 볼 수 있다는 걸 의미했고, 여전히 그는 아편 장사의 거물이었다. 1936년 국제 연맹의 반마약 특사 일로나 랠프 수스(Ilona Ralf Sues)는 이 대부를 그의 은행 집무실에서 만나 이렇게 묘사했다. "흙이 얼룩덜룩한 남색 무명 창파오를 입은 몸은 여위었고, 축 처진 어깨에 달린 긴 팔은 목적 없이 흔들렸다. 편평한 발에 더럽고 낡은 슬리퍼가 걸려 있었다. 기다란 계란형의 얼굴, 짧게 친 머리카락, 벗어진 이마, 빈약한 아래턱, 박쥐 같은 거대한 두 귀, 냉혹하고 잔인한 입술 사이의 크고 노란 충치, 마약 중독자의 창백한 표정이었다. …… 그는 발을 질질 끌며 거닐고 누가 따라오는지 보려 머리를 생기 없이 흔들었다. …… 나는 그런 눈을 본 적이 없다. 매우 검은 두 눈은 몽롱했고 무딘 눈동자는 없는 것만 같았다. 송장의 눈처럼 들여다볼 수가 없었다." 악수를 할 때 그의 손은 차갑고도 앙상했는데, "아편으로 오염된 날카로운 갈색 손톱이 붙은 손가락은 5센티미터 길이"였다.[36]

두웨성이 손에 쥔 작은 금색 찻주전자는 독의 투입을 방지하기 위해 뚜껑을 금색 사슬로 단단히 묶었으며, 주둥이는 매우 좁고 구부러져 있었다. 그는 차를 마시며 자신이 중국 아편 장사치들의 우두머리임을 인정했다. 하지만 해마다 마약 수익은 2000만 위안에 지나지 않고, 다른 상인들이 아편 장사를 통제하면서 수입의 일정 부분을 금연국에 넘긴다고 완강히 주장했다. 수스가 세관 창고에서 몰수한 두 통의 마약을 언급하며 그의 이름표가 붙어 있었다고 말하자, 두웨성의 두 눈은 "총명하고, 격렬하고, 잔인한" 분노로 이글거렸다. 저장해 둔 마약은 날라다가 모조리 소각해 버렸다는 뻔한 대답이 나왔다. 수스가 거짓말이라는 것을 안다고 말하자, 그는 주먹으로 탁자를 박살 내며 으르렁거렸다. "이의 제기를 하겠소. 이것은 거짓말이오! 정부가 긴급 상황에 대비해 비축해 둔 소량의 재고를 빼고는 모조리 불살라 버렸소."

이런 자가 바로 장제스가 중국에서 가장 부유한 도시를 통제하기 위해 의지하는 사람이었다. 장제스는 심지어 이 암흑가 두목이 조상의 사당을 준공할 때 서예 두루마리를 보내 축하하기까지 했다. 두웨성과 그의 패거리인 쿵샹시, 쑹쯔원의 상업적 관계망, 나태하고 부패한 정부 관리들, 종파주의, 분쟁이 끊이지 않는 안전부, 구식 농촌 지방, 교육과 위생 시설의 극한적 결핍 등등에 직면한 장제스가 혁명 정세를 비관한 것은 결코 놀랄 일이 아니었다. 난징 10년이 시작될 때 중국에 새로운 서광이 비치고 있다고 생각한 사람들도 서서히 환상에서 깨어나기 시작했다. 난징의 국민당 정부는 근대 국가의 초석을 닦았지만, 도리어 정당성을 잃고 말았다.

신생활운동을 주창해 개혁의 쇄신을 꾀하다

난징 정부처럼 허약한 체제에게 중국은 너무나 광대하고 지나치게 가지각색이어서 정부의 의지를 관철할 수가 없었다. 쓰촨 성 하나만도 인구가 5290만 명이었고, 산둥 성은 3800만 명, 장쑤와 허난과 광둥은 합해서 1억 명이었으며, 상하이 시민은 340만 명, 톈진은 130만 명, 난징도 100만 명에 달했다. 공산당의 소비에트 근거지는 별도로 하고 18개 성 중에서 13개가 난징 10년 동안 어느 시점에서는 중앙 정부의 세력 범위에서 벗어나 있었다. 그중 일부는 철저하게 통제권 밖이었다. 일본은 만주와 러허를 지배하고, 1930년대 중기에는 베이징 주위의 비군사화 지역 너머까지 통제권을 확장했다.

1934년 3월 마지막 황제 푸이가 만주국에서 등극했다. 그는 짙은 홍색 소매에 남색과 금색이 섞인 창파오를 입고, 커다란 홍색 모피 테두리에 술과 진주가 달린 모자를 쓰고, 신형 패커드 자동차 아홉 대가 따르는 방탄용 링컨 리무진에 타고 식에 참가했다. 101문의 예포가 발포되었다. 성지가 낭독된 뒤 동정(銅鼎) 주위에서 신성한 술을 마시고 하늘을 향해 '강덕기년(康德紀年)'의 개시를 선포했다. 왕징웨이는 "북방의 형세는 가혹하지만 희망이 없는 것은 아니다."라고 말했다.[37]

산시의 모범 장관 옌시산은 1930년 장제스에게 패배하여 잠시 유랑을 한 후, 오랫동안 통치했던 영지로 돌아왔다. 옌시산은 공업을 장려하고 철로를 세우고 교육을 현대화하는 동시에 그의 독재권을 위협하는 무엇이든 경찰력으로 진압했다. 쓰촨은 예전처럼 내전에 휩싸여 약 100만 명이 각종 군대와 민병대에 뛰어들었다. 아득히 먼 북서쪽의 거대한 무슬림 영토 신장(新藏)은 소련과 가까워 난징의 통치권을 벗어나 있었다.[38]

개고기 장군 장쭝창의 옛 영지인 동북 연해의 산둥은 기독교도 장군 펑위샹에게 충성하다가 1930년 난징 정부로 투항한 한푸쥐(韓復榘) 장군이 통치하고 있었다. 몸집이 우람하고 수소 같은 한푸쥐 장군은 장제스와 관계가 악화되자 이 성을 자치 영지로 만들기 위해 국민당 관리들을 처결하라고 명령했다. 그는 비밀리에 일본인과 내통하는 한편 공산당을 잔인하게 억압했다.[39]

중국 중부의 후난 성은 난징 중앙 정부에 상납해야 하는 돈을 억류해서 군대를 확충하는 데 썼다. 서쪽으로 이웃한 구이저우 성은 인구 80퍼센트가 아편을 피우는 것으로 추정되었으며 매우 독립적인 군벌의 통치를 받았다. 인도와 중국의 국경 지대에 자리한 머나먼 서남 지역의 황량한 윈난 성은 제멋대로였다. 인접한 광시 성은 여전히 중앙 집권적인 권력에 강렬한 적개심을 품고 있었다. 광시 파벌의 우두머리인 리쭝런과 바이충시는 장제스에게 패배하여 광시 성으로 되돌아온 뒤 강력한 민병대, 향촌 정부, 협력적인 경제 계획과 더불어 삼자(三自, 자치·자급·자위) 정책을 통치의 근본으로 삼았다. 이웃한 성이며 한때 국민혁명군의 요람이었던 광둥 성에서는 탐욕스럽고 간교하며 미신적이기로 유명한 천지탕(陳濟棠) 장군이 통치했다. 천지탕은 군관들과 함께 장제스에게 반대한다고 맹세하는 의식을 거행했다. 그들은 목검으로 '장제스'라 쓰인 가죽 인형을 격파했다.[40]

가장 큰 도전은 동남 연해의 푸젠 성으로부터 닥쳐왔다. 19로군은 상하이에서 공훈을 세운 뒤, 1932년 5월 상하이 휴전이 이루어지자 공산당 초멸 작전을 돕기 위해 푸젠 성으로 파견되었다. 명예를 얻는 데 습관화되고 장제스와 반목하던 19로군의 지휘관들은 날로 초조해져 안절부절못했다. 그들의 자존심은 일본과의 전투를 배경으로 한 3부작 영화 등을 통해 널리 알려져 있었다. 그들은 낙후한 지역에 버려졌다는 사실에 분개하고, 게다가 물질적 보상을 만족스럽게 받지도 못했다며 억울해했다. 일본에 더욱 강하게 저항하자고 호소하던 19로군은 개혁 사상과 반장제스 정치가의 영향 아래 우한 좌파 정부의 유산을 토대 삼아 국민당과 공산당 사이 '제3당'을 조직했다.

좌파, 사회 민주주의자, 트로츠키주의자와 전 외교부장 천여우런을 포함해 여러 사람들이 푸젠의 성도 푸저우로 몰려들었다. 농민 대중의 삶의 질을 높이고, 교통수단을 개선하며, 정치적 억압을 철폐하겠다고 공포되었다. 1933년 5월 난징 정부에서 사직한 뒤 유럽에 갔던 전 광둥 성장이자 19로군의 창설자 천밍수가 홍콩으로 돌아와 제3당에게 자금을 지원하고, 영국 식민지의 대저택에 있던 장제스의 남방인 정적 후한민을 옹립했다.[41]

1933년 11월 20일 아침 푸저우 공공체육관에서 대규모 집회가 열려 '장제스 축출과 노동 인민 정부의 수립'을 호소했다. 하지만 이 반란은 다른 반대파 인물들을 끌어들이는 데 실패했고, 19로군 또한 상상했던 만큼 큰 환영을 받지 못했다. 지지를 잃은 군인들은 본래 당연히 전투를 벌여야 할 홍군과 '반일 및 반장(反蔣) 협정'을 맺었다. 하지만 공산당의 실질적인 도움은 별로 없었다. 마오쩌둥과 그의 동지들은 여전히 장제스를 중국의 최고 영도자로 간주했고, 일종의 반정부 경쟁자를 근거지 경계에서 마주하고 싶지 않았기 때문이었다. 그래서 공산당은 뒷걸음치며 이 반란자들을 '반혁명 개량주의자'라고 묘사했다. 훗날 마오쩌둥은 이야말로 중대한 착오였음을 깨달았다.[42]

난징의 국민당 군대는 비행기로 공습을 감행하여 공황 상태를 유발하는 동안 개선된 교통 노선을 따라 신속하게 진격했다. 장제스는 스파이를 파견해서 주요 반란자들을 뇌물로 꾀어내도록 했다. 비밀 요원으로 활동하던 19로군의 부참모장은 집에 숨겨 놓은 무선 송신기로 국군에게 정보를 전달했다. 반란군 지휘관들이 투항하고, 일부는 협상을 하기 위해 비행기를 타고 온 쑹메이링에게 넘어갔다. 푸젠의 해군도 입장을 바꾸었다. 십중팔구 수적 열세로 인해 반란군은 1934년 1월 붕괴하고 말았다. 배반한 두 명의 장군은 각자 5만 위안을 들고 해외여행을 갔다. 19로군의 일부 사병들은 푸젠에 남았다. 다른 1500명은 간신히 홍콩에 다다랐는데, 한 자선가가 그들이 변경을 넘어 고향 광둥으로 돌아갈 수 있도록 한 사람당 1위안씩을 주었다. 천밍수는 유럽으로 떠났다. 상하이 전투의 지휘관 차이팅카이는 미국으로 달아나 해외 화교들에게 영웅처럼 환영받았다. 장제스는 또 한 번 승리를 거두었다.[43]

이때 장제스를 만난 영국 작가 피터 플레밍은 그의 다음과 같은 면모를 기록했다. "평민들을 본능적으로 복종시키는 헤아릴 수 없는 무언가가 숨겨진 풍격 있는 남자였다. 선천적으로 강하고 과묵하며 가식적이지 않았다. …… 장제스는 아마 위대한 정치가나 위대한 군인은 아닐 것이다. …… 그러나 여하튼 비범한 면이 있었다. 그는 평범한 사람도 허풍쟁이도 아니며, 그렇게 보일 수도 없었다. 이 때문에 나는 당대의 정치 지도자들 사이에서도 그에게 특수한 개성이 있다고 생각했다." 이 방문자는 장제스의 두 눈이 그 몸에서 가장 범상치 않다고 느꼈다. "크고도 잘생겼고 매우 예리한 눈이었다. 거의 공격적이었다. 그의 눈빛에는 침투력과 흡인력이 있었다." 플레밍과 그의 통역관이 떠날 때 장제스는 "무서운 눈빛을 내비쳤는데, 그것은 엄숙한 복장을 갖추지 않았다는 자책감이 무의식적으로 들게 하는 시선이었다. 우리는 매우 왜소해진 느낌으로 정원의 오솔길을 걸었다."[44]

장제스는 이제 거리낌 없이 반공 전쟁 쪽으로 주의를 돌리며, 마르크스주의라는 마오쩌둥의 간판에 대항할 그 자신만의 이데올로기가 필요하다고 느꼈다. 쑨원의 삼민주의에서 민권주의와 민생주의는 이미 정부의 진화 과정에서 보류된 채 버려졌고 민족주의만이 남아 있었다. 장제스는 독일인 발터 슈테네스(Walter Stennes)를 경호원으로 두고 외국인 군사 고문을 받아들일 준비를 하며 서양 고문들이 정부를 지도해 주기를 기꺼이 원했다. 하지만 장제스는 1919년 5·4 운동이 전형적으로 보여 준 바처럼 외국의 현대적 이념이 영향을 미치는 것은 거부했다. 그의 민족주의는 절대적으로 중국 중심주의였고, 중국의 고전적 관념에 근원을 두고 있었다. 장제스는 5·4 운동의 개혁자들 및 신중국 주창자들이 고취하는 인습 타파와 자유가 "모든 기율을 파괴하고 개인의 자유를 무리하게 요구"하는 위험에 빠질 것이라고 경고했다. 이와 동시에 동포들의 무기력증과 미개함 그리고 이성의 결핍을 맹렬하게 비판했다. 장제스가 말했다. "그들의 옷과 가옥은 어수선하기 그지없다. 그들은 아무 데서나 침을 뱉고 오줌을 눈다. 원칙이 없기 때문에 흡연과 도박과 매춘으로 인생을 허비한다. 대화할 때 태도는 좀비를 연상시키며 반쯤 죽은 것처럼 보인다."[45]

해답은 장제스가 정의한 대로 전통적인 가치들을 보호할 수 있는 도덕적 갱생에 중국인을 복종시키는 것이었다. 그리하여 가혹한 관념이 중국에 주입되었다. 곧 광범위하게 전파된 순종은 갱생 효과 외에도 공산주의 예방을 용이하게 했다. 장제스는 이 아이디어를 장시 성 수도 난창에서 차를 타고 가다가 매우 불량하게 담배를 입에 물고 있는 학생을 보았을 때 떠올렸다고 말했다. 이와 같은 사람들의 행위를 규범화할 새로운 신조가 필요했다. 1934년 3월이 도시에서 열린 군중대회에서 장제스는 붐비는 사람들에 의해 앞으로 떠밀려 나온 난잡한 옷차림의 사진 기자를 마주보고자 꽃들이 늘어선 의장석 아래로 내려왔다. 그는 청중에게 이 사람이 바로 질서와 청결함과 소박함과 근면과 민첩함과 정확성을 존중하지 않는 인민의 전형이라고 말했다. 그러한 미덕을 기르기 위해 장제스와 그의 아내는 공자의 네 가지 신념 즉 예(禮), 의(義), 염(廉), 치(恥)에 바탕을 둔 신생활운동(新生活運動)을 시작했다.

쑹메이링이 설명하기를, 만약 알맞게 적용된다면 예는 "우리 국민의 타고난 우수한 소질"을 인정하게 하고, 의는 "우리 동포가 기아나 질병이나 다른 해악들로 인해 고통받을 때 치부와 낭비를 하지 못하게 하는 의무감"을 갖도록 하는 가치였다. 염은 공무원들로 하여금 인민의 권리를 인식하게 해서 권리 침해로 이익을 얻지 못하게 만드는 것, 치는 "파렴치함이나 사악함에 대한 굴종이나 정정당당하지 못한 일에 빠지지 않게 하는 것"을 뜻했다. 유교적인 요소 외에 이 운동은 쑹메이링이 남편을 개종시킨 종교에 관한 의미도 포함하고 있었다. 누군가가 "이 미친 짓에 감리교가 있었다."라고 신랄하게 비꼬았다. 《타임》은 장제스 부부가 중국에게 "청교도주의라는 대량의 피마자유"를 주입하기로 결정했다고 썼다.[46]

규칙에 관한 긴 목록이 공포되었다. 1935년에 모두 86항의 지침이 난징에서 출판되었다. 소박함, 검소함, 규율 준수가 모토였다. 난창에서 열린 등롱 퍼레이드에서는 예컨대 "시간 엄수", "아무 데나 침 안 뱉기", "청결 유지하기" "질병을 일으키는 파리와 쥐 박멸", "술, 도박과 여자 멀리하기"와 같은 구호가 공포되었다. '공민 탐정'을 통해 위반자를 통제한 이 운동은 생활의 온갖 방면을 건드리려고 했다. 중국인은 겉치레가 만연하는 결혼식과 장례식을 간소하게 치러야 한다고 선전했다. 어떤 지방 정부는 혼탕을 금지하고, 남녀가 손을 잡고 거리를 거닐 수 없도록 법령으로 강제했다.[47]

"선정적이거나 괴상한 복장"을 한 여성은 반드시 규제하라는 장제스의 지침이 있었다. 장시 성 당국은 다음과 같은 법령을 하달했다. 부녀자의 치맛단은 복사뼈에 닿아야 한다. 옷깃과 뺨 사이의 거리는 4센티미터 이내여야 한다. 소매는 적어도 팔꿈치에 닿아야 한다. 치마의 양쪽 터진 부분은 무릎보다 높으면 안 된다. 부녀자는 꽉 끼는 옷을 피해야만 한다. 머리카락은 뒤쪽으로 빗어 목 아래로 늘어뜨릴 수 없다. 장제스는 나중에 파마머리도 금지 항목에 집어넣었다. 정부 기관에서 공무를 보는 모든 여성은 짧은 남색 겉옷과 검은 치마, 검은 스타킹과 검은 신발을 착용하도록 했다. 상하이에서는 단추가 없는 모직 외투를 금지했다. 우한에서는 한 광신도가 자신이 보기에 노출이 심한 옷을 입고 있는 여자에게 질산을 퍼붓기도 했다.[48]

보이 스카우트와 걸 가이드(Girl Guides)는 새로운 도덕의 선구자로 격려를 받았다. 장제스와 쑹메이링은 3366명으로 조직된 난징 행진을 포함해 이들의 퍼레이드를 주재했다. 미신을 타파했고, 검열 제도는 화목과 질서 유지에 해를 끼치는 행위로 간주되는 무엇이든 금지했다. 중국의 어두운 그늘을 반영한 외국 영화들은 상영이 금지되었다. 중국에서 제작된 영화는 "양호한 도덕을 북돋고 인민의 강인하고 참을성 있고 화목하고 정직한 정신을 고양하기 위해" 장려받았다. 장제스의 측근 천리푸는 영화감독들에게 70퍼센트의 교육성과 30퍼센트의 오락성을 갖추어야 한다고 말했다. 쓰촨 성 충칭 시의 지방 법관 한 명은 공원 내에서 사탕수수 과육을 먹은 얼룩덜룩하고 살찐 돼지 두 마리를 풍속을 어지럽힌 죄로 총살하라고 명령했다.[49]

신생활운동과 함께 장제스는 상공업 활동을 증진하고, 노동과 자본을 조정하고, 농업을 촉진하고, 도로를 건설하고, 교통을 발전시키고, 금융 체계를 정돈하고, 과도한 세금을 면제하고, 관세를 낮추는 전국적인 경제 재건 계획을 선포했다. 5개년 계획을 바탕으로 하며 사기업을 몰수할 수 있는 권력이 뒷받침하는 공업화를 추진하는 데 2억 7000만 위안이 소요될 예정이었다. 대부분의 발전은 군사적으로 중요한 지역에서만 이루어졌다. 하지만 이내 자금 부족 탓에 차츰차츰 종적을 감추었다.[50]

신생활운동의 많은 규칙들, 가령 건강한 생활 방식 제창이나 청결, 백신 접종, 파리와 모기 박멸 등은 예외적으로 매우 현명했다. 장제스를 이어 중국 대륙을 통치한 마오쩌둥이 중국 인민들을 사상적으로 재교육하고 무력으로 탄압한 문화대혁명에 비하면 신생활운동은 명백하게 온건했다. 하지만 거대한 땅덩어리만큼 많은 문제들로 신음하는 중국 같은 나라에서 이러한 운동은 마치 실패한 아버지가 제멋대로인 망나니 자식에게 손가락질을 하며 훈계하는 것과 마찬가지였다. 운동의 메시지는 대다수가 문맹이고 그 어떤 상황에서도 모자를 바르게 쓰는 것보다는 생존에 더 많은 관심을 기울이는 농민들에게 결코 전달되지 않았다. 현대적 의식을 갖춘 도시 엘리트들은 식사 시간에는 소리를 내지 말고 일찍 잠자리에 들라고 설교하는 체제의 공무원들을 시시한 일에 쓸데없이 참견하기 좋아하는 무리로 여길 따름이었다. 신생활운동은 국가를 되살리기는커녕 계속해서 하찮은 일에 빠져들게 했다.

장제스 부부가 방문하는 도시에서는 거리를 깨끗하게 청소하고 가옥을 새로 칠했지만, 포촘킨 마을*의 화려한 겉치레 뒤에는 실제로 아무것도 변한 게 없었다. 옛 명절과 신앙이 여전히 남아 있었다. 난징 정부의 총본부로터 몇 킬로미터 떨어진 곳에서 신성한 거북이 조각상의 머리가 땅에 떨어지자 사람들이 우르르 몰려와 앞다투어 파편을 주웠다. 주문할 수 있는 요리의 수를 제한하자 식당에서는 큰 접시에 여러 가지 찬을 한꺼번에 담았고, 술은 찻주전자에 부어 식탁으로 날랐다.[51]

위선이 노골적으로 횡행했다. 신생활 만찬 중에 장제스 부부는 흔히 열두 가지 혹은 더 많은 요리를 마련하는 연회 대신 세 가지 요리에 탕 하나만 먹었다. 하지만 난징과 다른 지역의 관원들은 마음껏 사치를 누렸다. 인민들에게 담배를 피우지 말라고 선전하는 동안 쑹메이링은 몰래 수입 담배를 빨아 댔다. 아편 흡연 금지 규정은 정부와 두웨성 무리 및 마약에 의지해 사는 성급 관원들 간의 관계와 매우 어울리지 않았다.《자림서보》가 지적했다. "신생활운동은 자선 사업처럼 가정에서 시작한다면 가장 성공할 수 있을 것이다." 1936년, 고문 도널드는 귀에 거슬리더라도 불편한 진실을 충언해야 할 때가 왔다고 판단했다.[52]

장제스 부부와 함께 만찬을 즐길 때 도널드는 정부가 이미 개혁을 진행할 수 있는 역량이 없다는 것을 드러냈다고 말했다. "당신들과 같은 사람은 단지 야먼(衙門, 관공서)에만 앉아 있기 때문에 시야가 창턱에 머물러 있습니다. 아무도 감히 당신을 바로잡으려 하지 않기에 당신은 전혀 모르고 있습니다. 당신은 체면이 땅에 떨어질 수 있지만, 아무개는 머리가 잘릴 수도 있으니 말이지요. 당신들은 우물 안 개구리인 탓에 오로지 허상의 뒷면만 볼 수 있습니다. 제기랄, 장군! 당신네 모두는 참고 봐 줄 수 없을 정도로 바보가 되었습니다!" 도널드는 독직, 아편 무역, 홍수와 질병에 대한 대책의 결핍, 교통과 공업과 행정

---

* 러시아의 정치가 포촘킨은 여황제가 지나가는 길 주변에 화려한 집을 많이 지어 그녀를 기쁘게 했다. 바람직하지 못한 사실을 감추기 위한 겉치레를 비유하는 관용구로 쓰인다. — 옮긴이

관리의 낙후를 비판했다. 그는 "중국은 체면을 잃을 것"이라는 결론을 도출했다. "한쪽은 부패와 재부가 팽창하고, 다른 한쪽은 빈곤이 깊어지고 있습니다. 인력거꾼과 부두의 잡역부는 다른 나라들의 말과 낙타만도 못한 처지에 빠져 있습니다."[53]

장제스는 도널드의 말이 적어도 부분적으로는 진실임을 안다고 일기에서 비탄했을망정, 이 나라가 처한 문제를 바로 고치는 데 자신이 무능력하다는 것은 인정할 수 없었다. 그는 이렇게 공언했다. "나는 총사령관이다. 나는 결코 오류를 범하지 않는다. 나는 중국이다. 중국은 나 없이는 아무것도 이뤄 낼 수 없다." 사실 장제스와 그 주위의 많은 사람들은 모조리 그들의 계획을 실행할 실력도 없고 근면성도 없었기 때문에, 행정 관리 직무를 능히 감당할 수가 없었다. 반란이 끝없이 일어났지만 난징이 진지하게 실행한 제재는 보기 힘들었다. 장제스는 적들을 처벌하기보다는 끌어들여 이용해 먹기를 더 선호했다. 그는 우레가 울리듯 도덕을 부르짖었지만 난징 체제가 부패와 부당 이득으로 쇠퇴하는 것을 방임했다. 국가 통일의 필요성을 끊임없이 강조했지만 분할 통치 책략을 이용했고, 계속해서 군벌 잔여 세력과 변화무쌍한 동맹을 맺었다. 어쩌면 이 모든 것을 임시변통의 계책으로 간주하는 듯했지만, 그것은 스스로 땅바닥에 동그라미를 하나 그려 놓고 감옥으로 삼으며 뛰어넘으려 하지 않는다는 것을 의미했다.

변화는 사회와 권력 구조를 개방하고, 가부장주의를 버리고, 능률적인 경제를 꾸리고, 공공 서비스를 개편하고, 독직을 엄중히 단속하고, 농업과 토지 소유를 개혁하고, 민주적인 토론을 허용하고, 군대가 권력의 최고 결정권자가 아니라는 점을 흔쾌히 받아들이는 것을 뜻했다. 하지만 이러한 방안은 영수의 지위를 위험에 빠뜨리고, 또한 현상 유지를 바라는 체제 옹호자들에게 반란을 도모하라고 재촉하는 꼴이 될 터였다. 신중하고 보수적인 장제스는 도박을 하지 않았다. 그는 차라리 국가에게 새로운 야망을 주지 않는 제도를 더 선호했다. 장제스의 핵심 측근 그룹은 장군들, 신뢰받는 소수의 보좌관들과 그를 위해 일하는 쿵씨 가문 사람들로 구성되어 있었다. 중국 인민에게 총사령관은 여전히 백마를 탔거나 연단에서 청중들을 향해 열변을 토하는 아주 먼 인물로 남아 있었다.

장제스는 매우 다른 상황들을 제어하는 데 뛰어난 전문가였다. 목사와 함께 『성경』을 읽으면서도 두웨성과 비밀스럽게 왕래하고, 충성의 중요성을 선언한 뒤 주변의 파벌들을 조종했으며, 국가 통일을 찬양했지만 군벌들과 연합했고, 영도자라면 위엄 있는 침착함을 지녀야 한다고 공언해 놓고 때로 느닷없이 불 같은 화를 냈다. 이는 상하이 시절부터 그를 나타내는 표식이었다. 장제스는 자신에게 모든 권력을 집중시키고 금전과 군사 보급품을 통제했지만 각 성의 지방 장관들은 완전히 제어하지 못했다. 개인적 인맥을 폭넓게 구축했지만 단지 주위의 극소수만을 신뢰했다. 자신에게 불편한 진실들을 무시하며 신생활운동으로 포괄할 수 있는 가상의 세계를 세우려 애썼다. 마치 저우언라이가 말한 것처럼, 장제스는 자신의 목적을 달성하기 위해 중국이라는 나라의 모든 모순을 이용하는 길을 선택했다. 그러나 장제스는 결코 그의 가장 중요한 목표, 즉 중국의 심장병과 이를 대표하는 자를 제거하는 일을 등한시하지 않았다. 훗날 역사의 궤적은 장제스가 목적을 이루는 데 얼마나 가까이 다가갔는지를 경악스럽게 보여 준다.[54]

15

대추격전

장제스와 마오쩌둥은 각각 반세기 동안 중국을 지배했다. 총사령관은 1887년에 태어났고, 그로부터 6년 뒤 1893년 '위대한 조타수(偉大舵手)' 마오쩌둥이 태어났다. 두 사람 모두 농촌 마을 출신이었는데 가문은 시골의 보통 가정보다 더 나았다. 염포를 소유한 장제스 집안은 귀족의 후예라고 주장한 반면, 마오쩌둥의 아버지는 1만 2000제곱미터의 토지 소유자로 미곡상이었으며 고리대금업도 했다. 장제스와 그의 아버지의 차가운 관계보다 마오쩌둥의 부친 혐오가 훨씬 심했지만, 두 사람 모두 어머니에게 깊은 사랑을 받았다. 두 사람은 유교적인 어린 시절을 보내며 삶에 엄격한 원칙을 남긴 성현의 책들을 익혔다. 열 몇 살 무렵에는 부모가 독단적으로 정한 연상의 여자와 중매 결혼을 했다. 그들은 곧 아내를 살갑지 않게 대했다. 마오쩌둥이 첫째 부인과 잠자리를 가진 적이 없다고 말했다면, 장제스의 모친은 장제스에게 아들을 낳아야 한다고 다그쳤다. 뒤이어 두 사람은 배우자를 버렸고 정치적 야망에 따라 훨씬 더 어린 여자와 결혼했다. 둘 다 고향 말투를 썼고 변비증으로 고생했다.

장제스와 마오쩌둥은 10대에 집을 떠나 몇 년 동안 유랑하듯 살며 민족주의를 신봉했다. 그러다가 1920년대 중반 광저우에서 국민당과 공산당의 통일전선에 참가했다. 어느 쪽도 바깥세상이 익숙하지는 않았다. 장제스는 일본에서 군사 학교 사관 후보생을 지낸 뒤로 4분의 1세기 동안 나라 밖으로 나가지 않았고, 그 이후로는 전쟁에만 몰두했다. 모스크바로 첫 해외여행을 간 마오쩌둥에게 1949년까지 그러한 기회는 다시 오지 않았다.

둘 다 단순한 취미를 갖고 있었고, 돈에는 관심을 거의 기울이지 않았다. 저마다 자기 자신을 미래 중국의 화신이자 나라의 스승으로 간주하며 까마득한 선배인 정치적 경쟁자들에게 맞서 최고의 지위를 얻고자 분투했다. 대개가 외로운 여정이었지만 스스로 옳다고 확신하는 길을 걸어갔다.

두 사람은 군사적 인맥으로 형성된 조직의 꼭대기에 우뚝 서서 당과 국가와 군대를 자신의 통치 아래 두었다. 확고부동한 중화주의자로서 권력 의지를 신봉하고, 군사력을 권력 쟁취의 수단으로 바라보았다. 어느 쪽일지라도 목표를 추구하는 도중에 막대한 인명을 희생시키는 일을 주저하지 않았다. 양쪽 모두 일시적인 반대를 무너뜨리는 방법을 잘 아는 무자비하고도 신기에 가까운 정치권력 기술자로, 타협할 준비는 되지 않은 채 죽기 아니면 살기라는 필사의 정신으로 적들을 궤멸하며 최고 지배자가 되겠다는 결연한 의지를 나타냈다.

한 미국 작가는 둘 중 한 명에 관해 이렇게 썼다. "노새처럼 고집이 셌고, 자부심은 강철봉 같았으며, 결단력은 그의 천성이었다. 나는 그가 여러 해 동안 기다리며 지켜보지만 결국에는 자기 길을 간다는 인상을 받았다. 누구에게도 열지 않았던 존재의 문이 있는 듯한 느낌이었다. …… 그의 정신은 자기 안에 살며 그를 격려했다." 영국인 작가가 덧붙였다. "그는 애정이 아니라 충성에 고무되는 성격이었다. 사나운 기질과 무한한 인내심, 상상력과 세부 사항에 거의 현학적으로 집착하는 태도, 완고한 의지와 지나친 섬세함, 공적인 카리스마와 사적인 계략을 겸비하고 있었다." 둘 다 마오쩌둥에 관한 묘사다. 이 중 많은 점이 장제스에게도 똑같이 통했다.[1]

중국공산당을 도운 한 소련 고문은 일본 라디오에서 장제스는 "끈기 있고,

잔인하고, 매우 야심 차다."라며 "이것은 마오쩌둥의 특질이 아닌가?"라고 놀라워하는 소리를 들었다고 썼다. 그가 덧붙이기를, 마오쩌둥은 "당의 원칙들이 이기주의, 공공연한 아첨과 자기 비하로 대체된"(장제스의 조직이라는 말을 들었을지도 모를) 체제 내에서 비판을 허용하지 않았다. 어느 쪽도 진짜 친구가 없었고, 자신에게 필요한 사람들을 열렬하게 구애해서 얻고 난 뒤에 내동댕이치거나 만일 그들이 위협적인 인물이 되면 짓눌렀다. 절실하고 맹목적인 국가주의적 애국주의자였고, 주요 외국 동맹국을 감정적으로 적대시했다. 권력은 유일한 꿈이자 야망이었다.

그렇지만 각자의 이념들이 꽤나 차이가 나는 것 외에, 정치적인 면만이 아니라 개인적인 측면에서도 분명히 다른 점이 있었다. 장제스처럼 마오쩌둥도 주위 환경을 말끔하게 유지해야 한다고 주장했지만, 그는 몸가짐을 단정히 하는 데 신경 쓰지 않았으며 질박하고 수수한 농부 같은 차림새로 유명했다. 한 방문객이 언급했듯 장제스는 "겉모양에 매우 까다로운 성격이었다." 위대한 조타수는 헐렁하고 늘어진 남색 농민복을 입고 홍군의 군모를 썼다. 총사령관은 반듯하게 다림질한 양복, 길고 낙낙한 비단 창파오, 훈장을 매단 제복 등을 입고 부드러운 벨벳으로 만든 서양식 중절모를 썼다. 장제스는 몸매가 호리호리하고 곧추선 듯 딱딱했으며, 입술은 얇고 머리는 빡빡 밀어 반짝반짝 빛났다. 마오쩌둥은 점점 더 곰 같아졌고, 덥수룩한 머리카락에 얼굴은 둥글었고, 발을 질질 끌며 비틀비틀 걸었다. 장제스는 부아가 치밀 때를 제외하고는 자제력을 발휘했다. 마오쩌둥은 마음속에 무슨 꿍꿍이가 있든지 간에 방문객에게 허심탄회하게 말했고, 사람들을 이데올로기 영향권으로 꾀어내기 위한 의뭉스러움이었을망정 호탕하게 행동했다. 장제스는 마치 군사 명령을 내리듯이 연설했다. 마오쩌둥은 청중을 어떻게 빨아들이는지를 잘 알고 있었고, 이념의 핵심 내용을 건드리기 전에 서민들의 속된 이야기와 우스갯소리 및 촌마을의 사례들을 넌지시 말했다.

1927년 상하이 대숙청 이후 마오쩌둥은 아웃사이더, 정치 반란자, 게릴라 전사가 된 반면 장제스는 권력의 궁전에 자리를 잡고 정좌했다. 공산당 지도자는 그의 동지들과 함께 매우 긴밀한 생활을 했지만, 국민당 영도자는 미국 비행사가 조종하는 비행기를 타고 하늘 높이 날아올랐다. 마오쩌둥은 일찍부터 중국의 소농들을 혁명의 온상으로 바라보았지만, 장제스는 도리어 농촌 개혁을 저지했다. 마오쩌둥의 이데올로기는 확고부동했고 중국의 형편과 들어맞았다. 장제스와 가장 가깝다고 설명할 수 있는 신념은 유교 고전주의 그리고 중국이 직면한 현실 문제들과 전혀 상관이 없는 감리교주의의 혼합체였다. 장제스는 병사들이 그의 대가정의 일부분이라고 확신했지만, 마오쩌둥이 병사들과 진실한 유대 관계를 맺은 데 비해 그는 연단 위의 아득히 먼 그림자에 불과했다. 마오쩌둥이 자꾸만 커져 가는 민족주의 게릴라 운동을 이끄는 동안, 대중 조직에 대한 장제스의 불신은 일본에 저항하는 위대한 인민대중 운동의 물결을 가로막았다. 주위에 고치를 지어 스스로를 속박하고 만 장제스는 궤멸해야 할 도전 세력으로 아주 간단하게 간주한 공산당의 대중 흡인력을 이해할 수 없었다. 민심의 향배는 결단코 그의 관심거리가 아니었다.[2]

1934년 가을을 기점으로 유사 이래 중국에서 가장 큰 무장력을 갖춘 장제스는 마오쩌둥과 15년에 달하는 직접적인 충돌을 폭발시켰다. 한 명은 어떠한 역경이 있더라도 포기할 수 없는 기본적인 생존 문제에 집중했다. 다른 한 명은 영원히 달성할 수 없는 최종 목적인 복잡한 군사적, 정치적 전쟁을 조종했다. 그리하여 훗날, 설령 대규모 군대를 명령 하나로 움직였다손 치더라도 장제스는 역사의 패자가 될 운명이었다.

북방을 여행하며 대륙의 현실을 보다

1933년 연말에 장시 성 북부 양쯔 강 가의 루산으로 여행을 갈 때에는 그러한 가능성이 장제스의 뇌리에 들어올 리가 없었다. 해발 1500미터에 나무숲으로 뒤덮여 있고 늘 구름과 안개가 맴도는 산봉우리는 수세기 동안 시인들의 영감을 자극했으며, 1400년의 역사를 자랑하는 절이 자리한 곳이었다. 19세기 말 영국 도싯(Dorset) 출신의 목사 에드워드 셀비 리틀(Edward Selby Little)은 여름의 무더위와 강 계곡 아래의 습기를 피할 수 있는 루산을 이상향으로 여겼다. 그는 동음이의어 말장난으로, 산봉우리 하나의 이름을 따서 별장을 구링(牯嶺)으로 명명했다.*

나중에 영국 화약 제품 기업의 극동 지사 사장이 된 리틀은 이곳의 땅을 사서 자율적인 이사회에 양도했다. 그는 가파른 산비탈 위에 차 농장을 지나는 20킬로미터 길이의 오솔길을 닦도록 했다. 잡부가 주민들과 그 손님들을 가마에 태워 이 길을 따라 올라왔고, 어린아이들은 장대 끝에 매단 광주리에 태워 산비탈 위로 끌어올렸다. 다량의 묵직한 돌로 500여 채의 집을 지었다. 한 영국인 가족은 잡화점과 선인동(仙人洞) 호텔을 운영했다. 어느 런던 은행가의 허풍쟁이 아들은 산비탈 아래 『성경』과 프랑스 포르노 화첩을 객실에 제공하는 여행종점객잔을 열었다.³

1920년대에는 부유하고 저명한 중국인도 이사를 오기 시작했다. 우한에서 좌익들과 투쟁을 하는 동안, 장제스와 그의 지지자들은 선인동에서 한차례 회의를 열었다. 1933년 쑹메이링은 이 지역의 중앙을 가로지르며 흐르는 개울 주변 정원의 2층 돌집을 손에 넣었다. 구링에 거주하는 한 전도사는 어느 날 저녁 무렵 창파오 차림에 중절모를 쓴 장제스가 회색 제복 둔부에 권총을 찬 경호원들을 대동하고 산비탈 오솔길의 마지막 굽이를 도는 모습을 보았다고 회고했다. "이마가 넓었고, 갈색 눈은 투명하고 안정되었으며 아래턱은 확고했다. …… 휴식 중인 그의 표정은 엄숙했지만 온화한 웃음을 머금은 눈 주위가 환했다." 은색 비단 치마를 입고 그의 곁에서 걷고 있던 쑹메이링의 얼굴은 "총명하고 아름다웠다." 그녀가 두 사람 뒤에 바투 붙어서 오는 도널드와 영어로 대화할 때 사위의 적막을 깨뜨리는 그녀의 목소리는 "생기발랄하고 맑았다." 더먼 뒤쪽에서 역부들이 가마를 들고 따라왔고, 훨씬 더 많은 경호원들의 눈은 관목 덤불숲에서 잠재적 위험을 찾느라 분주했다.

---

* 시원하고 상쾌하다는 뜻의 영어 단어 cooling과 발음이 비슷하다. ─ 옮긴이

장제스는 본부를 침실과 거실이 있는 별장 1층에 두었고, 그의 비서와 주치의는 회랑에서 잠을 잤다. 쑹메이링은 영국산 2인용 침대, 갈색 가죽 소파, 장의자, 나무 걸상, 화장대가 있는 1층의 분리된 방에 묵었다. 화장실에는 수입산 녹색 욕조, 세면대, 비데와 수세식 변기가 놓여 있었다.

장제스 부부는 1층의 큰 테라스에 앉아 있거나 부근의 작은 산에서 산보했고, 때로는 소풍을 즐겼다. 쑹메이링은 직립형 피아노를 치고 풍경을 화폭에 담았으며 또한 브리태니커 대백과사전, 웰스(H. G. Wells)와 스트린드베리(Strindberg)의 문학 작품들, 도러시 세이어즈(Dorothy Sayers)의 범죄 추리 소설집, 로버트 그레이브스(Robert Graves)가 쓴 『나는 황제 클라우디우스다(*I, Claudius*)』을 포함해 많은 영문 서적들을 읽었다. 장제스는 메이루(美廬) 별장으로 알려진 돌집 옆에 자그마한 죽림을 조성하기 위해 고향에서 대나무 꺾꽂이를 가져왔다. 그는 양쪽에는 산비탈, 뒤쪽에는 큰 산이 둘러싸고 앞에는 시냇물이 졸졸 흐르는 이 집의 풍수를 높이 평가했다.[4]

장제스는 구링을 난징 정부의 여름 수도로 변화시켰다. 왕징웨이는 이 명승지 아래 호수를 굽어보는 집을 갖고 있었다. 장쉐량은 빨간 돔이 입구를 덮은 숲 속의 주택을 소유했다. 장제스의 명으로 주택가 변두리의 양측에 처마기와가 솟구친 병영과 장군들을 위한 특별 숙소가 딸린 큰 회의장이 지어졌다.[*] 1933년 말 장제스는 바로 이곳에서 마오쩌둥의 홍군에 대한 최후의 결전을 계획했다. 돌로 지은 회의장의 좌석 25개에 질서 정연하게 앉아 있는 지휘관들과 참모들 앞에서 그는 지도 위를 기다란 지휘봉으로 가리키며 군사 작전 계획을 설명했다. 20만 명의 정예 부대가 루산에서 훈련을 받고 있었는데, 공산당 근거지를 접수하기 위한 예행연습 차원에서 근접 백병전과 등산을 주로 훈련했다.[5]

음식물을 부족하게 만들기 위해 홍군 소비에트 지역을 둘러싼 경제 봉쇄가 실시 중이었다. 소금 운송 금지를 피하기 위해 공산당원들은 소금을 죽통에 숨

---

[*] 마오쩌둥은 1959년 이 회의장에서 비판자들을 숙청하기 위한 주요 회의를 가졌다.

겨 몰래 들여왔다. 한 여자는 소금을 담은 인형을 마치 갓난아이인 양 등에 업고 운반했다. 군사력이 우세한 국군과 유격전이 아니라 정규전을 치러야 한다는 입장으로 변한 상하이의 공산당 지도층과 마오쩌둥 사이의 정치적인 균열이 나날이 드러나기 시작했다. 장제스의 군대가 보다 신속하게 이동할 수 있도록 1100킬로미터에 달하는 도로가 건설되면서 홍군에 대한 압력도 점점 더 거세졌다. 1933년 말 한 방문 기자는 식염계사대(食鹽稽査隊, 홍군의 소금 운반을 감시하는 부대)를 포함해 커다란 군용 트럭 대열, 노새들, 잡부들, 구급차들과 행진하는 병사들을 보았다. 헝겊신이나 짚신을 신은 부대는 "조용히 옷 스치는 소리만 내며" 지나갔다.[6]

장제스 군대는 황푸군관학교의 고참병 및 독일인이 훈련한 정예 부대와 예전 군벌의 비정규 부대까지 포괄하고 있어 자질의 차이가 컸지만, 우수한 장비를 갖추었고 후방에는 충분한 식량이 비축되어 있었다. 또 공군 비행기 150대의 지원을 받고, 공중 정찰로 얻은 정보를 단파 무선 라디오 방송망으로 전달했다. 장시 성의 수도 난창은 깊이 파인 해자, 참호, 가시철조망 진지, 성벽, 그리고 한 폴란드 기자가 "중세 시대의 방어 기지와 같은 인상"을 준다고 썼듯화력망을 교차시킨 포탑을 갖춘 요새로 변했다.[7]

난징 정부의 비행기들은 마오쩌둥과 홍군 사령관 주더를 사로잡으면 10만위안의 포상금을 준다는 전단지를 뿌렸다. 수급을 가져오면 상금이 더 적었다. 2만 4000명의 별동대가 비밀경찰 임무를 수행하며 유언비어를 퍼트리고 홍군 소비에트 근거지에 대한 경제 봉쇄를 강화해 나갔다. 그들은 홍군 부대 내에서 배반을 사주할 목적으로 소총 한 자루당 20위안을 지급한다는 선전을 벌이기 시작했다. 공산당에 강제로 들어갔지만 어떠한 중요 임무도 수행하지 않은 자에게는 관용을 베풀겠다고 약속했다. 장제스는 "여성 공산당원의 꾐에 무심코 빠진" 남자들도 이에 포함된다고 말했다. 투항자들을 위한 개조영(改造營)이 세워졌다. 개조영에서 찍은 사진에는 피수용자들이 교과서를 받기 위해 줄지어 서 있고, 재봉 수업에 참가해 양말과 샌들을 제작하고, 졸업증을 받는 풍경이 담겨 있었다. 정복 지역에서 선전은 시골 사람들이 처음 보는 퍼레이드, 무대 공연, 강의, 포스터, 만화와 영화로 펼쳐졌다. 하지만 장제스는 공산당으로 부터 되찾은 지역들에서 향신 제도를 부활시키겠다고 선언하여 분명하게 농촌 개혁을 거부했다. 그 보답으로 지주들은 노동력을 제공하며 도로와 토치카를 세우는 강제 노역을 시켰다.[8]

　1933년 말 잠시 전장을 떠나 항저우로 간 장제스는 유럽에서 막 돌아온 장쉐량을 접견했다. 장쉐량은 영국에 예비 학교에 입학한 아들들을 비롯해 가족을 두고 왔다. 건강하고 쾌활하다고 묘사된 장쉐량은 무솔리니와 히틀러의 예에 매우 깊은 인상을 받았고, 분열된 고향 상황을 공공연히 비난했다. 그는 장제스에게 "유럽은 총사령관에게든 중국에게든 큰 관심이 없다."라고 말했다.[9]

　경치 좋은 시후 옆의 식당 사실에서 만찬을 나눌 때 장제스와 도널드는 중국에 대한 서로 엇갈리는 견해로 의견 충돌을 벌였다. 장제스는 아무런 반응도 하지 않았지만, 쑹메이링은 깊은 인상을 받고 도널드에게 참모가 되어 달라고 부탁했다. 도널드는 여자를 위해 일하지는 않는다고 대답했지만, 장쉐량이 이미 쑹메이링은 "'제기랄'를 포함해" 그가 한 모든 말을 통역했다고 말하자 소스라치게 놀랐다. 이튿날 장쉐량은 초비(剿匪, 비적 토벌) 부대 부사령관에 임명되었는데, 비적이란 홍군을 가리켰다. 우한을 기지로 삼은 장쉐량은 도널드의 독촉 아래 반부패를 포함해 사회 개혁 운동을 제창했다. 도널드는 오로지 고관들을 처결해야만 부패를 근절할 수 있다고 생각했던 것이다.

　1934년 초에 장제스의 마음은 장시 성 공산당원들에 대한 제5차 위초전에 훨씬 더 집중되어 있었다. 장제스는 1918년 제1차 세계 대전 패배 후 독일 군대를 재건했던 한스 폰 제크트(Hans von Seeckt) 장군을 새 고문으로 맞아들였다. 그는 장제스에게 공산당이 후퇴하지 않을 수 없도록 만들고, 또한 홍군의 반격을 저지할 수 있는 토치카 보루 진지전을 펼치라고 건의했다. 도로와 다리로 연접된 3000채의 '거북이 등딱지' 요새가 세워졌다. 초토화 전술을 위해 요새 주변 지역의 모든 것을 태워 개활지로 만들었다. 험준한 산들, 비좁은 돌길들, 울울창창한 숲과 적의 기관총이 배치된 계곡의 지세는 국민당 군대를 매우 곤란하게 했다. 하지만 5 대 1이라는 압도적인 수적 우세로 국군은 마침내 홍군을 진지전으로 끌어들였다. 과거에 장제스는 주로 지방 부대로 하여금 공산당에 대처하도록 했다. 하지만 이제는 전투에 참전한 17개 사단 전부가 그 자신의 중앙군이었으며, 일부는 독일 고문이 훈련하고 현대적 장비를 갖춘 정예부대였다.

공산당 근거지에서 마오쩌둥은 상하이의 공산당 지도부가 지지하는 정치적 반대자에 의해 배척당한 채 한쪽으로 물러나 있었다. 지휘권은 모스크바에서 교화를 받은 뒤 돌아온 볼셰비키들과 권위주의적인 독일인 공산주의자 고문 오토 브라운(Otto Braun, 중국명 리더(李德))이 행사했다. 그들의 독촉 아래 홍군은 국군의 토치카 요새를 공격했으나 막중한 피해만 입었다. "우리는 적의 주력부대와 그들의 토치카 사이를 분주히 뛰어다니다 철저하게 수세적인 형세로 빠져들고 말았다." 마오쩌둥은 부분적이긴 하지만 정확하게 기록했다.[10]

처음에는 장제스가 주도권을 잡았다. 국군의 승리를 선전하려는 의도만 가득한 보도 외에 당시 매체가 제공한 정보는 거의 없다. 하지만 공산당이 전에 없는 패전에 직면했다는 점에는 의문의 여지가 없었다. 홍군은 푸젠을 공격했지만 패배하여 돌아왔다. 탈주병의 수가 급상승했다. 과대망상증이 들끓었다. 참수 분대를 전장에 파견하여 공산당 군대를 감독하도록 했다. 수천 명의 '반혁명 분자'가 살해당했다. 마오쩌둥은 실질적으로 연금을 당했다.

1934년 6월 홍군의 한 부대가 항일선견대(抗日先遣隊)라는 기치 아래 푸젠 근거지에서 봉쇄를 뚫고 북상했다. 하지만 국민당군에 포위되어 궤멸당했다. 지휘관은 포로로 잡혀 처결되고 그의 수급은 대광주리에 담겨 군중 앞에 전시되었다. 여름에는 두 개의 돌파 부대가 큰 성공을 거두었다. 한 부대는 북부의 산시(陝西)에 도착했고, 다른 한 부대는 후난, 후베이, 쓰촨, 구이저우 등 네 성의 경계에 있는 황무지의 공산당원들과 연합했다. 장시 성에서는 국군이 가차없이 전진하며 홍군을 후퇴시키고 성진과 방어선을 계속해서 점령해 나갔다.[11]

제5차 위초전이 순조롭게 진행됨에 따라 여유가 생긴 장제스는 다른 사안들에 관심을 돌리고 모스크바와의 외교 관계를 다시 확립했다. 머나먼 북방에서 펑위샹의 부하가 일으킨 어중떠중한 반란도 진압했다. 여름의 무더위로 양쯔 강이 섭씨 38.5도 이상으로 올라가자 1000만이 넘는 사람들이 수재와 가뭄의 피해를 입었다. 정부 측은 농작물 손실이 5억 위안어치에 달한다고 보고했다. 백은의 대규모 해외 유출을 저지하기 위해 정부는 백은 수출에 관세를 매겼다. 관세 수입이 급격히 감소하면서 예산난은 개선의 기미가 보이지 않았고, 군사비 지출과 채무 원리금 상환이 총수입의 70퍼센트를 차지했다.[12]

상하이에서 몇 차례 일본과의 마찰이 있었고, 관동군은 중국이 베이징 주위의 비군사화 협의를 위반했다고 항의했다. 6월에 난징에 주재하는 일본 부영사가 실종되면서 새로운 사건 발발에 대한 두려움이 커졌지만, 도시 밖의 야산에서 잠을 자고 있는 부영사가 발견되어 문제가 풀렸다. 그는 가정 문제와 늦은 승진에 실망해서 종적을 감추었다고 해명했다. 괴뢰국과 이어진 철도가 재개통된 것은 만주국에 대한 암묵적인 승인이었다. 베이징에서 펑톈으로 가는 최초의 열차에서 폭발 사고가 터져 4명이 사망했지만 일본은 이 사건을 구실로 삼지 않았다. 중국에 주재하게 된 신임 일본 공사는 6월 말 장제스와 우호적인 만남을 반 시간 동안 가졌다.[13]

1934년 10월 초 장제스와 쑹메이링은 우한으로 가서 장쉐량과 함께 양쯔 강 연안의 반공 전쟁에 관해 상의했다. 세 사람과 도널드는 옛 제국 시대의 열차를 타고 군사 중심지 뤄양으로 향했다. 사흘 동안의 여행 중 첫날 아침, 도널드가 개인 객실에 앉아 있을 때였다. 쑹메이링이 편지와 문서를 한 아름 안고 휘청거리며 들어와 탁자 위에 내려놓았다. 도널드의 전기 작가의 회상에 따르면, 그녀는 "제게는 너무 무겁군요."라고 말했다. 쑹메이링 부친과의 안면을 통해 그녀를 소녀 적부터 알고 지낸 도널드는 이제 "약하고도 섬세하고, 총명하고도 예쁜 활기찬 요정"을 보았다. 쑹메이링의 긴장을 풀어 주기 위해 도널드는 그의 중국 생활 초기에 대한 이야기들을 들려주었다. 그날 오후 쑹메이링은 또 다른 문건 더미를 도널드의 칸막이 객실로 갖고 와서 도움을 요청했다. 도널드가 자신은 장쉐량에 의해 고용되었기 때문에 이러면 문제가 될지도 모른다고 말하자 쑹메이링이 대꾸했다. "중국에 당신의 비밀을 지켜 주는 사람은 전혀 없나요?" "뭐가 없다고요?" 도널드가 반문했다. 쑹메이링이 웃으면서 문서 더미를 떠맡기자, 그는 업무를 계속했다.

뤄양 방문을 마치고 나서 도널드는 넷이서 기차를 타고 장제스가 방문해 본 적 없는 중국 문명의 요람 중 한 곳인 시안으로 가자고 제안했다. 쑹메이링이 이 제안을 통역할 때 장제스는 고개를 끄덕이며 동의를 표했다.

밝은 햇살이 내리쬐는 날, 시안에서 그들은 차로 이동해서 2년 뒤 장제스 납치를 제안한 현지의 지휘관 양후청 장군과 함께 차를 마셨다. 방문객들은 목욕을 하기 위해 온천으로 갔다. 신생활운동에 관한 회의가 열렸고, 쑹메이링은 "완벽하고 아름다운 영어"로 현지의 전도사들과 대화를 나누었다. 장제스 부부는 고아원을 방문해 아이들을 위한 잔치를 벌여 주었다. 쑹메이링은 여성 아편 중독자를 위한 '건강 회복의 집' 계획을 발표했다. 방문 기간 동안 도시의 차 400대가 전부 징발되었다. 그럼에도 불구하고 외국인 주민이 보내온 편지는 정부 측 방문객의 흔하디흔한 화려함과는 대조적으로 장제스 부부가 "겸손하고 상냥하고 유능하다."라고 말했다.[14]

이때 장제스를 인터뷰한 한 기자는 그가 퍽 야윈 데다 짧게 깎은 머리카락은 회백색이 되어 몹시도 놀랐고, 이를 하루 16시간의 노동량 탓으로 돌렸다. 그와 쑹메이링이 이혼할 것이라는 상하이의 소문에 대해 질문하자, 장제스는 가소로운 유언비어에 관해 그들 부부는 웃어넘길 뿐이라고 대답했다. 그런 뒤 기자는 어느 엽관배가 장제스에게 미녀 열두 명을 바쳤다는 다른 소문을 언급했다. 장제스는 이 또한 부인했다. 기자는 차라리 이 부부가 "신혼부부처럼 행동"한다는 점에 주목했다.[15]

도널드와 쑹메이링은 장제스가 이전에는 발 들이지 못한 지방을 국가 영도자로서 체험할 수 있도록 비행기를 타고 북쪽으로 계속 여행하자는 아이디어를 냈다. 낙후된 간쑤 성에서 장제스는 모방직 공장을 참관하고 현지의 신생활운동을 발기했으며, 아편과 전족을 규탄했다. 거대하고 황량한 땅이 깊은 인상을 심어 준 이웃한 닝샤(寧夏)에서 그는 「조니가 집으로 돌아올 때」를 연주하는 군악대의 환영을 받았다. 쑹메이링은 비행기 멀미로 고생하고, 해발 고도가 높은 곳을 대비해 산소통을 준비했다. 그 후 일행은 베이징으로 날아갔다.

장제스와 도널드는 위가 좋지 않아 병원에서 치료를 받았다. 병상 보고서는 장제스가 과로로 인해 신경성 소화 불량을 일으켰고, 치아 농양의 독을 빨아들인 것이 원인 같다고 기술했다.[16]

내몽골로 출발하기 전에는 산시(山西)의 성도에 있는 쿵샹시의 대저택에 머물렀다. 여행 기간 동안 장제스 부부는 가장 좋은 속옷과 비단 오리털 이불, 향수를 뿌린 베개를 대접받았다. 그들의 방문을 위해 거리는 말끔히 청소되고 가옥은 새로 단장되었다. 일행은 현지의 진수성찬을 즐기느라 몸무게가 늘어났다. 추운 겨울에도 메마른 흙먼지가 날아다니는 황폐한 황토 고원 지방에서는 두꺼운 털가죽 옷을 휘감았다. 총사령관은 연도에 멈춰 민심을 고무하는 연설을 했고 쑹메이링은 자선 활동을 하느라 바빴다. 폭탄 하나가 그들이 탄 열차에 투척되었을 때 단 한 번 긴급 상황이 발발했지만, 이 일은 공격의 책임 소재도 분명하게 조사되지 않은 채 비밀에 붙여졌다.

베이징에 되돌아온 후 장제스는 치과 치료를 받고 근시성 난시가 악화되는 것을 막기 위해 새 안경을 맞추었다. 이 도시에서 열린 신생활 만찬에서 그는 우페이푸를 만났다. 술이 없는 연회는 술고래인 옛 군벌을 만족시키지 못했을 게 뻔했다. 이어 장제스 부부와 도널드는 난징을 향해 출발했다. 이곳에서 도널드는 부부의 단독 단층집에 머물며 쑹메이링이 건네준 문서를 처리할 참이었다. 여행 기간 동안 그는 자신이 상상할 수 있는 최고의 찬사("당신은 남자처럼 사고합니다.")를 그녀에게 보냈다. 장쉐량은 수도 난징을 방문하는 길에 이 둘을 보러 왔다. 마치 밤무대의 피아니스트들처럼 도널드와 쑹메이링은 각자의 책상 끝에 앉아 타자기를 치느라 분주했다. 두 중국인이 오스트레일리아 인은 이해하지 못하는 언어로 그에 대해 얘기할 때 차가 날라져 왔다. 장쉐량이 몸을 일으켜 앞으로 성큼 나서더니 도널드의 등을 찰싹 때렸다.

"보아하니, 난 당신을 잃은 것 같소." "젠장, 나 또한 분명히 그렇다고 생각합니다." 도널드의 대답에 장쉐량이 말했다. "당신이 그리울 거요." "실없는 소리!" 손을 꽉 쥐고 악수하면서 도널드가 답했다.

솔직하고 활기찬 도널드는 고용주의 변화로 쑹메이링을 통해 자신의 이론을 장제스에게 주입할 수 있었다. 하지만 장제스의 완고함이 완화된 것은 전혀 아니었다. 도널드는 늘 그의 고용주와 함께 식사하면서도 중국 음식을 입에 대지 않았다. 마치 중국어 능력이 낮다는 것을 강조라도 하듯 도널드는 '총사령관(Generalissimo)'을 '총사(G'issmo)'라 부르고 쑹메이링을 '총사 부인(M'issimo)'이라고 불렀다.[17]

먼 북방을 여행하는 동안 지방 당국들은 내방한 장제스 부부를 만족시키기 위해 성진을 깔끔하게 단장했기 때문에 장제스는 이 지역을 주마간산으로 대충 훑어봤을지도 모른다. 하지만 도널드의 회고로 판단하자면 이번 여행은 장제스가 전에는 보지 못했던 현실을 일깨워 주었고, 또한 그가 그렇게 냉담하지 않다는 점을 드러냈다. 도널드는 매일 변화를 느꼈다. "총사령관의 얼굴은 갈수록 유순해졌고, 극히 드물게 활기를 띠었다." 그러나 이번 여행은 장제스의 군대가 남방에서 장시 소비에트 근거지의 중심을 공격하여 심대한 타격을 입히는 동안 그는 1600킬로미터 이상 떨어진 지방에 있었다는 것을 뜻했다.[18]

마오쩌둥의 대장정을 뒤쫓다

장제스가 10월 중순 간쑤 성에 도착했을 즈음, 잿빛 군복을 입고 군모를 쓴 마오쩌둥은 거품이 용솟음치는 간장(贛江) 강의 둑으로 행군했다. 그곳에는 홍군 작전 부대와 병참 부대가 비밀스럽게 집결해 있었다. 장제스와 그의 아내가 북방에서 비단 이불을 덮고 기분 좋게 잠자는 동안 마오쩌둥은 담요 두 장, 무명천 한 장, 방수포 한 벌, 부서진 우산과 한 다발의 책 묶음을 메고 간장 강을 건넜다. 뒤에 남겨진 두 살배기 아들은 다시 보지 못했다. 잔류한 후위 부대가 장시 근거지를 전력을 다해 사수하는 동안 토치카 전선 사이의 틈을 뚫은 홍군은 머잖아 중국인이 이 세기에 이룩한 가장 위대한 업적 중 하나가 된 대장정을 시작했다.[19]

최종적인 승리자들은 이미 정해 둔 기조를 바탕 삼아 대장정을 영웅주의

격조로 기술했다. 대장정은 신중국을 벼리고 담금질할 용광로가 되었고, 생존자들은 사사로움 없는 동지애가 초인적인 승리를 낳은 원동력이었다고 회상했다. 프랑스의 작가이자 정치가인 알랭 페이레피트(Alain Peyrefitte)는 공산주의의 '대서사시'라고 언급했다. 실제로 대장정은 큰 패배를 장기간에 걸쳐 받아들이는 과정이었다. 물론 홍군은 엄청나게 놀라운 인내력을 보여 주었다. 러시아 인에게 훈련받은 기술자들이 국민당군의 무선 메시지를 해독하여 그에 따라 적절하게 전술을 바꿨다는 비밀스러운 큰 이점이 있었으나, 홍군의 작전 기술은 적을 속이고 험난한 지형으로 인한 막대한 불리함을 메우는 게릴라 전술의 아이콘이 되었다. 하지만 그 모든 성과들에도 불구하고 공산당원들은 장시 소비에트 근거지를 잃었고, 원래 경로에 따라 홍구를 세우지 못했고, 늘 새로이 후퇴를 하느라 몹시도 곤란을 겪었다. 원래 8만에서 10만에 이르던 홍군 병력과 2000명의 여성들은 전멸하다시피 해서 약 5000명만이 한 해 뒤 원정이 끝날 때까지 여전히 행군하고 있었다. 만약 대장정이 승리라고 한다면, 그것은 순수하게 생존의 승리였다.

국군 또한 칭찬받을 만한 가치가 있었다고 말할 수는 없다. 장제스는 수적으로 훨씬 우세한 부대를 파견했고 공군도 있었다. 하지만 지방 권력의 협조를 받지 못하는 만성적인 곤란에 시달렸다. 각 성의 성장들이 그들의 영토 내에 장제스의 주둔군이 나타나는 것을 꺼렸기 때문이다. 지방 장관들의 두려움에도 충분한 이유가 있었다. 언제나처럼 장제스는 각종 동기들이 혼합된 작전을 펼쳤는데, 자신의 권위를 자치 성향의 성들로 확장하고자 하는 것이 그 주요 성분이었다. 국군과 그 동맹자들은 늘 마지못해 행동했고, 장제스의 전술은 번갈아 너무 신중하거나 혹은 지나치게 자신만만했다. 난징의 군인들은 그들의 적과 같은 결연한 의지와 기율을 갖추지 못했다. 대장정에 관한 훗날의 기재는 연도의 인민들에게 미친 영향을 적게 언급했지만, 그들이 경험한 고통도 매우 컸다는 것은 자명하다. 공산당은 계급적 적을 죽이거나 징벌했고, 특히 지주들은 도저히 도망칠 수가 없었다. 국민당군은 적들에게 도움을 주리라고 생각되는 자는 누구든지 잔인하게 대했으며, 홍군 지지자가 생기지 못하도록 아예 초토화전을 펼쳤다.

대장정은 매우 은밀하게 진행되었기에 초기에는 아무런 주의를 끌지 않았다. 홍군이 장시 성의 서쪽 경계를 넘어 광둥 성 경계를 따라 전진할 때 국민당군은 무슨 일이 발생했는지 전혀 깨닫지 못했다. 국군이 자신의 영토 밖으로 나가 주기를 원한 광둥 성장 천지탕과 저우언라이는 정보 교환과 의약품 지급 조항을 포함한 상호 불가침 조약을 맺었다. 그리하여 홍군은 최대한 빠르게 전진할 수 있었고, 또한 장제스가 개입할 빌미를 주지 않았다. 홍군은 이웃한 후난 소비에트 근거지를 향해 북쪽으로 방향을 틀었다. 무기에서부터 인쇄기, 엑스선 기계 등 모든 군수품을 운반하는 치중(輜重) 부대 대오가 80킬로미터나 이어졌다. 마오쩌둥이 말한 바대로 이는 군대 이동이라기보다는 한 집안이 이사를 가는 형국에 훨씬 더 가까웠다.[20]

드디어 무슨 일이 발생했는지를 알게 된 장제스는 15개 사단에게 광시 성과 후난 성의 경계 지역에 있는 샹장 강(湘江江) 가에서 홍군을 포위하라고 명령했다. 그 자신의 부대는 너비가 90미터인 강의 한쪽 둑을 따라 전진했고, 적은 맞은편 강둑을 따라 행군했다. 두 번째 국군 부대가 봉쇄선을 구축했다. 비록 장제스는 광시 성 지도자의 자치주의 열정을 잘 알고 있었지만, 극렬한 반공주의자인 그의 참전에 의지했다. 하지만 홍군의 전초 부대가 샹장 강을 건너기 시작하자 바이충시의 군대는 구이린(桂林) 시를 방어하기 위해 곧바로 철수하고 말았다. 이로써 홍군의 절반이 샹장 강을 무사히 건넜다. 하지만 치중 부대는 후방에 남아 국민당군의 추격을 받았다. 한 공산당 고참병은 "우리는 너무 느렸고 적은 너무 빨랐다."라고 회상했다.[21]

홍군이 넓은 샹장 강의 양안으로 나누어질 때 바이충시는 드디어 참전을 결정했다. 12월 1일 동이 트기 전, 홍군 사령관 주더는 이 전투의 결정적 의의를 강조하는 메시지를 부대원들에게 보냈다. 총검을 착검한 국군들이 산비탈 위 방어 진지를 벌떼처럼 공격하고, 비행기들이 폭탄을 내리 쏟아 붓고 저공비행을 하며 기관총을 쏘아 댔다. 처절한 격전이 일주일 동안 계속되었다. 대장정 기간 동안 공산당이 가장 큰 손실을 입은 전투였다. 일부 기록에 따르면 홍군 역량이 반 토막 나서 단지 3만 명만이 이동할 수 있었다고 한다. 후위의 치중 부대는 강을 건너려고 고군분투하면서 대다수의 장비를 잃어버렸다.

이때 장제스는 전장으로부터 멀리 떨어진 베이징에서 치아 치료를 받고 있었다. 그러나 그는 공산당 생존자들에게 다른 덫을 놓았다. 홍군이 반드시 거쳐야 하는 도정의 대평원에 사는 인민들을 모조리 떠나도록 하고, 농작물을 망가뜨리고, 식량을 깡그리 운반해 갔다. 공군과 포병의 지원 아래 홍군의 잔여 부대를 깡그리 섬멸할 계획이 세워진 곳이었다. 홍군은 위험을 감지하고 길을 바꾸었다. 12월 중순 후난, 광시, 구이저우 성의 경계 지역에 자리 잡은 상업 요충지 퉁다오(通道)에서 가진 회의에서 공산당은 후난 북상 노선을 포기하기로 결정했다. 이는 국민당 군대의 도살장으로 진입하는 것을 의미하기 때문이었다. 그 대신 난징 정부의 공식 명령이 거의 통하지 않는 황량한 구이저우 성으로 들어가기로 했다. 다가오는 10여 년 동안 수차례 그랬던 것처럼, 공산당은 적수를 피함으로써 스스로를 구출했다.

장제스는 비행기를 타고 난징으로 돌아가 군사와 정치 형세에 관한 일련의 회의들을 소집했다. 그중 한 회의에서는 전장의 사병들에게 성탄절 음식 소포를 보내기로 결정했다. 그렇지만 어느 신문은 이번 공급이 선물 대접이라기보다는 필수품이나 마찬가지인 군수품을 공수하는 것이라고 꼬집었다. 장제스와 쑹메이링은 시커우와 항저우에서 설날을 보낸 뒤, 조약돌로 장식된 담과 빨간 기와 지붕이 있는 상하이의 유럽식 대저택으로 돌아왔다. 그곳에서 장제스 부부는 쿵샹시 부부, 쑹쯔원, 두웨성 그리고 장징장을 만나 쑹메이링 모친의 분묘에 참배했다.[22]

공산당원들은 구이저우 북부 쭌이(遵義) 진(鎭)*에 다다른 뒤 몰수한 어느 상인의 저택에서 회의를 열었다. 모스크바의 지지를 받는 지도부와 독일인 고문 오토 브라운의 실패는 이미 명명백백해 보였다. 홍군에게 게릴라 전술을 지

---

* 중국의 지방 행정 구획의 하나로 향(鄕) 등과 함께 현(縣) 아래에 속하는데, 향이 하나 또는 몇 개의 부락으로 구성된다면 진은 인구가 많고 어느 정도 상공업의 발전이 이루어진 곳이다. ― 옮긴이

시해 우세한 지위를 점하게 했던 마오쩌둥은 드디어 반(半)은거 상태에서 빠져나와 출사할 시기를 맞았다. 한때 군벌의 병사였던 주더는 대장정의 군사 작전 지휘관이 되고, 유연한 저우언라이가 새로운 전략적 동맹자로 들어왔다. 부대를 나누어 사방에서 쭌이를 빙 둘러싼 적군을 피하기 위해 공산당은 쓰촨 경계 지역으로 움직였다. 이 성의 소비에트 근거지에 도착하는 게 목적이었다. 홍군이 잠시 동안 점령한 지역 중에 마오타이(茅台) 진이 있었는데, 같은 이름의 유명한 배갈 명산지였다. 전해 오는 한 이야기로, 군인들이 물같이 투명한 액체를 가져와 발을 씻는 데 썼다. 그들은 떠나면서 '발 씻은 물'이 한 방울도 남아 있지 않다는 것을 깨달았다.[23]

장제스는 쓰촨으로 날아가 방어 전선을 구축하고, 현지의 군대에게 더욱 세차게 역공을 몰아붙이라고 다그쳤다. 20세기 중국에서 최대의 두 적수는 이때 서로의 사이에 단지 240킬로미터를 두고 있었다. 공산당이 구이저우로 되돌아올 때 들것으로 운반해 온 마오쩌둥의 반려자는 출산을 했는데, 갓 낳은 여자아이는 이름도 얻지 못한 채 현지의 농부 가정에 영원히 맡겨졌다. 이 아이의 아버지는 다른 긴급 상황을 처리하고 있었다. 추격하는 국민당 군대를 규모와 화력 면에서 엄청나게 얕잡아 본 홍군이 생존을 위해 어쩔 수 없이 퇴각한 뒤, 마오쩌둥은 산상에서 한차례의 전투를 몸소 지휘했다. 쭌이를 다시 차지한 공산당 지도자들은 휴식을 취하며 다음 행동을 숙고할 수 있었다.

양쯔 강 연안의 벼랑 위에 자리한 쓰촨 성의 충칭 시에 총사령부를 세운 장제스는 번거롭고 바쁜 일정을 보냈다. 일부는 4시간이나 계속된 연설을 여러 차례 했고, 현지의 혼란스러운 재정에 질서를 잡기 위한 금융 개혁을 감독하기도 했다. 충칭을 방문한 스웨덴 탐험가 스벤 헤딘은 짧은 소매에 목까지 깃이 올라오는 검은색 치파오를 입은 쑹메이링에게 특별한 인상을 받았다. "화려한 색깔의 댓잎 무늬가 목 주위를 감싸 화환 같은 모양을 이루는 동시에 소매를 아름답게 꾸며 주었다. 그녀는 우아하고 평온해 보였다." 이와 같이 쓰며 그는 쑹씨 자매의 막내에게 탄복한 서방인의 또 다른 예가 되었다. "그녀는 총명하고 지혜롭고, 천부의 재능을 지녔고, 또한 중국 문화뿐 아니라 서양 문화의 첨단에 서 있다. …… 추호의 의심도 없이 장제스 부인은 우리 시대의 가장 걸출한 여성이다. …… 전쟁의 뇌성이 가라앉고 오랜 세월이 흐른 뒤, 그녀는 인민의 가슴속에 여전히 신성한 어머니로 남을 것이며, 그 이름은 숭배와 경앙의 대상으로 언급될 것이다."[24]

전선에서 홍군의 주요 추격자는 황푸군관학교 전 교관들 그리고 1922년 광저우 봉기 때 쑨원의 경호대장이었다가 5년 후 공산당의 광저우 기의를 진압하는 데 협조한 북벌 고참병 쉐웨 장군이었다. 후난, 구이저우, 쓰촨을 통과하는 홍군의 대장정을 추격하기 전에 장시에서 포위 섬멸 작전에 참가했던 쉐웨는 각 성에서 현지 군대의 협조를 얻었다. 쓰촨 군대는 마오쩌둥이 연락을 취하려 한 장궈타오의 쓰촨 성 북부 소비에트를 포기하게 만들어서 곧 전투력이 향상되는 보답을 얻었다.

대장정자들에게 압력을 가하는 수위를 계속 증가시킬 무렵, 장제스와 그의 아내는 양쯔 강을 유람하며 휴식을 취했다. 부부는 중도에 머문 항구에서 가마를 타거나 역부의 어깨를 타고 소요했다. 그들이 방문한 소도시의 아편굴은 잠시 문을 닫았다. 중절모를 쓴 장제스는 활짝 웃으며 사진을 찍었다. 모피 스카프를 두르고 긴 코트를 입은 쑹메이링은 거리의 풍광을 촬영하고, 또 헐렁한 바지를 입고 네발로 기다시피 해서 가파른 산비탈을 올랐다. 1935년 3월 24일 장제스 부부는 구이저우로 날아가 다시 전투에 참가했다.[25]

구이저우는 매우 가난하고 낙후된 성이었다. 성의 수도 구이양(貴陽)은 매일 밤 전력이 7시에서 12시까지만 공급되었다. 식량이 모자랐고 공무원들은 오후가 되어서야 출근했다. 장제스는 강변의 새 건물에 사령부를 세우고, 이전에 군벌이 점거했던 집에서 쑹메이링과 함께 숙박했다. 높이가 3미터 남짓인 담장 내부를 작은 방들로 나누었다. 창문들은 맞지 않아 삐걱대고, 미닫이도 꽉 닫히지 않았다. 겨울철 추위를 막기 위해 부부는 건물 내에 두꺼운 남색 천막을 치고 잠을 잤다. 현지의 석탄으로 불을 땔 때는 방을 온통 새까맣게 그을리는 검은 연기가 숨 막히도록 가득 찼다. 장제스는 현지의 고위 인사들을 소집하여 아편 흡입을 강력하게 비난하며 아편을 퇴치하라고 명령했다. 언변을 마치자 사위는 쥐 죽은 듯 고요했고 오로지 보이 스카우트 밴드의 성공적이지 못한 연주만이 적막을 깼다. 총사령관이 큰 걸음으로 성큼성큼 걸어 나가자 청중들은 은근슬쩍 그림자를 감췄다.[26]

4월 초 국민당군은 쓰촨의 성도인 청두 북부에서 벌어진 전투에서 이겼지만 상당한 손실을 입었다. 《북화첩보》는 포로로 잡힌 많은 공산당원들이 참수를 당했다고 보도했다. 토치카 진지전 전술의 응용으로 장제스는 4월 중순 난징 정부를 향해 공산당의 주력을 격파했다고 선포할 수 있었다. 비록 큰비와 먹장구름이 공군의 광범위한 운용을 가로막았으나, 한차례의 저공 기관총 소사는 마오쩌둥의 반려자에게 14곳의 상처를 입혔다. 그녀는 머리에 박힌 파편 조각을 빼낼 수가 없어서 회복되기 전까지 몇 주일 동안 혼수상태에 빠져 있었다.[27]

홍군의 갈지자걸음식 행군은 국군을 완전히 혼란스럽게 했다. 장제스는 적들의 유일한 탈출로가 서쪽으로 행군하여 윈난 성으로 진입하는 것이라고 생각했다. 그래서 그는 성의 통치자와 협상을 진행하고자 버마, 인도차이나와 대부분의 국경을 접하고 있는 윈난으로 멀리 날아갔다. 왜소하고 섬세하고 무자비한 윈난의 군벌 성장 룽윈(龍雲)은 명목상으로는 국민당의 사업에 동조했지만, 아편과 노예 노동에 의존하는 주석 광산 수익은 절대 그를 국민 혁명의 모범적인 동맹자가 되지 못하게 했다. 일찍이 군벌의 방식에 따라 룽윈은 평화협정을 맺은 반체제 장군을 천막 안으로 초대해 오찬을 베푼 적이 있었다. 연회를 마친 뒤, 손님의 등 뒤에 나타난 한 검객이 머리를 쪼개어 성도인 쿤밍 입구의 전봇대에 매달았다.[28]

장제스는 구이양에서 남쪽으로 가는 동안 앞쪽 조종석에 앉아 적군이 은폐해 있는 대지와 아래쪽의 양귀비 밭을 응시했다. 쿤밍의 공항에서 그와 그의 아내는 샴페인으로 축배를 드는 영접을 받았다. 차에 오른 그들은 하얀색과 파란색 제복을 입은 학생들이 길 양쪽에 늘어서 환호를 보내는 도로를 따라 성내로 진입했다. 쑹메이링이 보기에 집집마다 국기가 휘날리고 거리는 깨끗하게 청소되었으며 교통질서가 양호했다. 한 프랑스 은행가는 야외 환영식 행사 때

그녀의 치마 쪽으로 바람이 불자 하얀 비단 속 바지가 드러난 "은밀한 풍광"을 기록하기도 했다.[29]

마오쩌둥의 전략을 고려하면 그는 절대로 이 성의 수도를 공격하지 않을 듯했다. 하지만 쿤밍의 주민들은 흙으로 빚은 벽돌로 성벽을 쌓고 참호도 팠다. 룽윈은 아편 무역으로 인해 구이저우 군벌과 싸우고 있는 군대에게 되도록 신속하게 회군하라고 명령했다. 프랑스 은행가는 무기 거래 장사를 한 뒤 금고에 줄곧 보관했던 황금 20톤을 하노이까지 열차 편으로 운송하기 위해 역으로 옮길 참이었는데, 룽윈의 부하들이 도중에 그것을 빼앗을지도 모른다는 경고를 받고 운송을 그만두기로 결정했다.

홍군은 쿤밍에 양공(佯攻, 거짓 공격) 작전을 구사하고는 이 도시를 피해 갔다. 이는 장제스가 토지세를 한 해 동안 징수하지 말고, 현지의 사병들도 곡물 보호세 징수를 중지하라는 명령을 내린 구이저우로 돌아갈 수 있다는 것을 의미했다. 장제스는 현지의 군벌에게 계속 성장을 할 것인지 아니면 군대의 사령관을 할 것인지 선택하라고 종용했다. 군벌은 후자를 선택했으나, 총사령관은 그의 부하들의 팽배한 불만을 고무해서 그 자리를 대신할 인물을 만들어 냈다. 비록 아편 무역으로 인한 고용 효과는 신생활운동의 명성을 떨어뜨렸지만, 장제스 부부는 여전히 신생활운동의 우수한 점을 강조했다. 신문지상에는 단 한 자도 언급되지 않았지만, 내방한 기자는 인터뷰 도중 장제스에게 인민 생활의 질을 개선하고 그들의 생명과 재산의 안전을 보증하기 위한 근본적인 운동을 전개하라고 호소했다. 장제스와 그의 아내는 연출일지라도 전례 없이 현지의 묘족(苗族) 마을을 방문했다. 장제스는 창파오를 입고 중절모를 썼으며, 쑹메이링은 거친 무명옷을 입고 커다란 차양이 달린 모자를 썼다. 장제스는 권총을 소지한 한 남자가 거처 밖 담장에서 잡혔을 때 또한 번 생명의 위협을 넘겼다.[30]

이때 두 명의 국민당 측 지도자들이 전혀 다른 전략으로 저마다 중국의 서남 지역(윈난과 시캉(西康, 동티베트))을 가로지르며 행군하여 홍군은 다시 국군의 추격에서 벗어났다. 장제스는 예컨대 샹장 강 전투처럼 압도적으로 우세한 병력을 전장에 투입할 수 있고 심혈을 기울인 계략을 준비한 싸움터에서 홍군을 덫에 가두길 원했다. 마오쩌둥은 기동전의 주창자로서 그의 부대가 적보다 더 신속하게 움직이기를 바랐다. 그는 이렇게 썼다. "달리기 능력은 바로 유격대원의 특질 중 하나다. 달리기는 수동적인 국면을 벗어나 다시 주동적인 위치를 얻는 주요한 수단이다." 이러한 과정 중에 마오쩌둥은 룽윈처럼 자치를 갈망하는 지도자들에게 최대한의 도움을 얻었다. 그들은 장제스가 구이저우에서 그랬던 것처럼 국민당군을 파병해 통제권을 얻는 일을 피하기 위해 가능한 한 빨리 홍군이 떠나기를 원했다.[31]

룽윈이 최소한도로 저항함에 따라 공산당원들은 강을 건너 쓰촨으로 진입하기 위해 물살이 거센 양쯔 강 상류로 향했다. 장제스는 몇 안 되는 나루터들에서 배를 모조리 감추거나 부숴 버리라고 명령했다. 홍군이 강을 등지고 배수진을 치면 그들을 섬멸할 기회를 잡을 수가 있었기 때문이다. 홍군 사령관 주더가 부상으로 죽어 시체가 붉은 비단에 싸여 운반되고 있다는 포로들의 허위 보고로 국군의 자신감도 고무되었다.

또 다시 함정을 간파한 공산당원들은 행군 노선을 바꾸고, 공중 정찰을 피하기 위해 주로 밤에 이동하며 강의 다른 구간으로 신속하게 움직였다. 한 대대는 24시간 만에 137킬로미터를 행군했다고 한다. 그런 뒤 노획한 국군 군복으로 갈아입고는 어떠한 저항도 받지 않고 나룻배가 있는 작은 진(자오핑(皎平))을 점령했다. 다른 부대는 쓰촨에서 온 국민당군의 공격을 격퇴했다. 1만 8000명의 부대가 양쯔 강 상류에서 물결이 가장 크게 굽이치고, 4세기 전에 중국인들이 티베트의 쇄도를 격퇴하기도 했었던 강을 나흘 만에 건넜다.

쓰촨 남부의 높은 고원 지대를 통과하던 중에 공산당은 이족(彝族) 산민(山民)과 닭의 목에서 떨어지는 피를 탕관에 받아 나누어 마시는 삽혈(歃血) 결맹 의식을 치른 뒤 휴전 협정을 맺었다. 그렇지만 현지인들이 통행인들을 약탈하는 일을 완전히 없앨 수는 없었다. 이러한 시련을 벗어난 후 홍군은 거친 다두 강(大渡江)으로 향했다. 70년 전 태평천국 운동 때 최후까지 남은 혁명군 4만 명이 참혹하게 도륙을 당한 장소로, 그 역사적 의미가 큰 곳이었다. 깎아지른 듯한 절벽 사이로 급류가 세차게 흐르는 강에서 뱃길은 나루터 몇 곳이나 쇠사슬과 밧줄로 엮은 외딴 다리들뿐이었다. 이곳에서 다시 한 번 장제스는 공산당을 벼랑 끝으로 내몬 듯 했고, 홍군은 이전 세기 반란자들의 전철을 밟기 직전이었다.

다두 강에서 최후의 승부를 기다리던 장제스는 지위를 견고하게 다지기 위해 원난 성으로 재차 날아갔다. 총사령관에게 경의를 표하는 대규모 행진이 벌어졌는데 남학생은 푸른색, 여학생은 하얀색 옷을 입고 있었다. 손에 든 개구리, 가재, 양배추, 토끼, 총, 배, 새, 나비 형상을 한 등롱은 색채가 풍부하고 "빛을 내며 꾸물꾸물 앞으로 기어가는 득실득실한 벌레 군집" 같았다. 학생들은 국민당가를 부르고, 총사령관이 서 있는 계단으로 오르며 거수경례를 했다. 그들이 지나갈 때 장제스가 속삭였다. "천천히, 조심, 조심."[32]

장제스는 전장을 둘러보기 위해 융커 비행기를 타고 공중 시찰을 했다. 조종석에 앉은 그는 황토색, 홍색, 귤색, 암갈색, 심홍색, 자주색 토양의 아래쪽 산마을을 빤히 내려다보았다. 고원의 대지 위에 자리한 논에 심은 녹색 벼가 첫 번째로 눈에 들어왔다. 한쪽에서는 비행기가 가파른 산등성이 양쪽으로 수백 미터의 절벽이 펼쳐진 산골을 향하여 급강하했다. 분명히 주민들은 천당으로부터 날아오는 불가사의한 금속 새 때문에 놀라움을 금치 못했을 것이다. 홍군의 경로 위를 비행할 때, 장제스는 불타 버린 논밭과 빠른 구제를 갈구하는 한자 두 자의 형상으로 들에 놓인 돌무더기를 바라보았다. 쓰촨으로 돌아온 뒤 그는 토치카 요새를 훨씬 더 많이 세우며 현지의 진지전 방어를 강화했다. 아편과 "지방의 악질 토호 및 악덕 향신"을 반대한다는 정령을 공포하는 동시에, 쓰촨은 "무질서와 혼란으로 무너진 집"이라고 탄식했다. 장제스가 이러한 일을 하고 있을 때, 홍군은 서쪽으로 190킬로미터 떨어진 지점에서 가장 위대한 군사 작전을 펼치고 있었다.[33]

태평군은 수령의 아들이 태어난 것을 축하하기 위해 안순창(安順場) 나루터에서 멈춘 탓에 다두 강으로 가는 길이 막힌 채 포위를 당했다. 마오쩌둥과 주더 및 그들의 군대는 결코 멈출 생각이 없었다. 선두 부대는 안순창을 향해 매우 험한 산간 지대를 하루에 80킬로미터씩 신속하게 돌파했다. 울창한 숲이 국민당 공군의 공중 정찰에서 그들을 보호해 주었다. 작은 진으로부터 3킬로미터 떨어진 곳에서 멈춰 휴식을 취하던 홍군 전사들은 곧바로 공격하라는 명령을 받았다. 장제스의 장군들은 공산당원들이 그곳에 도착하려면 더 오래 걸리리라 예상했기에, 공산당원과 강을 사이에 두고 주둔한 쓰촨의 소부대에게 증원 부대를 보내지 않았다. 모두 세 척의 나룻배가 건너편에 정박해 있었는데, 이곳에 주둔한 연대장은 강 맞은편의 부두에 사는 현지 여자와 결혼을 했다. 공산당이 도착했을 때 마침 그는 강을 건너와 친척들과 만찬을 즐기고 있었다. 홍군 전사들은 그의 배를 탈취해서 작은 진을 기습적으로 점령했으며, 다른 병력은 거짓 공격 작전으로 이 지역에 주둔한 적군의 주의를 끌었다.[34]

홍군 1개 사단 병력이 봄날의 해빙으로 물이 불어나 물살이 거센 강을 사흘 동안 나룻배를 타고 건넜다. 비행기가 폭격을 시작하고 장제스의 부대가 쏜살같이 움직였다. 만일 대규모의 홍군이 탈출하기 위해 다두 강을 건넌다면, 안순창 나루터가 아니라 반드시 다른 통로를 찾아 도강해야만 했다. 1935년 5월 23일 아침, 이미 강을 건넌 한 연대는 안순창으로부터 160킬로미터를 거슬러 올라가 오래된 쇠사슬 현수교가 있는 루딩(瀘定) 진으로 진군하라는 명령을 받았다. 이 연대의 정치위원은 훗날 당시의 노정을 다음처럼 묘사했다. "오솔길은 산을 따라 구절양장으로 꾸불꾸불하게 뻗어 있고, 산은 마치 곧게 뻗은 칼이 구름을 쪼개듯 수직으로 날카롭게 솟아나 있었다. …… 오른쪽 몇백 미터 아래로는 물살이 거센 강에 하얀 물보라가 용솟음쳤다. 단 한 걸음이라도 잘못 디디면 끝장이었다."

길을 따라가다가 국군과 소규모 접전을 벌인 이 연대는 5월 25일 루딩에 도착했다. 하지만 100미터에 달하는 루딩 교의 널빤지 상판은 뜯겨 있었다. 양안은 까마득한 절벽이고, 강물은 세차게 솟구치고 울부짖는 소리를 내며 곤두박질치고 있었다. 현 공산주의 중국에서 극도의 찬미를 받는 위대한 장거 가운데 스물두 명으로 조직된 돌격대가 수류탄을 지닌 채 루딩 교의 굵은 쇠사슬을 붙잡고 배밀이를 하며 앞으로 나아갔다. 뒤따라오는 동지들이 다리 위에 널빤지를 다시 깔았다. 국민당군 수비대는 다리 건너편 진의 입구에서 홍군의 공격을 저지하기 위해 사격을 시작했다. 하지만 홍군 병사 한 명이 적의 보루에 수류탄을 던져 요란한 폭발음과 불꽃이 일면서 국민당 파견 부대의 진지 초소가 불길에 휩싸였다. 결사대의 뒤를 따라 나무판을 깔며 전진한 홍군들이 계속 몰려들자 세가 불리해진 국민당 병사들은 사방으로 뿔뿔이 흩어졌다. 두 시간 만에 루딩 교가 탈취되었다. 이 승리로 공산당 주력 부대는 1935년 5월 말 쉼없이 격렬하게 흐르는 강물을 굽어보며 루딩 교를 걸어서 안전하게 다두 강을 건널 수 있었다.

쓰촨 성에 입성한 홍군은 주요 인구 밀집지와 적의 시야에서 벗어나기 위해 만만찮게 두려운 장벽인 해발 4270미터 다쉐(大雪) 산맥을 넘어갔다. 이 고난의 행군에서 홍군은 천 길 절벽, 발진 티푸스, 이질, 공습 및 극렬한 반(反)중국 티베트인의 매복 공격으로 혹독한 시련을 겪었다. 한 부족의 여왕은 홍군을 도와주는 그 어떤 자라도 산 채로 끓여 죽이겠다고 위협했다. 어느 대장정 참가자는 용변을 보기 위해 멈춘 사람은 죄다 얼어 죽었다고 회고했다.[35]

1935년 6월 12일 산에서 나온 선두 부대가 그들을 적군으로 생각하는 군인들을 보았다. 마오쩌둥의 전사들은 상대가 양쯔 강 상류의 근거지에서 출발한 대장정 동지라는 것을 알기 전까지 교전을 벌였다. 공산당의 두 군대가 만났다는 소식을 들은 국민당군은 두 부대보다 한 부대와 싸우는 게 더 쉽다고 여기며 스스로를 위로했다. 장제스는 일기에 공산당에게 격퇴당한 정황을 기록했다. "계속해서 존재하는 한 그들은 중국에게 성가신 말썽의 근원이다. …… 나는 필수적인 지식과 예견이 부족한 나 자신을 책망해야만 한다." 하지만 군관들에게는 그들의 장기 목적이 "중국사에서 미증유의 용맹한 위업을 달성하는 것"이라고 말했다.[36]

비록 열병식과 연회로 공산당 두 부대의 합류를 축하했지만, 각 부대의 영도자 마오쩌둥과 정치위원 장궈타오는 동상이몽을 가진 매우 거북한 사이였다. 상대에게 양보할 뜻은 그 누구에게도 없었다. 장궈타오는 마오쩌둥보다 네 배 더 많은 병력과 오랫동안 당내의 지도층을 지낸 경력을 가지고 있었기에 영도권을 쥐기를 원했다. 그는 이미 쓰촨에서 일정 기간을 보냈고 현지의 지지를 얻었으나, 마오쩌둥의 남방인들은 낯선 지역이 익숙하지 않았고 수개월 동안의 행군과 전투로 극도의 피로에 휩싸여 있었다. 하지만 마오쩌둥은 정치국에서 우세한 지위를 점했다. 야크 기름으로 등불을 밝힌 절에서 열린 사흘 간의 회의에서 주더는 군사위원회 주석으로 임명되고 장궈타오는 부주석이 되었다. 이 회의에서는 장제스가 접근할 수 없는 서부의 멀고도 드넓은 쓰촨-칭하이(靑海) 성 경계 지역으로 탈출해 '촨캉신(川康新, 쓰촨-시캉-신장)' 근거지를 세우자고 한 장궈타오의 제안이 채택되는 대신, 민산(岷山) 산맥 이북 지역인 쓰촨 북부 경계에 '촨산간(川陝甘, 쓰촨-산시-간쑤)' 근거지를 새로이 세우기 위해 이동해야 한다는 마오쩌둥의 제안이 받아들여졌다. 장궈타오를 달래고자 그를 총정치위원으로 내세우고, 연합한 홍군을 주더와 함께 공동으로 지도하도록 했다. 공산당 군대는 서방 종대와 동방 종대로 나뉘어 80킬로미터를 사이에 두고 나란히 행군하며 북상했다. 장궈타오는 주더와 총사령부 기관을 포함한 큰 규모의 서방 종대를 이끌었다.

절충안은 두 라이벌 간의 갈등을 가라앉히는 데 아무 효과도 발휘하지 못했다. 장궈타오가 참석하지 않은 가운데 열린 중앙위원회 회의에서 서진(西進)이라는 그의 계획에 '무책임주의자'이자 '우파 기회주의자'라는 딱지를 붙이는 결정이 채택되었다. 장궈타오는 행군 노선을 바꾸고 주더에게 마오쩌둥을 포기하도록 했다. 두 갈래로 나뉜 종대 앞에는 잡초가 우거지고 수심이 수미터에 달하는, 거대한 티베트 경계 지역의 얼음처럼 차갑고 검고 질척질척한 늪지대가 있었다. 장궈타오의 서방 종대가 겨울을 대비하기 위해 서남쪽으로 이동해서 휴식을 취하며 보급품과 두터운 옷가지를 준비한 반면, 마오쩌둥의 동방 종대는 일주일 내내 행군을 계속한 뒤 늪지대를 건너기 시작했다. 동방 종대의 수많은 병사가 동사하거나 늪에 빠져 익사했다. 탁하고 더러운 물은 발진 티푸스와 설사를 일으켰다. 몇몇 현지의 소수 민족들이 매복 공격을 했다. 홍군 병사들은 쥐를 사냥해 식량으로 삼았다. 찾아낼 수 있는 유일한 곡물은 가루로 빻아지지 않은 것들이었다. 굶주린 병사들은 죽은 동지의 피 묻은 대변에서 소

화되지 않은 채 남아 있는 낟알을 주워서 씻어 먹기까지 했다.[37]

마오쩌둥이 늪지대를 통과할 때 장제스는 마오쩌둥의 기진맥진한 동방 종대를 추격하기 위해 정예 부대를 파병했다. 공산당원들은 한차례 전투에서 승리했다. 하지만 얼마 뒤 행군 노선에서 비좁은 길이 가로막고 있는 난공불락의 요새와 맞닥뜨렸다. 대담한 육체적 기술이 필요한 또 한 번의 과업에서 20명의 돌격대는 요새 뒤쪽의 산봉우리로 올라갔다가 갑작스레 기습하여 단숨에 그곳을 점령했다. 9월 21일, 홍군 생존 부대가 장시를 출발한 지 11개월 만에 중국의 먼 북방 성인 간쑤에 도착했다. 마오쩌둥은 신문을 보고 960킬로미터 떨어진 곳에 산시(陝西) 소비에트 근거지가 있다는 것을 알았다. 그는 그곳을 대장정의 최종 목적지로 결정했다.

이때 장제스가 마오쩌둥의 홍군 부대를 향한 추격을 멈췄기 때문에 행군은 훨씬 더 수월해졌다. 훗날 위대한 조타수에게 초점을 맞추어 서술된 역사를 보면 이는 이상하게 여겨질 수 있다. 하지만 실제로 장제스는 장시의 홍군 잔여 부대보다 훨씬 규모가 큰 장궈타오의 부대를 염려했다. 물이 범람하는 강을 맞닥뜨린 장궈타오의 서방 종대는 초원 지대를 넘어가려는 시도를 포기했다. 대신에 장궈타오는 1935년 9월 마오쩌둥의 동방 종대와 헤어진 뒤 쓰촨의 성도 청두를 향해 남하했다. 장제스는 처음에는 패배했다가 청두 주변에 기지를 둔 부대를 통해 결정적인 승리를 두 차례 거두어 장궈타오를 후퇴시켰다. 하지만 현지 공산당의 또 다른 두 부대가 연합한 덕분에 인원을 확충한 장궈타오는 여전히 주요 위협으로 남아 있었다. 그리하여 장제스는 달아나는 마오쩌둥을 추적하기보다는 황허 상류에 있는 장궈타오의 홍군과 싸우기 위해 군대를 파견했다. 국민당군은 그곳에서 또 승리를 거두어 장궈타오를 훨씬 더 서쪽으로 퇴각하게 했다. 머나먼 서부로 달아난 장궈타오 부대는 무슬림 기병들에 의해 더욱 쇠약해졌다.

프랑스의 한 전도사는 청두 근처를 여행한 뒤 쓴 보고서에서 전쟁으로 인한 황폐함을 묘사했다. 그가 첫날 지나간 마을들은 전부 불타 없어진 것이나 마찬가지였다. "요행히 전화를 피한 몇 집은 대부분 문, 창문, 대문이나 담이 없었다. 모든 얼굴은 슬픔과 근심에 깊이 잠겨 있었다. 파괴 상황을 기록하려고 조사할 때 나는 '오른쪽 은행은 국민당 정부군이 불태우고 왼쪽 은행은 홍군이 태워 버렸다.'라는 말을 들었다." 그는 자신이 방문한 세 지역에서 30만 명이 사망하거나 실종되었다고 추정했다.

　　홍군은 도착지에서 정부군 사병들에게 당할 대로 당한 보통 인민들의 열렬한 환영을 받았다. 그러나 서서히 부자들을 대규모로 살해했다. 프롤레타리아들은 인민을 열광에 빠트린 새 체제에 대해 미온적인 태도로 의심을 품기 시작했다. 애초의 즐거움은 전반적인 불안에 자리를 내주었다. 결국 사람들은 홍군이 도착할 때 열렬히 환영했던 것과 마찬가지로 홍군이 떠날 때에도 안도하는 심정으로 기뻐했다. 그러나 홍군은 비록 떠나갔지만 공산주의 이념은 인민들의 가슴 깊이 새겨져 있었다. 공산주의는 최근에 얻은 우세한 위치를 지키기 위해 온 힘을 다해 분투하는 무산 계급들에게 새로운 삶의 지평선을 열어 주었다. 농민들은 해마다 지주들에게 지불하던 토지세를 거부하고, 임차인들은 집세 지불을 마다하고, 채무인은 빚을 더는 인정하지 않았다.[38]

　　산시(陝西) 북부의 새집에 도착한 마오쩌둥의 홍군은 1935년 10월 22일, 출발한 지 369일 만에 대장정이 끝을 맺었다고 선언했다.* 다음 해 엄청나게 줄어든 장궈타오의 부대가 가까스로 산시에 도착하자 표면적으로는 단결이 이루어진 것처럼 보였고, 장궈타오는 마오쩌둥의 조역으로 임명되었다. 현실적으로 장궈타오는 더 이상 마오쩌둥에게 도전할 수 있는 위치가 아니었다. 대장정은 장제스와 중국의 영도권을 놓고 경쟁할 인물을 뽑아 놓았다. 총사령관으로서는 홍군을 철저하게 궤멸한다는 애초의 목적은 실패했지만, 공산당의 역량은 이전에 비해 훨씬 약해졌고, 공산당 주력 부대는 가난하고 척박한 중국

---

* 1935년 11월 7일 옌안에서 남쪽으로 50킬로미터 떨어진 샹비쯔완(象鼻子灣)이라는 작은 마을에서 마오쩌둥은 홍군에게 대장정이 끝났음을 공식적으로 선포했다. ― 옮긴이

북부의 구석진 곳으로 몰렸다. 비록 난징의 권위는 여전히 허약했으나 장제스는 정부가 전에 영향을 미치지 못했던 서부의 성들에 세력 기반을 구축했다. 장기간의 전쟁은 점점 더 난징 체제 내에서 군사가 우월한 지위를 갖도록 했고, 국민당 군대의 영수에게 예전의 어떤 시기보다도 높은 통치권을 부여했다. 당연히 홍군을 초멸(剿滅)하는 것은 시간문제일 뿐임이 분명했다.

16

민족의 화신

홍군이 산시 북부의 새로운 근거지로 향할 때 장제스의 또 다른 적도 다시 분주하게 움직였다. 관동군은 베이징 주위에서 위협적인 군사 이동을 획책했고 폭격기들이 도시의 상공에서 경고성 비행을 했다. 일본은 러허 성 서쪽 인근의 차하얼 성(察哈爾省)* 성장의 해임과 중국 북부의 정부 관원들을 '우호적인' 인물로 대체할 것을 요구했다. 장쉐량의 후임자 허잉친 장군과 톈진에 주재하는 일본군 사령관 우메즈 요시지로(梅津美治郎) 장군은 난징 정부가 베이징과 톈진 이북의 광대한 지역에 대한 통제권을 포기한다는 합의에 도달했다. 국가주의적인 남의사를 공식적으로 불법화한다는 비밀 협정은 장제스의 승인을 거쳤다. 장제스는 홍군을 최종적으로 궤멸할 때까지 일본을 희롱하는 수법을 유지하고 있었다.

7만 5000제곱킬로미터의 허베이 성에 괴뢰 통치자의 지배를 받는 자치 정

---

* 몽골족의 부족명 차하르에서 유래한 차하얼 성은 동쪽은 러허 성 및 랴오베이 성, 서쪽은 쑤이위안 성 및 산시 성, 남쪽은 허베이 성, 북쪽은 몽골 지방과 접하고 있었다. ─ 옮긴이

부가 세워졌다. 국민당군은 차하얼 성의 절반을 양보했다. 총 18만 명에 달하는 중국 군대가 일본군과 충돌할지도 모르는 지역에서 철수하고, 일부는 반공 전쟁을 수행하기 위해 시안으로 출발했다. 한쪽에 유리한 관세는 위성 지역을 관할할 괴뢰 영수를 찾고 있는 일본 통치 영토 내의 무역을 번성하게 했다. 물망에 오른 인물 중에는 톈진에 거주 중인 전 동부 군벌 쑨촨팡이 있었다. 하지만 쑨촨팡이 절에서 향을 피우고 부처에게 절하고 있을 때, 한 여자가 11년 전 그녀의 아버지를 처형한 복수를 하기 위해 쑨촨팡을 총으로 쏘아 죽이면서 이일은 유야무야되었다. 그녀는 관대한 처리를 호소하는 전국적인 여론의 영향으로 너그러운 처분을 받았다.[1]

항일을 미루며 반공을 우선하다

일본은 군사적 압력뿐 아니라 중국 경제와 중국 인민의 건강도 공격했다. 낭인을 포함한 밀수업자들은 관동군 통제 지구에 대규모로 상품을 들여와 현지 판매를 하거나, 일부는 중국 중부 난징까지 운송했다. 이에 중국인 제조업자들은 큰 타격을 받았고, 난징 정부는 절실하게 필요한 세수 수입에 큰 손실을 입었다. 허베이 성 한 곳에서 달마다 800만 위안에 달하는 관세 수입을 잃어 이를 기초로 하는 정부의 융자 대금이 위험에 빠졌다. 대담해진 일본인들은 그들이 지배하는 타이완 섬의 해협을 건너 푸젠 성까지 밀수를 확장했다. 중국의 해관선은 밀수자들의 총포를 빼앗고, 해안으로부터 20킬로미터 떨어진 곳에서 대기하지 않으면 해적으로 간주해 일본 배가 보이는 즉시 발포할 것이라고 경고했다.

이와 동시에 일본인 점령자들은 수입을 올릴 수 있고 중국인의 건강을 해칠 수도 있는 마약을 적극적으로 장려했다. 일본의 해군 군함들이 아편을 상하이와 양쯔 강 연안까지 운반하는 사이에, 베이징에서는 아편굴 300곳과 마약 판매점 100곳이 개업할 권한을 허가받았다. 영국의 사회 봉사가 뮤리얼 레스터(Muriel Lester)가 예전 수도 주변의 비군사화 지역 내에 자리한 인구 1만 5000명의 작은 진을 방문했을 때, 치외 법권 지위를 누리는 상인들은 30개의 마약 판매점을 운영하고 있었다. 그녀가 썼다. "사람들은 물품을 전당포로 가져와서 돈 대신 헤로인이나 모르핀을 가져가도 되느냐고 자주 물었다. 만일 주사를 원하면 곧바로 주사기를 빌릴 수 있었다."[2]

1935년 11월 초, 장제스는 다른 국민당 지도자들과 함께 당 중앙집행위원회 회의에 참석했다. 개막식 뒤 회의장 바깥에서 단체 사진을 찍을 때 왕징웨이, 장쉐량, 옌시산은 다섯 줄로 도열한 고위 인사들 사이에 자리를 잡았지만 장제스는 강당으로 들어가 대표들에게 연설을 하고자 했다. 촬영이 끝나고 사람들이 흩어질 때 한 청년이 앞쪽으로 걸어 나와 왕징웨이를 향해 스페인제 권총을 세 발 연속으로 쏘았다. 탄알 하나는 왼쪽 폐, 다른 하나는 왼쪽 뺨, 세 번째 탄알은 왼쪽 팔을 맞혔다. 입에서 선혈이 뿜어져 나왔다. 장제스는 현장으로 급히 달려가 그를 차에 싣는 걸 거들었다. 침착하고 냉정한 듯 보이는 왕징웨이의 아내는 남편의 몸에 담요를 덮어 주었다. 그는 병원으로 재빨리 옮겨졌다. 장쉐량과 다른 국민당 관원이 저격수를 진압했다.[3]

암살 미수범 쑨펑밍(孫鳳鳴)은 다른 직원들은 이미 떠난 한 신문사에서 이 건물로 진입할 수 있는 통행증을 얻었다. 그가 19로군의 중사로 복무했다는 보도가 있었다. 심문이 진행될 때 쑨펑밍은 단독 범행일 뿐이라고 주장했다. 그는 머리가 몹시 아프다고 해서 각성제를 맞았는데 다음 날 아침 죽고 말았다. 경찰은 그의 호주머니에서 아편을 발견했다며 장제스도 "의심스러운 인물들"에게 미행을 당했다고 덧붙였다.[4]

왕징웨이는 수술을 받은 뒤 상하이로 이송되어 정부에서 맡고 있던 직위들을 내놓았다. 그는 또 한 번 수술을 받기 위해 파리에 들렀다가 독일로 온천 요양을 갔다. 장제스가 암살 사건의 배후 인물일지도 모른다는 이야기가 드문드문 퍼져 나갔다. 왕징웨이의 아내는 왜 총사령관이 사진 촬영 현장에 없었는지, 또한 감금된 암살자의 돌연사는 입을 닫기 위함이 아니었는지를 캐물었다. 하지만 이 무렵에 왕징웨이는 더 이상 위협적인 존재가 아니었다. 오히려 암살범은 일본에 대한 관용 정책에 항의하기 위해 애국주의적 동기로 암살을 시도했으리라는 추론이 더 그럴듯해 보였다. 혹은 천리푸가 진술한 대로, 그는 계속 진급을 하지 못하자 분개한 하급자일 뿐일지도 몰랐다.[5]

장제스가 중앙집행위원회와 감찰위원회 선거에서 총 515표 가운데 495표를 얻을 때 그의 지고지상한 지위는 한층 더 강화되었다. 측근 쑹씨 형제는 나란히 두 번째 서열이 되었다. 1935년 12월에 신정부의 명단이 공포되었다. 수염이 성긴 린썬은 다시 국민당 정부 주석이 되었다. 행정원의 수뇌로서 장제스는 최고 권력을 행사하며 자신이 깊이 신임하는 쿵샹시를 행정원 부원장으로 삼았다. 왕징웨이는 중앙정치위원회 주석으로 지명되었지만 병이 위중하여 수락할 수 없었던 탓에 이 자리는 그의 대리, 곧 장제스가 맡게 되었다.

한편 장제스는 일본에 대항하는 정책을 피하여 날로 격화되는 비판을 받았다. 상하이에 본부를 둔 전국구망협회(全國救亡協會)는 침략자들에게 대항하는 행동을 호소하는 구심점이었다. 학생들은 항의 행진과 더불어 대대적인 단식 투쟁을 벌였다. 신원 불명의 저격수가 친일파인 전 외교부 차장을 암살했으며, 학생들은 상하이에서 북역(北驛)과 자베이 경찰국을 점거했다. 장제스는 학생 지도자들을 접견했지만, 오로지 앞으로는 불평등 조약에 서명하지 않겠다는 것만 승낙했다. 마치 탕구 협정과 허잉친-우메즈 협정은 불평등 조약이 아니므로 수정하지 않겠다는 듯했다.

1936년 여름, 광저우에서 후한민이 심장병으로 사망하자 애국 시위 운동이 일어났다. 남방의 광시 군벌들은 침략자에게 저항한다는 명목으로 또다시 반란을 일으켰다. 그들의 강렬한 반일 정서를 고려하면 광시 파벌은 정말로 민족주의적인 동기를 갖고 있었다. 하지만 그 자신의 세력 확충에만 관심이 있는 부패한 광둥 통치자 천지탕까지 그렇다고 볼 수는 없었다. 양자가 행동을 취한 또 다른 동기는 반공 전쟁 기간에 약 50만 명의 국민당 군대가 그들의 성 북쪽과 접한 후난-윈난-구이저우 지역에서 거대한 호를 그리며 포위망을 형성했기 때문이었다. 장제스는 남방에서의 군사적 입지를 이용해 광시에 가장 주요한 세수입을 가져다주는 북방으로의 아편 유출 통로를 차단하고, 광시 군벌 장

군들이 광둥을 통하는 다른 출구를 찾을 수밖에 없도록 압박했다.[6]

천지탕은 형제를 난징으로 보내 장제스의 의도를 떠보도록 했다. 리쭝런이 그 이후 기재한 바에 따르면, 장제스는 전형적인 분할 통치 흉계를 부리며 방문자에게 광시 지도자들을 제거할 계획이지만 천지탕만큼은 그대로 둘 참이라 말했다고 한다. 광둥으로 돌아온 천지탕은 무술(巫術)을 굳게 믿는 형제에게, 장제스의 얼굴을 연구해 보니 올해를 넘기지 못하고 죽을 운명이라고 보고했다. 형제들은 '배반과 날개 제거'를 예언하는 점괘를 얻었다. 총사령관에게 적용된 이 점괘는 그의 운세가 다했음을 뜻한다고 판단되었다.

1936년 6월 1일 광둥-광시 항일구국군이 후난으로 진군했다. 해외여행을 마치고 돌아온 전 19로군 차이팅카이 장군도 합류했다. 장제스는 배반한 소부대들을 자신의 군대로 소탕했지만, 광둥-광시 군벌과의 전면전은 피했다. 지난 5년 동안 장제스는 남방의 군벌 지휘관들에게 지출했던 몫을 거둬들였다. 점쟁이가 예언한 '배반과 날개 제거'는 천지탕에게 적용되는 것이었지, 총사령관의 운명이 아니었다. 광둥 파벌의 고급 공군 군관들은 수십 대의 비행기를 몰고 국민당 중앙군 측에 붙었고, 주역급 장군은 난징 정부에 충성을 맹세했다. 참모장은 병을 핑계 삼아 홍콩으로 피신했다. 7월 17일 자정 직전에 천지탕은 리쭝런을 집으로 초대해 자신은 곧바로 떠날 것이라고 일러 주고, '해산 비용'으로 현금 20만 위안을 건넸다. 이후 천지탕은 700~5000위안 정도의 자금을 숨겨 둔 홍콩으로 도망쳤다. 다른 많은 자들처럼 그는 1939년에 돌아와 1200만 위안을 국고에 헌납한 후 장제스 진영에 합류했다.[7]

리쭝런과 그의 동료 바이충시를 당분간 잠잠하게 하기 위해 장제스는 그들을 수정주임(綏靖主任, 지방 치안 담당관)으로 임명했다. 배반한 한 장군에게는 광저우를 관리하라는 명령을 내리고, 쑹쯔량을 파견해 경제 개혁을 단행하도록 했다. 장제스는 일단 자신의 권위가 쑨원의 옛 근거지에서 확립되자 리쭝런을 난징 정부의 국방위원회 위원으로, 바이충시를 저장 성장으로 임명하는 방식으로 광시 지도자들을 그들의 고향에서 떠나게 만들었다. 이에 광시 지도자들이 저항하며 만만찮은 광시 민병대를 동원하자 새로운 전투가 폭발했다.

1936년 8월 11일 장제스는 10년 전 북벌 전쟁을 하기 위해 떠난 후 처음으로 광저우에 왔다. 그를 영접하기 위해 거리에는 아치형 대문이 세워졌다. 장제스는 쑹메이링과 도널드를 대동하고 황푸군관학교에서 숙박했다. 그는 광시 지도자들에게 투항하도록 사흘의 짬을 주었다. 국민당군 비행기들은 광둥 상공을 선회하며 대량의 전단지를 뿌렸고, 전투가 개시되자 폭탄 열 개를 투하했다. 장제스 군대의 무력 및 경제 봉쇄에 직면한 리쭝런과 바이충시는 강화를 청했다. 장제스 입장에서도 광시의 10만 대군과 그들의 고토에서 격전을 치르는 위험을 기꺼이 피하고자 했다. 총사령관은 상대방을 안무하기 위해 관대한 조건을 제시하여 그들의 체면을 충분히 살려 주었다. 리쭝런은 그의 성에 머무르게끔 하고, 난징 정부는 달마다 광시 성에 200만 위안의 경비를 제공하기로 약속했다.

장제스가 남방에서 자질구레한 사무를 처리하고 있을 때, 쑹메이링과 도널드는 난징으로 날아갔다. 두 사람의 관계는 날로 가까워졌다. 도널드가 반공 전쟁 기간에 고열로 신음하는 동안 쑹메이링은 그의 침상으로 병문안을 갔다. 이 고문도 쑹씨 자매 중에서 가장 어린 그녀에게 깊이 애착을 가졌다. 도널드의 오스트레일리아 인 아내는 20년 전 그의 곁을 떠나면서 도널드는 자기보다는 중국인과 결혼하는 편이 더 좋을 거라고 말했다. 도널드는 홍콩에서 주문한 요트를 쑹메이링의 이름을 따서 '메이화(美花, 아름다운 꽃송이)'라고 지었다.

광저우에서 난징으로 회항하는 비행기에서 도널드와 쑹메이링은 중국에 들여오려 애쓰고 있는 새로운 심리학에 대한 대화를 나누었다. 도널드가 말할 때 쑹메이링은 그를 뚫어져라 쳐다보았다. 그는 호주머니에서 종이 한 장을 꺼내 바둑판무늬를 그리고 그녀와 함께 3목 놓기 놀이를 즐겼다. 쑹메이링이 두 판을 이기고 도널드가 한 판을 이겼다. 비행기가 초록빛 산 구릉 위를 날아갈 때, 그는 종이를 뒤집어 시 한 수를 지었다. 엉터리 시의 달인인 도널드의 시는 중국인이 매우 중시하는 '얼굴(체면)'을 희롱했다. 그는 이 시가 쑹메이링을 위한 것이라 해 놓고 또 덧붙였다. "당신을 위한 시는 아니에요. 하지만 틀림없이 당신을 닮은 사람에게 주는 시입니다."[8]

1936년 9월 말 총사령관은 "고난과 과로를 불평하지 않기로 한" 고별문을 남기고 광저우를 떠났다. 《북화첩보》는 장제스가 국민당 정부의 통치 범위 내로 끌어들인 성의 이름이 각 층에 쓰여 있는 보탑을 그린 만평을 1면에 실었다. 그는 보탑 꼭대기에 '광시'라고 쓰인 지붕을 얹고 있고, 표제는 '중국의 건축 기사'였다. 1936년 10월 10일 신해혁명 25주년 기념 집회에서 1만 명의 보이 스카우트 대열이 탱크, 비행기, 군함과 토치카 모형들을 들고 사열대를 지날 때, 장제스는 중국이 더 이상 분열된 상태가 아니며 공산당도 "이제 실제적인 위협이 아니다."라고 선언했다.[9]

2주일 후 장제스는 50번째 생일을 경축했다. 중국인의 계산법에 따르면 태어나면서 바로 한 살을 먹는다. 이 특별한 기념일을 위해 국민들은 난징 정부가 55대의 군용기를 살 수 있도록 돈을 기부했다. 상하이 비행장에서 인계받은 비행기 중 한 대는 두웨성이 아편 금지 운동이라는 명목상 기부한 돈으로 샀다. 5000통의 축전이 들어왔다. 난징에서는 비행기 편대가 20만 군중이 운집한 장소의 상공을 큰 소리를 내며 선회하는 바람에 린썬 주석의 연설 소리가 묻히고 말았다.

총사령관은 그 자리에 참석하지 않고 뤄양으로 가서 하루를 보냈다. 장쉐량이 그와 함께 군관도덕분진회(軍官道德奮進會)의 관현악대가 음악을 연주하는 경축 오찬회에 참석했다. 장제스는 커다란 케이크 두 개에 꽂힌 촛불을 불어 끄고, 한 시간 동안 진행된 축하 퍼레이드를 지켜보았다. 그는 벨벳 깃이 달린 긴 코트를 입고 중절모를 손에 들고서 사진을 찍기 위해 군관들이 둘러싼 곳에 앉았다. 옆에는 모피 코트를 입은 쑹메이링이 자리했고, 그 옆에는 장갑을 낀 두 주먹을 넓적다리 양측에 꽉 붙인 청년 원수가 있었다. 장제스는 "잃어버린 우리의 주권을 회복하지 못하고 우리의 영토를 온전히 되찾지 못하는 한, 우리는 자유로운 인민도, 독립 국가도 아니다."라고 열변을 토했다. 하지만 그의 가장 우선적인 계획은 다른 데 있었다.[10]

홍군과의 전투를 독촉하기 위해 산시 성(陝西省)의 수도 시안으로 날아간 장제스는 먼저 이곳에 와서 공산당과의 최후 결전을 준비하고 있던 장쉐량과 토론을 벌였다. 쑹메이링도 동행했다. 그들은 황제의 능묘에 있는 거대한 물고기 조각상 앞에 앉아 기념 촬영을 했다. 언젠가는 고향 만주로 되돌아가는 꿈을 늘 품고 있던 장쉐량의 동북군은, 비록 두 차례나 패배했지만 공격을 강화하라는 명령을 받고 요새와 도로를 세우고 있었다. 장쉐량은 방어 지역을 공중에서 시찰하다가 때때로 그의 비행궁전호(飛行宮殿號)를 직접 조종하며 부대에 메시지를 투하했다. 그의 부대원들은 천 위에 한자를 쓰거나 자신들이 대열을 지어 한자를 이루는 방법으로 응답했다. 한번은 장쉐량이 홍군 공습에 참여하다가 공산당 부대의 공격을 받았다. 그는 박격포 공격으로 보복하라고 명령했다. 이 보복 공격으로 저우언라이는 죽을 뻔했다.[11]

표면적으로는 모든 것이 질서 정연한 듯했다. 그러나 장쉐량은 그의 영수 앞에서 자신이 내전에 대한 의구심을 품고 있다는 것을 내비쳤다. 그는 유럽 방문을 통해 이탈리아와 독일의 주권 회복은 파시즘이 성공한 결과라는 인식을 갖게 되었다. 다른 한편으로 그는 만일 난징이 "내전 중에 한 치의 땅을 회복하는 동안 외국 침략자로부터는 한 성의 영토를 잃어버리면" 대중적 지지를 잃고 멸망하는 위험에 빠질 것이라고 덧붙였다. 자신의 군대와 싸워 승리한 공산당의 전투력을 가볍게 볼 수 없게 된 장쉐량은 훗날 이렇게 말했다. "공산당 문제를 해결하기 위해서는 '평화적 수단'을 써야겠다는 생각의 불씨가 내 마음속에서 타올랐다."[12]

마오쩌둥의 전언 역시 통일 전선을 전심전력으로 구축하여 장쉐량의 부친을 죽인 침략자들을 무찌르고 만주를 되찾아 오자는 것이었다. 한 공산당 특사와의 회담 중에 장쉐량은 비록 공개적인 반장(反蔣)이나 정부군 공격에 가담하는 것은 거절했지만, 내전에 대해 '소극적' 태도를 취한다는 안에 동의했다. 마오쩌둥은 정전을 위한 구두 협정이 달성되었다고 공언했다. 1936년 4월 장쉐량은 공산당 총본부로 가서 회의에 참가했다. 국민당과 공산당의 깃발이 교회당 밖에서 펄럭였다. 이 교회당은 스페인에서는 도처에서 볼 수 있는 두 개의 탑을 갖춘 고전적인 건축물로, 중국 북부의 높게 솟은 벌거숭이 암벽 밑에 자리했다. 교회 안에서 장쉐량은 "굉장히 출중한 사람"이라고 그가 묘사한 저우언라이와 철야 회담을 가졌다. 둘은 연합 정부와 연합 군대가 필요하다는 데 동의했다. 시안의 공산당은 뜰이 있는 단층 건물에 기지를 세웠다. 둥그런 달 모양의 문들이 마치 미궁처럼 서로 연결되고, 무선 전보도 설비되어 있었다. 입구는 독일인 공산주의 동조자가 경영하는 이발소를 통과해야 나왔다.[13]

35세의 장쉐량은 그의 고급 군관들 앞에서 홍군에 대한 감정을 숨기지 않았다. 그는 "누가 그들처럼 군대를 지휘할 수 있겠습니까?"라고 물었다. 장제스에게는 공산당원들이 광범위한 지지를 받고 있기 때문에 그들을 소멸시키는 것은 불가능하다고 토로했다. 장쉐량은 그가 토벌해야 할 공산당 군대에게 음식을 보내 주었다. 50년 후 그는 장티푸스에 걸렸던 미래의 공산당 지도자 덩샤오핑에게 화급히 통조림 우유를 보내 생명을 구해 주었다고 주장했다. 말년의 한 인터뷰에서는 심지어 공산당 입당 신청서를 냈지만 코민테른으로부터 거절당했다고 밝혔다.[14]

장쉐량의 감정은 일본의 침략과 이에 저항하지 않는 장제스에 대해 나날이 고조되는 반감의 일부일 뿐이었다. 네이멍구의 쑤이위안 성(綏遠省)에서 국민당군이 관동군을 등에 업은 분리주의자들을 공격하고자 일본과 협정한 비군사 지역 밖으로 이동할 무렵 민족주의 감정이 들끓었다. 상하이에서는 일본인이 경영하는 밀가루 공장에서 소요가 일어났고, 자베이에서 일본인 직원 한 명이 등에 총을 맞고 숨졌다. 일본 해군 육전대 병사들이 뭍으로 올라와 거리에서 행군할 때 한 병사가 맞아 죽었다. 쓰촨의 성도 청두에서는 군중이 여관에 묵고 있던 일본 여행객들을 붙잡아 거리 행진을 시키다가 두 명을 죽였다. 그들의 시체는 사지가 잘리고 눈이 후벼 파졌다고 보도되었다. 19로군 잔여 부대가 피난한 광둥 항구에서는 유일한 일본인 거주자가 그의 약방에서 끌려 나온 뒤 칼에 찔려 죽었다. 후베이 성 정부의 주석은 암살을 당했다. 암살자는 희생자가 일본을 "공격하기보다는 외교적 방식에 매달렸기" 때문에 죽였다고 말했다.[15]

장쉐량이 공산당과 화해하는 편이 더 낫다고 생각하는 유일한 북방의 저명 인사는 아니었다. 1937년 9월, 산시(山西)의 옌시산 성장은 일본과 난징의 중앙 집권화 위협으로부터 성을 보호하기 위해 희생구국동맹회(犧牲救國同盟會)의 성립을 선포했다. 옌시산은 홍군에 대한 장제스의 새로운 작전에서 중앙 집권주의적 위협을 분명하게 볼 수 있었다. 그는 "통일 전선은 다소 위험할 수 있다."라고 인정했다. "하지만 만일 공산당과 합작하지 않는다면, 우리는 도대체 무엇을 할 수 있단 말인가? …… 우리에겐 일본과 장제스를 막을 다른 방법이 없다."[16]

사실 장제스는 그를 국가 파괴 세력인 홍군 섬멸이라는 망상에만 사로잡힌 '일본 유화주의자'로 간주하는 사람들의 상상을 뛰어넘을 정도로 규모가 큰 대일 작전을 준비하고 있었다. 일찍이 1932년 초에 장제스는 침략자들에게 대응하는 계획을 세우고자 비밀 위원회를 설립했다. 이제 그는 반일 연합 군사 작전에 관해 저우언라이와 회담을 열 권한을 측근 천리푸에게 부여했다. 천리푸의 기록에 따르면, 공산당은 산시(陝西) 북부에 자치 정부를 세우는 것을 승인받는 보답으로 반드시 쑨원의 삼민주의를 준수하고, 장제스의 명령에 따르고, 홍군을 해산하는 것이 국민당 측 조건이었다고 한다. 비밀 회담은 상호 간의 비방으로 중단되었지만 적어도 처음으로 직접 접촉하는 기회였다.

국제적으로 보면, 만주 사변 이후의 경험은 서방 세계가 일본의 팽창주의에 맞서는 중국에게 주는 도움이 얼마나 적은지를 여실히 증명했다. 국제 연맹은 1935년 아비시니아(Abyssinia, 에티오피아의 구칭)를 공격한 이탈리아에 맞서 전혀 적극적으로 행동하지 않았는데, 이는 파쇼 국가의 침략에 무기력한 채 탁상공론만 일삼는 국제 연맹의 현주소를 명백하게 드러냈다. 중국 영토를 온전히 보장한다는 서방의 약속을 얻으리라는 희망을 포기한 총사령관은 유럽에 고문을 보내 현대적인 군사 수단들을 배워 오도록 했다. 이 고문은 중국에 돌아와 공군, 경제의 전시 체제화, 선전의 중요성을 강조했다. 무솔리니에게 경도된 장쉐량의 지지 아래 이탈리아에 주문한 비행기들이 배송되었다. 불행히도 이 비행기들은 구형 모델로 판명되었고, 함께 온 예비 부속품 상자에는 녹슨 쓰레기 부품들이 섞여 있었다.

난징 정부의 더욱 풍부한 성과는 최근 미국 공군에서 자신의 계획이 거절당하자 퇴역한 공군 열광주의자 클레어 셔놀트(Claire Chennault)를 고용한 것이었다. 국가항공위원회 주임 신분인 쑹메이링에게 미국 남부인의 매력을 발산한 텍사스 출신의 셔놀트는 난징 정부의 공군 창설, 용병 조종사 고용, 조종사 훈련과 양성, 미국 부품을 사용한 비행기 조립을 감독하는 일 등을 위임받았다. 이와 동시에 독일은 중국의 광산을 받는 보답으로 1억 위안어치의 무기를 제공하는 데 동의했다. 잠수정 구매 계약도 체결되었다.[17]

황허 이남에서는 주요 철도선을 따라 방어 공사가 진행되었다.《뉴욕 타임스》의 핼릿 어벤드가 출판사에 보낸 메모에 썼다. "이 지역에서 전략적으로 요충지인 도시들에 거대한 철근 콘크리트 방공호를 준공했고, 그중에서 일부는 시민들의 피난소로 쓰거나 식량, 군수품, 땔감과 가솔린을 저장했다." 장제스는 "해외로부터 수뢰를 사 왔고, 비밀리에 많은 배들을 기뢰 부설함으로 개조했다." 1937년 초, 참모 총장 허잉친 장군은 전시 체제화를 강화할 광범위한 내용의 산업 계획을 보고했다. 이것은 중국이 한층 더 군사 국가에 다가섰다는 표식이었다. 상하이와 난징 사이에 세 개의 방어선을 구축하고, 철도선에 토치카를 세우고, 통신 연락망을 개선한 것이 요새화의 핵심이었다. 군사 개혁이 추구한 목표는 훈련이 잘된 군관이 지휘하는 정예 부대와 충성심에 불타는 지방 부대를 확대 발전시키는 것이었다.[18]

총사령관은 두 가지 이유 때문에 군사 국가화가 이렇듯 비밀스럽게 진행되기를 간절히 바랐다. 비록 난징 정부는 일본 정부 즉 사실상의 침략자에게 중국 북방에서 자유롭게 활동할 수 있는 권한을 부여한 탕구 협정을 폐지해야 한다고 했지만, 장제스는 일본에게 진일보한 행동을 취할 빌미를 주지 않고, 중앙군의 역량 증강을 보고 지방 군벌들이 경계심을 갖지도 않기를 원했다. 동시에 홍군을 우선적으로 소탕해 궤멸한다는 그의 일관된 원칙에서도 벗어나고 싶지 않았다. 그리하여 장쉐량을 의지할 수 없기 때문에 그를 두 번째로 버려야 한다면, 장제스는 한 치의 망설임도 없이 그리할 작정이었다. 11월에 북방을 방문한 장제스는 장쉐량을 훨씬 더 야심만만한 장군으로 대체해 산시에서 홍군과 최후의 결전을 벌일 참이라는 의중을 내비치는 듯했다. 이는 장쉐량이 통솔하는 군대에게 언젠가 고향 만주로 돌아가겠다는 희망을 영원히 앗아 가는 것이나 마찬가지였다. 지방의 사령관들은 중앙군이 닥쳐와 권력을 억제하고 또한 그들을 잡패군으로 이용하며 약화할 것이라고 생각한 까닭에, 장제스의 '성전'을 배척할 수밖에 없었다.

1936년 12월 초, 장제스가 제6차 반공 전쟁으로 최후의 결전을 벌이고자 시안에 도착해 통상의 신생활 환영 연회에 참석할 때, 모든 것은 그의 통제 아래 순조롭게 진행되는 듯싶었다. 거리는 깨끗하게 청소되었고, 개들은 모조리 쫓겨났다. 총검을 지닌 병사들이 장제스가 지나는 길을 철통같이 지켰다. 남의사의 매우 큰 분대가 공산당원들을 쓸어버리기 위해 도착했다.

그러나 바로 이 무렵 장쉐량의 마음은 굳어져 있었다. 장제스와 대화를 나눌 때 그는 이미 항일 구국 협의를 맺은 공산당을 압박한다는 생각을 반기지 않았다. 장쉐량은 50년 후에 당시를 회상하며 말했다. "그들을 동정해서가 아니었다. 모두 중국인인데 도대체 왜 골육상쟁을 벌인단 말인가? 협상은 불가능하지 않았다. 우리는 그들과 대화를 나눌 수 있었다. 장제스 선생은 이 문제로 나에 대해 매우 불만스러워했다." 장쉐량은 총사령관이 지방 부대를 파견해 공산당과 싸우게 하며 쌍방이 모두 손실을 입도록 하는 반면, 정부의 중앙군 세력은 보존시켜서 마지막까지 통제권을 확보하는 이중 전략을 쓸 수 있다는 점을 간파했다. 그는 강력하게 주장했다. "저는 최선을 다해 명령을 따를 것입니다. 하지만 우리의 병사들은 바보가 아닙니다. 그들은 전우나 장비를 잃어버리면 보충할 수 없다는 것을 잘 알고 있기에 싸우기를 꺼리고 있습니다."

이러한 논리 뒤에는 서북에서 장쉐량, 옌시산, 공산당 및 다른 지방 인물들이 연합하여 반장(反蔣) 연맹을 맺을 가능성이 잠재되어 있었다. 장제스의 반응은 명령 복종을 고집하는 것이었고, 또한 만일 그들이 홍군과 싸우지 않으면 장쉐량의 동북군을 머나먼 푸젠 성으로 이동시키겠다는 위협이었다. 장제스는 일기에 청년 원수에게는 "마지막 5분의 결심"이 부족하다고 썼다. 바로 이렇게 복합적인 동기로 인해, 장쉐량은 장제스를 납치해 중국의 명운을 뒤바꾸었다.[19]

국공 합작을 재개하여 일본에 응전하다

시안에서 장제스를 납치한 사건에 대한 반응이 보여 주었듯, 비록 여러 가지 결점과 실수가 있었을망정 장제스는 민족의 화신이 될 가능성이 있는 유일한 인물이었다. 미국 대사 넬슨 존슨(Nelson Johnson)은 심지어 장제스의 독재 야심을 반대한 사람들도 "중국에는 그처럼 국민을 응집할 능력을 가진 인물이 없음을 일반적으로 인식하고 있었기 때문에, 마지못해 그에게 지지"를 보냈다고 썼다. 존슨은 시안 사건이 "갑자기 장제스를 중국 인민 모두가 가장 원하는 것, 즉 '통일'의 상징으로 만들었다."라고 덧붙였다. 장제스는 역시나 사직 신청서를 세 차례 제출하며 '12월 반란'을 예견하지 못했던 죄를 책임지겠다고 말했다. 자연스럽게 반려된 이 공허한 사직서들은 오로지 그가 대체할 수 없는 지도자라는 인상만을 강화했다. 부활절 연설에서 감금 시기를 되돌아보며, 장제스는 예수가 황야에서 보낸 40일의 밤낮을 생각했고 자기에게 죄를 범한 사람들을 용서하라는 가르침을 떠올렸다고 말했다. 그리하여 그는 반란자들에게 "새로운 삶을 다시 시작하라."라고 타일렀다.[20]

시안에서 장쉐량의 지지자들은 투쟁을 포기할 의사가 없었다. 이 도시는 반란의 분위기에 휩싸여 있었다. 수천수만 명의 사병들과 시민들이 집회를 열고 만주 수복을 요구했다. 그러나 장쉐량의 장군들은 국민당군과의 평화적인 담판을 더 원했기에, 장제스를 납치한 쑨밍주 상교가 주도적인 역할을 해서 젊은 과격분자들이 병란을 일으켰다. 젊은 반란자들이 고급 군관 몇 명을 총살할 때 청년 원수의 전우 양후청 장군은 입장을 바꾸어 그들에게 반대했다. 그러자 병란의 지도자들은 군대의 금고를 약탈한 후 줄행랑쳤다. 국민당군의 한 부대가 시안 성내로 진입한 뒤 장쉐량의 부대는 장제스가 지정한 먼 북방의 새로운 주둔지로 이동하기 시작했다. 양후청도 중국을 떠나 이듬해 4월 유럽 여행길에 올랐다. 그는 1938년 중일 전쟁 때 항일전에 참가하기 위해 귀국했다가 난징 정부의 특무 기관에게 체포되어 7년 동안 범죄자로 수감되었다.[21]

시안 사건의 다른 유산들이 난징의 최고층 사이에 여전히 남아 있었다. 장제스는 그와 함께 시안에 갔다가 똑같이 감금되었던 북벌과 반공 전쟁의 참전 용사 천청(陳誠) 장군과 신뢰 관계가 돈독해졌다. 난징으로 돌아온 뒤 총사령 관은 천청 장군을 그의 계승자로 지명했다. 장제스는 모범 장관 옌시산에게 천 장군의 봉사가 없었다면 단 하루도 버텨 낼 수 없었을 거라고 말했다. 이러한 총애는 스스로를 군사적 서열 2위로 여긴 군정부장 허잉친 장군의 불만을 불 러일으켰을 따름이었다. 천청과 허잉친 두 사람이 장제스의 지지를 얻으려고 전력을 다해 벌이는 알력을 화해시키지 않았기 때문에, 이들 간의 반목은 장기 적으로 고착화되었다.[22]

허잉친이 장제스의 생명을 위험에 빠뜨릴 수 있는 시안 폭격을 주장했던 것은 명명백백하게 불리한 오점이었다. 장제스의 지지자들이 사주한 것이 분 명한 신문 보도는, 시안에서의 납치를 총사령관을 제거할 기회로 간주하고 난 징에서 자신들의 독재를 강요할 수 있다고 본 군인들을 포함한 "어떤 파벌"을 언급했다. 허잉친과 그의 동료들 중 일부가 왕징웨이가 유럽에서 돌아와 일본 에 훨씬 더 순종적인 정부를 세워 주기를 바랐다는 것은 널리 알려진 이야기였 다. 기사에서는 총사령관이 다시 수도로 돌아오자 이 음모자들은 기꺼이 환영 을 즐길 수 있을 정도로 그를 환대하며 극도의 지지자로 돌변했다고 덧붙였다. 허잉친 장군과 같은 인물들에게 보내는 장제스의 신임이 흔들린 것은 자명했 다. 장제스는 자신만을 한층 더 의지하고, 남에게 권력을 위임하는 일을 극도 로 꺼리게 되었다.[23]

휴식이 필요했던 장제스는 시커우에 머무르는 기간을 3개월로 늘렸다. 그 의 고향 마을은 신생활운동의 선구자가 탄생한 곳에 걸맞기를 기대받았다. 한 방문객은 시커우가 "실업과 거지가 없고, 기녀도 가녀도 없어" 대단히 깨끗하 다고 묘사했다. 공공 화장실, 세탁소, 기독교 교회 두 곳, 높낮이를 조절할 수 있는 의자가 있는 이발소, 소년이 밟아서 동력을 얻는 전동 벨트 드릴을 구비 한 치과 병원이 있는 시커우의 인구는 2000명에 달했고, 그중 절반은 총사령 관의 친족이라고 주장했다. 장제스가 태어난 소금 가게는 텅 비었지만 보존 상 태가 양호했다. 그의 가택은 확장되었다. 그의 첫 번째 아내 마오푸메이는 바

곁에 불단이 마련되어 있고 노대가 딸린 방을 차지했다. 쑹메이링은 노대 끝에 있는 방에 묵었는데 안에는 낮은 나무 침대, 대리석 화장대 및 거울 달린 옷장이 있었다. 마오푸메이는 그녀의 후임자에게 현지의 특산 음식을 대접했다. 쑹메이링은 옷들과 인삼으로 보답했다.

장제스는 이 가택과 마을 뒤 산등성이의 거주지뿐 아니라 강변 지대에 그를 위해 수리를 마친 문창각(文昌閣)을 소유했다. 머리맡에 거울이 있는 큰 2인용 침대에서는 강 건너 아름다운 산 풍경이 보였다. 그 옆의 현대화된 가옥은 장제스의 통지로 러시아 인 아내와 같이 소련에서 돌아온 장제스의 아들을 위해 지은 집이었다. 길 건너편에는 총사령관이 명예 교장을 맡고 있는 학교가 있었다. 장제스와 쑹메이링은 동굴 같은 대강당에서 학생들에게 좋은 품행에 대해 강의를 했고, 위층 사무실은 회의 장소로 썼다. 700명의 학생들이 농업 교과 과정을 배웠다. 장제스는 교장에게 더 많은 토지와 식수를 얻는 방법에 관한 정규 교육을 지도하며 "한 그루의 나무보다 더 존엄한" 것은 없다고 일렀다.

시안 사건으로 인해 고향으로 돌아온 장제스는 밖에 나가 산보를 하고, 불과 얼마 전에 세상을 떠난 배다른 형제에게 마지막 작별 인사를 표했다. 장례식에는 농사꾼 옷차림을 한 펑위샹, 두웨성과 쑹아이링, 쑹메이링, 쑹쯔원이 참석했다. 조문객들 중 일부는 햇볕에 그을린 채 연금되어 있다고 보도된 장쉐량을 방문하기 위해 마을 뒤의 산비탈에 올라갔다. 장쉐량의 새로운 거처 옆에 자리한 절에서 방문객들은 오리와 돼지고기, 햄을 모조한 채식 소찬을 그와 함께했다. 장제스와 쑹메이링은 가마를 타고 이곳을 지나 산꼭대기 집으로 갔다. 한 손님은 그곳에 침대 두 개가 있는 것을 보았다. 하나는 쑹씨 가문의 딸을 위한 크고 부드러운 침대이고, 다른 하나는 시안 사건을 겪은 후 등이 불편해진 자수성가한 군인을 위한 딱딱한 침대였다. 뒤쪽에는 커다란 자기 욕조가 딸린 작은 방이 있었다.[24]

시커우에서 장제스는 공산당과의 회담을 재가하여 통일 전선의 기초를 다졌다. 저우언라이가 주요 연락자로 활약했다. 대장정 생존자들은 시안 사건 후의 휴지기를 이용해 소비에트 근거지를 산시(陝西)-간쑤-닝샤 성 경계 지역까지 확장했다. 그들은 항일에 대한 온갖 웅변술을 펼친 뒤, 국민당 정부가 침략자를 물리치기 위한 통일 전선을 거절할 수 없도록 만들었다. 모스크바에서 방금 돌아온 공산당의 주요 지도자 왕밍(王明)과 마오쩌둥의 홍군 라이벌 장궈타오는 난징 정부와 일종의 친밀하고도 진실한 관계를 맺는 노선을 지지했다. 공산당은 더욱 온건한 토지 개혁 정책을 채택해 부유한 지주들을 죽이지 않고 벌금만 내게 했다. 홍군이 시안 북부에서 현지 지방 군대의 군사들과 민간인 관원들을 위해 연회를 베풀고 이탈리아 목사와 신교도 전도사들을 초청한 것은 이러한 새로운 태도의 상징이었다.[25]

장기적인 관점에서 국공 양측은 여전히 상대를 언젠가 소멸시키리라 결심하고 있었지만, 1937년의 역사적 맥락에서는 어느 한쪽도 자신의 이익을 국가의 이익보다 앞자리에 놓을 수가 없었다. 광범위한 협의가 이루어졌다. 난징 정부는 군대와 영토의 재통일을 위해 돈을 지불하는 데 동의했다. 인원이 3만에 달하는 산시 홍군은 통일 전선의 팔로군이 되었고, 사자코에 체격이 우람한 대장정 사령관 주더의 지휘 아래 북방에서 작전을 펴기로 했다. 난징 정부는 중국 중부에서 대장정이 시작된 때부터 자리를 지킨 유격대원을 포함해 1만 2000명의 신사군(新四軍)을 제2의 공산당 부대로 창건하는 것에 동의했다. 이 두 부대는 급속하게 커져 1937년에 병력의 합계가 9만 2000명에 이르렀고, 다음 해에는 갑절로 불어났다.

총사령관은 상하이-난징-항저우 삼각 지대에 방어 진지를 구축하라고 명령하고, 독일 고문들에게 정예 부대 훈련을 더욱 강화하라고 주문했다. 서류상으로는 200만 군대를 전투에 투입할 수 있었으나 난징 정부의 진정한 실력은 그 겉모양에 훨씬 미치지 못했다. 중앙군 사령관들은 대군을 거느리고 치른 작전 경험이 부족했다. 사병에서 진급한 군관 중 절반이 문맹자였다. 각 성의 군벌들은 자신들의 목적대로 쓰기 위해 상당 부분의 군대를 휘하에 두고 직접 통제했다. 중국 군대를 연구한 마이클 깁슨(Michael Gibson)은 총 165개 사단 중에 79개 사단만을 난징 정부가 책임졌다는 통계를 내놓았다. 나머지 86개 사단은 잡패(비정규) 혹은 군벌 사단으로, 오로지 17개 사단만이 양호한 전투력을 유지하고 있었다. 중일 전쟁을 연구한 또 다른 역사학자 지시성(齊錫生)의 통계에 따르면 장제스 군대의 명령에 따르는 사단은 31개에 불과했다. 중국의 많은 부대들은 군사력이 턱없이 낮았다. 심지어 정예 부대도 중형 무기가 부족했다. 반면 일본 군대의 병력은 수적으로 훨씬 더 적어 17개 사단에 불과했지만, 부대마다 정원이 꽉 차 있었고 포병 장비를 갖추었으며 후방의 병참과 공군의 지원을 받았다. 장제스는 어림잡아 1만 4000명의 병력으로 꽉 찬 세 개의 중국 사단이 일본 사단 하나의 전투력에 필적할 수 있다고 보았다.[26]

비록 이러한 상황이었지만 장제스의 독일인 수석 고문 알렉산더 폰 팔켄하우젠(Alexander von Falkenhausen)은 계속해서 공격적인 전략의 이점을 취하라고 장제스를 설득했다. 제1차 세계 대전의 참전 용사로 독수리 같은 머리에 코안경을 쓴 팔켄하우젠은 "중국은 반드시 두 방면, 즉 정신적이고 물질적인 방법으로 저항해야 한다."라고 썼다. "정신적인 저항의 의지는 확고한 영도력을 발휘하는 정부로부터 나온다." 팔켄하우젠은 중국 군대가 현대적인 전쟁에 적합하지 않다는 것을 인정했는데, 도널드와 만나서는 지팡이로 그를 가볍게 치며 이렇게 말했다. "친구, 만일 일본이 공격을 시작하면 그자들은 패하고 말 것이네."

여름이 오자 장제스와 그의 부하들은 루산의 구릉으로 자리를 옮겨 선인동 호텔에 숙박하고 있는 관원들과 함께 일련의 정부 회의를 진행했다. 6월에 장제스는 아들에게 보낸 한 편지에서, 일본은 "또 분규를 일으켜 분명히 극도로 성가시게 굴겠지만 우리는 물론 그들을 굴복시킬 수 있을 것이다."라고 했다. 장제스가 납치 사건에 대해 기술한 책은 50만 부가 팔려 나갔다. 쑹메이링은 미국 대학 두 곳에서 명예 학위를 받았다.[27]

다른 지역에서는 중국인의 삶 속에서 하나의 큰 특징인 자연재해가 끊이지 않았다. 쓰촨, 산시(陝西), 허난에서는 3000만 명이 기근에 시달리며 나뭇잎으로 구운 점토와 진흙을 먹고, 개미를 잡아먹고, 나무뿌리를 허겁지겁 집어삼켰다. 몇몇 성에서는 천연두와 임파선 페스트가 창궐했다. 광저우의 한 요양소에서는 사병들이 건강 위협 요소로 간주한 문둥병 환자 350명을 모조리 사살했다. 한 언론인은 아편을 가득 실은 1500필의 마바리들이 윈난에서 출발해 구이저우로 통하는 길을 지나가는 것을 보았다고 보도했다. 린썬 정부 주석은 난징 수도 건립 10주년 기념 연설에서, 국민당 체제는 "우리들의 희망에 비해 한참이나 뒤떨어져 있다."라고 말했다.[28]

당시 고노에 후미마로 친왕이 일본의 새로운 수상으로 취임하자, 일본의 군국주의자들이 도쿄에서 권세를 잃었다는 관측이 서방 세계에 광범위하게 퍼져 나갔다. 하지만 장제스는 구링을 방문한 사람들 중 하나인 핼릿 어벤드로부터 생판 다른 소식을 듣게 되었다. 이 《뉴욕 타임스》 기자는 조선, 만주국 및 중국 북방 여행을 방금 마쳤는데, 그곳에서 대규모 군대가 집결하는 것을 목격했다. 미국 대사가 도쿄의 새로운 움직임에 대한 어벤드의 우려에 코웃음 친 후 그는 장제스를 만나러 왔다. 어벤드는 총사령관이 절대로 일본에게 굴복하지 않겠다는 "굳은 결심"을 보여 주었다고 회상했다. 장제스는 늘 더 많은 시간을 갖고 철저히 준비하기를 원했는데, 특히 공군의 발전을 간절히 바랐다고 한다. 또한 장제스는 만일 다음 도발에 저항하지 않으면 대중의 지지를 잃고 말 것임을 잘 알고 있었다.[29]

1937년 한여름이 시작되었다. 7월 7일 오후, 100여 명의 일본 부대가 베이징으로부터 16킬로미터 지점에 위치한 융딩 강(永定江)의 석교 옆을 지나갔다. 양쪽에 늘어선 석주 위에 사자 머리가 조각되어 있는 루거우차오(盧溝橋)는 일찍이 마르코 폴로(Marco Polo)가 방문했기 때문에 외국인들에게는 같은 이름으로 알려져 있었다. 동남쪽에는 약 2000명의 주민이 거주하는 완핑(宛平) 현이 자리했다. 북쪽에는 절이 있었고, 그 옆은 크고 작은 자갈 채취장이 있는 개활지였는데 일본군은 이곳에서 야간 훈련을 했다.[30]

루거우차오에 도착한 일본 군인들은 200명의 중국 사병들이 참호를 파고 토치카를 수리하고 있는 것을 발견했다. 충돌을 피하기 위해 일본군은 훈련지를 완핑과 더 가까운 곳으로 옮기고, 기관총을 지닌 사병들을 보내 적군 역할을 하도록 했다. 밤 10시 30분, 1단계 훈련을 마친 뒤 전령병이 파견되어 적수역할을 하는 병사들에게 다음 날 동틀 무렵까지 휴식하라고 전했다. 이후 얼마

지나지 않아 공탄을 장착한 기관총 사격 소리가 '적군' 진지에서 울려 퍼졌다. 이어서 수십 발의 소총 사격 소리가 중국 사병들이 작업을 하고 있는 장소로부터 들려왔다. 아마도 기관총 사수가 전령병을 중국 정찰병으로 잘못 간주했을 것이라 판단한 일본군 상위(上尉, 중대장)는 집합 나팔을 불어 부대원들을 소집하라고 명령했다. 한 명의 전령병이 실종된 상태였다. 상위는 상급 군관에게 통신병을 보내 지령을 받아오도록 하는 동시에, 부대원들에게 소총 사격 소리가 들린 지점으로부터 후퇴하라고 명령했다.

일본군 연대 지휘관은 증원 부대를 요청하는 한편 밤중에 완핑과 루거우차오를 지키던 중국군을 만나 교섭을 펼쳤다. 현장에 있었던 일본인의 회상에 따르면, 중대장과 여섯 명의 군인들이 심야에 출발하여 실종된 전령병에게 무슨 일이 벌어졌는지를 밝히려고 시도했다. 그들은 중국 병사들과 접촉해서 혹시 일본인이 지나가지 않았는가 물었다. 중국군에서 아무도 보지 못했다고 대답하자 일본군 중대장은 포로로 잡힐까 두려워 임무를 포기했다. 그때 실종되었던 전령병이 아무 탈 없이 원대에 복귀했다. 그는 오줌을 누기 위해 멈췄다가 달빛 없는 밤에 방향을 잃어버렸거나, 중국군에게 포로로 잡혔거나, 몰래 매춘 굴에 살금살금 갔다 왔거나, 채석장에 발을 헛디뎌 잠시 혼미 상태에 빠졌던 것으로 추측되었다.

중국군의 보총 사격 소리는 공격 행위라기보다는 기관총 소사와 집합 나팔 소리에 대한 반응일 가능성이 매우 컸다. 하지만 그날 한밤중의 회의에서 일본 측은 '불법 사격'을 요란스레 규탄하며 조사를 요구했다. 중국 주둔군은 일본군이 조사를 벌이기 위해 군대를 진입시켜 완핑을 점령할 것이라고 이해하여 그 요구를 거절했다. 하지만 날이 밝기 전 중국군 쪽에서 또 보총 사격 소리가 울리자, 일본군은 비록 절 부근까지이지만 전진하기로 결정했다.[31]

일본이 부당하게 이용한 이전의 사건들과는 달리, 이번 충돌에서는 대규모 침략의 빌미를 꾸며 낼 계획은 보이지 않는 듯했다. 현지 군관들도 임시 정전 협정에 서명했다. 처음에 도쿄에서는 이 사건을 이용해 중국 북부에서 대규모 전역을 일으키자고 주장하는 확전파에 비해 소련에 대항할 역량을 축적해야 한다고 주장하는 비확전파가 우세를 점했다. 하지만 이후 베이징까지 사태가 확대되었고, 히로히토 천황은 확장주의자들을 지지하며 5개 사단으로 구성된 증원 부대를 중국에 파병하라는 명령을 하달했다.

7월 26일 오후, 일본은 베이징에 주둔하고 있는 두 개의 중국 사단에 다음 날 정오 전까지 철수하라는 최후통첩을 보냈다. 아침에 일본군은 이허위안 주위 지역과 베이징 바깥의 비행장을 공격했다. 비행장으로 가는 길 위에서 프랑스 대사관부 육군 무관은 장갑차의 화력과 공중 소사로 인해 도살된 중국 사병들의 시체 수백 구를 목격했다.[32]

일본군이 성가퀴가 있는 성벽 대문을 폭파하기 전에 완핑 시내는 맹렬한 폭격을 받았다. 프랑스 대사관원 자크 기예르메즈(Jacques Guillermaz)는 그곳에 도착했을 때 모든 상점에 욱일승천기가 펄럭이고 있는 것을 보았다. 허리와 다리가 쇠사슬에 묶인 중국인 포로들이 승리자들을 위해 열을 지어 군수품을 날랐다. 다른 사람들은 손과 발이 묶인 채 앉아 그들의 운명을 기다리고 있었다. 늙은 여자가 먼지투성이 땅에 엎드린 채 부상을 당한 아들을 돌봐 달라고 빌었다. 한 프랑스 의사가 그를 병원으로 데려가 생명을 구해 주었다.[33]

한편 둥저우에서는 일본인 주둔군이 전투에 나간 뒤, 중국인 부역 민병대가 대신 자작극을 벌이는 역할을 맡았다. 그들은 성내에 있는 일본과 조선 민간인 대부분을 도륙하고 눈에 띄는 사람들을 모조리 죽이며 관동군의 공격을 자극했다. 일본군은 베이징을 점령하고 거대한 불길을 일으키는 맹폭격을 퍼부으며 철도선을 따라 톈진 항을 공격했다. 일본군은 대학교를 적대적인 학생들이 숨어 있는 은신처로 간주했기 때문에 특별한 공격 목표로 삼았다. 베이징 북부에서 대일본제국 군대는 만리장성의 전략적 요충지인 난커우(南口)를 넘어갔다. 국군이 적의 공격을 저지하기 위해 철로 터널에서 기차를 폭발시켰던 곳이었다. 침략자들은 신속하게 움직이는 장갑차를 이용해 측면으로부터 수비대를 포위한 뒤 만리장성을 넘어 네이멍구로 진입했다. 이곳에서 일본은 칭기즈 칸 후예들을 영도하는 분리주의 정부를 후원했다.[34]

여름 피서지에서 장제스는 일기에 '왜구'와 같이 익숙한 욕설로 일본인을 지칭하고, 또한 그들은 왜 "우리가 미처 준비하지 못한 때를 틈타 우리를 굴복시키려고" 하는지 모르겠다고 자문했다. "왜구는 이미 도발했다. 응전을 결심해야만 할 때이다." 국민당 중앙군은 총사령관의 명령을 받들어 북쪽으로 출병했다. 장제스는 그 어떤 정전 협정일지라도 그가 지나치게 순종적이라고 의심하는 지방 지휘관들이 아니라, 반드시 난징 정부가 직접 나서서 담판을 지어야 한다는 입장을 고수했다. 융장을 차려입고 구링 총사령부 난간에 나타난 장제스는 가슴을 높고 곧게 편 채 근엄한 얼굴로 선언했다. "인내심이 한계에 도달했다."[35]

7월 말에 가진 인터뷰에서 장제스는 북방에서 발생한 모든 사건에 대한 책임을 인정했지만, 그것은 단지 전쟁의 시작을 알리는 표식일 뿐이라고 말했다. 산시 성장 옌시산과 거의 자율적인 산둥 군벌 한푸쥐, 광시 파벌의 무슬림 성원 바이충시, 쓰촨과 윈난의 성장들과 회담이 있었다. 쑹쯔원도 전쟁 지원금 계획에 대해 조언을 해 달라고 요청받았다. 새로운 분위기의 신호로 무당파 전문직 집단과 국민당 이외의 정당을 포함해 전국 각지에서 400명의 지도자들이 구링에서 회의를 열었다. 저우언라이도 회의에 참석해 지지를 약속하고, 그 보답으로 공산당 활동의 합법화를 요구했다.[36]

옌시산과 펑위샹은 각기 북방 전투 지역의 지휘관을 맡게 되었다. 공산당 군대 팔로군은 산시(陝西)로 배치되었고 신사군은 상하이 이북의 장쑤에서 작전을 폈다. 바이충시는 중심적인 역할을 맡았으며, 그의 광시 파벌 동지인 리쭝런은 길게 이어진 중동부 해안선에서 가장 큰 전투 지역을 담당했다. 비록 북방에서 벌어졌던 사건들에 대한 장제스의 영향력은 일본군과 친일 부역자 세력에 의해 제한받았지만, 그는 북방에서 직접 국군을 지휘했다. 그와 쑹메이링은 북방 철도선상의 군대를 공중에서 시찰하는 것으로 그들의 결심을 보여주었다.

마오쩌둥은 공산당 군사위원회에게 보낸 한 전보에서 '진실의 순간'이 도래했으며, 지금이야말로 "전국적이고 전면적인 저항 정책"이 매우 긴박하게 실행되어야 할 시기라고 말했다. 장제스는 "단 한 치의 땅도 포기해서는 안 되고, 절대로 주권에 손상을 입어서는 안 된다."라고 선포했다. 히로히토 천황이 "최후의 전쟁"을 벌이자고 호소한 도쿄에서 그의 형제인 다카마쓰(高松) 친왕은 전쟁의 분위기를 다음과 같이 총괄했다. "중국인들이 다시 일어서기까지 적어도 10년이 걸릴 만큼, 우리는 정말로 중국을 송두리째 무너뜨릴 것이다." 팔켄하우젠은 베를린으로 보낸 전문에 "이것은 …… 전면전이다."라고 보고했다.³⁷

만주 사변 이후 6년이 흘러, 오랫동안 화약고를 품고 있던 중국과 일본 사이에서 마침내 전쟁이 폭발했다. 발전과 방어 계획을 미완성인 채로 남겨 둔 장제스에게는 지난 몇 년이 너무나도 빨리 흘러가 버렸다. 여하튼 전쟁 패배와 중국 북방의 포기 모두가 총사령관에게는 치명적인 위협이 될 수 있었다. 일본으로서는 북방의 통치권을 얻을 수 있는 단기 전쟁에 온 희망을 걸었다. 그러나 이번 전쟁은 8년이나 지속되었고, 중국 전역에서 그 숫자를 정확하게 파악하지 못할 정도로 엄청난 사망자가 속출했다. 장제스는 '희생자'가 1000만 명이라고 공포했다. 정부 측 통계로는 330만 명의 사병과 840만 명이 넘는 민간인이 죽었는데, 여기에는 질병과 기아 및 강제 노동으로 죽은 사람은 포함되지 않았다. 장웨이궈는 잔인성과 인류의 생명을 무시하는 가학성으로 악명 높은 일본군에게 2000만 명이 죽임을 당했다고 말했다.

중국의 대도시들이 점령되고 광활한 옥토가 황무지로 돌변했다. 이번 전쟁으로 인해 난징 정부가 세우려던 중앙 집권적 정치 체제는 종지부를 찍었을 뿐 아니라, 근대화 계획도 무산되었다. 행정 기관은 한층 더 군사화하고 억압적으로 변했으며 날이 갈수록 허약해졌다. 공산당은 중일 전쟁 중에 홍구 근거지와 군사 역량을 한층 더 발전시켜 나갔고, 마오쩌둥은 독재적인 지위를 굳건하게 유지했다.

장제스의 통제권을 벗어난 사건들로 인해, 홍군을 소멸하기 전에 일본과 싸워야 할 필요성이 그의 신상에 강제로 떨어졌다. 그의 최종적 실패는 언젠가는 닥쳤을 터이지만, 루거우차오 사건 이후의 사정이 그 과정을 크게 촉진했다. 중국은 태평천국 운동 이래 가장 큰 고통을 맞닥뜨렸고, 그 영도자는 궁극적인 시험에 직면하게 되었다. 초반의 우세를 확보하고자 장제스는 적군이 상상도 못한 곳에서 반격을 시작하기로 결정했다. 그리하여 장제스가 20년 전 혁명 운동에 투신하기 시작했던 도시에서 대규모 시가전이 벌어졌다.

4부 | 항일 전쟁의 영도자 1937~1944년

17

중일 전쟁의 개시

<hr>

1937년 8월 14일 토요일, 태풍이 상하이를 강타하며 지나갈 때 미제 중국 공군기 다섯 대가 치밀하게 짜인 브이 자 편대로 늘어서 와이탄 황푸탄 로 밖에 정박해 있는 일본 해군 함정들을 향해 날아갔다. 원래 고공 공습 임무를 수행할 참이었지만, 나쁜 날씨 탓에 수면으로부터 460미터 고도에서 급강하했다. 속도가 빨라진 반면 시야 조정에 실패하여 두 개의 폭탄이 일본 함정을 완전히 벗어나 황푸탄 로의 《자림서보》 건물을 스치고, 난징 로의 후이중 호텔과 팰리스(Palace) 호텔 부근의 중심 상점가로 떨어졌다.[1]

이 신문사의 오스트레일리아 기자 로즈 파머는 무슨 일이 벌어졌는가를 보기 위해 거리를 내달렸다. 그는 "모퉁이에서 목이 잘린 한 시크교도 경찰이 마치 다가오는 차를 밀기라도 하듯 양손을 앞으로 뻗고 있었다."라고 썼다.

고성능 폭약의 황색 연기가 지나간 후 난징 로는 공포의 현장을 드러냈다. 불타는 차량에서 치솟는 화염이 차 안에 가득 찬 탑승자들의 시체를 재로 만들고 있었다. 후이중 호텔과 팰리스 호텔의 현관 및 부속 건물에는 괴상망측한 인파가 몰렸다. 몸을 오므린 채 피신하고 있는 사람들의 파란색 작업복은 빨갛게 변한 채였다. 머리, 팔, 다리가 갈기갈기 찢겨 엉망진창으로 멀리 흩어져 있었고 …… 시가전차 맞은편에는 키가 큰 유럽 인이 있었는데, 하얀 플란넬 양복은 물든 곳 없이 깨끗했지만 그의 두개골은 빠개져 산산조각이 나 있었다.[2]

떨어진 기와 벽돌과 산산이 부서진 유리 파편이 길 위를 덮었다. 후이중 호텔 정문의 괘종시계는 4시 27분에 멈춰 서 있었다. 쇼윈도 안에는 진열된 값비싼 물품 사이에 살점들이 널려 있었다. 뒤쪽 바에서는 중국인 급식원 두 사람이 브랜디를 날랐다. 한 백러시아 인이 마루에서 엄지손가락 하나를 주워 바 안의 손님들에게 "누가 이것을 떨어뜨렸나요?"라고 물었다. 정부 측은 728명이 사망했다고 공포했다.

프랑스 조계지에서는 훨씬 더 살벌한 학살이 벌어졌다. 또 다른 중국 비행기가 투하한 두 개의 유산탄은 대세계오락중심 밖의 혼잡한 대로에 떨어졌다. 100대의 차가 불타고 차에 갇힌 사람들이 타 죽었다. 인도에는 선혈이 낭자했다. 1000명 이상이 죽고, 부상자도 그만큼 많았다. 그날 밤 파머는 집으로 걸어가던 중에 수백 명이 누워서 잠을 자고 있는 골목길을 지나갔다. 그들이 매장되지 않은 시체라는 것을 나중에 깨달았다.

상하이 제2전선을 펴다

이 폭격은 일본군의 공격이 북중국에 집중된 틈을 타서 제2의 전선을 만들기 위해 장제스가 상하이에서 발동한 3개월 동안 지속된 전쟁의 시작이었다. 장제스는 1932년 전투를 중지하며 맺은 비군사화 협의에 과감하게 도전하여 군대를 상하이로 진입시켰다. 일본은 자베이 노동자 지구의 변두리와 대학에 포격을 하며 재빠르게 반격했다. 대규모 피난민들이 영미 공동 조계지와 프랑스 조계지로 혼잡하게 몰려들 무렵 히로히토 천황은 상하이의 정세가 "매우 중대하다."라고 선포했다. 이것은 분명히 일본이 원하지 않는 바였다. 그들의 전략은 북방을 견고하게 하는 것이었다. 이러한 계획을 저지하고 시안 사건 후 고양된 민족적 희망에 부응하기 위해 총사령관은 사람들의 이목을 끄는 극적인 모습을 보여 주기로 했다. 중국에서 가장 크고 가장 부유한 도시보다 목적에 적합한 곳은 없었다. 이로써 근대화의 추동력을 상징하는 대도시는 외국 사절들, 기업가들 및 기자들의 주시 아래 침략자에게 맞서 싸우기 위해 새로운 준비를 하는 아이콘이 되었다.

적들이 우세한 공중, 장갑, 대포 병력을 활용할 수 있는 북방 평원에서 적과 마주치는 대신 총사령관은 일본군을 끌어와 근거리 시가전을 벌이기로 결정했다. 그는 이 작전이 국민들에게 북방 형세를 역전시킬 수 있다는 일종의 심리적 보상을 가져다주기를 희망했다. 상하이-난징-항저우 삼각 지대는 중국의 가장 견고한 방어선으로, 철도와 도로 교통이 막힘없이 잘 통했고 청방의 힘도 써먹을 수 있었다. 큰 귀 두웨성은 애국 활동을 하다 감옥에 갇힌 상하이의 '칠군자'를 방문해 항일 전쟁에 대한 경의를 표했다. 전쟁이 시작되자 이들에 대한 재판은 취소되었다. 도시의 기업들은 신뢰할 만한 자금 출처가 될 수 있었다. 조계지의 미국, 영국, 프랑스 인을 전쟁에 휘말려들게 해서 외국의 간섭을 불러 모을 수도 있었다. 또한 1932년 상하이의 저항에 대한 선명한 기억이 남아 있었다. 그리고 만일 일본이 최후의 반격에 직면해 많은 사상자로 후방이 위축된다면 신념을 상실할 가능성이 희망이었다.

장제스의 정책은 확실히 일본의 방향을 전환시켰다. 중국 북방에서 전력을 공고히 해서 황허 연안을 따라 중국을 분할한다는 일본군의 기도는 저지되었다. 중국의 국토 면적과 접근하기 어려운 많은 내륙 지방을 고려하면 양쯔 강 및 더 먼 남쪽으로 전쟁이 확전된다는 것은 국민당이 정치적 양보를 하지 않는 한 도쿄는 통제할 수 없는 도전에 직면함을 뜻했다. 하지만 웅대한 장제스의 전략은 지독한 대가를 치러야 했다. 일본은 상하이에서 바다로 물러나는 것을 용납하지 않았다. 일본은 양쯔 강 입구의 작은 항구들을 통제했기에 바라는 만큼 많은 부대를 이동시킬 수 있었고, 또한 도시 지역들을 공습하고 포격하는 데 아무런 거리낌이 없었다. 서방의 간섭으로 말하자면 워싱턴, 런던과 파리는 이미 군사적 충돌을 피하기 위한 모든 노력을 다했다. 설령 서구 열강이 간섭하더라도 난징 정부는 고작 전쟁 전의 현상 유지만을 기대할 수 있었다.

더 큰 위험도 존재했다. 일단 상하이로 진입하면 일본군은 강을 따라 올라가 수도 난징을 압박할 수 있었다. 만일 난징을 점령하면 서쪽으로 더 나아가 우한으로 진군할 수도 있었다. 장제스의 제2전선은 중앙 정부가 북방 중국에 아무런 도움을 줄 수 없다는 것을 인정하는 꼴에 지나지 않았다. 그것이 현실이었을지 몰라도, 제2의 전선은 북방에서 농민, 학생, 애국 청년 운동을 일으킬 수 있는 공산당과의 싸움을 포기한다는 것을 의미했다. 총사령관은 주도면밀한 군사적 계산에 따르기보다는 심리적, 정치적인 근거로 행동했다. 그가 전투를 치르는 모든 부대의 마지막 한 사람에게까지 명령을 내릴 때, 중요한 것은 적들이 언제 도전을 하더라도 더는 군사적 낙승을 거둘 수 없다는 것을 보여주는 일이었다. 마치 한 일본인 대변인이 말했듯 "중국인의 승리 관념은 우리들과는 확연히 달랐다. 그들은 퇴각하지 않는 것을 승리로 간주했다."

일본의 대대적 공격은 9월 중순에 시작해 60킬로미터에 걸친 전선에서 한 달 동안 계속되었다. 상하이 전선이 자베이, 홍커우(虹口), 양푸(楊浦) 구를 걸쳐 부근의 농촌까지 뻗어 나갈 때 격렬한 전투가 벌어졌고, 비가 내려 한 목격자가 묘사한 대로 전장은 "젖어 버린 거대한 논"으로 변했다. 은폐해 있던 중국 포병이 강 건너에서 포격했다. 시민들이 방어지 구축을 돕고 의료와 구제 활동에 협조했다. 두웨성은 방탄 리무진을 군대에 헌납했다. 술집은 부상 군인을 위한 구호소로 바뀌고, 가녀들은 달콤한 말과 꽃과 매니큐어로 부상병들을 위로했다.[3]

전투가 가장 격렬할 때 국민당군은 일부 가장 우수한 장군들이 지휘하는 50만 대군을 투입했다. 도쿄에서는 학자 집안 출신에 불교를 신봉하는 왜소한 결핵 환자인 마쓰이 이와네(松井石根) 장군이 지휘하는 군대를 20만으로 증강시키기 위해 여섯 차례나 군대를 이동시켰다. 그의 군사들은 장대비가 쏟아지는 해안선으로부터 느리지만 꾸준히 전진했다. 국민당군을 위해 일하다 변절한 이탈리아 고문들이 이 지역의 작전 계획을 넘겨주어 일본 공군은 큰 도움을 받았다.

1932년의 전쟁 이래 철근 콘크리트로 재건된 북역의 10층짜리 관리 건물이 다시 한 번 전투의 중심지가 되었다. 네 벽이 탄흔으로 얼룩진 건물은 한쪽 끝에 폭탄과 포격으로 검고 큰 구멍이 뚫렸지만, 중국의 한 부대는 여전히 건물 안에서 굳게 지키며 밤에는 공격 임무를 수행했다. 도시의 주요 감옥에 수감된 많은 죄수들은 포격이 닥칠 때마다 죽어 나갔다. 외국인이 개설한 한 병원에서는 8월에만 1만 4599명의 외래 환자를 진찰했다. 홍커우 구 도처에서 로즈 파머는 일본군에게 총살된 현지인 시체들을 목격했다. 저격수를 몰아내기 위해 모든 거리의 건물들이 불타고, 상점은 약탈당하고, 곳곳에서 강탈이 습관인 낭인들이 날뛰었다.[4]

방관자들 무리는 황푸탄 로의 옥상에서 적함이 시내 중심가를 포격하는 광경을 구경했다. 마치 독일 순양함이 1940년 웨스트민스터(Westminster)에 정박한 것이나, 일본 해군 함정이 1942년 허드슨 강에 출현한 것과 마찬가지 상황이었다. 외국인들은 잔디밭에서 볼링, 폴로, 크리켓을 계속 즐겼고, 오페라단은 그레이하운드 경주장에 딸린 무도회장에서 공연을 했다. 로터리 클럽에서는 여전히 국제 정치 강연을 들을 수 있었다. 일본 국회 대표단이 발생한 사건들을 조사하기 위해 도착했다. 한 술집에서는 헝가리 집시들이 새벽까지 공연했다. 다른 술집에서는 기진맥진한 러시아 가수가 낮은 목소리로 상송 「들려줘요, 사랑의 말을」을 흥얼거리고 있었다.

비록 일본은 제공권을 장악했지만, 쑹메이링의 주도로 고용된 전 미국 공군 군관 클레어 셔놀트가 지휘하는 중국 조종사들도 정기적으로 출격했다. 특별한 목표물은 이전에 중국 비행기들을 비참하게 습격했고 지금은 황푸탄 로부근에 정박해 있는 순양함 이즈모 호(出雲號)였다. 어뢰로 두 차례에 걸쳐 격침하려 했으나 실패하여 이 구식 전함은 아무런 손상 없이 건재했다. 난징 로에서 벌어진 제2차 상하이 전투에서 뜻밖의 사건은 중국 조종사가 일본 전투기들을 피하기 위해 무게를 가볍게 해서 투하한 폭탄이 청신 백화점을 명중한 일이었다. 폭파로 인한 유산탄과 파편이 맞은편의 융안(永安) 백화점까지 날아 갔다. 200명이 사망하고 550명이 부상을 당했다. 계산대의 점원들과 손님들이 서로 포개지고 겹쳐 쓰러지며 죽어 나갔다. 시체 더미가 장난감들을 덮었다. 파열된 중심 급수관에서 흘러나온 물이 선혈을 배수구로 섞여 들어가게 했다. 한 보이 스카우트 단원이 청신 백화점 2층에 끼인 승강기로 올라가 문을 열자 사망자의 피가 쏟아졌다. 그는 잘린 머리가 여전히 남아 있는 목제 헬멧을 손 으로 집어 내려놓았다.[5]*

장제스는 상하이 북서부에 자리한 비단의 성 쑤저우의 총사령부에서 작전 을 총지휘했다. 그는 늘 찰나에 급변하는 전장의 실제 상황과는 전혀 관계없는 상세한 서면 명령을 하달했는데, 이러한 명령들이 전선에 도착했을 때는 이미 시간이 흐르고 상황이 변해 쓸모가 없었다. 절대 후퇴하지 말라는 고집스러운 명령은 상하이 주위의 농촌에서 지루하게 계속되는 격전에 많은 최정예 부대 를 몰아넣었다. 삶은 달걀과 코냑을 배불리 먹은 팔켄하우젠을 포함해 독일 고 문들이 전선으로 나갔다. 난징 정부는 이 일로 훈장을 수여했다. 종군 기자 헤 셀 틸트먼(Hessell Tiltman)은 중국 군대의 소질에 깊은 인상을 받았지만, 의료 설비의 부족과 참혹한 손실에 주목했다. 어느 날 밤 그는 모래주머니에 기대 앉았다고 생각했는데 실상 시체 더미 위에서 쉬고 있었다는 것을 뒤에 깨달았 다. 그는 중국인이 "펜으로 쓸 수 있는 가장 감동적인 찬미를 바쳐야 하는 용기 로, 믿을 수 없는 고초에 맞서고 있다."라는 결론을 내렸다. 방어자들은 혼란스 러운 협동 작전과 빈약한 정보 탓에 불리한 상황에 빠져 있었다. 어느 때 어느 곳에서나 그들은 가시철조망도 없는 1인용 참호에서 전투를 치러야 했다.[6]

악전고투가 최고조에 이른 사이에 쑹메이링은 난민들과 야전 병원을 방문 하기 위해 난징에서 차를 타고 상하이로 갔다. 도널드가 그녀와 함께했다. 도

---

* 이 공격은 때때로 일본의 소행이라고 비난받았지만 헬릿 어벤드는 중국 비행기가 이태리제 폭판 두 개 를 투하하는 것을 목격했고, 또한 국민당군에게 그 폭탄들이 수출된 기록이 세관에 남아 있었다.(『나의 삶 (My Life)』, 64쪽)

로는 포탄 구멍이 가득하고 일본 비행기의 감시 아래 놓여 있었다. 일본 군대는 차 지붕에 영국 국기가 그려져 있는데도 불구하고 주중 영국 대사 휴 내치불허거센(Hughe Knatchbull-Hugessen) 경을 태운 자동차를 공격하여 척추에 부상을 입혔다. 그들의 차에 탄알 구멍이 뚫릴 때 푸른색 바지와 셔츠를 입은 쑹메이링은 도널드와 교담을 나누고 있었다. 뒷바퀴가 폭발한 뒤 통제 불능의 자동차는 고속 도로에서 거꾸로 튕겨 나갔다. 차에서 내던져진 도널드는 쑹메이링이 머리 위로 날아가는 것을 보았다. 그녀는 6미터 밖의 도랑에 처박혀 온 얼굴에 진흙을 뒤집어쓰고 의식을 잃었다.

쑹메이링이 이미 죽었다고 생각한 도널드는 그녀를 업고 농가로 옮겼다. 등에 업힌 몸이 떨 때에서야 그녀의 숨결이 느껴졌다. 목숨을 빼앗는 악마들이 놀라 달아나도록 크게 고함을 지르는 중국인들의 습관을 서투르게 모방하여 도널드는 사자후 같은 목소리로 읊었다. "일본과 싸운 용감하고 젊은 여자가 가장 우아하게 공중으로 날아올랐네." 도널드가 10년 후에 회고한 바대로, 쑹메이링이 눈을 떴을 때 그는 그녀에게 말했다. "제가 도랑에서 당신을 업고 오지 않았다고 하면 절대 안 됩니다."[7]

얼굴을 씻고 화장을 한 쑹메이링은 창백하고 허약해 보이는 얼굴로 몸 한쪽이 매우 아프다고 말했다. 그녀는 도널드의 팔을 꽉 붙잡은 채, 도로로 옮겨놓은 차에 올라 상하이로 향했다. 쑹메이링은 갈비뼈가 부러졌지만 계속해서 야전 병원을 순회하며 간호사 복장을 하고 부상병을 돌보는 사진을 촬영했다.

일본군이 항저우 만에서 상하이 남부로 상륙하여 뒤쪽에서부터 비스듬히 30만 중국군을 포위 공격하는 수륙 양동 작전을 펴자 승패는 결정 나 버렸다. 전선의 지휘관들이 장제스에게 총퇴각을 독촉했지만, 그는 닷새를 지체하다 수많은 우수한 병사들을 잃고 말았다. 도쿄의 해군 대변인은 이틀 동안 850대의 비행기들이 2526개의 폭탄을 투하했다고 보고했다. 거대한 화염이 치솟은 뒤, 이 지역의 곳곳은 검게 탄 대들보와 부서진 벽돌 조각들이 가득한 시커먼 폐허로 변하고 말았다.[8]

일본군이 상하이로 가기 위해서는 반드시 통과해야 하는 쑹장(松江)에서 화염이 삼켜 버리지 않은 건축물은 거의 없었다. 한때 이 도시에는 10만 명이 살았으나, 이제는 전 프랑스 천주교 성당 안에 다섯 명만이 은신해 있었다. 시체를 뜯어 먹는 들개들은 비정상적으로 뚱뚱해졌다.[9]

11월 8일 장제스는 마침내 상하이에서 철수하라는 명령을 내렸다. 퇴각을 엄호하기 위해 자베이에 불을 질렀다. 비가 내렸음에도 화염은 8킬로미터 이상 길게 이어졌고 일부 지역에서는 2주일이 지난 뒤에도 여전히 사그러들지 않았다. 영미 공동 조계의 시내 건너편에 주둔한 정예 대대는 창고 뒤를 최후 저항의 전초지로 삼았다. 그들은 심혈을 기울여 방어 위치를 골랐는데, 일본군으로 하여금 포탄이 빗나가 외국인들을 명중할 것을 우려해 포의 사용을 억제하도록 만들기 위해서였다. 열네 살인 중국여동자군(中國女童子軍) 단원 한 명이 건물에 꽂혀 있던 국기를 들고 시내를 헤엄쳐 건너갔다. 수비 책임을 맡은 상교는 오랫동안 버티기 위해 설탕, 소금, 과자 등 보급품을 보내 달라고 요구했다. 하지만 수비 대대가 한번 시늉을 보인 이상 장제스는 철수를 명령했다. 시체 100구를 남겨 두고 병사들은 다리를 건너 영미 지역으로 진입했다. 일부는 기름종이 우산을 들고 있었다. 한 명은 카나리아를 기르는 새장을 들고 이동했다. 많은 병사들이 손에 손을 잡고 걸었다. 이 대대와 함께 포위 공격을 했던 여섯 명의 제복 차림 소녀들이 대오를 따랐다. 그들 뒤에서는 일본 병사들이 '반자이(萬歲)'라고 소리를 지르며 창고 지붕 위에서 일장기를 펄럭였다.[10]

90일간의 전투에서 독일식 훈련을 받은 많은 최정예 부대들을 포함해 중국군의 사상자 수는 18만에서 30만 사이에 달했다. 일본군은 7만 명이 사망했다고 추정되었다. 10만 명 이상의 난민들이 나무로 된 팔 하나와 하얀 수염을 가진 프랑스 예수회 수사가 설립한 외국 조계지 내의 숙영지로 몰려들었다. 다른 35만 명은 전쟁 기간 혹은 전후에 상하이를 떠났다. 그 어떠한 이성적인 기준으로 재든 간에 중국에게 이번 전쟁은 재앙이었다. 만일 장제스가 상하이 전선을 지킬 수 있었다면 전국적으로 사기가 고양되어 참담한 손해를 정당화할 수 있었을 터이지만, 후퇴가 병사들과 민간인들의 생존을 위한 대혼란의 경주로 돌변하자 상황은 그와 너무나 멀어져 버렸다.

적들은 중국군이 이 지대의 하류, 호수 및 운하를 이용해서 세운 방어선을 측면에서 여러 차례 포위하는 과정에서 모든 것을 깡그리 부수어 황무지로 만들어 버렸다. 남자들을 집에서 끌어내고 방 안에서 여자들을 강간했다. 말과 당나귀와 물소를 약탈해 전리품과 식량과 축산물을 운반하게 했다. 로즈 파머가 보도했다. "지구 상에서 인구가 가장 조밀한 상하이와 난징 사이의 농경지는 중국인 대략 100만 명의 무덤이 되었다." 달아나는 사병들과 평민들이 길 위를 가득 채웠고, 일부는 마차, 인력거와 배에 올라탔지만 대다수는 걸어서 도망을 다니며 적기의 폭격과 기총 소사의 과녁이 되었다. 한 일본군 대대에서 단순 명쾌하게 명령했다. "법률을 준수하는 모든 사람들은 이미 도시의 성벽 안으로 철수했다. 성벽 밖에서 발견되는 자들은 누구나 반일 분자로 간주해서 없애라."[11]

총사령관이 난징으로 돌아올 때, 팔켄하우젠은 쑤저우에서 일본군을 3개월간 지체시키기 위한 계획을 내놓았다. 팔켄하우젠은 공습의 무지막지한 영향을 고려하지 않고 작전을 짰다. 바로 한 목격자가 쓴 대로였다. "수 톤의 폭탄이 하늘로부터 쏟아져 폭발하자 갈기갈기 찢어진 사람의 살과 먼지, 돌, 흙탕물이 폭포수처럼 떨어졌다. …… 가장 끔찍한 악몽과도 비교할 수가 없었다. …… 우리들이 목격한 죽음과 파괴는 정말로 말로는 형용하기 어려웠다." 공습 뒤, 두건 투구를 쓴 일본군 병사들이 성문을 통해 쏟아져 들어왔다. 수비대는 그들을 불교 승려로 착각했다고도 한다. 일단 도시의 성내로 진입하면 일본군은 무기를 꺼내 사격을 시작하며 도처에 불을 지르고, 성문을 열어 주력 부대가 진입하도록 했다. 도망칠 수 있는 사람은 모두 달아났다. 일본군이 점령을 마칠 즈음에는 성벽 안에 500명이 남았다.[12]

민간인을 과녁의 중심으로 삼은 폭격은 국제 연맹과 미국의 비난을 받았다. 영국은 쌍방 간의 교전을 중재하겠다고 제안했다. 런던과 워싱턴의 지지 아래 중국 문제를 논의하는 9개국 회의가 브뤼셀에서 열렸다. 하지만 일본은 참가하지 않은 채 중국이 "태도를 재고"할 때까지 계속해서 쓴맛을 보여 주겠다고 주장했다. 일본에서 중국 문제는 신성한 투쟁으로 변하고, 천황의 '인자

한 통치'가 바다 건너의 낙후한 인민에게 베푼 성전으로 확장되었다. 일본군 사령관은 일본군이 중국 인민을 구제하기 위해 자신을 희생할 준비가 되어 있는 진정한 친구라는 것을 중국인은 마땅히 깨달아야만 한다고 말했다.[13]

외국 열강들은 중국을 잠식해 온 수십 년 동안 중국의 영토가 온전하게 보존될 수 있도록 배려를 베풀었다고 공언했다. 장제스는 외국 열강들이 도움을 주지 않자 쓰디쓴 결론을 내릴 수밖에 없었다. 동시대에 터진 스페인 내전은 비록 외국의 파시스트와 공산주의자의 개입이 있었지만 기본적으로 스페인 국민 간의 전쟁이었다. 이와 대조적으로 중국은 미국과 유럽이 1918년 제1차 세계 대전 이후 약속했던 세계 질서를 저해하는, 적나라하고 정당한 이유 없는 타국의 침략에 직면했다. 장제스가 한 인터뷰에서 밝힌 바와 같았다. "하나의 단순한 사실은 일본이 자신들의 대륙 제국을 세우기 위해 중국의 붕괴를 목표로 삼고 행동을 취했다는 것이다." 서방은 마치 '분규 제조'가 다른 나라의 일부 지역을 합병하는 구실거리로 허용되어 마땅하다고 생각하는 것 같았다.[14]

이러한 과정에 따라 상하이의 중국인 지역은 일본이 통제하는 괴뢰 정권의 관리하에 들어갔고, 동시에 침략자는 외국 조계지에서 영향력을 확대하려고 노력했다. 장제스는 서방 국가를 전쟁에 개입시킬 수도 없었고, 일본을 전쟁으로 인한 피로감으로 고통스럽게 하겠다는 애초의 희망도 훨씬 더 호전적인 도쿄의 태도로 단호하게 부정되고 말았다. 이미 중국의 주요 도시와 그곳의 금융, 세수, 상업 및 제조업 등 모든 자원을 상실했다. 게다가 적군을 난징 중앙 정부의 근거지까지 끌어들이고 말았다. 하지만 장제스는 정신 승리법에 따라 제2차 상하이 전쟁은 국군 역사에서 가장 휘황찬란한 순간이었다고 선포했다. 40년 뒤 한 기독교 신자가 장제스 위인전에 기록한 바대로, 장제스의 양자 장웨이궈는 중국 중부에서 제2전선을 펼친 것이 "중국과 세계 전쟁사에 기록된 가장 빛나고, 가장 성공적이고, 가장 어렵고, 가장 대표적인 전쟁 사례"였다고 부르짖었다.[15]

난징 대학살

1937년 가을과 초겨울, 온 시선이 상하이에 집중되는 와중에 북방의 일본 군은 줄곧 앞으로 맹진하여 12월 베이징에 괴뢰 정부를 세웠다. 일본군은 지상 전을 확대하는 동시에 일련의 철도 연선 및 중국의 대다수 주요 도시들에 공습 을 감행했다. 일본 군대는 전진하는 도중에 전쟁 동안 보여 줄 수 있는 잔인함 을 양껏 발산했다. 제멋대로 도살하고 강간하고 약탈했다. 일본군이 엄혹한 북 방의 추위에 맞서 불을 피우기 위해 가옥을 해체해 버리자 주민들은 돌아갈 집 이 없어졌다. 한편 중국은 독가스를 사용하겠다고 선언했다.

공산당 팔로군의 한 부대는 대장정 고참병 린뱌오의 지휘 아래 북방에서 휘황찬란한 승리를 거두었다. 청회색 무명 군복을 입은 전사들은 마라톤식으 로 행군한 뒤 산시(山西) 서북 황토 지대의 핑싱관(平型關) 협곡을 지나는 일본 부대를 매복 공격했다. 앞선 승리들로 사기가 하늘을 찌르는 침략자들은 귀찮 다는 듯 정찰병들을 보내지 않았다. 공산당원들은 포화와 수류탄 투척으로 일 본군을 맹렬하게 공격하여 400명의 사상자를 대가로 적군 3000명을 죽이는 전 과를 올렸다. 핑싱관 전투는 공산당사에서 마오쩌둥의 게릴라 전술이 거둔 승 리로 전해져 오지만, 국민당은 이를 한 자도 언급하지 않았다.[16]

이 매복 공격으로 중국은 고립된 승리를 거두었지만, 일본 군대는 포위 공 격으로 11월 8일 산시의 성도 타이위안(太原)을 탈취했다. 도쿄에서는 히로히 토 천황이 수시로 군사 수뇌부와 대신들을 만날 수 있도록 제국대본영(帝國大 本營)이 세워졌다. 일본은 미국으로부터 필수적인 물자 수입이 중단되는 위험 을 피하기 위해 여전히 이번 충돌을 '사변(事變)'이라고 불렀다. 미국의 중립 법은 전쟁을 일으킨 나라들에게는 물자 공급을 중지하기 때문이었다.* 한번은 베이징에서 일본 측 대변인이 질문자에게 이렇게 대답했다. "당신은 알고 있

---

* 중국 정부 역시 국제법상 교전 상태가 되면 해외로부터 물자 수입이 곤란해질 것을 예상하여 일본에 대 한 선전 포고를 피했다. 일본군은 전시 국제법의 적용을 피하는 논리를 동원했기에 중일 전쟁 기간 동안 포로 살해, 이른바 현지 조달이라고 하는 약탈, 인민에 대한 폭행, 강간을 서슴지 않고 자행했다. — 옮긴이

지 않습니까? 이것이 선전 포고를 하지 않은 하나의 특수한 전쟁이란 것을!"
하지만 제국대본영의 활성화는 이번 전쟁의 규모가 최고위층의 협조가 필요
할 정도라는 점을 일깨웠다. 도쿄는 전쟁에 대한 호칭을 '북지나(北支那) 사변'
에서 '지나 사변'으로 바꾸었다.[17]

침략에 대응할 때 쑹메이링은 영어권 세계, 특히 미국에 대하여 가장 영향
력 있는 난징 정부의 대변인이었다. 그녀는 미국 라디오 방송에서 중국인은
'겁쟁이'라는 오명을 쓰고 여러 해 동안 발버둥쳤으나, 이제는 최선을 다할 것
이라고 말했다. "우리는 승리할 때까지, 우리의 두 다리가 정말로 부러질 때까
지, 설령 우리의 아름다운 땅과 유구한 역사 그리고 중화의 갈망이 피로 물들
고 화염에 삼켜져 멸망할지라도 줄곧 싸울 것입니다. …… 일본은 중국을 정복
하겠다는 사전 계획에 따라 행동하고 있습니다. 마치 한 나라도 개의치 않는
듯하다는 게 이상할 뿐입니다. 그들은 마치 주술에라도 걸린 양 침묵하며 낮은
목소리로 '이것은 전쟁이 아니라 단지 사변일 뿐이다.'라는 단순한 주문만 웅
얼거리고 있습니다. 전쟁을 불법이라고 선포하고 전쟁 행위를 규범화하려는
모든 조약과 체제는 모조리 붕괴되기라도 한 듯합니다. 우리는 야만의 시대로
되돌아왔습니다." 그녀는 서방의 침묵이 "문명의 승리를 알리는 신호인가" 아
니면 "서방의 도덕적 우월함이 조종을 울리는 소리인가"를 물었다.[18]

나날이 친일 정책을 추구하는 독일의 원조가 줄어들자 장제스는 모스크바
로 방향을 돌렸다. 스탈린은 일본이 소련의 극동 지방을 공격하지 않도록 하기
위해 중국의 군사력을 증강하는 데서 소련의 이익을 예측했다. 두 사람은 언제
나처럼 이데올로기적 고려가 아니라 전략적 필요의 숙고에 따라 움직였다. 소
련과 중국은 상호 불가침 조약을 맺었고, 러시아로부터 무기와 조종사들이 도
착하기 시작했다. 하지만 일본군이 40킬로미터에 달하는 난징 전선을 향해 진
군할 때, 이렇듯 새로운 중소 관계는 양쯔 강 연안의 위기 국면을 타개하는 데
아무 작용도 하지 못했다.

난징 정부는 우한 시로 천도한 연후에 만일 필요하다면 양쯔 강의 협곡을
넘어 쓰촨의 충칭으로 옮겨 가기로 결정했다. 상하이 전투 기간에 공장들을 해

체하고 그중 150개는 깊은 내륙으로 운송하는 대규모 작전을 시행한 차였다. 이제 이 작전은 더욱 박차를 가해 진행되었다. 1만 5000상자의 예술품도 난징으로부터 출하되었다.[19]

장제스는 당분간 독일 대사 오스카 트라우트만(Oscar Trautmann)이 도쿄가 타진한 메시지를 건네주는 수도에 머물렀다. 평화를 추구한다는 허울 아래 일본이 보낸 의미 없는 술수에 불과했을 이 메시지는 냉대를 받았다. 총사령관은 중국이 공격받는 한 대화는 근본적으로 불가능하다고 말했다. 경제 협력 제안들을 입증한다는 의미로 일본 기업들은 중국 북방에서 석탄, 철, 교통수단과 전력에 관한 거대한 자원 개발 계획을 발표했다.[20]

장제스는 이제 난징에서 중차대한 제2차 시가전을 벌일 것인지를 결단해야 했다. 저항을 강하게 주장한 인물은 바로 1926년 북벌 전쟁 시기에 국민당의 초기 맹우였던 후난 출신 장군 탕성즈였다. 다시 한 번 동맹자로 돌아오기 전에 반란을 일으키고 일본으로 도망쳤던 이 불교도 장군은 난징에서 일본군을 지체시키면 다른 군대가 전열을 가다듬을 휴식기를 마련할 수 있다고 쟁론했다. 장제스는 그에게 말했다. "내가 남든, 당신이 남든 해야 하오."

약 9만 명에 달하는 국민당군은 30킬로미터의 성벽에 기관총 화력을 배치하고, 참호를 파고 거리 위에 가시철망을 설치하고, 콘크리트와 모래 자루 및 강철로 성문에 방벽을 쳤다. 성 주위의 사방 1.5킬로미터 지대는 큰불을 놓아 개활지로 만들었다. 11월 말, 탕성즈는 기자 간담회를 열고 수도와 존망을 함께하겠다고 맹세했다. 기자들은 그에게 박수갈채를 보냈다. 하지만 일부 기자들은 이제 막 나쁜 병에서 회복했고 아편 중독 경력이 있는 이 장군이 약 기운 아니면 그저 멍한 얼굴로 비지땀을 줄줄 흘리는 모습에 주의했다. 12월 1일 밤, 도널드는 장제스에게 전용기를 대기시켜 놓는 편이 좋을 거라고 제안했다. 총사령관은 고개를 끄덕이며 "새벽에 출발합시다."라고 말했다. 떠나기 전에 장제스의 아내는 미국의《애틀랜틱 먼슬리(*Atlantic Monthly*)》에 배송 주소를 바꿔 달라고 요청하는 편지를 썼다.[21]

동틀 무렵 서남 방향으로 가는 시코르스키 수상 비행기를 쑹메이링, 도널드과 함께 탄 장제스는 낮은 목소리로 시를 읊조렸다. 거의 흥얼거리는 듯싶었다. 조용히 읊조리던 고시(古詩)도 그가 침묵함에 따라 점점 사라져 갔다. 비행정은 장시의 거대한 포양 호에 착륙했다. 10년 전 1차 북벌에서 장제스가 게일런과 함께 군벌 부대를 궤멸한 곳이었다. 세 승객은 산 위의 안전한 장소에 도착해 산봉우리를 만보하며 일주일을 보냈다. 이때 장제스는 장군들에게 아무 명령도 하달하지 않았다. 우연하게도 장제스가 비행기로 난징을 떠나던 날 일본군 지휘관 마쓰이 이와네 장군은 폐결핵이 재발하여 병상에 누웠다. 히로히토 천황은 그를 모든 전역을 관할하는 비작전 직책으로 승진시켰다. 공성전은 천황의 숙부인 아사카노미야 야스히코(朝香宮鳩彦王)에게 맡겼다.[22]

탕성즈 장군이 어떤 맹세를 했든 간에 중국의 저항은 혼란스러운 상태였다. 방어자 측은 서로 다른 부대로 구성된 탓에 일사불란하고 응집력 강한 지휘 체계가 부족했다. 많은 우수한 군관들이 상하이에서 전사했다. 장제스를 포함해 주요 군관들의 이탈은 사기를 저하시켰다. 중국 비행기들은 이미 먼 내륙으로 철수했기 때문에 그 어떤 공중 지원도 받을 수 없었다. 일부 군인들은 열두세 살 먹은 소년들이었다. 비록 호언장담을 내뱉었을망정 탕성즈는 곧 그의 부대가 평화롭게 철수할 수 있도록 난징을 일본에게 넘겨주는 협상 방안을 찾았다. 이 제안은 양쯔 강에 정박 중인 미국 군함 파나이(Panay) 호로부터 무선 전신을 통해 장제스에게 전해졌다. 장제스는 거절했다. 적과의 공개적인 타협은 그의 전략과 맞지 않았다.[23]

12월 10일 일본 비행기들이 난징을 폭격하는 동시에 포병도 맹렬한 포격을 퍼부었다. 시민들은 외국인이 확정한 안전지대로 몰려 들어갔다. 참혹한 전투가 계속되는 와중에 이따금 맨손 격투가 벌어지기도 했다. 오후 5시, 공격자들이 주요 건물에 올라가 그들의 깃발을 펄럭였다. 탕 장군은 국군 총사령부에 보낸 한 전보에서 보고했다. "물론 아군의 손해는 매우 극심하고, 우리는 단지 피와 살로만 강철에 맞서 싸우고 있다."

일단 방어자들이 앙버티며 저항을 한 이상 장제스의 태도는 정반대로 돌변했다. 그는 탕 장군에게 양쯔 강을 건너 철수하라고 명령했다. 이제 목적은 가능한 한 많은 병사들을 구하는 것이었다. 하지만 늘 그렇듯이 전장에서 멀리 떨어져 있는 총사령관이 발포한 명령은 전혀 현실적이지 못했다. 탕 장군은 장제스에게 전장의 형세상 철수가 불가능하다고 말했다. 탕성즈의 부대원들은 고립된 작은 지역들로 찢어진 채 전투를 벌여 통일적인 행동을 취할 수가 없었다. 일본군은 주요 탈주 노선인 양쯔 강을 통제했다. 탕성즈는 소규모 돌격으로 포위망을 뚫은 뒤 고향 후난 성을 향해 도주했다. 그리하여 그는 난징을 잃은 자라는 오명을 뒤집어썼다. 그가 떠난 뒤 난징은 살육의 혼돈에 빠졌다.[24*]

양쯔 강을 건너려다 수천 명이 죽었다. 일부는 일본군의 공습에 폭사하고 다른 사람들은 배의 과부하로 강물에 빠져 익사했다. 거대한 화염과 탄약 더미의 폭발로 훨씬 더 많은 사람들이 죽어 나갔다. 부상병 3000명은 큰 역의 콘크리트 플랫폼에서 나뒹굴었다. 그들에게 죽을 먹인 한 미국인은 사람들의 신음 소리가 "마치 소나무 숲에서 나는 바람 소리 같았다."라 말했다. 중국 병사들은 벨트와 각반으로 만든 밧줄을 타고 성벽을 기어올라 달아났다. 패잔병 무리는 군복을 버리고 민간인 틈에 섞이려고 시도했다. 전쟁 포로를 잡지 말라는 명령에 따라 일본군은 손바닥 검사로 도시민들 사이에서 군인을 대강대강 식별하며 피부가 매끄럽지 않은 자들은 모조리 총살했다. 지난 10년 동안 중국 근대화의 상징으로 들어선 아름다운 현대식 건축물들이 불탔다. 은행, 상점, 공장, 주택은 약탈당했다. 100만 명의 난징 시민들 중에서 절반이 타향을 떠돌았다. 남은 사람들은 새로운 주인을 만족시키기 위해 일장기를 내걸었다.[25]

혼란 중에 일본 비행기가 파나이 호를 격침한 사건이 외교적 문제를 일으켰다. 생존자들은 안전지대로 헤엄쳐 갔으나 기관총 소사를 받았다. 영국 군함도 목표물이 되었다. 하지만 워싱턴과 런던은 도쿄의 사과에 만족했다. 서방 열강들이 간섭해 주기를 바라는 장제스의 희망은 단지 환상에 불과했다는 것이 다시 한 번 증명되었다. 여하튼 난징 시에서 벌어진 대학살 사건과 비교하면 서방 국가들의 포함을 공격한 것은 사소한 일화에 불과했다.

---

* 노련한 생존자 탕성즈는 나중에 전국인민대표대회의 성원으로 공산주의 중국에서 다시 부상했다.

난징 대학살은 사망자 수만이 아니라 일본군이 저지른 도살 방식에서도 유일무이한 도시에서의 잔학 행위였다. 변덕스럽고 독특한 잔인성과 가장 원시적인 본능의 폭발로 인해 벌어진 6주 동안의 테러와 살인은 난징 거주자들을 제멋대로 도륙당하고, 고문당하고, 강간당하는 비인간적인 생지옥으로 몰아넣었다.* 사망자는 총 30만 명에 달했다. 양쯔 강 유역 전체의 사망자 수를 가리키는 위 숫자의 출처는 《맨체스터 가디언(*Manchester Guardian*)》의 헤럴드 팀펄리 기자이지만, 일부 기록들에 따르면 심지어 이보다 더 많았다.[26]

첫날 일본군 1개 사단은 2만 4000명 이상의 전쟁 포로와 탈주병들을 살해했다. 강변 선창에서 역부들은 도살당하기 전에 2만 구의 시체를 양쯔 강에 내던졌다. 적십자를 상징하는 백색 깃발 뒤에 자리한 외국인 안전지대는 허약한 보호망일 뿐이라는 것이 증명되었다. 사실상 백색 깃발은 난민들이 몰려 있는 곳임을 알려 도리어 살인자들의 거대한 목표물이 되게 했다. '난징의 착한 나치당원' 욘 라베(John Rabe)는 그저 거리를 돌아다니며 길에서 만난 사람들만을 구제할 수밖에 없었다.[27]**

난징 대학살은 일본 황실의 명령이 아니었다. 마쓰이 장군은 12월 17일 이 도시로 들어가 승리의 퍼레이드를 벌인 뒤 고급 군관들을 호되게 훈계했다. 그는 이틀 후 상하이로 떠나 부당한 행위는 반드시 엄벌에 처해야 한다고 주장했으나 뚜렷한 효과를 보지 못했다. 중국인이라면 누구든 과녁이 될 수 있었다. 일본군은 사람들을 밧줄로 묶은 채 끌고 가서 무더기로 기관총 사격을 가한 뒤 등유를 뿌리고 소각했다. 수천수만의 사람들이 생매장을 당하거나, 더러는 구덩이에 목까지 파묻혀 군견들에게 잔인하게 공격당했다. 다른 사람들은 차가

* 일본의 국가주의자들은 지금도 여전히 발생한 사건의 규모와 성질을 부정하고, 게다가 교과서에 상세하게 기록하는 것을 가로막고 있다. 하지만 증거가 압도적이다. 1997년에 나온 아이리스 장(Iris Chang, 중국명 장춘루(張純如))의 책은 공포로 가득한 사건과 일본이 책임을 거부한 통렬한 연대기를 제공한다. 야마모토 마사히로(山本正宏)는 그의 기록에서 난징 대학살은 다른 지역의 중국인을 겁박하기 위해 심혈을 기울여 계획한 술책이었다고 강하게 주장한다.

** 당시 독일과 동맹을 맺고 있던 일본은 독일인을 함부로 죽일 수 없었다. 일본군은 나치 당원인 욘 라베의 자택은 물론 그가 정해 놓은 난징 보호 구역에 접근할 수가 없었고, 그의 저택에 머물던 중국인 난민 약 650명과 보호 구역 내의 20만 명이 생존할 수 있었다. — 옮긴이

운 호수에 내던져진 뒤 얼어 죽었다. 일본 군인들은 중국인을 총검 훈련용으로 썼다. 목판 위에 시민들을 못으로 박아 놓고 차로 그 위를 돌진했다. 처결을 하기 전에 수족을 절단하고 배를 갈라 창자를 드러내고 눈알을 파냈다. 일부 사람들에게는 산을 뿌리고, 혀를 묶어 매달아 놨다. 예전에 병원이었던 곳에서는 '통나무'라고 불린 중국인을 대상으로 의학 생체 실험을 하며 세균과 독약을 주사했다. 수많은 여성들이 젊든 늙었든, 임신을 했든 병이 들었든 물불을 가리지 않는 일본 군인들에게 강간당한 뒤 살해되었다. 일부 살육자들은 여자들의 음부에 막대기를 쑤셔 넣었다. 임신부의 배를 갈라 태아를 꺼냈다. 다른 여자들은 일본 병사들의 성적 만족을 위해 세워진 이른바 위안소(慰安所)에 끌려갔다. 일본군은 그녀들을 '공중화장실'이라고 불렀다.[28]

일본 신문들은 일본군 중위 두 명이 군도로 중국인 100명을 참수하는 시합을 벌였다고 보도했다. 둘 모두가 이 숫자를 넘긴 뒤, 누가 먼저 머릿수를 채웠는지가 명확하지 않은 까닭에 목표는 150명으로 확대되었다. 기사에서는 그중 한 명이 중국인 하나를 반으로 가를 때 철모에 칼날이 마모된 일에만 주목했고, 이 중위는 이 시합이 '재밌었다'고 말했다. 야만 행위에 푹 빠진 일본 병사들은 대학살 사진들을 촬영해서 인화하기 위해 상하이로 보냈다. 사진관의 중국인 직원들은 그 사진들을 복사해 로즈 파머에게 전해 주었다. 파머는 그것들을 미국 잡지《룩》에 보내 참상의 증거물로 삼도록 했다.[29]

국민당의 수도 난징은 일본이 그들의 적에게 최대한의 수모를 안기기 위한 중요한 목표물이었음이 분명했다. 하지만 대규모적인 잔인성이 지속된 까닭은 만일 조금이라도 이성적으로 설명하는 것이 가능하다면, 다음과 같이 해석하는 것이 더 적절하다. 상하이 전투가 폭발한 이래 군대 내에서 형성된 긴장감, 난징 시내에 중국인의 수가 일본 군인들보다 월등히 많다는 인식, 4개월 전부터 길러진 무감각, 그리고 무엇보다도 일본 제국 군대 정신의 일부분이 된 중국인에 대한 비인간적인 태도를 들 수 있다. 침략자들은 주위의 사람들을 짐승보다도 못한 존재로 바라보며 살육 욕망의 대상으로 삼았다. 전부는 아닐지언정, 일본군 지휘관들은 이러한 과녁들이 사병들의 전투 의지를 높일 수 있다고 생각했을 법하다. 한 병사는 일기에서 중국인을 "땅 위에서 기어 다니는 개미들 …… 우매한 양떼"라 묘사했다. 다른 사병은 전우들이 부녀자를 강간할 때는 사람으로 생각했지만 죽일 때 "우리는 그녀를 한 마리의 돼지 같은 것으로 여겼다."라고 기록했다.[30]

도쿄의 천황은 적어도 발생한 사건의 윤곽을 알고 있었음이 확실한 듯하다. 그의 숙부가 지휘관인 데다 일본 신문들은 마치 운동 경기인 양 군관들이 즐기는 도살 경기를 보도했으니 말이다. 히로히토는 전과 다름없이 중국이 난징과 같은 엄청난 타격을 한차례 더 받고 패배하기를 희망했다. 중국에서 일본군의 무기한 주둔을 포함하여 배상, 만주국 승인 및 공산당에 대항하는 합작 등 일본의 휴전 조건은 한층 더 가혹해졌다. 외무대신은 제국의회 회의에서 "우리는 반드시 중국과 마지막까지 결전을 벌이겠다는 결심을 더욱 굳게 다져야 한다."라고 말했다. 도쿄는 국민당 정부에 대한 인정을 철회하며 중국 정부는 '절멸'되었다고 밝혔다.[31]

우한으로 이동할 때 장제스는 그의 전략이 '공간에서 시간으로' 바뀔 시기가 도래했다고 선포했다. 일본이 일부 영토를 점령하는 동안 중국인은 저항을 강화할 시간을 벌자는 의도였다. 그는 군사 사무에 주의를 집중할 터였고, 행정원을 이끄는 직위는 처남 쿵샹시에게 넘겨주었다. 하지만 장제스의 계속적인 군림에는 의심할 여지가 없었다. 고위층 기구는 복잡하고도 간단했다. 장군들과 고급 관원들이 서로 중첩된 직무를 본다는 것이 복잡했지만, 단 한 사람에게 초월적인 지위를 준다는 것은 간단했다. 로이터 통신은 이렇게 보도했다. "중국의 정부 조직은 실질적으로 점차 없어져 갔다. 장제스 장군의 총사령부에서 파생한 군사 조직이 그것을 대체했다. 다양한 원(院)과 부(部)는 단지 이름뿐이었다." 외교부 인원은 400명에서 50명으로 감축되었고, 입법원은 단지 7명의 관원만 두었다.[32]

아직 점령되지 않은 중국의 지역을 5개 전구(戰區)로 나누고, 이를 장제스가 총괄적으로 지휘했다. 각 전구의 지휘는 광시 지도자 리쭝런, 산시 성장 옌시산과 황푸군관학교의 베테랑들에게 맡겼다. 총사령관은 후임자로 지명한 천청으로 하여금 우한을 방어하는 책임을 맡겼다. 양쯔 강 연안의 손실은 부대원 50만 명으로 추측되었고, 민간인 사상자는 훨씬 더 많았다. 정부 측 자료는 의료 시설의 부족이 "결과적으로 부상자들의 사망률을 한층 더 높였다."라는 점을 인정했다. 군관 대오의 손실도 매우 컸다. 한 장군은 열흘 동안 그의 부대에서 12명의 대대장 중 11명이 전사했고 사상자가 70퍼센트에 달했다고 보고했다. 친일 반국민당 정부가 세워진 북중국에서의 손실은 적과 내통한 구군벌 지휘관들 탓으로 돌려졌다. 하지만 상하이-난징 전역의 책임은 아무에게도 물을 수가 없었다. 그래서 장제스는 괴로움이 속죄의 길 역할을 한다는 생각으로 자기 합리화를 해야만 했다.[33]

한 해 전의 50세 생일 회고록에서 장제스는 자신의 집안이 그 얼마나 고독하고 영향력이 없었으며 억압의 대상이었는지를 회상했다. 1930년대 말 중국의 상황도 이와 똑같았다. 그의 가정이 부당한 처사를 받을 때 그의 친척들과 동족들은 냉담했다고 장제스는 적었다. 이와 똑같이 중국이 일본의 침략을 받을 때 중국 편에 선 나라는 없었다. 구원은 총사령관의 모친을 통해 집중적으로 구현되고 금욕주의와 신생활운동으로 지탱되는 기율, 인내, 분투에 존재했다. 1937년 12월 장제스는 우한의 무도장에서 춤을 추다 적발된 관원들을 처결하고, 도박을 하거나 가녀와 동석한 관원들에게 '엄중한 징벌'을 내렸다.[34]

장제스의 추론은 현실과 거의 들어맞지 않았다. 그는 탕 장군에게 난징에서 철수하라고 명령할 때 "나는 단지 전진할 수 있을 뿐이다. 우리 모두가 전진하자. 후퇴하지 말자."라고 선포했다. 난징이 함락된 뒤 방송에서 총사령관은 선언했다. "우리는 항복하지 않고 앞으로, 반드시 앞으로 진군해야만 한다. 항복은 틀림없이 전 국가적인 참화를 불러일으킬 것이다." 장제스는 일본인들이 중국 대륙 내지로 깊숙이 들어오면 그들은 마치 "고래를 삼킨 것"처럼 거대한 영토를 소화할 수 없다는 큰 문제에 직면할 터이므로, 형세가 "절대적으로 유리해질" 것이라고 덧붙였다. "틀림없이 일본의 군사력이 완전히 고갈될 때가 오고야 말 것이고, 그러면 우리는 최후의 승리를 할 것이다." 1938년 초 《타임》은 장제스와 쑹메이링을 그해의 국제 인물로 지명하면서 중국의 앞날은 "오랫동안 곤란"할 것이지만, 만일 중국의 지도자가 자신의 목적을 달성할 수 있다면 그는 금세기 아시아에서 최고의 인물이 되리라고 덧붙였다.[35]

이 시기에 장제스 부부와 늘 동행했던 도널드는 만일 다른 사람이었다면 이미 굴복했으리라 생각했다. 하지만 장제스는 거북이와 토끼의 경주라는 우화를 통해 아들에게 인생을 가르치는 사람, 그리고 필요하다면 한없는 시간을 쓰고 무리를 떠나 홀로 쓸쓸히 지내며 그 누구에게도 의지하지 못하는 사람이었다. 도널드는 "그와 함께했던 날들은 마치 고독한 북극해의 밤처럼 적막했다."라고 회고했다. "말문을 열면 그는 단지 한두 마디의 질문을 했다." 장제스 부부와 산보를 할 때 도널드는 두 가지 언어에 정통한 쑹메이링과 전쟁에 대해 1시간 남짓 토론했으나, 장제스는 아무 말 없이 홀로 시가를 암송할 뿐이었다. 도널드가 박수를 치며 총사령관을 현실 세계로 소환하면, 그는 아내 쪽으로 가볍게 머리를 돌려 고문이 원하는 것이 무엇이냐고 느긋이 물었다. 때때로 도널드는 쑹메이링에게 남편이 무슨 생각을 하고 있는지 모르는 것 아니냐고 묻곤 했다고 회상했다. 그녀가 무기력한 표정을 지으면, 이 오스트레일리아 인은 생각했다. "신이시여! 설마 그는 잠을 잘 때도 아무런 말을 내뱉지 않는단 말인가?"[36]

18

공간을 내주되 시간으로 압박하다

"노파들, 어린이들, 다양한 병사들, 짐차, 외바퀴 손수레, 인력거가 안개 자욱하고 축축하게 젖은 도로 위에 꽉 차 있었다. 이른 아침의 열기는 한랭한 서북풍으로 바뀌었다." 중국 중부에서 에드거 모러 기자가 보도했다.

반(半)현대화된 비단옷을 입고 슬리퍼를 신은 화사한 중국 소녀들. 긴 막대기의 도움으로 균형을 유지하며 전족을 한 다리로도 놀랄 만큼 빠르게 절뚝절뚝 걷는 노파들. 간혹 노인들. 인력거에 올라탄 부유한 상인들의 아내들. 둔감하게 터벅터벅 걷는 시골 아가씨들. 온몸이 땀에 흠뻑 젖었으나 태연히 이 오래도록 고달픈 중국인의 길을 걷는 작은 어린애들. 튼튼한 나무 바퀴가 달린 무거운 황소 짐차에 탄 온 가족. 상상도 못해 본 조합의 가축 떼가 끄는 짐차. 그 옆에서 빠른 걸음으로 가는 병사들의 장비와 혼잡하게 섞인 초라한 가재도구들. 작은 바퀴가 달린 나무 궤짝에 놓인 갓난애. 젖먹이를 등에 업고 비틀거리며 아기작아기작 걷는 좀 더 큰 아이들. 간혹 건장한 농부가 채를 높이 들고 당나귀나 아내나 어린애가 앞쪽에서 있는 힘껏 끄는 짐 가득한 거대한 외바퀴 손수레. 이런 온갖 것들이 퇴각하는 중국군과 구별하기 어려울 정도로 마구 뒤섞여 있었다. 동력차는 거의 없는 듯하고, 단지 몇 대의 차 위에는 부녀자들과 짐들이 하늘 끝까지 쌓여 있었으며, 혹여나 돈을 지불하고 이러한 운송 수단에 타려는 시도는 모조리 엄하게 거절당했다.[1]

국민당 정부가 인민에게 제공해야 하는 가장 기본적인 안전과 보호의 방면에서조차 현저하게 무능한 탓에, 일본군의 전진은 수백만 명의 중국인을 난민으로 전락시켰다. 작가 한쑤인은 우한으로 가는 도중에 기록했다. "난민 인파와 함께 가축이 끄는 짐차가 가득했다. 비참한 처지의 난민들은 얼굴색은 초췌하고, 옷은 남루하고 더럽고 얇고, 뼈가 드러날 정도로 쇠약하고 여위었으며, 얼마 안 되는 세간 묶음을 손에 꽉 쥐고 있었다. 아이들과 노인네 그리고 피로로 주름 투성이며 빠짝 여윈 사람들은 오랫동안 흐느껴 울고 더러운 손이나 누더기 옷으로 눈을 비빈 탓에 걸린 결막염으로 눈두덩이 빨갛게 부어 있었다."《타임》의 시어도어 화이트(Theodore White)는 황허 강변의 언덕에서 썼다.

마을은 죄다 철저하게 파괴당했다. 가옥은 산산이 부서지고 불타 버렸으며 …… 다리는 폭파되었다. …… 일본군은 물불을 가리지 않고 솜씨 좋게 들입다 약탈했다. 가치가 있는 물건들은 깡그리 빼앗아 갔다. 전화, 전선, 시계, 비누, 침구류는 싹 다 쓸어 모아 자신들의 보급 부대에 넘겼다. 병사들은 독자적으로, 더욱더 간단한 방식으로 강탈을 자행했다. 의복과 음식은 그들이 특히 원했던 것이어서 입맛에 맞든 안 맞든 송두리째 가져갔다. 여자들의 비단옷, 농부들의 무명 바지, 신발, 속옷을 주인의 몸에서 쫄딱 벗겨 내 벌거숭이로 만들었다.[2]

화이트가 들른 일부 마을들에서 일본군은 여자라면 모조리 강간했다. 농토에 숨은 사람들은 기병대에 의해 밀밭과 보리밭에서 강제로 쫓겨났다.

촌민 남자들은 제국 병사들에 의해 발가벗겨져 채찍을 맞으며 짐차로 끌려가서는 짐을 나르는 짐승처럼 앞으로 나아갔다. 일본인의 말과 노새는 질척거리는 진창에서 매를 맞고 죽어 나갔다. 어느 길에서든지, 어느 골짜기의 산등성이에서든지 누구나 썩어 가는 가축의 사체를 볼 수가 있었다. 죽은 말의 백골은 햇빛 아래서 유달리 눈부셨다. 강제로 집을 빼앗긴 중국인 농민들은 쓰러지거나, 죽거나, 더러는 미쳐 버릴 때까지 일본군의 인정사정없는 잔혹함에 쫓겼다.

로이터 통신은 한 "작고 깨끗한 도시"에서 일본군의 맹공 때문에 모든 가옥이 불타 없어졌다고 보도했다. 한 지방 장관은 적이 1차 공격을 할 때 600명을 죽였다고 말했다. 적들이 돌아오자 현지 주민들은 노획한 트럭의 차대로 만든 칼을 들고 맞서 싸우며 그들을 산까지 쫓아갔다. 산골짜기에서 시체들이 나뒹굴었고, 해골과 뼈는 햇빛 속에서 더욱 창백해 보였다. 현지인들은 도로를 부숴 일본군이 트럭 200대를 버릴 수밖에 없도록 했다. 차량은 가져와 무기를 만드는 데 사용했다. 대장장이들은 차에서 강철을 뜯어 내 총으로 만들었다. 이 기자는 단발용 권총에 "엄청난 반동력"이 있다는 것을 발견했다. 현지 관원들은 일본인이 다시 공격해 올 터이지만 "우리들은 머잖아 …… 적들을 불시에 급습하여 퇴각할 때까지 그들의 보급선을 끊어 버릴 참"이라고 목소리를 높였다. 정부는 먼 데 있지 않았지만, 촌민들은 자신들의 힘에만 의지해 스스로를 지켰다.[3]

중국 군대가 주둔한 곳에 도착한 모러는 1938년의 철군에 대해 다음처럼 보도했다.

기다란 종대에는 외투를 입은 사람이 거의 없었다. 철모는 드물게 보였다. 총검은 도저히 정상이라고는 생각할 수 없었다. 이에 반해 우산은 널리 보급되어 있었다. 나는 단지 기관총 몇 자루, 한 문의 박격포, 고사 기관총 한 자루 같은 작은 무기만을 보았을 뿐이었다. 길 위에서 군대와 함께한 이틀 동안 내가 본 야전포는 6문을 넘지 않았다. 일주일 내내 중국 비행기는 우리의 상공에서 단 한 대도 날지

않았으나, 일본 비행기들은 곳곳에서 볼 수 있었다.[4]

허난-산둥 경계에서 로즈 파머는 열차 수화물 칸이 대자리에 누워 있는 중상병들로 빼곡한 것을 목격했다. 이 오스트레일리아 기자는 "도처에 괴저병이 나돌았고, 상처에는 구더기들이 득시글댔다."라고 썼다. "그들은 고통을 조용히 참으며 아무 소리도 없이 죽어 나갔다. 0.5구경의 기관총 탄알이 가랑이를 관통한 젊은이가 있었다. …… 일주일 전에 총격을 당했다고 했다. 나는 그에게 담배 한 꾸러미를 건네주었다. 그는 파리하게 웃으며 오른손으로 손사래를 쳤다. 예의 바른 거절의 손짓이었다."[5]

일본군은 대도시와 소도시, 진(鎭)과 주요 도로와 철도선을 점령하며, 농작물을 약탈하고 게릴라 활동이 빈번한 농촌을 평정하기 위해 규칙적이고 살인적인 원정을 감행했다. 비록 군사력은 강했지만 작전 범위를 지나치게 확장하여 군수품 수요가 공급 능력을 초과했다. 비유컨대 중국이라는 그물망에서 일본인은 점과 선에 위치하고, 중국인이라는 그물코가 나머지 전부를 차지하고 있었다. 이는 베트남 전쟁과 매우 엇비슷한 형국이라고 홍군 총사령관 주더는 신문 기자 제임스 버트럼에게 강조했다. 주더는 기계화 부대에 의존하는 일본군이 중국인에게 유리한 조건을 제공해 줄 수 있다고 말했다. "일본군은 우리 군대처럼 가축을 이용한 운송이나 인력 노동을 할 수가 없습니다. 그들은 농촌 산악 지대의 이점을 이용할 수 없지만 가장 용이하고 가장 평탄한 루트를 따라 전진했고 …… 늘 우리는 탁 트인 마을이 아니라 산악 지대에서 싸웠습니다."[6]

중일 전쟁의 형국은 30년 후 미국이 인도차이나에서 처한 상황과 더욱 비슷했다. 침략자들은 도시에서 되풀이해서 터지는 테러 사건의 목표물이 되었다. 적들의 고립은 그들의 차량이 다닐 수 없도록 도로를 파괴한 중국인들에 의해 보다 악화되었다. 훗날 중국이라는 수렁에 빠진 일본 군대를 비탄한 일부 일본인들은 제국 군대가 양쯔 강 연안의 대도시들을 차지한 뒤 멈춰야 했고, 만주와 이웃한 소련의 극동 전선인 중국 북방에 주의를 집중해야 했다고 왈가왈부했다. 하지만 황허 이남의 중국 남부 대부분을 국민당 군대에게 넘겨주지 않고는 그렇게 할 방법이 없었다. 비록 중국 인민과 장제스 체제가 막대한 대가를 치를지라도, 일본이 중국 전역에 집중하면 그만큼 공간을 시간으로 대체하는 장제스의 전략은 효과를 볼 수가 있었다.[7]

총사령관은 저항 전쟁을 국가 보위 그리고 종족 보존과 연결시켰다. 중국인이 어디에서 살든지 일본은 그들을 멸망시키려 하므로, 중국 인민은 장제스의 사후에도 일치단결해야 한다는 것이었다. 장제스의 연설은 음반에 녹음되었지만, 광대한 중국의 농촌 어디에 축음기가 있고, 또한 정부 선전대가 몇 군데의 촌락이나 방문할 수 있었겠는가? 지방 부대가 통제하는 상황에서 인민들에게 가장 중요한 것은 생존이었다. 역사학자 선즈자(沈志佳)가 전시의 산둥성에 관한 연구에서 썼듯 "현지 인민들은 민족주의 이념보다 실리적인 계산에 훨씬 더 많은 영향을 받았다. …… 국가와 지방의 이익이 충돌할 때, 그들은 주저 없이 국가의 이익에 해를 끼쳤다." 훗날의 정설은 옌안의 공산당이 세운 체제 아래의 통일적인 그림을 제시했지만, 농민이 사익을 버리고 국가를 위해 무조건적으로 헌신했다는 주장은 대개 농민 해방구 모델과 관련이 있으며 농민의 충성도가 깊은 공산당 소비에트 지구에나 적용될 수 있었다. 당시의 농민 민족주의는 장제스나 마오쩌둥과 같은 인물들과는 거리가 먼, 분열적이고 단편적인 모양새를 띠고 있었다.

후방에서 중국의 행정 관리는 여전히 계속되었다.《북화첩보》의 한 기자는 양쯔 강 하류의 일부 지역에서 중국인과 일본인이 각자 세금을 징수하며 상대방을 위해 일하는 하급 관원들을 죽였다고 보도했다. 유격 강도떼들은 지방의 부자들을 납치해 국가 반역자로 고발했다. 그들은 돈을 숨겨 놓은 곳을 실토하도록 희생자들을 고문했는데, 이것은 군벌 혼전 이래의 변화가 얼마나 하찮은지를 여실히 보여 주었다. 기사는 이렇게 이어진다. "일부 지역에서는 물을 채우지 않은 커다란 솥에 희생자들을 넣고 뼈에서 살이 죄다 떨어질 때까지 구워 버리는 것이 통례가 되었다."[8]

중국과 일본 사이의 3200킬로미터에 이르는 전선은 효과적으로 순찰할 방법이 없었다. 곧 전선을 넘나드는 무역이 시작되었고, 밀수가 급속도로 증가했다. 소비재, 연료, 약품 및 군사 장비뿐 아니라 적들이 전쟁 기계를 만드는 데 쓰일 수도 있는 광물까지 운송되었다. 이윤이 애국보다 훨씬 더 중요했다. 도쿄의 동맹국에서 온 선장의 통솔 아래 운항하는 기선이 유럽식 이름을 붙인 일본 점령 항구를 왕래했다. 청방의 두령 두웨성은 홍콩 기지에서 '관시(關系, 인맥)'를 이용해 점령된 중국 지역으로부터 얻은 대량의 목화를 충칭으로 운송했다. 1939년 국민당 정부가 적과의 무역 허가증을 발행하기 시작하면서 경계 지역에서 이 일을 책임지고 있는 군관들과 관원들에게 부패의 길이 열렸다.[9]

동해안에서 로즈 파머는 인내를 무기 삼아 목숨을 연명하는 현지인들을 보도했다. 그는 일본인의 노력과 비교해서 "보통의 중국인들은 전쟁의 가혹함을 흔해 빠진 불행인 양 시무룩하게 받아들이는 듯했다. 사람들은 갱목의 도움도 없이 모래 더미에서 굴을 팠다."라고 썼다. 점령되지 않은 지역을 지나온 시인 오든은 "중국에서 전쟁을 찾는 것은 마치 유럽에서 카프카의 소설을 찾는 것과 같다."라 썼다.* 하늘로부터 감행되는 일본의 공습은 그 어떤 곳도 안전할 수 없음을 가르쳐 주었다. 1939년 장제스의 고향 마을이 공습을 당했다. 부엌에 있던 장제스의 첫 번째 아내가 무슨 일이 터졌는지 보려고 밖으로 뛰어나오다가 폭격으로 넘어진 담장에 깔려 압사했다. 모스크바에서 돌아온 뒤 군사 지휘에 종사하며 여행하던 그녀의 아들은 복수를 다짐하는 비문을 새겨 비석을 세웠다.[10]

점령되지 않은 지역들, 특히 서남 지방에서의 생활은 지난날과 다를 바 없었다. 39만 제곱킬로미터의 윈난 성에는 도로와 철로가 건설되었고 성도 쿤밍은 번영을 누렸으며, 자치 사상을 지닌 성장은 그의 권위에 도전하지 않는 한 정견이 다른 정치가와 지식인 들을 환영했다. 윈난은 이웃한 버마를 통해 보급품을 들여오는 중국 육로의 입구에 자리 잡고 있었기 때문에 특수하게 중요한 성이었다. 상인들은 큰 기회를 잡기 위해 비행기를 타고 날아왔다. 샴페인과 비단 스타킹에서부터 총과 휘발유에 이르기까지 온갖 물품이 거래되었다. 전

---

* 당시에 유럽에서 유행한 카프카의 소설처럼 중국에서 전쟁이 흔했다는 의미다. — 옮긴이

쟁은 마치 아주 먼 곳의 이야기처럼 여겨졌다.

1보 전진과 2보 후퇴

1938년 초 산둥과 장쑤 경계의 성벽으로 둘러싸인 작은 진(鎭) 타이얼좡(台兒莊)은 일본군이 그들의 다음 목표인 우한을 두 갈래로 나뉘어 공격할 때 전쟁에 직면했다. 광시 장군 리쭝런이 지휘하는 제5전구에 속한 타이얼좡의 석조 가옥들은 철도 요충지인 쉬저우로부터 갈라져 나온 지선 끝에 자리한 대운하(베이징에서 항저우까지 통하는 운하)를 뒤로하고 있었다. 10년 전 장제스는 쉬저우에서 기독교도 장군 펑위샹에게 대승을 거둔 적이 있었다. 만일 일본군이 이곳에서 승리하면 북쪽과 동쪽 두 방향에서 우한을 포위하는 것이 가능했다. 이 때문에 타이얼좡의 지리적 위치는 그 크기와는 전혀 어울리지 않는 중요성을 띠고, 쉬저우 전투는 난징 함락 이래 가장 중요한 전역이 되었다.

장제스는 독일인이 훈련하고 장시에서 홍군과 전투를 벌였던 탕언보(湯恩伯) 휘하의 병사들을 포함한 증원 부대를 보내라는 명령을 내렸다. 일련의 반격이 잠시 일본군의 진격을 저지했다. 하지만 일본군은 공습으로 응전했다. 또 다른 철도 요충지인 정저우에서는 한차례의 공습으로 전선에서 복무하는 군관들의 가족이 머무는 천당화평우소(天堂和平寓所)들이 파괴되었다. 사상자는 1000여 명에 달했다. 다른 출격기들은 카이펑 시를 공습했는데, 에드거 모러는 동문 근처에서 죽거나 다친 대략 100명의 여자와 아이를 보았다. 머리가 없는 어린애 시체들이 땅 위에 누워 있었고 "엎어져 죽은 남편의 시체 옆에 한 여자가 소리 없이 앉아 있었다. 팔에 안긴 갓난아이는 허리 아래가 없었다."[11]

적군이 눈보라가 몰아치는 열악한 겨울 날씨를 견디며 세 방면에서 쉬저우를 압박해 올 때, 장제스는 리쭝런 및 그의 동료 바이충시와 회담하기 위해 우한에서 비행기를 타고 왔다. 비행기가 착륙할 무렵 중국인 사수가 일본 공습기로 간주해 사격을 개시했다. 격노한 장제스는 이 사건의 책임자를 처결하고 싶었지만, 바이충시가 비행장 지휘관이 특별히 환영한 것일 뿐이라고 둘러대어 마음이 가라앉고 위기가 지나갔다. 나중에 장제스는 또 한 번 공중 위협에 직면했는데, 비행기의 속력 덕분에 일본군 전투기들의 공격으로부터 벗어날 수 있었다.[12]

여전히 평온해 보이는 쉬저우에서는 많은 가족들이 산 언덕 위의 복숭아 숲을 한가로이 거닐었다. 하지만 말랑말랑한 홍토(紅土)에 방공호가 파이고 담벼락에는 가족과 연락이 두절된 피난민들의 쪽지들이 가득 붙어 있었다. 젊은 자원봉사자들은 저항 방법, 민방위, 응급 치료를 가르치는 캠페인을 벌였다. 병원에서는 수간호사가 부상병들과 교담을 나누며 옷을 아름답게 입은 중국 여성, 곧 쑹메이링의 방문을 화제에 올렸다.[13]

장제스는 두 차례나 반란을 일으켰던 광시 지도자들을 신뢰하지 않았기 때문에 그들이 다른 장군들의 내방을 틈타 모반을 획책하는지 감시하기 위해 여자 스파이를 그들의 총사령부에 잠입시켜 놓았다. 작가 크리스토퍼 이셔우드가 "매우 공손하고, 밤색 얼굴에 큰 입과 더불어 깊은 지혜가 우러나오는 눈을 가진 사람"이라고 묘사한 리쭝런은 총사령관과 많은 시간을 함께할 마음이 없었다. 평소부터 그는 먼 곳에 있는 장제스의 총사령부가 내린 상세한 명령을 하달받고 싶지 않다고 장제스에게 말해 왔다. 리쭝런은 회고록에서 자신은 장제스에게 양자 간의 협정을 준수하라고 말했고, 단지 두 차례 전화를 걸어 비군사적인 문제들을 의논했을 뿐이라고 밝혔다. 그때마다 리쭝런은 총사령관에게 그의 말투 때문에 전화상으로는 내용을 이해하기 어렵다고 말했다.[14]

하지만 광시에서 온 극단적인 반일 군인들은 이 시기의 중국에는 오로지 단 한 명의 영수만이 존재할 수 있다는 것을 잘 알고 있었고, 총사령관 또한 그들의 군사력과 지휘력이 필요했다. 그래서 장제스는 연대하는 모습을 보여 주고자 리쭝런이 작은 절에 세운 사령부에서 하룻밤을 묵었다. 장제스는 리쭝런의 침상에서 잔 반면에, 주인은 경첩을 떼어 낸 문짝 위에서 잠을 청했다. 리쭝런은 모기장을 자신의 위쪽에 걸어 놓았지만 방문자는 모기장이 없었다. 장제스는 곤충을 내쫓기 위해 계속 경비병들을 불렀다. 리쭝런은 "경비병들이 있는 힘껏 내쫓을수록 벌레들은 더 많이 들어왔다."라고 썼다. "그날 밤 우리 둘 다 잠을 이룰 수가 없었다."[15]

린이(臨沂)라는 작은 진에 일본군을 저지하기 위한 함정이 설치되었다. 그곳의 중국군은 이미 타이얼촹으로 철군했고, 추격해 오는 적군을 마치 보루와 같은 석조 가옥들 사이의 좁은 거리로 유인했다. 탕언보의 부대를 포함한 다른 중국인 부대가 일본군의 후미를 끊을 참이었다. 리쫑런은 "우리는 일본놈들을 연못 속의 물고기 신세로 만들어 버릴 터이다."라고 호언장담했다. 대운하 아래쪽에는 두 갈래로 참호 진지를 세웠다. 포병도 자리를 잡았다. 간첩들은 바로 처결했다. 말을 타고 전선으로 간 이셔우드는 너무 얇게 판 분묘에 묻힌 시체 한 구의 팔을 들개가 어적어적 씹어 먹고 있는 광경을 목격했다. 바이충시는 타이얼촹으로 가는 기차에서 정찰을 했다. 그는 둥근 지붕처럼 볼록한 이마와 예리한 호박색 눈동자, 높게 솟은 콧날, 날카로운 아래턱을 지닌 인상적인 인물이었다. 세 개의 금색 막대기 배지가 달린 3성 장군의 제복을 소박하게 걸친 바이충시는 중도에 기차를 멈추고 밀밭을 거닐며 다른 장군과 담화를 나누었다. 이때 폭탄이 그의 주위에서 폭발하기도 했다.[16]

길이 매우 좁은 타이얼촹은 중국의 스탈린그라드가 되었다. 린이에서 후퇴한 방어자들을 쫓아온 일본군은 사흘 동안 싸우며 대운하에 다다랐다. 타이얼촹에 도착한 수백 명의 일본 병사들은 성벽 아래에 굴을 파고 성내로 진입했으나, 처참한 육박전을 치른 뒤 후퇴했다. 중국군은 성벽 위에서 등유를 뿌려 그들을 불태웠다. 그리하여 "불타는 지옥"으로 묘사된 이 진의 전선은 곧 가옥들 사이에서 미친 듯이 쟁탈전이 벌어지는 아수라장으로 변했다.[17]

비록 손실이 막중했지만 방어자들은 앙버텼다. 리쫑런은 한 부대에게 일본군의 측면을 공격하라고 명령했다. 이 부대의 지휘관은 승기를 질질 끌다 즉결 처분의 위험에 놓이기도 했다. 3월 26일 탕언보는 일본군의 퇴로를 끊었다. 일본군 비행기들이 투하한 보급품의 대부분이 중국 전선의 후방에 떨어졌다. 4월 초에 이르러 공격자들이 이 진의 4분의 3을 점령했지만, 중국군은 여전히 남문을 굳건히 지켰다. 급박한 시기에 사병들이 철수를 요청했다. 리쫑런은 거절했다. 방어자들은 "절대 명령 복종과 …… 전군이 섬멸당할 때까지의 전투"를 맹세했다. 바이충시는 대운하를 넘어 후퇴를 시도하는 병사는 누구든지 총살하겠다고 엄포했다.

리쭝런은 비행기 30대, 탱크와 화염 분사 차량을 포함해 현대식 무기를 갖추고 있었다. 부대원들 또한 서로 협조를 매우 잘해 수적인 우월함이 효과를 발휘했다. 이에 반해 일본 측은 전선을 지나치게 넓혔고, 자신감이 과도했다. 방어자들은 결사대를 조직하고 일부는 대도(大刀)로 무장했다. 그들은 적에게 뜻밖의 공격을 감행했고, 중국 증원 부대가 도착할 즈음에는 대부분의 성진을 탈환했다. 리쭝런은 말을 탄 채 전투를 지휘했다. 그는 회고록에 썼다. "전장의 함성 소리가 하늘을 뒤흔들었다. 열흘 남짓 잔혹한 전투가 있은 뒤 적군의 역량은 거의 다 소멸되었고, 탄약과 휘발유도 바닥이 났다. 일본군 차량 대부분이 파괴되었고 남은 차량마저 기름이 떨어졌다. 일본군은 죄다 격퇴당해 뿔뿔이 흩어져 달아났다. 이 갑작스러운 승리를 접하고 나의 군사들은 하늘을 찌를 듯 사기가 높아졌고, 마치 낙엽을 쓸어 버리는 폭풍처럼 적군을 뒤쫓았다. 도저히 부대원들을 막을 방도가 없었다. 적군의 시체가 평원을 가득 메웠고, 차량과 말과 무기들이 여기저기 흩어져 있었다."

2000명의 일본군이 포위망을 뚫고 나갔으며 뒤에 남은 8000명은 죽음을 맞았다. 일부는 전투에서 패배했을 때 하라키리(腹切)를 했다. 믿을 만한 통계 수치는 없지만 중국인 사상자가 더 많았다. 리쭝런은 이 전투를 "항전을 시작한 이래 첫 번째로 행복한 때"라고 말했다. 중국 기자 한 명은 폭발로 허물어진 역전의 담을 두고 "중국을 보호하며 서 있는 전사" 같다고 표현했다. 파괴된 성진에 여전히 우뚝 솟은 몇몇 집의 주인들 중 한 명은 의자가 파손된 것만으로 불평을 늘어놓았다.[18]

만일 이 즉각적인 승리가 전선의 장군들과 병사들에 의해 이루어진 것이라면, 이는 장제스가 전투에 참가한 부대의 지휘관들에게 중요한 임무를 부여하고 전반적인 계획에 동의한 덕분이었다. 이번에 중국군은 협조적인 전략을 효과적으로 실시할 수 있었고 몇 주 동안 고정적인 전선에서 싸울 수 있었다. 총사령관은 이번 전투가 중국 정신의 "구체적인 현시"라고 말했다. 하지만 그는 타이얼좡에서 승리한 후 추격전을 벌이지 않다가 적군이 부대를 재배치한 결과 쉬저우를 잃고 말았다. 이 지대를 상공에서 관찰한 한 일간지 기자는 불타는 수십 개의 도시에서 끝없이 이어진 일본군 탱크와 기병대, 보병 종대가 퇴각하는 중국군을 뒤쫓는 광경을 목격했다. 그러나 일본군의 리쭝런 부대 포위 섬멸 작전은 중국군이 모래 폭풍의 엄호를 받으며 탈출함에 따라 실패했다. 침입자들은 짙은 안개를 뚫고 양쯔 강 연안에 상륙한 뒤 안후이의 안칭 시를 점령함으로써 우한에 대한 위협을 배가했다. 중국군이 쉬저우를 포기한 날은 중국 비행기 두 대가 일본 열도까지 비행했다는 것이 유일한 위안거리였다. 중국 비행기들은 폭탄 대신에 중국을 정복하려는 군국주의를 포기하라고 독촉하는 전단지를 뿌렸다. 이 공습에 관해 장제스는 "섬나라 일본이 신성하고 난공불락이라는, 왜구들이 오랫동안 품어 온 오만한 환상을 바로잡아 줄 것이다."라고 썼다. 하지만 이러한 행동은 중국 국내의 사기와 일본 제국 군대에 아무 영향도 미치지 못했다.[19]

쉬저우를 함락하고 2주일 뒤, 일본군은 빗속에서 하룻밤 동안 전투를 벌여 황허 가의 카이펑 시를 점령했다. 이로써 철도 중심지 정저우가 노출되었고 게다가 일본군이 철도선을 따라 우한으로 전진할 위험이 높아졌다. 우한에서는 한양의 무기고가 공습 와중에 명중되어 500명이 목숨을 잃었다고 보도되었다. 이셔우드가 목격한 시체는 "자갈과 모래로 …… 문신했다. 그 옆에는 흠 없는 새 밀짚모자가 나뒹굴었다. 온 시체가 매우 작고, 매우 가련하고, 또한 완전히 죽은 듯 보였다. 하지만 우리가 작은 수건 사이로 머릿골이 잔뜩 흘러나와 메스꺼운 한 노파 옆에 섰을 때, 핏덩이가 굳은 입은 여전히 뻐끔거렸고 자루에 덮인 손이 꿈틀댔다."[20]

적군이 북쪽으로부터 우한에 진격하지 못하도록 총사령관은 수력을 이용했다. 상습적인 홍수 범람 때문에 '중국의 비애'로 유명한 황허는 높은 제방 뒤에 인공 수로가 흐르고 있었다. 장제스는 제방을 무너뜨리라고 명령했다. 수만 톤의 강물이 용솟음치며 흘러내렸다. 일본의 한 통신사는 "소용돌이치는 물바다가 …… 도로와 들판과 온갖 마을을 삼켜 버렸다."라고 타전했다. 가장 큰 갈라진 틈은 370미터에 이르렀다. 대운하의 제방도 효과를 증대하기 위해 무너뜨렸다. 일부 지방에서는 3미터 남짓 깊이에 30킬로미터 너비의 홍수가 범람했다. 600만 명에 달하는 사람들이 홍수 피해를 입었고, 강물이 역류하여 남쪽의 평원을 휩쓴 탓에 수천 명이 죽었다고 보도되었다. 이로써 일본군의 전진이 가로막혔다. 그들이 제방의 틈을 복구하려고 할 때 토치카 보루에 주둔한 중국군이 총격을 가했다. 총사령관의 행위는 피해를 입은 지역의 인민들이 국민당 체제를 더욱 증오하게 만들고 뒤이어 기근을 초래했지만, 장제스는 그가 저지른 일에 대해 전혀 꺼림칙함이 없었다.[21]

"제가 곧 국가입니다"

스스로를 국가의 화신으로 여긴 장제스는 국민당 전국대표대회를 통해 자신의 지위를 쑨원이 가졌던 최고 칭호인 총재(總裁), 곧 당의 최고 영도자로까지 끌어올렸다. 이것은 쑨원의 죽음 뒤로 장제스가 줄곧 목표로 삼아 온 신성화였다. "나는 당과 국가를 위해 30년 동안 투쟁해 왔다. 그리고 지금에 이르러서야 나는 당 전체의 승인을 받았다."라고 장제스는 말했다. 군사위원회 위원장뿐 아니라 국민당 전국대표회의와 중앙집행위원회의 주석이 된 그는 제반의 결정들을 재고하는 전국대표회의를 열라고 요구할 수 있는 권한, 그리고 그 결의들에 대한 최후 결정권까지 갖게 되었다.

《북화첩보》는 "독재자 장(蔣) 장군"이라는 헤드라인을 달았다. 부활절 라디오 방송 연설에서 장제스는 로마 제국 통치하의 유대인을 만주족 통치하의 중국인에 빗대며 예수를 국가와 사회와 종교 혁명을 이끈 희생적 지도자로 묘사했다. 그는 "국가 재건과 이 땅의 영구 평화를 실현하기 위해 우리 모두 십자가를 향해 행진합시다."라고 덧붙였다. 더 멀리 나갔더라면 신성모독이었을 터였는데, 그러한 연관을 유추하기란 어렵지 않았다.[22]

불복종 방침을 견지하기 위해 장제스는 일본에게 강력한 평화 건의를 하고자 하는 독일 대사 오스카 트라우트만의 접견을 거부했다. 대신 트라우트만은 쑹메이링, 쿵샹시, 도널드에게 가서 이 건의를 낭독했다. 도널드는 아무 말도 하지 말라고 일렀다. 쑹메이링은 "저도 그렇게 생각합니다."라 대답하고, 연이어 그의 아들딸에 대해 질문하여 화제를 돌렸다. 도널드에 따르면 이 대사는 "기계처럼 인사한 뒤" 물러났다고 한다.[23]

비록 장제스는 오스트리아를 병합한 히틀러를 축하했지만 독일과의 관계는 신속하게 파탄이 났다.* 이제 극단적 친일주의자인 요아힘 폰 리벤트로프(Joachim von Ribbentrop)가 외교부를 이끌게 되자, 베를린은 만주국을 승인했으며 중국으로 군사 장비를 수출하는 계획을 취소했다. 나치 선전대장 요제프 괴벨스(Joseph Goebbels)는 황허 제방 폭파를 두고 독일이 스페인의 게르니카를 폭격한 것보다 훨씬 더 나쁘다고 언급했다. 트라우트만과 군사 고문들은 귀국하라는 명령을 받았다. 팔켄하우젠이 중국에 계속 머무르려고 하자, 베를린에서는 만일 고문들이 중국을 떠나지 않으면 독일에 사는 가족들에게 불행한 일이 닥칠 것이라고 은밀한 위협을 가했다. 1938년 6월 27일 장제스는 고별 만찬을 연 뒤 그들이 기차로 홍콩까지 갈 수 있도록 조정해 주었다.[24]

당시 중국의 원자재를 지불 수단으로 삼는다는 협정에 따라 소련으로부터 2억 5000만 달러에 달하는 원조 자금이 유입되었다. 전쟁이 터진 첫해 동안 모스크바는 무장 병력 2000명과 미래의 홍군 지휘관 게오르기 주코프(Georgy Zhukov)를 포함한 군사 고문 3000명에 비행기 900대, 탱크 82대, 화포 2000문, 기관총 1만 정, 보총 5만 정 및 차량 2000대를 보내 주었다. 공급선의 종점인 서북 도시 란저우(蘭州)는 "러시아 인들이 터질 듯이 넘친다."라고 묘사되었다. 만주국의 국경에서는 게일런이 지휘하는 소련군이 일본군과 큰 전투를 치렀다. 장제스는 적들이 치명타를 입기를 간절히 바랐다. 하지만 게일런은 승세

---

* 주 비엔나 중국 총영사 허펑산(何鳳山)은 어림잡아 4000명의 유대인에게 나치를 피할 수 있도록 비자를 발급하여 다른 태도를 보여 주었다. 나중에 그는 '중국의 쉰들러'라는 칭호를 얻었다.

를 타며 유리한 위치를 점했으나 전진하지 않았다. 스탈린이 일본과 훨씬 더 광범위한 전쟁을 치르는 것을 원하지 않았기에 도쿄 정부는 중국 북방에서 그 지위를 유지할 수 있었고, 히로히토 천황은 우한에 재래식 무기만이 아니라 생화학 무기를 사용하는 최후의 공격을 인가했다.[25]

우한은 이미 통일 전선의 상징으로 변화했다. 장제스의 독재는 광시 장군들, 펑위샹, 다른 지방 군벌들 그리고 모스크바에서 훈련받은 마오쩌둥의 라이벌 왕밍 휘하의 공산당원들이 빚은 균형 효과에 의해 제한되었다. 정부는 항일 전쟁 중에 퇴각하면서 산둥 성의 재산을 개인 열차에 싣고 도망친 데다 쓰촨의 군벌과 은밀한 관계를 맺으며 반란을 도모한 산둥 군벌을 본보기로 삼아 그 애국주의적인 발톱을 드러내 보였다. 이 산둥 군벌은 회의에 참가하라는 통지를 받고 나선 길에 적기가 곧 공습할 것이라는 가짜 정보에 속아 열차에서 내렸다. 고급 군관들을 위해 세운 방공호로 안내되어 경호원과 떨어진 그는 체포되어 우한으로 압송되었다. 우한에서 그는 허잉친 장군이 주도하는 군사 재판을 거쳐 뒤통수에 총격을 받고 사망했다. 한편 우한 병원에서 치료를 받고 있던 쓰촨의 동패는 허잉친 장군이 방문한 뒤 갑자기 병세가 악화되어 황천길로 가고 말았다. 정부 측 전기 작가에 따르면 장제스는 불신임하는 장군 아홉 명을 처결하고, 서른 명은 해직했다고 한다.

1911년과 1926~1927년의 혁명이 지나간 뒤 한커우, 한양, 우창은 국가 부흥의 비옥한 토양이 되었다. 출판의 자유가 번창하고, 상하이로부터 이식된 예술과 문학도 융성했다. 비밀경찰은 정부의 경쟁 상대보다는 일본 부역자들을 감시하며 규제했다. 역사학자 스티븐 매키넌(Stephen MacKinnon)의 표현대로 "민주주의가 20세기에서 정점에 달했다." 외국 다큐멘터리 감독이자 사진작가인 로버트 카파(Robert Capa)가 이 도시의 방어전을 기록하기 위해 도착했다.[26]

왕밍은 "통일 전선이 가장 중요하다."라고 선언했다. 그는 이 말이 "권력 투쟁에 몰입하지 않는 시기"를 뜻한다고 말했다. 1938년 7월 한커우에서 열린 국민참정회(國民參政會)에서 장제스는 기조 연설을 하며 전쟁을 국가 재건과 연결시켰다. 공산당 및 청년중국당, 사회주의민주당과 같은 비교적 작은 조직들은 200석 중에서 50석을 차지했고, 독립주의자들이 70석을 점했다. 1937년 이전에 체포되었던 국가구망협회(國家救亡協會)의 회원들도 참석해 직업과 교육 조직에 참여했다. 이는 국민당이 가장 큰 조직이지만 소수라는 것을 의미했다. 이 회의의 권력은 제한을 받았다. 제안과 비평은 가능했지만 결의를 강제할 수는 없었다. 비국민당 대표들은 훨씬 더 큰 권한을 요구했다. 그리하여 이러한 작은 민주적 실천에서조차 명백하게 잠재적 도전이 드러났다.[27]

장제스는 더 이상의 양보를 거절했다. 그는 경쟁 상대의 정치 운동으로 인한 위험이 국민당의 약점을 증가시킨다는 것을 알았다. 한차례의 신랄한 비평에서 그는 국민당원들의 방탕한 생활과 열정의 결핍, 활기 없는 직무 수행, 권력과 향락 추구를 비난했다. 국민당원들은 "특별한 계급이 되다시피 했고, 대중은 …… 국민당에게 냉담할 뿐 아니라 심지어는 적대감을 가득 품고 있다."라고 그는 일갈했다.[28]

왕밍의 감성적인 열정에도 불구하고, 국공 통일 전선의 토대는 쌍방 모두에게 부족했다. 국민당은 프랑코 군대에게 저항한 마드리드와 같이 우한을 지키자는 호소에 대해 비관적인 관점만을 가지고 있었다. 그러한 호소는 너무나 1920년대의 대중 좌익 운동처럼 보였다. 국공 통일 전선 업무의 조율을 위해 우한에 파견된 공산당 대표는 동정적인 외국 기자들의 방문 덕분에 세계의 이목을 끌기 시작한 옌안에서 지지를 얻지 못했다. 마오쩌둥은 단호하게 그의 자치권을 지키며, 모스크바의 지령을 따르는 공산당 내 주요 라이벌과 지난 10년간의 적수에 의해 이끌려 가는 통일 전선에 몰입하기보다 중국의 상황에 어울리는 마르크스주의 유파를 발전시키기로 했다.

우한 방어는 일찍이 상하이에서 군대를 지휘했으며 팔팔하고 작달막하고 민첩한 시안 사건 때의 충성스러운 추종자 천청 장군에게 맡겨졌다. 서류상으로는 45만 명의 부대원을 보유한 그는 다른 34만 명을 동부의 제5전구로부터 이동시켰다. 하지만 늘 그렇듯 실제로는 정부 측 통계보다 병력이 훨씬 더 적었다. 중국의 전술은 순수하게 방어적이었다. 중국으로 되돌아왔던 주요 러시아 고문 체르파노프는, 한 전략 회의에서 어느 황푸 군관이 커다란 화살표가 표시되어 있는 군사 지도를 펼쳤으나 그 어떤 군대도 화살표를 따라 전진한 적이 없다고 회고했다. 양쯔 강에 일본군을 지체시킬 장애물을 세우는 동시에 적함을 가로막기 위해 강을 가로질러 쇠사슬을 설치했다. 하지만 침입자들은 다시 북쪽으로부터 진격하기 시작했고, 적함도 지류의 강물이 양쯔 강 수위를 높일 때 쇠사슬을 넘어갔다.[29]

7월 말, 4만 5000명의 중국군은 그 병력의 4분의 1밖에 되지 않는 적군과 맞닥뜨려 주강에서 뺑소니를 쳤다. 승리자들은 즉석에서 난징과 같이 대량 살육과 강간을 자행했다. 8월에 정부 부서들은 양쯔 강을 따라 충칭으로 가기 위해 우한을 떠나기 시작했고, 장제스는 50만 명에게 철수 명령을 내렸다. 반대 방향으로 움직인 많지 않은 인원들 중에 스코틀랜드 출신 여전도사가 있었다. 그녀는 일찍이 동료 한 명과 함께 양쯔 강을 따라 내려가면서 장시의 성도 난창에 들렀다가, 칠흑처럼 어두운 밤에 군용 트럭으로 전선을 뚫고 우한에 다다랐다. 에어셔 주 어빈 시에서 온 바틀릿(F. H. E. Bartlett)은 이렇게 회고했다. "우리는 여정의 매 순간을 마음껏 즐겼다. 만일 부득이하다면 우리는 역시나 다시 한 번 그렇게 할 것이다."[30]

우한에서는 공습 중에 큰불이 일어났고, 피난소로 쓰이던 극장에 폭탄이 명중해 1000여 명이 사망했다. 비행기들은 매우 낮게 날아 땅 위에서도 조종석 창문을 연 채 앉아 있는 조종사들이 보였다. 한차례의 공습 중에 일본군 일등 조종사 한 명은 그가 아래로부터 공격한 중국 비행기가 추락하여 충돌로 사망했다. 일본 전투기 네 대가 민간기라는 표식이 명확한 비행기를 공격해 드넓은 수역으로 추락하게 했다. 14명의 승객은 안전지대로 헤엄쳐 가려고 했으나 기관총 소사로 죽고 말았다. 일본군은 이 비행기의 조종사가 "의심스러운 행동을 취했다."라고 말했다.[31]

총사령관은 위험을 도외시하는 듯했다. 9월에 집무실이 공습을 당할 때 그는 뜰에 있었고 숨으려 하지도 않았다. 경호원들이 황급히 그를 방공호로 대피하게 한 뒤 밖으로 다시 나와 경계를 섰다. 그들 중 다섯 명이 죽었다. 적십자사의 지도자인 캐나다 출신 밥 매클루어(Bob McLure)가 저녁 식사를 하는 동안 장제스 부부는 공습경보를 듣지 못하고 화원을 한가로이 거닐며 비행기들을 올려다보았다. 매클루어는 두 사람이 서치라이트가 폭격기들을 찾는 데 얼마만큼의 시간이 걸리는지 스톱워치로 재고 있는 광경을 보았다. 그는 장제스가 "하룻밤 전에 서치라이트를 조종하는 병사가 약 30초 만에 폭격기를 찾아냈기 때문에 조금 화가 나 있었다."라고 회고했다.[32]

장제스 부부는 넓은 잔디밭과 돌사자 두 마리가 양측에 앉아 있는 석문 뒤의 총사령부에 거처했다. 도널드의 소개로 동료 오든과 함께 쑹메이링을 방문한 크리스토퍼 이셔우드는 장제스 부부의 거실을 '가짜 호두'라고 묘사했는데, 마치 영국 가로변의 변변찮은 여관 같다는 말이었다. 그는 "모퉁이에는 날붙이들과 먼지가 두껍게 낀 샴페인 잔으로 가득한 찬장이 있었다."라고 기록했다. 장제스는 소박하고 횅댕그렁한 집무실에서 문건들이 높이 쌓인 커다란 책상을 앞에 두고 일했다. 이 밖에 화분 몇 개와 작은 자기 시계가 있었다.

총사령관은 여전히 날마다 12시간 이상 노동 시간을 유지했고, 여명 전에 기상해 체조와 기도를 하고 기온이 높든 낮든 차가운 물로 세수를 했다. 수석 정보관 둥셴광의 기재에 따르면, 그는 아침 6시 30분에 간단한 아침 식사를 한 뒤 오후 1시의 점심 식사 때까지 줄곧 집무를 보았다고 한다. 점심에 잠시 쉬고 나서 다시 일을 시작하고, 오후 6시에 쑹메이링과 함께 산보를 했다. 둥셴광은 덧붙였다. "만일 거리에서 쓰레기를 발견하거나 경찰의 직무 태만이 눈에 띄면 그는 집으로 돌아와서 곧바로 시장을 불러 질책했다." 때때로 군관이나 정부 관원과 함께 7시 30분에 저녁 식사를 했다. 밤 11시에 잠자리에 들기 전까지 문건, 전보, 책을 읽거나 서예를 연습했다. 그에게 꽤나 특별했던 일기 또한 일상생활의 한 부분을 차지했는데, 날마다 생각을 기록하는 것 외에도 주말마다 한 장에 개인적으로 분석을 하고 뒷장에는 앞으로 이레 동안의 목표를 설정했다. 또 매달 말에는 한 달간의 행동거지를 되돌아보기 위해 한 쪽을 비워 두었다. 장제스는 때때로 장군들에게 일기장을 건네주며 그들이 본보기로 삼기를 희망했다. 그의 일기장 속 반성은 고상한 도덕성과 자존감, 결점에 균형을 잡아 주기 위해 적당한 어휘로 배치한 비탄, 더 잘하기 위한 충고, 그리고 남들의 충성에 대한 염려가 주를 이루었다. 이는 저자를 비롯해 그의 높은 기준과 도덕적 우월성에 경탄할 사람들에 의해 읽히기를 바라며 쓰인 듯싶었다.[33]

매주 월요일 총사령관은 각 부의 장관들 및 부장들과 함께하는 아침 회의 석상에서 쑨원의 유지를 높은 소리로 낭독하며 자신이 그의 후계자임을 강조했다. 회의를 시작하기 전에는 국민당 창시자의 화상 앞에서 허리를 굽혀 세 차례 절하는 국궁의 예를 갖추었다. 그는 심중의 가장 중요한 문제가 무엇이든지 간에 장장 두 시간 동안 일장 연설을 쏟아 냈다. 매우 빠르고 높은 어조의 닝보 방언으로 말하며 새로운 구호를 제의하기도 하고 권세를 잃은 자를 비평하기도 했다. 정부의 정보부에서 일했던 로즈 파머는 장제스가 "누구도 칭찬하지 않았다."라고 회고했다. "그는 잔소리가 심했다. 늘 국가 구원 사업을 위해 더 큰 희생을 바치고 더 오랫동안 고군분투해야 한다고 호소했다." 연설을 듣는 사람은 부동자세로 서서 주의를 기울여야 했고, 심지어 기온이 영하로 떨어졌다 해도 외투를 입지 못했다. 연설을 마친 장제스는 '완러(完了, 이상 끝)'라고 내뱉은 뒤, 아무렇지도 않은 듯 활갯짓하며 성큼성큼 가 버렸다.

장제스는 그의 각종 책들을 대필하기도 하는 연설문 작가들을 계속 고용했다. 데이비드 우즈웨이(David Wu Chi-wei)의 상세한 분석에 따르면 장제스는 연설 중에 성어를 자주 인용했고, 전통적 가치들과 현대적 용어를 혼용했으며, 어휘와 문장 구조를 명확하고 솔직하게 썼다고 한다. 상황에 따라 옷차림도 달랐는데 국가 기념일에는 창파오를, 정부와 당의 모임에서는 중산복(中山服)*을, 군사 검열 시에는 군복을 입었다. 쿵샹시가 그의 리무진 대신 공공 인력거를 탄 모습이 눈에 띄었을 때 검약에 대한 장제스의 훈계는 약간의 효과를 본 듯싶었다. 총사령관은 군관들이 머리카락을 면도하여 두상이 계란처럼 반들반들한 것을 좋아한다는 이야기가 널리 퍼져 있었다. 그는 또 장군들이 마치

---

* 쑨원이 일상생활에 편리하도록 고안한 옷으로 인민복 또는 마오룩(Mao look)이라고도 한다. 1929년 국민당에서 국가 공식 예복으로 지정했다. — 옮긴이

전장에서 갓 돌아온 듯 볕에 탄 갈색 얼굴인 것을 좋아했다고 한다. 그 결과 야심만만한 청년들은 머리를 빡빡 밀고, 얼굴을 햇빛에 노출시켰다.[34]

당시에 로즈 파머의 관찰에 따르면, 총사령관의 행동은 마치 "100개의 손과 눈을 가진 사람 같았다. …… 그 채찍 같은 몸이 어떻게 그 많은 에너지를 분출하는지 불가사의였다. …… 그렇지만 수입품 운송 비행기가 미국의 유명한 강장제를 탁송하는 일에 실패했을 때 총사령부에서 심히 곤혹스러워하는 것을 보고 의문이 풀렸다." 하루는 장제스의 총사령부를 아침에 방문한 파머는 무릎에 국방색 옷 뭉치를 놓고 있는 두 명의 견습공과 재봉사를 포함해 스무 명이 대기실에 앉아 있는 것을 보았다. 다른 사람들은 모두 군인이었는데, 다들 "교장 선생님과 곤혹스러운 면담을 앞두고 있는 듯한 학생의 표정"이었다.

파머가 집무실로 들어가자 연한 자주색 옷을 입고 담자색 비단 양말과 검은 슬리퍼를 신은 총사령관은 뻣뻣하게 서 있다가 방문객의 손을 힘껏 꽉 쥐었다. 그는 다시 앉으며 등을 꼿꼿하게 세우고 양손은 무릎에 올려놓았다. 파머는 장제스의 눈이 마치 송곳처럼 자신을 꿰뚫어 보고 있다고 느꼈다. 하지만 그는 상냥하고 붙임성이 있고, 쉽게 전염되는 쾌활함과 활력이 넘치기도 했다. 장제스가 선언했다. "제가 어디로 가든지 간에 그곳이 바로 정부이자 저항의 중심지입니다. 제가 곧 국가입니다." 그는 전쟁의 결과는 영도자가 인민을 어떻게 저항으로 이끄는가에 달려 있다고 덧붙였다. 그런 뒤 "얼굴에 공손한 미소를 띄웠지만, 역시나 흉악한 독재자처럼 보였다. 그가 일어섰다. 인터뷰는 이것으로 끝이 났다."[35]

한편 장제스의 아내는 한층 더 중요한 역할을 했는데, 특히 미국으로부터 비행기들을 구매해 중국 공군의 발전을 촉진시켰다. 쑹메이링은 중국 여성들이 군대를 위해 200만 벌의 겨울옷을 재봉하는 계획을 발기했고, 병원을 방문해 부상병들을 위로했다. 한쑤인이 그녀를 묘사했다. "바지와 모직 스웨터를 입은 날씬하고 젊어 보이는 여자. 새까맣게 빛나는 머리카락을 목덜미 뒤로 묶었다. 창백하고 매끄러운 피부는 화장을 전혀 하지 않았다. 나는 그녀의 검은 눈이 내가 여태까지 본 것 중에서 가장 아름다운 눈이라고 생각했다. 예민한 활력이 넘치는 그녀의 눈빛은 사위를 반짝이게 했다. …… 중국 여성의 모든 전통적 미덕을 한 몸에 집약시킨 …… 그녀는 현대적이지만은 않았는데, 현대적인 면은 그다지 중요하지 않은 일부분이었다. 그녀는 중국인이었다."[36]

외국인들은 쑹메이링에 대해 특히 깊은 인상을 받았다. 작가 에드거 모러는 그녀의 "하늘로부터 물려받은 영원한 우아함, 성적인 흡인력, 여성다운 민첩한 지혜"에 탄복했다. 크리스토퍼 이셔우드는 쑹메이링이 그 어떤 의외의 방문객일지라도 어떻게 교류해야 할지 꿰뚫고 있다고 판단했다.

그녀의 문학과 예술적 지식은 언제든지 그녀를 교양 있고 서구화된 여성으로 만들어 줄 수 있었다. 그녀는 기술 전문가처럼 비행기 엔진과 기관총에 대해 토론했고, 병원을 시찰했으며, 부녀연합회의 의장을 맡은 수수하고 사랑스럽고 붙임성 있는 중국인 아내였다. 무서워질 수도 있었고 우아해질 수도 있었으며, 실속을 차릴 줄도 알았고 무자비해질 능력도 있었다. 때로 그녀는 손수 사형 집행 명령에 서명했다고도 한다. 유창한 영어를 구사하는 그녀의 억양은 사람들에게 그녀가 미국 대학 교육을 받았다는 사실을 어렴풋이 떠오르게 했다. 너무나 이상하게도 나는 그 누가 그녀의 향수에 대해 이러쿵저러쿵하는 것을 들어본 일이 없다. 그것은 우리 모두가 언젠가 맡아 본 적이 있는 가장 매혹적인 향기였는데 말이다.[37]

이셔우드와 오든이 쑹메이링을 방문했을 때, 그녀는 "예쁘기보다는 우아하고 생기발랄한 옷을 입고 거의 무서울 정도로 매력적이고 태연자약하게" 나타났다. 그러나 그 얼굴 뒤에는 "피곤하고 상태가 좋지 않은 듯한" 기운이 엿보였다. 쑹메이링은 오든에게 혹시 시인들도 케이크를 먹느냐고 물었다. 그가 예라고 대답하자 그녀는 부들부들 떨며 화답했다. "그렇다니 기쁘군요. 저는 시인들은 어쩌면 정신적인 음식만 좋아할 줄 알았거든요." 장제스는 짧게 그들의 대화에 끼어들며 "유령처럼 무르고 무표정한" 표정을 지어 보였다. 그의 아내는 그를 난간으로 데리고 가서 팔짱을 낀 자세로 사진을 찍었다. 작가는

"카메라 렌즈 앞에서 그는 마치 똑바로 서서 훈계를 듣는 학생처럼 허리와 등을 유난히 꼿꼿하게 세웠다."라고 기록했다.[38]

우한이 최대의 고비처일 때 쑹메이링은 영문으로 쓴 글과 연설문을 모아 책으로 출간하기로 결정했다. 그녀는 홍콩으로부터 특수 종이를 사들였고 이 계획을 실행하는 일을 로즈 파머에게 맡겼다. 파머는 적당한 인쇄 설비를 갖춘 성경 인쇄인을 찾아냈다. 그런데 자동 주조 식자기 기술공들이 영어를 모르는 탓에 그는 끊임없이 교정을 보아야만 했다. 쑹메이링은 대규모적인 수정을 요구했는데, 이는 초판을 폐기 처분하라는 의미였다. 마침내 남색 비단으로 장정한 1만 부의 『전쟁과 평화에 관한 장 부인의 전언(*Madame Chiang's Messages in War and Peace*)』이 세상의 빛을 보게 되었다. 포장된 책들을 국제적으로 배본하기 위해 홍콩행 기차로 운송했다. 쑹메이링은 넘치는 인쇄 착오 때문에 파머를 나무랐다.[39]

중국의 여자들은 원래 겉으로 보이는 모습보다 훨씬 큰 영향력을 행사했지만, 장제스와 쑹메이링의 파트너십은 독특했다. 장제스는 아내가 공식석상에서 자기 뒤에서 걸어오는 것을 좋아했고, 그의 생각은 그의 군사 세계처럼 남성 중심주의였다. 하지만 쑹메이링은 두 언니들처럼 이 나라의 어느 시대의 기준으로 보든지 엄청나게 자유스러웠다. 그녀가 자주 헐렁한 평상복 바지를 입고 대중 앞에 나타나는 방식은 모더니스트라는 상징이었다. 깊은 인상을 받은 미국의 좌파 작가 애그니스 스메들리(Agnes Smedley)는 그녀가 "교양 있고, 비상하게 총명하고, 홀린 듯 매력적이고 우아한 품위를 지녔다."라고 평했다. 도널드의 지도 아래 그녀는 특히 외부에서 난징 정부의 인간적인 얼굴이 되었고, 자주 남편을 따라 여러 곳을 다니면서 신생활운동을 촉진하고, 중국 여성들이 단결해 전쟁에 공헌할 수 있도록 독려했다. 하지만 그녀와 형제들로 대표되는 미국화의 영향에는 한계가 있었다. 미국인 특파원 시어도어 화이트는 이를 전기 제어반 위에서 점멸하는 전등에 비유하며 "그 뒤의 전선들은 아무 데로도 유도되지 않았고, 스위치보드는 조작 계통과 연결되어 있지 않았다."라고 꼬집었다. 급료 전쟁과 생존 확보 문제가 닥쳤을 때,

장제스는 1938년 가을에 전선으로부터 날아온 나쁜 소식을 접하고 지난날과 다름없이 고독해졌다.[40]

우한을 뒤로한 채 충칭으로 향하다

남방에서 일본군은 푸저우와 산터우, 홍콩 옆의 다야완(大亞灣)을 피 한 방울 흘리지 않고 점령했다. 광저우의 저항이 매우 미미하여 금전 거래로 소유주가 바뀌었다는 루머마저 떠돌았다. 한 영국 외교관은 "마치 어딘가에 비루한 수작이 숨어 있는 것처럼 보였다."라고 말했다. 반면에 로이터 통신은 "내부 범죄"를 언급했다. 아무래도 철수는 북벌을 시작할 때 지나갔던 광둥 북부의 안전한 산악 지대로 부대를 이동시키기 위한 장제스의 결정일 가능성이 매우 큰 듯했다.[41]

광저우의 함락은 물자 보급이 더 이상 남방의 해로를 통해 운송될 수 없다는 것을 의미했다. 때문에 우한은 광둥으로부터 시작되는 철도 수송의 종점으로서의 중요성을 상실했다. 어떻든 간에 우한은 국민당 정부의 수도일 때처럼 신속하게 접근해야 하는 보급로의 종점이었다. 대장정 시기에 홍군을 시종일관 뒤쫓은 '위대한 추적자'이자 단호한 광둥 장군 쉐웨는 양쯔 강 남안의 장시성 산악 지대에 방어선을 구축했다. 이곳에서 일본군은 열악한 수질 조건 탓에 이질에 시달렸다. 하지만 탄약 부족에도 불구하고 침입자들은 상대방과 비교해 여전히 장비가 우수했고 또한 양쯔 강을 따라 꾸준하게 전진했다. 일본 해군 함정은 부동(浮動) 포대로 매우 좋은 통로를 열어 주었다.

적군이 우한으로부터 145킬로미터 떨어진 깊은 산골짜기의 중요한 요새를 차지하자 우한 성내의 식당들은 잇달아 문을 닫았다. 「보위우한(保衛武漢)」이라는 제목의 애국주의 연극이 무대에 올랐다. 오로지 극장 한 곳만 문을 열었고 영화사들은 짐을 싸서 이사를 갔다. 병사들 사이에서는 학질이 유행했다. 거리에는 바리케이드가 세워지고, 커다란 전쟁 포스터가 성벽을 덮었다. 장제스의 총사령부 내의 거대한 벽화에서는 말 등에 올라탄 총사령관이 부대를 지휘하며 전진하고 있었다. 관방 측 보고서에 따르면 가녀들은 위 골프(Wee Golf) 레스토랑의 시계탑 옆에서 손님들을 위해 춤을 출 때, 중국적인 머리 모양을 하고자 오랫동안 해 온 파마머리를 포기했다.[42]

일본군이 계속해서 바투 접근해 오는 동안, 인도차이나에서 고열로 발작을 일으켰다가 회복한 도널드는 우한 부둣가의 쓰러져 가는 큰 아파트로 돌아왔다. 장쉐량으로부터 온 편지가 그를 기다리고 있었다. 편지에서 그는 "당신 나라의 국민들이 최선을 다해 가여운 중국을 도와주기를" 바란다며 "저는 결코 의기소침하지 않습니다. 저를 너무 걱정하지 마십시오."라고 덧붙였다. 총사령관의 집에 도착했을 때 도널드는 뜰에 있는 장제스와 쑹메이링을 발견했다. 장제스가 말했다. "나는 일부 도시들을 잃었다고 동요하지 않소. 만약 너무 많은 것을 잃는다면, 우리는 훨씬 더 많은 것을 일으켜 세울 참이오."[43]

1938년 10월 10일 건국 기념일 퍼레이드에 3.7미터에 달하는 총사령관의 초상화가 등장했다. 그때 한쑤인은 군인인 남편과 함께 우한 시의 중심에 있었다. 달 밝은 밤, 그녀는 중국은행 건물 앞에 주차해 있는 자동차 한 대를 보았다. 군복을 입은 야윈 사람이 차에서 나와 계단에 올라갔다. 남자는 몸을 돌려서 그를 전혀 주목하고 있지 않는 먼 곳의 군중을 바라다보았다. 그녀가 썼다. "매우 질박하고 장식 없는 군복, 그리고 달빛과 횃불에 비친 표정은 꽤나 평온해 보였다. 독특하게 길고 날카로운 턱에 높고 주름이 없는 이마와 깊은 눈이 특징적인 얼굴이었다."

장제스가 계단 위에 섰다. 군중은 그가 누구인지 알아차리고 속삭이다가 연이어 침묵했다. 이어 숲으로 불어닥치는 바람의 울부짖음처럼 자연스럽게 환성을 내질렀다. 위원장! 위원장! 영수 만세! 총사령관! 만세! 환호 인파는 부동자세로 군대식 경례를 했다. 환호 앞에서 그는 작고도 엄숙한 미소를 입가에 머금더니, 답례를 하고 사람들의 주시 아래 건물 안으로 들어갔다.[44]

2주 후 장제스와 쑹메이링은 무개차를 타고 양쯔 강의 강변도로를 천천히 따라가며 군대를 검열했다. 그날 밤 부부는 신문사의 공손한 책임자인 둥셴광과 만찬을 즐겼다. 일본군은 30킬로미터 밖에 있었다. 쑹메이링이 떠나자고 제안했다. 장제스는 책상 앞으로 가서 붓과 벼루를 꺼내 이 도시가 함락된 원인을 설명하는 글을 썼다. 밤 9시 30분, 장제스 부부와 도널드는 개인 소지품들을 싼 몇 개의 가방을 들고 비행장으로 갔다. 둥셴광은 남아서 성명을 언론 매체에 브리핑한 뒤 힘이 닿는 한 가장 안전한 길을 물색했다.

총사령관의 미국인 조종사 로열 레너드(Royal Leonard)는 우한 삼진을 벗어났지만, 항로 유도기가 고장이 난 데다 잘못된 방향으로 날아가고 있다는 것을 발견했다. 그래서 레너드는 한커우로 되돌아가라고 지시받았으나, 그곳 비행장이 폭격을 당했다는 보고가 들어왔다. 장제스는 끝까지 돌아가라고 다그쳤다. 여하간에 그들은 안전하게 착륙하여 비행기를 갈아타고 남쪽 후난으로 날아갔다.[45]

장제스 일행이 떠난 우한에서 형편이 좋은 주민들은 양쯔 강을 거슬러 올라가는 배편 한 자리라도 차지하기 위해 인력거와 자동차에 분분히 올라탄 채 아크등과 석유등이 노랗게 타오르는 부두로 달려왔다. 한쑤인은 "제복을 입은 군관들과 유럽식 양복이나 창파오를 걸친 신사들은 가족을 갑판 위로 모으고 총망히 싸 온 짐들을 지켰다."라고 회고했다.

눈썹을 섬세하게 그려 넣고, 입술은 붉고 농염하게 칠하고, 비단 적삼을 입은 고아하고 날씬한 여인네들. 목이 쉬어 버린 여자 종들. 깊이 잠든 아이들. 울어 대는 갓난아기들과 아무렇지도 않게 옷섶의 단추를 조용히 열고 젖을 먹이는 차분한 유모들. 작은 산처럼 쌓인 짐들을 비틀거리면서 나르는 운반공들. …… 전족을 한 작은 발의 여인이 어기적어기적 걷다 물에 빠져 구해 달라고 크게 소리치자 주위의 많은 구경꾼들이 떠들썩하게 웃었다.[46]

일본 신문사들은 중국인의 절망적인 최후 저항을 두고, 수류탄 투척 훈련을 받은 뒤 풀려난 5000마리의 오랑우탄들이 기관총을 붙잡고 그들이 식별하도록 교육받은 일본군 지휘관들을 공격했다고 보도했다. 이 유인원들은 결코 얼굴을 드러내지 않았지만, 배 26척의 지원을 받은 공격자들이 세 방면에서 공격해 들어올 때 우한에서 퇴각했다. 비록 쑹메이링의 겨울옷 계획이 있었지만 중국군은 여전히 반바지와 짧은 웃옷을 입고 무명 각반을 찬 채였다. 쓰레기통 뚜껑처럼 큰 위장 밀짚모자가 등에 실려 있었다. 이 모자를 쓰면 거대한 독버섯같이 보였는데, 공중에서 판별하기란 매우 어려웠다. 로즈 파머는 그들이 "마치 유령처럼 살살 전진했다. 심지어 어깨에 솥과 냄비와 쌀자루를 끊임없이 바꿔 메며 종종걸음으로 따라오는 요리사들과 젊은 견습공들도 절대무성(絶對無聲)의 기예를 습득한 듯했다."라고 회고했다.[47]

우한의 건물들은 폭격을 맞고 전 일본 영사관을 비롯한 일부가 철저하게 부서졌다. 하지만 많은 건물 소유주들은 적들이 도착하기 전에 폭발물들을 치우고자 머물렀다. 여전히 약탈에 관한 보도가 있었지만, 일본 군대는 이번에 기율을 보여 주며 난징 대학살 같은 사건은 재연하지 않았다. 황허 제방 폭파와 양쯔 강 연선의 단계적 방어는 이 도시의 함락을 여섯 달이나 늦추었다. 중국인 사상자는 100만 명에 달했다. 한편 선전 포고되지 않은 대부분의 양쯔 강 연안 지역에서 일본군의 손실은 전사 6만 2000명, 부상 6667명이었으며 전사자 중에서 1만 2600명이 질병으로 사망했다고 보도되었다. 부상자에 비해 전사자 비율이 높은 까닭은 전투 중에 죽는 것을 영광으로 생각하는 일본인의 신념 때문이었을 터였다. 또 다른 이유는 적십자사의 밥 매클루어가 제기했다. 그는 일본 야전 병원 한 곳에서 매우 경미한 부상을 입은 병사들과 부목조차 사용하지 않는 부상병들을 목격했다. 부근에는 매장지가 있었다. 그는 덧붙였다. "일본인들이 중상자를 함부로 다루어 숨지게 했다는 것은 의심의 여지가 없었다. 일본으로 돌아간 불구자들은 총참모부가 그려 낸 '수월한 정복'이라는 상을 훼손할 염려가 있었다."[48]

비록 또다시 주요 도시를 잃어버렸지만 장제스는 평정심을 유지했다. 그는 선포했다. "차라리 산산이 부서진 옥이 될망정 온전한 기와가 되지는 않겠다." 적들은 단지 "그슬린 땅과 죽음의 도시들"에서 무력을 뽐내는 것일 뿐이었다. "일본인은 이미 깊은 수렁에 빠져들었다. 지금부터 그들은 한층 더 위험이 가득한 땅에 발을 들이게 될 것이다. …… 혁명 전쟁은 최후의 승리를 얻을 때까지 절대로 멈추지 않는다." 이것은 마오쩌둥이 먼저 말했을 가능성이 큰 언사였다.[49]

장제스는 영국 대사 아치볼드 클라크커(Archibald Clark-Kerr)* 경을 만난 후난 성의 성도 창사에서 멈추었다. 한 장의 사진은 이 외교관의 표정이 엄숙한 반면에 총사령관은 거의 아무런 걱정이 없다는 듯 쾌활한 모습을 보여 준다. 창사는 이제 막 일본 공습의 과녁이 되었다. 한 발의 폭탄이 영국 군함 한 척을 가까스로 스쳐 지나가 부근의 혼잡한 삼판선에 떨어졌다. 아치볼드 경과 쑹메이링은 물속에서 구출된 한 여자아이에게 수이셴쯔(水仙子, 물의 요정)라는 이름을 지어 주고 양부모가 되었다.

창사를 떠난 뒤, 장제스는 성스러운 산 난웨(南嶽)에 있는 4000년 역사를 지닌 작은 마을에 새로운 총사령부를 세웠다. 높이 솟은 수목과 협곡들이 72개의 기둥과 금색 기와를 갖춘 큰 절을 에워싸고 있는 곳이었다. 유일한 길은 돌이 깔려 있고, 양쪽에는 단층 목조 가옥들이 늘어서 있었다. 한 수의 전통 시는 새파란 하늘 아래 구름이 가득한 산과 새하얀 빛을 뿜는 눈 덮인 산봉우리를 묘사한다. 장제스의 상황에 딱 들어맞는 이 시는 하늘 높은 데서 내려다보는 새 한 마리를 노래하고 있다.

> 하늘 나는 새 아래 보며 마음속 괴로움 가득하니
> 땅 위 새들은 그물망에 사로잡혀 있는데
> 작디작은 금색조도 마찬가지 신세이구나[50]

난웨는 전쟁에 휘말린 신구(新舊) 중국 사이의 첫 번째 충돌을 보여 주었다. 산 위로 난 길이 트이기 전에 역부들은 새로 온 사람들의 가구를 600미터 높이까지 날랐다. 그들이 든 두 개의 막대기 사이에서 대롱대는 것은 번쩍거리

---

* 훗날 주 워싱턴 영국 대사가 된 인버채플(Inverchapel) 경이다.

는 자기 변기통이었다. 불려 와서 그것을 설치한 십장은 그 용도를 전해 들어야 했다. 이즈음에 시공된 그랜드 난웨 호텔은 창문에 유리가 없고 수도 설비도 갖추지 못했다. 한가운데의 뜰은 객실 손님들이 세숫대야 물을 쏟아부어 늘 질퍽거렸다. 총참모부는 학교 안에 세웠다. 전령병은 그곳으로부터 가파른 순례 길에 올라 절 안에 있는 장제스의 거주지까지 갔다. 평위상은 보병 제복을 입고 검은 헝겊신을 신고 수염을 기른 까무잡잡한 얼굴로 이곳에 왔다. 학질과 각기병에 걸린 일본인 첩자 한 명은 새장에 갇힌 채 전시되었다. 이 신기한 광경을 구경하기 위해 몇 킬로미터를 걸어온 현지인들은 그에게 귤을 던졌다.[51]

1938년 11월 회의를 열기 위해 주요 지휘관들을 난웨로 소집한 장제스는 그들에게 16개월 동안의 전쟁이 끝나고 드디어 첫째 단계가 지나갔다고 말했다. 각자의 위치를 고수하는 대신 이제 적을 함정에 빠트리며 약점을 집중적으로 공격하는 게릴라 전술을 사용해 "신속하게 이동하는 저항"을 펼쳐 나가야 했다. 천청 장군이 미래의 관건은 "적군 병력을 괴롭히고 교란하여 역량을 소모시키고 철저하게 궤멸하기 위해, 우리가 주도권을 장악하고 전국적인 범위 내에서 게릴라전을 펼 수 있느냐"에 달렸다고 말했다.[52]

국민당군은 막대한 손실을 입고 난 뒤 군대를 강화하기 위해 징병령을 포고하는 동시에 군관과 사병 훈련 계획을 공포했다. 장제스는 정치 교육과 선전의 중요성을 강조했다. 유격전 학교를 세우고 공산당원을 고문으로 초빙했다. "일본의 후방을 절대로 평화롭게 놔둘 순 없다."라는 성명서가 선포되었다. 일본군은 "그들을 적대시하는 모든 남자, 여자, 아이 그리고 적과 함께 지옥 같은 생활을 할 수밖에 없을 것이다." 남방에서 일본의 총사령관은 중국군의 전략이 "단지 모욕만을 불러일으키며 군인의 명예와는 걸맞지 않는다."라고 공공연하게 떠들었다. 반면 광시의 바이충시 장군은 목소리를 높였다. "중국에서 일본의 모험은 나폴레옹이 모스크바에서 겪은 것과 똑같은 운명을 맞이할 것이다." 이때 장제스는 안개 자욱한 도시 안에 그가 6년 반 동안 머무를 새로운 집을 마련했다.[53]

19

독재적인 권력으로 장기전을 이끌다

장제스는 대장정을 추격할 때 이러한 생각이 떠올랐다고 말했다. 중국 최대의 성인 쓰촨과 그 남쪽에 이웃한 윈난, 구이저우 성은 머잖아 "국가 재건의 기지" 및 일본에 대항하는 장기 항전의 중심지가 될 것이다. 그때는 이런 생각이 흡사 상식적인 이치에 어긋나는 듯했다. 중국의 미래는 난징이나 우한과 같은 연안 도시들에 달려 있는 듯 보였으나, 장제스의 계획은 그가 이미 그곳들의 함락을 예견했다는 암시였다. 장제스는 선언했다. "나는 감히 말할 수 있다. 비록 우리가 18개 성 중에서 15개를 잃는다손 치더라도 오로지 쓰촨, 윈난, 구이저우를 지킬 수만 있다면 그 어떤 적일지라도 물리칠 수 있으며, 잃어버린 땅을 수복하고 국가를 재건하고 우리의 혁명을 이룰 수 있다."[1]

머나먼 양쯔 강 상류의 거대한 협곡 배후에 병풍 같은 산들로 삥 둘러싸인 쓰촨 성은 본래 '천부(天賦)의 땅'으로 유명한데, 그 면적이 프랑스보다 조금 더 컸다. 면화 외에도 온갖 농작물이 재배되고 석탄, 소금, 은, 동을 포함한 천연자원이 풍부했다. 어마어마한 삼림이 있었으며 양쯔 강 협곡의 잠재적인 수력 발전력을 갖추고 있었다. 하지만 이 성은 여전히 낙후된 중국 내지 현실의 축소판으로서 군벌이 혼전하고 있었다. 암흑가가 막강했고 씨족 가문이 세력을 떨쳤다. 가장 큰 군벌은 1500여 개의 점포와 스물여덟 가정을 거느렸다. 아편이 어지간히도 성행하여 성 생산량의 4분의 1을 차지했는데, 이는 공업 생산량보다 일곱 배 많았다. 폐결핵, 이질, 콜레라와 천연두가 성행했다. 교통수단은 험준한 지형으로 인해 초보적인 단계에 머물러 있었다.[2]

구름 속의 도시에서

장제스는 새로운 근거지로 독립적인 군벌 세력이 강한 쓰촨의 수도 청두(成都)를 고르는 대신 성의 동남부에 위치한 충칭 시를 택했다. 1935년에 그가 마오쩌둥의 대장정 부대에 대항해 작전을 펼치는 기지로 삼았던, 양쯔 강과 자링 강(嘉陵江) 합류 지점의 깎아지른 절벽에 자리한 충칭은 그의 전쟁 심리학과 완벽하게 일치했다. 기원전 340년에 세워진 이 도시는 황제들과 군벌들이 상처를 핥고자 퇴각하는 곳으로 변해 있었다. 안개와 구름과 연무가 몹시도 자욱하여 촉견폐일(蜀犬吠日)*이라는 성어가 나온 충칭을 미국 학자 존 킹 페어뱅크는 이렇게 묘사했다. "오래된 허섭스레기 상자 더미가 쌓여 있고 …… 아무 색채가 없었다. 암석에서는 아무것도 자라나지 못하며 돌덩이도 모조리 회색이고 이끼만 조금 끼었다. 사람들, 가옥들, 골목들 모두가 회색빛으로 뒤섞인 사이로 잿빛 강물이 소용돌이치며 흘러간다."[3]

충칭은 중국에서 가장 더러운 도시 중 하나였다. 쥐는 고양이만큼 컸다. 미로 같은 거무스름하고 칙칙한 좁다란 뒷골목들은 수백 개의 가파르고 미끄러운 계단을 지나 강변으로 통했다. 거지 아이들과 개들이 산비탈의 쓰레기 더미에 굴을 파고 살았다. 절벽에 매달린 채 붐비는 집들은 마치 새 둥지 같았다. 분

---

* 촉나라는 산이 높고 안개가 짙어서 해를 보는 날이 드물기 때문에 해가 뜨면 개가 무서워서 짖는다는 뜻으로, 식견이 좁아 대수롭지 않은 일을 보고도 신기하게 여기는 것을 비유한다. — 옮긴이

뇨는 강으로 실려와 대형 바지선에서 벌거벗은 남자들이 휘저은 뒤 거름으로 팔려 나갔다. 풍토병이 유행했다. 1938년에 학생 5000명을 검사했는데, 단지 96명만이 온전히 건강했다. 달마다 수백 구의 시체가 거리에서 발견되었다.[4]

국민당 정부가 도착하면서 이 성의 중심지는 신구의 충돌 속에서 이주자들의 현대화되고 도시적인 생활 방식과 맞닥뜨렸다. 구정물이 겉도랑마다 넘쳐흐르는데 네온사인 불빛은 강 위의 높은 곳에서 번쩍번쩍 빛을 내뿜었다. 양쯔 강 북안의 모래 언덕에 자리한 600미터 높이의 간이 비행장 활주로에서는 이착륙이 빈번했지만, 도시의 대다수 사람들은 걷거나 인력거와 지붕 없는 가마를 타고 왕래했다. 우체국은 한 달에 20만 통의 편지를 처리했으나 현지인은 거의가 여전히 문맹이었다. 다른 지방에서 피난을 온 젊은이들은 함께 생활하는 반면 현지의 남편과 아내는 부모가 주선한 결혼식에서 처음으로 대면했다. 주요 거리들은 공화국로(共和國路)나 민생가(民生街)로 개명되었지만 인력거꾼들은 여전히 칠성파(七星坡)나 백상가(白象街)로 불렀다. 거리를 헤치고 나아가는 행렬은 신들의 도움을 호소하고, 상하이에서 온 소녀 합창단은 춤을 휠 휠 추었다. 극장 여섯 곳이 문을 열고 런던에서 희곡을 공부한 여배우가 유진 오닐(Eugene O'Neill)의 「상복이 어울리는 엘렉트라」 주연을 맡았다. 미국에서 공부한 치과 의사들은 점쟁이들 옆에서 그들의 영업을 알렸다. 부유한 관원들이 프랑스에서 수입한 포도주와 미국에서 수입한 술을 마실 때 대다수 주민은 매일 500여 톤의 구정물이 유입되는 양쯔 강 물을 마셨다.[5]

해체한 공장 기계들을 양쯔 강 하류 지역으로부터 운반해서 다시 조립해 설치한 덕분에 충칭은 근대 공업 도시의 분위기가 풍기게 되었다. 2000여 개에 가까운 기업들이 수로를 따라 옮겨졌는데, 섬부(纖夫)들은 험준한 절벽을 깎아서 개통한 길을 따라 밧줄로 동여맨 물건들을 질질 끌며 강의 협곡을 넘었다. 상하이기계공장이 첫 번째로 이렇게 여행을 했고, 이어 철강 공장 하나가 뒤따랐다. 우한발전소는 특수한 부표 철주(鐵舟) 위에 놓고 끌어서 급한 여울을 통과했다. 상하이의 신문들을 계속 발행하기 위해 윤전 인쇄기 한 대도 운반되어 왔다. 쓰촨의 여성들은 방직 공장에서 물렛가락을 다룰 수 있도록 양성되었다.

화물 트럭을 탄 선전대가 농촌에 파견되었다. 민족주의적인 대학생들과 함께 대학은 병역이 면제되는 내지로 이사했다. 아마 그 결과 중 하나로 1936년에서 1944년 사이 대학생의 수는 갑절로 증가했다.[6]

충칭 시의 인구는 30만에서 100만으로 급상승했다. 로즈 파머는 전국 각지에서 모여든 사람들의 혼합을 이렇게 회고했다.

> 거리 어디에서나 베이징 학자의 털모자, (방금 막 비행기를 타고 도착한) 홍콩 상인들의 차양 달린 모자, 난징 공무원의 중절모, 아열대 지대인 광저우에서 피난 온 기능공의 넓은 대나무 삿갓과 구식 …… 벙거지가 보였다. 깔끔한 양복을 입은 동해안의 은행가는, 티베트 출신으로 홍색 가사 차림의 라마승이나 중국과 러시아 국경 지대인 신장에서 온 양가죽 외투를 입은 상인과 함께 나란히 걸었다. 최신 유행 정장을 차려입은 상하이의 영화배우(지금 전시 선전 영화를 찍고 있다.) 또한 맨발에 남색 주름치마를 입고 귀걸이를 한 산간 지대의 라오족(佬族) 아가씨와 어깨를 비비며 …… 서로 놀라운 눈길을 주고받았다.

난징의 모자 가게, 한커우의 세탁소와 상하이의 자동차 수리점도 들어섰다. 요리사들의 쇄도로 중국 각지의 요리가 유입되었다. 언어적 소통은 곤란할 수밖에 없어서 광둥 어를 쓰는 사람과 베이징 어를 구사하는 사람은 서로의 말을 이해할 수가 없었고, 양쪽 모두 상하이 사투리와 본토박이의 방언 때문에 어려움을 겪었다.[7]

《타임》에 합류하기 전에 미국 정부의 공보부에서 근무했고 로즈 파머를 대신하기 위해 도착한 시어도어 화이트 기자는, 중국의 훨씬 더 선진화된 지역에서 충칭으로 몰려온 관원들이 회식을 할 때 여전히 "역사성이 있는 낭만"을 즐긴다는 것을 관찰했다. 반면 그들의 아이들은 방공 훈련을 받고, 아내들은 겨울에 목탄으로 때는 화롯불을 쬐며 한 방에서 가족들이 잠을 청하는 기숙사 밖에 세탁물을 널어 말렸다. 발달된 연안 지역에서 온 많은 사람들이 중국의 과거로 되돌아와 놀라고 충격을 받았다. 이곳의 기후는 무시무시했는데, 여름은 찌는 듯 더워 김이 무럭무럭 날 정도이고 겨울은 몹시 춥고 습해 눅눅하기 그지없었다. 피난민의 혼잡은 음식과 공급 물자가 극도로 모자라다는 것을 의미했다. 1938년 미국 학자 올리버 콜드웰(Oliver Caldwell)은 성의 다른 주요 도시인 청두로 차를 타고 갔을 때 굶어 죽은 시체나 기아로 인해 다 죽어 가는 사람들로 꽉 찬 길가의 도랑을 목격했다.[8]

한 외국인 의사는 지리적인 고립이 충칭 주민을 "오만하고 폐쇄적으로" 만들었다고 썼다. "그 어떤 경계 밖의 권위일지라도 그들은 공개적으로 시끄럽게 대립했다." 이곳의 거지들은 끈질기게 치근덕대기로 유명했고, 인력거꾼은 목적지에 도착한 뒤 바가지를 씌우기로 악명이 높았다. 1939년 도착한 작가 한쑤인은 지나쳐 가는 사람들이 자신을 빤히 쳐다보고 "외지인, 하류 인간"이라 중얼거렸다고 회상했다. 이곳에서 네 해를 산 존 킹 페어뱅크는 "현지의 모든 주민은 무뚝뚝하고 통명스러운 성미인 듯 보였다."라고 훗날 회고했다. 중산 계급 이주자들은 지위를 이용해 좋은 일자리를 구하고 가옥을 징발하고 거드름을 피워서 현지인들에게 더더욱 미움을 샀다. 군관들과 관원들이 토지를 사거나 빼앗으면, 현지의 토박이들은 신출내기들에게 방세와 식료품 값을 갈취했다.[9]

이주자들의 생활이 지나치게 향락을 좇는 것을 예방하기 위해 장제스는 "해로운 오락 활동"을 금지하는 동시에 "스포츠, 음악, 독서와 같은 적절한 여가 생활"을 권장했다. 그는 기온이 27도에 달하는 여름날에 아이스크림과 탄산음료가 불티나게 팔리던 가게를 닫으라고 명령했다. 전시에 그런 곳들은 부적절하고 경박하다는 까닭이었다. 하지만 문제의 가게는 곧 뇌물을 써서 식당으로 위장한 채 다시 장사를 시작했는데, 아이스크림과 레모네이드는 대접에 담겨 판매되었다. 충칭의 국민당 정부는 숭배자가 거리에 붙인 영수의 조잡한 화상을 찢어 버리라고 경찰에게 명령했다. "대중에게 총사령관의 얼굴에 대한 잘못된 인상을 주고 그의 존엄을 해칠 수 있기" 때문이었다. 하지만 장제스는 이따금 관대하기도 했다. 외국 기자들과의 만찬석상에서 그의 아내가 쾌활하게 통역사 역할을 하는 동안, 그는 웃으며 머리를 흔들고 "하오(好, 베이징 어는 '좋아요'이지만 그의 고향 방언으로는 '알겠어요'에 더 가깝다.), 하오, 하오."라고 연거푸 중얼거렸다. 손님들을 홀가분하고 편안하게 하기 위해 젓가락 대신 나이프와 포크가 사용되었고, 또한 신생활운동은 담배를 금지했지만 쑹메이링은 소련 타스 통신의 수장으로부터 15센티미터 길이의 러시아 시가를 건네받고 방침에서 훌쩍 벗어나 자신의 습관에 따랐다.[10]

전쟁으로 크게 변화되었긴 하나 국민당 정부의 기지로서 충칭은 시작부터 허술하기 짝이 없었다. 공장의 이전으로 현대화된 공업을 내지로 들여왔지만 필요한 물자 공급을 만족시킬 수는 없었다. 장제스가 여전히 통치하는 성들 대부분은 가난하고 낙후했으며, 중국 포목의 5퍼센트만을 생산했고, 철광석은 거의 채굴하지 않았고, 현대화된 교통수단은 "봉황의 털과 기린의 뿔"만큼 드물었다. 수많은 상하이 상인들이 차라리 일본군과 함께 남아 자신의 운을 실험해 보기를 원했다. 마땅히 충칭으로 보내야 할 돈을 홍콩이나 미국으로 보내는 사태는 애국적 열정의 한계를 보여 주었다.[11]

일본은 장제스에게서 제조업과 상업의 중심을 빼앗았을 뿐 아니라, 공업 발전을 저지하고 커다란 식량 생산 지대를 점령했다. 국민당 정부가 통치하는 지역에서 부족분을 메우고 군대를 양성하기 위해 강제적인 식량 수매와 세수 항목이 관원들을 통해 농민들에게 부과되었던 탓에 광범위한 억압과 부패가 발생했다. 중앙 정부로부터 효과적인 통제가 이루어지지 않아 정책 이행은 지방 당국의 손에 달려 있었다. 정액이 제멋대로 높아지고, 농민들은 법과 규정을 어긴 저울질로 속임당했다. 군대의 창고에는 식량이 가득한 반면에 지방 인민들은 기아선상에서 근근이 연명했다. 군관들과 뇌물에 쉽게 매수되는 관원들은 잉여 물품을 암거래하고, 때로는 물건들이 원래 주인이었던 농민들의 수중으로 되돌아오기까지 했다. 농촌에서 일어나는 반란은 전혀 뜻밖의 일이 아니었다. 한번은 쓰촨에서 5만 명이 무장 반란에 참가했다. 악습에 관한 보고를 받은 장제스는 그 내용을 차마 믿지 못했다. 증거가 제출되자 그는 펄펄 뛰며 노발대발하고 관련 책임자를 처벌했으며 지팡이로 범죄자를 때리기까지 했다. 그런 후 모든 증거가 그 반대를 가리킴에도 불구하고 자신의 명령이 지닌 힘에 대한 믿음으로 되돌아갔다.[12]

장제스가 충칭으로 가자마자 쑹메이링은 창사, 난창 및 광둥-후난 변계 지역을 향해 비행길에 올랐다. 이 기간 동안 그녀는 "믿기 어려운 압제와 노역을" 강제하는 일본은 모든 중국 여성의 적이라고 선포했다. 그녀는 국가의 존망이 중국의 여성들이 죽음을 두려워하지 않는 데 달려 있다고 역설했다. 인생의 1단계가 사방에 빛을 발한 뒤 이제는 그 2단계로 접어든 그녀는 중국의 부녀자들이 허영과 사치를 버릴 채비를 해야 한다고 덧붙였다. 1939년 군대에 필요한 보급품 구매에 쓸 1만 6000위안을 조달하고자 마련한 신생활 만찬에서 쑹메이링은 애국적인 노래들과 함께 「올드 랭 사인」을 중국어로 연창했다. 연이어 국기를 매단 횃불들이 나아가는 큰 규모의 가두 행진이 벌어지고, 수천 개의 폭죽이 밤하늘에 터졌다.¹³

쑹메이링과 장제스는 두 채의 집을 갖고 있었다. 한 채는 도시 고지대에 있는 총사령부의 나지막한 별장이었고, 다른 하나는 강 맞은편의 주택으로 독일식 헬멧을 쓰고 분홍색 휘장을 단 쑥색 군복을 입은 경호원들이 입구를 지키고 있었다. 이곳에서 쑹메이링은 감귤류 과일로 잼을 만들게 했다. 학자 겸 작가 로버트 페인은 어느 날 강을 건너다가 두 번째 거주지로 돌아가는 장제스를 태운 푸른색 최신형 모터보트가 휙 스쳐 가는 것을 보았다고 회고했다. "중절모를 쓰고 군복 외투를 입고 시가를 피우며" 배의 고물에 기대 있던 총사령관은 자신도 신생활운동의 금령을 위반할 수 있다는 것을 보여 주었다. 통근 중에 장제스는 이따금 쑹메이링과 듀엣으로 노래를 불렀다고 한다.¹⁴

외교부장이 된 쑹쯔원과 재정부장을 맡고 있을 뿐 아니라 장제스를 대리해서 행정원장을 겸임하는 쿵샹시는 이 도시에 호화 주택을 소유했다. 쑨원의 미망인 쑹칭링은 이곳에 와서 총사령관과 함께 사진을 찍었고 나중에 언니가 있는 홍콩으로 떠났다. 1940년 초에 쑹메이링은 충칭의 기후 탓에 악화된 비염을 치료하고자 그녀들과 합류했다. 4월 1일, 쑹씨 자매는 다 함께 국민당 정부의 수도로 날아왔는데, 쑹아이링은 이 비행을 위해 산소 공급기를 준비했다. 경찰의 감시를 받고 있던 쑹칭링은 밤마다 정기적으로 소규모 공부 모임을 열며 자신의 좌파적인 관점을 숨기지 않았다. 미국의 정보 장교 그레이엄 펙(Graham

Peck)에 따르면, 그녀는 가족에 대한 의견을 에둘러서 표현했고 매부에 대한 주제로 넘어가자 눈을 휘둥그렇게 뜨고 작은 목소리로 '총사령관'이라 말했다고 한다. 어느 날 저녁 그녀는 무릎 위의 모기를 찰싹 때리면서 비웃듯이 말했다. "보세요. 저는 스타킹이 없어요. …… 저는 제 황후 여동생처럼 미국에서 나일론을 얻을 수가 없답니다." 국부(國父)의 미망인으로서 받는 쑹칭링의 연금은 인플레이션에 맞춰 증가하지는 않았지만, 쑹쯔원은 그녀에게 차 한 대를 제공해 주었다.[15]

다이리는 시내에 비밀경찰 본부를 세우고, 또한 충칭으로부터 20킬로미터 떨어진 산 계곡 세 곳에 이견 분자들을 세뇌하며 고문을 가하는 수용소를 분산해서 설립했다. 홍콩에서 충칭으로 온 두웨성은 국민당 정부의 배려 아래 일본에 점령된 지역의 암흑가와 관계를 맺고, 지방의 장군들과 도박을 하며 개인적으로 현금을 충분히 마련했다. 펑위샹은 부근의 산에 살며 날마다 여명 전에 일어나 시를 지었다. 소련공산당 중앙위원회 정치국의 전 성원이자 1930년대 중반 홍군 한 대오의 지도자였던 장궈타오는 마오쩌둥과의 권력 투쟁에서 패배한 뒤 충칭으로 이주했다가, 공산당을 배반하고 국민당으로 전향해 최고 직위에 올랐다. 5·4 민족주의 운동의 일부 원로들은 국민당 정부와 연합하여, 장제스가 1939년 재결집의 일환으로 발기한 민족정신 동원 운동의 어색한 협력자가 되었다. 아이리쓰(艾麗絲)라는 이름으로 알려진 무척이나 호기심을 자아내는 중국인 여자는 점령지에서 친일 부역자를 제거하는 어린이 암살단을 조직하는 일을 포함해 복잡한 비밀 임무에 종사하며 동에 번쩍 서에 번쩍 했다. 현명하지 않게도 유럽 여행에서 돌아온 시안 납치 사건의 교사자 양후청 장군은 포로로 잡혀 감옥에 갇혔다. 그의 아내는 단식을 하며 저항하다 '정신병'으로 판명된 이유로 사망했다. 양후청은 그녀의 유골함을 몸에 지니고 다녔다.[16*]

공산당은 사무소를 자링 강이 굽어보이는 훙옌 촌(紅岩村)에 내고, 시의 절

---

* 충칭으로 탈주한 대열에 합류하지 않은 상하이의 장제스 후원자이자 상인이며 국민당 원로인 장징장은 우선 유럽으로 간 뒤 미국에 갔다가 마비증이 갈수록 악화되어 1950년 사망할 때까지 줄곧 머물렀다.

벽 가장자리를 따라 이어진 골목길 51호의 허름한 건물에 또 하나 내었다. 두 번째 사무소 밖의 거리는 한 해의 대부분 동안 깊은 진창이었다. 건물에 달린 뜰 두 곳은 국민당 비밀경찰이 하나, 공산당이 다른 하나를 차지하고 어두운 문을 통해 드나들었다. 공산당원들은 신문을 인쇄하고 중국과 소련의 전선 지도를 압정으로 벽에 걸어 두었다. 거실의 의자와 소파는 모조리 낡은 용수철이 드러나 푸른 무명천으로 변변찮게나마 덮어 놓았다.

공산당 대표단을 이끄는 저우언라이는 외교관들과 외국 기자들 사이에서 퍽 인기 있고 존경받는 인물이었다. 장제스는 한 미국인 고문에게 자신은 저우언라이를 믿을 수 있는 자라고 생각하는데, 이 공산당원은 총사령관이 항일 전쟁을 하는 데 꼭 필요한 인물이라 말한 적이 있다고 이야기했다. 《타임》의 특파원 시어도어 화이트에 따르면, 저우언라이의 본부에서 또 다른 매력은 어느 작은 군벌의 딸인 게릴라의 존재였다고 한다. 시어도어 화이트는 그녀를 "내가 만난 중국 여자 중에서 가장 아름다웠다."라고 묘사했다. 신분이 노출되기 전에 국민당 정보기관에서 3년간 비밀 첩보 활동을 했던 또 다른 매혹적인 젊은 아가씨가 이끄는 7명의 소조를 포함한 공산당 스파이들도 있었다.[17]

'살아 있는 보살' 류전환은 몽골에서 홍콩으로 밀거래를 하다가 충칭으로 옮겨 왔다. 그 뒤의 방문자들 중에서 인도 국민회의 의장인 자와할랄 네루(Jawaharlal Nehru)는 일본 폭격기의 공습 중에도 연설을 중단하지 않아 주최자에게 깊은 인상을 남겼다. 영국 노동당의 탁월한 정치가 스태퍼드 크립스(Stafford Cripps)는 1940년 초 이 도시에서 시간을 보내며 장제스 부부가 "매우 친절하고 소박하고 자연스러워 완벽하게 사랑받고 있다."라 여겼다. 그는 쑹메이링에게 설복당한 많은 서양인들처럼 그녀가 "비상하게 총명하고 모든 이에게 몹시 상냥하며, 가장 어려운 상황에서도 늘 용기와 적극성이 가득하다."라고 썼다. 총사령관은 그에게 일자리를 주었지만, 도널드는 이 미래의 영국 재무 장관에게 다른 고문들이 겪었던 '비통한' 경험을 고려하면 그 자리를 맡지 않는 편이 좋을 거라고 충고했다.[18]

연이어 주 중국 미국 대사를 역임한 두 사람은 늙은 중국통들이었다. 첫 번째는 1929년 이래 줄곧 중국에 주재한 미국의 고급 외교관으로, 땅딸막하고 오렌지색 머리카락을 지닌 넬슨 존슨이다. 그는 "하지 않음으로 모든 것을 한다(無爲即有爲)"라는 도가의 문장을 사무실 벽에 걸어 두었다. 그의 후임자인 무뚝뚝이 골초 클래런스 가우스(Clarence Gauss)는 중국에서 30년을 살았고 박식했으며 일을 빈틈없이 처리했다. 하지만 국민당은 가우스에게 두 가지 이유로 불만을 품었다. 그는 영사 업무를 통해 외교 영역에서 더디게 승진했기 때문에 혁혁한 공이 부족하다는 평가를 받았다. 중국은 훨씬 더 두드러진 인물을 얻고자 했다. 게다가 가우스는 중국 정부의 호불호를 지나치게 잘 알았고, 중국의 겉치레에 동요하지 않았다. 한 외교적 서신에서 그는 중국을 "큰 빚더미"로 변할 가능성이 있는 "사소한 자산"이라고 평가했다. 다른 서신에서는 장제스가 왕성한 정력으로 전쟁을 지휘하는 위대한 영수라는 관념은 "허튼" 생각이라고 일축했다.[19]

다른 외교관들 중에서 파이프 담배를 피우고, 사교장에서 매우 쾌활한 금발의 칠레 아내를 둔 영국 대사 아치볼드 클라크커 경은 충칭이 그의 고향 스코틀랜드를 떠오르게 한다고 말했다. 학구적이며 통풍에 걸린 오스트레일리아 공사는 회반죽으로 꾸민 절벽 가의 큰 집에 살롱을 열었다. 푸른색 양탄자를 깐 객실 네 벽에는 중국화가 걸려 있었다. 난징 대학살을 목격한 네덜란드 대리 대사는 양쯔 강 맞은편 기슭 소나무 숲의 전원주택을 가졌는데, 그는 BBC 뉴스를 들을 때 고국에서 온 시가를 나누어 주었다.[20]

1940년 프랑스가 히틀러에게 패배한 뒤, 막심 고리키의 양자인 외팔이 러시아 인 지노비 피치코프(Zinovi Pechkoff) 장군이 자유 프랑스군을 대표하여 충칭으로 왔다. 한 미국 외교관이 "차가운 마그마 같은 얼굴"로 묘사한 텍사스 출신의 클레어 셔놀트는 국민당 정부 공군을 창설했고, 장제스에게 승리는 지상에서 고달프게 얻는 것이기보다 공중에서 쟁취하는 것이라고 말했다. 그의 비행사 자원자 그룹은 중국 서남 지역에 기지를 세우고, 선진적인 P-40 비행기의 기수에 뱀상어(tiger shark) 입을 그린 휘장 때문에 얻은 비호대(飛虎隊, Flying Tigers)란 이름을 천하에 드날렸다. 시어도어 화이트는 일본군의 공습 기간 동안 셔놀트가 개활지에 서서 적기를 관찰하는 모습이 "마치 축구 코치가 그라운드에서 곧 경기를 펼칠 상대 팀을 연구하는 것 같았다."라고 보도했다.[21]

국민당 정부는 미국의 암호 해독 전문가 허버트 야들리(Herbert Yardley)를 고용했다. 그의 블랙 체임버(black chamber, 정부 첩보 기관의 암호 해독 부서) 활동은 일찍이 '신사는 다른 사람의 우편물을 읽지 않는다'는 이유로 워싱턴 정부에 의해 중지된 적이 있었다. 술꾼이자 오입쟁이인 그는 오즈번(Osborne)이라는 가명을 쓰고 가죽 장사꾼인 척하며 숨어 다녔다. 공습 때 그는 술 한 잔을 마시고 소파에 누워 생명 유지에 필요한 기관을 보호하고자 눈과 사타구니에 베개를 두었다. 더블린 출신에 케임브리지대학을 졸업한 존 매코슬랜드(John McCausland)는 영어로 국민당 정부의 라디오 방송을 진행했다. 중국어 이름을 가진 그는 창파오를 입고 과피마오를 썼지만 서양식 가죽 구두를 신었으며, 전쟁에서 승리하기 전까지 머리카락을 자르지 않겠다고 맹세했다. 매코슬랜드는 183센티미터 키에 아랫입술에서부터 시작되는 10센티미터 길이의 수염으로 학자 분위기를 풍겼으며, 한자 1만 5000자를 알고 있었다. 1941년 그는 중국 공민증을 얻었다.[22]

미국 공보관 그레이엄 펙은 충칭에 살던 불가리아 인 의사, 아르메니아 인 게릴라, 인도인 소설가, 트리니다드 출신의 발레리나 그리고 훗날 시안에서 메트로골드윈메이어(Metro-Goldwyn-Mayer) 영화사의 대표가 된 시베리아 출신의 야쿠트(Yakut) 인을 기억해 냈다. 외국인들은 통상 항구마다 사교 기구인 '충칭 클럽'을 만들었다. 한 미국 해병대원은 이 도시에서 음료수에 안전하게 넣을 수 있는 유일한 얼음을 생산했다. 스스로 남작 풍격을 지닌 양 행세하던 독일인 두 명은 '산 이슬'이라고 부르는 진(gin)을 만들었다. 일본의 진주만 공습 이후 중국과 독일이 전쟁을 선포할 때 충칭의 국민당 정부는 포로수용소를 세웠지만, 피수용자는 중국 여자와 결혼해 부근 마을에서 가난하게 살고 있던 독일계 유대인 한 명뿐이었다. 새로운 수도 설비를 갖춘 현대식 포로수용소는 음식을 넉넉하게 배급했다. 이런 소문이 퍼지자 두 명의 독일계 유대인이 구금

해 달라고 요청했다. 그들은 이미 중국 국적을 얻은 상태였기 때문에 추방되지 않았다.[23]

1938년 말, 국민당의 주요 지도자 중 한 명은 더는 인내할 수 없다고 판단했다. 승리의 가능성에 대한 의구심과 그 자신의 야망, 그리고 장제스에 의한 비주류화로 인해 왕징웨이는 도시 밖으로 살짝 빠져나가 비행기로 윈난의 성도 쿤밍에 도착한 뒤 하노이로 갔다. 그곳에서 그는 도쿄와의 평화 회담을 호소했다. 하지만 총사령관은 거들떠보지도 않았다. 한때 광저우 국민당 정부의 수뇌였던 왕징웨이는 베트남의 수도에서 충칭 국민당 정부의 비밀경찰 우두머리가 만든 것이 분명한 조직의 암살 목표가 되었다. 자객들이 저택에서 가장 좋은 방으로 쳐들어가 기관총으로 그의 심복 비서를 쏠 때, 암살 계획은 수포로 돌아갔다. 그는 훨씬 남루한 방을 골라 머무르고 있었다. 왕징웨이는 본래 하노이를 거쳐 외국으로 갈 계획이었지만, 이번 암살 시도에 큰 충격을 받고 생각을 바꿔 점령된 중국 지역으로 되돌아간 뒤 적에게 적극적으로 협조하는 길에 들어서게 되었다고 말했다. 왕징웨이와 그의 동료들은 오로지 평화만을 추구했기에, 장제스의 항일 전쟁에 대한 평형추로서 자신들이 중국의 최대 이익을 위해 행동했다고 주장했다.[24]

왕징웨이 역시 일본을 편애하는 쑨원을 이용할 수 있었다. 쑨원은 일찍이 "일본이 없으면 중국은 없다. 중국이 없으면 일본은 없다."라고 말한 적이 있었다. 하지만 장제스는 왕징웨이를 국민당에서 제명하며, 배신하여 도망치고 정부 정책을 멸시한 죄를 확실히 묻겠다고 다짐했다. 장제스의 동의 아래 두웨성의 공작으로 변절하여 홍콩으로 도망친 두 명의 옛 동료들이 예전에 왕징웨이가 점령 당국과 관계를 맺은 기록을 누설하면서, 그의 명예는 더욱 크게 실추되었다.

난징에 친일 정부가 세워지는 사이에 왕징웨이는 이 괴뢰 '개량' 정부와 북방의 친일 정권을 연합시키기 위한 일련의 담판을 진행했다. 그 자신이 모든 친일 협력자의 수뇌가 되기 위해서였다. 이것은 정치적 요소로 군사적인 우세를 강화하려는 도쿄의 욕망과도 일치했다. 일본의 새 수상 히라누마 기이치로

(平沼騏一郎) 남작은 한 성명에서 중국에서의 최종 목적은 "군사적인 승리를 얻는 것뿐 아니라 중국의 재생과 일본, 만주국, 중국의 상호 협력을 기초로 하여 동아시아의 새로운 질서를 세우는 것이다. 이 목표가 실현되지 않는 한 충돌은 끝나지 않을 것이다."라고 말하면서 일본의 야심을 낱낱이 드러내 보였다. 그러나 이 경고는 충칭의 한 선교사가 "단단하게 단련된 강철과 같은 기질의 사람"이라고 묘사한 상대의 결심을 결코 흔들지 못했다.[25]

"총사령관 주위에는 후광과 침묵이 있다"

중일 전쟁이 발발한 뒤 장제스에게는 독재적인 '비상 지휘권'이 부여되었었다. 그는 군사, 당, 정치 문제를 바라는 대로 자유롭게 처리할 수 있었으며 그가 선택한 법령을 반포할 수도 있었다. 장제스는 고질적으로 다른 사람에게 권한을 대행시키지 못했고 그 어떤 기구도 자신의 손아귀에서 벗어나지 못하게 했기 때문에, 우스꽝스럽고도 비능률적인 규모에 이를 때까지 온갖 일들을 켜켜이 쌓아 두었다. 한동안 그는 정부와 군대와 당의 수뇌에서부터 보이 스카우트, 전국글라이더협회 및 혁명열사자제학교의 지도자 역할까지 82개의 직책을 맡았다고 한다. 하지만 그는 겉으로 보이는 것보다 훨씬 지위가 약했고, 새로운 전투의 발동보다는 그의 군대를 재건하는 데 신경을 더 곤두세웠다.

역사학자 마이클 깁슨은 장제스의 군대에 대한 상세한 조사에서 "1938년 말까지 중앙군은 효과적인 작전 부대로서의 존재를 거의 완전히 상실했다."라는 결론을 내렸다. 대부분의 작전 사단들은 적어도 3분의 1의 병력을 잃었다. 장제스가 인정한 바대로 총참모부는 허약했고 훈련의 질도 떨어졌다. 어떤 참모들은 지도조차 제대로 읽을 수 없었다. 중급과 초급 군관들 중 오로지 4분의 1만이 정규 교육을 받았다. 지방의 많은 지휘관들은 충성을 의심할 만한 기록을 보유했다. 전쟁 시기의 중화민국 기록 중에서, 지시성은 36명의 고급 장령 가운데 39퍼센트가 1937년 이전에 난징 국민당 정부에 대항하는 모반을 획책한 적이 있고, 3분의 1만이 완전히 믿을 만하다는 통계를 냈다. 1930년대 중반에 지방 군벌들은 총사령관을 위협하여 자치권을 얻었다. 지방 범위 내에서는 지휘관들이 행정권과 재정권을 통제했다. 지방의 상급 장령들은 성장을 겸임하거나 이보다 더 높은 지위를 갖고서 국민당 내에서 맡은 직책을 초월하는 영향력을 행사했다.[26]

군대 재건은 느렸고 장비는 열악했으며 탈영병 비율은 높았다. 강제 징병은 잘 먹지도 못하고 병에도 걸리기 쉬운 군대의 질을 떨어뜨렸다. 1942년 쓰촨 성에서 신병 3분의 1만이 공식적인 건강 표준에 일치했다. 여유가 있는 자들은 뇌물로 병역을 기피하거나, 탈영병에게 돈을 먹이고 자신의 이름으로 다시 군복무를 하도록 사주했다. 지방 군벌들은 신병을 골라서 데려갔는데 때로는 그 이상을 요구했다. 할당량을 채우기 위해 관원들은 논밭에서 농민을 강제로 끌고 오고 길 가는 행인을 잡아 왔다. 도망을 염려해 신병들은 밧줄로 목이 함께 묶인 채 수백 킬로미터 밖의 병영까지 행군했다. 탈영을 막기 위해 밤에는 알몸으로 지내게 했다. 수많은 신병들이 도중에 죽어 나갔다. 다행히 징병에서 달아난 자들은 그들의 아내와 아이들이 강제 노동을 할 수도 있었다.[27]

정부는 1938년부터 해마다 150만 명을 징병하라는 명령을 내렸지만, 중국 군대의 총병력이 여전히 400만 명이었다는 것만으로도 사망, 탈주와 병역 기피의 규모를 짐작할 수 있다. 게일런이 12년 전에 이미 역설했던 바대로 중국에는 훨씬 규모가 작고 훈련이 더욱 잘된 군대가 적합했지만, 순전히 양만을 과신하는 관념은 군벌 혼전 시대부터 존재했다.[28]

총사령관이 습관적으로 전장의 현실을 무시하고 멀리 떨어진 부대에게 내리는 명령은 군대의 응집력에 아무런 도움이 되지 않았다. 어느 날 유능한 광둥 장군 쉐웨는 총사령관의 전화 연락을 두절시키기 위해 부대를 장시 성의 먼 지역으로 이동시켜 버렸다고 말했다. 장제스는 그의 장군들을 어떻게 다루는지 설명하는 자리에서 이렇게 말했다. "나는 밤에 잠을 잘 때도 하는 수 없이 깨어나 그들이 어떤 어리석은 일을 할지를 고심합니다. 이를 적어 두었다가 그들에게 그러한 일을 하지 말라고 말하지요. 만일 먼저 예견하지 않으면 그들은 너무나 바보스럽기 때문에 어리석은 짓을 많이 저지를 것입니다. 그들을 다루는 비결이 이것입니다. 반드시 그들이 저지를 수 있는 모든 잘못을 상상해야 하고, 또한 그렇게 하지 말라고 그들에게 경고해야 합니다. 이것이 바로 내가 그렇게도 많은 편지를 써야 했던 까닭입니다."[29]

장제스는 연대 지휘관들을 직접 다루기 위해 군대의 조직 구조를 건너뛰었고, 게다가 생각을 자주 바꾸었다. 그가 군대를 전장에서 멀리 떨어뜨린 까닭은 나중에 때가 되면 다른 목적들에 이용하기 위해서였거나 국내의 잠재적인 경쟁자들을 제압하기 위해서였다. 그는 아첨하고 알랑거리는 예스맨들에게 포위되어 있었다. 장군들은 감히 그에게 맞서지 않았다. 광시 장군 리쭝런의 말에 따르면, 장제스는 능력보다는 복종심을 더 높이 샀다. 적의를 품은 리쭝런은 "장제스가 좋아하는 것은 그러한 자들이었으니 …… 그들은 절대적으로 복종하지만 각자는 평범하고 무능했다."라고 까발렸다. 쑹메이링이 장제스에게 그의 명령을 집행할 능력이 없는 것 같은 특별히 무능한 장군을 언급하자 장제스는 이렇게 대답했다고 한다. "하지만 당신은 어디에서 그렇게도 복종을 잘하는 사람을 찾을 수가 있겠소?" 이러한 모든 것이 그의 무오류성에 대한 신념을 강화했고, 또한 그가 더더욱 토론을 내켜 하지 않으며 분할 통치 책략으로 아래에 있는 파벌들을 다스리도록 했다.[30]

그중의 한 파벌을 군수(軍需)와 행정 관리 연락망을 맡은 키가 작고 통통한 허잉친 장군이 이끌었다. 동그란 얼굴과 둥근 안경으로 그는 친절하게 보였다. 시어도어 화이트는 허잉친을 "학교 선생 같다."라고 묘사했다. 하지만 1927년부터 참모 총장을 맡았으며 오랜 시간 동안 군정부장을 지낸 그는 교묘한 조작의 대가가 되었을 따름이었다. 허잉친은 황푸군관학교 졸업생 출신으로 광범위한 인맥을 가졌고, 충칭의 난잡한 회색 건물에 자리한 군사위원회에서 그와 그의 조수들은 직위를 남용해 치부하기에 여념이 없었다. 또한 그는 현지 소수 민족의 토지를 겸병하여 그의 고향인 구이저우 성에서 가장 부유한 대지주 중 하나가 되었다. 중국에서 가장 권세 있는 로마 가톨릭 평신도로서 성당의 반동 조직과 매우 친밀한 관계를 유지하기도 했다. 허잉친은 공산당을 소멸시키기 위한 중대한 전쟁을 지지했고, 전력을 다해 군대 개혁을 저지했다. 비록 장제스는 허 장군을 신임하지 않았지만 그의 권력이 너무 강해 축출할 수가 없었다.

덜 사무적이고 더 지방적인 뿌리가 강하며 자신들의 권력 기반을 세우길 갈망하는 젊은 장군들은 허잉친 사단과 자주 불화를 일으켰다. 상하이와 우한 방어 전쟁의 지휘관이었고, 장제스가 후견하는 사람들 중 한 명과 결혼했으며 더욱 개혁적인 사상을 지닌 천청은 군정부장 허잉친과 특히 반목했다. 상대에 비해 작고 야위었지만 천청은 중앙군 외의 반(半)자치적인 군사력과 소통하는 정부의 주요 채널이었고, 또 장제스에게 의심받는 성공한 광둥 장군 쉐웨 같은 지휘관들과도 좋은 관계를 유지했다. 정부의 부패와 무감각을 싫어하는 것으로 유명한 천청은 후베이 성 남부의 근거지에서 개혁을 단행하는 동시에 자유로운 제3당과 긴밀하게 왕래했으며, 충칭의 공산당 대표들과도 관계를 트고 있었다. 이 모든 점에서 그는 필연적으로 허잉친의 경쟁자가 될 수밖에 없었다. 뿐만 아니라 그는 고압적인 수단을 즐겨 쓰는 천씨 형제의 CC단를 극도로 증오했다.[31]

타이얼좡 전투에서 승리를 거두었던 탕언보 장군은 면적이 16만 8000제곱킬로미터에 달하는 중국 북부와 중부 사이의 관건 지역인 허난 성에서 국군의 주요 역량을 일으켜 세웠다. 또 다른 야심만만한 황푸군관학교 졸업생으로 반공과 항일 작전의 베테랑이자 '서북의 매'라고 불린 후쭝난은 북부에서 공산당의 주요 근거지 가장자리에 주둔한 대군을 통솔했다. 술과 담배를 하지 않고 여자를 가까이하지 않는다는 후쭝난은 허잉친과 특히 관계가 좋지 않았고, 장제스의 명령을 직접 받았다. 더 낮은 자리에서의 분열은 일상다반사였다. 가령 화둥(華東) 중부 연안 지구의 장군 12명을 비롯해 일부 정치가들과 비밀경찰 조직, 청방 두령들, 해적들과 지방 토호들은 장쑤 성과 안후이 성에서의 영향력을 두고 서로 각축을 벌였다. 그리하여 그곳에서 공산당 군대의 세력 확장이 촉진되었다.

우한 통일 전선 시대의 활기가 중일 전쟁으로 인해 식은 탓에 억압과 검열이 증가했다. 대학들이 정화되었다. 교과서는 반드시 관방의 노선에 부합되게 편집해야 했다. 주요 일간지《대공보(大公報)》는 발행인이 "총사령관 주위에는 거룩한 후광과 침묵이 있다."라고 쓴 일로 사과를 하고 사흘간 정간되었다. 정부와 지식인들 및 중국의 미래를 진지하게 고민하는 사람들 사이의 간극은 한층 더 커졌다. 국민참정회의 소수파 조직들은 윈난과 광시, 청두에 민주정당연합 사무실을 차린 뒤로 미행을 당했다.

설령 이러하더라도 국민당의 중국은 나치 독일이나 소련처럼 폐쇄 사회는 아니었다. 하지만 장제스는 의견 불일치를 줄이기 위해 정치회의를 다시 소집함으로써 민주적 토론의 보장이 허울뿐임을 여실히 보여 주었다. 정치 쟁론이 없는 상황에서 체제의 사상은 날로 우둔해졌다. 장제스는 행동의 중요성을 강조했다. 그는 "유일한 실수는 행동을 취하지 않는 것이다."라고 선언했다. 혁명은 지혜와 사랑과 용기를 바탕으로 한 강한 추동력이 필요하다는 것이었다. 행동은 "이를테면 인간의 참된 본질을 합리적으로 안정시키고, 우리 인민의 깊은 마음속에 자리한 인성과 인애를 온전하게 발현시키며, 온갖 생활에 널리 퍼져야 할 보편적인 도덕 경향"을 창조하기 위한 "참된 지식"을 기반으로 삼아야 했다.[32]

장황하고 지루한 일장 연설에서 표현된 장제스의 사상은 국민당에 아무런 활력도 불어넣지 못했다. 1939년 국민당 당원 수는 전쟁 이전의 3분의 1에 불과했다. 하지만 1944년 말 250만 명으로 맹렬하게 증가했는데, 대다수의 새 당원들은 이념이나 개조의 열정보다는 당이 제공하는 권세에 빨려 들어갔다. 당원 30퍼센트가 쓰촨, 저장, 광둥 성 출신이었다. 중앙집행위원회는 단지 형식적인 제도일 뿐 전혀 영향력이 없는 고무도장을 가지고 있었다.[33]

장제스를 둘러싼 내부 경쟁은 여전히 격렬했다. 그는 부하들을 최대한 이용하기 위해 분할 통치의 원칙 아래 그러한 내부 투쟁을 조장했다. 특히 CC단을 이끄는 천씨 형제와 비밀경찰 수뇌 다이리가 고투를 벌였다. 천씨 형제 중 하나로 잿빛 머리카락에 정력이 대단히 왕성하며 극단적으로 보수적인 천리푸는 교육부장으로서 학생들과 지식인들을 세뇌하려고 했다. 결핵이 있는 그의 형제 천귀푸는 장제스의 집무실에서 문건 출납을 처리하며 누가 총사령관을 알현할지를 결정했다. 한 미국인 고문은 그들의 세계관을 "기독교청년회 교리를 조금 갖춘, 이탈리아와 독일 파시즘 유형인 유럽 독재주의와 유교주의의 혼합"이라고 설명했다.[34]

전쟁 기간 동안 천씨 형제의 맞수였던 다이리는 비밀경찰의 우두머리 노릇을 하며 많은 방면에서 가장 큰 권력을 누리는 정부 내의 2인자가 되었다. 비판자들로부터 '장제스의 힘러(Himmler)'*라고 불린 그는 장제스의 면전에서 총기를 소지할 수 있도록 허락받은 유일한 사람이었다고 한다. 호리호리하고, 잘생기고, 작은 손을 가진 다이리는 허리를 곧게 편 채 성큼성큼 걸었다. 캐슈너트 맛에 빠진 그는 날카로운 눈의 소유자였으며, 홍콩에서 하룻밤 동안 구금당한 일로 영국인을 매우 불신했다. 다이리는 늘 미국 해군 군관에게 선물받은 작은 권총을 지녔고 개인 통신 요원들과 통화할 때면 알아듣기 어려운 고향 사투리로 말했는데, 누군가 그들의 이야기를 도청할지라도 무슨 말을 하는지 이해할 수 없도록 하기 위해서였다.

두루두루 공포를 샀던 다이리는 1936년 12월 시안으로 가서 동향 사람인 총사령관과 같은 길을 걸음으로써 장제스로부터 더욱 깊은 신임을 받았다. 그는 큰 귀 두웨성과 상하이 조직폭력배들을 포함해 비밀 결사 단체 및 흑사회(黑社會, 암흑가 집단)와 긴밀한 관계를 맺어 왔다. 허잉친-우메즈 비밀 협정으로 인해 비합법 조직으로 변한 남의사는 다이리의 군통 조직으로 흡수되어 그 아래에서 테러 임무를 수행했다. 상하이에서 적과 내통한 협력자들을 테러 공격하는 일을 지휘한 뒤, 다이리는 부역자들과 애매한 관계를 유지하는 암호가 되어 버린 '곡선구국(曲線救國, 바른길을 벗어난 구국)'을 부추겼다. 장제스는 비밀경찰 조직에 경비를 제공하고 일부 요원들을 갑부로 만들어 준 소금 전매 특권을 다이리에게 부여했다. 다이리의 요원들은 군대와 경찰 기관에 침투하여

---

* 하인리히 힘러(Heinrich Himmler)는 1929년에 히틀러에 의해 '나치스의 SS'로 약칭되는 친위대 대장으로 임명되었다. — 옮긴이

충성도를 점검했다. 또한 경제가 통제력을 상실했을 때 매점매석, 암거래 및 부당 이득과 전쟁을 벌이는 임무를 맡기도 했다.[35]

중일 전쟁은 장제스가 심각한 재정 문제에 봉착할 수밖에 없게 만들었다. 하지만 그의 반응은 상황을 더욱 악화시키고 그의 체제에 대한 환멸만 심화했다. 중국 내 최고 부자 도시들의 함락은 세수 수입을 심각하게 감소시켰다. 1937년과 1939년 사이에 세수입은 3분의 2나 줄어든 반면에, 주로 군사비 위주인 지출은 3분의 1이나 상승했다. 미국은 차관 액수를 1억 4500만 달러까지 증가했고 영국도 50만 파운드를 신용 대출해 주었지만, 장제스의 요구를 만족시킬 수는 없었다. 일부 자금은 두웨성과 다이리가 아편 전매 주식을 홍콩과 포르투갈령 마카오를 통해 팔아 조달했다. 보다 장기적인 대책으로 총사령관과 쿵샹시는 전에 없는 속도로 지폐를 찍어 내 계산을 지불하기로 결정했다.[36]

이는 전국적인 재난을 몰고 왔다. 화폐 가치가 급격하게 하락했다. 인플레이션(통화 팽창)이 격심해졌다. 필요한 돈은 한층 더 많아져 갈수록 더 많은 지폐를 찍어 내는 데 몰두했다. 완전히 중국의 속담대로 "목이 마르다 하여 독주를 마셔 갈증을 푸는(飲鴆止渴)" 꼴이었다. 하지만 국가 재정의 책임자는 어떠한 비판일지라도 퇴짜를 놓았다. "통화 팽창, 통화 팽창!" 쿵샹시가 질문자에게 말했다. "중국에 통화 팽창은 없소! 만일 사람들이 25위안으로 만년필 하나를 사려 한다면, 그것은 그들 사정이지 통화 팽창은 아니오. 모두 그들이 미쳐서 그런 것이오. 그 돈을 지불하지 말았어야지."[37]

전쟁 비용의 4분의 3은 국가가 통제하는 주요 은행들의 화폐로 재원을 마련했다. 연간 발행량은 1937년 14억 5000만 위안이다가 1940년 초에는 150억 위안으로 급증했고, 연이은 몇 년 동안 하늘로 치솟듯 폭증했다. 1941년 하반기에 이르자 물가는 해마다 갑절로 오르고, 엎친 데 덮친 격으로 흉작과 공산품 부족도 잇달았다. 1940~1941년에 충칭의 식료품 가격은 1400퍼센트나 상승했다.[38]

특히 국민당 정부가 공무원과 군인의 급여 감축으로 통화 팽창의 악순환을 줄이려고 할 때, 생활비는 국민당 체제의 특징이 된 뇌물 수수의 급증에 따라

덩달아 훌쩍 올랐다. 당시에 널리 읽힌 한 권의 책은 부패를 중국인이 정신적 위안처로 찾는 보리수나무에 비견했다. 사실 누구나 탐욕 혹은 필요 때문에 온갖 방법을 동원해 돈을 벌어들이려고 악다구니를 썼다. 식료품과 상품을 손에 넣을 수 있는 자들은 죄다 매점매석과 투기로 폭리를 취했다. 박학다식한 로버트 페인이 그의 충칭 일기에 썼다. "재빠르게 치부를 하고, 아름다운 첩을 갖고 …… 구하기 어려운 상어 지느러미 요리 같은 진미를 저녁에 맛보고, 자가용을 타고 그리고 백만장자라는 평가를 듣는 것이 가장 완벽한 품위를 증명하는 상징이 되었다. 이곳에는 중국이 위대하다는 징표가 존재하지 않는다."[39]

착취의 횡행에 휩쓸리지 않았던 도널드에게 오랫동안 가장 중요한 관심사는 부패였다. 예전에 도널드는 장제스에게 세간의 이목을 끄는 타락 분자를 처결하라고 독촉한 바 있었다. 이제 우한 함락 전에 보았던 하나의 사건을 둘러싸고 그의 비애는 보다 굳어졌다. 미국의 기부금으로 구매한 구급차가 어느 관원이 거금을 예금해 놓은 은행 앞에 정차해 있었다. 수세기 전의 부자가 재산을 빼돌려 달아났던 방식으로 그는 예금을 찾아 구급차에 싣고 이 은행에 돈을 저축한 평범한 서민들의 운명을 하늘에 맡긴 채 줄행랑을 쳤다. 그날 도널드는 장제스의 집으로 갔고, 쑹메이링이 뜰로 안내했다. 그는 고위층의 비열한 부패를 막는 모종의 조치를 취해야만 한다고 역설했다. 도널드는 그의 전기에서 이름을 똑똑히 밝히지 않은 한 관원의 아내를 인용했는데, 분명히 쑹메이링의 큰언니 쑹아이링이었을 것이다. 쑹메이링은 격분한 채 도널드를 질책했다. "당신은 정부나 중국의 사정을 비판할 수 있지만, 일부 사람들은 직접적으로 비난해선 안 돼요." 도널드는 잠시 조용히 서 있다가 재빠른 걸음으로 떠났다. 그의 두 뺨은 새빨갛게 물들어 있었다.[40]

도널드는 충칭 정부에서 계속 일하며 장제스의 아내를 중국인의 상징으로 서방 세계에 알리고, 그녀와 함께 비행기를 타고 홍콩으로 날아가 군사 원조 조달 회담을 추진했다. 하지만 그는 자신의 자리와 자신이 복무하는 체제를 다시 생각해 보았다. 결국 중국에서의 30년 생활에 마침표를 찍기로 결정이 내려졌다. 도널드는 쑹메이링에게 작별을 고한 뒤 홍콩으로 갔다. 그곳에서 그는 쑹메이링의 이름자를 딴 요트를 탔다. 배 위에는 나침반, 무선 라디오와 은 그릇을 포함해 그녀가 여러 해 동안 보내 주었던 선물 꾸러미가 놓여 있었다. 그는 타자기에 종이 한 장을 끼우고, 나중에 전기 작가에게 말한 바대로 썼다. "친애하는 장 부인. 저는 이전에 당신에게 중국을 떠날 수 있는 여러 가지 길을 말한 적이 있습니다. 당신은 그저 제가 재빠르게 먼지를 일으키며 달아나는 메뚜기 떼 같다고만 했지요. 흠, 저는 드디어 넓고 큰 길에 올랐습니다." 도널드는 종이를 타자기에서 꺼내 갈기갈기 찢어 버렸다.

뒤따른 여름에 도널드는 회고록을 쓰는 동안 비서로 일하기로 한 소녀와 함께 솔로몬 군도로 가는 뱃길에 올랐다. 홍콩의 중국인 상인 친구의 열여덟 살짜리 딸이었다. 하지만 그는 회고록에 기록을 하지는 않았다. 쑹메이링은 도널드에게 돌아와 달라고 정중하게 부탁했다. 훗날 치명적인 폐결핵에 걸린 그는 "집에 돌아가 죽고 싶다."라고 말했듯 7년 후 비행기를 타고 결국 중국으로 돌아왔다. 도널드는 상하이 교통사고 때 구해 주었던 여자와 살아서는 다시 만나지 못했다. 하지만 쑹메이링은 1946년 말 검은색 옷을 입고 그의 장례식에 참가했다. 노란색과 흰색 국화로 조성된 십자가가 놓인 관은 상하이 국제 공동 묘지로 옮겨졌다.[41]

충칭 공습

1939년 5월 3일 일본 해군 전투기들이 회오리바람처럼 재빠르게 충칭을 급습했다. 겨울과 초봄 사이에는 구름과 안개가 담요같이 도시를 보호해 주었지만 이제는 하늘이 청명해졌다. 찌는 듯이 더운 날, 전투기가 폭격을 시작할 무렵 거리는 사람들로 붐볐다. 저녁에는 월식이 일어났다. 성직자들은 달을 삼켜 버리려는 천구(天狗)를 겁을 줘서 내쫓고자 징을 쳐 댔다. 거리에서 포고를 통지하는 자들은 큰길을 따라 징을 치면서 일본군이 폭탄과 함께 유독성 연기를 투하했다고 경고했다. 폭격기들은 이튿날에도 날아왔고, 그날 밤 로이터 통신은 이렇게 보도했다.

충칭은 기이한 풍경을 드러냈다. 도시 절반이 칠흑같이 어두웠다. 전등도 없고, 전화도 안 되고, 수천 명의 집 없는 무리가 노상에서 잠을 잤다. 숱한 초들이 가옥의 대문에서 밝게 타고 있었다. 집안사람들 중에 적어도 한 명이 죽었음을 알리는 표시였다. 일부 시체들은 관에 담겨 집 안에 있고, 다른 일부는 단지 거적자리로만 덮인 채 거리에서 나뒹굴었다. 한편 도시의 나머지 절반은 불빛이 매우 밝고 일상생활이 평소대로 이어졌다.

폭격을 당한 지역에서는 곳곳에 시체들이 있었다. 한 프랑스 전도사가 썼다. "가구와 대들보 더미가 까맣게 불타는 사이에 잘린 팔다리들이 흩어져 있었다. 나는 이러한 공포가 가능한 것인지, 내가 무시무시한 환영의 희생양이 된 것은 아닌지 스스로 물었다. …… 충칭은 거대한 공동묘지로 변하고 말았다." 시립 병원은 환자 250명을 수용할 공간밖에 없었다. 주요 급수탑도 폭격을 맞은 탓에 소방 작업이 매우 어려웠다. 가옥에서 떨어져 나간 문짝들은 들것으로 쓰였다. 일군의 중국인이 영국 영사관으로 몰려가 피신했다. 영국 대사는 대문을 열고 피난민들을 테니스장으로 안내하라고 명령했다. 하지만 테니스장이 폭탄 한 발에 명중되어 7미터 깊이의 구멍이 파이고 25명이 폭사하고 말았다.

독일 대사관 아래쪽에서 수백 명의 중국인들이 도시의 성곽에 갇혔다. 일부는 화염으로 새까맣게 타 버렸다. 매우 느리게 올라가는 열로 인해 죽은 다른 시체들의 옷은 그대로였다. 그들의 손끝은 미친 듯이 안전한 장소로 올라가려다 갈려서 보이지도 않았다. 어린애들과 갓난아기들은 그 밑에 깔려 버렸다. 왜 중국인들이 달아날 때 도와주지 않았는지 질문하자 독일 외교관이 대답했다. "사람이 너무 많았습니다. 게다가 오로지 쿨리들뿐이었지요."[42]

주요 거리들 곳곳이 포탄 구멍과 파괴된 건물로 빽빽했다. 거센 화염이 치솟는 가운데 도시는 피난민의 바다로 돌변했다. 전족을 한 늙은 여자들이 발을 절며 비틀거렸다. 맹인은 친족을 따라 질질 끌려갔다. 아이들은 목청껏 울면서 부모를 찾았다. 엄마들은 비명을 지르며 자식들을 찾아 짐승처럼 헤맸다. 트럭과 승용차는 곧바로 군중 속으로 돌진했다. 도처에서 화염이 불타며 끊임없이 터지거나 갈라지는 소리를 냈다. 한쑤인은 고향으로 돌아가는 길에 이 지역 전체가 "먼지와 파편으로 뒤덮인 황야로, 뜨겁기가 가마솥 같다."라고 느꼈다. 적십자사 성원들과 보이 스카우트 단원들은 검게 탄 뼈나 뜨거운 열기로 인해 반밖에 남지 않은 시체들을 치우느라 눈코 뜰 새 없이 바빴다.[43]

공습을 많이 겪은 사람들도 사실상 무엇이 그들을 습격했는지 몰랐다. 머리 위로 폭격기가 지나가는 것은 보았지만 공중전에 대한 개념이 없었다. 전통적인 관념을 갖고 있는 충칭 주민들에게 공습은 마치 신화 속의 괴물들이 하늘로부터 그들 머리 위에 죽음과 파괴를 비처럼 쏟아붓는 것이었다. 무수한 폭탄은 시 중심의 공원으로 피난한 난민들에게 명중했다. "한 소녀는 마치 잠을 자듯 벽에 등을 대고 앉아 있었지만, 목에서 흘러내리는 선혈은 이미 죽었다는 사실을 드러냈다."라고 로이터 특파원이 썼다.

한 중국인 엄마는 얼추 여섯 살로 보이는 죽은 아이의 손을 잡고 미친 듯이 울부짖고 있었다. 조금 떨어진 곳에 다른 여자가 누워 있었다. 그녀는 비록 숨이 붙어 있었지만 의식을 잃은 채 실려 나가기만을 하염없이 기다렸고, 곁에는 예쁜 날염 원피스를 입은 채 죽은 작은 소녀가 드러누워 있었다. 머리가 거의 없는 한 병사가 폭발로 부러진 나무 아래에 쓰러져 있었고, 그 옆에는 거의 손상을 입지 않은 젊은 여자 시체 두 구가 벽에 기대어 널브러져 있었다. 한때 아이들의 운동장이었던 곳에는 시체들, 포탄 구멍들 그리고 뿌리째 뽑힌 나무들이 어지럽게 흩어져 있었다.[44]

한차례의 공습이 어느 장군의 결혼 피로연을 급습했다. 신랑 신부와 하객들은 거대한 대피소로 피해 들어갔다. 하지만 폭탄 하나가 부근의 연료 창고에 떨어지면서 불타는 기름이 방공호로 밀려들어 모두가 타 죽고 말았다. 250명의 부자 무리는 시공 중인 10층짜리 중국은행 건물의 지하실로 들어가 안전을 도모했지만, 폭탄이 건물에 명중해 죄다 압사했다. 아편 흡연자를 위한 연관(煙館)으로 폭탄이 떨어져 300명이 폭사했다. 가녀들이 몰려 있는 지얼 가(雞兒街)는 공습으로 황폐화되었다. 버려진 저택으로 기어 들어간 로즈 파머는 비단 베개를 베고 비단 이불을 덮고 잤으며, 냉장고 안의 닭고기와 샴페인으로 아침 식사를 했다.[45]

충칭에는 효과적인 방공 화력이 부재했다. 조기 경보가 울릴 때 국민당 해군의 잔여 부대로 양쯔 강에 정박한 높은 굴뚝의 어뢰정과 작은 군함들은 곧바로 강 하류의 암석 아래 피난처로 향했다. 5월 초의 공습으로 인해 사망한 총인원수는 6000명에서 8000명 사이였고, 도시의 4분의 1이 큰불로 파괴되었다. 버스들과 트럭들이 시민들을 대피시킬 때, 장제스의 방탄 리무진도 어쩔 수 없이 투입되었다. 한 노파가 흙먼지 속에 꿇어앉아 있다가 리무진에 오르면서 머리 숙여 감사의 절을 했다. 프랑스 전도사의 지하실에서 주교는 국수와 차갑게 식힌 삶은 버찌와 마지막 붉은 포도주를 차렸다. 구식 플란넬 옷을 입은 영국 대사는 거리로 나가 분노에 차서 지팡이를 흔들었다. 로즈 파머는 "다른 어떤 사람에게서도 이토록 통한과 공포가 뒤섞인 표정을 본 적이 없다."라고 회상했다.[46]

9월 중순까지 공습은 30차례나 진행되었다. 방공 피난 체계는 20만 명을 수용할 수 있었다고 하는데, 어둡고 눅눅하여 모기가 들끓는 굴도 있었고 축전기 전등과 통풍기를 갖춘 철근 콘크리트 개인 방공호도 있었다. 소련 대사관 아래의 벙커는 특히 설비가 완벽해 전화, 바, 침실 및 부엌까지 갖추고 있었다. 독일인들은 독일 대사관의 잔디밭에 1인용 벙커를 파는 걸 더 선호했다. 공기 중에는 공포감과 인간 생명에 대한 경시, 제때에 즐기겠다는 향락주의 및 재난에서 구원된 목숨이라는 은밀한 기쁨이 혼재했다. 상점에서는 폭격기가 폭탄들을 투하하는 그림이 그려진 '도쿄 직송 신선한 계란'을 제공했다. 상업 지구에 맹렬한 공습이 있고 난 다음 날 아침, 은행들은 비록 마루에 깨진 유리와 기와 조각 파편이 흩어져 있었지만 평상시대로 문을 열었다. 식당들은 '제허우판(劫

後飯, 공습 후 식사)'이라는 간판을 내걸었고, 구급대가 여기저기로 시체를 찾으러 다니는 동안 영화관 밖 거리에서는 사람들이 줄을 서 있었다. 공습 뒤 전등이 다시 설치되자 충칭에서는 "해양으로 향하는 한 척의 호화로운 대형 선박마냥 모든 전등불이 강 위에 자랑스럽게 떠 있었다."라고 한쑤인은 썼다.[47]

공격에 대한 취약성과 저항의 와중에 이 처량한 회색 도시에 가득한 잿더미와 죽음의 냄새는 이곳에 피난처를 세운 사람들의 상태를 여지없이 반영하고 있었다. 장제스가 일기에 썼다. "적은 잔인하고 비인간적이며 믿기 어려울 정도로 야만적이다. 내가 살면서 목격한 가장 참혹한 광경이다." 그럼에도 그는 일본 폭격기들이 항전 의지를 부술 수는 없다고 선포했다.[48]

국민당군의 척후병들이 양쯔 강 하류에서 적기들을 보았을 때 최초의 경보가 울렸다. 이때 총사령관은 제1벙커로 가서 일본 폭격기가 거의 머리 위로 날아올 때까지 업무를 계속했다. 그런 뒤 그는 고급 장령들이 기다리고 있는 내부 벙커로 옮겨 갔다. "이곳에서는 군장 단추를 꽉 끼우고 번쩍번쩍 빛나는 군화를 신은 군정부장이 쉴 새 없이 오르락내리락했다."라고 한쑤인은 적었다.

다른 장군들은 낮은 목소리로 교담을 나누거나 신문을 대충 훑어보고 있었다. 총사령관은 양팔을 포개고 단단한 나무 의자의 등받이에서 등을 15센티미터 뗀 채 곧고 뻣뻣하게 앉아 있었다. 그는 쉬고 있었다. 그가 느슨하게 있거나 몸을 구부리거나 다리를 꼬거나 근육을 움직이는 것을 본 사람은 없었다. 머리 위쪽에서는 폭탄이 폭발했다. 벙커 안의 다른 사람들은 자리에서 일어나 위를 흘긋 쳐다보았다. 그들은 입을 헤벌렸고, 어떤 사람들은 귀를 꽉 틀어막았다. 그러나 장제스는 무관심했다. 마치 지루한 연설은 듣지 않겠다는 듯, 일종의 성가신 일을 참는 표정이었다. 눈으로 전방을 똑바로 쳐다보며 그는 까딱도 하지 않고 앉아 있었다. 단지 쉬고 있을 뿐이었다.[49]

20

미국의 개입으로 전세 변화를 꾀하다

충칭이 지구 상에서 가장 맹렬히 융단 폭격을 당할 때, 일본 군대는 일련의 전진을 이루었다. 일본군은 마침내 장제스의 여름 수도인 루산 피서지 구링을 점령했다. 수비군은 그들이 도착하기 한 시간 전에 철수했다. 우한의 서북쪽에서 중국군이 깊은 산의 원시림으로 숨어들 때, 일본군은 리쭝런과 탕언보가 지휘하는 20개 사단을 포위하려는 새로운 작전을 폈으나 실패했다. 그 뒤로 이들의 부대는 자주 출몰하여 적군의 병참선을 교란했다. 남방에서 일본군은 일곱 갈래로 분산해, 비행기와 탱크의 엄호 아래 도로와 철로를 따라 장제스가 일찍이 홍군에 대항하는 전역을 조직했던 장시 성의 성도 난창으로 진격했다. 도시 옆을 흐르는 넓은 강의 기다란 둑 탓에 일시적으로 장애를 받았지만, 침략자들은 쓰레기를 나르는 작은 배들을 빼앗고 공격을 계속하여 오로지 열두 살 먹은 생도 한 명이 지키고 있는 곳을 포함해 방어 진지가 구축된 성진들을 빼앗아 갔다. 연이어 서남쪽으로 방향을 바꾸어 후난 성으로 진입했다. 1939년 9월 일본군은 만일 방어선이 무너지면 큰불을 놓아 공격자에게 저항하기 위해 대량의 인화성 물자를 쌓아 둔 후난의 성도 창사로 전진했다.

자만심에 도취된 일본군은 평상시의 중형 장비와 차량도 없이 진격했다. 덫을 치고 기다리던 국민당군은 작은 산들로 둘러싸인 지역의 옆구리에서 습격했다. 일본군은 퇴각할 수밖에 없었다. 충칭에서는 승리를 축하하는 폭죽을 쏘아 올렸다. 하지만 비극도 함께 왔다. 후난 성 당국은 도시로부터 30킬로미터 내에 적의 기병대가 있다는 소식을 듣고 함정에 불을 놓으라는 명령으로 대응했다. 창사는 닷새 동안 불타고 수천 명이 사망했다. 장제스는 창사로 날아가 수비대장과 다른 장군 및 경찰국장에 대한 군사 재판을 열라고 명령했다. 모두 총살을 당했다.[1]

적을 패배로 끌어당기는 자성 전쟁

남방에서 일본군은 하이난다오를 점령했고, 또한 광시 성에 상륙했지만 바이충시 장군의 저항을 받고 가을에 진공을 멈추었다. 일본군의 군사적 우세에 저항하는 중국군의 열세는 중국 중부에서 일본군의 전진에 맞서 교전을 벌인 바이충시의 동료 리쭝런의 기록에 반영되어 있다. "오랫동안 전투를 치르면서 충분한 병력을 보충받지 못한 우리 군대는 완전히 기진맥진했고, 더구나 대전차포도 모자랐다. 우리 군사들은 맹공격을 전혀 막아 낼 수가 없었다. …… 그들은 참호 안에서 싸우고, 일부는 탱크 위로 기어올라 그 안에 수류탄을 까 던졌다. 하지만 적의 탱크는 유유히 지나갔고 우리의 참호는 깔려 평지로 변했으며 방어자들은 치여 죽거나 생매장되었다." 산으로 되돌아간 중국군은 열흘을 버티며 황푸의 베테랑 탕언보 장군이 발동한 포위전을 기다렸다. 하지만 탕 장군은 그의 군사력을 보존하기 위해 전장에서 멀리 떨어져 주둔하길 원했다.[2]

테러 전선에서 상하이는 친일 협력자들에 대한 다이리 요원들의 공격으로 벌집이 되었다. 때로 그들은 달마다 충칭으로부터 50만 위안의 자금을 지원받는 청방과 연합해 행동했다. 1937년 8월 상하이에서 전쟁이 시작된 이후 네해 동안 어림잡아 150여 명 이상의 정치 인사들을 살해했다고 한다. 장제스가

1927년 구금한 적이 있고 상하이 시장을 역임한 은행업과 운수업 거물 푸샤오안은 잠을 자던 도중, 국민당군의 비밀 요원으로 모집되었던 그의 요리사가 고기 써는 칼로 찔러 죽였다. 적에게 투항한 경찰 부대의 비서장은 집 뒷골목에서 총격을 받고 죽었다. 괴뢰 정부의 외교부장은 가족이 지켜보는 앞에서 친(親)장제스 표어가 적힌 족자를 펼친 뒤 핏자국에 물든 방을 뜬 자객에게 암살당했다. 또 다른 제물은 일본과 운명을 같이하기로 한, 두웨성의 청방 동료 장샤오린이었다. 폭탄은 공공장소에도 투척되었으며, 왕징웨이를 제거하려는 성공하지 못한 계획도 세워졌다. 개량 정부와 일본의 정계 요인들이 함께한 연회에 대량의 독극물을 투여한 암살이 시도되었다. 참석자들은 응급 치료를 받고 목숨을 구했다. 중국인 게릴라들이 일본과 괴뢰 정부 간의 조약에 서명한 관원들이 탄 상하이발 난징행 열차를 폭파하여 75명이 폭사하고 100명이 부상을 입었다.

공동 조계 밖 후시(滬西) '황무지' 지구에 있는 한 가옥에 총본부를 둔 친일 부역자들의 비밀경찰도 보복 행동을 자주 벌였다. 다이리의 경찰서에서 일한 적이 있는 전 공산당원 두 명이 이끄는 비밀경찰들은 친(親)충칭 정부 중국인을 암살하고, 시민들을 제멋대로 체포하고, 상인을 납치해 엄청난 몸값을 요구하고, 법원과 은행과 신문사를 공격하는 동시에 도박장과 아편굴과 매음굴에서 보호세 명목으로 금품을 갈취했다. 우두머리 중 하나는 그의 열 몇 살 먹은 내연녀가 암살을 시도하던 중 요행히도 살아남아 국민당으로 전향했다. 도망치기 전에 그는 부역 경찰 내의 주요 동료를 독살했는데, 이 사람은 1927년 4월 두웨성의 조직원들이 공산당원을 공격하기 위해 공동 조계지를 통과하는 것에 동의했던 공동 조계 공부국 국장의 전임 운전수였다.[3]

창사에서 군사적으로 성공한 장제스는 전면 공격을 행했다. 그는 또한 국외의 사건들에 고무되었다. 워싱턴은 일본의 '대동아 질서'를 인정할 수 없고, 도쿄와의 무역 조약을 무효로 한다고 선포했다. 1939년 8월 만주-몽고 철도선의 전투가 눠먼한(諾門罕) 전역에서 최고조에 이를 때, 머나먼 동북에서 벌어진 일본과 소련 간의 전투로 중국 내 일본 군대가 남방과 북방 전선으로 갈라지기를 바라는 장제스의 희망은 마치 실현되는 듯싶었다. 관동군 23사단에 대한 주코프의 승리는 일본군이 한층 더 대규모의 공격 계획을 짜도록 했지만, 나치 독일과 소련이 상호 불가침 조약을 체결함에 따라 도쿄는 모스크바와의 휴전을 선택했다.

이로써 장제스는 다시 한 번 고군분투하게 되었다. 소련의 원조가 대폭 줄어들었다. 1940년 일본이 가공할 만한 위협을 지닌 제로센(零戰) 전투기를 포함해 비행기 800대를 중국에 주둔한 공군으로 증파할 때, 중국으로 보내는 소련의 비행기 수는 한꺼번에 60퍼센트나 감소했다. 어느 곳에서나 원하는 대로 공습할 수 있는 능력을 보여 준 침략자들은 중국 남부의 광시 성 해안가에 대규모로 상륙한 뒤 성 소재지인 난닝(南寧)까지 계속 전진했다. 아직 장제스는 지방 군벌들 그리고 그를 "보통 사람의 최소한의 도덕성과 윤리적 품격조차" 결여한 "야심만만한 독재자"라고 비난하는 왕징웨이의 도전에 맞서 영수로서의 지위를 공고히 해 줄 결정적인 전투를 못내 갈구했다.[4]

1939년 11월 19일 일련의 심야 회의를 연 뒤, 장제스는 직속 부대 절반을 포함한 국민당군에게 동계 공세 동원령을 하달했다. 점진적인 진공 전략을 버리고 정면 공격 명령을 내리며 그는 난징 수복을 언급하기까지 했다. 하지만 그의 군대는 양쯔 강 연안을 잃은 뒤로 여전히 허약했고, 장비는 비참할 정도로 열악했으며 광시 성으로 진입한 일본군에 대항하려면 군사들을 다른 곳으로 나누어 이동시키기 어려운 처지였다. 단지 3분의 1의 병사가 보총을 소지했고, 국군은 합쳐서 화포 2600문과 군용 차량 1500대만을 보유하고 있었다. 일부 지휘관들은 우물쭈물하면서 앞으로 나아가지 않거나, 전진하라는 명령을 무시하기도 했다. 그래도 중국군은 12월 12일부터 1월 20일 사이에 2300차례의 공격을 감행하여 카이펑과 우한 지역으로 짧게나마 전진했다. 하지만 총체적으로 말해서 이번 전역은 크나큰 실패였다. 1940년 4월에는 모조리 중지되었다.[5]

결과적으로 총사령관과 그의 주위 사람들은 미국이 마침내 참전하여 일본을 격퇴하는 장기전에 의지하자는 생각으로 기울었다. 마지막 대규모 공격의 실패는 공산당을 포함해 지방 권력자들에 대한 장제스의 권위를 한층 더 깎아먹었다. 이러한 부정적인 영향을 없애기 위해 장제스는 점점 더 중앙군을 각지로 배치했다. 일본과 싸우기에 안성맞춤인 곳에 파견한 것이라기보다는 지방 군대를 감독하고 충칭의 존재감을 드러내기 위해서였다.

이때 국제 정세도 중국에게 불리해져만 갔다. 프랑스가 독일에 넘어가고 일본군이 인도차이나 반도로 진공할 때 비시 정부(제2차 세계 대전 중에 페탱 원수가 세운 나치 괴뢰 정권)는 하노이에서 윈난으로 가는 철로를 끊어 버렸다. 나치에 독자적으로 대항하던 영국은 일본의 압력에 굴복해, 식민지 버마를 통해 중국 서남부의 윈난 성 쿤밍으로 국민당을 위한 주요 원조 물자가 수송되는 통로 중 하나인 버마 육로를 세 달 동안 끊을 수밖에 없었다. 국내에서는 왕징웨이의 개조 정부가 난징에 세워졌다. 왕징웨이의 난징 정부는 장제스 전복을 포함한 도쿄의 대동아 신질서에 동의를 선언했지만, 중국의 독립과 주권을 보장해 달라고 요구하기도 했다. 왕징웨이는 주요한 친일 부역자였으나 북방 괴뢰 정부들은 별개로 존속했다.

총사령관은 적군을 패배로 끌어당기는 '자성(磁性, magnetic) 전쟁'이라는 새로운 전략을 드러내 보였다. 또한 관원들과 군관들에게 행위 규칙에 관한 세부 목록을 반포했다. 금연, 금주, 조기 취침과 조기 기상, 생활 절검, 도박 엄금, 상관 명령 절대복종을 비롯해 모든 군복을 면포로 제작할 것, 사무 문구를 개인 통신용으로 사용하지 말 것, 오락 시설에서 정부 기관 휘장과 배지를 패용하지 말 것, 절대적으로 필요한 경우 외에는 공공 연회를 개최하지 말 것 등이었다.[6]

이 모든 조항은 한층 더 참담한 패배로부터 군대를 구제하는 데 아무 힘도 없었다. 일본군이 허베이, 허난, 안후이, 산시에서 공격하여 20만 명가량이 죽거나 다쳤다. 비행기들이 전염병 세균을 옮기는 벼룩들을 장제스의 고향 저장 성에 투하했다. 이는 일본의 비밀 세균전 부대가 만주에서 중국인 전쟁 포로를 대상으로 생체 실험을 한 결과로, 닝보에서 질병의 대폭발을 야기했다. 이 성의 또 다른 전역에서 일본군은 탄저병, 역병, 장티푸스, 콜레라를 퍼트렸는데

감염 경고를 받지 못했던 군인들 중에서 1만 명 이상이 고통을 받았다.[7]

큰 배가 운송해 온 물자를 작은 배에 옮겨 실어 양쯔 강 삼협(三峽, 충칭 시와 후베이 성 경내의 양쯔 강 상류에 있는 세 협곡)을 지나 충칭으로 수송하는 양쯔 강의 전략적 요충지 이창(宜昌)이 점령되었다. 이창 함락은 국민당 정부 수도의 물자, 특히 음식물 공급을 제한했다. 충칭은 공습이 계속되어 새로 큰 화재가 나고 대학교가 공격을 당하고 영국 공사관이 무너졌으며, 거리에는 유황을 가득 함유한 황록색 먼지가 가득했다. 쑹메이링이 공습 희생자들을 위해 개설한 음식 배급소를 시찰하는 동안, 장제스는 구제금 100만 위안을 조달하여 지출하라고 명령했다. 1940년 4월, 쑹씨 자매는 미국 민중들을 향해 공동 라디오 방송을 진행했다. 쑹칭링은 중국인이 "도처를 정복하는 노예 제국의 노예가 되기보다, 당신들의 자유뿐 아니라 중국인 자신들의 자유를 위해 무기를 들었다."라는 말로 연설을 시작했다. 쑹아이링은 중국의 전투력이 그 어느 때보다 한층 더 강해졌고, 또한 중국의 여성들이 "은거 생활에서 박차고 나와 각지에서 분투하며" 일하고 있음을 언급했다. 쑹메이링은 호소했다. "3년이라는 긴 시간 동안, 전대미문의 유혈과 고통으로 신음해 온 중국이 마땅히 얻어야 할 정의, 중국의 권리인 정의를 되찾게 해 주십시오." 때때로 완강한 저항도 펼쳐졌다. 가령 전 군벌 군관이자 타이얼좡 전투의 참전 용사인 장쯔중 장군은 그의 부대가 포위를 당한 상황에서 일곱 군데 부상을 당하고 전사할 때까지 후퇴나 투항을 거부하며 중화 민족의 영웅이 되었다.* 일본군을 매복해 공격할 수 있는 장소로 유인한 뒤 펼친 창사 방어전은 두 번째 승리로 이어졌다. 하지만 한 조사는 중국 군대에 여전히 주동성, 협조성, 장비, 참모 공작, 정보, 병참과 기율이 부족하다고 지적했다. 장제스는 장군들이 오만하고, 경험이 부족하고, 부패하고, 군사 훈련에 관심이 낮다고 질책했다. 일본 측은 1939년 이래 중국군의 전투 효율성이 3분의 1 정도 떨어졌다고 추측했다.[8]

---

* 장쯔중은 제2차 세계 대전 때 전사한 가장 높은 계급의 연합국 장군이었고, 공산당 정부도 그를 애국 영웅으로 인정했다. 아서 월드론(Arthur Waldron)이 그가 죽은 뒤의 평가를 기록한 《현대 아시아 연구(Modern Asian Studies)》 30.4호(1996년 10월호)에서 찾아볼 수 있다.

비록 총사령관은 절대로 저항을 포기하지 않을 것이라고 공언했지만, 적과의 연락 채널을 여는 수순을 밟았다. 그의 손아래 처남 쑹쯔량과 생김새가 놀라울 정도로 닮은 다이리의 한 첩보원이 대역이 되었다. 영국 식민지 홍콩을 방문한 도쿄 정보기관의 대좌는 한 기자를 통해 이 대역을 소개받았다. 대좌는 이자가 쑹쯔량인지 확신할 수 없었지만 연락 관계를 맺기로 결정했다.

충칭 정부 대표들이 참가한 일련의 심야 비밀 회의가 홍콩에서 열렸다. 일본의 감시는 이 회담이 늦게까지 지속되었더라도 중국인들은 자신들끼리 긴 논의를 계속한 뒤 한 사람이 수도 충칭에 가기 위해 비행장으로 떠났다는 것을 보여 주었다. 한번은 중국 대표들이 총사령관이 서명한 신임장을 가져오기까지 했다. 장제스, 왕징웨이 및 일본의 지나 파견군 참모 총장이 참가하는 회의를 열자는 데까지 합의되었다. 하지만 그 전에 만주국 문제로 협상이 결렬되었다. 도쿄는 만주국 승인을 고수했지만, 장제스는 만약 이를 허가하면 매국노라는 오명에서 벗어날 수 없다는 것을 잘 알고 있었다. 일본군 고위층은 중국이 "평화를 바라는 마음이 진실하지 않고" 이 홍콩 작전은 간단한 정보 수집 채널일 뿐이라며 그 격을 낮추기로 결정했다.[9]

난징 개조 정부에 만족하지 못하는 적과 장제스 사이의 비밀 접촉은 계속되었다. 일본 제국의 추밀원(樞密院) 고문관은 왕징웨이의 "진실성 결핍"과 장제스의 "영웅적 삶"을 비교했다. 그는 루거우차오 사건 이래로 중국에 파병한 군대를 6개월 내에 철수시키겠다며, 또한 중국의 천연자원 수요를 확실하게 만족시켜 주겠다고 제안했다. 그 보답으로 일본 측은 양쯔 강 유역의 비군사화, 만주국 승인, 일본 경제 통제 아래에 있는 북방 5개 성의 자치 정부 및 일본의 모든 항구 조차지 승인을 원했다. 이러한 조건들은 심지어 개막 회담의 기초로도 받아들일 수 없었다. 일기에서 장제스는 유일하게 가능한 정책은 대일 작전이고, 동시에 모스크바가 입장을 명확히 정할 때까지 베를린-로마 추축국과 영미 연합국 사이에서 중립을 지키는 것이라는 결론을 내렸다. 그가 일본과 접촉한 까닭은 단지 그들이 입장을 완화하는지를 엿보고자 첩보성 작전을 펴는 것이었다. 그 어떤 중대한 양보일지라도 공산당을 포함해 국내 라이벌들과의 대결에서 장제스를 치명적으로 약화할 수 있었다. 한편으로 장제스는 워싱턴이 이러한 연계를 알게 함으로써 만일 미국의 원조를 받지 못하면 정책을 바꿀 수도 있다는 신호를 보냈다.[10]

이를 달성하기 위해 쑹쯔원은 이름을 숨기고 워싱턴으로 몰래 날아가 백악관에서 미국 대통령과 샌드위치 점심을 먹은 뒤 2500만 달러의 차관 협상을 진행했다. 루스벨트는 곧 5000만 달러 가치의 통화 안정 협정과 차관 및 중국의 원재료를 구입하는 신용 대부를 발표했다. 이로써 충칭에 대한 미국의 원조가 총 2억 4500만 위안에 달했지만, 곧바로 국민당의 중국을 분열시키는 문제가 발생했다. 장제스는 미국 원조를 대일 작전을 치르는 다른 세력과 함께 나누었을까, 아니면 그 혼자서 독차지했을까? 만일 전자를 선택했다면, 그는 공산당은 언급할 필요도 없이 광시 파벌과 같은 지방주의자의 독립성을 강화해 줄 수가 있었다. 만일 후자를 선택했다면, 그는 지원이 필요한 장군들과 소원해질 위험을 감수해야 했으니 그들은 협조하지 않고 반란을 꾸미거나 왕징웨이에게 붙어 버릴 수도 있었다. 장제스는 두 번째 길을 골랐다. 하지만 미국 원조 물량이 대폭 증가하면서 문제는 한층 더 첨예해지는 동시에, 장제스가 전쟁의 승리를 위해 의지하는 미국 사이에 끊임없는 갈등이 일어났다.

다른 좋은 소식 하나는 영국이 1000만 파운드의 차관을 제공하는 데 동의하고, 훨씬 더 중요하게는 1940년 10월 17일 버마에서 윈난으로 가는 루트를 다시 연 것이었다. 첫날 500대의 트럭이 보급품 1500톤을 운반했다. 240미터 높이의 산들이 솟아 있는 버마-윈난 루트를 통과할 때 터널들은 일본군 비행기를 피할 수 있는 피난처를 제공해 주었다. 노정에는 22개의 급회전 고부랑길을 올라가는 구간이 있었다. 트럭들이 짐을 실은 조랑말 무리를 지나쳐 가고, 하루 평균 30킬로미터 속도로 가는 세 사람이 450킬로그램의 짐이 실린 수레를 끄는 행렬이 길게 이어졌다. 가파른 비탈길을 오르는 로즈 파머의 차는 80킬로그램의 돌소금을 지고 운반하는 잡부들을 스쳐 갔다. 구이저우를 경유할 때 그는 길을 따라서 난 맹렬한 폭격의 흔적을 보았고, 또한 영국 적십자사가 잘못 나누어 준 프록코트와 양복 조끼와 우스꽝스러운 바지를 입고 있는 현지

인들이 도처에서 걸어 다니는 모습을 목격했다.[11]

국공 통일 전선의 붕괴

1940년 말 충칭에서 장제스는 성탄절 저녁 연회에 저우언라이를 초대했다. 시안에서 만난 이후로 네 해 만이었다. 두 사람은 국공 합작의 장기 전망에 대해 토론했다. 저우언라이는 공산당은 마땅히 군벌이 아니라 정치 정당으로 대우받아야 한다고 말했다. 그가 충칭 국민당 정부의 비민주성을 언급하자 장제스가 대답했다. "내가 비민주적이란 말이오?"[12]

이때 국공 통일 전선은 엄준한 시련에 봉착해 있었다. 장제스가 그의 심장의 붉은 고질병을 뿌리째 뽑아내려는 목표를 단 한 번도 버린 적이 없었다면, 마오쩌둥은 옌안의 요동(窯洞, 동굴 집)에서 똑같이 얼마만큼의 시간이 걸릴지언정 전국적인 권력을 탈취하기를 학수고대했다. 공산당 팔로군은 날로 커져 가며 북방에 그 존재를 깊이 뿌리박았고, 신사군도 상하이 이북 연안 지구에서 끊임없이 확대되었다. 충칭의 매파들은 공산당 타도를 선동했다. 허잉친 장군과 천리푸는 공산당을 겨눈 전면적인 유혈 전쟁을 원했다. 국민당 사무총장은 홍군이 "실제적으로 그 어떤 중대한 전역에도 참가하지 않았다."라는 사실을 들며 항의를 했다.[13]

날로 증가하는 일반적인 비판을 피하기 위해 공산당은 1940년 늦여름 중국 중북부에서 백단 대전(百團大戰)으로 유명한 대규모 항일 작전을 개시했다. 수많은 참전 부대에 비해 실제 병력은 매우 적었던 이 작전은 오로지 충분한 병력이 적의 약점을 집중적으로 공략해 치명상을 입힌 후 도주할 수 있을 때에만 전투를 벌인다는 마오쩌둥의 게릴라 독트린과는 어긋났다. 홍군은 이제 정면 공격을 감행할 수 있다는 충분한 자신감과 더불어 넓은 전선에서 작전을 펼치겠다는 의지를 보여 주었다. 또한 다른 동기도 작용했다. 일본군은 6년 전 장제스가 사용했던 토치카 진지전 전술과 엇비슷하게 소규모 부대를 분산해 작은 요새에 배치하는 전술을 썼다. 공산당은 그들 주위에 세워진 '우리'를 때려 부수고자 했다. 또한 충칭 정부가 침략자들과 공산당을 공격하는 협정을 맺을 가능성을 두려워했다. 초기에 철도선을 끊는 전투에서 승리한 뒤, 팔로군 지휘관들은 정면 공격을 감행했으나 일본군은 이를 쉽게 격퇴했다. 파괴된 대다수의 철로들은 머잖아 복구되어 운행되었다. 공산당은 순조롭게 이루어진 공격으로 얻은 단기간의 전적을 공공연히 자랑했다. 비록 1940년 말에 이르러 전투는 시들해졌지만, 마오쩌둥은 최전선의 지휘관들에게 전보를 보내 대중들의 이목을 끌 수 있는 반장(反蔣) 무기가 여전히 필요하다는 점을 지적했다.[14]

그런데 총사령관을 가장 안절부절못하게 한 것은 중국 동부에서 활동하는 10만 명의 강력한 신사군이었다. 신사군은 중국 최대의 곡창 지대이자 중공업 중심지인 양쯔 강 하류의 핵심 삼각주 지역에서 남북으로 세력을 넓혀 가고 있었다. 마오주의 역사 기술에서는 옌안이 지휘한 군대에 비해 그 역할이 낮게 평가되어 왔지만, 대장정 시기에 잔류한 유격대의 바탕 위에 국공 통일 전선 협정으로 풀려난 정치범을 흡수하고 양쯔 강 하류 지역의 노동자와 지식인을 더해서 조직된 신사군은 만만찮게 위협적인 부대였다.[*]

'위로부터의 통일 전선' 정책을 적용해 탄생한 신사군은 국민당 중앙군에게 위협을 받고 있던 지방의 향신 지도자 권력층과 협력 관계를 텄다. 중국의 총사령관이라는 지위를 인정하여 신사군 군장의 임명권을 부여받은 장제스는 공산당원을 선택해야만 했다. 원래 제4군의 독립 연대 연대장으로서 북벌 전쟁 선봉을 맡았으며 꽤나 존경을 받고 있던 예팅을 지목했을 때 장제스의 결정은 광저우 시대를 떠오르게 했다. 하지만 옌안의 공산당은 1934년부터 줄곧 남방 8개 성의 유격대를 이끌어 온 정치적 우두머리 샹잉을 지명했다.

1940년 가을, 신사군과 양쯔 강 하류 일대의 국민당 주둔군 사이의 긴장이 큰 전투로 번져 공산당이 결정적인 승리를 거두었다. 이는 장제스에게 특히 위

---

[*] 그레거 벤턴(Gregor Benton)의 권위 있는 연구 덕분에 신사군에 대한 적절한 평가가 영어권 독자들에게 자리 잡았다. 이 장에서 필자도 대부분의 세부 내용은 이 연구를 바탕으로 삼았다.

협을 가했다. 그는 일단 일본군을 격퇴하면 난징을 수도로, 상하이를 금융 중심지로 다시 일으켜 세울 속셈이었기 때문이다. 공산당을 그의 과거와 미래 권력의 핵심 기반으로부터 내쫓아야만 했으므로 장제스는 신사군을 일본군의 공격에 노출되기 쉬운 황허 쪽으로 북상하게 했다. 권위와 얽힌 문제도 있었다. 만일 총사령관이 신사군을 철수시킬 수 있다면 다른 반(半)자치 세력에게 하나의 메시지가 될 것이고, 그렇게 하지 못하면 무력한 모습을 보이게 될 형국이었다. 한편 그의 청방 맹우도 공산당이 아편 무역을 하지 못하도록 간섭하는 것이 불안했다. 이 지역의 국군 최고사령관은 두웨성의 부재 시에 상하이 암흑가를 주관하는 인물과 형제로서, 특수한 이익 관계를 갖고 있었다.[15]

양쯔 강 유역의 신사군의 존재는 통일 전선 협의에서 언급되지 않았다. 때문에 장제스는 양쯔 강 하류 이남 지역인 안후이 성 남부의 윈링(雲嶺) 근거지에 주둔한 신사군의 철수를 강력하게 주장할 충분한 근거가 있었다. 12월 초 열흘 동안 두 개의 신사군 부대가 떠났다. 총사령부의 4000명 이상의 부대원과 비전투요원 6000명이 잔류했다. 장제스는 12월 31일까지 모두 철수하라고 최종적으로 못 박았다. 저우언라이에게는 안전한 통행로를 보장했다.[16]

하지만 실제 상황은 점점 더 반대 방향으로 치달았다. 광시의 바이충시 장군은 무력이 필요하다고 말했다. 총사령관은 현지의 국군 지휘관에게, 만일 신사군이 최후 시점인 12월 31일을 지키지 못하면 "절대로 관용을 베풀지 말고 곧바로 제거하라."라고 말했다. 12월 말 국민당 군대가 예정된 지역으로 진입했다. 국군 군관들은 '토비 소탕'이 결정되었다는 명령을 하달받았다. 1941년 1월 4일 한밤중에 신사군 사령부의 병력이 세 갈래로 나뉘어 근거지를 떠나 남쪽으로 이동하기 시작했다. 눈과 비를 동반한 차가운 바람이 억수로 불어닥쳤다. 공산당원들은 밤에 횃불을 들고 국군이 자신들의 행군 경로를 추적하기 쉽도록 했다. 그들의 행군 노선은 협의에 따라 양쯔 강을 건너 북쪽으로 가는 게 아니라 장시 성의 옛 유격대 요새로 향하는 것이 아닌가 하는 의심을 높였다.[17]

몇 갈래의 종대가 산악 지대를 넘어갈 때, 한 부대가 국군 정찰대의 공격을 받았다. 1월 9일 공산당원들은 병력과 장비 측면에서 훨씬 더 우세를 점하고 있는 원수들에게 큰 압박을 받았다. 무슨 일이 벌어졌는지 보고받은 저우언라이는 전장의 보고를 인정하지 않는 총사령관을 찾아갔다. 장제스는 신사군이 안전한 통행로를 따라 행군하는 것에 동의했으므로 그들이 공격을 받았을리 없다고 대답했다. 기진맥진하고 배가 고파 뱃속에서 꼬르륵 소리가 날 지경인 공산당원들은 스징(石井)이라는 마을에 집결했다. 지휘관 예팅은 장제스에게 전보를 보내 공격 중지를 요구하고 징벌을 받을 준비가 되어 있다고 덧붙였다. "비록 저는 죽음이 두렵지 않지만, 총사령관의 무선 전보가 두렵습니다. 저는 당신의 명령을 기다리고 있습니다." 예팅은 이 전문을 옌안의 공산당 총본부에 보냈고, 충칭에는 보내지 않았다.[18]

1941년 1월 12일 국민당군은 맹렬한 포격과 폭격을 가했다. 이틀 뒤 마오쩌둥은 전보를 보내 장제스가 휴전에 동의했다고 말했다. 이때 전투는 이미 끝난 상태였다. 공산당 측 사망자는 2000명에서 1만 명 사이로 추측되었다. 마오쩌둥은 당시 7000명이 "생애를 마감"했다고 말했다. 여성들은 강간을 당하고포로들은 640킬로미터를 강행군해 국민당군의 병영으로 끌려갔다고 생존자들은 진술했다. "우리는 병이 들면 그놈들에게 흠씬 두들겨 맞았다. 일부는 총살당하고 다른 사람들은 생매장되었다." 예팅도 포로로 잡혀 끌려갔다. 그는다섯 해 동안 구금된 뒤 1945년 옌안으로 가는 도중에 비행기 충돌로 사망했다. 그의 동료 지휘관 샹잉은 포위망을 뚫고 도망쳤지만, 작은 주머니에 황금을 숨겨서 달아나던 동료에게 죽임을 당했다.[19]

저우언라이는 장제스가 장군들에게 신사군을 공격하라는 명령을 내리지않았다고 확신하지만, 만일 공격하더라도 개의치 않으리라는 믿음을 심어 주었다고 시어도어 화이트에게 말했다. 화이트가 질문했다. "장제스가 거짓말을한 것입니까?" 저우언라이가 대답했다. "아뇨. 누군가 총사령관에게 거짓말을했지만 총사령관도 어떤 점에서는 허튼소리를 한 꼴입니다." 장제스는 고급군관 회의에서 신사군은 항명과 병란과 파괴 행위를 한 죄가 있다고 말했다. "이 사건은 순수하게 군법을 보호하는 문제였다."라고 덧붙인 장제스는 독립사상을 지닌 다른 장군들에게 은연중에 경고성 암시를 주었다.[20]

신사군 사건은 국공 통일 전선을 어디로 향하게 했을까? 저우언라이는 충칭과의 합작은 이미 끝났다고 말했다. 마오쩌둥은 옌안에서 경고를 남겼다. "불장난을 하는 자는 매우 조심해야 마땅하다. …… 불장난은 결코 좋은 놀이가 아니다. 골통을 조심하라." 공산당은 중국 국민당 정부가 최근에 소집한 통일 의회인 국민참정회를 보이콧했다. 하지만 스탈린은 국공 통일 전선이 해체될까 염려했다. 마오쩌둥은 곧 온화한 어투로 국민당과의 분열을 메우기 위해서는 얼마간 시간이 필요하다고 말했다. 이렇듯 쓴 약을 삼킨 마오쩌둥은 충칭의 주요한 무기 공급처 역할을 계속해 온 모스크바에 대해 부정적인 감정을 갖게 되었다.

장제스는 보급품 공급 삭감과 옌안 봉쇄로 홍군에 대한 압박을 강화했다. 기병 부대가 허난 성 북부에서 신사군의 한 부대를 습격해 4000명의 사상자가 발생했다. 공산당은 국통구(國統區, 국민당 통치 구역)에서 활동이 금지되었다. 다이리의 경찰들은 정견을 달리하는 자와 그럴 것 같다고 의심되는 불순분자, 자유주의자와 장제스 반대파, 부패를 비판하는 자와 잠재적으로 위협 세력이 될 수 있는 자들을 점점 더 많이 잡아들였다.

총사령관은 일본군이 창사에서 또다시 패하자 만족할 일이 늘었다. 일본군은 우월 의식 때문에 측면과 배후를 방어하지 않아 결국 퇴각할 수밖에 없었다. "포탄이 빗발치고 큰불이 솟구치는 험상궂은 잿빛 돌섬" 충칭을 방문한 어니스트 헤밍웨이는 그가 만난 중국 군관들이 "엄청나게 솔직하고 직설적이며 총명한 데다 말재주가 좋다."라 느꼈고, 장제스는 경험이 풍부한 군사 지도자에서 "정치가로 변하고 있는 중"이라고 정리했다. 또 다른 저명한 미국인 방문자인 타임-라이프 잡지 제국의 수장 헨리 루스(Henry Luce)는 국민당 정부의 수도로 날아와, 장제스가 그를 위해 조장한 낙관적 분위기에 도취되었다. 기독교 장로회 전도사의 아들인 루스는 산둥 성에서 가장 헌신적이고 권력이 센 외국인 친구로 변하는 중이었다. 그로서는 장제스와 쑹메이링이 마치 "중국의 기독교화와 미국화"의 꿈을 실현할 완벽한 본보기인 듯했다. 쿵샹시의 충칭 관저를 방문했을 때는 국민당 정부가 전시한 긍정적인 측면만을 보았다. 국민당군이 어떻게 싸우는지를 증명해 주기 위해 그는 황허 전선으로 인도되어 포병이 일본군에게 포화를 퍼붓는 광경을 지켜보았다. 중국에 열흘간 머무른 뒤 루스는 총사령관이 250년 동안 아시아가 배출한 가장 위대한 지도자로, 대중적이고 정치적인 의견이 충칭 정부에 이로운 방향으로 쏠리도록 그의 모든 자원을 쏟아부었다고 썼다. 《타임》은 장제스를 6주 동안이나 표지 인물로 다루었다.[21]

실제 상황은 장제스에게 비정상적으로 지독했다. 창사 방어전과, 포위된 일본군이 병력의 반 가까이를 잃은 장시 성의 상가오 진(上高鎭) 전투 같은 승리는 매우 드물었다. 국민당군의 동계 공세는 실패로 끝나고, 적군은 광시, 양쯔 강 연선과 후베이 북부 평원의 전역에서 승리를 거두었다. 왕징웨이의 괴뢰 정부는 정치적 위협을 가하고, 모범 장관 옌시산은 침략자들과 휴전 협정을 맺었다. 프랭클린 루스벨트의 특사인 로클린 커리(Lauchlin Currie)가 전한 구두 메시지는 장제스가 여전히 중일 전쟁 뒤로 계획 중인 홍군과의 최후 결전에 불길한 전조였다. 루스벨트 대통령은 공산주의자를 "우리 나라에서는 사회주의자라고 부른다. 우리는 농민과 여자와 일본에 대한 그들의 태도를 좋아한다."라고 말했다. 신사군 사건은 통일 전선을 깨뜨려 버렸다. 황허 이북에서의 한 차례 교전 중에 공산당 군대가 일본군에게서 도망치는 국민당군을 공격하는 것이 목격되었다. 마오쩌둥과 그의 동지들도 국민당군의 공격으로부터 자유롭지 못했다. 일본군은 공산당 주요 근거지에서 모조리 태우고 모조리 죽이고 모조리 빼앗는다는 뜻의 '삼광(三光)' 작전으로 유명한 전역을 발동했다. 이 공산당 초토화 섬멸전이 끝나자 공산당 근거지의 인구는 4000만에서 약 2500만 명으로 줄어들고 팔로군도 절반이 되어 공산당은 대장정을 마친 이래 가장 엄혹한 시기로 빨려 들어갔다.[22]

국제적으로는 스탈린이 일본과 만주국 승인을 포함한 내용의 상호 불가침 조약을 맺어 중국 북방에서 일본군에 가해지던 군사적 압력을 제거하자, 장제스의 고난은 엎친 데 덮친 꼴이 되었다. 두 달 뒤 히틀러가 소련을 침략했다. 파시스트의 공격은 마치 천하무적일 성싶었다. 장제스는 미국과 일본이 다가오는 갈등을 저지하고자 협정을 맺을 가능성을 걱정하게 되었다. 그중 한 경우로 미국은 중국으로 하여금 중국 북방에서의 일본 제국과 만주국의 지위를 인정하게 할 수도 있었다. 하지만 정반대로 1941년 12월 초 도쿄는 장제스가 1937년부터 일본에 대항한 이래 줄곧 희망해 온 일을 마침내 저지르고 말았다. 일본은 진주만을 공격해서 지구 상의 최강대국을 중일 전쟁으로 끌어들였다.

21

중국인 총사령관과 미국인 참모장

축음기에 「아베 마리아」 음반을 트는 것으로 진주만 공습 소식에 대한 기쁨을 드러낸 장제스는 워싱턴을 향해 극동 전쟁에 대한 모든 통제를 충칭으로 집중해 달라고 제안했다. 일본 군대가 중국에서 소멸되는 동안 당연히 일본 본토에 융단 폭격을 퍼붓고 봉쇄로 고립시켜야만 했다. 장제스는 이를 어떻게 실행할 것인지는 상세하게 밝히지 않았다. 한 미국 외교관은 이 작전 계획이 "물자 공급과 명령, 아울러 독일과 힘든 전쟁을 치러야 한다는 점을 고려해야 명확해진다."라고 평가했다. 총사령관이 루스벨트 대통령으로부터 얻은 것은 "우리의 공통의 적에 대항하는 공동 행동을 취할 방도를 즉각 준비하는 단계"를 옹호한다는 단 하나의 메시지뿐이었다. 루스벨트가 타자기로 친 원고의 마지막은 육필로 쓰여 있었다. "저는 당신에게 계속 원조를 제공하기 위해 분투하고 있고, 더불어 되도록이면 원조를 늘릴 수 있도록 노력하겠습니다. 당신의 편안한 안부를 여쭈며, 루스벨트 친전." 12월 말 백악관으로부터 중국, 태국, 인도차이나에서 장제스의 지휘권을 축소한다는 그 이상의 메시지가 날아왔다. 하지만 미국 국민에게 펼친 한차례의 노변담화(爐邊情談, fireside chat)에서

루스벨트 대통령은 "최종적으로 일본을 격퇴할 수 있는 중요한 요소 중의 하나"는 "위대한 저항과 불가피한 반격을 하고 있는" 중국을 반드시 돕는 것이라고 역설했다.[1]

광둥 장군 쉐웨의 지휘 아래 후난의 성도 창사가 방어전에 성공함에 따라 중국의 항전이 새로운 국면으로 진입하기 시작했다. 방어자들은 10만의 적군에 대항하며 열한 번의 돌격을 감행했다. 일본의 한 부대가 포병 진지로 썼던 묘지는 다섯 차례나 주인이 바뀌었다. 이 도시를 방문한 작가 로버트 페인은 남색 철모를 쓴 젊은 중국 사병들을 지켜보았다. "뜻밖에도 의기양양하게 뽐내며 걷고, 그들의 총검은 번쩍거렸으며 …… 대다수는 농민의 자제들로 마치 잘 익은 사과같이 얼굴이 붉었다." 일본군은 제1차 북벌 전쟁 때 장제스가 치아를 치료했던, 예일대학이 중국에 세운 병원을 불태우고 화염에 시체를 집어 던지고 철수하기 전에 환자들을 모조리 사살하기까지 했다. 옷이 벗겨지고 녹색으로 변한 시체들이 켜켜이 쌓인 동문에서 페인은 일본 소녀가 만개한 벚나무 앞에 앉아 있는 한 장의 사진을 집어 들었다.[2]

비록 이 승리에도 불구하고 충칭에 있는 미국인 군사 참모들은 전쟁 국면에 환상을 갖지 않아 충칭 정권의 기록을 비뚤게 바라보는 현장의 시각을 낳은 반면, 지구 반대편에 있는 정치가들은 충칭에 주재하는 외교관들의 낙천적인 브리핑과 1940년 원조를 간청하기 위해 워싱턴으로 간 쑹쯔원의 꼬드김으로 인해 중국의 능력에 대해 공중누각과 같은 착각을 쌓고 있었다. 1941년 말 미국 육군성이 중국에 파견한 군사 집단이 제출한 보고서는 국민당군의 승리가 일종의 "영리한 속임수"라고 여겼다. 이와 동시에 전시 수도 충칭에 머무는 미국 사절단은 중국군의 조건과 국가 경제 상황 둘 다 매우 열악하므로, 장제스는 일본과의 강화를 좇는 사람들보다 더 약해질 가능성이 있다고 경고했다. 이 보고서는 덧붙였다. "그리하여 일본이 중국의 자원과 인력에 대한 통제권을 자유롭게 사용하게 되면 오래전부터 예언되었던 '황화(黃禍, 황인종 세계 지배에 대한 백인들의 공포)'가 충분히 실현될 수 있다."[3]

그러한 현실주의와는 상반되게 프랭클린 루스벨트는 낭만주의를 혼합한 정책을 추진하며 전시의 충칭을 지지하기로 결심했으며, 또한 워싱턴이 새로운 세계 질서를 수립하는 일에 중국을 아시아의 강대국으로 대우하며 참여시키고자 했다. 그는 중국의 동해안을 대일 역습의 기지로 보았지만, 유럽을 우위에 두고 중국에 미군을 파병하는 것은 원하지 않았다. 군사 원조 분배에 대한 통제권을 충칭 정부에게 주고 싶지도 않았다. 장제스로서는 미국의 정치적 지지와 군사 원조를 확보하는 것이 주된 관심사였다. 중미 관계를 강화하기 위해 장제스는 미국인을 참모장으로 임명하겠다고 제안했다. 워싱턴에게 이 제안은 중국에서 전시 작전권을 장악하고 국민당 군대를 현대화해 일본에 효과적으로 대응하게 할 절호의 기회인 듯했다. 그래서 참모 총장 조지 마셜(George Marshall)은 자신이 매우 높게 평가하는 동료이자 프랑스령 북아프리카로 진공하는 작전 계획을 짜고 있던 조지프 스틸웰 중장을 지명했다.[4]

땅콩과 비딱이

이때 59세 생일 전야를 맞은 스틸웰은 전에 톈진 조계 미국 파견군에서 근무했고, 주중 미국 대사관 군사 무관을 맡은 경력도 있어 중국을 속속들이 알고 있었다. 중국어를 읽고 말할 수 있는 그는 중국 각지를 두루 여행했다. 이러한 경험으로 마셜의 눈에는 그가 이상적인 후보자로 보였지만, 스틸웰의 임명은 이로부터 두 해 반 동안 '비딱이 조(Vinegar Joe)'와 장제스 사이에서 벌어진 서사시 같은 싸움의 시작이었다. 외교부장 쑹쯔원이 스틸웰은 난징 10년 중에 군사 무관으로서 중국에 되돌아왔기 때문에 군벌 혼전 시대의 시야로 중국을 보며 비난하지 않을까 하는 우려를 표할 때, 골치 아픈 문제의 전조가 나타났다. 쑹쯔원의 진짜 걱정은 이 미국인 고관에게 사건들에 대한 공식적 가르침을 주입하기가 어려우리라는 점이었다. 스틸웰로서는 임무를 시작하며《타임》의 시어도어 화이트를 만나 자신의 관점을 드러내는 데 거리낌이 전혀 없었다. "중국 문제는 매우 간단합니다. 우리는 무식하고 문맹이고 미신적인 농민 개자식들과 연맹을 맺은 것입니다." 곧 스틸웰은 그의 일기에서 장제스를 '땅콩'이라고 불렀다. 나중에는 '방울뱀'도 나왔다.[5]

국민당 군대를 좀 더 효과적으로 발전시키기 위해 거칠고 신경질적인 양키가 총사령관과 함께 일하도록 한다는 생각은 기껏해야 중국과 그 영수에 관한 워싱턴의 지식에 달린 하나의 슬픈 주석에 불과했다. 이 임명은 선의였지만, 또한 서방 민주주의 환경에서 이룩한 성과를 전통과 제도가 완전히 다른 나라에 이식할 수 있다는 순진하고 오만한 가정을 보여 주었다. 역사적으로 보면 스틸웰의 사명은 쌍방 모두에게 중대한 조치였다. 장제스는 러시아와 독일 고문을 고용한 적이 있었지만 외국인에게 참모장 직함을 준 것은 이번이 처음이었다. 미국에게 이는 오늘날까지 계속적으로 이어져오는 패턴, 곧 아시아 국가의 내정에 정식적으로 개입하는 길을 연 효시였다. 하지만 스틸웰이 극동으로 비행기를 타고 날아올 때 어느 쪽도 그것이 무엇을 의미하는지 명확하게 알지 못했다.

스틸웰과 장제스는 불과 물처럼 달랐다. 스틸웰은 현대적이고 직업적인 군대를 원했다. 하지만 장제스는 군대를 자신의 이익을 위해 마음대로 조종할 수 있는 바둑돌로 간주했다. 총사령관은 백마를 탄 까마득히 높은 지휘관이었다. 스틸웰은 보병과 한 덩어리가 되는 전우애를 숭배하며 그들과 함께 행군했고, 뉴욕의 번성한 나이트클럽에서 일했던 그의 요리사가 조리한 음식보다는 병사들과 같은 식량을 먹었다. 중국의 장기전을 환기한 충칭의 한 방송에서 스틸웰은 "치욕을 참으며 막중한 짐을 지고 전쟁의 시련을 견디는 이 사람은 요구하는 바는 적지만 늘 모든 것을 내놓을 준비가 되어 있다. …… 그는 바로 중국의 사병이다."라고 상찬했다. 이것은 장제스에게도 여태껏 들어 보지 못한 찬사였다.[6]

국민당 영수는 군사력 보존을 중요시했고, 또한 충성을 능력보다 상위에 두었다. 그의 새로운 참모장은 최대한의 병력 배치로 대규모이자 결정적인 한 번의 전투를 치르기를 갈망했고, 아울러 그 임무를 적절하게 감당할 수 없는 장군들은 해고 혹은 총살하자고 주장했다. 장제스는 비밀스러운 수단을 쓰며 조작을 하는 데 뛰어났고, 끝까지 자신에게 복종하길 고집했다. 반면 스틸웰은 지나치게 솔직하고 자신의 이익에 관해 직설적이었으며, 위선자나 책임 회피자로 간주된 인물들에게는 극단적으로 비판적이었다. 그는 매우 과장된 수수함의 가면 뒤에 세련된 처세를 숨기고 있는 부류였다. 스틸웰은 최고급 군관으로서 동남아 연합 사령부로 갈 때, 그의 신분에 걸맞게 배당된 캐딜락 승용차를 거절하고 지프차를 부르라고 우겼다.

이러한 대조는 옷차림과 외모로도 연장되었다. 장제스는 늘 비단 양말을 신고 보풀이 잘 손질된 중절모를 썼으며, 얼룩 하나 없이 말끔하고 깨끗한 옷 매무새로 사람들 앞에 나타났다. 스틸웰은 소박한 전투복을 즐겨 입었고 때로는 반바지도 입었으며, 낡은 정찰 군모의 끈이 떨어지면 구두끈으로 대신했다. 장제스의 머리는 매끄럽고 주름이 없었으며 머리카락은 짧게 깎았다. 우락부락하고 험상궂은 스틸웰의 얼굴에는 깊은 주름들이 패여 있고 커다란 매부리코가 솟아 있었으며, 머리 위에는 닭 볏 같은 머리칼이 어수선하게 나풀댔다. 그들이 쓰는 중국어도 달랐다. 장제스는 고향 저장 성 사투리를 쓰는 반면 스틸웰은 베이징 어를 구사했다. 두 사람의 유일한 공통점은 절대적으로 자신의 올바름을 믿는다는 것이었다. 장제스는 본인만이 중국 미래의 열쇠를 쥐고 있다고 확신했다. 비딱이 조는 작가 에밀리 한이 말한 바대로 "남의 관점이 자신의 견해보다 일리가 있을 수 있고, 이 세계가 미국보다 꽤 크다는 것을 인정하지 않았다.(확실히 비정상적인 정도인 듯하다.)"[7]

비록 극동 연합 사령부는 실타래가 뒤엉키듯 복잡한 관계의 제약을 받았지만 스틸웰의 권력은 역사상, 적어도 명목상으로 전례가 없었다. 그는 장제스의 참모 총장이 되었고, 중국-버마-인도 작전 구역의 모든 미군을 지휘했다. 또한 워싱턴이 무기대여법(Lend-Lease agreements)에 근거하여 동맹국에 제공하는 군수 물자를 통제했다. 전쟁위원회에서 미국을 대표하고, 또한 총사령관과 영국 사이에서 연락관 역할도 했다. 이렇듯 큰 권한이 있었음에도 스틸웰은 역시나 국민당의 영수를 이길 방법이 없었다. 장제스는 계속해서 전쟁터의 지휘관들과 직접 연락을 하며 스틸웰의 지휘를 받아야 하는 장군들의 충성을 유도하는 능력을 발휘했다. 스틸웰로서 제멋대로 할 수 있는 유일한 방법은 미국이 중국 정부를 접수하여 관리하는 것이었다. 미국은 결코 그렇게 하지 않을 것이기 때문에, 장제스는 미국인 부하들이 그에게 도전할 만큼 충분히 강해질 수 없도록 끈질기게 버텨야 했다. 진주만 공습 이후 8년 동안 장제스는 교활함과 방해 공작과 외골수의 조합으로 허약한 의존국(client state)이 강대한 동맹국을 어떻게 좌지우지하는지를 반복적으로 보여 주었다. 이는 미래를 예고했는데, 논평가들은 중국을 '잃어버린' 사람들 가운데 스틸웰을 포함하는 잘못된 평가를 내렸을 따름이었다.

스틸웰의 임명이 워싱턴에서 온화한 분위기를 조성하여 쑹쯔원은 비록 근심스러워했지만 5억 달러의 차관 협상을 새로이 진행하고 미국의 원조를 두 배로 늘릴 수 있었다. 쑹쯔원은 장제스가 차관을 적절한 곳에 쓸 것이라 설명했다. 이 차관은 1 대 20이라는 공식 환율에 따라 위안과 태환되었다. 1942년 즈음에는 인플레이션이 환율을 비현실적적으로 날뛰게 한 탓에 암시장에서 미국의 1달러는 수백 위안의 가치를 지녔다. 그래서 충칭 정부와 관원들은 미국 자금을 처리하며 엄청난 폭리를 얻고, 동시에 현지에 공급할 물자를 대느라 미국에 매우 과도한 짐을 지웠다.

장제스는 미국의 지지를 확보하는 일에는 마음을 두었지만, 영국에 대해서는 그들의 이익을 중국의 이익보다 항상 위에 둘 것이라 판단했기에 적대적이었다. 일본군에 대해 공동으로 저항하고자 외다리 해군 장성이 이끄는 국민당 사절단을 일시적으로 홍콩에 파견했지만, 1941년 말 홍콩이 함락당하기 전에 영국 식민지의 방어를 돕기 위해 장제스가 보낸 중국 부대는 도착도 하지 않았다. 그는 또한 영국 주도의 유격대 훈련 계획을 받아들였으나 한 해 뒤에 그만 끝내라는 명령을 내렸다. 그러나 일부 교관들은 남방에 남았다. 연합국 단결을 널리 알리는 의미로 인도를 방문한 총사령관은 식민지 주인들보다 민족주의 지도자들을 더 선호한다는 입장을 분명하게 밝혔다. 간디는 장제스에게 서방은 절대로 그를 평등한 맹우로 받아들이지 않으리라고 경고했다. 쑹메이링은 인도에 정치적 자유를 부여하라고 호소하는 장제스의 연설문을 방송에서 낭독했다. 또 그녀는《뉴욕 타임스》에 칼럼을 게재하여, 영국이 "현재의 인도 정책과 인도 인민에 대한 정책의 실행에 근본적이고 철저한 변화"를 도입하지 않으면 아무런 성취도 얻을 수 없을 것이라고 주장했다. 장제스 부부와 함께 한 야찬(野餐)에서는 네루가 갑자기 웃옷을 벗고 공중제비를 돌기 시작하자 중국 대표단의 한 명도 재미 삼아 풀밭 위를 굴렀다.[8]

일본 군대가 말레이시아, 싱가포르와 홍콩 식민지에서 영국을 쓸어버리기 위해 진격하자 장제스는 영국의 군사력을 더욱 얕잡아 보았다. 진주만 사건 후 일본군은 또 상하이의 외국 조계지를 점령했다. 인도에서 돌아온 총사령관은 런던 주재 대사관에 전보를 쳐서, 자신이 인도의 정치적, 군사적 형세로 인해 받은 충격을 처칠은 어떻게 설명할 것인지 물었다. 그는 쑹쯔원더러 전보를 베껴서 루스벨트에게 전하도록 했다. 런던은 긴급 행동을 취해야만 하며 그렇지 않으면 사실상 일본을 이길 수 없을 것이라는 내용이었다. 다른 한편으로 만일 영국이 진짜로 인도인에게 권력을 넘겨주면, 그들은 영국과 일치단결해 싸울 터였다. 장제스는 덧붙였다. "군사 준비에 관해 말하자면 현재 인도의 대비 상태는 심지어 영국이 말레이시아에서 준비했던 것보다 한참 뒤떨어져 있다." 1942년 봄에 버마를 방문한 뒤 장제스는 처칠에게 "전쟁 지역 가운데 이처럼 비참하고 준비가 태부족하고 혼란스럽고 사기가 저하된 상황"은 그 어디에서도 본 적이 없다고 썼다.[9]

이러한 반감은 피차일반이었다. 진주만 공습을 당하기 바로 전에 런던에서 온 사절단은 충칭 정부가 그 자신의 문제를 해결하는 데 무능력하고, 더구나 장제스는 "형세를 파악하는 총명함이 없다."라는 결론을 내렸다. 처칠에게서는 중국 군대에게 인도, 버마와 홍콩 식민지의 방어에 협조해 달라고 요구할 수밖에 없는 심리적인 불안감이 엿보였다. 동시에 그는 동방에서 중국이 영 제국의 재배치에 간섭하게 둘 마음이 없었다. 처칠은 미국이 중국에 부여한 중요성에 시종일관 놀라움을 금치 못하고, 중국을 "4억 2500만의 변발"이라 일컬으며 루스벨트를 무시했다. 이 영국 수상은 에이드리언 카턴 드 위아트(Adrian carton de Wiart) 장군을 그의 개인 대표로 충칭에 파견했다. 외눈에 외팔이인 제1차 세계 대전의 용감한 노병 장군은 "조부모를 숭배하고 사랑스러운 옥 장식품을 조각하는 예스럽고 별난 풍습을 지닌 종작없는 난쟁이들로 가득 찬" 중국을 만나길 기대한다고 말했다.[10]

그러나 버마에 대한 일본의 압력은 영국이 마음을 달리 먹고 중국 군대를 받아들이도록 했다. 총사령관은 영국이 중국을 침탈한 제국주의의 선구자라는 점에 관해 불편한 감정이 있었지만 2만 5000명의 군대를 파견했고, 쑹메이링과 함께 군사 배치를 감독하기 위해 버마 북쪽의 라시오(Lashio)로 날아가 선교 센터의 난간에서 군관들에게 일장 연설을 했다. 장제스가 점심을 먹은 후 잠깐 쉬는 동안, 전화 한 통이 걸려 와 곧 일본 비행기의 공습이 있을 것이라고 경고했다. 하지만 주위에 영어를 하는 부관이 없었고 전화를 건 상대방 쪽도 중국어를 하는 사람이 없어서 경고가 전달되지 못했다. 그리하여 장제스가 안전한 피난소로 이동하고자 차에 오를 때에는 공습 비행기가 거의 머리 위까지 날아왔다. 이만큼 극적이지는 않았지만, 이번 방문에서 장제스는 충칭으로 가는 도중 인도에 들렀다가 스틸웰을 잠깐 만나기도 했다. 쑹메이링은 "긴장하여 땀을 철철 흘리는" 통역원으로부터 익숙하게 통역을 넘겨받았다. 스틸웰은 장제스가 "전투를 기꺼이 원하고, 또한 영국의 퇴각과 무기력에 꽤나 질린 듯 보였다. 또한 그들의 동기와 속셈을 몹시 의심하고 있었다."라고 기록했다.[11]

스틸웰은 중국의 수도에 도착한 뒤 장제스 부부의 저녁 식사 초대에 응했다. 광시 장군 리쭝런과 바이충시도 자리를 함께했지만 침묵을 지켰다. 식사후 총사령관은 가장 능력 있는 장군 중 하나인 쑨리런(孫立人)의 부대를 보냈던 버마 만달레이(Mandalay) 방어의 중요성에 대해 긴 설교를 늘어놓았다. 또한 런던이 무엇을 원하든 간에 스틸웰이 버마를 책임져야 하고, 그렇지 않으면 그의 부대를 철군시키겠다는 입장을 견지했다. 나중에 장제스는 책략을 또 바꿔 영국 사령관 해럴드 알렉산더(Harold Alexander) 육군 원수가 총지휘를 하는 데 동의했다. 스틸웰은 쑹메이링이 보낸 편지를 통해 이 사실을 알게 되었다. 연이은 몇 개월 동안 그는 결정된 전략을 일관성 있게 실행하기 어렵게 만드는 장제스의 변덕스러운 심경 변화에 충분히 익숙해졌다.[12]

두 사람은 세 차례 더 만났다. 그중 한번은 중국 장군 상전도 참가했다. 폴로 경기를 좋아하는 상전 장군은 영어를 할 줄 알아 외국군과의 교섭하는 역할을 맡은 북방인이었으며, 장차 스틸웰이 중국군과 접촉하는 일에서 가장 친밀한 관계자 중 한 명이 되었다. 그 후 스틸웰이 버마 중부의 480킬로미터에 달하는 랑군(Rangoon)-만달레이 철도선에 주둔한 두 개의 중국 부대를 지휘하기 위해 비행기를 타고 이동하는 동안, 영국군은 태국과 인도 국경에서 동서 양방향의 진지를 방어하고 있었다. 스틸웰은 두위밍(杜聿明) 장군이 지휘하는 제5군은 "전술이 견고하며 곧바로 전투에 투입될 준비가 되어 있고" 간리추(甘麗初) 장군이 지휘하는 제6군은 단지 "그런대로 양호"하다고 파악했다. 스틸웰은 무기대여법에 의해 원조받은 군수 물자를 도둑질하는 장제스의 친척 중 한 명으로 "빌어먹을 대식가에 뚱보"인 그의 보급관과는 긴장 관계를 형성했다.[13]

일본군이 퉁구(Toungoo)라는 작은 진을 향해 진격할 때, 스틸웰은 중국과 영국 부대가 전형적인 측면 공격을 할 수 있는 기회임을 알아차렸다. 하지만 두위밍 장군은 군사 이동을 거절했다. 육군 원수 알렉산더가 두위밍 장군에게 야전포는 어디에 있느냐고 묻자, 장군은 안전한 곳에 옮겨 놓았다고 대답했다. 알렉산더가 그것들을 전장에서 쓰지 않는다면 무슨 소용이 있느냐고 따졌다. 장군은 야전포들을 보유한 덕분에 그의 부대가 중국에서 가장 강하다고 해명했다. "만일 그것들을 잃어버리면 제5군은 더 이상 가장 강한 부대가 아닙니다." 스틸웰은 두위밍에게 참전을 명령하라고 전보로 장제스를 다그쳤다. 회신이 없자 그는 충칭으로 날아갔다.[14]

두위밍이 이런 태도를 보인 까닭은 곧 분명해졌다. 장제스는 그의 일관된 방법대로 스틸웰을 거치지 않고 두위밍과 바로 연락을 취하며 조심하라고 경고해 왔다. 스틸웰의 압력 때문에 총사령관은 1개 사단을 전투에 투입하겠다고 말했다. 하지만 버마로 되돌아온 스틸웰은 두위밍 장군이 우울증과 열정 사이에서 우물쭈물하고 있다는 것을 알아차렸다. 어느 날 장군은 그의 방으로 들어와서 거절을 말하고는 나가 버렸다. 장제스는 여전히 신중하게 행동하라는 충고가 담긴 전보를 부하들에게 쏟아붓고 있었다. 그는 심지어 버마에 있는 중

국 탱크 몇에게 개별적인 지령까지 내렸다.[15]

스틸웰의 계획은 장제스의 간섭으로 물거품이 되었다. 그는 4월 1일 일기에서 자신이 만우절 바보가 아닌지를 자문했다. "장제스는 …… 간섭의 손을 떼지 않는다. 전선에서 2580킬로미터나 떨어진 곳에서 단편적인 정보와 잘못된 전술 개념에 기초한 대단치도 않은 명령들을 끝없이 하달한다. …… 모든 것을 손금 보듯 훤히 알고 있다고 생각하고, 아울러 늘 주저주저하고 우왕좌왕해서 전세의 변화마다 시시각각 결심이 흔들린다."[16]

충칭으로 돌아온 뒤 스틸웰은 장제스에게 지휘권을 내놓고 싶다고 말했다. 총사령관은 사단 지휘관들이 항명 행위를 하면 총살하겠노라고 둘러댔다. 스틸웰은 속지 않았다. 스틸웰은 장제스가 "두목 노릇을 아주 오래 했고, 주위에는 예스맨들이 득실거리며, 그 어떤 사안일지라도 자신이 절대적으로 옳다고 본다. …… 그는 정신적으로 불안정하며, 또한 누군가 얼굴을 마주하면 완전하지도 정확하지도 않은 것들을 지껄일 것"이라는 결론을 내렸다. 하지만 또한 장제스가 "결연하고 강하며, 전쟁에서 이기기를 원하고 있다."라고 쓰기도 했다.[17]

장제스가 마흔 살의 광둥 장군 뤄줘잉(羅卓英)을 스틸웰의 행정관, 즉 그의 명령을 실행하는 선임 참모로 임명한 것이 갈등의 한 결과였다. 스틸웰은 창사 방어전에 참전했던 뤄줘잉이 "무뚝뚝하고, 원기 왕성하고, 강하다."라고 평했다. 그는 일본군을 저지하기 위해 대전을 치르려는 자신의 생각에 장제스가 동의했다고 믿었다. 총사령관은 그의 중요한 지지자인 헨리 루스의 아내 클레어 부스 루스(Claire Booth Luce)가 《라이프》에 기사를 쓰기 위해 방문했기 때문에 최선을 다해 행동해야 했다. 쑹메이링은 강 건너 집의 화원에 심은 과일로 만든 잼 단지를 스틸웰에게 보내 아첨을 계속했다. 쪽지가 함께 딸려 왔다. "당신 앞에는 사나이의 일이 있습니다. 당신이야말로 사내대장부입니다. 당신 앞에는 '위대한 사나이'라는 말을 꼭 덧붙여야 합니다."[18]

루스 부인과 함께 오찬을 한 뒤, 장제스는 이틀간의 회의에 참석하고자 버마로 날아갔다. 백파이프와 드럼 악대를 보유한 구르카(Gurkha) 족 의장대가 환영했다. 방문 기간 동안 그와 쑹메이링은 개활지에서 일본군의 공습을 받았다. 폭탄 하나가 불과 45미터밖에 떨어지지 않은 곳에 낙하했지만 폭발하지는 않았다. 둥셴광의 권위 있는 전기에 따르면, 중국으로 돌아오는 중에 18대의 적기가 그들이 탄 비행기를 공중에서 수색했으나 찾지 못했다고 한다.

버마 전역

총사령관의 반영 감정에도 불구하고 스틸웰은 중국 부대를 영국군에 파견했지만, 구원에 성공하지 못했다. 반식민주의 현지인들이 마치 해방자처럼 환영한 일본 군대가 태국 동부로부터 버마로 진입하고 노선을 바꿔 곧장 철도선으로 진격함으로써 중국으로 통하는 루트를 가로막을 때, 버마 중부를 넘어 전선을 구축하려는 연합군의 의도는 물거품이 되고 말았다. 장제스가 스틸웰에게 전보를 쳐서 중국 군인들은 수박을 좋아하니 수박 공급 방안을 세우라고 할 때 총사령관에 대한 그의 분노가 폭발했다. 그의 성난 반응을 충칭에서도 알게 되면서 두 사람의 악감정은 악화되었다. 이 사건은 스틸웰의 지지자들이 국민당 영수의 옹졸함을 예증하는 한 예로 인용되었다. 하지만 장제스와의 거리감이 나날이 깊어진 데는 한층 더 심각한 이유가 있었다. 바로 스틸웰이 영국을 돕고자 실패한 명령을 내려 중국의 정예 부대를 소진해 버린 것이었다. 장제스 부부와는 가깝지만 스틸웰을 지긋지긋하게 싫어하는 공군 사령관 클레어 셔놀트는 총사령관이 이 일을 "가장 순진한 감상성과 믿기 어려운 군사상의 미숙함"으로 간주했고, 덧붙여 "만일 스틸웰이 중국 장군이었다면 추호의 의심도 없이 총살 집행대에서 끝장냈을 터였다."라고 기록했다.[19]

일본군이 북쪽으로 진격할 때, 중국인 지휘관들은 또다시 스틸웰의 명령을 거부했다. 스틸웰은 전선으로 가서 보병의 진공을 몸소 지휘했다. 스틸웰은 다른 중국 사단을 전투에 투입하고 싶었지만, 그 사단의 지휘관이 트럭으로 병력을 이동시키는 것을 거절했다. 그는 머잖아 중국에서 팔릴 참인 군수품을 대형 트럭으로 운송하고 싶어 했다.[20]

일부 중국군은 두어 차례의 조우전에서 며칠 동안 일본군을 지체시켰다. 하지만 중국 부대가 인도를 향해 서쪽으로 향하자 철수는 빠르게 패주로 뒤바뀌었다. 스틸웰의 선임 참모 뤄줘잉 장군은 단선 궤도 철도선을 따라 만달레이 북쪽의 안전한 곳으로 가기 위해 부하들에게 기차를 탈취하게 했다. 기관차가 마주 달려오는 기차와 충돌해 철도 운행이 이틀 동안 중단되었다. 적군은 노도처럼 밀려와 훨씬 많은 우수한 부대가 타격을 입었다. 중국 비행기들은 지상에서 파괴되었다. 벌떼처럼 붐비는 피난민 무리가 윈난 성 국경 지역을 흐르는 살윈 강의 깊은 협곡으로 몰려갔다.

스틸웰의 종적이 묘연했다. 5월 1일, 셔놀트는 그에게 전보를 쳐서 공군 총사령부를 국경 너머로 철수하라고 조언하고 자신도 비행기를 타고 가겠다고 제안했다. 스틸웰은 "전선에 머물 것임"이라고 회답했다. 다음 날 그는 사라졌다.

일본군의 진공은 이미 버마를 경유하는 중국의 육로 보급 노선을 차단했다. 더욱 큰 낭패는 중국 서남부가 위협받았다는 것이다. 일본 제국 군대는 살윈 강 협곡을 가로지르는 다리가 파괴되어 잠시 지체했지만, 곧 다리를 복구할 방법을 찾을 게 분명했다. 그런 뒤 윈난 성을 제멋대로 차지할 수 있을 터였다. 일본군은 그곳으로부터 북쪽의 쓰촨과 충칭을 공격할 수가 있었다. 스틸웰의 부재는 전장에서 아무도 조직적인 저항을 하지 않는다는 것을 뜻했다.

셔놀트는 곧바로 이러한 공백을 메울 준비를 했고, 장제스에게 협곡으로부터 멀리 떨어진 적군을 폭격할 권한을 달라고 요구했다. 비록 이는 피난하는 평민들을 죽일 수도 있다는 것을 의미했지만, 그는 비준을 얻어 폭탄 투하와 기관총 소사를 집중해서 일본군 전초 부대에게 큰 타격을 입히고 더불어 증원 부대를 운송하는 수십 대의 트럭을 부숴 버렸다. 이 결과로 협곡을 사이에 둔 두 해 동안의 교착 상태가 조성되었다.[21]

일본군이 전진을 멈추자 스틸웰이 나타났다. 인도였다. 그날 버마에서 오길 거절한 뒤 그는 미국인 26명, 중국인 16명, 영국인 13명에 퀘이커 병원의 의무 요원 약 40명과 인도인 요리사들, 기계 수리공들 그리고 노새 20마리와 개한 마리로 결성된 대오를 이끌고 총사령부를 떠나 밀림을 통과해 서쪽으로

225킬로미터를 행군했다. 처음에는 차를 타고 여정을 시작했다가, 나중에는 작은 배를 타고 강을 건너 75도 경사 비탈길을 기어오르고, 독사가 우글거리는 정글을 헤쳐 나아갔다. 모두 생존했다.

언론에서는 버마 대붕괴 기간에도 자랑스러워할 가치가 있는 영웅적인 성취라고 환호했다. 비딱이 조의 전설도 이로써 생겨났다. 하지만 적절한 퇴장이라고 하기엔 무리가 있었다. 기껏해야 그가 부딪힌 좌절에서 초래된 탈선이었다. 가장 나쁘게 말하면, 중국인과의 관계에서 좌절을 겪었을망정 그는 철수를 조직하는 본분에 충실해야 할 지휘관으로서 심각한 직무 태만을 저질렀다. 스틸웰은 안전한 장소로 날아가기보다는 비록 소규모일지라도 부대와 함께 머무르는 본보기를 세울 필요가 있었다고 해명했다. 중국이 왼난 침공이라는 매우 현실적인 위협에 직면했을 때 그렇게 하는 것이 무슨 이로움이 있는가는 설명하지 않았다. 심지어 스틸웰을 지지하는 정치 군관 존 페이턴 데이비스(John Paton Davies)도 이 일을 두고 "지휘 판단에 문제가 있는" 사건이라고 말했다.[22]

스틸웰의 이기적인 무책임은 장제스에게 자신이 무엇을 하고 있는지를 알려 주지 않은 실수로 인해 더욱 강조되었다. 스틸웰은 워싱턴의 지지자 조지 마셜과 관계를 유지하는 시간은 가졌지만, 도리어 상급 군관 장제스에게는 알리지 않고 그의 군대를 하늘의 운명에 맡겼다. 엄격한 표정을 잃은 총사령관은 스틸웰이 충칭 주재 미국 군사 대표단에게 중국군은 이미 붕괴되었고 그들에게 명령을 하달해도 쓸모가 없다고 보낸 전보를 통해 발생한 사건의 전모를 알 수 있었다. 장제스는 "스틸웰은 우리 군대를 버렸다."라고 언급했다. "나는 정말로 그가 군사 기율의 중요성을 아는지 의심스럽다." 비딱이 조는 장제스가 행동하는 방식을 몹시 미워할 그럴듯한 까닭이 있었지만, 그의 행위는 둘 사이의 불신임을 심화한 동시에 자신의 사명을 구세주의 관점으로 바라보는 시각도 굳혔다.[23]

인도에 도착한 스틸웰은 이질과 황달에 시달렸다. 나쁜 황열병 혈청을 사용해 온 탓이었다. 스틸웰은 아내에게 쓴 편지에서, 자신이 마치 "의학서에 나오듯 피부가 몽땅 벗겨져 피하층 아래 무슨 내장이 있는지 속속들이 보이는 인간" 같다고 묘사했다. 그가 한차례의 기자 회견에서 말했다. "우리는 엄청난 타격을 입었다. 우리는 버마에서 탈출할 수밖에 없었고, 그것은 지옥과도 같은 굴욕이었다. 나는 우리가 도대체 무엇 때문에 그렇게 될 수밖에 없었는지 밝혀야 했고, 되돌아가 그곳을 다시 차지해야만 한다고 생각했다." 5월 말이 되자 일본군은 버마 대부분과 그곳의 쌀, 석유, 광물 그리고 1600만 명의 주민들을 차지했을 뿐 아니라, 해상과 마찬가지로 대륙에서도 중국을 고립시켰다.[24]

델리에서 신문 기자들과 만찬을 함께한 뒤, 스틸웰은 장제스에게 중국 군대를 재건해야 한다고 제안하는 외교 각서를 썼다. 그는 6월 초에 그것을 충칭의 장제스에게 건넸다. 스틸웰의 전형적인 솔직함을 드러내는 행동이었다. 스틸웰은 아내에게 보낸 편지에서 그것은 "마치 발로 할머니의 배를 차 버린 것과 같다."라고 말했다. 쑹메이링은 이 문건을 본 뒤 말했다. "웬일이야? 독일인 고문들이 이미 남편에게 말한 내용이잖아."[25]

각서는 중국 군대의 규모가 너무 크기 때문에 미국의 무기를 충분하게 공급받을 수 없다는 말로 시작했다. 그러므로 대규모 부대보다 "소수의 믿을 만하고 장비가 우수하며 좋은 지원을 받는 사단들"을 보유하는 편이 훨씬 더 낫다. 군대는 마땅히 이론상의 실력에 근접하도록 재편성해야 한다. 비효율적인 초급과 중급 군관은 잘라야 한다. 용감한 자에 대한 포상은 신속하게 하며, 의료 설비는 개선하고, 처벌은 "위반자의 계급이 무엇이든지 간에 정확하고 무자비하게 해야 한다."[26]

"군단과 사단의 지휘관들이 큰 문제이다." 스틸웰은 격렬한 단락을 계속 써 내려갔다.

그들 중에서 단지 소수만이 효율적이다. 그들은 좀처럼 전선으로 나가지 않고, 더구나 명령 집행을 거의 감독하지 않는다. …… 전선으로부터의 보고들은 검증 없이 받아들여지고, 거의 대부분 과장임이 증명되거나 흔히 홀시당하거나 늘 치명적인 결과를 초래한다. …… 많은 군관들이 개인적으로는 용감하지만 대부분은 정신적인 용기가 부족하다. …… 나는 비능률적인 지휘관들을 엄혹하게 제거하라고 제안한다. …… 비효율을 정리하지 않으면 물자와 장비를 수없이 공급한들 군대는 계속해서 내리막길로 향할 것이다.[27]

각서는 장제스가 전장에 보내는 메시지들을 언급하고는 전투 부대만이 아니라 물자 공급, 운송, 통신 및 작전 부대를 전적으로 책임지는 지휘관 등 새로운 지휘 계통이 필요하다고 말했다. 장제스는 지휘관에게 명령을 하달하고 나서는 반드시 아무 간섭 없이 지휘관이 작전에 몰두할 수 있도록 해야 한다. 스틸웰은 이러한 개혁들이 실행되어야 연합군이 전투에 투입되기 전까지 중국군이 일본군을 저지할 수 있다고 전망했다. 미국 해군이 미드웨이 섬에서 승리를 거두면서 태평양에서의 반격이 이제 막 시작되던 참이었다.

스틸웰의 제안들이 담고 있는 함의는 분명히 군사적 고려들을 뛰어넘어 장군들이 군사 인물이자 정치 거물 역할을 하는 국민당 체제를 위협했다. 전투력이 저하된 사단들을 병합하는 것은 단지 서류상으로만 존재하는 병사들을 거짓 보고하며 남은 급료를 착복하는 지휘관들의 수입을 감소시킬 수 있었다. 무한한 권한을 가진 지휘관을 임명하는 자는 지방 권력자들로부터 권력을 빼앗아 올 수 있었다. 만일 30개 사단을 한 명의 지휘관이 통솔하는 효율적인 군대가 출현한다면, 총사령관에게 중대한 위협이 된다는 것은 자명했다. 스틸웰처럼 고위층 장군들을 공격하는 것은 묘당의 지주를 뒤흔드는 격이었다. 쑹메이링이 의견을 개진했다. "머리는 잘라 낼 수 없다. 머리를 자르면 더는 전체가 존재할 수 없다."[28]

또 하나의 근본적인 문제가 얽혀 있었다. 장제스는 민족주의자였고, 더구나 외국인들이 시키는 대로 무조건 복종하지 않았다. 그는 미국인의 도움을 받는 것은 매우 기꺼워했지만, 워싱턴이 설계한 '개혁의 길'에 억지로 순종할 뜻이 없었다. 장제스가 되풀이해 보여 준 것처럼, 그는 자신의 독립성 유지를 권위의 필수적인 요소로 간주했다. 미국이 압력을 세게 가하면 가할수록 그는 더욱 거칠게 항거하고 반미적이 되고, 그 자신의 길로만 가고자 고집할 터였다.

스틸웰은 비록 일기에서는 단 한 자도 언급하지 않았지만 이러한 점을 잘 인지하고 있었다. 스틸웰은 마치 직업 군대는 민선 정부의 말만 따르고 정치적으로 전혀 간섭하지 않는 안정적인 민주주의 제도의 울타리 안에서 살고 있는 것처럼 행동했다. 그러나 장제스의 중국에는 훗날 아시아의 수령이 그러했듯 울타리가 존재하지 않았다. 장제스 체제의 모든 구조는 군사를 최고의 지위에 올려다 놓았다. 만일 이 점을 깨닫지 못했다면, 스틸웰은 중국에서 그와 같은 경험을 하고 그와 같은 지위에 있는 사람치고는 유별나게 우둔했다. 만일 스틸웰이 분명히 자신이 한 일의 함의를 안다면, 이 또한 잘못 이끌린 것이었다. 요컨대 그는 이길 수단이 없는 정치 투쟁을 선언했으므로, 그의 칭찬받을 만한 계획은 도리어 장제스의 마음속에서 반드시 저지해야 하는 근본적인 위협으로 자리매김될 운명이었다.

결과적으로 장제스는 단단히 화가 나 워싱턴이 제공하는 원조 물자의 부족을 스틸웰의 탓으로 돌리고 있었다. 그는 참모장을 공급품의 끊임없는 유입을 보증하는 임무를 지닌 병참 장교로 간주했던 것이다. 장제스는 자신의 불만을 알리기 위해 워싱턴의 쑹쯔원에게 전보를 보내, 그의 군관들 사이에는 자국이 받는 불공정한 대우로 "의기소침한 의심"을 품은 자들이 있다고 했다. 전문을 루스벨트에게 건널 때 외교부장은 쪽지로 덧붙였다. "총사령관은 중국의 미래에 깊은 영향을 미치는 중대한 전략적 결정을 그 자신이 전혀 모른다고 느끼고 있습니다. …… 생사존망과 관련된 문제들에서 그의 역할은 다만 방관자일 뿐입니다." 이것은 쑹쯔원이 자신의 의지로만 내린 판단이라 할 수 없었다. 장제스를 진정시키기 위해 미국 대통령은 국민당 대표 한 명을 원조 물자를 결정하는 군수품위원회에 앉히는 데 동의했다. 하지만 조지 마셜은 안전상의 이유로 중국이 연합군 총참모장회의에 참가하는 것을 거절했다. 마셜의 신중함은 일본군이 이미 중국의 암호를 해독하고 충칭을 왕래하는 모든 전문을 읽어 낼 수 있었기 때문에 합리적이었다.[29]

그런데 또 하나의 불화가 스틸웰이 1942년 4월 공급선의 회복을 간절하게 바라는 데서 불거졌다. 윈난-버마 육로의 재개는 분명히 중국의 이익과 크게 맞아떨어졌다. 당시 이용 가능한 보급로는 이 육로보다 화물 운송량이 훨씬 더 적고 히말라야 산맥을 비행기로 넘어야 하는 '험프(Hump, 낙타 혹이란 뜻으로 중국명은 튀펑(駝峰))'라는 이름으로 유명한 항로뿐이었기 때문이다. 하지만 총 사령관은 최초의 중대한 전역에서 참패한 치욕을 메우고자 하는 스틸웰의 집 착을 공유하고 싶지 않았다. 이미 다섯 해 동안 전쟁을 치러 온 장제스는 그 어 떤 서두름도 불필요하다고 생각했다. 그에게는 군사적 균형을 유지하는 것이 영국이 식민지를 다시 점령하는 것보다 훨씬 더 중요했다.

하지만 일본에게 복수하고자 하는 스틸웰의 원정은 막을 수 없었고, 비록 처음에는 현명했지만 더 광범위한 전략에서 보면 현실성을 잃은 계획을 통해 정당화되었다. 스틸웰은 중국군을 둘로 나누어 하나는 인도로 후퇴했던 병력 으로 조직하고, 다른 하나는 윈난을 기지로 삼아 훈련하자고 제안했다. 첫 번 째 군은 X부대, 두 번째 군은 Y부대로 불렀다. 영국군이 해상으로부터 버마 남 부에 상륙함에 따라 X부대와 Y부대는 동서 양측에서 일본군의 방어선을 돌파 하여 이 나라를 점령하고, 또한 중국으로 가는 루트를 다시 열 계획이었다. 처 칠이 유럽으로부터 아시아로 시선을 돌려 병력과 상륙용 주정(舟艇)을 먼 동쪽 으로 보내 주겠다고 약속만 한다면 여기까지는 순조로웠다.

하지만 다음으로 스틸웰은 그의 두 부대를 최근에 훈련받은 제3의 부대 인 Z부대와 합류시키기 위해 중국으로 돌려보낸 뒤, 최종적인 큰 승리를 거두 기 위해 미국 군함이 상륙할 수 있는 바다 쪽으로 일본군을 몰아낼 뜻을 품었 다. 비록 몇 개의 정예 부대를 조직했지만 이 작전 계획은 대규모의 병력 이동 이 필요했고, 더구나 중국인이 1937년 이래 이룩한 군사적 성과, 현대화에 대 한 장제스의 유보적 태도, 중국의 허약한 상태, 남방 자치주의자의 역량 그리 고 일본군의 세력을 고려하지 않았다.

장제스는 이 작전 계획 중에서 그에게 위협이 되지 않는 부분에 찬동했다. 인도의 중국 부대들은 매우 먼 곳에 있었으므로 계획 중 일부분에 동의한다 해 서 손실을 가져올 것 같지 않았기 때문이다. 그는 또한 중앙군으로 훈련받은 우수한 부대들을 접수할 수 있었다. 하지만 그들을 버마로 보내는 데 동의할 시점에 장제스는 질질 끌었다. 그는 독립 사상을 지닌 원난 성장 룽윈에게 대응하기 위해 부대들을 중국에 남겨 두고 싶은 마음이 더 컸다.

공중의 승리로 지상의 승리를 도모하다

장제스와 쑹메이링은 스틸웰의 동포 호적수인 공군 고문 클레어 셔놀트의 구애를 받고 있었다. 충칭에서 일본의 비행기 공습을 수적으로 감소시키는 방안을 세운 이 텍사스 출신의 미국인은 미군 비행사를 모집할 권한을 워싱턴으로부터 부여받았다. 미군 비행사는 영광스럽게 제대한 뒤 1년 기간의 계약을 맺고, 중국으로 가서 적기 한 대를 격추시키면 500달러의 보수를 받을 수 있었다. 셔놀트가 비행기의 위력을 깊이 신봉하는 것은 스틸웰이 보병의 위력을 믿는 것과 같았다. 그는 보병과 포병이 지상에서 적을 저지하는 동안 중국에서 발진한 아군 비행기들이 일본 군함을 공습하면 일본의 숨통을 막을 수 있다고 생각했다. 공중전에서 승리하면 대규모 부대를 동원할 필요가 없다는 전망은 루스벨트를 끌어당긴 만큼 장제스를 끌어당긴 흡인력도 컸다. 미래의 대통령들에게도 그랬다. 제임스 지미 두리틀(James Jimmy Doolittle) 장군은 4월에 미군 폭격기들을 이끌고 사실상 군사적 중요성은 조금밖에 없지만 미국인들에게는 어마어마한 심리적 위안을 가져다준 도쿄 공습을 개시했다. 사령관 이름에서 따와 '두리틀'이라고 명명한 제1차 도쿄 공습은 미국으로서는 최초의 공습이었다. 항공모함에서부터 시작한 도쿄 공습은 공중 타격의 위력을 유감없이 보여 주었지만, 그에 따르는 결과도 분명하게 드러났다.

폭탄을 투하한 뒤 두리틀의 비행기들은 중국 동부 연해에 접한 장제스의 고향 저장 성에 있는 활주로로 향했다. 일본군의 보복으로 그곳이 위험에 처할 수 있다고 예상한 총사령관은 비행기가 더 안전한 내륙 지방으로 가야 한다고 주장했다. 하지만 미국 조종사들은 이를 무시하고 저장 성을 향했다. 이착륙장에 도착한 비행기는 없었다. 조종사들은 낙하산을 타고 탈출했고, 비행기는 불시착을 하거나 허둥지둥 흩어졌다. 장제스가 두려워한 바대로 일본군은 미래의 활주로로 사용되지 못하도록 연해의 비행장들을 소탕하는 작전을 펼쳤다. 탄저병에 감염된 새들이 든 폭탄을 포함해 생화학 무기가 사용되었다. 만주의 일본 과학자들이 개발한 세균 무기는 한 지역에서만 5만 명에 달하는 사상자를 냈다. 총사령관은 중국의 한쪽 끝인 충칭에서 방어전을 몸소 지휘했으나 막대한 사상자를 낸 혼란한 결과를 가져왔다. 전장을 방문한 미국인 대령은 중국군의 무기는 매우 열악하고, 의료 시설이나 운송 장비가 없다고 보고했다. 대다수의 징집 신병들은 서로 묶인 채 도착했다. 지방의 지휘관은 전선에서 80킬로미터 떨어진 별장에서 전역 기간을 보냈다.[30]

태연한 셔놀트는 험프 항로를 통해 더 많은 항공 연료와 장비를 수송해 올 것을 요청했다. 그는 시어도어 화이트에게 말했다. "내 위장이 미친 듯이 신경질을 부리오. 예전에는 열흘 동안 4만 갤런을 썼는데, 이제는 1만 7000갤런밖에 얻을 수가 없소." 1톤의 폭탄을 투척하기 위해서는 18톤의 공급 물자가 필요했다. 험프를 공중으로 넘는 수송기는 연료를 많이 소비할수록 짐칸에 많은 물자를 실어 왔다. 셔놀트는 비행장을 세우는 데 필요한 불도저, 트럭 그리고 기타 장비들을 군대의 노동력으로 대체해야 했다.[31]

물론 이는 되도록 많은 군수품을 원하는 스틸웰과의 갈등을 나날이 격화시켰다. 남부 동맹군과 북방 양키, 인류의 결점을 인정하는 착한 늙은 사내와 도덕적 용기를 찬미하는 청교도주의자 사이의 차이는 얼음과 불처럼 완전히 딴판이었다. 그들이 공유하고 있는 전부는 극단적 자신감과 육체적 고통이었다. 셔놀트가 반쯤 귀머거리였다면, 스틸웰은 제1차 세계 대전 때 탄약고의 폭발로 인해 왼쪽 눈으로는 거의 보지 못했고 오른쪽 눈은 두꺼운 렌즈가 필요했다. 나중에 두 사람을 만난 영국군 참모 총장 앨런 브룩(Alan Brooke)*은 스틸웰을 "구제할 수 없는 장님 괴짜", 셔놀트는 "머리가 단순한 협객 비행사"로 묘사했다.[32]

---

* 훗날의 앨런 브룩 경.

이 두 미국인 사이에서 벌어진, 그다지 중요하지 않으나 전형적인 충돌 중 하나는 셔놀트가 그의 조종사들을 위해 매음굴을 열기로 결정했을 때 터졌다. 그의 군관들 중 한 명이 매춘부를 모집하고자 홍콩에서 비행기를 타고 구이린(桂林)으로 날아갔다. 공식적으로는 춤을 추는 곳이라고 했지만, 어두운 모퉁이와 화원마다 아가씨들이 치마에 잔디 얼룩을 묻힌 채 돌아가는 모습을 감출 수가 없었다. 이 시설은 또한 무기대여법에 근거해 얻은 군수 물자가 조직적으로 암시장에 유통되는 중심지였다. 셔놀트 중장은 이것을 알고 매음굴을 폐쇄했다.[33]

장제스의 총애를 얻기 위한 경쟁에서는 늘 항공에 큰 흥미가 있었으며 비호대의 조종사들을 '젊은이들'이라고 부르는 쑹메이링의 도움 덕분에 셔놀트가 명백한 승자였다. 1942년 2월 장제스와 쑹메이링이 비호대 조종사들을 위해 만찬회를 거행했다. 한 조종사는 쑹메이링이 "마치 어머니처럼 우리들의 행동거지에 대해 훈계했으며, 우리들을 찬양했고, 그리고 그녀는 우리를 매우 자랑스럽게 생각하며 우리의 명예로운 총사령관께서도 매우 영예롭게 생각하신다고 말했다."라 회고했다. 비록 비판자들이 비호대를 과대 포장하고 있다고 지적했을망정, 쑹메이링은 일본 비행기를 격추하는 그들의 성공에 도취되어 있었다. 그들은 정확하게 299대를 격추시켰고, 공중과 지상에서 파괴된 비행기 숫자는 추정컨대 그 두 배일 것이라고 보고되었다. 비록 셔놀트가 공중으로부터 전쟁의 승리를 가져온다는 희망을 증명할 수는 없었지만, 1943년 3월 제14항공대대라고 다시 이름이 붙여진 그의 부대는 적들의 선박 운송에 치명적인 손실을 입히며 일본군의 충칭 공습을 감소시킨 동시에 관건이 되는 전역에서 중국 군대에게 큰 도움을 주었다.[34]

연합군 내에서 중국이 중요한 위치를 점하는 일에 대한 장제스의 관심은 1942년 여름에 더욱 깊어졌다. 독일은 북아프리카에서 승리하면서 영국의 지위를 중대하게 위협했다. 워싱턴은 인도에 기지를 둔 중국군의 비행기들을 이집트로 옮기고, 그곳에서 국민당군을 지원하기로 했던 다른 항공기들도 방향을 돌려 되돌아오도록 결정했다. 인도에서 비행기는 스틸웰의 명령에 따라 움직였기 때문에, 총사령관은 스틸웰이 왜 비행기를 보냈는지 이해할 수 없다고 했다. 스틸웰은 아마도 이집트의 전세가 심각한 상황으로 변했을 것이라고 둘러댔지만, 미국 측의 조치와 착륙 지점에 대해 그의 명령을 거절한 조종사들로 인해 불거진 저장 성의 상황도 마찬가지로 심각했다.[35]

사실 스틸웰은 비행기를 인도로부터 이동시킨다는 결정이 난 뒤에 통지받았고, 게다가 그의 군사적 세력이 약해지는 것이 불만스러웠다. 하지만 장제스는 멈추지 않았다. 쑹메이링이 참석한 스틸웰과의 만남에서 장제스는 세 가지 요구로 알려진 내용을 제의했다. 윈난 루트를 개통하기 위해 미국의 3개 사단을 버마로 보내고, 비행기 500대를 중국에 배치하며, 달마다 험프 항로를 통해 5000톤의 보급 물자를 중국으로 보낸다는 것이었다. 중국과 남편을 위해 대변인 역할을 하는 쑹메이링은 아무런 거리낌이 없었다. 그녀는 만일 이 요구들이 만족되지 않으면 다른 동맹국들도 "중국 전장을 포기"할 수 있다고 경고했다. 영국이 패배할 때마다 중국의 장비가 이송되므로 "중국으로서는 전쟁을 계속할 필요가 없다."라는 것이었다. 영국은 "왜 늘 화중취율(火中取栗)* 하느냐?"라고 그녀는 물었다. 장제스도 런던은 왜 자신들의 "비행기 수천 대"를 이집트에 보내지 않는가 의아했다. 누군가가 이 점을 무시하는 것을 예방하기 위해 쑹메이링은 "친일 세력은 여전히 매우 활동적"이라고 강조했다. 미국 쪽의 회의록에 따르면 그녀는 이렇게 덧붙였다. "총사령관은 연합군이 중국 전지가 필요하고 중국을 계속 지지할 뜻이 있는지에 대해 네 혹은 아니오의 명확한 대답을 듣기를 원한다." 중국 측 기록에 따르면 그녀는 이렇게 말했다. "문제는 미국이 중국더러 일본과 강화를 맺게 하려는 것은 아닌지이다."[36]

스틸웰은 이러한 요구와 불평을 워싱턴에 전달했다. 그는 또한 이 문제를 토론하기 위해 자신의 부관을 워싱턴으로 보냈다. 하지만 유럽과 북아프리카의 전세를 고려하면, 장제스의 요구는 근본적으로 만족스러운 결과를 얻을 수

---

* 남의 꾐에 넘어가 위험을 무릅쓰고 불 속에서 밤을 줍는다는 말로, '죽 쑤어 개 바라지한다'는 의미다. ─옮긴이

없었다. 그리고 그의 위협도 확실히 수포로 돌아갔다. 도쿄와의 강화는 그의 민족주의적인 주장을 약화시킬 터였고, 게다가 미국의 보급품을 제한되게나마 받는 쪽이 아무것도 얻지 못하는 쪽보다 훨씬 나았다. 비록 장제스는 초조해서 안절부절못했지만, 북인도의 람가르(Ramgarh) 숙영지에서는 도리어 진전이 있었다. 그곳에서 X부대에 속한 6만 6000명의 중국 병사들은 미국으로부터 공수된 무기로 미국인들에게 훈련을 받았다.

스틸웰은 의자와 야전 침대 몇 개가 구비된 낡고 오래된 DC-3 화물 수송기를 타고 히말라야 산맥을 넘어 충칭과 람가르 사이의 3220킬로미터를 분주하게 오갔다. 이 수송기는 항로를 몇 차례 잃어버리기는 했지만 일본 전투기의 공격을 받은 적은 없었다. 람가르의 중국 병사들은 예전처럼 군관들이 중간에서 가로챈 뒤 남은 찌꺼기만 받는 게 아니라, 처음으로 그들의 급료와 보급품을 직접 받았다. 그들은 건강 관리를 잘 받고 적절한 음식을 배급받았으며, 몸무게가 평균 9킬로그램 불어났다. 버마에서 잘 싸웠던 쑨리런 장군과 키가 작고 옹골찬 랴오야오샹(廖耀湘) 장군은 유능한 지휘관이었고, 스틸웰은 사병들과 중국어로 교담을 나누며 깊은 인상을 심어 주었다.

하지만 스틸웰은 충칭뿐 아니라 워싱턴으로부터도 공격을 받았다. 장제스는 루스벨트가 개인 고문 자격으로 보낸 미국 학자 오언 래티모어(Owen Lattimore)와 대통령의 참모 중 하나인 로클린 커리를 통해 백악관과 직통 채널을 확보하고 있었다. 중국을 방문하고 난 뒤, 커리는 미국 대사 가우스와 스틸웰을 파면해야 한다고 건의했다. 조지 마셜은 곧바로 그의 피보호자를 변호하는 행동에 들어갔다. 하지만 그것은 스틸웰이 귀국한들 뭇사람의 환영을 받지 못할 것이라는 경고성 신호였다. 압박은 정치적인 방면에만 있는 게 아니었다. 중국과 격렬한 회담을 마친 뒤, 비딱이 조는 위통이 악화되어 밤새 다섯 차례나 구토를 했다. 이튿날 혈액 검사를 통해 그는 체내에 기생충이 있다는 것을 알아냈다. 연이어 36시간 동안 여덟 가지의 서로 다른 약을 복용한 뒤 스틸웰은 "느낌이 좋다!"라고 기록했다. 스틸웰은 일기에서 장제스를 편견에 휩싸인 변덕스러운 '폭군'이라고 불렀다. 그는 이렇게 썼다. "중국 정부는 공포와 원조에 기초하여 세워진, 무지하고 독재적이고 고집스러운 놈의 손아귀에 장악된 건물이다."[37]

장제스도 이 미국인에 대해 똑같이 비판적이었다. 그는 쑹쯔원과 워싱턴 대사에게 보낸 전보에서 다음처럼 불평했다. "중국 전구(戰區)에는 조직이나 조직을 위한 준비가 없다. …… 마치 중국 전구에서의 승리와 패배, 삶과 죽음은 스틸웰과 아무런 관계가 없는 듯 보인다. 이자는 조직과 구체적 계획과 전면적인 집행에 많은 가치를 부여하지 않는다." 버마 전역에 관한 원망이 아직도 가슴에 맺혀 있는 장제스는 스틸웰이 "사전에 나의 지시를 미리 묻지 않았고, 나에게 그 어떤 직접 보고도 하지 않았다. 그가 독자적으로 인도로 피신한 행동은 인정과 이성을 결여한 짓이었다."라고 언급했다. 두 사람은 본래 함께 힘을 합쳐 일본에 대항해야 했다. 하지만 총사령관의 권력 장악 및 비딱이 조와의 관계에 개입한 장제스 인척 내의 라이벌로서, 충칭에서부터 워싱턴과 할리우드까지 활동 반경을 넓혀 가는 또 다른 선수가 존재했다.[38]

22

황후 폐하

1942년과 1943년에 쑹메이링은 세계에서 가장 권세 있는 여자였다. 그녀의 영향력은 남편에게 의지했을 터이고, 또한 주로 외국인들과의 관계에 한정되어 있었다. 하지만 미국의 참전은 그녀를 중국의 가장 중요한 동맹국과 교류하는 관건적인 인물로 부상시켰다. 그녀는 고위층 회의에 참가했고, 또한 남편의 미국인 고문 오언 래티모어와 백악관 사이에서 오가는 메시지의 전신 암호책을 장악했다. 쑹메이링을 '황후 폐하(Madame Empress)'라고 부른 스틸웰은 일기에서 이렇게 묘사했다.

민첩하고 총명하다. 원하는 일은 이루어 내려고 한다. 그녀는 남자처럼 굴려고 한다. 생각은 깊지 않으나 이해력은 빠르다. 매우 솔직하고 열려 있다. …… 조급하게 서두를 정도로 추진력이 강하다. …… 똑똑하고 영리한 여인이다. …… 단순 명쾌하고, 설득력이 있고, 활력 넘치고, 권력을 사랑하고, 평판과 아첨을 좋아하며, 개인적 체험의 역사는 꽤나 약하다. 중국의 모든 대외 관계 방면에서 서방인의 관점에 양보하지 않는다. 중국인은 항상 옳지만 외국인은 늘 틀렸다.[1]

1942년 7월 1일, 40세 중반의 쑹메이링은 스틸웰과 셔놀트 및 두 명의 중국 공군 수뇌를 회의에 소집해서 날로 커지는 자신의 권위를 과시했다. 그녀가 중국인들에게 무엇이 필요하냐고 물었다. 그들은 비행기 200대라고 대답했다. 셔놀트에게 묻자 그는 300대의 비행기라고 대답했다. 이렇게 장제스의 세 가지 요구 사항에 포함된 500이라는 마법의 숫자가 탄생했다. 쑹메이링은 스틸웰이 곧장 해야 하는 일은 바로 워싱턴에 "바삐 통지하는" 것이라고 말했다. 다른 사람들이 회의장을 떠난 뒤, 그녀는 덧붙였다. "우리는 당신이 완벽한 장군이 될 수 있는지 지켜볼 것입니다!" 스틸웰은 그의 일기에 썼다. "지옥에나 떨어지라 그러세요!"[2]

압력을 행사하기 위해 쑹메이링은 스틸웰이 워싱턴에 보고한 내용을 요구했다. 그가 중국의 요구들을 지지하기 위해 추천 목록에 비행기를 넣지 않았다는 사실을 알고는 전화상으로 나무랐다. 뒤이어 그녀는 스틸웰을 회의에 소집했는데, 그를 밖에서 기다리게 하고 그녀의 비서에게 모든 것을 기록하도록 했다. 스틸웰이 일기장에 기록했다. "분명히 지독하게 미쳤다. 그녀는 자신이 조연에 불과하다는 것을 이해하지 못한 채 월권 행위를 하며, 내가 장제스에게 보고할 것을 장제스에게 보고했다." 하지만 루스벨트가 총사령관에게 다음 해 초부터 매월 5000톤의 보급 물자 외에 265대의 전투기를 원조할 계획이라고 말했을 때 장제스 부부의 고집은 보상을 받았다. 항공 교통을 감당하기 위해 윈난 성의 쿤밍, 다리(大理), 리장(麗江)에 군용 비행장을 세웠다. 원조 화물을 어떻게 분배할 것인가를 놓고 스틸웰과 셔놀트 간에 격렬한 쟁론이 벌어졌지만, 장제스는 그가 원하는 바의 일부를 얻었다. 그의 아내도 몫을 나누어 받는 영광을 누릴 수 있었다.[3]

쑹메이링은 곧잘 병원을 공개 시찰하며 여성들의 전시 협력을 독촉하고, 외국 출판물에 칼럼을 쓰고, 미국을 위한 방송 연설을 녹음하는 것을 통해 국민당 체제의 사려 깊은 모습을 확실하게 보여 주려고 노력했다. 한번은 성탄절에 외국인들을 위해 그리스도 탄생극을 무대에 올렸다. 극이 끝날 무렵, 장제스가 그녀의 이름 자모가 새겨진 붉은 비단 넥타이를 손님들에게 나누어 주었다. 쑹메이링은 서북의 엄청나게 광활한 자치 지역인 신장에 1개 사단을 인솔해 가서 군벌 정치를 시험해 보았다. 그리하여 암살을 매우 두려워해서 심지어 수박에 독약을 주입했는지까지 검사하는 신장 성장의 지지를 얻었다. 그녀는 또 인도에 주둔한 중국군을 방문하고 돌아와 그곳에서의 진전을 열정적으로 보고했다. 한 미국 기자가 그녀에게 위대한 영웅의 형상으로만 나타나야 하는 일에 진저리가 나지 않는지를 물었다. 대답은 이러했다. "만일 당신이 이것을 보도하면 나는 당신 목을 자를 수 있어요. 하지만, 네! 맞아요. 나는 지겹습니다." 비록 그녀는 건강 문제로 고생했지만, 1942년 10월 충칭에서 최고위층 미국 방문자를 접견할 때 전혀 태만한 기미를 보이지 않았다.[4]

1940년 대통령 선거에서 루스벨트에게 패배한 공화당원인 웬델 윌키(Wendell Willkie)는 백악관이 주재한 전시의 초당파적 제휴로 세계 여행 길에 올랐다. 미국 해군이 태평양에서 큰 승리를 한 뒤, 태평양에서 일본 본토까지 가는 여정의 출발점인 솔로몬 제도의 과달카날 섬에 상륙하면서 여행은 시작되었다. 충칭에서는 호화로운 순방, 연회, 열병식과 회담 계획이 윌키를 기다리고 있었다. 판잣집들은 무너졌다. 초라한 상점들은 폐쇄되었다. 행상인들과 거지들은 거리에서 말끔히 사라졌다. 대걸레 같은 머리카락과 카리스마적인 풍격을 지닌 이 원기 왕성한 거한의 정치가는 단지 루스벨트의 특사로서만 중요한 게 아니었다. 그는 아마 대통령 선거에 다시 나설지도 모르고, 또한 그동안 훨씬 더 순종적인 인물과 함께 스틸웰을 대신해 워싱턴에 압력을 가해 줄 수 있었다.

윌키가 개장한 폭격기를 타고 도착할 때 조그마한 고장이 일어났다. 군악대가 「아름다운 미국」을 연주하는 가운데 쿵샹시가 인솔하는 환영 인파가 커다란 꽃다발을 하나씩 쥐고 활주로로 행진했다. 하지만 비행기는 정지하지 않고 방향을 틀어 다시 앞으로 미끄러졌다. 미국 공보원 그레이엄 펙이 회고했다. "환영 인파가 사방으로 도망치는 현장에는 비명 소리와 떨어진 큰 꽃다발들과 내동댕이쳐진 밴드 악기가 가득했다." 비행기가 멈추고 내방자가 계단을 내려올 때, 환영 인파는 다시 대열을 갖추었고 군악대는 국민당가를 연주했다.[5]

처음부터 윌키는 장제스 부부가 그를 위해 꾸민 쇼에 흠뻑 빠져들었다. 그는 비행장으로 통하는 길을 따라 줄지어 깃발을 흔드는 세심히 훈련받은 아이들에 관해 "깊은 인상을 주는 인민의 검소한 역량과 정감은 중국의 가장 값진 자원"이라고 썼다. 그는 견문이 넓고 박학다식한 가우스 대사와 함께 지내기보다는 정부 영빈관에 머무르기로 결정했다. 가우스는 다음 대통령 선거에서는 사회주의자 후보에게 투표할 것이라고 중얼거렸다. 윌키는 그에게 경의를 표하는 성대한 열병식에 감명을 받았고, 또한 호화 열차에 탑승해 황허를 따라 여행하는 도중에 꼼꼼하게 준비된 전쟁 광경을 흘끗 보았다.

여행 중에 호위를 맡은 장제스의 양자는 이 방문자에게 일본 군도와 프랑스 와인을 선물하며, 강을 건너는 야습 작전으로 중국 사병이 갓 노획한 전리품이라고 둘러댔다. 그레이엄 펙은 아마 현지에서 산 물건일 것이라고 보도했다. 망원경으로 윌키가 본 유일한 일본인은 속옷을 입고 강줄기 맞은편의 터널 입구에 앉아 있는 병사였다. 하지만 적기들이 근처에 폭탄을 투하했다는 소식을 듣고 주위로 기자들을 불러 모으고는 말했다. "음, 제군들! 적들이 우리를 바짝 따라오는 것 같네." 연이어 시안으로 간 그는 깃발을 흔드는 훨씬 더 많은 어린이들의 환영을 받았고, 충칭*으로 되돌아가 이렇게 선언했다. "무기를 들고 떨쳐 일어난 중국은 일치단결했다. 중국의 지도자들은 훈련이 잘된 능력 있는 장군들이다. 중국 군대는 무엇을 위해 싸워야 하고, 어떻게 싸워야 하는지를 잘 아는 사람들로 구성된 불굴의 전투 조직이다."[6]

정부가 자신들이 깨어 있다는 점을 보여 주기 위해 윌키와 저우언라이의 만남을 주선한 것은 매우 좋은 생각이었지만, 동시에 방문자를 통제하려는 것이기도 했다. 스틸웰은 한쪽으로 물러나 있게 했다. 스틸웰과 만났을 때 윌키는 그의 의견을 크게 구하지 않았다. 장제스는 공군 역량의 중요성을 강조하고, 셔놀트는 147대의 비행기를 보유한 공군으로 일본의 몰락을 현실화할 수

---

* 원문은 난징으로 되어 있으나 당시 난징은 왕징웨이의 괴뢰 정부 통치 아래 있었으므로 충칭을 잘못 쓴 듯싶다. ─옮긴이

있다고 주장하는 각서를 제출했다. 스틸웰은 일기에 윌키는 이미 "지나친 찬사와 아첨에 깊이 빠져 버렸다."라고 기록했다. 한편 독립적인 생각을 가진 미국 외교부 인사 존 카터 빈센트(John Carter Vincent)는 윌키가 중국인에게 '날쇠고기 냄새'를 뿌리는 사람이라고 기술했다. 장제스는 윌키가 떠난 뒤 "외국인 냄새를 없애기 위해" 집무실 창문을 열라고 명령했다 한다.[7]

덕망 높은 린썬이 사망한 뒤, 장제스에게는 중화민국 총통이라는 직함이 추가되었다. 국민당 체제가 비판자들이 주장하는 바처럼 독재적이지 않다는 것을 미국에 보이기 위함인 듯한 정치적 진보도 있었다. 한 해 전에 6개의 비(非)국민당 정당들이 연합하여 국민당 체제와 공산당 사이 제3의 세력으로서 민주동맹(民主同盟)을 결성했다. 민주동맹은 쿤밍, 청두, 구이린에 사무실을 냈고 두 개의 신문을 발행했다. 성원들은 비밀경찰들에게 괴롭힘을 당했지만, 장제스는 민주주의를 과시하기 위해 이 조직의 대표가 참석한 국민참정회를 소집했다. 각각의 정당과 조직이 지명하는 대표 수는 감소했고, 선거에 의한 대표자 수가 70퍼센트로 증가했다. 실제로 이것은 겉으로 보이는 것과는 정반대였다. 국민당이 선거를 통제하고, 또한 국민당 후보자들을 지지하는 대다수의 투표자들을 확보할 수 있었기 때문이다. 소정당과 전문가 집단에게 주어지는 지정 의석수가 줄어들면서 이러한 변화는 실제적으로 정부의 통제를 증가시켰다. 공산당원들과 민주주의자들이 보이콧을 함으로써 국민참정회는 더욱 장제스의 허물을 덮어 주는 가리개가 되고 말았다. 하지만 아무도 장제스가 노력하지 않았다고 비난할 수는 없었다.

윌키의 여행은 쑹메이링에게 완벽한 기회였다. 미국 대사관 무관 데이비드 배럿(David Barrett)이 "모든 숨구멍에서 매력을 발산한다."라고 묘사한 그녀는 윌키가 정복하기 쉬운 상대라는 것을 눈치챘다. 쑹메이링은 어깨를 덮는 공군 원수의 망토를 멋지게 차려입고 다과회에 나타났다. 이때 그녀는 미국식 억양이 심한 영어로 윌키가 "불안할 정도로 영향력 있는 인물" 이라고 말했다. 이는 윌키를 역력하게 만족시키는 고백이었다.[8]

둘의 관계는 어느 날 밤 장제스가 윌키를 위해 성대한 리셉션을 주재할 때 진전되었다. 총사령관, 쑹메이링 그리고 윌키가 영접 대열을 이루었다. 손님들 중에서 윌키의 주요 지지자인 《룩》의 발행인 가드너 콜스는 세계 여행의 동행이었다. 밤이 깊어 가면서 윌키는 콜스에게 영접 대열의 자리를 대신해 달라고 부탁했다. 쑹메이링과 리셉션 행사장을 떠나려는 참이었기 때문이다.[9]

콜스가 영접 대열에 섰다. 장제스가 대략 한 시간 후 떠날 때, 콜스는 윌키와 함께 머물고 있는 쑹쯔원의 저택 중 하나로 되돌아갔다. 방에는 다른 사람의 흔적이 없었다. 콜스는 중국 곡주는 못 마시겠다고 하자 쑹메이링이 보내 주었던 스카치위스키를 앉아서 마셨다. 9시가 조금 지난 뒤였다. 콜스는 그가 사적으로 출판한 회고록에 기록했다. "안뜰에서 큰 소란이 벌어졌다. 총사령관이 문을 박차고 들어왔다. 격노한 모습이 역력했다. 소형 자동 기관총을 든 세 명의 경호원을 대동한 채였다. 분노를 억누르려 애쓰던 총사령관이 고개를 차갑게 끄덕이자, 나도 고개를 끄덕여 답했다."

장제스가 윌키는 어디에 있느냐고 물었다. 콜스는 모른다고 대답했다.* 그런 뒤 장제스에게 차를 대접했다. 조용히 차를 다 마신 총사령관이 같은 질문을 되풀이하자 콜스는 모른다고 반복했다. 장제스는 경호원들을 데리고 집안 곳곳을 수색했다. 방을 모조리 뒤지고 침대 밑을 보고 장롱을 열어젖혔다. 장제스는 목표물을 찾지 못하자 아무 말도 없이 떠났다.

콜스는 앉아서 스카치위스키를 더 마셨다. 이른 새벽 4시에 그가 기록했다. "매우 경쾌한 윌키가 나타났다. 마치 아가씨와 성공적인 밤을 보낸 젊은 대학생같이 의기양양했다. 그와 장 부인 사이에 벌어진 일을 실황 중계처럼 생생하게 들려준 뒤, 그는 마침내 장 부인에게 함께 워싱턴으로 돌아가자는 초청을 했다고 토로했다."

콜스는 고함질렀다. "웬델, 당신은 정말로 망할 놈이로군요!" 콜스는 쑹메이링이 "우리가 여태껏 만나 본 여자들 중에서 가장 아름답고 총명하며, 가장 섹시한 여인"이라는 것을 인정했고, 그 역시 그녀와 윌키 사이의 거대한 흡인력

---

* 콜스는 통역자를 통하지 않고 직접 말했을 것이다.

을 이해할 수 있었다. 하지만 윌키는 신중해야 했다. 충칭의 기자들 사이에서는 벌써 두 사람에 관한 가십이 나돌았다. 윌키 부인은 틀림없이 워싱턴의 비행장으로 그를 마중 나올 것이다. 만일 윌키가 다시 한 번 루스벨트와 승부 겨루기를 원한다면, 쑹메이링과 함께 도착하는 것은 심각한 낭패일 게 분명했다.

윌키는 침대에 푹 쓰러졌지만, 두세 시간 뒤에 깨어나 아침 식사를 들었다. 그는 강연을 해야 했기에 콜스에게 쑹메이링을 만나러 가서 함께 미국으로 갈 수 없다는 것을 전해 달라고 부탁했다. 콜스는 어디에서 그녀를 찾을 수 있는지 물었다. 윌키는 쑹메이링이 여성과 어린이를 위한 병원의 꼭대기 층 아파트에 있다고 했다. 쑹메이링의 개인 경호원들이 철통같이 지키는 가운데 그녀와 하룻밤을 보낸 곳이었다.

콜스가 메시지를 전달하자 쑹메이링은 누가 그녀의 여행을 막은 것이냐고 캐물었다. 콜스는 자신이 책임을 지겠다며, 여행은 윌키에게 정치적으로 매우 현명하지 못한 처사라고 설명했다. 콜스가 앞으로 일어날 일을 알기 전에 그녀의 긴 손톱은 그의 두 뺨을 깊게 할퀴어 상흔이 일주일 동안이나 남았다.

충칭에서 미국의 한 외교관은 이렇게 적었다. "강제된 금욕이 판단과 정치적 사건들에 미치는 영향력이란 흥미롭다." 윌키는 콜스의 충고를 따랐지만, 쑹메이링에게 그녀의 "두뇌, 설득력 및 도덕적 역량과 …… 기지, 매력, 관대하고 사려 깊은 마음, 우아하고 아름다운 행동거지, 외모 그리고 이글거리는 신념"으로 중국에 대한 지지를 얻어 내기 위해 그녀가 친히 미국을 방문해야 한다는 제안으로 방문을 끝마쳤다. 일설에는 이 생각이 쑹메이링으로부터 나온 것이라고 했다.[10]

윌키가 떠난 뒤 곧바로 미중 관계는 훨씬 온화해졌다. 장제스는 건국 기념일 연설에서 미국과 영국은 중국에서의 모든 영토적 권리를 포기했고, 그들의 조차지를 반환하는 데 동의했다고 선포했다. 이것은 비록 일본이 이미 상하이와 점령된 다른 도시의 조차지를 차지했기 때문에 당장 실제적인 효과는 없었지만, 전시 동맹국의 맥락에서는 필연적이었다. 총사령관은 영국인이 '그들 자신을 극복해 낸 도덕적 승리'를 축하하면서 영국에 대한 그의 감정을 드러냈다.

한편 장제스와 스틸웰의 관계가 극적으로 바뀌었다. 한 오찬에서 장제스와 쑹메이링이 초청한 미국 해군 무관이 스틸웰 장군을 비판했는데, 장제스 부부는 그들의 관점이 워싱턴에 전달되었다는 것을 눈치챘다. 그 이후 1942년 11월 초 장제스는 갑자기 스틸웰에게 중국 총사령부의 그 누구에게든 명령을 내려도 된다고 하며, 스틸웰이 춘계 공세를 희망한 버마의 중-영-미 연합군에 15개 사단을 보내겠다고 약속했다. 장제스가 지명한 계승자이자 미국과 관계가 좋은 천청 장군은 중국 서남부로부터 버마 공세를 펼치는 Y부대를 지휘하라는 명령을 받았다. 하지만 그때 루스벨트와 처칠이 1943년 말까지 공세 시작 일자를 연기하겠다고 결정했다. 카사블랑카 회의에서 중국으로의 군수품 물자 운송은 연합군 계획의 가장 마지막 순서에 놓였다. 스틸웰이 받은 유일한 보상은 전투에서 보여 준 무용으로 미국 수훈십자훈장을 받은 것뿐이었다. 이에 장제스는 축하 만찬을 거행하고 뒤이어 미국인이 제공한 영화를 상영했다. 스틸웰은 영화에 관해 일기에 적었다. "키스와 아내를 서로 바꾸는 장면이 많았다. 우리가 보기에도, 우리는 여전히 매우 거친 야만인인 게 분명하다."

쑹메이링의 미국 순회 연설

쑹메이링은 이 연회에 참석하지 않았다. 1942년 말 그녀는 아픈 등과 흡연으로 인해 악화된 비강 문제, 피진(皮疹), 불면증, 피로, 치아 문제 및 1937년 상하이에서의 자동차 사고로 인한 늑골 부상을 포함한 일신상의 문제 탓에 뉴욕으로 가 있었다. 이러한 병증 외에도 장제스는 그녀가 위암에 걸렸는지 걱정스러워 중국에서는 받을 수 없는 검사를 해 보길 원했다. 두 명의 간호사와 남자처럼 옷 입기를 좋아하고 머리 모양도 남자 같은 그녀의 조카딸 지넷 쿵(Jeannette Kung)이 TWA 항공사에서 빌린 성층권 비행기 스트라토라이너에 함께 탔다. 뉴욕 교외의 군용 비행장에 도착한 쑹메이링은 루스벨트의 측근 해리 홉킨스(Harry Hopkins)의 영접을 받았다.

1층의 모든 입원실을 가명으로 예약해 둔 하크니스 파빌리온(Harkness Pavillion) 의료 센터로 가는 길에, 쑹메이링은 홉킨스에게 그저 병을 치료하기 위해 온 것이라고 말문을 열었다. 하지만 뒤이어 미중 관계를 상세하게 논하며, 세계 대전에서 승리하는 가장 좋은 방법은 병력을 집중해 일본을 섬멸하는 것이라고 말하고, 버마에서 중국군에게 손실을 안겨 준 스틸웰을 공격하는 동시에 영국을 비판하고 셔놀트를 치켜세웠다. 엘리너 루스벨트(Eleanor Roosevelt)는 병원에 세 차례 병문안을 왔다. 영부인은 쑹메이링에게 개인적으로 은혜를 입었다. 그녀의 아들 제임스가 위궤양 수술을 받고 난 뒤 해군 육전대 대원으로 중국을 방문할 때, 쑹메이링이 적절한 식사를 제공받도록 손써 주었기 때문이다. 루스벨트 부인이 회고록에 썼다. "내가 보기에 그녀는 매우 긴장해 있고 커다란 고통을 참고 있는 듯했다. 몸의 어떤 부위라도, 그 어떤 접촉일지라도 거의 참을 수 없을 지경이었다. 장 부인은 매우 몸집이 작고 섬약해 보였다. …… 그녀가 나의 딸이었으면 하는 소망까지 들 만큼, 나는 그녀를 도우며 간호하고 싶은 마음이 간절했다."[12]

1943년 1월, 쑹메이링이 쑹쯔원을 뉴욕으로 불러 자기를 도와 달라고 할 때, 무언가가 잘못 돌아가는 듯싶었다. 스틸웰은 충칭의 루머가 그녀의 임무를 곤경에 빠트릴 가능성을 주의했다. 하지만 그녀는 일단 치료를 마치고 나서 뉴욕 주 하이드 파크에 있는 루스벨트의 저택에서 두 주 동안 머물며 웬델 윌키가 제안한 미국 순회 연설을 준비했고, 이 일은 헨리 루스에 의해 크게 진척되었다. 그녀의 목적은 충칭을 위한 자금을 조달하고, 또한 중국의 가장 중요한 동맹인 미국 국민의 마음에 깊은 인상을 남기는 것이었다. 이러한 과정 중에 쑹메이링은 스스로 훨씬 더 유명해졌다. 미군 홍보를 맡고 있는 군관 돈 나이트(Don Knight)가 말한 바대로, 진주만 공습 당시 중국은 곧 마르코 폴로, 펄벅의 소설 『대지(*The Good Earth*)』와 동명의 영화, 푸만추(傅滿洲, 영문명 Fu-Manchu로 괴기스러운 중국인 악당의 전형)와 (미국인) 찰리 챈(Charlie Chan)을 의미했다. 그녀의 방문 뒤로 돈 나이트는 다섯 번째를 추가했다. "10억에 달하는 경비가 아름다운 장 부인에게 바쳐졌다."[13]

1943년 2월 중순, 순회 연설이 시작되었다. 백악관에 묵고 있던 쑹메이링은 날마다 교체해야 하는 비단 침대보를 가져왔다. 만일 낮잠을 자면 더 자주 갈았다. 흔히 루스벨트 대통령은 방문자가 앉은 소파 옆에 앉았지만, 그가 말한 대로 "요부"를 피하고자 다른 한쪽에 쑹메이링을 위한 카드 놀이용 탁자와 의자를 두게 했다. 루스벨트는 이 내방자가 "철석같이 냉정한 심장"을 가졌다는 것을 깨달았다. 만찬석상에서 루스벨트가 쑹메이링에게 중국에서는 파업 노동자들을 어떻게 처리하느냐고 물었을 때, 그녀는 손톱으로 목을 스윽 그었다. 쑹메이링은 미국 정부 고위층과의 회담 중에 더 많은 군사 원조를 절박하게 요구했고, 대다수의 군수품 물자는 모두 셔놀트에게 교부하고 또한 신형 수송기를 보내는 것에 동의해 달라고 간청했다. 하지만 이 수송기는 험프 항로의 조건에서는 운항이 어렵다는 게 증명되었다. 그녀는 국방부 장관에게 아름다운 손을 가졌다고 말하며, 모두 그녀와 함께 중국으로 돌아가기를 권했다. 그녀는 스틸웰을 비판하며 그가 지닌 "적대적이고 오만한 태도"의 예로 버마에서의 수박 사건을 자세하게 늘어놓았다.[14]

미국 의회의 상원과 하원에서 연설을 한 첫 번째 여자이자 첫 번째 중국인 쑹메이링은 상원에서 연설하기 전에 4분여 동안 기립 박수를 받았다. 그녀는 겸손하게 시작했다. 그녀는 이곳에 도착하기 직전에서야 "안녕하세요? 만나뵙게 되어 매우 기쁩니다."라고 인사하는 것 이상을 요청받았음을 깨달았다고 했다. 이어서 미중 우호를 찬미하는 찬송가를 부르는 것으로 시작했고, 극동 전쟁의 중요성을 언급했다. 청중들이 장제스의 전략에 익숙하지 않을 것이라는 가정 아래 그녀는 선언했다. "치욕스러운 실패를 받아들이는 것보다 영광스러운 모험이 더 낫습니다." 결론은 이러했다. "저는 이상을 품는 것이 필요할 뿐 아니라, 그것을 실천에 옮기는 행동도 필요하다고 생각합니다."[15]

국무부 암호로 '백설 공주'라고 불린 쑹메이링은 부대통령 헨리 월리스(Henry Wallace)와 루스벨트 부인이 참석한 환영회에서 또 한차례 성공을 거두었다. 중국 공군 비행기의 날개가 장식된 옷을 입은 그녀는 백악관의 타원형 집무실에서 대통령과 더불어 열린 기자 회견장에서 172명의 기자들을 매혹했다. 그 여파는 매우 커서, 미국의 군사 전략가들은 의회와 여론이 중국을 더 중요시해서 결국 유럽 전장에 손해가 되지 않을까 하는 우려에 휩싸였다. 뉴욕에 돌아온 뒤 그녀는 매디슨 스퀘어 광장에서 2만 명의 청중들에게 연설을 했다. 이곳에서 윌키는 그녀를 "복수의 천사"라고 묘사했다. 루스는 그녀를 《타임》의 표지 인물로 장식하고, 미국 신문들은 그녀가 민주주의를 위해 파시스트 침략 행위에 저항하는 '불굴의 중국 정신'이라고 보도했다. 미국인의 심금을 울리는 데는 '기독교 전도사'라는 신분도 최대한 이용되었다.*

뉴욕에서 쑹메이링은 월도프 아스토리아 타워스(Waldorf Astoria Towers)의 42층을 통째로 빌렸다. 경호원들이 방문 밖에 보초를 서고, 그녀가 떠날 때 복도와 엘리베이터가 텅 비게 했다. 어느 날 밤 그녀는 수행원을 대동하고 윌키의 지지자 가드너 콜스를 만찬에 초대했다. 정장 차림의 공식적인 초청이라고 설명했지만, 그녀가 영어를 이해하지 못한다고 보증한 네 명의 수행원 외에 오로지 두 사람뿐이었다. 그래서 그들은 자유롭게 이야기를 나눌 수 있었다.[16]

이때 쑹메이링은 콜스에게 자신과 장제스의 결합은 단지 정치적 고려로 인한 것이었고, 첫날밤에 성관계를 맺지 않기로 한 이야기를 들려주었다. 콜스가 기록한 대로 이것은 믿어야 할지 확신할 수 없는 한 편의 동화였다. 이어 그녀는 그를 초대한 까닭으로 화제를 돌렸다. 그녀는 윌키가 공화당 대통령 후보로 지명될 거라고 확신하며, 콜스에게 그렇게 되도록 있는 힘껏 애써 달라고 말했다. 콜스는 회고록에 썼다. "나는 필요하다고 생각하면 얼마이든지 간에 경비를 쓸 용의가 있었다. 그녀가 모두 상환해 줄 터였기 때문이다." 윌키를 위해 대통령 직위를 살 자금은 부분적일지라도 아마 가능했을 것이다. 미국 은행에 있는 충칭 정부의 계좌에는 중국에 융자한 미국 차관의 잔고가 있었다. 그녀가 콜스에게 말했다. "만일 웬델이 당선되기만 한다면, 저는 그와 함께 세계를

---

* 기독교 전도사라는 열광은 1943년 미국에서 출판된 책 제목 『총사령관과 장제스 부인, 중국 기독교의 구세주(Generalissimo and Madame Chiang Kai-shek, Christian Liberators of China)』에도 고스란히 반영되었다. 이 책은 그들을 "중국이라는 잠든 거인의 운명을 바꿀 신성한 도구"라고 불렀다.

통치할 것입니다. 저는 동방을 통치할 것이고, 웬델은 서방 세계를 통치하겠지요." 콜스가 썼듯 이것은 완전히 미친 제안이었다. "하지만 나는 이 시대의 가장 무서운 여성 중 하나에게 분명히 깊이 매료되었고, 그날 밤 나는 그녀가 말하는 그 무엇도 놓칠 수가 없었다."[17]

쑹메이링은 뉴욕에서 보스턴, 시카고, 캘리포니아로 갔다. 그녀가 미국 각지의 군중집회에서 연설할 때, 미중 구제 기금으로 엄청난 액수의 금액이 조달되었다. 그녀는 모교인 웰즐리대학에서 당시에는 용납되지 않던 바지 차림으로 교정을 거닐었다. 이 대학의 학장은 "바지를 입은 장 부인처럼 유능하게 보이기만 한다면 누구든 그것을 입어도 좋다."라고 발언했다. 할리우드에서는 리타 헤이워스(Rita Hayworth), 진저 로저스(Ginger Rogers), 잉그리드 버그먼(Ingrid Bergman), 셜리 템플(Shirley Temple), 메리 픽포드(Mary Pickford)가 환영 위원회에 참가했고, 쑹메이링은 스펜서 트레이시(Spencer Tracy)와 헨리 폰다(Henry Fonda)를 만났다. 3월 31일 그녀를 위한 성대한 연회가 열렸다. 뒤이어 3만 명이 참가한 중국원조만찬회가 할리우드 볼(Hollywood Bowl)에서 거행되는 동안 로스앤젤레스 필하모닉이 「장제스 부인 행진곡」을 연주했다. 배우 에드워드 로빈슨(Edward G. Robinson)과 월터 휴스턴(Walter Houston)이 중국에 관한 서사를 낭독하고, 쑹메이링은 난징 대학살에 관해 진술했다. 프로듀서는 영화 「바람과 함께 사라지다」로 유명한 데이비드 셀즈닉(David O. Selznick)이었다.[18]

순회 강연에서 쑹메이링은 주연 여가수가 되려는 경향이 뚜렷했다. 쑹메이링은 자신을 '마담(Madame)'이 아니라 '맘(M'am)'이라고 부르는 한 미국인 군관을 거절했는데, 그가 이는 영국 여왕을 호칭하는 방식이라고 지적하자 그녀의 얼굴이 환해지며 광채를 빛냈다. 역사학자 제롬 천(Jerome Chen)은 쑹메이링이 흑인이라는 이유로 한 기자와의 인터뷰를 거절했다고 기록했다. 쑹메이링은 임무를 마치고 미국으로 돌아온 고문 오언 래티모어를 샌프란시스코에서 열린 리셉션에서 만났을 때 생판 못 본 척했다. 아마도 더 이상 이용할 가치가 없었기 때문일 것이다. 그녀가 백악관에 머무는 동안 벨을 누르지 않고 박수를 쳐서 하인을 부르는 것은 몹시도 거북한 행동거지였다. 그녀가 뉴욕의 보세 창고에 묶여 있는 영국 담배들을 출하해 워싱턴으로 공중 수송해야 한다고 우길 때 여론은 경악을 금치 못했다. 사람을 보내 담배를 가져오게 한 재무장관 헨리 모건도(Henry Morgenthau)는 그의 수행원에게 루스벨트는 "이제 화가 단단히 나서 그녀를 이 나라에서 쫓아 버릴 것"이라고 말했다.[19]

매디슨 스퀘어 가든에서 집회가 열리기 전에, 루스가 주최하여 9명의 주지사를 포함해 270명의 저명인사가 참가하는 만찬회가 있었다. 쑹메이링은 스위트룸에서 내려와 참석을 완곡하게 거절했다. 연설을 위해 기력을 보존해야 한다는 것이었다. 뉴욕에 머무는 동안에는 처칠이 워싱턴을 방문했는데, 쑹메이링은 자기를 보러 와 달라고 그를 초대했다. 처칠 수상의 여행에 체면을 세워 주기 위해 루스벨트는 쑹메이링과 영국 지도자를 위한 백악관 오찬을 준비했으나, 쑹메이링은 처칠이 "상당한 오만"이라고 묘사한 태도로 이를 거절했다.* 쑹메이링이 미국을 가로질러 여행할 때 기차는 주민들이 그녀를 환영하고자 아침 일찍부터 플랫폼에 줄지어 있는 유타 주의 한 작은 도시에 멈춰 섰다. 쑹메이링은 침대에 더 머무르기를 원해 하녀 한 명을 플랫폼으로 보냈다. 현지 주민들은 그녀를 진짜 쑹메이링이라고 생각하고 공손하게 영접했다.[20]

뉴욕으로 돌아온 뒤 쑹메이링은 영국 주재 미국 대사이자 훗날의 대통령 부친인 조지프 케네디(Joseph Kennedy)와 회견했다. 케네디는 일기에 영국 신문업계 거물이자 장관인 비버브룩(Beaverbrook) 경이 쑹메이링은 늘 남자 같은 여자 친구 지넷 쿵을 데리고 다니는 레즈비언이라 말했다고 기록했다. 케네디는 쑹메이링을 만났을 때 그녀가 "가장 흥미롭고 매력적인 여자"라고 생각했다. 그는 그녀에게 경영 관리 능력이 있으며 섹시하다고 말했다. 쑹메이링은 "집시 로즈 리(Rose Lee, 1930년대 미국에서 유명했던 스트립쇼 스타) 같다는 말씀이신가요?"라고 대꾸했다. 케네디가 기록하길 쑹메이링은 줄담배를 피우며

---

* 처칠은 루스벨트가 "다소 신경질을" 냈으나 "장제스 부인이 유감스럽게도 불참한 와중에 대통령과 나는 그의 방에서 둘만의 오찬을 즐겼고, 나는 이때를 충분히 이용했다."라고 썼다.(John Paton Davies, *Dragon by the Tail*(London: Robson Books, 1974), p. 267.)

검사 결과 자신은 위암이 아니라 판정받았다고 얘기했다. 그녀는 신문을 발행하고 싶다거나, 누가 대필을 해 주면 거액의 사례비를 내겠다는 말도 했다. 연후에 그녀는 두 가지 이야기를 들려주었다. 그중 하나는 "조금 메스꺼웠다."라고 그가 기록했다. 이후 그녀는 슈라프트(Schrafft) 약국에 사람을 보내 딸기 소다수를 사 오도록 했다. 쑹메이링은 소다수로 위가 뒤집히더라도 개의치 않겠다고 말했고, 실제로도 별 탈 없었다.[21]

쑹메이링이 미국의 동해안부터 서해안까지 사람들의 눈길을 끄는 동안, 중국 중부에서는 홍수, 흉작, 메뚜기 떼 재해가 일어났다는 소식이 충칭에 다다랐다. 재해를 가장 심각하게 입은 곳은 1942년 비가 전혀 내리지 않은 허난 성이었다. 장제스가 제방을 무너뜨려 황허의 물길이 바뀜에 따라 광활한 지역이 관개 수로를 잃은 상태였다. 탕언보의 국민당군 부대는 30퍼센트에서 50퍼센트까지의 곡물세를 강제 징수했고, 때때로 농민들의 식량까지 깡그리 수탈해 갔다. 식량은 다른 지방으로 팔려 나갔다. 하지만 3000만 명의 농민이 기근에 직면한 때에도 군대의 창고에는 여전히 식량이 가득 차 있었다. 한 군관은 말했다. "만일 인민이 죽더라도 이 토지는 여전히 중국인의 것이다. 하지만 만일 병사들이 굶주리면 일본인들이 이 토지를 차지할 것이다."[22]

충칭의 한 신문이 기근에 관한 보도를 게재해서 사흘 동안 정간을 당했다. 시어도어 화이트는 그의 상관인 《타임》의 경영자가 쑹메이링의 미국 여행을 추진하는 동안 중국의 재난을 취재하기로 결정했다. 그는 철도선을 따라 끝없는 인파의 물결이 찬바람 속을 걷다가 쓰러져 숨이 끊어지는 광경을 목격했다. 미국인 공보관 그레이엄 펙은 기차역마다 난민들이 "마치 죽은 벌레 위의 개미 떼처럼 기차에 기어올라, 발판이나 손잡이가 있는 데라면 어디든지 매달려 있었다."라고 썼다. "수백 미터의 철도 선로에는 너무나 허약하여 매달릴 수도 없는 사람들이 시체들과 함께 쓰레기 더미처럼 어지럽게 널려 있었다." 철로 교차지인 정저우에는 용케도 살아남은 주민들이 "흐느끼거나 침묵에 휩싸인 채 허수아비처럼 비틀비틀 걸어 다녔다." 또 다른 기자는 뤄양 시에서 찻간에 꽉 찬 사람들은 목재 묶음같이 서로 너무 가까이 붙어 있어 꿈쩍도 할 수 없었다고 보도했다. 성 밖에서는 들개들이 시체를 흙 속에서 파헤쳐 뜯어 먹었다. 수많은 가정에서 아이들을 팔았다. 매매업자들은 소녀들을 샀다. 투기꾼들은 헐값에 토지를 가로챘다. 엄마들은 갓난아기를 바꾸며 "당신은 내 아이를 드세요. 나는 당신 아기를 먹겠습니다."라고 말했다. 자신의 두 살배기 아기를 음식으로 삶고 있는 여자가 목격되기도 했다. 두 아들을 목 졸라 죽인 뒤 먹은 아버지가 고발당했다. 극도로 가난한 어린아이들을 떠맡아 기른다는 어느 마을에서는 큰 가마솥에 담긴 남자아이의 뼈들이 발견되었다.[23]

화이트가 계속해서 보도했다. "절반의 마을에 인적이 끊겼다. 일부 마을은 그저 버려졌고, 다른 마을들은 이미 약탈을 당했다. 봄에는 똥 거름이 전혀 관리되지 않은 채 무더기로 쌓여 있었다. 그러한 마을에서 소리를 듣거나 사람을 보면 공포가 옥죄어 왔다. 한 노인이 비틀거리며 길을 걸어갔다. 다른 마을에서는 아무것도 보지 못하는 두 명의 부녀자가 서로 날카롭고 새된 목소리로 다투었다. …… 죽음이 임박한 사선에서 그들이 무엇 때문에 다투었겠는가? 어느 한 사람은 여행을 할 때 사람들이 식칼과 낫과 도살용 칼로 나무껍질을 벗겨 내는 것을 보았다. 그들은 느릅나무 껍질을 모두 벗겨 내고 있었다. …… 갈아서 먹을 수 있었기 때문이다." 화이트는 고아원 한 곳을 방문했다. "내가 여태껏 맡아 본 그 어떤 냄새보다도 지독한 악취가 코를 찔렀다. 심지어 수행한 관원도 견디지 못하는 고약한 냄새였다. 그는 손수건을 꺼내 코를 막고는 떠나자고 부탁했다. 버려진 갓난아기들이 있었다. 유아용 침대 하나에 네 명이 함께 밀어 넣어져 있었다. 유아용 침대가 몸에 맞지 않는 아이들은 볏짚 위에 방치되었다. 나는 아이들이 무엇을 먹었는지 잊어버렸다. 하지만 갓난아기의 토사물과 배설물 냄새가 났다. 아기들은 죽으면 버려졌다."[24]

화이트는 사망자 수를 총 200만 명으로 어림잡았다. 같은 수만큼이 죽음에 직면한 상태였다. 이 밖에 200만 명이 이 성을 떠나 유랑했다. 어느 날 밤 일군의 농민들이 장제스에게 가져다 달라고 화이트에게 청원서를 가져왔다. 그들의 현에서는 15만 명의 인구 중 3분의 2가 전혀 먹을거리가 없었다. 매일 700명이 죽어 나갔다. 충칭에서는 세금을 면제하라고 명령했지만, 세금은 벌써 징수된 탓에 이는 너무나 늦은 조치였다. 정부는 또한 구제금 2억 위안을 배당했지만 실제로 보내진 경비는 8000위안에 불과했다.

충칭으로 돌아오는 도중에 화이트는 총사령관을 예방했다. 장제스는 "그의 어두운 집무실에서 나를 접견하였다. 야윈 몸과 단정한 옷차림으로 똑바로 선 그는 딱딱한 손을 뻗어 환영의 뜻을 표했다. 그런 뒤 높은 등받이 의자에 앉아 불유쾌한 기색이 역력한 표정으로 나의 진술을 들었다." 장제스는 농민들에게 세금을 징수한 사실을 부인했다. 그는 재해 지역에 세금을 면제하라는 명령을 내리지 않았던가? 장제스가 부관 한 명에게 말했다. "농민들은 외국인을 보고 아무렇게나 말한 것이다." 중국에서 인육을 먹는 일은 불가능하다고 덧붙였다. 이 기자가 개들이 시체들을 뜯어 먹는 모습을 목격했다고 말하자, 장제스는 그것 또한 정말로 불가능하다고 대답했다.

화이트는 자신의 지적을 증명하기 위해 동행한 기자가 촬영한 사진들을 보여 주었다. 장제스는 무릎을 가볍게 흔들기 시작하면서 사진들을 어디에서 찍었느냐고 물었다. 화이트가 말하기 시작하자, 그는 기록을 하기 위해 작은 받침대와 붓을 꺼냈다. 화이트는 회상했다. "그는 관원들의 이름을 물어보았다. 그는 더 많은 이름을 원했다. 우리가 그 누구의 이름도 빼지 말고 온전하게 보고하길 바랐다. 스스로에게 사실을 다시 진술하는 것마냥 담담한 말투로 그는 백성에게 식량을 나누어 주라는 명령을 이미 국군에게 하달했다고 말했다. 그런 뒤 우리에게 감사하며, 내가 '자신이 보낸 그 어떤 조사원'보다도 낫다고 말했다. 들어간 지 20분 만에 나는 밖으로 안내되어 나왔다." 이후 정부는 조치를 취하고, 식량을 급히 날라 구휼 식품 분배소를 개설하고, 군대도 빼앗은 식량을 일부나마 돌려주었다.[25]

화이트는 충칭으로 돌아오는 중에 한 편의 서사시 같은 보고서를 제출했다. 그것을 우연히 부주의한 신문 검열관이 통과시켰다. 쑹메이링이 이 일을 듣게 되었다. 그녀가 미국의 지지를 얻고 전쟁 자금을 마련하느라 눈코 뜰 새 없이 바쁜 동안에 미국인들이 결코 읽지 않길 원하는 소식이었다. 그녀는 루스에게 화이트를 해고하라고 요구했다. 그는 거절했다. 하지만 잡지에는 매우 긴

보고서에서 단지 750자만 게재하고, 게다가 관원들의 직무상 과실과 부패 및 농민의 분노 등에 관한 내용은 모조리 삭제되었다.

화이트의 보도가 쑹메이링이 온 힘을 다해 키워 온 미중 관계에 유일하게 뿌려진 모래는 아니었다. 트라이던트(Trident)라는 이름으로 알려진 루스벨트와 처칠의 백악관 회담은 길게 지체한 버마 전역의 규모를 축소한다는 결정을 이끌어 냈다. 스틸웰과 셔놀트를 만난 자리에서 루스벨트는 스틸웰 장군에게 장제스를 어떻게 생각하느냐고 물었다. 셔놀트의 회고록에 따르면, 비딱이 조는 불평이 가득한 채 "장제스는 우유부단하고 교활하며 그놈의 말은 믿지 못할 늙은 무뢰한의 거짓말"이라고 투덜댔다고 한다. 루스벨트가 말을 자르며 셔놀트의 의견을 물었다. 셔놀트가 대답했다. "대통령 각하. 저는 총사령관이 오늘날 세계에서 가장 위대한 두세 명의 군사, 정치 지도자 중 한 명이라고 생각합니다. 그는 여태껏 제게 한 승낙과 약속을 어긴 적이 없습니다." 스틸웰의 견해가 장제스에게 전해졌을 때, 그는 아내에게 전보를 쳐서 불만을 호소했다. "스틸웰은 우리를 비난했을 뿐 아니라 굴욕감을 주었고, 아무렇지도 않게 우리를 위협하고 있소. 게다가 허황된 잘못을 날조하여 우리를 모욕했소. 이것은 너무나 써서 삼키기 힘든 고약이오. 미래를 위해 그리고 전쟁의 성공적인 진행을 위해, 나는 루스벨트 대통령이 내가 지금 처한 곤란한 입장을 이해해 주기를 바라오."[26]

장제스의 저작 활동에도 우려할 만한 점이 있었다. 쑹메이링이 미국 여행을 시작했을 때, 그는 중국에서 책 한 권을 출간했다. 단돈 10센트의 가격으로 판매를 촉진한 『중국의 명운(中國之命運)』은 거의 대필하다시피 한 책이었다. 대필자는 왕징웨이가 충칭을 떠날 때 처음에는 따라나섰지만 곧이어 충칭 정부로 돌아와 장제스의 비서 집에 기숙하던 남자였다. 213쪽에 이르는 이 책은 정부에 들어가고 싶은 사람이라면 누구나 사야 하는 필수품이 되었다. 판매량은 수십만 부에 달했고, 어떤 사람은 100만 부가 팔렸다고 했다. 이 책은 전통적인 중국 방식의 우위를 주장했고, 더욱이 나라의 모든 죄악은 외국인들 때문이라고 비난했다. 뒤이어 출간된 저서는 일반적으로 장제스의 강점이 아니라고 간주되는 경제 이론에 관한 책으로, 중국의 현인들이 "경제 발전의 모든 원칙을 일찍이 알고 있었다."라고 주장했다. 이 두 권의 책은 모두 아주 보수적이고 가부장적이며, 질서와 기율의 필요성과 국가에 대한 개인의 복종을 강조했다. 중국의 지식인들은 케케묵고 칙칙한 소리로 받아들였다. 당시 쿤밍에 머물던 미국 학자 존 킹 페어뱅크는 이곳의 학자들은 이 두 권이 "허튼소리"이자 공공연한 모욕이라 생각한다고 말했다.[27]

장제스의 매우 반동적인 메시지는 중국의 주요 동맹국 대중들을 멀어지게 할 수 있었다. 때문에 영문판은 보류되었다가 반감을 불러일으킬 수 있는 모든 단락을 삭제한 판본으로 발행되었다. 사람들은 쑹메이링이 막후에서 결정한 바라고 믿었다. 충칭의 검열관들은 기사에서 책에 관한 언급을 삭제했다. 국무부는 책의 중문 원판을 '최고 기밀'로 분류했다. 워싱턴은 외국인에게 줄 수 있는 최고의 표창인 훈공장을 총사령관에게 수여할 참이었다. 수령자가 동맹국들이 치러야 할 모든 전투를 반대하는 자라는 사실이 알려진다면 이는 성사되기 불가능했다.[28]*

7월 초 쑹메이링과 그녀의 조카딸은 개조한 폭격기 해방자호를 타고 아시아로 되돌아갔다. 비행기가 인도 북부의 아삼(Assam)에 착륙해 잠시 머무를 때, 쑹메이링의 옷은 주름이 잡힌 채였고 머리카락도 단정치 못했다. 그녀가 비행기로 돌아오는데 한 미국 병사가 사진을 찍었다. 쑹메이링은 급히 비행기 안으로 들어와 앉아 창밖을 응시하더니 그 병사에게 필름을 파기하라는 명령을 내리라고 우겼다. 두 여자는 집에 가져가기 위해 대량의 미국 상품과 귀중품을 모았는데, 일부는 다른 항공기에 실을 수밖에 없었다. 아삼에서 나무 상자 하나가 떨어져 부서지고 말았다. 안에 든 것은 담비 모피 브래지어인데 아마도 가짜일 거라는 소문이 미군 내에 파다했다. 하지만 확실히 매우 많은 화장품과 식료품과 속옷이 들어 있었다고 그레이엄 펙이 썼다. 분노한 미국 병사

---

* 저작권을 사지 않은 이 책의 완정판이 훗날 출간되었는데, 미국의 공산주의 동조자 필립 자페(Philip Jaffe)가 비판적인 평주를 달았다.(참고문헌을 보라.)

들이 상자들을 떨어뜨리고, 안에 든 물건들은 사방으로 차 버린 뒤에 그것들을 비행기 안으로 내던졌다.[29]

쑹메이링은 미국 폭격기들을 위해 개조한 청두 비행장에 착륙하길 기대했으나, 조종사는 충칭으로 향했다. 계획이 변한 줄 몰랐던 장제스는 청두로 날아갔다. 한 보도에 따르면 그의 비행기는 도중에 아내가 탄 비행기와 충돌할 뻔했다고 한다. 충칭에서 미국인들 또한 사정을 듣지 못해 쑹메이링의 비행기가 일본군의 교란이 아닌지 의심했다. 때문에 그들은 지프를 타고 활주로로 달려와 검사를 했다. 이때 장제스 부인은 그녀가 기대하는 만큼 환영 인파가 몰려와 영접 준비를 하고 있으리라고 확신했다. 쑹메이링이 비행기에서 내려올 때 머리 모양은 단정했고 화장을 곱게 한 얼굴이었다. 그녀의 귀국을 환영하는 사람들이 없다는 것을 깨닫고 쑹메이링은 홀로 서서 초조하게 발을 동동 굴렀다. 사내다운 옷차림에 머리카락을 짧게 자른 지넷 쿵은 자기가 쓸 수 있도록 빈 드럼통들에 연료를 채우라고 비행기의 미국인 조종사에게 명령했다. 이 비행사는 거절했다. 지넷은 두 명의 중국 군관이 타고 지나가던 스테이션 왜건을 징발했다. 이때 한 미군 중사가 그녀에게 "여보게 형씨, 자네는 성으로 들어가는 길을 확실히 알고 있나?"라고 물었다. 화가 난 두 여자는 귀에 거슬리는 큰 변속기 소리를 내며 쏜살같이 내달렸다. 뒤따라 국민당 수행원들이 비행기에서 음식과 베개를 옮겨 왔다.

미국인 고문 아서 영은 비밀 보고서에서, 장제스가 청두에서 비행기를 타고 충칭으로 돌아올 때 조종사는 시간을 절약하기 위해 평상시의 활주로를 돌지 않고 착륙을 시도했다고 상술했다. 동시에 장제스의 아들을 태운 또 다른 중국 비행기가 반대 방향에서 날아와 착륙했다. 이 비행기의 조종사는 정면충돌을 피하기 위해 비행기를 띄우려고 했다. 쑹메이링에 의해 생긴 혼란 탓에 이미 성깔이 돋은 장제스는 비록 사고가 날 뻔한 것은 그나 그 부하들과 아무 상관이 없었음에도 비행장 관리 책임자를 불러서 총살하겠다고 위협했다. 쑹메이링, 쑹아이링과 쿵샹시가 이 관리의 편을 들며 끼어들어 처벌은 강제 퇴직을 하기 전에 '중대 과실' 처분을 받는 것으로 경감되었다.[30]

쑹메이링의 귀환을 환영하기 위해 쿵샹시 부부는 그들의 대저택 화원에서 외국인 리셉션을 열었다. 옥좌와 같은 의자 하나가 연단의 장막 앞에 놓였다. 쑹메이링은 여기에 앉아 손님을 영접했다. 나중에 장제스도 오기로 했다. 그리하여 연단이 두 개의 옥좌를 놓을 만큼 크지 않았기 때문에 의전 문제가 일어났다. 등나무 의자 하나가 잔디밭에 놓였지만 장제스 부부는 일어서서 손님들을 맞이했다. 할리우드 스타들을 만난 쑹메이링의 사진들이 전시되었다. 레이스 장갑을 낀 쑹메이링은 "하오, 하오, 하오"라고 중얼거리는 남편 앞에 서 있었는데, 아름다웠지만 꽤나 성가셔하는 눈치였다고 그레이엄 펙이 회고했다.[31]

장제스가 중국이 이렇듯 곤란한 시기에 미국에서 부적절한 행동을 저질렀다고 쑹메이링을 꾸짖었다는 소문이 떠들썩했다. 다양한 정보원들 중에 한 명이 장제스를 위해 쑹메이링과 윌키의 관계를 미행했을 가능성도 꽤나 큰 듯하다. 윌키의 별장에서 열린 충칭 리셉션의 밤 총사령관의 노발대발한 행동이 그의 의심을 증명해 주었다. 장제스에게도 내연의 여성이 있다는 소문 역시 널리 퍼져 있었다. 매우 성행한 이런 이야기들을 까다로운 미국 외교관 존 서비스(John Service)는 국무부에 보고하기까지 했다. 그는 "아니 땐 굴뚝에 연기가 나지는 않을 것이다."라고 썼다. 주요한 소문은 수행원 중 하나인 젊은 간호사에 관해 집중되었다. 상하이 청년 시절의 첩 야오를 포함해 다른 많은 여성들도 언급되었다. 심지어 천제루는 회고록에서 1927년 장제스가 그녀를 버린 뒤에 두 번 다시 그와 만나지 않았다고 했지만, 장제스가 천제루를 다시 만난다는 추측도 있었다.

서비스의 보고서에 따르면 쑹메이링은 남편을 "그 사람"이라고 지칭하고, 또한 장제스가 정부를 만나러 갈 때만 의치를 한다고 불평했다. 하루는 쑹메이링이 장제스의 침대 아래에서 한 쌍의 하이힐을 발견해 창밖으로 내던졌는데 경비원의 머리를 적중했다. 다른 사건으로는 쑹메이링이 던진 꽃병에 상처를 입은 장제스는 나흘 동안이나 방문객을 접견하지 않았다고 한다. 한 여성 방문객은 쑹메이링의 침실에 들어갈 때마다 정성스럽게 다림질한 같은 바지 한 벌을 보았는데 "아름답게 주름이 잡힌 바지를 침대 다리에 과시하듯이 걸쳐 놓은 걸 보니, 쑹메이링은 총사령관이 더 이상 그 바지를 입지 않을 것임을 확신하는 듯했다."라고 밝혔다. 쑹메이링은 대화에서 "땅콩과 같이 사는 것은 지옥과 같은 삶이라는 것을 드러냈다."라고 스틸웰은 일기에 적었다. "아무도 장제스에게 진실을 말해 주기를 원하지 않아, 쑹메이링은 그에게 유쾌하지 않은 소식을 끊임없이 가져왔다. 모든 것을 엉망진창으로 만들어 버리는 심술궂고 괴팍한 사생아 놈과 함께 살기란 쉽지 않은 모양이었다."[32]

오로지 권력만이 뼛속 깊이 전통주의자인 남자와 서양화된 여자의 관계를 유지할 수 있었다. 늘 웃으면서 함께 사진을 찍었지만, 이 부부는 서로 현저하게 달랐다. 장제스는 일장 연설과 설교를 좋아했다. 그의 아내는 훨씬 더 세련되었다. 신생활운동의 공표에도 불구하고 쑹메이링은 흡연을 매우 즐겼고 마땅히 해야만 하는 일이듯 사치를 누린 반면에, 장제스는 간단한 음식과 군사적 환경을 선호했다. 장제스 부부의 시커우 산봉우리 집에 있는 그녀의 침대는 크고도 부드러웠고, 그의 침대는 작고도 딱딱했다. 구링 별장의 화장실에는 서양식 변기와 쪼그리고 앉아 변을 보는 전통적인 중국식 변기통이 있었다. 쑹메이링의 미국 방문은 다른 갈등 요소도 끌어들였다. 그녀는 이제 자신을 세계적인 인물로 보았고, 심지어 일말의 타협도 불가능한 가정불화를 초래할지도 모를 그녀 자신의 권력을 세우려고 기도했다.

쑹가 내 권력 투쟁

누이동생의 성공은 오빠에게 혹독한 시련을 안겼다. 워싱턴에서 충칭의 교섭 대표자인 쑹쯔원의 지위는 위협받았다. 스틸웰은 쑹메이링이 루스벨트를 "잘도 속여 먹었다."라고 썼다. 그녀는 루스벨트가 중국 전장에 두 개의 사단을 파견하기로 약속했다고 자랑했다. 그녀가 귀국한 뒤 험프 항로로 운송되는 보급 물자도 8000톤이 증가했다. 쑹쯔원은 자신의 관리 능력, 금융 이해력, 광범위한 인맥 및 세계에 대한 현대적인 인식으로 국민당 체제를 운영하는 최고의 인물에 이르리라고 믿고 있었다. 만일 개혁이 이루어지지 않으면 붕괴의 위험이 있다는 것도 그는 간파할 수 있었다. 그는 쿵샹시를 매우 경멸해 매부와 이야기할 때 거의 정중한 말을 하지 않았다고 한다. 그의 맹우 천청 장군도 부패와 군대의 비효율성을 혐오하는 것으로 유명했다. 또 다른 맹우 쉐웨 장군도 그 자신이 몇 명밖에 되지 않는 전장의 유능한 지휘관 중 하나임을 되풀이해 증명했다.

뚱뚱하고 부엉이 안경을 쓴 쑹쯔원이 권력을 요구할 조건들은 이미 무르익었다. 미국인들은 그에게 가능할 성싶지 않은 '룸바(Rumba, 쿠바에서 발달한 빠른 춤)'라는 암호명을 붙여 주었다. 쑹쯔원이 행동을 취한 또 하나의 이유가 있었다. 워싱턴에서 쑹쯔원의 지위는 그와 그의 동생 쑹쯔량이 경영하는 회사가 미국 원조 체인에서 풍부한 이윤을 얻는 것을 확실히 보증해 주었다. 전쟁 기간 동안 그들의 다양한 기업들로 유입된 자금 총액은 35억 달러로 예측되었고 일부는 쑹씨 집안으로 갔으며 부분적으로는 중국 동남부에서 그들이 경영하는 군수 물자 운수 회사의 자금으로 흘러 들어갔다. 이 모든 것을 날로 커져 가는 누이의 영향력이 보호해 주었다.[33]

쑹쯔원의 움직임은 쑹아이링과 쑹메이링 및 그들의 배우자 쿵샹시와 장제스를 위협할 수 있었다. 만일 쑹쯔원이 정부의 총리가 되면 장제스의 측근들은 제거되는 것이 불가피하고 쑹메이링의 야심도 깨질 수 있었다. 한편 쑹메이링이 세계적인 계획을 조금이라도 실현한다면 쑹쯔원은 눈에 띄지 않는 자리로 쫓겨날 수 있었다. 형제자매들 각각은 모두 행동을 취해 상대방을 검증할 필요가 있었고, 이러한 투쟁은 습관처럼 되어 버렸다. 충돌은 본질에서 명백하게 벗어난 인물인 조지프 스틸웰을 둘러싸고 불거졌다.

쑹쯔원은 스틸웰을 제거하고 자신의 맹우인 천청을 그 자리에 세우는 새로운 지휘 체계 계획의 초안을 짰다. 쑹쯔원은 비딱이 조와 천청에 대해 매우 상반된 감정을 갖고 있는 장제스를 꿰뚫어 보고, 그가 이 계획을 지지할 거라고 계산했다. 루스벨트를 만난 쑹쯔원은 만일 스틸웰을 교체하지 않으면 "미중 간의 협력에 심각한 우려를 불러일으키는 구실거리"가 되리라고 말했다. 그는 장제스에게 보낸 전보에서 루스벨트 대통령은 이 문제를 매우 중시하고 있다고 보고했다.

1943년 9월 13일 쑹메이링은 장제스의 거처로 스틸웰을 불러 반격을 시작했다. 그녀와 함께 쑹아이링이 스틸웰을 기다리고 있었다. 작고 뚱뚱하며 작은 손을 가진 맏언니는 비딱이 조가 중국에서 혐오하는 부류의 전형이었다. 쑹아이링은 새로 찍어 낸 대량의 은행권이 중국 통화 가치를 훨씬 더 평가 절하 하기 직전에 은행을 통제함으로써 터무니없이 낮은 공식 환율로 달러를 사들였다. 사람들의 입에 자주 오르내리던 이야기에 따르면, 진주만 공습 후 그녀를 홍콩 집에서 데려오기 위해 충칭으로부터 특별기가 보내졌다. 쑹아이링은 그녀의 닥스훈트를 중국으로 데려가겠다고 고집했다. 조종사가 비행기 중량이 초과될 수 있다고 말했으나 쑹아이링은 단호했다. 그리하여 안전 요원이 홍콩에 남았다. 이후 그는 일본인에게 살해되었다. 작은 개 한 마리와 한 사람의 체중 차이를 고려하면 이 이야기는 난센스였지만, 사람을 대하는 그녀의 태도를 충분하게 설명해 주었다.

장제스의 미국인 고문 오언 래티모어는 쑹메이링이 언니의 영향을 크게 받았고, 결혼을 주선해 준 쑹아이링에 대한 총사령관의 신임은 아내에 대한 신임 이상이었다고 기록했다. 쑹아이링으로서는 쑹메이링과 연합하여 쑹쯔원에게 맞설 충분한 이유가 있었다. 만일 쑹쯔원이 충칭에서 권력을 확장한다면, 정부 수뇌이자 재정부장인 남편 쿵샹시가 부득이하게 대가를 치를 수밖에 없었다. 다른 한편으로는 만일 무기대여법을 장악한 쑹쯔원이 좌천되어 권위가 떨어진다면, 쿵샹시 부부에게 짭짤한 이익이 되는 '풍요의 뿔'을 가져다줄 수가 있었다.[34]

자매들은 스틸웰에게 자신들은 중국의 군사력을 몹시 걱정하며 무언가를 하기를 원한다고 말했다.(스틸웰은 일기장에서 쑹메이링을 메이(May), 쑹아이링을 엘라(Ella) 혹은 시스(Sis)로 불렀다.) 스틸웰이 "군대의 비참한 실제 상황"을 설명해 주자, 그녀들은 얼이 빠졌다고 털어놓았다. 사실은 그녀들이 듣고 싶던 바였다. 오빠와의 이권 다툼 외에도 쑹메이링은 시안 사건 기간에 처음으로 칼을 겨누었던 군정부장 허잉친 장군에게 복수할 뜻이 있었다. 스틸웰에 따르면, 쑹메이링은 허잉친을 "언급할 가치가 없는 소인배"이자 "망할 늙은 얼간이"라 얕잡았다고 한다. 그녀는 장제스의 주위를 둘러싼 장군들에 관해 "마치 모래 더미에 머리를 처박고 엉덩이만 밖으로 내민 타조 무리들 같다. 정말 곤봉으로 볼기짝을 후려쳐 내쫓고 싶다."라고 말했다. 쑹메이링에게 스틸웰은 이상적인 동맹자였다. 스틸웰은 허잉친을 "극도로 으스대는 작은 원숭이"라고 깔보았고, 이 군정부장이 요오드팅크 한 병을 운송하는 중에 미국인들이 깨뜨렸다고 불평하는 편지를 보냈을 때 그러한 감정은 더 강렬해졌다. 장제스의 거주지에서 만난 그들은 쑹메이링이 군정부장을 맡는다는 혁명적인 대안을 내놓았다. 스틸웰은 썼다. "메이가 행동을 갈망하고 있다. 우리는 공수 동맹(攻守同盟)을 맺었다."[35]

스틸웰은 실제 일어난 사정을 전혀 몰랐다. 일기는 그가 시종일관 순진했으며, 잘못 분석한 싸움 안으로 휘말려 들었음을 보여 준다. 그는 "자신을 지지하고 협력"하라는 조지 마셜의 독촉을 쑹쯔원이 쑹씨 자매들에게 전달했으리라고 짐작했다. 루스벨트가 무기대여법에 의한 원조 물자 결정권을 포함해 스틸웰의 면직을 단호하게 거절한 편지를 쑹쯔원이 충칭에 전하지 않은 한 해 전의 사건을 떠올릴 법도 했지만 그러지 못했다. 스틸웰은 또한 쑹쯔원의 맹우이자 V부대의 지휘관 천청 장군이 윈난 훈련장에서 한 행위를 곱씹어 보지도 못했다. 천청은 장제스에게 이 미국인이 장제스의 친척 중 하나를 토비라 불렀다고 말했다.[36]

연이은 몇 주 동안 투쟁이 더욱 격렬해졌다. 쑹씨 자매들은 스틸웰에게 그녀들은 군대 개혁 문제에 대해 장제스와 매우 격렬한 쟁론을 벌였는데, 심지어 그가 방문을 쾅 닫고 나가 버릴 정도였다고 일러 주었다. 한편 충칭으로 온 쑹쯔원은 스틸웰이 오만하다고 공격했다. 집안싸움은 장제스의 저택에서 이틀 동안 최고조에 이르렀다. 쑹쯔원과 가까울 뿐 아니라 루스벨트와 연계된 셔놀트의 부관 조지프 앨솝(Joseph Alsop)은 쑹쯔원이 말다툼을 하고 돌아올 때마다 완전히 기진맥진한 상태였다고 회상했다. 장제스는 틀림없이 훨씬 더 부드러운 사람으로 스틸웰을 대신하고 싶어 했다. 그는 쑹쯔원이 불편했지만, 훨씬 더 순종적인 쿵샹시는 선호했다. 한번은 장제스가 오언 래티모어에게 말했다. "쑹쯔원은 미국에 오랜 시간 동안 머물렀기에 심지어 생각도 미국인처럼 합니다. 내가 보기에는 매우 현명하지 못한 미국인 같습니다."[37]

1943년 10월 17일, 인도-중국 전구의 동맹군 최고사령관 루이스 마운트배튼(Louis Mountbatten)이 전시 수도 충칭으로 날아와 회담을 진행했다. 그는 장제스의 폭넓은 경험을 배우고 싶다고 말하며 환심을 샀고, 또한 쑹메이링에게 다이아몬드로 그녀 이름의 이니셜을 상감한 카르티에 화장품 케이스를 선물했다. 장제스 부부는 옥도장 선물로 답례했다. 마운트배튼은 스틸웰을 대신해 연합군의 중국 부대를 지휘할 사람을 물색할 뜻이 없다고 밝혀 쑹씨 자매를 도와주었다. 그와 함께 와서 군사 원조를 책임지고 있는 미국의 한 장군도 스틸웰을 위해 변론했다. 쑹아이링과 쑹메이링은 비딱이 조에게 그의 유일한 목적은 중국의 이익임을 총사령관 앞에서 밝히고, 또한 그는 충분히 협력할 준비가 되었으며 만약 실수를 저질렀다면 의도한 것이 아니라 오해에서 비롯된 것이니 꾸짖어 달라고 토로할 것을 독촉했다.

여러 번 주저한 끝에 스틸웰은 총사령관과 참모장 사이의 적절한 관계에 대해서 일장 연설을 하며 그 어떠한 우월 의식도 삼가라고 자신에게 경고했던 장제스를 찾아갔다. 스틸웰은 썼다. "나는 정중하게 이야기를 들었고, 땅콩은 이러한 조건들 아래에서 우리가 계속해서 조화롭게 일할 수 있을 거라고 말했다." 장제스 역시 일기에 이렇게 썼다. "스틸웰은 유감을 표했고, 나는 기쁘게 그의 직책을 유임시켰으며 다시 그를 신임했다. 이것은 미중 관계의 분기점을 상징했다."[38]

쑹아이링은 자매들이 이미 "최후의 참호까지 후퇴했고" 게다가 집안의 수치스러운 비밀까지 스틸웰에게 저당 잡혔다고 언급했다. 훗날 그녀는 혈육과 중국의 이익 사이에서 억지로 하나를 선택할 수밖에 없었다고 덧붙였다. 이것은 단지 과장된 언사일 뿐이었다. 스틸웰에 대해 말하자면, 그는 이렇게 썼다. "이러한 분란을 모조리 거친 뒤, 나는 산소와 같은 자유를 느꼈다. 후회도 없고 자책감도 없다. 일종의 위대하고 영광스러운 느낌이다." 총사령관은 자신이 "과거지사는 잊어버릴 참이고" 또한 "관대함"을 보여 주었다고 일기에 기록했다.[39]

쑹씨 집안 맏아들의 야심이 좌절되었다는 것은 누가 봐도 자명한 사실이었다. 스틸웰은 그의 주위를 둘러싸고 일어난 갖가지 사정을 종합하기 시작하면서 "쑹쯔원이 큰 타격을 맞았다."라는 것을 깨달았다. 천청은 Y부대의 지휘권을 잃었다. 허잉친 장군은 요행히 살아남았지만, 장제스는 부대 교체를 느리게 진행하고 있다며 그를 크게 꾸짖었다. 12월에 열린 또 한차례의 가족회의는, 모든 중국 경제 기관은 일률적으로 자신의 통제를 받아야 한다는 쑹쯔원의 제안이 단호하게 거절당한 채 끝났다. 장제스가 그를 향해 찻잔을 던졌다고 한다. 쑹쯔원은 형제들을 보호하기 위해 동생에게 무기대여법에 따른 원조 물자 운수 회사의 총본부를 뉴욕으로 옮기게 했다.[40]

오빠를 패배시키면서 쌓인 피로가 쑹메이링의 신상에 곧 나타났다. 그녀는 이질과 유행성 감기에 걸렸다. 존 킹 페어뱅크에 따르면 비록 위대한 여성처럼 굴려고 안간힘을 썼지만 그녀는 극도로 피곤하며 "머리가 노인네처럼 살짝 어지러운 듯했다." 페어뱅크는 그녀와 만난 뒤에 그녀의 "대화는 광대무변해 참말인지 믿기 어려웠다."라고 썼다.

대단히 훌륭한 성품과 뛰어난 매력, 예민한 직관력과 총명함을 지녔으나 마음속 깊숙한 데는 불행한 정서와 …… 어떤 사정으로 인한 고뇌가 허위를 만드는 역할을 하는 경향이 있다. …… 이따금 진심 어린 웃음을 띠는 둥글고 상냥한 얼굴과 음조가 매우 높은 목소리는 자연스럽고 편안해 보였으나, 그 밖의 모든 표현은 억지에 비극적으로 느껴졌다.[41]

쑹메이링은 페어뱅크에게 모든 사람은 그 결말을 알 수 없는 거대한 실험을 감행하는 배우라고 말했다. 하지만 미국에서 그녀를 기다리는 웬델 윌키, 미국인들의 갈채, 그녀 오빠의 주변화, 그녀의 피보호자 스틸웰의 우위를 고려하면 쑹메이링은 자신을 '황후 폐하'로 간주할 만한 충분한 근거가 있었다. 남편 장제스는 쑹씨 가문의 경쟁자들이 자웅을 겨루는 것을 허락했고, 그 자신의 권력에도 상처를 받지 않았다. 이제 장제스는 국제적인 동료를 받아들일 준비가 되어 있었다.

23

일본 침략과 미국의 간섭에서 살아남다

1943년 11월 말, 카이로에서 열린 연합국 정상 회담은 중국을 전후(戰後) 세계에 형성될 4대 강국의 하나로 등극시켰다. 한 달 전에 중국은 미국, 소련, 영국과 함께 전쟁을 수행한다는 4대 강국 연합 선언에 포함되었다. 본회의에 더하여 장제스와 쑹메이링은 피라미드 부근에 위치한 별장에서 루스벨트, 처칠과 사적인 만남을 가졌다. 하지만 일본과 상호 불가침 조약을 맺었던 스탈린은 회의에 참석하지 않고, 다음에 테헤란에서 루스벨트 대통령 및 처칠 수상과 단독 회담을 가지겠다는 입장을 고수했다. 이는 다음 정황을 명확하게 했다. 미국 대통령이 중국을 강대국의 지위로 부상시키자고 주장했을망정, 국민당 정부는 4대 강국 중에서 부차적인 파트너에 불과했다는 것이다.

총사령관의 카이로 회담 참가와 중국의 지위 사이의 대비는 놀랄 만했다. 일본은 여전히 공격적이었다. 국민당군은 미국의 장비를 갖추었어도 예전처럼 허약하기 짝이 없었다. 주로 용병 부대로 이루어진 50만 이상의 군대는 난징과 북방의 친일 부역 매국 정부에 빌붙어 버렸다. 화폐 인쇄 수량이 해마다 갑절로 늘어나, 1943년 인플레이션이 243퍼센트까지 치솟았다. 일본은 중국 남방을 통해 1000억 위안어치의 위조지폐를 대량으로 유입시켜 경제 혼란을 가중했다.

부패와 투기가 나날이 횡행했다. 군사비가 예산의 60퍼센트를 차지했다. 세수는 고작 정부 수입의 6분의 1을 차지했다. 국민당 통치 지역을 통틀어 4분의 1의 인구가 난민이나 노숙자로 추정되었다. 가뭄해가 남방을 급습해 100만 명 이상이 비명횡사했다. 그렇지만 군대는 굶주린 인민들이 주위에서 싸늘하게 죽어 가는데도 식량을 일본인에게 팔아넘겼다.[1]

4대 강국으로서 연합국 회담에 참여하다

카이로 정상 회담은 고사 기관총과 서치라이트가 밀집해 소형 요새로 변신하다시피 경비가 삼엄한 메나 하우스(Mena House) 호텔에서 열렸다. 장제스와 쑹메이링은 쑹쯔원이 합류하지 않은 게 두드러진 20여 명의 대표단과 함께 충칭에서부터 나흘 동안 비행해서 카이로에 첫 번째로 도착했다. 총사령관은 평상시의 생활 리듬을 유지하여 아침 5시에 일어나 명상을 한 뒤 오후 6시까지 집무를 보고, 아내와 함께 별장의 화원을 산보했다. 영국 장성 앨런 브룩 경은 일기장에, 장제스는 "분명히 더 큰 각도로 전쟁을 파악할 수는 없지만 가장 큰 이익을 얻으려고 작정했다. …… 영리하지만 도량이 협소한 남자로 …… 미국인들을 현혹하는 데 아주 성공적이었다. 그는 담비와 족제비의 잡종"을 떠올리게 한다고 썼다.[2]

쑹메이링은 남편을 수행하여 회의에 참석하고, 남들에게 매우 성공적으로 그녀의 존재감을 느끼게 했다. 처칠은 그녀가 "가장 범상치 않고 매력적"이라 여겼다. 처칠은 쑹메이링을 처음 만나서, 그녀가 자신을 악당이자 더 많은 식민지를 약탈하고자 하는 제국주의자로 여기리라 생각했다고 말했다. 그녀는 매끄럽게 대답했다. "당신은 왜 제가 그렇게 생각할 거라고 확신하시나요?" 브룩에게 쑹메이링은 "그 자체로 연구할 만한 가치가 있고, 성별과 정치력이 인격에서 지배적인 지위를 가지고 있는 듯하며, 이 두 가지를 가리지 않고 개별적으로나 통일적으로 목적을 달성하는 데 운용하는 기묘한 인물이었다."[3]

개회식에서 쑹메이링은 노란색 국화꽃 무늬를 자수한 검은색 새틴 치파오에 말끔한 검은색 윗옷을 걸치고, 뒷머리에 커다란 검은 튈 나비 리본을 달고, 얼굴은 검은 면사포로 가리고, 연한 색의 스타킹과 큰 놋쇠 못이 박힌 검정 가죽 구두를 신고 있었다. 어느 순간에 그녀는 자세를 바꾸어 치파오의 트인 옷자락 사이로 브룩 장군이 이른바 "가장 날씬하게 균형 잡힌 다리"라고 부른 것을 보여 주었다. 이 장군은 덧붙였다. "이때 회의 참석자들 사이에서 술렁거림이 일었고, 나는 젊은 참석자들 몇몇이 낸 억눌린 말 울음소리를 들은 것도 같았다." 신생활운동의 금연 조항과는 한참이나 동떨어지게 그녀는 기다란 물부리를 이용해 줄담배를 피웠다. 눈이 나쁜 탓에 미래의 수상 해럴드 맥밀런(Harold Macmillan)이 묘사한 대로 "매우 기이한 종류의 안경"을 쓴 채였다. 쑹메이링은 이번 기회를 놓치지 않고 미국인이 세운 의료 센터를 방문했다. 그녀를 진찰한 처칠의 주치의는 오로지 생활의 긴장을 풀어야만 건강이 나아질 수 있다고 말했다.[4]

장제스가 영어를 할 수 없다는 점은 2개 언어 구사자인 쑹메이링에게 기회를 가져다주었다. 토론 중에 그녀는 여러 차례 끼어들며 통역을 바로잡았다. 이 행동은 누가 중국을 위해 토론하는지 헷갈리게 했다. 통역자가 장제스에게 의견을 전달할 때, 그녀는 말을 끊고 남편에게 다시 통역해 주었다. 그가 대답할 때도 그녀는 말참례하며 총사령관의 생각을 온전하게 전달할 필요가 있다고 말했다. 브룩은 그녀야말로 "둘 중에서 정신적 영수"임을 깨달았다.[5]

쑹메이링이 그녀의 남편, 루스벨트, 처칠과 함께 뜰에서 단체 사진을 찍었으므로, 카이로 회담을 기록한 책들에서는 네 자리 중에 중국이 두 자리를 차지하게 되었다. 장 부인은 그녀가 방금 말한 것 때문에 킬킬거리고 있는 듯한 하얀색 양복을 입은 수상의 왼쪽에 자리 잡고 그를 향해 미소하고 있다. 다른 한쪽 끝에서는 루스벨트가 영어 실력은 부족하지만 웃고 있는 장제스에게 무슨 주장을 역설하는 듯하다. 이 사진은 총사령관과 그 아내의 영명함을 보여 주는 표식으로 중국에 널리 유포되었다.

카이로에서 주요 의제는 중국 입장에서는 이 기회에 루스벨트에게 더 많은 돈과 물자를 요구하는 것이었지만, 일본에 대한 공동 전선을 확인하고 버마 공세 개시를 의논하는 것이었다. 장제스의 생각은 계속해서 변했다. 심지어 회의 참석 여부에 대해서도 그랬다. 마운트배튼은 그의 일기에 다른 사람들은 장제스의 행동으로 "완전히 미쳐 버릴" 지경이었다고 적었다. 중국 장군들은 그들의 부대에 관한 질문에 대답할 수가 없었다. 그들이 미국 비행기들과 원조 물자에 관한 통제권을 가져야 한다는 입장을 견지할 때, 조지 마셜은 말했다. "이제 제가 직설적으로 말하겠습니다. 당신들은 이 문제를 놓고 당신들의 '권리'를 논의하고 있습니다. 저는 '미국의' 비행기들, '미국의' 요원 그리고 '미국의' 물자라고 생각합니다. 당신들이 이러저러하게 할 수 없다고 말하는 게 무슨 뜻인지 이해가 가지 않는군요."[6]

마침내 1944년 봄 영국이 미국의 상륙정을 이용해 해상으로부터 공격을 개시한다는 버마 진공 협정이 맺어졌다. 정상 회담을 마칠 때 발표된 선언문은 일본을 격퇴한 뒤 중국은 만주를 비롯해 16세기에 포르투갈에 의해 포르모사(Formosa)라는 이름으로 서방에 알려진 타이완 섬을 되찾을 것이라고 공표했다. 루스벨트는 장제스에게, 미국이 중국의 90개 사단에게 군사 훈련과 장비를 제공한다는 시기는 못 박지 않은 모호한 승낙을 했다. 장제스는 전후에 일본 제국주의를 해체할 것이라는 루스벨트 대통령과 처칠 수상의 의견에 동의하지 않았다. 그는 아시아인들이 어떻게 조직되어야 하는지 말하는 서양인들에 대한 적대감과, 일단 전쟁이 그에게 불리해지면 부득이하게 도쿄와 모종의 협상을 할 수밖에 없다는 인식이 반영된 보다 온화한 접근 방식을 지지했다.

그런 뒤 루스벨트와 처칠은 테헤란에서 스탈린을 만나기 위해 떠나고, 장제스 내외는 충칭으로 비행기를 타고 되돌아왔다. 스틸웰과 정치 고문 존 페이턴 데이비스는 루스벨트가 소련 독재자와의 회담을 마치고 돌아오면 시의적절한 대책을 지시받고자 뒤에 남았다. 중국에게 좋은 소식은 스탈린이 독일을 패배시킨 뒤 일본에게 선전 포고를 하는 데 동의한 것이었다. 중국에게 나쁜 소식은 테헤란 회담에서 미군이 영국 해협을 넘어 프랑스로 진격하는 계획과 더불어 지중해 상륙을 결정한 일이었다. 이것은 이용 가능한 모든 상륙정을 유럽으로 이동할 수밖에 없다는 것을 뜻했다. 버마 진공 작전은 다시 늦춰질 수 있었다. 지휘부로 돌아오는 중에 데이비스는 스틸웰이 두 손으로 머리를 움켜쥐었다고 회상했다. 스틸웰 장군은 일기에 "나의 짧은 국제 정치 경력은 차라리 내가 쓰레기차를 운전하는 편이 더 낫다는 걸 증명했다."라고 적었다.[7]

워싱턴으로 돌아온 뒤, 루스벨트는 노변정담 방송에서 장제스를 "위대한 비전과 위대한 용기를 가진 …… 정복할 수 없는 사람"이라고 치켜세웠다. 미국과 중국은 두터운 우의와 공동의 목적 속에서 이전의 그 어떤 시기보다 더 친밀해졌다고 덧붙였다. 하지만 전쟁의 초점이 중국으로부터 중국에서의 대일 작전으로, 또 중국을 한쪽으로 밀쳐놓는 일본 열도 점령으로 비약할 때, 이러한 미국의 태평양 전략의 변화는 총사령관에게 중요한 영향을 미쳤다. 미국 부대가 대규모로 중국에 상륙할 것 같지 않자, 미국인들도 이와 상관된 문제를 자문하기 시작했다.[8]

왜 장제스는 20만 대군을 중국 북방에 묶어 두고 전선의 다른 한 측면에 있는 보잘것없는 5만의 홍군을 경계하고 있는가? 왜 국공 통일 전선은 3년 전 신사군 사건 이후 점점 더 시들해져만 가는가? 중국에서 미국인 고문들은 왜 중국공산당과의 만남을 허락받지 못하고 있는가? 저우언라이는 존 페이턴 데이비스에게 '농담 반 진담 반'으로나마 언제든지 홍군을 이끌고 스틸웰이 지휘하는 버마 전선으로 달려갈 채비가 되어 있다고 언급하지 않았던가? 옌안의 홍군 소비에트 근거지로 간 미국 작가들은 대체로 호의적인 한 폭의 풍경화를 그리며, 신뢰할 수 없고 횡령과 수뢰를 일삼는 타락한 국민당 관리들과는 대조적으로 마오쩌둥과 그의 동지들을 헌신적이고 애국 열정이 넘치는 정직한 토지 개혁가로 묘사했다. 이는 앞으로 여섯 해 동안 지속된 쟁론을 불러일으켰다. 만일 중국 내전이 터지면 워싱턴은 어떤 태도를 취해야 하는지, 또한 장제스와 예전처럼 연맹 관계를 유지하는 가운데 마오쩌둥과도 교류할 수 있는지를 둘러싼 문제였다.[9]

카이로 정상 회담 기간에 비밀경찰 우두머리 다이리에 의해 꾸며진 음모가 드러난 뒤, 미국의 의도에 대한 중국의 의심은 더욱 깊어졌다. 수백 명의 젊은 군관들이 연루된 이 사건에서 정부 및 군대의 부패와 무능에 분개한 반란자들은 여전히 장제스를 최고 영도자로 여겼지만 허잉친 장군, 쿵샹시, 천씨 형제와 다이리를 제거하고자 했다. 반란자들은 한 미국인 장군에게 반란에 연루된 군대를 훈련해 달라고 도움을 요청했다. 돌아온 대답은 부정적이었지만, 중앙정보국의 전신인 전략사무국(OSS)은 흥미를 가졌다. 카이로에서 돌아온 장제스는 음모자들을 모조리 체포하라고 명령하고, 그중에서 16명을 처결했다.[10]

만일 장제스가 루스벨트와 스틸웰이 카이로에서 진행한 대화의 내용을 알았더라면 훨씬 더 큰 걱정에 시달렸을 것이다. 루스벨트 대통령은 장제스가 얼마나 더 오래 버틸 수 있느냐고 물었다. 스틸웰 장군은 일본이 또 한 번 공격을 감행하면 그는 꼬꾸라질 거라고 대답했다. 루스벨트는 그러한 경우에는 마땅히 "다른 사람이나 조직으로 계속 전쟁을 수행해 나갈" 방법을 찾아야만 한다고 말했다. 중국으로 돌아온 스틸웰은 그의 부관에게, 대통령이 한 말을 넌지시 일러 주었다. "대통령은 장제스와 그 성질머리에 진저리를 치고 있으며, 그렇다고 시인했다. 사실 그는 위엄 서린 태도로 친히 이렇게 말했다. '만일 당신이 장제스와 평화롭게 공존하지 못하고 그의 자리를 대체할 수도 없다면, 단 한 번에 결정적으로 그를 제거하시오. 당신은 내 뜻이 무엇인지 알 것이오. 당신이 제어할 수 있는 누군가를 찾도록 하시오.'" 루스벨트가 중국 지도자를 암살하는 긴급 대책을 세우라고 명령했다는 또 다른 판본의 이야기도 있었다.

총사령관의 끊임없는 차관 요구는, 특히 미국 통화 1달러를 20위안으로 태환하는 황당한 옛날 환율로 모든 거래를 하자고 고집했기 때문에 문제를 해결하는 데 아무런 도움이 되지 못했다. 암시장 환율은 그보다 몇 배나 높았기에 더욱 한심했다. 충칭 정부는 미국에서 5억 달러에 가까운 기금을 조달했지만, 장제스는 그 두 배에 달하는 차관을 졸라 댔다. 이 요구가 거절당하자 장제스는 일본을 공격하는 미국 B-52 스트래토포트리스 폭격기들이 이착륙하는 거대한 비행장을 청두에 세우기 위해 워싱턴 정부가 1억 달러에 달하는 황금을 원조해야 한다고 우겼다. 만일 그렇게 하지 않으면, 중국은 청두 비행장을 세우는 데 수십만 명의 노동자들을 동원하는 것 외에는 그 어떤 지원도 할 수 없다고 경고했다. 쿵샹시가 일본이 "매우 좋은 제안들"을 내놓았다고 간단히 알린 뒤에야 마침내 타협이 이루어졌다. 하지만 충칭 정부는 '금융 갈취'라는 오명을 얻고, 그 영도자도 '수표를 현금으로 바꾸는 자(Cash My Cheque)'라는 별명을 얻었다.[11]

비록 총사령관에게 큰 분노를 느꼈지만, 루스벨트는 언제나 장제스를 어느 날 중국을 통일할 인물로 간주하며 끝을 맺었다. 루스벨트는 충칭 정부를 도와주기 위해 중국이 전략사무국과 스틸웰로부터 독립한 '미국인 비밀 조직'을 세우는 데 동의하고, 전쟁 전의 브로드웨이 스타의 이름을 따서 '메리 마일스(Mary Miles)'라고 알려진 해군 군관 밀턴 마일스(Milton Miles)가 이끌도록 했다. 중미합작조직(Sino-American Cooperation Organisation, SACO)은 합법적인 명칭 아래 일본에 대항한다는 취지로 훈련과 장비를 제공받았으나, 다이리의 비밀경찰과 공동으로 협력하며 늘 중국 내에 존재하는 장제스의 적들을 관리했다. 이 비밀 작전은 몇 년 뒤의 설전에 빌미를 제공했다. 마일스는 중미합작조직이 중국의 애국주의 이익에 부합한다고 주장한 반면에, 비판자들은 게슈타포에게 무기를 제공한 거나 마찬가지라고 말했다. 중미합작조직에는 전략사무국 요원도 상주하며 충칭 시 교외에 있는 다이리의 총본부에서 활동했다. 전략사무국이 중국인 경찰 두목에게 환멸을 느끼면서 두 미국 조직 사이의 관계는 악화되었다. 전략사무국은 다이리의 요원들이 계획대로 작전을 펴지 못하고, 미국 군관들을 정탐하고, 때로는 그들을 물리적으로 공격하고, 자신들의 목적을 위해 원조 물자를 남용하고, 심지어는 전후 합작의 포석으로 일본인에게 정보를 넘겨주기까지 한다는 이유에서 다이리를 적대적인 인물로 간주했다.[12]

전략사무국과 다이리 사이의 긴장은 미국인과 중국인 간에 날로 심해지는 마찰의 징후였다. 장제스 본인은 동맹국을 매우 싫어했고, 미국의 동기를 불신했다. 그의 감정은 조지프 스틸웰에 대한 염증보다 더 깊었다. 둘의 관계는

1944년 여름, 친선 대사인 해군 장군이 철저하게 악화시켰다. 이 대사는 다이리가 주최한 연회석상에서 곤드레만드레 취해서 쑹메이링을 비판하는 것을 포함해 중국 문제에 관한 쓸데없는 공론을 펼쳤다. 이 모든 것은 당연히 총사령관의 귀에 들어갔다.[13]

근본적으로 쌍방 모두에게 인종 차별주의가 존재했다. 미국인은 항상 중국인을 적과의 전투를 원하지 않고 부패가 심한 '동양인(slopey)'으로 바라보았다. 비록 셔놀트의 기지에서 연료가 끊임없이 줄어든다는 사실은 현지 중국인들만 군수품을 암시장으로 빼돌리는 것이 아님을 명백하게 보여 주었는데도 그랬다.* 미국인들은 충칭의 거리를 달리는 일본제 자동차들이 증명하듯 국민당이 적과 교역을 하고, 국민당군이 의료 원조 물자를 일본인에게 파는 것에 충격을 받았다. 다른 한편으로는 미국인이 술에 취해서 난동을 부리고 색욕을 충족하는 짓이 중국인을 격노하게 했다. 미국 대사는 서방인의 난폭함 및 미국 조종사들의 저속한 태도와 난잡한 행동이 "교양이 양호한 계층"을 깜짝 놀라게 한다고 보고했다. 미국인들과 함께 청두 거리를 걷는 고상한 중국 여인들은 그녀들이 창녀라고 불린다는 것을 알고 있었다. 중국에서 태어나 중국어를 유창하게 구사하는 미국 군관이자 중국 전문가인 올리버 콜드웰은 전쟁 기간 동안 중국인의 인종적 편견을 처음 보았다고 적고, 늘 일이 터지는 데는 그만한 까닭이 있다고 덧붙였다. 전략사무국을 거친 뒤 콜드웰은 이러한 불화가 미국의 영향력이 최소한으로 줄어들기를 원하는 '반미주의자' 다이리와 같은 국민당 인사들이 일으키고 악화시킨 것이라 믿기 시작했다.[14]

---

* 바버라 터크먼(Barbara Tuchman)은 스틸웰에 관한 그녀의 책에서, 1944년 말까지 암시장에서 미국인 직원이 어림잡아 400만 달러를 착복했다고 말했다.

일본의 이치고 작전

카이로 회담 뒤 버마 문제를 두고 퇴짜를 맞았던 장제스는 마치 그의 서양 동맹국들을 모욕이라도 하겠다는 듯 제멋대로 하기로 결정했다. 그는 인도에서 훈련을 받고 있는 중국군을 스틸웰에게 책임지라고 하며 그들에게 공격 개시 명령을 내릴 수 있는 권한을 주었다. 비딱이 조는 시간을 낭비하지 않았다. 1943년 12월 21일, 스틸웰은 그에게 지휘권을 넘긴다고 장제스가 주홍색 도장을 찍은 명령서를 품고 5만의 군대를 이끌고서 버마 북부로 진입했다.

1942년의 실패를 역전하는 것 외에도 스틸웰은 훈련이 잘되어 있고, 장비가 뛰어나고, 지휘 체계가 있는 중국군이 다른 부대와 마찬가지로 작전을 잘 수행할 수 있다는 것을 보여 줄 의향이었다. 미국은 이제 제공권을 장악해서, 군대가 진격하는 경로에 따라 언제든지 식품과 탄약을 공중으로 보급할 수 있었다. 지휘관 프랭크 메릴(Frank Merrill)의 이름에서 따와 '메릴의 약탈자'로 유명한 미국 돌격대는 측면에서 일본군을 습격하여 교란했다.[15]

이 행군의 목적은 버마에서 중국으로 통하는 북동부 노선을 열기 위한 전략적 요충지 두 곳을 점령하고자 320킬로미터의 정글, 늪 그리고 1830미터의 산맥을 넘는 것이었다. 그런 뒤 윈난 성에 주둔한 Y군이 전선을 형성하기 위해 서쪽으로부터 진격할 계획이었다. 스틸웰은 지독하게 험난한 지형을 넘는 행군을 지휘하며 대나무 집과 텐트와 방공호에서 잠을 자고, 철모에 물을 담아 씻고, 야전 식기로 C호 야전 식량을 먹고, 병사들에게 담배를 나누어 주었다. 정글에서 스틸웰은 그의 예순한 살 생일을 축하하여 '엉클 조(Uncle Joe)'라고 새겨진 케이크를 선물 받았다.

1944년 3월 7일, 첫 번째 목표물이자 전략적으로 매우 중요한 계곡에 자리한 작은 마을 마잉콴(Maingkwan)을 점령했다. 노동자 무리와 기술자들이 인도와 중국 사이의 파이프라인과 도로를 건설하기 위해 이 마을로 들어왔다. 하지만 장제스는 '상승(常勝)' 장군이라고 불리는 웨이리황(衛立煌)이 지휘하는 Y군이 위험을 무릅쓰는 것을 원하지 않았다. 웨이리황은 12년 전 장시 성에서 반공 작전을 지휘하며 수적 열세를 극복하고 매우 드문 승리를 얻은 바 있는 북벌 전쟁의 고참병이었다. 총사령관은 Y군이 버마로 진입하는 것보다 중국에 주둔하여, 자치 야심을 품고 있는 윈난 성장 룽윈를 견제하기를 바랐다. 루스벨트는 전보를 보내 Y군이 "뜻밖에도" 아무 행동을 하지 않는다고 다그쳤다. 스틸웰의 부관은 전보를 쑹메이링에게 건네주었지만, 그녀는 그것을 남편에게 전달하지 않았다. 장제스의 반응이 나쁠 수도 있기 때문이라는 것이었다. 비딱이 조는 충칭으로 날아가 웨이리황의 Y군이 참전하도록 압박을 가하고, 그의 부관 헌(Hearn) 장군은 허잉친 장군에게 만일 Y군이 움직이지 않으면 보급 물자를 끊어 버리겠다고 경고했다. 허잉친은 물론 이러한 결정은 완전히 중국 내부의 일이라고 주장했지만, Y군에게 총공격을 감행하라는 장제스의 명령이 드디어 하달되었다.[16]

웨이리황 장군의 부대는 1942년부터 이 지역을 점령하고 있던 일본군을 몰아내고자 스틸웰이 가장 신뢰하는 군관 중 한 명이자 고급 고문인 프랭크 돈(Frank Dorn)과 함께 윈난 성 서부의 험준한 농촌을 넘어갔다. 목표는 버마 국경 지대에 자리한, 록펠러 재단이 세계에서 말라리아 발병률이 가장 높은 세 곳 중 하나라고 묘사한 1500미터 깊이의 살윈 강 협곡이었다. 돈은 군관들이 절실하게 싸움을 청했다고 보고했다. 하지만 Y군은 정면 전투에서 악전고투에 빠지고 말았다. 적들의 필사적인 저항에 부딪혀 한 달 동안 30킬로미터밖에 전진하지 못했다. 고립된 일본 부대가 전사한 전우를 먹는 일까지 있었다. 정치 군관 존 페이턴 데이비스는 훗날 이렇게 썼다. "지휘력은 엉망진창이었고, 인력도 분산되었다. 탄약을 낭비하고 무기들을 잘못 쓰거나 무시했다." 스틸웰의 훈련 프로그램의 한계가 무자비하게 노출된 것이다.[17]

한편 버마에서 X군은 다음 목표인 만달레이 북부의 협궤 철도선에 자리한 작은 도시 미치나(Myitkyina)를 향해 진군했다. 비딱이 조는 세월의 무상함을 느꼈다. 산을 넘고 나서 그가 자신에 대해 썼다. "꼴이 말이 아니었다. 숨은 가쁘고 다리는 움직이지 않았다. 그 자리에서 금연을 맹세했다. 나는 흔들흔들 걸으면서 노인네 같다는 느낌이 들었다." 그는 전쟁이 끝난 뒤 캘리포니아 고

향 집에서 아침으로 "맛난 요리"를 즐기는 꿈을 꿨다.[18]

프랭크 메릴은 심장병이 도졌고, 그의 돌격대도 질병과 사망으로 지독한 역경에 처했다. 하지만 스틸웰은 목표 지점을 향해 라디오 소리가 나지 않도록 주의하며 밀림을 넘으라고 명령했다. 1944년 5월 7일 비행장을 탈취하면서 미치나 공격을 시작했다. 그때 대재앙이 터지고 말았다. 두 개의 중국 부대가 서로를 적으로 오인하고 총격전을 벌여 엄청난 사상자가 발생한 것이다. 메릴의 부대원들은 이 모든 일을 겪은 뒤 반란 정서가 팽배해졌다. 또한 가차 없는 스틸웰에 대한 증오의 감정이 날로 깊어졌다. 일본군은 영국으로부터 싱가포르를 차지했던 장군의 지휘 아래 신속하게 방어 전선을 재구축했다. 스틸웰이 썼다. "비, 비, 비, 진흙탕, 진흙탕, 진흙탕, 발진 티푸스, 말라리아, 설사, 피로, 썩어 가는 발, 몸의 통증. 극도로 참혹하게 질질 끌려다니는 지리한 싸움." 비록 그는 수적 우세와 제공권을 쥐고 있었지만 전투는 두 달 동안이나 계속되었다.

마침내 미치나를 함락할 때 스틸웰은 자리를 비운 마운트배튼을 대신하기 위해 실론 섬의 동맹국 총사령부에 소환되어 있었다. 그는 4성 장군으로 진급했다. 그를 포함해 네 명의 미국 군관들만이 보유한 계급이었다. 장제스에 대한 스틸웰의 관점은 예전처럼 가혹했다. 그가 부인에게 썼다. "나는 땅콩이 바보스럽고 고집스러운 탓에 앞으로 혹독한 대가를 치를 거라 믿소. 이 멍청이는 공짜로 자신을 구제할 기회가 있었으나 잡지 못했소. 지금은 이미 때가 늦었건만, 날카로운 소리만 지를 뿐이오." 그러나 미치나 점령과 Y군의 진격이 매우 느렸음에도 장제스는 작전 계획대로 X군과 Y군을 합류시킬 수 있었고 윈난성으로 가는 보급 루트를 다시 열었다.

그런데 이때 총사령관이 비명을 지르며 노발대발하기에 충분한 일이 터졌다. 1944년 봄, 일본 대본영은 중일 전쟁 가운데 단독 공격으로는 규모가 가장 큰 '이치고(一號) 작전'을 발동했다. 이 작전은 본래 중국 동부의 기지로부터 날아와 일본을 공습하는 미국 폭격기를 쓸어 버리려는 바람에서 비롯되었다. 스틸웰이 예상한 대로 공중에서의 성공이 부른 지상에서의 보복이었다. 비록 장제스는 미국의 주의가 유럽에 집중되는 틈에 도쿄가 "중국 전쟁을 해결"할 것이라 경고한 적이 있었지만, 그와 워싱턴은 모두 놀라서 어리둥절할 뿐이었다. 북에서 남으로 달리는 중국의 모든 간선 철도를 점령하며 중국 남부로 깊숙이 침투해 들어가는 이치고 작전의 두 번째 목표는 만주 북부로부터 인도차이나 국경에 이르는 일본 통치 벨트를 세우고, 또한 광저우의 일본 제국 군대와 서로 의지하는 것이었다. 이치고 작전이 시작되기 전에 일본은 그들의 적은 중국인이 아니라 "하얀 얼굴의 악마들"이라는 전단지로 선전 공세를 펼치기 시작했다. 일본 군인들로 하여금 현지 주민들을 학대하지 않도록 하고, 또한 일본군의 선량한 마음씨를 찬양하는 행진곡을 가르쳤다.[19]

바야흐로 연합군이 노르망디에서 디데이(D-Day, 연합군이 프랑스 노르망디 해안에 상륙한 1944년 6월 6일) 상륙 작전을 계획할 때였다. 일본은 이치고 작전에 7만에서 10만 마리의 말, 탱크 800대, 1만 2000에서 1만 5000대의 차량과 함께 50만 병사를 동원했다. 황허를 물밀듯이 건너는 것으로 시작해 허난 성으로 돌입해서 탕언보 군대를 섬멸했다. 이때 그들의 사령관은 부재중이었고, 농구를 하고 있던 총사령부의 참모들은 일본군이 쳐들어오자 소스라치게 놀라고 당황하여 갈팡질팡했다. 세 주 동안 30만 명의 중국 군인들이 궤멸했다. 이때 중일 간의 전사자 비율은 40 대 1이었다. 비행장 세 곳과 주요 철로선이 곧바로 점령당했다. 중국 군대는 약탈품을 서로 차지하려고 아군끼리 아귀다툼을 벌였다. 농민들은 보잘것없는 무기로 도망병들을 공격하며 지난날 일본군이 저지른 노략질에 복수하고, 간혹 그들을 생매장해 버렸다. 장제스는 적군의 전진을 저지하기 위해 홍군의 팔로군을 봉쇄하고 있는 국민당 부대를 이동시켜야 한다는 주장을 거부했다. 충칭 정부는 또다시 허난 성의 대참패를 "방어적인 진공"이라는 전형적인 수식어로 묘사했다.[20]

이치고 작전의 다음 단계는 우한에서 남진하여 후난 성으로 진입한 뒤, 장제스의 혁명군이 18년 전에 우페이푸 군대와 대전을 벌인 미뤄(汨羅) 강을 건너는 것이었다. 총사령관은 쉐웨의 지휘 아래에 있는 이 성의 군대에게 결사 항전을 호소했다. 시어도어 화이트와 그의 동료 애너리 저코비(Annalee Jacoby)는 전쟁터를 "사람이 살 수 없는, 온 나라에서 가장 파괴적인 지대"라고 묘사했다. 셔놀트의 비행기들은 쉬지 않고 공습 임무를 수행했다. 1938년 이래 중국군은 일본 군대가 이 성의 수도 창사로 진군하는 것을 세 차례나 좌절시켰지만, 총사령관은 남방 자치주의 동맹자 쉐웨를 의심해 무기 공급을 거절했다. 이전의 승리 뒤에 남은 불요불굴의 정신은 사라져 버렸다. 일본군은 190킬로미터를 전진하여 과거에 그들을 패배시켰던 우회 공격으로부터 주력 부대를 지켜 냈다.

스틸웰과 셔놀트 간에 벌어진 격렬한 말다툼은 반격을 혼란에 빠트렸다. 셔놀트는 보급품을 좀 더 많이 주기만 한다면 그의 비행기들이 적군의 진격을 저지할 수 있다고 주장했다. 하지만 스틸웰은 공중전을 통해 승리할 수 있다는 셔놀트의 이론이 틀렸다는 것을 증명하는 이치고 작전을 저지하는 데 아무런 관심을 보이지 않았다. 스틸웰의 눈은 중국이 아니라 버마에 고정되어 있었다. 셔놀트가 비딱이 조는 그 자신의 암울한 예언이 현실화되어 분명히 기뻐한다고 믿기 시작하면서 두 미국인의 관계는 훨씬 더 악화되었다. 셔놀트는 훗날 스틸웰의 부관들이 자신에게 전하길, 스틸웰 장군은 장제스가 국민당군의 지휘권을 넘기게 압박하려는 속셈으로 중국 남방의 전세를 일부러 악화시켰다는 말을 했다고 썼다.

일본군이 국군에게 식량과 신병을 제공했던 지역을 넘어 남쪽으로 계속 진격하는 동안, 셔놀트는 일본군을 그들의 주요 기지로부터 단절시키기 위해 동원할 수 있는 모든 비행기들을 투입하여 우한을 대규모로 공격하자고 제안했다. 셔놀트의 기재에 따르면, 스틸웰은 이 계획을 그의 호주머니에 구겨 넣고 버마로 날아간 뒤 아무런 소식이 없었다고 한다. 이러한 '포켓 비토(pocket veto, 의견 묵살)'는 자기가 싫어하는 제안들을 망치는 데 스틸웰이 즐겨 쓰는 수단 중 하나였다.

하지만 중국에 관한 스틸웰 장군의 모든 전략은 도리어 그의 워싱턴 지지자에 의해 파기되었다. 스틸웰이 워싱턴에 전보를 쳐서 최후의 승리를 얻기 위해서는 일본 제국 군대가 중국에서 거대한 전쟁에 빠져들게 해야 한다는 신념을 거듭 밝힐 때, 조지 마셜은 만일 가능하다면 정면 충돌은 피하면서 일본을 격퇴해야 한다고 대답했다. 6월에 신형 B-29 슈퍼포트리스 폭격기들이 거대한 청두 비행장으로부터 출격해 일본에 대한 첫 번째 공습을 시작했다. 이 폭격기들은 서놀트의 지휘부에 속하지 않았으나, 전략적 저울은 늘 그를 지지하는 방향으로 명백하게 기울어 있었고, 중국 보병이 전역을 주도해야 한다는 스틸웰의 꿈과는 전혀 다르게 돌아갔다. 워싱턴이 공중 역량에 대한 신뢰를 분명히 표명하고 태평양 횡단 작전에 주의를 집중함에 따라, 중국은 미국이 관심이 갖는 범위에서 전쟁의 한 측면으로 밀려났다.

이 점은 루스벨트가 전쟁 기간 동안 가장 저명한 미국인을 파견해 중국을 방문하게 할 때 명백하지는 않았다. 부대통령 헨리 월리스는 먼저 소련에 들렀다가 다시 비행기를 타고 충칭에 가서 나흘간 머무르기로 했다. 소련에서 매우 깊은 인상을 받은 그는 장제스와 중국공산당의 합작을 독촉했다. 총사령관은 회담 중에서 중국공산당은 미국인이 상상하듯 "토지 균분 민주주의자"가 아니라고 주장하며, 공산당에게 "초연한" 태도를 보이기를 요구했다. 장제스는 미국이 공산당에게 민족주의자들과 타협하라고 압력을 가하지 않고 왜 자신에게 끊임없이 공산당과 타협하라고 압박을 넣는지가 몹시도 의문이었다. 하지만 그는 미국의 군사 참관인들이 충칭 정부의 보호 아래 옌안으로 들어가는 조건하에 마오쩌둥의 총사령부를 방문하는 안에 동의했다.

마치 미국 남부 연맹의 땅에 있는 북부의 연방 대표단같이 반란군 영토에서 활동하기 때문에 딕시(Dixie, 미국 남부 주들의 별명)라는 이름으로 불린 사절단은 8명의 군사위원들에 스틸웰의 정치 참모 존 서비스로 구성되었다. 서비스는 옌안에 도착하자마자 열정적으로 마오쩌둥은 소비에트 국가를 세울 의도가 전혀 없고 진정한 민주주의를 지지하며, 충칭 중앙 정부의 개혁을 진행할 국민당 내의 민주 인사들 및 다른 정당들과의 연맹을 원한다고 보고했다. 함께 동행한 일군의 기자들도 똑같은 인상을 받았다. 이러한 보고서들은 쉰 살의 공산당 지도자 마오쩌둥이 그와 그의 주의를 유일하고도 지배적인 위치에 놓기 위해 시작한 4년 동안의 정풍 운동에 대한 언급은 모두 빠뜨리고 있었다. 정풍 운동은 잠재적 맞수이자 주도적인 인물들에게 오류를 자인하게 하고, 그들 중 많은 이들은 국민당 측에 속한 친척이 있는 것보다 더한 잘못이 없었지만 '적의 스파이'로 간주되어 대숙청을 당하는 것으로 완성되었다.

1944년 6월 24일 월리스를 배웅하며 장제스는 공산당은 믿을 수 없다는 논평을 되풀이했지만, 만일 그들이 자신과 함께할 수 있다면 하나의 민주 정부를 세우고 싶다고 말했다. 한번은 인력거를 끌겠다고 고집하여 장제스를 대경실색하게 했던 좌파 성향의 부대통령은 그를 믿지 않았다. 월리스는 루스벨트에게 보고할 때 총사령관을 "단기 투자"라고 지칭했다. 그는 덧붙였다. "장제스가 전쟁 후의 중국을 지혜롭게, 혹은 정치적 역량으로 거뜬히 통치할 수 있으리라고는 믿기 어렵습니다."

군사적인 견지에서 중국의 작전 실행 과정은 그들 고유의 약점을 모조리 드러냈다. 이치고 작전이 창사에서 발동될 때, 쉐웨가 지휘하는 군대는 주위의 작은 산들에 진을 친 포병 요새에서 적들을 타격하고자 후난의 성도에서 후퇴하여 일본군을 측면에서 공격했다. 하지만 중국군의 화포는 낡고 소수였다. 부대의 지휘관들은 말다툼을 멈추지 않았다. 친일 부역자들은 중국인들의 위치를 몰래 조사하기 위해 산속으로 쉽게 섞여 들여가 파괴 행위를 일삼았다. 의심이 많은 광둥 장군 쉐웨가 장제스를 대체할 반대자 연맹을 형성하고자 운동하는 협조자일지 모른다는 의심에서, 장제스는 중앙군을 직접 통제하며 전화의 불길을 피하도록 하고 쉐웨의 부대만이 전투의 충격을 고스란히 받도록 유도했다. 충칭과의 전보 교환과 논쟁은 1개 군단이 포위되어 궤멸을 당하게 했다. 장제스는 몇몇 지휘관들을 즉결로 처분하라고 명령했다. 그러고는 쉐웨에게 서쪽으로 이동해 쓰촨 성 안쪽으로 철수하라고 말했다. 독립성을 유지하기를 더 원한 쉐웨는 남부로 향하며, 대신 그의 정예 부대인 제10군을 파견해 적군의 진격을 막는 데 관건이 되는 지리적 요충지인 헝양(衡陽)을 방어하도록 했다.

6월 말, 일본군은 헝양 비행장을 점령하고 이 도시를 포위했다. 만일 다른 곳이었다면 국민당군은 이미 부리나케 달아나 버렸을 터였지만, 셔놀트가 "중일 전쟁에서 참으로 위대한 서사시와 같은 전역 중 하나"라고 일컬은 전투가 머잖아 펼쳐질 참이었다. 이 공군 사령관이 참지 못하고 논평을 발표하고 있을 때 스틸웰은 머나먼 버마에서 전투를 지휘하고 있었고, 중국 남부의 운명은 매우 위급해졌다.

타이얼좡 전투 참전 용사의 진두지휘 아래, 제10군의 1만 병사들은 헝양의 회색 벽돌집들 사이에 토치카를 구축하고 방어벽을 쳤다. 일본의 전초 부대는 공습과 기관총 소사를 당해 쇠약해졌고, 미국의 제14항공연대로부터 병참 부대가 저지되자 일본군은 피로가 극도에 달했으며 탄약과 식품마저 고갈되었다. 셔놀트는 적군은 210대의 비행기를 잃었는데 그중 90대는 1차 공습 때 지상으로 추락해 폭발했다고 예측했다. 공교롭게도 이때 도쿄 내각이 실각하여 일본 제국 군대는 태평양의 전략적 요충지인 사이판 섬으로 쫓겨났다. 분명히 1944년 여름을 잠재적인 전환점으로 삼는 데 관심을 가졌던 셔놀트에 따르면, 전후에 일본군 지휘관들을 심문한 내용을 통해 일본이 태평양을 가로질러 공격하는 미국에 저항하도록 군대를 이동시키기 위해 중국의 일부 지방들을 포기하는 안에 무게를 두었음을 짐작할 수 있다. 그러나 이것이 얼마나 진실이든 간에 실제로 헝양 전투는 전쟁이 가장 격렬할 때 불거진 불화와 우유부단함을 성토하는 장소가 되어 버렸다. 이것은 중국인뿐 아니라 미국인 사이에서도 마찬가지였다.

7월 중순 일본군이 조금씩 철군하자 국민당군 지역은 환호작약했다. 장제스는 여전히 쉐웨 부대에게 보급품을 보내 주는 것을 거절했지만, 마침내 적군을 측면 공격하는 준비에 협력하기 위해 증원 부대를 파견했다. 이때 헝양 지대에서 중국군은 수적인 측면에서 일본군의 네 배에 달했다. 비록 그들 중 많은 병사들이 말라리아로 고통스러워하고 매일 두 그릇의 쌀밥밖에 못 먹었지만, 그들의 정신은 "완전히 사기충천"했다고 한 미국 정보원이 보고했다. 그러나 흔히 그랬듯이 그들의 장비는 조악했고 기껏해야 노리쇠로 작동시키는 보총과 몇 대의 기관총 혹은 중형 무기밖에 없었다. 쉐웨가 필요한 것은 무기이지 병자들이 아니었다. 그는 "내가 갖고 있는 무기들로는 적과의 전투가 쉽지 않다."라고 평가했다.[21]

한 부대를 따라 전선으로 온 시어도어 화이트는 이 부대원들의 3분의 1만이 보총을 소지하고 있다고 보도했다. 차량도 없었고 오로지 프랑스가 제1차 세계 대전 때 썼던 대포 2문이 전부였다. 비쩍 야윈 사병들은 닳아빠진 황갈색 제복을 입었고, 발에는 짚신을 걸치고, 머리를 덮은 나뭇잎으로 햇빛을 가리고 위장했다. 어느 날 새벽 그들은 참호 속에 엄폐하고 있던 일본군을 강습했지만 아무 소득도 얻지 못했다. 화이트는 썼다. "중국 병사들은 육체의 힘으로 할 수 있는 일이라면 죄다 하고 있었다. 그들이 구릉으로 걸어 올라가자 해가 떨어졌다. 하지만 그들은 지원을 받지 못했고 총도 없고 지령도 없었다. 그들의 운명은 이미 정해져 있었다."[22]

비록 총사령관은 예전처럼 끊임없이 충칭에서 지령을 내렸지만, 적들이 탱크로 증원 부대를 보내고 교외 지역을 불태울 때 단 한 차례도 중요한 반격을 조직한 적이 없었다. 공군의 연료는 날로 부족해졌다. 한때 중국 공군 비행기들은 사흘씩이나 지상에 머물렀고, 악천후만이 일본군의 공습을 막아 주었다. 식량과 장비가 절망적으로 부족한 중국 수비군은 긴급 무선 전보를 보내 도움을 요청했다. 하지만 셔놀트와 충칭에 있는 자신의 부관으로부터 독촉을 받을 때 스틸웰은 보급품을 공중 투하하는 것이 "만족시킬 수 없는 요구에 응답하는 선례를 만드는 것"이라고 회답했다. 그는 모든 것이 장제스의 문제라고 덧붙였다. 쉐웨로부터 1000톤의 보급품을 보내 달라는 요구를 받았을 때 스틸웰은 이렇게 회답했다고 한다. "안달복달하라 그래." 셔놀트의 미국인 부관들이 주도해서 화염이 휩싸인 도시의 90미터 위까지 급강하한 비행기로 약간의 쌀, 의료 용품, 탄약을 떨어뜨려 주었다. 하지만 제10군이 요구한 것에 결코 미치지 못했다. 셔놀트가 이 도시에 가해지는 압박을 풀기 위한 공격을 감행하도록 다른 중국 부대를 통해 500톤의 무기를 낙하산으로 공급하자고 최후의 요구를 했으나, 스틸웰의 사령부는 "노력 낭비"라며 거절했다.[23]

8월 7일 제10군의 지휘관은 일본군이 성내로 진입했다는 무선 전보를 타전했다. 전문 내용은 이러했다. "우리는 지금 도시 한복판에서 시가전을 벌이고 있습니다. 우리 병사들은 거의 녹초가 되었습니다. 이것이 저의 마지막 전갈입니다." 다음 날 헝양은 7주를 버틴 끝에 함락되었다. 성 동쪽으로부터 단지 3킬로미터 밖에 떨어지지 않은 군대와 합류하기 위해 300명의 수비군은 겹겹이 쌓인 포위망을 죽기 살기로 뚫었다. 이때 이치고 작전은 후난 성에 참전한 중앙군 정예 사단의 절반을 붕괴시켰다. 스틸웰은 중국이 아무래도 머지않아 무너질 게 분명하지만, 헝양 전투가 실책의 중요한 계기라고 보기는 어렵다는 결론을 내렸다.[24]

쉐웨는 우수한 국군 장령들 중 하나였다. 제10군은 대단히 굳건한 의지로 전투를 벌였고, 일본군은 포위와 측면 공격에 노출되었다. 만일 스틸웰이 관건이 될 전투를 치르고 싶었다면, 헝양 성내의 군대가 무장력을 갖추도록 그가 통제하는 보급품과 셔놀트 비행기들의 제공권을 결합하고, 측면과 배후에서 일본군을 공격할 준비를 할 수 있었다. 그런 뒤 제14항공연합대도 우한까지 줄곧 이어지는 적군의 대열을 공격할 수 있었다. 이렇게 하는 대신에 스틸웰은 버마 전역에 집중하는 것을 선택하고, 그토록 불후의 탄복을 보냈던 중국 군인들을 도와주는 데 아무 역할도 하지 않았다. 아마 어떤 상황이었든 간에 헝양은 결국 잃어버릴 수밖에 없었을지 모른다. 일본군은 감당하기 어려울 정도로 압도적인 군사력을 과시했을 수도 있다. 하지만 다음과 같은 시나리오도 가능했다. 오래 끈 저항이 일본군을 지체시키고, 중국의 다른 지방으로부터 지원군을 끌어와 일본군을 곳곳에서 쇠약하게 하며, 먼 남방의 공군 기지가 방어 준비를 하는 데 훨씬 더 많은 시간을 벌어다 주고, 일본이 미국의 열도 본토 공격을 예상하며 중국 전장에 묶여 있는 병사들을 긴급히 필요로 할 때 이치고 작전에 대한 모든 의문 부호가 그려질 수도 있었던 것이다.

한 달 간의 휴식 후, 적군은 다시 남방으로 진격하기 시작했다. 장제스는 지시 없이 독자적으로 후퇴하는 지휘관을 총살하라고 명령했지만 소용이 없었다. 지난해에 저하된 사기는 그의 군대를 근본적으로 썩어문드러지게 했다. 국민당 군대는 이미 심대한 타격을 입었고, 구이린에 거대한 미국 공군 기지와 군사 훈련장이 있는 광시 성으로 일본군이 진입할 때 장제스는 단지 6~7만 명의 병력만을 전장에 투입할 수 있었다. 기차에 매달리거나 걸어서 달아나는 익숙한 피난민 무리와 더불어 공포와 혼란이 만연했다. 기차역은 매표소 창문을 닫았고, 뒤쪽에서 터무니없는 값을 지불할 수 있는 사람들을 위한 암표 시장이 열렸다. 구이린에서 기관차가 철도 위의 사람들을 쟁기질하듯 밀어제칠 때 수백 명이 사망했다. 화차에는 돈을 지불할 수 있는 피난객들을 더 많이 실어 나르기 위해 강철 시렁이 덧대어 올려졌다. 군인들은 매우 높은 가격을 받고 사람들을 기차에 태운 뒤 몇 킬로미터 운행하다 멈추었다. 그리고는 여행객들을 총부리로 위협해 강제로 내리게 하고, 서둘러 기차를 돌려 또 같은 수작을 벌였다.[25]

워싱턴에 대해 중국 통치권을 지키다

일본 제국 군대의 진격과 충칭의 정치적, 군사적 암투는 뚜렷한 대비를 이루며 장제스와 조지프 스틸웰 간의 끊임없는 충돌을 수면 위로 부상시켰다. 한편으로 두 사람은 일본이 극북에서 극남까지 세운 일본군 벨트에 의해 위험하게 갈라진 중국의 상황에 직면했으나, 이를 저지할 아무런 능력도 없었다. 또 한편으로 그들은 쓰라리면서도 독특한 권력 투쟁에 빠져들었다. 경쟁의 핵심은 간단했다. 장제스가 국민당의 중국을 계속 통치할 것이냐 말 것이냐의 문제였다. 또는 이 나라가 스틸웰, 마셜 그리고 워싱턴의 국방부가 설정한 길을 따라갈 것이냐 말 것이냐의 문제였다.

지난해 스틸웰을 둘러싸고 소용돌이치던 음모에서 관건적인 한 인물은 사라진 상태였다. 총사령관과 그의 아내 사이의 긴장도 위험 수위에 다다랐다. 그녀의 미국 여행 및 그 후 카이로에서의 행동거지는 장제스가 생각하는 아내로서의 적절한 위치에서 한참 어긋났다. 비록 그녀가 혁혁한 사회적 지위와 영어권 나라의 저명인사들을 흡인하는 능력을 가졌을지라도, 통치자는 장제스였지 쑹메이링이 아니었다. 장제스의 미국인 고문 오언 래티모어는 이른바 "장제스와 장 부인 사이에 완전히 신뢰가 부재"한다는 증거를 목도했고, 또한

그녀가 잠든 후에도 그가 중요한 문제들을 논의한다는 점에 주목했다.[26]

이 결혼은 웬델 윌키와의 관계를 위한 그녀의 야심과 장제스의 끊임없는 섹스 스캔들로 나날이 격화되는 긴장에 휩싸였다. 한 군관은 래티모어에게 자신의 임무는 장제스에게 젊은 여자를 끊이지 않게 제공하는 거라고 토로했다. 1944년 여름 외국인, 특히 기자들을 위한 특별한 다과회가 장제스의 거처에서 열렸다. 장제스가 손님들에게 말했다. "요즈음 저의 사생활에 관한 루머가 떠돌고 있습니다. 그중 하나가 제가 작년에 한 여자와 부적절하고 은밀한 관계를 맺었다는 것이지요. 다른 하나는 제가 어느 간호사와 미심쩍은 관계를 가졌으며 그 사이에서 아이를 한 명 낳았다는 것입니다." 그는 이 모든 것을 부인하고, 또한 도덕적 본보기의 중요성을 고려하면 이러한 뒷소문들은 혁명의 앞길에 해를 끼칠 거라고 강조했다. 쑹메이링이 의자에서 일어나 덧붙여 말했다. "저는 잠시라도 억지로 참거나 스스로를 기만한 적이 없고, 그의 솔직함에 한 점 의심도 품고 있지 않다고 말하고 싶습니다."

장제스의 진술 내용은 일반적으로 정부의 신문 기관에서 얻을 수 있었다. 그가 공개적으로 밝힐 필요를 느꼈다는 사실은 루머의 불같은 확산에 기름을 붓는 격이었다. 한편 질병 역시 쑹메이링에게 큰 문제였다. 그녀는 다리의 피부병 증상을 미국인 방문객에게 보여 주기 위해 스타킹을 벗은 적도 있었다.[27]

쑹메이링이 또 한 번 서반구 여행을 할 때가 무르익었다. 그녀는 미국에서 다시 성공을 이루길 바랐으나, 우선은 큰언니와 함께 브라질로 갔다. 그녀는 그곳에서 한동안 푹 쉬었다. 작가 스털링 시그레이브(Sterling Seagrave)는 '쑹씨 왕조'에 관한 책에서, 미국 국가안전국이 얻은 문건에 따르면 쑹아이링은 중국보다 더 안전한 곳에 가족의 재산 일부분을 투자하는 것에 관해 브라질 통치자와 상담했다고 한다. 그런 뒤 쑹메이링은 뉴욕으로 가서 하크니스 파빌리온에 머물며 신경성 피로증을 한 달 동안 치료했다. 이어 그녀는 교외 밖 리버데일(Riverdale)에 자리한 쿵가 집으로 옮겨 갔다.

쑹메이링이 미국에서 받은 환대는 한 해 전과는 현격히 달랐다. 웬델 윌키가 루스벨트와 각축을 벌일 대통령 후보로 지명되지 못하고 1944년 10월 갑자기 죽은 뒤, 이 공화당원과의 지정학적 동맹 관계에 대한 희망도 물거품이 되었다. 비록 충칭 정부는 여전히 미국에 열렬한 지지자들을 갖고 있었지만, 그녀가 첫 여행 때 채색했던 밝은 미래가 좌절을 맞자 그녀의 호소력도 무디어졌다. 또한 이번 여행은 장제스와 스틸웰이 주도권을 놓고 권력 투쟁을 벌이는 동안 그녀는 충칭으로부터 멀리 떨어져 있다는 것을 의미했다.

이치고 작전이 힘차게 추진될 때, 루스벨트는 총사령관에게 스틸웰과 협조하고 그에게 대일 작전에 대한 전적인 책임과 권한을 주라고 독촉했다. "저는 중국의 상황이 매우 실망스러우며, 만일 근본적이고도 적절한 구제 조치가 곧장 취해지지 않으면 우리들의 공동 사업은 엄중한 후퇴에 직면할 것이라고 느꼈습니다. …… 아시아의 미래와 미국이 이 지역에 투입한 어마어마한 노력이 온통 위기에 처할 것입니다."[28]

이 메시지를 강조하기 위해 루스벨트는 두 명의 특사를 중국에 보냈다. 공화당의 전 육군 장관 패트릭 헐리(Patrick Hurley)와 기업가 도널드 넬슨(Donald Nelson)이었다. 넬슨은 중국의 경제 전망을 관찰하는 게 임무였지만 헐리의 사명은 장제스가 스틸웰의 권한 확대를 인정하게 하고, 또한 무기대여법에 따른 군수 물자를 옌안으로 운송하여 공산당 군대를 미국인의 지휘 아래 두는 것이었다. 스틸웰은 공산당 군대는 장제스가 아니라 스틸웰을 위해 싸우고 싶다고 말하는 두 명의 공산당 특사의 방문을 받았다. 그는 옌안을 방문하고 싶다고 대답했다. 마셜의 종용을 받은 루스벨트는 한 전보에서 장제스에게 "누구의 것이든 간에 일본인을 죽이길 원하는 도움을 거절하는 것은 부당"하게 여겨진다고 말했다. 스틸웰이 이치고 작전에 대항하기 위해 북방으로부터 군대를 이동시켜야 한다고 썼을 때, 그는 마치 그곳에서 홍군을 봉쇄하고 있는 국군뿐 아니라 공산당원들도 이용하고 싶은 듯했다.

장제스는 앞선 봄에 나흘간 이어진 공산당과의 위임 회담에서 그 자신이 사려 분별을 할 수 있음을 보여 주었다. 하지만 이 회담은 쌍방 간의 격차 역시 똑똑히 드러냈다. 국민당 대표단은 소비에트 근거지와 홍군을 반드시 장제스의 통제권 아래 두어야 한다는 주장을 번복하는 것 외에는 그 무엇도 제기하지 않았다. 공산당원들은 합법적인 정당으로 인정해 달라는 요구와 "민주적 정부 운용 방식"을 도입하자는 입장을 고수했다. 국민당은 그 두 가지는 반드시 전쟁이 끝날 때까지 기다려야만 한다고 말했다. 공산당은 16개 사단을 편성할 권한을 원했다. 하지만 국민당 쪽에서는 그들에게 10개 사단만을 보유하라고 제안했다. 총사령관은 아무 양보도 하지 않았다. 홍군의 주요 근거지 봉쇄가 매우 유효하다는 것이 증명되었고, 또한 일본군의 '삼광' 전략도 공산당에게 큰 타격을 준 터였다.

장제스는 홍군과 협력하고자 하는 스틸웰의 욕구와 국공 통일 전선에 대한 월리스의 열정을 염려했지만, 1944년 초가을에 그가 미국과 첨예하게 대립하고 있다고 의식한 문제는 무엇보다 서남 중국과 버마를 둘러싼 전략이었다. 총사령관은 최후의 순간까지 구이린을 지키고 싶어 했다. 스틸웰은 남방으로 비행기를 타고 가서 현장 조사를 한 뒤, 그곳이 "또 하나의 쥐덫"이 될 수 있다는 결론을 내렸다. 무기와 장비 운송에 대한 요구를 언급하면서 일기에 또 다른 해결 방안을 적었다. "우리가 마땅히 해내야 할 일은 그 총 아무개와 허 아무개 및 패거리의 나머지를 총살하는 것이다." 그는 미국군에게 구이린에서 철수하라고 명했다. 그들이 물러날 때 기녀들이 이런 표어를 매달았다. "안녕. 또 만나요, 친구들. 그리고 행운을 빌어요." 그러한 후에 스틸웰은 중국의 수비대를 위해 "민첩하고 기동성 있는 전략"이라고 일컬은 작전 계획의 초안을 잡았다. 이것이 실제로 의미하는 바는 이 도시를 포기하라는 것이었다. 장제스는 조금 저항한 뒤 받아들였다. 하지만 그도 이 손실이 그에게 얼마만큼 큰 영향을 미쳤는지를 기록했다.[29]

스틸웰이 충칭으로 돌아오자, 총사령관은 그에게 미국이 훈련한 Y군을 버마로부터 불러들여 윈난 성과 그 성도인 쿤밍을 방어하게 하고 싶다고 말했다. 이는 스틸웰을 격노하게 했다. 그는 일기에서 장제스를 이렇게 언급했다. "호두 대가리를 가진 미친 잡놈의 새끼다. …… 모조리 황당무계한 이유와 미련한 전술과 전략적 관념뿐이다. 그는 어쩔 수 없는 놈이다."

스틸웰은 이 소식을 퀘벡에서 열린 앵글로-아메리칸 정상 회담에 참석한 그의 상관 조지 마셜에게 곧바로 보고했다. 루스벨트와 처칠에게도 이 이야기가 전해졌다. 총사령관의 관점으로는 쿤밍을 방어하는 것이 버마의 스틸웰 부대와 연계되는 것보다 훨씬 더 중요했다. 하지만 그의 태도는 연합군에게 새로이 불안을 불러일으킬 따름이었다. 버마 전선의 중점은 중국 대륙을 위한 보급로를 열어 주는 것이고, 미국인들도 이 목적을 위해 Y군을 훈련했다. 그런데 이제 장제스가 그들을 철수할 것을 제안하고 있었다. 이치고 작전의 성공을 고려하면 충칭 정부는 윈난 성을 잃을지도 몰랐고, 일본군은 중국에서 버마로 진공하는 반격을 할 수 있었다. 연합군은 유럽과 태평양의 전쟁에서 만족할 만큼의 진전을 이루었다. 다만 중국과 그 영도자가 문제를 복잡하게 꼬이게 하는 실패자로 우두커니 서 있었다.

이러한 정황 아래에서 마셜은 아무런 어려움 없이 루스벨트의 이름이 서명된 전보문을 장제스에게 보내게 했다. 이 전보문은 연합국의 한 대통령이 다른 총통에게 전하는 통신문으로서는 특이한 게 틀림없었다. 내용은 이러했다. "최근 몇 달 이래 저는 되풀이해 당신과 중국을 향해 바싹 접근하고 있는 재난에 저항하여 강력한 행동을 취하라고 재촉했습니다. 당신이 아직 스틸웰 장군에게 모든 중국군의 지휘권을 넘기지 않는 지금, 우리는 관건적인 지역을 잃을 위험에 직면해 있고 …… 이로 인해 비참한 결과를 맞이할 가능성이 있습니다." 구이린 기지의 상실이 험프 항로의 공중 보급선을 위협할 가능성을 의식한 루스벨트는, 군사적인 재난을 피하기 위해서 "강력하고 즉각적인 행동"을 취하는 동시에 장제스의 소망과는 상반되게 버마의 Y군을 증강하라고 요구했다. 이 전보문은 스틸웰에게 "당신이 가진 군대에 관한 모든 무제한적인 권력"을 줘야만 한다고 규정한 동시에, 서슴없는 미국 원조에 대한 언급을 덧붙였다.

속마음 깊숙이 꽤나 불만이 있었던 클레어 셔놀트는 나중에 스틸웰을 비난하며 그는 여름부터 줄곧 최후의 카드를 준비해 왔고, 게다가 장제스가 하는 수 없이 국민당 군대에 대한 지휘권을 양보하는 상황을 조성하기 위해 군수품을 억류했다고 말했다. 셔놀트는 자신이 헝양의 수비군을 위해 도움을 청할 때 스틸웰 장군의 참모가 장군은 지금 아마도 총사령관을 위해 준비한 "정말로 창피스러운 짓"에 몰두하고 있고 "사정이 더 나빠질 때까지" 도움을 거절해야만 한다고 말했다고 회고록에 썼다. 스틸웰의 일기에는 당시 이러한 이야기들이 그의 심사와 멀지 않았다는 것을 보여 주는 내용이 있다. 만일 중국이 직면한 위기가 "배를 완전히 가라앉히지 않고 땅콩만 충분히 제거할 수" 있다면 "그 자체로 가치가 있다."라며 스틸웰은 "공산당의 강령인 …… 감조감식(減租減息, 중국공산당이 1940~1944년에 소작료와 이자를 내린 정책), 노동 생산성과 생활 수준 향상, 정부 참여, 강령 실천"을 국민당 "오물 구덩이"와 그 "부패, 무지, 혼란 …… 매점 투기, 암시장, 적과의 밀거래"와 대비시켰다. 장제스의 체제를 개혁하기 위해서는 반드시 "철저하게 분쇄"해야만 했고 총사령관이 떠나야 했다.[30]

스틸웰의 사유 구조는 장제스가 받아들일 수 있는 협정을 구상하려던 패트릭 헐리의 의도와는 반대의 길로 치달았다. 훗날 극우로 전향한 헐리는 중국을 '잃어버린' 미국인들을 비난할 때, 자신과 쑹쯔원의 회담은 좋은 방향으로 진전을 이루었다고 완강하게 주장했다. 스틸웰이 루스벨트의 전보를 헐리에게 보여 주자 그는 이렇게 강경한 어휘는 총사령관을 화나게 해서 그 어떤 합의든지 거부당할 거라고 걱정스럽게 말했다. 셔놀트에 따르면, 스틸웰은 자신이 참석하지 않은 채 장제스의 집에서 열리는 회담에서 결과가 나올 때까지 전보를 장제스에게 주지 말자는 계획에 동의했다. 하지만 토론이 진행되는 동안 스틸웰 장군이 도착했고, 또한 헐리를 밖으로 불러내 루스벨트의 전보를 더 미뤄둘 수 없다고 말했다.[31]

두 사람은 안으로 다시 들어갔다. 스틸웰은 차 한 잔을 받고 몇 분 동안 머뭇거리며 어찌해야 할지를 숙고했다. 그런 뒤 그는 대통령의 전보를 전달하겠다고 선포했다. 헐리가 끼어들며, 내용이 통역되는 동안 스틸웰이 장제스의 반응을 살피는 것보다 장제스가 읽을 수 있는 중국어 번역본이 있는 게 더 낫지 않겠느냐고 물었다. 스틸웰 장군은 번역본을 갖고 있다고 말했다. 스틸웰은 그의 일기에 기록했다. "나는 파프리카 묶음을 땅콩에게 건넨 뒤 무거운 짐을 내려놓은 듯 홀가분해졌다. 작살이 이 꼴 보기 싫은 소인배의 명치를 찌르고 몸을 꿰뚫었다. 명쾌한 타격을 받고도 그는 얼굴이 새파랗게 변하는 것 외에 일 언반구가 없었으며 눈조차 깜박이지 않았다." 장제스는 전문을 다 읽은 뒤 "잘 알겠습니다."라고만 간단하게 대답하고, 조용히 앉아 한쪽 다리를 가볍게 흔들었다. 그러고는 그의 찻잔을 덮었다. 스틸웰은 "그러한 자세는 십중팔구 파티는 끝났음을 의미했다."라고 썼다. 스틸웰이 떠난 뒤 총사령관은 울화통이 터져 폭발하고 말았다.

그날 밤 강을 건너 돌아오는 길에 이 미국인은 "아름다운 풍경과 …… 충칭의 불야성"을 보았다. 다음 날 그는 일기에 썼다. "떠나온 뒤로 흥분이 날카롭게 솟구치기 시작했고, 깊은 밤까지 계속되었다." 아내에게 쓴 편지에는 우스꽝스러운 시 몇 구절을 쓰기까지 했다.

> 복수를 위해 나는 오랫동안 기다렸네.
> 드디어 기회가 왔네.
> 나는 땅콩의 두 눈을 똑바로 쳐다보며
> 그의 팬티를 힘껏 차 버렸다네…….
> 이 비루한 소인배는 와들와들 떨고
> 단 한 마디도 내뱉을 힘이 없었다네.
> 실룩대는 그의 얼굴은 파리해지고
> 대성통곡을 참느라 안달복달했다네…….
> 나는 알고 있었네, 머잖아 고통을 맛볼 터임을,
> 피로한 먼 길을 달려야 할 것임을.
> 하지만 아! 하나님의 축복이여!
> 나는 땅콩의 얼굴을 결판냈다네.

단도직입적인 조지 마셜의 입장에서 보자면 루스벨트의 메시지는 올바른 듯 보였다. 그러나 이는 기본적으로 정치적 지속성을 결핍하고 있었다. 미국에게는 장제스 말고 다른 대안이 없었다. 남방의 장군들 및 민주 동맹으로 구성된 반장(反蔣) 연맹과는 이미 관계가 단절된 상태였다. 미국은 옌안에도 관심을 기울였지만, 공산당과 연합하고 국민당을 내다 버릴 준비는 아직 되어 있지 않았다. 미국이 중국을 효과적으로 통제할 준비를 갖추거나, 무기대여법에 따른 물자 원조를 중지하여 국민당을 되는대로 내버려 두지 않는 한 루스벨트의 강경한 어조는 기껏해야 허장성세에 불과했다. 바버라 터크먼은 스틸웰에 관한 전기에서 "중병이 전신에 퍼진 루스벨트는 장제스의 존엄을 배려하는 것을 홀시"했거나 "만약 그렇지 않았다면 별로 신경 쓰지 않고 마셜의 전보문에 서명했지만, 결과는 똑같았다."라고 언급했다. 루스벨트에게 중요한 것은 독일을 격퇴하고, 스탈린을 요리하고, 일본을 무찌르는 일이었다. 안개에 휩싸인 도시에서 벌어진, 미국인들은 거의 알지 못하는 극도로 짜증나는 게임이 아니었다. 스틸웰의 우스꽝스러운 시는 의기양양했지만, 이 대통령의 전문은 그의 운명을 결정했다.[32]

장제스는 이 전문을 "실로 나의 삶이 어쩔 수 없이 받아들여야만 하는 가장 큰 치욕"이라고 부르며 "미국이 중국 내부의 문제에 간섭하려는 의도가 백일하에 드러났다."라고 주의했다. 장제스는 스틸웰과 중미 합작의 폭넓은 문제 사이를 조심스럽게 구분하는 동시에, 헐리에게 중국인은 "스틸웰이 중국인들의 신상에 가하기를 꺼리지 않는 모욕에 지쳐 있다."라고 말했다. 루스벨트에게 보낸 회답 중에서, 장제스는 미국인이 '최고사령관'을 맡는 것도 받아들일 수 있지만 스틸웰 장군만은 부적절하다고 말했다. 장제스는 덧붙였다. "스틸웰은 중국에 도착하자마자 동맹군의 성공적인 협력에 필수적인 상호 신뢰와 존경을 무시하는 태도를 보였다."[33]

10월 초 장제스는 쿵샹시가 워싱턴에서 보낸 한 통의 전문에 한껏 고무되었다. 만일 총사령관이 고집하면 루스벨트 대통령도 스틸웰을 교체하는 안에 동의한다는 루스벨트의 측근 해리 홉킨스의 말이 인용된 전문이었다. 홉킨스는 훗날 그의 말이 잘못 인용되었다고 주장했지만, 스틸웰은 일기에 "루스벨트가 머잖아 내 목을 자르고 내다 버릴 참이다."라고 썼다. 국민당 중앙집행위원회 회의에서 장제스는 스틸웰 장군의 해임을 요구하며 탁자를 있는 힘껏 내리쳤다. 루스벨트의 제안에 동의하는 것은 신제국주의를 받아들이는 것이자, 그를 왕징웨이와 난징의 친일 부역자들보다 더 나을 것이 없는 자로 만드는 것이라고 덧붙였다. 만일 미국이 지지를 철회한다면 국민당 체제는 서부의 네 개 성에서나마 생존할 수 있을 것이다. 장제스의 이 발언은 누설되고 말았는데, 미국 대사관이 그것을 장제스가 결심했다는 신호로 워싱턴에 전달했기 때문이었다.[34]

10월 12일 밤, 헐리는 잠을 이룰 수가 없었다. 그 자신이 결정을 내려야만 한다는 것을 알고 있었기 때문이다. 새벽 2시에 그는 비서를 불러 루스벨트에게 스틸웰을 소환하도록 건의하는 전보의 초안을 구술했다. 헐리는 스틸웰 장군이 "좋은 사람"이지만 "장제스를 이해하지 못하거나 합작을 할 수 없다."라고 했다. 스틸웰이 남아 있으면 중국을 잃고 말 것이었다. 이른 아침 이 전보를 보내기 전에 헐리는 그것을 "무딘 칼로 나의 목을 베는" 일에 빗댄 스틸웰에게 보여 주었다. 감기와 인후염으로 고생하던 스틸웰은 여전히 마셜이 대통령을 설득해 주리라고 희망했다.[35]

하지만 루스벨트는 이 미국 참모 총장이 기초한 대로 또 한 번 예민한 전보를 보내는 것을 거절했다. 대신에 그는 스틸웰더러 대체자로 받아들일 수 있는 미국 장군 세 명의 이름을 장제스에게 물어보라고 했다. 곧 자신이 승리할 것임을 안 총사령관은 워싱턴에 전보를 보내, 한 국가의 원수와 최고사령관으로서 자신이 신임하지 않는 군관을 소환해 달라고 요구할 권리가 있다는 것은 의심할 여지가 없다고 말했다. 이렇게 그는 문제를 총통의 특권 및 루스벨트도 부인할 수 없는 중국의 국가 주권 문제로 확대했다. 10월 19일 스틸웰은 일기에 대문자로 "도끼가 떨어졌다."라고 썼다. 마셜은 그를 소환하는 전보를 보냈다. 독일 군사 학교에서 공부한 매우 숙련된 '탁상' 장군 앨버트 웨드마이어(Albert C. Wedemeyer)가 장제스의 참모장이자 미군 사령관으로서 충칭에 부임했다. 부드러운 성격의 소유자인 그는 장제스가 요구한 장군들 중 한 명이었다.

계급이 낮은 한 군관이 장제스가 스틸웰에게 수여한 중국의 대훈장 청천백일훈장(青天白日勳章)을 들고 스틸웰의 집무실에 도착했다. 같은 계급의 군관이 사절 의사를 전했다. 스틸웰은 울고 있는 쑹칭링을 만났다. 마지막 만남에서 총사령관은 그동안 일어난 온갖 일을 매우 유감스럽게 생각하며, 모든 것은 그들의 서로 다른 천성에서 비롯되었다고 주장했다. 장제스가 그와 문까지 동행할 때였다. 스틸웰은 중국의 잠언을 인용하며 "최후의 승리(最後勝利)"라고 말했다. 아내에게 보낸 편지에서는 이렇게 썼다. "나의 중책을 내려놓고, 하루 동안의 장도에서 만난 떠들썩한 강도떼들과 작별을 고했소." 장제스는 공산당이 모든 일을 교묘하게 조종했다고 비난했다. 11년 뒤 장제스는 그들의 계획을 미국인에게 모조리 털어놓은 실책이 여전히 뼈저리게 아프다고 썼다.[36]

스틸웰을 충칭에서 마지막으로 만난 미국인 중 한 명은 그가 "하나님이 보우하사 후임자를 찾았습니다."라고 말한 일을 회상했다. 헐리, 쑹쯔원과 함께 그는 양쯔 강 가의 모래톱 활주로로 갔다. 마지막 순간에 허잉친 장군이 차를 타고 와서 멈추더니 거수경례를 했다. 스틸웰은 손을 들어 답례하고 난 뒤 물었다. "이제 무엇을 더 기다려야 합니까?" 떠나려는 열망과 자아도취가 너무나도 강렬해, 스틸웰은 웨드마이어를 간단하게나마 소개해야 할 충칭에서 단 하루도 머무를 수가 없었다. 대신 그는 쿤밍으로 날아가 저녁을 먹고 미국 공연단의 버라이어티 쇼를 관람했다. 그런 뒤에는 카라치(파키스탄 남부)로 갔는데, "마치 지옥 같다."라고 기록했다. 다음 날 스틸웰은 일어난 모든 사건을 발설하지 말아야 할 미국으로 출발했다. 마셜은 "단 한 마디라도 다이너마이트나 마찬가지네."라고 충고했다. 하지만 이야기는 스틸웰이 귀국을 하기 전에 불러서 회견을 한 《뉴욕 타임스》 특파원에 의해 보도되었다.[37]

인도에서 버마를 거쳐 중국으로 가는 길이 이듬해 개통된 뒤 장제스는 그것을 '스틸웰 로드'라 명명하기로 결정했지만, 스틸웰은 이 행사에 초대받지 못했다.* 대신에 스틸웰은 오키나와에 주둔한 미군 제10군의 지휘관으로 지명되었다. 하지만 임무를 수행하기도 전에 일본이 항복했다. 그가 중국 북부의

---

* 이 길은 1945년 10월에 버려졌다. 2002년 인도 북부의 각 주들이 무역 촉진을 위해 재개통을 요구했지만 인도 정부는 안전을 이유로 거절했다. 《미지마뉴스(Mizzima News)》(2002년 12월 5일) 참조.

친구들을 방문하고자 할 때 총사령관은 허가하지 않았다. 워싱턴에서 스틸웰을 방문한 오언 래티모어는, 그가 만일 홍군에 들어가 보총을 메면 자랑스러울 것이라 말했다고 기재했다. 1946년 10월 12일 스틸웰은 잠을 자던 도중에 별안간 사망했다. 위에 생긴 암세포가 간까지 퍼진 상태였다. 총사령관은 난징에서 열린 추모식에 참가했고, 사후 영예 칭호를 서훈했다.[38]

장제스 지지자들과 미국의 우익 중국 로비 단체에게 스틸웰은 공산주의에 문호를 열도록 도운 인물이었다. 보다 보편적으로 받아들여진 관점은, 중국에 필요한 개혁을 추진하려 했으나 반동적이고 부패한 국민당 정부에 의해 불가결하게 저지된 진정한 미국인 영웅이자 두려움 없는 군인이라는 상이다. 두 가지 평가 모두가 결함을 갖고 있다. 만일 스틸웰이 원했던 바를 실현할 수 있었다면, 그는 머잖아 닥쳐올 내전에서 국민당 군대가 훨씬 더 좋은 상태로 싸울 수 있게 만들었을 것이다. 그가 충칭에 머물 때 옌안은 아직 미국의 원조 물품을 얻지 못했다. 공산당이 최종적으로 정권을 장악한 것과 스틸웰은 아무런 상관관계가 없다.

스틸웰의 영웅적 지위를 논하자면, 그의 용기와 중국 문제에 관한 식견은 절대로 부인할 수 없다. 그가 귀국한 뒤 미국 언론과 정부는 스틸웰의 이야기를 노련하게 쏟아 냈다. 루스벨트는 이 장군이 《뉴욕 타임스》에 준 이야기를 게재할 권한을 몸소 부여했으며, 모든 비난을 장제스의 신상에 수북하게 쌓아 올린 기사는 1944년 대통령 재선 선거 캠페인에서 분명히 정치적 목적으로 요긴하게 쓰였다. 《타임》의 시어도어 화이트는 뒤이어 스틸웰의 일기를 출판함으로써 성인화(聖人化) 운동을 추동했다. 이 운동은 1970년 바버라 터크먼이 스틸웰 전기를 출판해 퓰리처상을 수상하면서 절정에 달했다. 하지만 스틸웰의 전장 성과에 관한 기록으로는 그를 위대한 사령관으로 나타내기가 어려웠다. 동시에 군사 정치 측면에서 그는 수행해야 할 사명을 완수하는 데 실패했고, 그가 장제스에게 제안한 것들은 더 큰 변화를 가져올 수도 없었다. 1944년 밀림 전선을 지키자는 스틸웰의 고집은 주요 직무에서 벗어난 엄중한 독직 행위로 간주할 수 있다. 이는 그가 1942년 버마에서 인도로 걸어간 행동이 그가 이끌어야만 하는 군대의 중요성을 고려하지 않고 단지 개인적인 노력을 통해 스스로를 증명하려는 시도일 뿐이었다는 점과 마찬가지이다. 그는 미국 대통령의 인내심을 고갈시켰고, 성실과 원칙주의는 지나쳐서 많은 경우 자아 만족감을 뽐내는 방식으로 표출되고 말았다. 스틸웰은 쑹아이링, 쑹메이링과 연합함으로써 1943년 중국에서 가장 좋은 개혁의 전망을 가로막고, 비록 의식하지 않았다 할지라도 그만이 전세를 뒤엎을 수 있다는 희망을 강화했다. 이후 그는 이치고 작전의 영향을 이해하지 못하고, 무엇보다 중국군이 가장 절박할 때 그들을 돕는 것을 거절했다.

근본적으로 말해, 스틸웰이 이룩하고자 했던 목적과 그가 목적을 달성하고자 했던 방식은 불가능했다. 그 목적은 장제스 정부를 저버리는 것을 필요로 했고, 또한 그 방식은 미국인이 선언한 민주주의와 민족 자결의 약속을 단지 조롱거리로 만들 뿐인 신식민주의를 중국에 강요하는 것이었기 때문이다. 비딱이 조는 잘못된 시대에 잘못 선택된 인물이었다. 그리고 그의 땅콩은 다시 한 번 직접적인 승리자로 떠올랐고, 미국은 장제스의 체제와 한층 더 긴밀하게 연결되는 길을 선택했다. 하지만 이와 동시에 두 나라 사이에는 전쟁 후의 관계에 영향을 미칠 수 있는 악감정이 쌓여 갔다.

스틸웰 드라마의 최후의 막이 상연될 때 이치고 작전은 여전히 진행되고 있었다. 일본군은 광시 성의 수도 난닝을 점령했다. 하지만 바이충시 장군의 지휘를 받는 광시 군대는 일본군의 전진을 저지하는 탁월한 성과를 내며 진전을 이루었다. 일본군은 불을 지른 후에 이 도시에서 철수했다. 다른 적군 부대들은 북방으로 방향을 바꾸어 충칭과 쓰촨으로 향하고, 두산(獨山)이라는 작은 산악 도시에서 멈추었다. 마치 사전에 경계한 것처럼 수비군은 굳이 5만 톤의 군수품을 땅을 파서 숨겨 두었다. 그러나 미국인들은 군수품이 적군의 손에 떨어지는 것을 막기 위해 모조리 불태워 버렸다.

일본군이 전진을 멈춘 데는 충분한 이유가 있었다. 전방은 쓰촨 고원이었다. 그들의 전선은 매우 길게 뻗어 나갔다. 겨울 군복도 준비되지 못했다. 이치고 작전의 목적은 시종일관 서남으로 진공하는 것이었지 산지 작전에 말려드는 게 아니었다. 하지만 흥미로운 사실은, 6개월 전에 장제스가 이미 적군과 비밀 협약을 맺었다는 소문이 두산에 퍼져 있었다는 것이다. 그 내용은 충칭 주위의 직사각형 안전지대를 넘겨주는 것이었다고 한다. 두산이 바로 그 최남단이었다. 이 선을 넘지 않는 보답으로 총사령관은 다른 곳의 저항을 느슨하게 하고, 전후에 일본인 및 투항한 친일 부역자들을 보호하겠다는 약속을 했다는 것이다. 한 미국인이 그 앞에서 이 소문을 언급하자, 총사령관은 부인도 인정도 하지 않았다. 한 방문자가 기록했다. "그의 자연 발생적인 반응은 마른 기침 소리였다."[39]

과거에 장제스는 적과의 공모 사건에 몇 차례나 탐닉했다. 그리고 도쿄 및 난징의 친일 매국 정부와의 교류도 중단한 적이 없었다. 일부 미국인은 다이 리가 전쟁이 끝나면 일본 점령 지역을 국민당이 차지하도록 도와준다는 보증에 대한 보답으로 적군에게 정보를 넘겼다고 의심했다. 이 비밀경찰 두목의 요원들은 일본을 공습하기 전의 브리핑에 한 번 참석해도 좋다는 허가를 받았다. 전투기들은 미국 비행기들을 기다리고 있었다. 도쿄의 모종의 지지 아래, 난징 친일 매국 정부에서 부역한 국민당 전 고관 한 명은 1944~1945년 사이에 협정을 달성하려고 노력했다. 아무것도 이루어지지는 않았다. 미국이 태평양에서 진전을 이룬 것을 고려해 장제스는 정식 협정에 관심을 갖지 않았다. 하지만 카이로 회담에서 일본과 관련된 전후 처리 문제를 두고 장제스는 '피부의 적'을 양해할 준비가 되어 있다는 의사를 분명하게 표명했다. 그는 잔여 군대와 미국식 장비를 보존하여 다가오는 마오쩌둥과의 대결에서 훨씬 더 강한 위치를 차지하고자 했다. 중국의 부일 협력자들도 이 대결에서 동맹자로 이용할 참이었다. 가장 악명 높은 예들 외에도 총체적 정황이 이러했는데, 점령 지구에서 국민당군의 지위를 강화한다는 이익을 도모하기 위해서는 친일 부역자들의 과거 행위는 죄다 무시할 수 있었다. 훗날 한 공산당 역사학자는 장제스는 심지어 국민당 군대에게 곧 발발할 홍군과의 전쟁에서 실력을 보존할 수 있도록 친일 괴뢰 정부에 투항하라는 명령을 내리기까지 했다고 주장했다.[40]

총사령관은 확실히 미래를 위해 실력을 보존할 필요가 있었다. 연합군에서 고립무원인 국민당의 중국은 제2차 세계 대전이 끝난 뒤 군사력이 예전보다도 약해져 있었다. 이치고 작전 기간 동안 수십만 명의 병사들을 잃었다. 적군이 1930년대 말 공장들을 점령 지구로 옮긴 뒤, 국민당 정부의 공업 기반은 훨씬 허약해져 있었다. 세수 수입도 한층 더 감소했다. 국가적 사기 및 정부에 대한 공민의 의존도 역시 급격하게 떨어졌다.

신생활운동에 진력하기 위해 장제스는 한 해 전에 버렸던 손위 처남을 행정부로 불러들였다. 마치 패배한 군벌과 같던 쑹쯔원은 이제 크나큰 이익을 되찾아 올 수 있었다. 체면을 돌보지 않고 힘껏 윗사람의 비위를 맞추는 행동거지가 그가 조성했던 위협을 덮어 주었다. 비록 쑹쯔원은 워싱턴과 런던에서 두각을 나타낸 인물이었지만, 중국에서의 지위는 그의 서구화된 사상과 지능에 깊은 인상을 받은 사람들이 상상하는 것보다 훨씬 허약했다. 그는 어쩌면 이 나라를 관리하는 데 가장 적합한 사람이었지만, 그에 대한 지지는 매우 얇은 상인 및 관료 계층에서 나왔다. 군대 경험이 없다는 것은 본질적으로 군사 국가를 이끌 능력이 없다는 걸 의미했다. 그는 국민당에서 세력 기반이 없었다. 바로 외교관 존 페이턴 데이비스가 말한 바대로, 쑹쯔원은 "현명하기보다는 예리하고, 능숙하기보다는 교활하고, 침착하기보다는 오만하고, 남다른 설득력이 있기보다는 이질적이었다." 예전의 정치적 지명도를 다시 얻을 유일한 길은 매부의 환심을 얻도록 노력하는 것뿐이었다.[41]

지난해 집안 내의 불화와는 다르게 쑹쯔원은 그의 누이들을 우려할 필요가 없었다. 머나먼 미국에서 쑹메이링은 간섭할 수가 없었고, 쿵씨 가족의 지위도 미국 차관 기금을 유용하고 비행기 구매 중개료를 수수한 일련의 죄상이 드러나 약해져 있었다. 쿵샹시 부부의 맏딸 로저먼드(Rosamund)가 뉴욕에서 올리는 결혼식을 위해 혼수품을 실은 비행기가 불시착했다는 뉴스가 퍼져 나갈 때 그들의 성망은 한층 떨어졌다. 화려한 예복은 쑹메이링이 사병들의 옷을 제작하기 위해 세운 부녀공작부(婦女工作部)에서 재봉한 것이었다. 쿵씨 가족이 취하는 폭리와 부당 이득은 주지의 사실이었다. 7년 이상의 전쟁과 궁핍 뒤, 그들은 국민당 체제가 더는 받아들이기 어려운 자들이 되었다. 검열 제도가 있었지만 한 신문은 미국으로 날아간 로저먼드의 혼수 비용은 수천의 난민들을 먹여 살릴 수 있고, 혼수에 투입된 부녀공작부의 노동은 한 사단의 군복을 봉제할 정도일 거라고 논평했다. 혼례 경비로 말할 것 같으면 대학 한 곳에 기부할 수 있을 정도였다.[42]

쑹쯔원은 총리부터 장제스 총통까지 대신하는 행정원의 대리 원장으로 임명된 뒤, 곧바로 세간을 뒤흔들어 놓았다. 위장병 발작이 되풀이되었음에도 그는 밤늦게까지 일하며 신속하고 보다 효과적인 결정을 내리려 노력했다. 쿵샹시의 재정부장 직위는 유능하고 정직하기로 평판이 좋은 상하이 전 시장이 대신했다. 장제스는 허잉친 장군을 중국의 참모 총장으로 남겨 두었지만, 개혁적인 성향의 천청이 군정부장이 되었다. 비록 스틸웰의 팬들은 웨드마이어가 전투보다 정치에 더 능한 장군이라고 깎아내렸지만, 이 신임 미군 사령관은 군대 개혁에 착수하고 외교 수단으로 성과들을 얻어 냈다.[43]

일본의 대규모 진공과 군사적, 정치적, 경제적 허약 그리고 미국의 대통령급이 지휘하는 전투에 직면하고도 장제스는 살아남았다. 하지만 그가 20년 전 광저우에서 권력을 잡은 이후 늘 그랬듯, 생존은 단지 일시적인 성취에 불과했다. 일본 제국 군대가 이치고 작전을 멈추고 또한 미군이 필리핀 해협을 넘어 일본을 향해 바싹 진격할 때, 중국이 세계 4대 강국의 하나로서 자신의 통치 아래에서 통일되기를 열망해 온 총사령관에게 전후의 중국 형상에 주의력을 집중할 시기가 도래했다.[44]

5부

중국을 잃어버린 개척자 1944~1949년

24

국공 협정의 모색

스틸웰이 소환된 지 3주가 흘렀다. 둔한 칼로 그의 목을 그었던 남자가 겉보기에 끝이 없을 것 같은 산시 성(陝西省)의 산맥을 비행기로 넘어, 황토 지대 동굴에 자리한 공산당 정주지에 다다랐다. 주마다 옌안의 공산당 총본부를 향하는 딕시 사절단의 미국 비행기는 보통은 승무원들과 군수품만을 싣고 갔었다. 1944년 11월 7일, 이 비행기는 중국 통일에 온 힘을 기울인다고는 믿기 어려운 인물을 태우고 갔다.

키가 크며 곱슬곱슬한 콧수염을 기르고 숱 많은 긴 백발을 가지런하게 빗어 넘긴 패트릭 헐리는 오클라호마 주의 통나무 오두막집에서 태어났다. 그는 전형적으로 가난과 부를 모두 겪은 사람이었다. 변호사로 큰돈을 벌고 광범위한 인맥을 갖기 전에는 탄광에서 일을 했고 카우보이를 한 적도 있었다. 제1차 세계 대전 때는 군인으로 복무하면서 촉토(Choctaw) 족 인디언 사병들을 전화 통신원으로 두고 독일군의 암호 해독을 저지했다. 정치가로서 헐리는 허버트 후버(Herbert Hoover) 대통령 시기에 육군 장관에 올라 장군 직함을 얻었다. 남들이 장군이라 부르는 것을 무척이나 좋아한 그는 군복을 입을 때 훈장을 주렁주렁 달고, 왕실 용어인 '짐(朕, we)'을 썼다. 미국 공보장교 그레이엄 펙이 썼다. "패트릭 헐리의 잘생기고 독수리 같은 두상은 제멋대로 맨 커다란 나비넥타이, 코에 걸친 안경, 곱슬거리는 흰 수염과 머리 모양에 힘입어 로마 시대 흉상을 떠오르게 했다."[1]

루스벨트는 헐리를 온건한 공화당원으로서 휘하에 불러들였다. 그는 아무 것도 맡은 일이 없었기에 대통령은 스틸웰을 지지하라는 임무를 수행하라고 그를 파견했지만, 사절 임무는 결과적으로 처음의 사명과는 정반대의 길을 걷고 말았다. 충칭으로 가는 도중에 헐리는 모스크바를 방문했다. 이때 외교부장 뱌체슬라프 몰로토프(Vacheslav Molotov)는 그에게 마오쩌둥과 그 동지들은 결코 진정한 공산주의자가 아니고, 또한 소련 정부는 그들과 아무런 관계가 없다고 장담했다. 엇비슷하게 스탈린도 모스크바 주재 미국 대사에게 마오쩌둥과 그 동지들은 "마가린 공산주의자"라고 말했다. 고위층으로부터의 이러한 정보에 고무된 헐리는 장제스가 철저하게 도입하겠다고 약속한 민주주의에 대한 신념을 그의 지침으로 삼았다.

꾀까다로운 직업 외교관 클래런스 가우스가 1944년 가을 은퇴할 때, 헐리는 뒤이어 주중 미국 대사로 임명되었다. 그는 캐딜락 한 대를 새로 주문하고, 대사 관저의 내장 공사를 다시 했다. 그는 장제스가 스틸웰 제거에 대한 보답으로 공산당과 협정을 맺고자 노력하는 데 동의했다고 믿고, 자신이 장제스와 마오쩌둥을 화해시키는 영광스러운 기회를 얻을 수 있으리라고 생각했다.[2]

"양손이 결박되면 한 발을 들여도 소용없다"

미국의 대중국 정책은 엉망진창이었다. 장제스를 지지하면서도 국가 통일의 대업을 위해 국내의 적들과 협력하라고 다그치기도 했다. 워싱턴의 정책은 온탕과 냉탕을 왔다 갔다 하여 총사령관에게 개혁을 단행하라고 압박한 스틸웰을 도리어 미국으로 불러들였다. 독일의 패배가 어렴풋이 보이기 시작할 즈음, 미국의 주의는 여전히 유럽에 머물러 있었고 대일 전쟁의 진전에 관해서도 태평양과 연관한 구상이 지배적이었다.

그리하여 대중국 정치 정책에 관한 기획은, 스스로 확신하는 기적을 창조하는 데 능력이 한참 못 미치는 것이 자명한 패트릭 헐리에게 대부분 맡겨졌다. 그는 중국에 대해 아는 바가 전혀 없었고, 마오쩌둥의 이름을 '무스 덩(Moose Dung)'이라고 생각했고, 장제스는 '미스터 섹(Mr. Shek)'이라 불렀다. 미국인 고문 아서 영은 헐리를 "그 어떤 주제에도 사고를 집중할 수 없는 노망한 영감탱이"로 간주했다. 헐리가 마련한 오찬에 참석한 한 미국 기자는 앉아서 음식을 먹기 전에 세 시간 동안이나 술을 마셨다고 회상했다. 미국 공보 장교 그레이엄 펙을 만찬에 초대했을 때, 헐리는 심지어 이 손님이 누구인지 까맣게 잊어버리기까지 했다. 저명한 중국 인사가 연 연회에서는 저널리스트 애너리 저코비를 위해 축배를 들며 "세계에서 가장 중요한 인물이자, 나의 키 큰 금발의 여신 신부"라고 치켜세웠다. 연이어 둘의 아이들과 그녀가 준 즐거움 그리고 그들의 첫날밤에 대해 쉴 새 없이 지껄였다. 저코비는 금발의 여신이기는커녕 짧은 갈색 머리였다. 게다가 틀림없이 헐리의 부인도 아니었다.[3]

헐리는 자신의 능력을 도저히 억누를 수 없을 정도로 과신했다. 이것은 총사령관이 그를 한 마리 물고기처럼 마음대로 가지고 노는 데 일조했다. 헐리가 새로운 역사를 창조하겠다고 들떠 있을 때야말로 장제스의 낚싯바늘은 그의 턱에 깊숙이 박힐 수 있었다. 옌안으로 가는 권한을 부여받은 헐리의 여행은 어느 정도 재량권을 승인받았다는 것을 암시했기에 위험했지만, 스틸웰을 제거한 장제스는 융화적인 면모를 보여 줄 참이었다. 총사령관은 오클라호마 출신의 이 순진한 영감이 공산주의 이념과 마침내 불화를 일으킬 것이라 계산했다. 그러나 이 사절단의 수명을 질질 끌기 위해, 헐리가 출발하기 앞서 그의 제안들이 장제스 본인의 관점을 표현하도록 서로 의견을 교환하는 것을 잊지 않았다.

저우언라이와 딕시 사절단의 단장인 뚱보 중국통 데이비드 배럿은 비행장에서 보급 물자 비행기를 기다리고 있었다. 풍아한 제복을 입은 헐리가 걸어 내려오자 저우언라이는 마오쩌둥을 부르기 위해 서둘러 뛰어갔다. 마오쩌둥은 그가 교통수단으로 사용하는 쉐보레 구급차를 타고 비행장으로 내달렸다. 이 차는 뉴욕의 화인세의공구국연합회(華人洗衣工救國聯合會)가 그들의 입장을 널리 선포하는 상징으로 기증한 것이었다. 마오쩌둥과 저우언라이 그리고 홍군 사령관 주더가 차로 헐리를 영접하러 갔을 때 헐리는 자신이 좋아하는 인사말이자 미국의 인디언 전쟁 기간의 함성인 "야후(Yahoo)!"를 외쳤다. 헐리와 배럿은 마오쩌둥 일행과 함께 덜거덕거리는 구급차를 타고 먼지바람 가득한 울퉁불퉁한 길을 따라 옌안으로 갔다.[4]

중국어가 유창해 통역을 맡은 배럿 대령과 함께 오클라호마 출신의 미국 대사와 후난 출신의 혁명가는 각자의 시골 유년 시절 이야기를 주고받았다. "공산당 장군의 신랄한 논평과 유별난 후난 억양, 더구나 그의 담화는 쉽게 이해할 수 있는 사유 방식과는 결코 관계가 없었기" 때문에 통역이 쉽지 않았다고 배럿은 회고했다. 그날 밤 헐리는 성대한 러시아 혁명 기념 축하연에 참석해 "야후!"라는 외침으로 연회의 진행을 방해했다.[5]

공산당의 주요 근거지는 옌안 주위에 형성된 본래의 피난처로부터 국민당의 간섭을 전혀 받지 않는 약 34만 8000제곱킬로미터 지역까지 확장되어 있었다. 주요 군사력인 팔로군과 재건된 신사군은 보조 부대까지 더해 인원수가 이미 50만에 달했다. 이듬해 봄에는 대규모 신병 모집으로 갑절이 불어났다. 이 밖에 강한 공산당 민병도 200만 명가량이었다. 장제스는 일본인과 똑같은 적이었다. 국민당을 비난하는 표어들이 곳곳에 붙어 있었다. 마오쩌둥은 권력 장악에 박차를 가하고 전후의 투쟁을 준비하며, 미국이 일본과의 전쟁에서 공산당을 필요로 하고 그 보답으로 무기와 정치적 지지를 제공해 주기를 바랐다.

팔각 탑이 주요 표지물인 동굴 도시 옌안은 대장정과 마찬가지로 마오주의 이념과 실천을 최종적으로 형성하고 벼려 낸 곳이라는 신성한 좌표점이 되었다. 역사는 승리자의 소유물이기에 공산당원들은 일본에 맞선 유일하고도 참된 저항자이고, 중화 민족의 소생을 위해 중국 농민들을 일치단결시키며 일종의 자아 희생적인 생산 운동으로 전시의 고난에 맞선 전사들로 묘사되었다. 의사(擬似) 신격인 위대한 조타수의 영도 아래 그 어떤 장애물에 부딪힐지라도 혁명의 궁극적인 승리를 당연하게 여기며, 마오쩌둥을 정통성의 상징이자 저항의 전통으로 세우는 동안에는 단 하나의 비판도 제기될 수 없었다.

손님을 맞이하여 공산당은 딕시 사절단에게 좋은 인상을 남기기 위한 방법을 최대한 궁리해 냈다. 이들에게 정치 토론에 참가하도록 권하고, 일본군에게 저항한 보고서를 열독하게 하고, 모범적인 농촌 개발지를 참관하도록 했다. 헌신적이고 엄격한 생활을 하는 공산당원들은 눈에 띄게 사리에 밝은 모습을 보여 주었고, 통일 전선에 대한 신심을 의심하지 않도록 방문자들이 가는 곳마다 국민당을 반대하는 표어들은 말끔히 제거되었다. 안락의자에 앉아 캐멀 담배를 피우는 마오쩌둥도 온화한 얼굴을 지어 보였다. 그는 만일 국공 협정이 달성되면, 장제스가 "자연스럽게" 총통 직무를 계속하고 공산당은 국민당을 전복하거나 토지를 몰수하지 않을 것이라고 선언했다. 미국인들이 가져온 헤이그 앤드 헤이그와 조니 워커가 무도회와 불면의 밤의 흥취를 돋웠다.[6]

정치 고문 존 서비스는 옌안의 진보적인 노선과 충칭의 "반동 숭배"를 비교하고, 총사령관에 대한 워싱턴의 일방적인 지지를 멈추어 달라고 호소했다. 정치 장교 존 페이턴 데이비스와의 회담 중에, 마오쩌둥은 만일 중국 동부에 상륙하는 미군의 규모가 만족스러울 정도로 크고 공산당에게 군수품을 제공해 준다면 완전한 국공 합작에 착수하겠다고 보증했다. 데이비스는 이렇게 예상했다. "장제스의 봉건적인 중국은 중국 북방의 현대적이고 역동적이며 민주적인 정부와 장기적으로는 공존할 수 없다."[7]

이 미국인들이 놓쳐 버린 현실은 소련 밀사 페트르 파르펜노비치 블라디미로프(Petr Parfenovich Vladimirov)가 쓴 당시의 일기에 언급되어 있다. 비중국어로 기록을 남긴 동시대의 지배적인 서방 동조자들과는 다르게 블라디미로프는 투철한 공산주의자였다. 소련 애국자이기도 했던 그는 소련을 "뼛속 깊이 혐오한" 마오쩌둥에 의해 따돌림을 당했다. 이것은 그의 이데올로기적 판단에 풍부한 색채를 더했는데, 옌안에서 발생한 일에 관한 르포르타주로서 블라디미로프의 일기는 공산당이 승리한 뒤 선전한 그림에 중대한 수정을 가할 필요를 분명하게 했다. 비록 장제스 정부를 그 주요 적수와 비교하는 증거로 취급할 수는 없지만, 총사령관의 일생 동안 자주 그랬듯 1949년의 최종적인 패배 이후 일반적인 통념이 되어 버린 '흑 아니면 백'이라는 사건들의 풍경을 회색으로 덧칠할 수도 있다는 것을 보여 주었다.*

1940년과 그 이듬해 벌어진 백단 대전 및 신사군에 대한 공격은 공산당에게 중대한 손실을 안겨 주었다. 홍구에 대한 일본군의 삼광 정책도 중대한 타격이었다. 블라디미로프는 그 결과로 1942년 홍군이 "침략자들에게 대항하는 주동적이거나 수동적인 작전 행동 모두가 오랫동안 억제되었다."라는 점에 주의했다. 수백 킬로미터에 걸친 전선을 방문했다가 돌아간 또 다른 러시아 인은 공산당 부대를 하나도 보지 못했다고 보고했다. 이 일에 대해 물었을 때 공산당원들은 위장한 채 은폐해 있었다는 대답이 돌아왔다. 1943년 1월 블라디미로프는 공산당 군대에게는 "일본군에 대해 결코 맹렬한 공격이나 행동을 하지 말라는 엄명이 내려져 …… 공격당하면 퇴각했고, 가능하면 정전 협정을 추구했다."라고 썼다. 팔로군 한 부대의 병사들은 그에게 일본군이 증원 부대를 부를 수도 있기 때문에 적과 접촉해서는 안 된다는 명령을 받았다고 말했다. 공간을 시간으로 대체한 장제스의 전략처럼, 마오쩌둥은 침략자를 완전히 소멸시킬 수 없다는 것을 깨닫고 머잖아 닥칠 국민당과의 결전 시기를 예상하며 홍군의 세력을 보존하기 위해 영토까지 양보할 작정이었다.

1945년 봄 베이징 남부의 허베이 성으로 간 미국 사절단은 이것이 사실임을 증명했다. 그들은 팔로군이 그곳에서 치른 전투의 양은 "심하게 과장되었다."라고 보고했다. 블라디미로프는 "일 년 내내 아무 활동도 하지 않은 것은 중국공산당 군대에 나쁜 영향을 주었다."라고 보았다. 기율이 느슨해지고, 탈영 사건이 훨씬 빈번하게 발생했다. 홍군 사병들은 그들의 무기를 돌보지 않았다. 부대들과 참모들에 대한 훈련은 체계적이지 못했다. 부대들 간 협력도 조직적이지 못했다.[8]

---

* 일기에는 블라디미로프가 훗날 상하이 총영사를 지내고, 1953년 죽기 전에 주 버마 대사가 된 것은 거의 쓰이지 않았다.

한 미국 대표단은 일부 지역에서 공산당원들과 친일 괴뢰군 사이에 전쟁이 끝나면 달성하고자 하는 목표가 스며든 상호 불가침 묵계가 이루어졌다는 점에 주목했다. 블라디미로프는 "공산당 영수와 일본 원정군 최고사령관 간에 상시적인 접촉이 있었음이 절대적으로 명백한" 공산당 군대의 전보 한 통을 보았다. 이러한 연계는 "아주 오래전에 매우 비밀스럽게 이루어졌다." 마오쩌둥이 임명한 한 연락 장교는 난징의 일본군 총사령부에 배치되어 적군 지휘부와 팔로군 사이를 자유롭게 왕래했다. 다른 정보들도 상하이 지하 공산당 지도자와 친일 매판 정부 간에 접촉이 있었다는 것을 명명백백하게 제시했다. 홍군이 국민당 군대 또는 일본군과 대치하고 있던 몇몇 지역에서는 전선을 넘는 상품 무역이 진행되었다. 공산당원들은 소금, 목재와 가축을 팔아 적들에게 무기와 장비를 샀다.[9]

홍군 근거지에서의 경제적 생존에 관해 오래 받아들여져 온 설명은 그러한 활동이 헌신과 자기희생으로 추동된 대규모의 자력 갱생적 생산 운동이었다는 것이다. 공산당 통치 지역은 대개가 빈궁하고 천연자원이 부족했다. 블라디미로프는 옌안 밖을 여행하던 중에 쌀이 모자라서 형제나 딸을 파는 농민의 궁핍을 목격하고 아연실색했다. 질병도 유행했다. 지방 지휘관들은 자신들의 몫으로 징세를 강요했다.[10]

1942년에서 1943년까지 시기에 식료품 가격이 폭등하고, 농민들이 공산당에게 바쳐야 하는 할당 생산량도 증가했다. 인플레이션이 일어났다. 쿵샹시의 예를 따라 인쇄기는 공산당 정부를 위해 더 많은 돈을 찍어 내는 데 사용되어 홍군 근거지의 화폐 가치를 크게 떨어뜨렸다. 지도층에 속한 한 공산당원과 블라디미로프가 나눈 담화는 경제와 재정 상황이 근본적으로 위험하다는 사실을 의심하지 않게 했다. 생산력 제고와 근검절약 강화 운동만으로는 충분하지 않았다. 공산당 소비에트 체제를 경제적으로 유지하고 군사 장비를 사는 자금으로 쓰일 다른 재정 수단이 필요했다.[11]

대장정 기간 동안 공산당은 아편을 점유하며 마약 소비를 억제했다. 7년 후, 공산당 정치국은 혹독한 경제적 압박에 대처하기 위해 마약 무역에 뛰어들기로 결정하는 한편 홍군 소비에트 근거지에서는 마약 사용을 불법화했다. 역사학자 천융파의 조사에 따르면, 1942년 아편은 가장 중요한 재정 자원이었다. 한 관원은 블라디미로프에게 말했다. 국민당 지역에 소금을 판매하는 것은 "불량 지갑"을 생산하는 일에 지나지 않으나 "이제 우리는 아편이라는 불량 가방을 보내고 돈을 가득 실은 카라반이 되어 되돌아올 것이다."[12]

1943년 9월 블라디미로프는 비록 미국 방문자들이 이용하는 길에 있는 양귀비를 모조리 없애기 위해 군인들을 파견했지만 아편 생산을 완전히 감추는 일은 불가능했다고 썼다. 한 공산당 간부는 이 코민테른 요원에게, 마오쩌둥은 아편 장사에 능숙하지는 않지만 "지도적이고 혁명적인 역할을 하는 아편 무역을 무시할 수는 없다."라는 것을 깨달았다고 설명했다.[13]

옌안의 기록들은 마약을 "대외 무역", "특별 생산" 그리고 "비누"로 언급했다. 아편 담당 기업은 '지방생산공사'로 알려져 있었다. 아편은 행상인들이 사 가거나 홍군이 직접 운반했다. 천융파의 연구는 1943년 대략 100만 상자의 아편이 수출되었고 20억 위안을 벌어들였다는 것을 보여 준다. 그 이듬해에 수입은 열 배로 껑충 뛰었고, 이득은 행정 총수입의 40퍼센트까지 육박했다는 게 확인된다.[14]

딕시 사절단은 옌안 측의 마약 공급을 의식하지 못한 데다가 마오쩌둥이 물리력, 공포, 교묘한 조작, 개인 숭배를 혼합한 일인 독재를 공고히 하는 과정도 여전히 무시했다. 마오쩌둥은 소련과 코민테른에 충성한다고 의심되는 동료들을 짓밟았다. 모스크바에서 교육받았으며 심각한 병에 걸린 한때의 정적 왕밍을 축출했다. 정치 경찰 우두머리가 왕밍에게 독약을 사주했다는 보도도 있었다. 미래의 대숙청과 대중 동원의 예행연습으로 충성심을 경쟁시키며 국민당 간첩을 폭로하는 운동이 시작되었다. 진짜이든 추정이든 수백 명의 간첩들이 자신들의 죄를 인정하는 행진을 벌였다. 대장정 후 10년 동안 옌안은 가장 권위적인 황제들의 시대까지 역주행하며 통치자 한 사람을 위한 밀폐되고 봉인된 편집광적인 사육장으로 전락했다. 난징 정부가 약속했지만 지속할 수 없었던 온건한 진보의 꿈은 한쪽으로 내던져졌다.

헐리와의 회담이 시작된 그날, 마오쩌둥은 중국의 문제들을 국민당 탓으로 돌렸다. 전혀 놀랄 것도 없이 공산당원들은 이 대사가 충칭을 떠나기 전에 장제스와 합의했던 제안들을 거절했다. 대신에 연합 정부, 연합군사위원회, 홍군을 위한 미국 장비들, 또한 장쉐량을 포함한 정치범 석방을 촉구했다. 감기로 고생하던 헐리는 홍군의 제안들이 공정한 듯하다고 말했지만, 국민당 정부의 제안들도 좀 더 고려해 달라고 했다. 옌안에 사흘간 머무른 그는 공산당이 초안한 민주와 자유에 대한 약속이 추가된 문건을 들고 돌아왔다. 배럿 대령은 "중국인은 전통적으로 얼굴에 감정을 지나치게 드러내지 않지만, 그들의 표현으로 짐작하건대 매우 흡족해 보였다."라고 회고했다. 마오쩌둥과 헐리는 문건에 각각 서명했다. 이 대사의 신분은 '미국 대통령의 인격 대리인'이었다.[15]

헐리는 충칭으로 되돌아왔다. 그는 장제스가 병중이므로 접견을 할 수 없다고 전해 들었다. 하지만 쑹쯔원은 이 대사에게 "공산당이 엉터리 상품을 팔았다."라고 경고하고, 또한 국민당 정부는 결코 마오쩌둥이 요구한 것을 만족시켜 줄 수 없을 것이라고 말했다. 장제스는 열흘이 지나서야 반응을 보였다. 그는 충칭이 공산당 군대를 통제한다는 입장을 더욱 강경하게 제안하라고 다그쳤다.

마오쩌둥은 이를 "철저한 투항과 같다."라며 거절했다. 공산당이 한 발을 문 안으로 들여놓을 수 있다는 헐리의 의견에 대해 마오쩌둥은 회답했다. "양손이 등 뒤로 결박된다면, 문 안에 있는 발 하나는 아무 의미가 없다." 마오쩌둥은 또한 중국어에서 가장 모욕적인 욕설인 '거북이 알'로 총사령관을 지칭했다. 그리고 헐리가 이미 서명했으며 부분은 공동으로 쓴 문건을 정식으로 발표한다고 위협하며 분위기를 격화시켰다. 그 말대로 하면 충칭에 있는 미국의 맹우에게조차도 보이지 말아야 할 공산당과의 협정에 미국 대통령을 대신하여 서명을 한 사절이 바로 헐리라는 것이 노출될 수 있었다. 배럿이 마오쩌둥의 위협을 전하자 헐리는 거의 혈관이 파열될 정도로 노발대발했다. 존 페이턴 데이비스의 기록에 따르면, 헐리는 "이 쌍놈의 새끼가 나를 속였어."라는 욕을 퍼부었다고 한다. 연이어 그는 오래된 오클라호마 속담을 덧붙였다. "나뭇

잎이 왜 가을에 붉어지느냐? 봄에 이렇듯 푸르기 때문이지." 이 대사의 전갈을 받은 뒤 공산당은 한결 부드러워져 문건을 공포하지 않겠다고 동의했다. 하지만 잠시뿐이었다.[16]

헐리가 이해하지 못한 것은 장제스든 마오쩌둥이든 양자 간의 중국 통제권 쟁탈전이 다시 시작된 상황에서 자신을 약화시킬 협정을 맺는 것을 꺼린다는 사실이었다. 공산당 지도자는 그가 헐리에게 제기한 조건들을 총사령관이 거절할 것임을 틀림없이 알고 있었다. 헐리가 뒤이어 보충한 조건은 더 말할 나위도 없었다. 블라디미로프와 8시간 동안 회담을 가진 뒤 마오쩌둥은 장제스를 "독재자, 백정, 저능아"로 묘사하고, 또한 미국인들이 국공 쌍방이 원하지 않는 양보를 이루어 내려고 갖은 애를 쓰는 것은 "순진하다"는 입장을 분명하게 표명했다. 하지만 마찬가지로, 두 사람 다 헐리가 주도한 국공 협정의 실패를 미국에서 어느 한쪽의 탓으로 돌리는 것을 원하지 않았다. 국공 양측이 모두 미국의 지원과 지지에 너무나도 연연했기 때문이다.[17]

받아들여질 수 없기 때문에 근본적으로 불가능한 국공 협정 사업을 진행한 헐리는, 쑹쯔원이 장제스의 입장을 바꿔서 자신이 옌안에서 서명했던 제안들에 반대하게 했다고 비난했다. 1945년 초 장제스가 헐리에게 비밀경찰 두목 다이리와 그의 미국인 공모자이자 중미합작조직의 비밀 요원 '메리' 마일스가 준비한 계획을 보고할 때 헐리의 평정심은 엄청나게 흔들렸다. 이는 헐리가 그 내막을 알지 못하는 미국 전략사무국의 육군 대령 윌리엄 버드(William Bird)가 옌안에서 비밀리에 수행하고 있는 임무였다.

딕시 사절단의 데이비드 배럿과 동행한 버드는 미국과 공산당의 합작을 위해 선풍적인 계획을 내놓았다. 5000명에 달하는 미 공수 부대를 공산당 근거지에서 장차 일본에 대항하는 파괴 활동의 발판으로 삼고, 동시에 미군 1개 사단을 유럽으로부터 이동시켜 홍군과 함께 합동 작전을 펴기로 했다. 하지만 이는 산둥 성으로부터 일본의 침략을 불러일으킬 수 있었다. 전략사무국은 훈련 요원 팀을 제공하고, 2만 5000명의 유격대원을 배치하고, 또한 최소 10만 정의 울워스(Woolworth) 단발총을 가져오기로 했다.(단발총은 보존할 수 없으므로 국민당군에 대항하는 작전에 사용할 수 없었다.) 그 보답은 공산당 군대와 민병을 앞으로 미국이 원하는 시기에 알맞게 배치한다는 것이었다. 공산당은 버드에게 일본군으로부터 빼앗은 훌륭한 칼 한 자루를 선물했다.[18]

미국인 군관들은 헐리 대사가 알지 못하도록 비밀에 붙여 달라고 했지만 군정부장 천청과 쑹쯔원에게 이 제안의 개요를 설명하고 장제스한테는 말하지 말라고 부탁했다. 그들은 중국 관원이 이렇듯 폭발성 있는 계획을 대담하게도 총사령관에게 숨길 마음은 없다는 것을 알아야만 했다. 장제스는 이 일을 저지하기로 결심하고 헐리를 격노시킬 수 밖에 없는 브리핑을 준비했다. 다이리와 마일스도 각자 전략사무국을 누르고 싶다는 자극을 받았다. 다이리는 전략사무국을 반대자로 보았고, 마일스는 경쟁자로 간주했다. 쑹쯔원은 회의에 참석하여 혼란을 조장할 좋은 기회를 놓치지 않았다. 헐리 대사는 배럿과 버드가 공산당을 '승인'하면서 그 자신의 노력들을 약화시켰다고 결론지었다. 그는 루스벨트에게 전보를 보내 관련자들을 질책했다. 루스벨트는 헐리의 편에서서 장제스에게 사과하는 것을 고려했다. 곧바로 완전한 실패로 끝난 전략사무국의 새로운 계획은 어둠 속에 묻혀 버렸다.[19]

이 위기는 미국 정계에서 장제스의 지위를 강화할 수 있는 균열만을 낳았다. 헐리는 그에게 대항하는 음모를 꾸민 부하들을 비호하는 스틸웰의 후임자 앨버트 웨드마이어를 비난했다. 미국에 대한 공산당의 차관 융자 요구와 더불어 반드시 비공식적으로 워싱턴을 방문해서 중국의 상태를 미국에게 설명하겠다는 마오쩌둥과 저우언라이의 제안은 한층 더 관계를 경직시켰다. 마오쩌둥과 저우언라이는 백악관의 초청을 희망했다. 두 사람의 생각은 헐리가 아니라 웨드마이어 채널을 통해 전달되었다. 웨드마이어 장군이 헐리 대사에게 이 일에 대해 말하자 그는 훨씬 더 화가 났다.(미국 정부 측은 이 생각에 아무런 반응을 보이지 않았다.)

웨드마이어가 헐리의 거처에 머물렀기 때문에 이러한 긴장은 집안으로까지 확산되었다. 애너리 저코비는 그들이 "큰소리로 떠들썩하게 말다툼을 벌였고" 웨드마이어 장군은 이 대사의 마음 상태를 워싱턴의 국방부 장관에게 보고했다고 회상했다. 며칠 동안 헐리는 동거인과의 대화를 거부했다. 특히 하루 세 끼를 함께 먹는 시간이 가장 껄끄러웠다. 어느 날 밤 헐리는 침대에 누워 책을 읽고 있는 웨드마이어의 방에 들어갔다. 웨드마이어는 회고했다. "헐리는 침대 맡에 앉아 양손으로 내 오른손을 꽉 쥐고는, 나에 대한 자신의 행동거지에 관해 깊이 미안하다고 말했다."[20]

충칭의 검열관들은 미국 특파원들이 타전한 전보 중에서 헐리에 대한 비평은 무엇이든 삭제했다. 이러는 사이에 헐리는 두 명의 보도 담당관에게 자신의 이미지를 빛나게 윤색하도록 했다. 그는 존 페이턴 데이비스를 포함해 정치 고문들을 내쫓았다. 하지만 남은 참모들은 국민당 체제 비판을 조금도 절제하지 않았다. 헐리가 워싱턴을 방문할 때 그들은 헐리가 부재하는 틈을 타서 총사령관에 대한 무조건적 지지는 내전 발발을 앞당길 뿐이고, 또한 미국은 마땅히 공산당 및 다른 반일 정당과 직접적으로 협력해야 한다고 밝힌 연합 전보를 미국무부에 보냈다.

놀라울 것도 없이 헐리는 울화통이 터졌다. 원래 입장과는 전혀 다르게 이제 헐리는 옌안과 합작을 꾀하는 자라면 누구든지 자신의 개인적인 적으로 간주했다. 그는 워싱턴이 장제스 정부를 전폭적으로 지지한다는 입장을 이끌어 냈고, 반대하는 외교관들은 미국으로 돌아가도록 조치했다. 헐리는 상상력을 최대한 발휘하여 중국 문제를 "프랑스, 영국, 네덜란드와 같은 제국주의 정부" 탓으로 돌리며 비난했다.

그리하여 이 희비극을 연출한 총사령관은 보다 강한 지지를 얻고, 정권 교체를 노리던 외교관들을 제거했다. 미국에서 우익 및 바야흐로 대두하던 친(親)장 중국 로비 집단은 외교관 존 서비스 재판을 시작으로 마녀사냥의 고삐를 더욱 당겼고, 이는 훗날 매카시즘으로 진화했다.* 장제스는 정예 부대를 훈련하고 무장시키는 스틸웰의 계획을 계속 따르면서도 충돌은 피하는 웨드마

---

* 존 서비스는 상급 간부 중에 공산주의 동조자가 있던 《아메라시아(Amerasia, 중국명은 미아(美亞))》 사무실에 문건들을 남겨 두었다가 고발당했다. 그는 무죄 판결을 받았다.

이어의 원만한 태도에 만족했다. 웨드마이어는 새로운 합작 시대를 알리는 신호로 중국 장군들과 매주 한차례 전략 회의를 열었다. 원난 성으로 천도를 할 것인지를 두고 벌어진 토론 중에 웨드마이어는 결과야 어찌 되든 간에 장제스의 입장에 섰다. 장제스는 일기에 "헐리와 웨드마이어는 공감을 보이며 우리에게 닥친 문제들을 이해해 주었다."라고 썼다.[21]

실로 서부 영화에 주인공으로 출현해도 될 만큼 윤곽이 뚜렷하며 각진 얼굴에 팔다리가 긴 웨드마이어 장군은 전임자 스틸웰과 많은 관점들을 공유했으나, 충칭에서 이를 드러내면 얼마나 큰 반작용이 일어날지를 잘 알고 있었다. 그럼에도 워싱턴 정부에게는 국민당 체제의 현 상황을 여지없이 보여 주었다. 조지 마셜에게 보낸 일련의 전보문에서 그는 불가해할 정도로 무질서한 조직, 뒤죽박죽인 작전 계획, 현대전을 위한 훈련의 부족 그리고 정치적 음모, 오만, 불신임의 파괴적인 역효과 들을 강조했다. 그는 중국의 많은 고위층 공무원들이 자신에게 미국으로 도망가게 도와 달라고 부탁하는 것을 비극으로 여겼다. 나중에는 총사령관에 관해 이렇게 썼다. "매우 민감하고 거의 여인네처럼 직감에 의존했다. …… 나는 느꼈다. 그는 훈련으로든 경험으로든 그가 직면한 여러 가지 문제들을 훌륭하게 처리할 준비가 되어 있지 않았다."[22]

웨드마이어는 또한 그의 전임자보다는 클레어 셔놀트와 좋은 관계를 유지하고, 당대 역사에서 거의 언급되지 않는 우한 공습을 조직하기 위해 공군 사령관에게 많은 장비와 권한을 주었다. 이 대규모 공습은 1944년 12월 18일 오전, 77대의 스트래토포트리스 폭격기가 대량의 소이탄 급습을 하면서 시작되었다. 제14항공대 소속인 셔놀트의 폭격기들은 맹렬한 공습을 끊임없이 퍼부었다. 화염이 사흘 내내 불타고, 부두와 창고뿐 아니라 땅 위의 일본 공군 시설물들도 파괴되었다. 군사적 효과는 통렬했다. 이 공격으로 우한 시민이 입은 피해는 단지 짐작할 수 있을 뿐이다. 셔놀트에게 우한 공습은 그가 늘 신봉하는 제공권 장악 노선을 증명한 공습이었다. 그는 이 공습이 핵폭탄 공격에 선행하는 일본 소이탄 폭격에 대해 영감을 주었다고 공언했다. 하지만 승리를 눈앞에 두고 이 텍사스 파일럿은 미국 군부의 권력 투쟁에 휘말리고 말았다. 셔놀트는 자신이 배제되었다는 것을 알고, 훈장을 받은 뒤 총사령관의 일생을 거쳐 간 다른 많은 인물들처럼 그 역시 되돌아올 것이라며 1945년 초여름에 중국을 떠났다.

중일 전쟁의 끝

셔놀트의 폭격기들이 왕징웨이가 한때 정권을 장악했던 도시를 공습할 때였다. 당뇨병과 우한에서의 암살 시도에서 얻은 부상의 후유증으로 고통받던 왕징웨이가 죽었다는 부고가 전해져 왔다. 일본 병원으로 이송된 후 쑨원의 원조 후계자는 1944년 11월에 사망했다. 그의 유체는 난징의 한 분묘에 매장되었으나, 훗날 장제스의 승인 아래 국민당군에 의해 파괴되었다. 왕징웨이의 죽음은 1941년 이래 국민당 비밀경찰이 은밀하게 유지해 온 친일 매국 정부와의 관계를 훨씬 더 튼튼하게 했다. 왕징웨이의 후계자는 다이리의 오래된 연락책으로, 그와 다이리는 충돌을 최소한의 범위 내로 제어하기로 합의했다.

이치고 작전의 침체도 군사적 압력을 줄어들게 했다. 하나의 주목할 만한 전투가 있었다. 1944년 7월 11일 일본군이 후난 성 즈장(芷江)의 비행장을 공격하자 국민당 부대는 장제스가 이른바 안전지대라고 확정한 곳에서 필사적으로 저항했다. 미국식 훈련을 받고 웨드마이어에 의해 공중 수송된 부대는 셔놀트의 비행사들이 제공권을 장악하는 동안 일련의 능숙하고 기민한 전술적 움직임을 보였다. 보급과 의료 구조망은 평상시보다 더 효과적이었고, 중국 지휘관들도 서로 간에 매우 협조적이었다. 일본 측에 따르면 늘 그랬던 것처럼 중국인 사상자는 6만 5000명에 달해 적군보다 훨씬 더 많았지만, 미래의 밝은 징조를 나타내는 매우 의미심장한 전투였다.

그러나 남방의 전세는 여전히 급박했다. 1945년 봄 이 지역을 여행한 그레이엄 펙은 불타 버린 도시들과 누더기를 걸친 난민 무리가 가득한 "처량하고 참혹한 땅"을 목격했다. 광둥에서는 1932년 이래 가장 막대한 규모로 콜레라가 창궐했다. 한 방문 기자는 광저우에서 단지 주사기 열 대와 주삿바늘 48개로 백신을 접종했고 상하이의 악덕 상인은 두 물품을 대량으로 사재기해서 폭리를 취했다고 보도했다.[23]

한 철로 종착역에서 펙은 재건축해서 개장된 정거장에 분재 식물이 가득한 것을 발견했다. 약간의 화차와 기관차를 수용하기 위해 수백 미터의 철로가 새로 깔렸다. 이러한 공사를 벌인 까닭은 장제스가 곧 왕림해서 중국인이 다시 싸우고 있다는 표지로 촬영을 하기 때문이었다. 장제스의 전용 객실인 한 차량이 지선에 머물러 있는 동안 현지인들은 연료로 쓰기 위해 그 내부 시설을 뜯어 갔다. 펙이 지나갈 때 "서너 명의 초라한 피난민 가족이 기괴하게 크고 호화로운 찻간 밑에 몸을 쪼그린 채, 종려나무 잎을 궤도에 올려놓고 돌로 쳐서 부드럽게 한 뒤 객실 좌석에 채워 넣고 있었다."[24]

미국이 머잖아 일본을 패배시키리라는 징후가 명백하게 드러났다. 이에 장제스의 반대자들은 장제스가 전후 중국에서까지 통치권을 확대하기 전에 그를 축출할 방법을 모색했다. 크고 전국적인 형제회 조직 중 하나를 대표한다는 천(陳) 선생이 전략사무국 요원 올리버 콜드웰에게 접근했다. 그는 비밀 결사 단체들이 광시 장군 리쭝런이 정권을 잡도록 하기 위해 반장(反蔣) 정치가들과 합작할 준비가 되어 있다는 소식을 워싱턴에 전해 달라고 부탁했다. 콜드웰이 워싱턴에 전한 이 제안은 내각에서 토론이 벌어질 때 상당한 지지를 얻었다. 하지만 다이리와 함께 중미합작조직의 비밀 공작을 벌이고 있던 해군 사령관 윌리엄 레이히(William Leahy) 장군은 장제스를 강하게 변호했다. 대통령이 회의석상에서 투표로 결정하자고 하자, 총사령관을 계속 지지하자는 쪽이 근소한 차이로 이겼다.[25]

이와 연관된 한차례의 적극적인 행동이 벌어졌다. 윈난의 룽윈, 산시의 옌시산, 쓰촨 성 장군 몇몇을 포함한 지방의 실력자들이 전쟁이 끝난 뒤 장제스의 통치를 막는 연맹을 조직하자고 논의한 것이다. 룽윈은 이미 윈난의 성도 쿤밍을 정견이 다른 정치가들의 천당으로 만들었다. 회의에서는 국민당의 독립 인사들, 공산당원, 민주 동맹 및 기타 군소 정당들을 연합하여 국방정부(國

防政府)를 구성할 것을 계획했다. 지방 통치자들로서는 일본과의 전투를 멈추고 창끝을 돌려 장제스를 무너뜨리는 게 하나의 방안이었다. 그리하여 그들이 전후 시기를 자유롭게 관리하자는 의도였다. 초기의 반장 연맹처럼 이 움직임은 내부에 모순이 가득했다. 쿤밍 주재 미국 영사는 기록했다. "이 봉건 귀족들, 급진주의자들, 이상주의자들 그리고 실용주의적인 정객들보다 이질적인 조직은 참으로 상상하기 어려웠다." 쿤밍에 간 쑹메이링과 쑹쯔원이 임무를 성공적으로 완수하지 못하자, 총사령관은 은 탄환을 발사하여 무기대여법에 따라 미국에서 받은 군수품을 룽윈의 3개 사단에게 충분히 할당해 주었다. 반장 음모는 연기처럼 사라졌다.[26]

홍군도 중국 동부에서 입지를 다지려는 의도를 내비쳤다. 그들은 이곳에서 미국 상륙 부대와 관계 맺기를 바랐을 뿐 아니라, 산시(陝西)의 주요 근거지 및 이 성과 허난 성 사이의 경계지인 카이펑 주위의 작은 근거지를 공고하게 다지려고 애썼다. 양쯔 강 이남에서 일본군의 철수가 예상되자, 상하이 주변의 유리한 지역을 차지하기 위해 국민당과 공산당 사이에 전투가 벌어졌다. 공산당은 또한 후난 성으로 진입하여 창사로부터 80킬로미터 범위 내의 땅을 차지했다.

웨드마이어는 워싱턴에 자신의 우려를 표명하는 것을 보류했지만, 미군이 상륙할 항구를 제공하기 위해 170만 명이 참전하는 광저우 재점령 계획을 매우 낙관적인 기분으로 추진했다. 그는 일본을 격퇴하기 위해서는 이 공세가 꼭 필요하다고 생각했다. 하지만 총사령관은 1945년 새해가 오자 일기에 마음이 무겁다고 썼다. 매일 아침 명상하고 밤마다 기도를 올리는 일을 단 하루도 빠트린 적이 없다는 것이 유일하게 자랑스럽다고 적었다.[27]

루스벨트, 스탈린과 처칠이 1945년 2월 흑해 연안의 얄타에서 만나 정상 회담을 열자, 장제스는 조만간 전선이 더욱 넓어질 것을 염려했다. 동맹국들 사이에서 중국의 지위가 이류에 든다는 것이 다시 한 번 명확해졌다. 장제스는 자신의 정보망을 통해 내용을 훤히 알고 있는 듯하기는 했지만, 회담에 초청받지 못했을 뿐 아니라 얄타 회담에서 결정된 바를 공식적으로 통고받기까지 네

달을 기다려야만 했다. 충칭을 지원하고 독일이 항복한 뒤 대일본 전쟁에 참전하기로 승인한 대가로, 크렘린은 1904년 일본에게 침탈당하기 이전에 러시아가 가졌던 모든 권리 회복, 만주 철도와 항구 조차권 및 도쿄가 패배한 뒤 그곳으로 군대를 이동시킬 수 있는 권리를 얻었다.

이것은 장제스가 1931년에 잃어버린 땅을 되차지하는 것을 소련이 방해하고, 또한 일본군이 철수할 때 중국공산당에게 그 영토를 넘길 수도 있다는 걱정스러운 예상을 불러일으켰다. 장제스는 일기에 썼다. "나는 단순한 상처와 슬픔 그 이상을 느꼈다. 중국인은 …… 비할 데 없이 위험한 상태에 놓여 있다. …… 우리는 지금부터 우리의 명운을 우리 손아귀로 장악해야 하고, 얼굴에 땀을 뻘뻘 흘리며 하늘 아래 한 치의 땅이라도 얻기 위해 맹렬한 투쟁을 하는 수밖에 없다. 압박과 주위를 둘러싼 어둠을 돌파할 다른 길은 없다." 1945년 4월 12일 루스벨트가 사망하자 장제스는 한층 더 큰 불안을 느꼈다. "이따금 루스벨트는 중국공산당을 비호하는 경향을 내비쳤다. 하지만 그에게는 일정한 한도가 있었다. …… 루스벨트가 죽은 뒤, 나는 미국의 정책에 영국이 훨씬 더 큰 영향력을 끼칠까 두렵다. 중소 관계에 관해 더욱 신중한 태도를 유지해야만 할 것이다."[28]

장제스의 해결 방안은 이상스러울 정도로 야심만만했고, 냉전으로 실행할 수 없게 될 때까지 줄곧 추구되었다. 그는 미소 두 나라 모두 중국이 상대방의 손아귀로 들어가는 것을 원하지 않는다는 점에 착안해, 양대 초강대국 간에 나날이 격심해지는 경쟁을 이용해서 자신의 이득을 꾀하기로 결심했다. 이데올로기와는 아무런 상관이 없었다. 장제스는 스탈린이 중국공산당과의 연대보다 현실 정치에 의해 움직일 것이라는 패나 정확한 계산을 했던 셈이다. 쑹쯔원이 모스크바에서 소련과 담판하여 협정을 맺을 바로 그 순간이 왔다고 그가 판단할 때, 이는 마오쩌둥과의 전쟁을 준비할 수 있다는 것을 의미했다.

1945년 6월에 서명한 조약은 스탈린이 주요 철도를 공동으로 경영하는 모양새로 만주에 진입하고, 소련이 뤼순(旅順) 항을 해군 기지로 사용하며 이웃 도시인 다롄은 자유항으로 삼도록 했다. 중국이 외몽골 독립을 승인한 것은 모스크바가 그곳에서 영향력을 행사할 수 있음을 뜻했다. 그 대가로 장제스는 만주가 중국의 온전한 영토임을 승인받았고, 소련군은 예전의 만주국에 단 3개월만 머물며 신장의 서북 영토를 간섭하지 않겠다고 약속했다. 중국 정부로서 가장 중요한 점은 모스크바가 국민당을 새롭게 인정한 조약을 맺은 것이었다. 또한 장제스는 미국, 영국, 소련이 참석한 포츠담 회담에서 나온 하나의 결정, 즉 전쟁이 끝난 후 일본만이 아니라 조선까지 워싱턴의 세력 범위 안에 두고 소련의 존재에 맞서는 '지정학적 평형추'로 삼겠다고 확약한 것에 더 큰 만족감을 느꼈다.

중국공산당이 중원 대륙을 차지할 수권 능력이 있다고는 믿지 않은 스탈린은 홍군 지도자들에게 얄타 회담의 정황을 감추고, 국민당과 협정을 달성하기 전에는 마오쩌둥 측과 협상을 진행하지 않았다. 마치 1920년대 시안에서처럼 스탈린은 이데올로기적 동맹자보다 장제스와의 관계를 더욱 중요시하며, 중국을 동방 공격으로부터 소련을 보호하는 아시아 완충 지대로 간주했다. 철권 통치 독재자의 대모 격인 스탈린은 성가시고 완고한 마오쩌둥보다 장제스와 거래하는 쪽이 훨씬 편했다. 총사령관의 경우, 그는 일찍이 정치 고문 오언 래티모어에게 스탈린은 비록 농간을 부리는 수완가이지만 한번 약속하면 책임을 지는 자라고 말했다. 물론 장제스는 이 그루지야 인이 마오쩌둥과 이중 게임을 벌이지 않을까 걱정했다.[29]

중소 조약이 체결되고 두 달 뒤, 히로히토 천황이 1945년 8월 15일 일본의 항복을 방송할 때 총사령관은 충칭에서 푹푹 찌는 무더위를 견디며 멕시코 주중 대사와 저녁 식사를 함께하고 있었다. 히로시마와 나가사키에 원자 폭탄이 투하되자 장제스는 크게 놀라워했다. 전쟁을 적어도 한 해 동안은 질질 끄는 것이 그의 원래 계획이었다. 태평양 전쟁이 갑작스럽게 종결되면서 중국 남부에서 대규모 진공 작전을 벌인다는 웨드마이어의 계획은 무산되었다. 이제 미래를 전망할 때였다. 총사령관은 라디오 연설에서 적은 일본 군국주의이므로 "무고한 일본 국민"에게 보복하지 말아야 한다고 강조했다. 긴급 군사 회의를 소집한 그는 나흘 동안이나 향후 계획을 세웠다. 그는 일기에 이렇게 썼다. "하나님께서 저에게 현현하시어 크나크신 은혜와 지혜를 주심에, 경건하고 정성스럽게 감사의 기도를 올립니다. 하나님의 가르침은 제가 용기와 겸손한 정신을 버리도록 인도하여 주시었습니다."[30]

일본이 정식으로 미국에 대한 항복 문서에 서명할 때, 장제스는 1945년 9월 2일의 일기에 전쟁의 결과가 남긴 매우 개인적인 감개를 적었다. "50년 동안의 국치(國恥)와 내가 감내해야만 했던 핍박과 모멸이 지금에 이르러서야 말끔히 씻겼다." 또한 "옛날의 수치는 비록 역사 속으로 사라졌지만, 새로운 치욕에 다시 휩쓸릴 위험에 노출되어 있다."라고 주의했다. 일주일 후에는 허잉친 장군을 난징으로 파견해, 적군 대표단이 중국보다 더 낮은 의자에 배치된 항복 수락 의식에서 일본이 중국에게 건네는 항복 문서를 받게 했다. 장제스는 생각했다. "오늘날 국민당과 국민당 정권의 위기는 1931년 9월 18일 일본이 선양을 침략한 이래로 그 어느 때보다 심각하다. 만일 우리가 조심하지 않으면, 우리의 계획들이 회복할 수 없는 손해를 입을 정도로 스탈린과 마오쩌둥에게 기회를 주게 될 것이다."[31]

가장 중요한 문제는 도쿄의 항복이 있기 일주일 전에 모스크바가 일본군을 공격하기 시작하면서 만주에 진격한 소련군으로부터 그곳을 넘겨받는 것이라고 장제스는 판단했다.* 이것은 국민당 군대가 대규모로 이동해서 핵폭탄 공격에 앞서 광둥을 탈환하고 그곳에 상륙한 미군과 합동 작전을 펼친다는 전략의 한 부분으로, 국군이 중국 남부에 계속 주둔해야 한다는 것을 뜻했다. 웨드마이어는 전선이 남방에서부터 중국 북부까지 크게 확대될 위험성을 경고했다.** 국민당군의 최정예 부대를 동북 지방으로 파견하는 것은 큰 실수를 저지르는 격이고, 장제스가 만리장성 연선에 견고한 방어선을 구축하는 편이 더

---

* 소련군이 취한 최초의 행동은 청나라의 마지막 황제 푸이를 구금하고, 비행기에 태워 소련으로 압송한 것이었다. 5년 후 푸이는 중화인민공화국으로 되돌아와 노동과 학습을 통해 '개조'를 받았다.

** 웨드마이어는 또한 만주를 연합국이 위임 통치하자고 제안했다. 이것은 중국 주권에 대한 모욕이었다. 게다가 안전보장이사회 상임이사국인 국민당 정부가 거부권을 행사할 것이 분명하므로 아마 모스크바도 받아들일 수 없었을 것이다.

낮다는 논쟁이 벌어졌다. 하지만 만일 총사령관이 중국의 유일한 지도자가 될 자격을 현실화하려면 그는 반드시 만주를 다시 차지해야 했다. 이 점은 만주가 14년 동안 외국의 통치하에 있었기 때문에 특히나 중요했다. 만주는 이 나라에서 가장 공업화된 지역이자 국민당이 경제적 지위를 개선하기 위해 필요로 하는 전리품이었다. 만일 소련의 지지 아래 만주를 마오쩌둥이 접수하면, 공산당에게 그들의 지배권을 세우고 물리적 역량을 강화해 줄 어마어마하게 큰 지역을 내주게 되어 적에게 큰 상을 바치는 꼴이 될 것이었다. 일단 만주를 차지하게 되면 공산당이 머지않아 남하할 가능성은 불 보듯 뻔했다. 만리장성 방어선은 지속되어야 하고 미국의 지원은 증가해야만 했다. 그러므로 장제스가 최정예 부대를 파견하여 동북 지방을 수복하기로 결정한 것은 그리 뜻밖의 일이 아니었다.[32]

미국은 일본군에게 오로지 국민당군에게만 투항하라고 명령하고, 해군 육전대가 상륙하여 산둥 성과 허베이 성의 전략적 요충지를 점령하는 방식으로 장제스를 도왔다. 미군이 오로지 장제스 군대와 협력하는 것은 공산당원들에게 자연스럽게 '워싱턴은 적'이라는 관점을 강화했다. 비록 스탈린이 국민당과 일시적으로 타협해서 잠정 협정을 맺어 보라고 충고했지만, 홍군 사령관 주더는 부대원들에게 그들이 선택한 그 어떤 도시든 일단 점령하라고 명령했다. 장제스가 이를 "갑작스러운 불법 행동"이라고 비난하자, 옌안은 장제스에게 국민보다는 일본인에 대한 관심이 더 많은 냉혹한 파시스트 두목이라는 딱지를 붙였다. 그러나 비록 이렇게 서로 독설을 퍼부었지만, 양측은 일본과의 장기 투쟁 후 국가 통일에 대한 열정을 보여 줄 필요가 있었다. 중국은 전쟁에 신물이 났고, 내부의 평화를 향해 나아가기를 열망했다. 그래서 중국의 거대한 두 적은 1927년 장제스의 대숙청 이래 거의 20년 만에 처음으로 만났다.[33]

마오쩌둥과의 첫 만남

패트릭 헐리가 비행기에서 나와 한 손으로 승리의 중절모를 흔들 때 얼굴에는 찬란한 미소가 가득했다. 뒤따라 구깃구깃한 푸른 무명옷을 입고, 차양 모자 아래로 긴 머리카락이 드러나 있고, 조금 포동포동하고 얼굴선이 부드러운 51세의 마오쩌둥이 나타났다. 그는 도착 성명에서 정치와 군사 문제는 마땅히 "공정함과 합리성에 입각할 뿐 아니라 평화와 민주주의에 기초해야 하고, 또한 독립적이고 풍요로운 강대한 신중국을 건설하기 위해 똘똘 뭉쳐서 해결해야 한다."라고 말했다. 처음으로 비행을 한 느낌이 어떠냐고 묻자, 마오쩌둥은 "매우 효율적"이라고 대답했다. 연이어 헐리가 자신의 검은 캐딜락으로 그를 인도하여 충칭을 향해 함께 내달렸다.[34]

장제스는 일본이 항복하기 하루 전에 시작해 세 차례에 걸쳐 회담을 제안했다. 마오쩌둥은 이제 갓 자신의 지위를 강화하는 당 회의를 주재하는 중이었기 때문에 즉각 회담을 하지 않았다. 마침내 초청을 받아들인 뒤, 마오쩌둥은 만일 필요하다면 충칭 주재 소련 군사 대표단이 피난처를 마련하게 해 달라고 소련에 요구했다. 그는 비행기가 격추되는 것을 방지하기 위한 추가적 조치로 헐리가 몸소 옌안으로 와서 함께 비행기에 동승해야 한다고 강력하게 주장했다. 장제스는 일기에 썼다. "얼마나 우스꽝스러운 짓인가! 공산당원이 그렇게도 겁이 많고 뻔뻔스러울 줄은 상상도 못했다. 불과 사흘 전에 공산당 신문과 라디오는 헐리가 반동적인 제국주의자라고 욕을 퍼붓지 않았던가. 동일한 제국주의자가 이제는 마오의 안전을 보장하는 보호자가 되다니."[35]

1945년 8월 28일 마오쩌둥은 충칭에 도착했다. 이 공산당 영도자는 10년 전 대장정을 마친 이래 처음으로 산시 소비에트 근거지를 떠났다. 비록 당의 지도자이자 홍군의 영수로서 의심할 수 없는 지위를 세웠지만, 그의 경험은 옌안 주변 세계로 제한되어 있었다. 국제 문제에 대한 지식과 판단 그리고 중국 내 권력 투쟁에 대한 영향력은, 역사학자 오드 안 웨스터드(Odd Arne Westad)의 언급처럼 "도식적이고 얄팍했으며 …… 그의 분석은 추측과 환상에 기초하여 세워졌다."[36]

마오쩌둥이 충칭에 도착한 날 밤에 장제스는 그를 위한 연회를 베풀었다. 장제스는 축배를 들며 "우리가 이제 1924년의 그날들로 되돌아갈 수 있기를" 바란다고 말했다. 마오쩌둥은 만찬 코스 사이사이에 담배를 피우면서 식도락가처럼 요리를 흠뻑 즐겼다. 중국인이 서로를 판단할 때 늘 쓰는 어휘 중 하나를 골라서 장제스는 일기에 "나는 그를 성심성의껏 대접했다."라고 기록했다. 하지만 곧 일들이 엉켜 버렸다. 마오쩌둥에 대한 기록은 다음처럼 이어진다. "그는 만족스럽지 못한 듯했다. …… 그는 나의 호의를 이용해 터무니없는 요구를 하는 데 어물쩍거리지 않았다."[37]

두 사람 간의 틈은 엄청나게 컸다. 장제스는 실질적인 정치 및 군사 권력을 포기할 의사가 전혀 없었다. 봄에 그는 국민 대회를 열고 연합 정부를 구성하자고 말했지만 곧 국민당을 "느슨한 정당 연합체에게 양보"할 수는 없다고 덧붙인 바 있었다. 그는 홍군의 규모를 현저히 감축하고, 국민당 정부의 권위를 중국 전역으로 확장하자고 제안했다. 마오쩌둥은 공산당 지도부가 북방의 다섯 성, 베이징 군사 위원회 주석 직위와 더불어 실체적인 군대를 갖길 원했다.

두 영수는 회담을 협상 팀에게 넘겼다. 열두 차례가 넘는 토론 기간 동안 막후에서 담판을 조종하는 과정이 벌어졌다. 로이터 통신의 둔 캠벨 특파원은 장제스가 사교 장소에서는 마치 '보라! 그가 설마 나에게 전리품을 주지 않겠는가?'라고 말하는 듯이 방문자를 치켜세웠다고 보도했다. 다과회에서 마오쩌둥은 "장제스 총통 만세!"라고 외쳤지만, 찬양의 목적은 변하지 않았다. 9월 4일 총사령관은 여명에 일어나 하나님께 국가의 평화와 통일의 길을 마오쩌둥에게 보여 달라 기도했다고 썼다. 한 회담에 관해서는 이렇게 썼다. "나는 그에게 모든 곤란한 문제를 공정하고 관대한 정신으로 해결하겠다고 약속했다. 그는 28개 사단을 편성하겠다고 했다." 또 다른 회담을 마치고 마오쩌둥, 헐리와 함께 기념 촬영을 한 뒤 중국의 총통은 저우언라이가 공산당의 요구를 48개 사단까지 올려놓았다고 기록했다. 장제스는 불평했다. "이는 공비와 협상하는 게 얼마나 어려운지를 보여 준다. 참으로 불공정하고도 불성실하다!"[38]

마오쩌둥이 충칭에 머문 지 세 주째로 접어든 후, 두 영도자는 모든 정당이 참가하는 연합 정부 구성을 포함하여 내전을 피하기 위한 것이라고 묘사된 임시 협정을 발표했다. 연이어 공산당 영수는 둔 캠벨이 서면으로 제출한 문제에 응답하는 데 동의했다. 캠벨을 숙소로 부른 뒤, 그는 상하이의 부유한 가정의 딸로 말씨가 부드럽고 싹싹한 공산당 신문 간부를 통해 자신의 회답을 건넸다. 캠벨은 소문자 국제 전보 용어로 쓴 보도문에서 마오쩌둥의 말을 인용했다. "나는 현재 진행한 담판의 결과를 그들이 중단할 수 없을 거라고 확신한다. …… 중국에게 지금 필요한 것은 다른 게 아니라 평화를 다시 추진하는 정책이다. 그래야만 중국 내전을 완강하게 막을 수 있다." 검열관은 캠벨의 전보를 아무 수정 없이 통과시켰다.[39]

국민당과의 교섭 외에, 마오쩌둥은 산둥 성의 공산당원이 전략사무국 한 부서의 우두머리를 찔러 죽인 일로 웨드마이어 장군의 분노 어린 항의에 직면했다. 사망한 수장인 존 버치(John Birch)는 훗날 미국 극우익들이 그의 이름을 딴 운동에서 우상으로 숭배받았다. 웨드마이어는 마오쩌둥과 저우언라이에게 이 살해 소식이 미국에게 "매우 우려스러운 영향"을 미칠 것이라고 경고했다. 동시에 허베이 성의 공산당원도 미국인 정보 요원 한 명을 포로로 붙잡았다. 이 두 가지 예의 부분적 동기는 공산당과 그다지 애국적인 인상을 주지 않는 현지의 친일 괴뢰군이 맺은 모종의 묵계에 대한 증거를 전략사무국 요원들이 수집하는 일을 저지하려는 공산당의 의도인 듯 보였다. 마오쩌둥과 저우언라이가 공산당이 미국인에게 갖고 있던 호의를 상기시키자, 웨드마이어는 몇 달 만에 변화를 감지했다. 저우언라이는 허베이 공산당에게 포로를 풀어 주라고 명령했다. 산시의 공산당원만이 전략사무국 요원을 감금하고 있었다.[40]

자유민주동맹 및 민주사회주의당의 지도자들을 만날 기회를 잡았던 마오쩌둥은 1945년 10월 초 옌안으로 돌아갈 때라고 판단했다. 10월 8일, 500명이 참석한 연회에 주빈으로 참가한 그가 또다시 "장제스 총통 만세"를 외치자 열렬한 박수 소리가 터져 나왔다. 장제스의 미국인 지지자 헨리 루스도 손님 무리에 끼여 있었다. 루스는 대화를 나눌 때 공산당 지도자들이 특유의 "예의 바른 두루뭉술한 불평으로" 자신의 논평에 반응했다고 적었다.[41]

이튿날 마오쩌둥은 그의 맞수를 방문해 한 시간 동안 회담을 가졌다. 총사령관은 국민당과의 합작에 대한 견해를 묻자 "마오쩌둥은 종잡을 수 없는 말을 늘어놓으며 명확히 대답하지 않았다."라고 일기에 썼다. 장제스가 공산당은 독립적인 영토를 갖겠다는 생각을 포기해야 한다고 말하자 마오쩌둥은 동의했다. "하지만 정말로 믿을 만한가? 그가 나의 성의에 감동받았단 말인가?" 보아하니 이 공산당 영수는 그의 안전한 해방구로 돌아가기를 몹시도 바라고 있는 듯했다. 마오쩌둥은 충칭에 머무는 동안 매우 의기소침해져 익숙한 환경으로 되돌아가기를 갈망할 수밖에 없었을 것이다.[42]

1945년 10월 10일 중국의 국경절에 두 사람은 두 차례 회담을 가졌다. 장제스는 중국이 만약 통일 국가가 된다면 공산당 지역은 반드시 국가 체제의 한 부분이 되어야 한다고 주장했다. 다음 날 떠날 때 마오쩌둥은 정치 협상 회의 소집, 공민의 자유 보장, 모든 정당의 합법성 승인 및 정치범 석방에 대한 협의를 공개하자고 호소했다. 하지만 무장력의 강도나 성급 행정부의 분배 또는 제안된 국민 대회가 민주적으로 진행되기 위해 대표들을 어떻게 선출할 것인가에 대한 의제는 아무도 언급하지 않았다. 마치 둔 캠벨이 집으로 보낸 편지에 쓴 내용과 같았다. "한쪽은 다른 쪽을 믿지 못하고, 먼저 양보하지도 않았다. 양측은 다른 측에 의해 세워질 지방 정권을 막고자 했다. 양측 모두가 강역, 군대, 공민, 정치에 대한 통제권을 확보하고 싶어 했다. 그런데도 두 사람은 민주, 통일, 자유, 군대의 국가화에 찬성했다."

이때 쌍방의 군대는 계속해서 이동했다. 공산당은 200개의 도시를 점령하고 미군은 해공 양로로 국민당 군대를 북방으로 이동시켰다. 군사 형세를 고려한 장제스는 정치 협상 회의를 다음 해까지 늦추었다. 그는 10월 15일 외국 기자들을 초대한 다과회를 열어 여전히 모든 것을 자신이 장악해 나가고 있음을 보증했다. 이튿날 캠벨은 집으로 보낸 편지에 썼다. "부드럽고, 섬세한 손과 엄청한 매력. 그는 영어를 할 줄 몰랐지만 'seet down.'이라고 말했다."* 뉴욕에서 돌아온 쑹메이링도 참석했다. 이 특파원은 그녀에 대해서도 기록했다. "매우 섹시하고, 그녀와 악수를 할 때에는 전율이 척추를 타고 내려왔다. 내가 만났던 사람 중에서 가장 육체적으로 흡인력이 강한 마흔 살의 여성이었다. 그녀의 자태와 화장은 흠잡을 데 없이 완벽했다."

엔안으로 돌아온 마오쩌둥은 정신적인 충격을 받은 듯했다. 그의 통역사에 따르면, 마오쩌둥은 며칠 내내 "침대에 엎드려 몸을 떨었다. 손과 다리는 발작적으로 경련을 일으켰고, 온몸에서 식은땀을 흘렸다. 그는 우리에게 차가운 수건을 이마에 놓아 달라고 부탁했지만, 아무 도움이 되질 않았다. 의사도 손을 쓸 수가 없었다." 마오쩌둥의 병은 적어도 어느 정도는, 훨씬 더 드넓은 영토에 의지해야 할 그의 정당이 봉쇄된 세계에 건립한 통치가 얼마나 협소하고, 그의 맞수는 얼마나 견고한가를 깨달은 결과일 터였다. 마오쩌둥의 희망이 엔안에 왔던 헐리의 애초 임무에 의해 비롯되었다면, 충칭에서 되돌아올 무렵 그는 워싱턴과 모스크바 양측의 지지를 모두 누리며 바라는 대로 국공 협정의 어느 부분이든 깨뜨릴 준비가 되어 있는 체제를 고립된 채 맞닥뜨리고 있었다.[43]

병이 나은 후 마오쩌둥은 특유의 고집스러운 반응을 보였다. 그는 한차례 회의에서 충칭 협정은 그저 한 장의 종이쪽에 불과하다고 말했다. 국민당과 잠정 협정을 맺으라는 스탈린의 지시에 관해서는 이렇게 물었다. "설마 우리더러 총을 내려놓고 국민당에게 투항하라는 뜻은 아니겠지?" 그의 대답은 확고하고도 명확했다. "인민이 무장한 모든 총과 모든 탄알은 반드시 지켜야 하며, 절대로 넘겨줄 수 없다."

비록 승전국이 되어 전쟁이 끝났고 4대 강국의 하나로 유엔안전보장이사회 상임이사국 의석을 맡았을지라도, 중국의 상황은 극도로 엉망진창이었다. 주요 도시들은 황폐해졌다. 농촌은 일본군에 의해 몽땅 약탈당했다. 경제는 불구가 되었다. 관료층을 제외하면 국민당 중앙 정부를 지지하는 이는 드물었다.

---

* '앉으세요.'라는 뜻의 sit down. — 옮긴이

홍군의 규모는 확대되었다. 공산당원들은 농민층에서 광범위한 지지를 얻고 있었고, 이제 북방에서 일본군의 압력으로부터 자유로웠다. 그래도 장제스가 1937년 이래 줄곧 기다렸던 순간이 찾아왔다. 그는 만주에 그의 아들을 포함한 사령부를 세우고, 버마에서 스틸웰의 강한 불만을 불러일으켰던 두위밍 장군을 지역 사령관으로 임명했다. 두위밍은 장제스를 위해 성가신 윈난 성장 룽윈을 제거하는 정변을 실행함으로써 충성심과 유용성을 입증한 참이었다. 룽윈은 이때 충칭에서 사실상 수감자로 억류되어 있었다.

하지만 소련 점령군은 협력하지 않았다. 일부 지방에서 그들은 미군이 국민당 군대를 상륙시키는 작전을 저지한 반면 공산당의 세력 확장은 허용하고 대규모 공장을 중소 연합의 통제 아래 둘 것을 요구했다. 장제스는 항의의 표시로 소련이 만주에 파견한 연락관을 철수시키고 미국에 도움을 호소했다. 이것은 워싱턴과 중대한 충돌을 원하지 않으며 충칭과의 관계도 유지하고 싶은 스탈린에게 예상했던 효과를 발휘했다. 크렘린의 훈령 아래 소련군 지휘관 말리노프스키 원수는 행동 방침을 바꾸어, 그의 목적을 "중국 정부가 동북 지방에 정치권력을 세우는 일을 원조"하는 것으로 한정했다. 전 만주국의 수도 창춘에서 소련 점령군 사령관은 "국민당 정부 반대를 용납하지 않겠다."라고 선포했고, 게다가 이 도시의 공산당 시장을 해고했다.[44]

스탈린은 장제스가 충분한 인원을 보내 만주를 적절하게 인수하고 관할할 때까지 소련군 철수를 늦추는 데 동의했다. 장제스는 군대와 남방인들을 보내 주요 도시를 관리하도록 했다. 그는 현지 인물들을 철저하게 무시했다. 구금 상태인 청년 원수 장쉐량이 그의 예전 영토에 국민당 정부를 세울 수 있도록 석방하자는 건의는 즉각 거절했다. 한편 공산당원들은 장쉐량의 형제를 이용해 만주인들의 지지를 얻으려고 했다. 중앙군은 만리장성 이북의 노상에서 숫자가 월등히 많은 공산당 군대에게 큰 승리를 거두어 국민당의 지위를 강화했다.

마오쩌둥이 억지로 자신의 현실적인 위치를 받아들이고 소련 정책을 따라가는 것과 비교해, 장제스는 남중국해부터 만주-소련 국경에 이르기까지 정권을 세우는 가장 아름다운 전망을 이루는 듯했다. 이는 청나라가 와해된 후로 그 어떤 통치자도 실현하지 못했던 야망이었다. 스탈린은 지나치게 멀리 나가며 워싱턴 정부에게 만일 미국이 중국에 주둔군을 두더라도 반대하지 않겠다고 말하기까지 했다. 실제로는 웨드마이어가 워싱턴에 경고한 바대로, 장제스는 공산당에 대항해 만주 전체를 장악할 수단이 부족했다. 1945년 말경 겉보기에만 강대한 장제스의 힘은 완전히 소련과의 결탁에 의지했고, 그의 능력은 워싱턴과 모스크바의 지지로 유지되었다.[45]

냉전 확산은 곧 의심을 불러왔다. 워싱턴의 정책 입안자들은 만주에서 권위를 강력하게 다지는 스탈린의 계획을 점점 더 염려했다. 궁극적인 악몽은 모스크바가 중국공산당의 압력, 그리고 중일 전쟁으로 인한 타격을 회복하지 못한 국민당 중앙 정부의 허약함을 치명적으로 결합해 중국을 마음껏 통제하는 것이었다. 유럽에서 우세한 그 자신의 힘까지 결합한다면, 소비에트 연방은 전후 갈등의 승자가 될 수 있었다.

중국을 어떻게 대할 것인가라는 사안은 헐리가 끝내 무너지면서 바야흐로 결단의 시점에 이르렀다. 1945년 말 워싱턴을 방문한 헐리는 해리 트루먼 (Harry Truman) 대통령을 만나 불평스러운 투로 그의 지위가 약화된 것은 국무부 때문이라고 말했다. 두 시간 후 그는 사직을 선언하고, 공산당과 유럽의 제국주의 양자를 동정하는 외교관들을 비난했다. 헐리가 마오쩌둥에게 구애했던 방식을 무시하는 미국의 우익 공화당원들은 그를 미국 외교가에 침투한 공산주의 순교자로 뒤바꾸려 갖은 애를 쓰고, 행정부의 대중국 정책이 미국의 국내 정치 문제들을 여러 해 동안 곪게 만들었다고 간주했다. 즉각적인 조치가 필요하다고 생각한 트루먼은 전시 참모장연석회의 의장에서 막 퇴임한 조지 마셜에게 전화를 걸어 대통령 특사 자격으로 중국을 방문해 달라고 요청했다. 마셜 장군은 아내가 엿들을 것을 염려해, 대통령이 원하는 것이라면 무엇이든 하겠다고만 대답하고 전화를 끊었다. 그는 휴식 대신에 진주만 폭격 이후로 미국을 패배시켜 온 도전을 처리하러 나아가야 했다. 아내에게 이 소식을 전할 시간이 필요했다.[46]

마셜은 소련의 영향력을 저지하고, 강한 중국을 세우기 위해 국민당과 공산당의 합작을 촉구해야 하는 두 가지 사명을 지니고 있었다. 만일 트루먼과 미국 국민들이 이러한 기적을 일으킬 수 있으리라고 믿는 누군가가 있다면, 바로 제2차 세계 대전에서 연합군의 승리를 조직한 사람이었다. 훗날 마셜은 국무부 장관이 되었고, 그의 이름을 딴 유럽 재건 계획의 입안자가 되었다. 그러나 장제스가 지구 상의 최고 권력자보다 더 능숙한 정치력을 발휘할 때 마셜은 생애에서 가장 깊은 늪에 빠지고 말았다. 바로 난국에 처한 중국이었다.

25

불가능한 임무

일본과의 8년 전쟁은 여위고 약해 빠진 국민당 체제에 장기간에 걸쳐 큰 타격을 입혔다. 전쟁의 기간과 규모와 성질은 중국과 국민당을 한층 더 쇠약하게 했다. 역사학자 한스 반 더 벤의 말마따나 "중국 사회 자체가 망가져 버렸다." 한 영화감독은 회상했다. "승리를 한 뒤 수개월 만에 우리 모두는 극심한 좌절감에 빠졌다." 훗날 마오쩌둥은 일본의 잔악 행위를 사과하는 일본인들에게, 중일 전쟁이 없었으면 그는 여전히 옌안의 동굴에서 살고 있을 거라며 도쿄에 감사해야 할 빚을 지고 있다고 말했다. 국민당 지지를 다시 모을 수 있는 정치 개혁은 궤도를 벗어나 탈선하고 말았다. 정부를 효율적으로 변화시키려는 쑹쯔원의 시도는 이중의 장애에 부딪혔다. 그의 머리 꼭대기에 앉아 있는 장제스, 그리고 그의 다리 아래 있는 수만 명의 비능률적인 관리들이었다. 다이리의 죽음에 대해서는 단순한 비행기 사고라고도 하고 공산당이나 미국인의 테러 혹은 전시에 벌어진 일본인의 음모라는 여러 가지 설이 분분했다. 장제스는 믿음직한 추종자를 잃었지만, 이 비밀경찰의 우두머리가 입안하고 지휘한 억압은 줄어들지 않았다. 아무개 비밀경찰감은 한 외국인에게 털어놓았다. "당

신이 잔혹 행위라고 부를 만한 것은 중국 인민에게는 예사로운 일이 되었다. 조심스러운 수단을 쓴다면 우리는 실패할 수 있다." 박해받는 수많은 지식인과 학생들은 자신들이 의심받던 것을 실천하기로 결정하고, 공산주의자가 되었다.[1]

위궤양으로 고생하던 천청 장군은 질이 낮은 잡군을 해산하고 다른 지역의 부대들을 혼합 편성하여 자치를 약속함으로써 군대의 효율을 높이고자 했다. 하지만 많은 부대가 제자리에 머물며 약탈과 도적질로 생계를 잇거나 공산당 군대에 합류했다. 한 부대의 군관들은 해산을 당하고 몹시 분개하여 난징의 중산룽(中山陵)에서 '통곡 시위'를 했다. 광시 지도자 리쭝런이 이들이 홍군에 신병으로 들어갈 위험이 있다고 지적하자 천청이 대답했다. "만일 공산당에 투신하면 그들을 홍군과 함께 한 솥에 끓여 버립시다." 항일 전쟁 전에 홍군을 요리하지 못했다는 리쭝런의 말에 천청이 대꾸했다. "그건 우리 공군이 충분히 강하지 못한 탓이었소."

국민당 군대의 상황이 여전히 나쁘다는 것은 병영에서 신병들을 질병과 기아로 죽게 한 군관을 장제스가 지팡이로 흠씬 두들겨 팼다는 널리 알려진 한 일화가 대변했다. 장제스가 병사 수가 꽉 차고, 적절한 훈련을 받고, 장비가 우수한 사단을 여섯 개밖에 갖고 있지 않다는 것은 부인할 수 없는 사실이었다. 각 사단의 병력은 11만 명이었다. 총괄하자면 장제스의 군대는 겉보기에만 강대했다. 국군은 내전과 항일 전쟁으로 힘을 소진한 후 극도로 허약해졌다. 이것은 그가 군사적 수단으로 미래를 결정할 때 매우 엄중한 작용을 했다.

장제스는 만일 원한다면, 중국을 대표하는 유일한 인물으로서 위상을 악용하여 더 많은 일을 저지를 수 있었다. 국공 연합 정부를 세우려는 미국의 생각을 따른다면 그는 자신의 지위를 이용해 최고의 자리를 보장받을 수 있었고, 결과적으로 워싱턴과 훨씬 긴밀하게 연결될 수 있었다. 하지만 장제스는 때때로 민주적인 몸짓을 하면서도 10년 전과 마찬가지로 뼛속부터 공산당을 박멸하고자 했다. 또한 약하게 보일 수 있는 유순한 태도는 마다했다. 더구나 그는 미국을 믿지 않았다. 여하튼 일본에게 승리했지만 모든 것은 예전과 마찬가지였다. 비록 총사령관은 생존 전문가였으나, 그 자신의 제한된 지평선을 파악하는 안목이 없었던 탓에 아무것도 배우지 못했다.[2]

국민당 이주자들은 해방된 지구로 옮겨 가서 진짜로 부역을 했든 안 했든 친일 부역 분자로 고발된 이들의 재산을 빼앗았다. 장제스는 예전의 친일 괴뢰 정부와 심지어 일본 군관들의 도움도 받아들였는데, 이는 전쟁의 최후 단계에서 그가 적과 상호 보호 협정을 맺었다는 이야기에 신빙성을 더했다. 국민당 정부는 '재건세'를 징수하고, 상업계에 더욱 깊숙이 개입했다. 국가 기관도 건축물과 공장을 강탈했다. 역사학자 에드워드 드라이어(Edward Dreyer)가 묘사한 바대로, 만주의 성진들은 예전에 버마에서 조지프 스틸웰이 부정부패를 유별나게 일삼는 가장 싫은 놈으로 간주한 두위밍 장군의 통치 탓에 도적 정치 치하로 변하고 말았다. 허난 성에서는 대기근이 휩쓸고 지나갔다.[3]

농촌에서는 농민 대중들이 억압, 부패 그리고 곡물로 징수하는 토지세 정책 탓에 소외되었다. 국민당 군대는 농민들에게 구질서로 복귀할 것을 강요했다. 미국 저널리스트 잭 벨던이 중일 전쟁 기간에 공산당이 개혁 정책을 실행했던 허난 성의 한 현을 취재한 보도는 국민당 정부군이 되돌아왔을 때 무슨 일이 벌어졌는지를 엿보게 해 주었다. 토지 개혁에 참여한 농민들은 공개 처형을 당했다. 소작료 감소 운동을 벌였던 농민은 때로는 온 가족과 함께 산 채로 매장되었다. 한 마을에서 벨던은 여자와 어린이를 포함한 스물네 구의 시체를 구덩이에서 파내는 것을 목격했다. 또 다른 마을에서는 일본군이 도망친 뒤 돌아온 지주가 28가구의 24명을 모조리 죽이고, 일부는 우물 속으로 내던져 버렸다. 우익 민병대는 갈취한 돈으로 군대로부터 총을 샀다.[4]

공산당원들 또한 농촌에서 그들의 적에 맞서 무자비한 폭력을 사용했다. 그러나 국민당군의 귀환과 함께 닥친 압제는 마오쩌둥의 농민 혁명 독트린에 아무런 대응을 하지 못하는 국민당 체제로부터 농촌 지방이 훨씬 더 극심한 소외를 당하게 했다. 그 결과 홍군이 국민당군의 압박으로 철수할 때에도 지방 부대들은 계속 활동했다. 그들은 진정한 공산주의자는 아니었겠지만, 그들의 경험은 공산 혁명 사업만을 지지하게 했고 적어도 주변 농민들로부터 암묵적인 지지를 받았다. 농민들은 그동안 받은 압박에 맞서는 복수를 감행하여 지주들을 죽이고 관원들을 위협했다. 이러한 게릴라 조직들에는 저항 정신이 살아 있었기에 홍군이 장제스에 대한 역공을 발동할 때 무궁무진한 지지의 바다가 되었다.

국민당 체제는 여전히 네 가족 즉 장제스, 쑹쯔원, 쿵샹시, 천씨 형제들에게 빈틈없이 통제받는 과두정이었다. 경제는 대다수 인민들에게 가장 나쁜 영향을 준 영역이었다. 고문 아서 영이 평한 바대로 "군사적 보호의 결핍에 더하여 중국의 광대한 인민은 정부가 국가의 이익을 위해 경제를 관리하는 것도 기대할 수 없었다." 인플레이션은 지속적으로 상승했고, 돈을 버는 일은 실질적으로 아무런 가치가 없었고, 미국 1달러의 가치가 40배나 폭등했다.

부패는 하나의 생활 방식이 되었다. 국채와 미국의 황금 차관을 둘러싼 스캔들은 두웨성을 포함한 장제스의 측근까지 얽혀 있었다. 유엔구제부흥기구(UNRRA)의 원조 물자는 분배를 위해 중국에 전달된 뒤 곧바로 암시장으로 흘러 들어갔다. 잭 벨던이 방문한 화중(華中) 지방 한 곳에서 군인들은 고아원으로 가는 물자를 가로막고 그들 소유의 창고에서 모조리 팔아 치워 고아들을 굶어 죽게 만들었다. 공산당 통제 지역으로 갈 구제 물자를 기차 수화물 칸에 적재해서 몸소 호송하겠다고 주장한 미국인 의사는 난방과 음식이 없는 고립무원의 철도 지선으로 궤도가 바뀐 뒤 추위와 굶주림으로 죽고 말았다.[5]

소수의 상류층이 암시장에서 쌓은 부와 대도시에서 위용을 뽐내며 달리는 수입 리무진은 표면적인 번영을 조성했다. 다이리는 상하이로 가서 부하를 만날 때 도로 위를 채우고 있는 수많은 차들로 인해 감개무량했다. 중국 군인들보다 각자 500배씩 돈을 더 쓰는 미군 사병들은 '지프 아가씨'를 태우고 충칭과 청두의 거리를 질주했다. 쿵샹시는 그들이 가축이 남아나지 않을 만큼 많은 고기를 해치운다고 불평했다. 반면에 무수한 사람들이 굶주림에 시달렸다. 「승관기(升官記)」라는 상하이 풍자극은 고작 두통을 치료하기 위해 금괴를 바치는 한 성장을 묘사했는데, 안전을 위해 극의 배경은 고대로 설정했다.[6]

마지막 미국 특사

조지 마셜이 1945년 12월 중국으로 떠날 때,《뉴욕 타임스》시사 만화는 도자기 파편이 흩어져 있는 탁자를 바라보는 그를 주인공으로 삼았다. 깨진 도자기의 이름은 '우리의 중국 정책'이었다. 상하이에 도착한 마셜은 웨드마이어 장군으로부터 국민당과 공산당을 중재할 가능성에 대한 비관적인 논평을 들었다. 웨드마이어는 첫 번째로 그들은 절대 자신의 권력을 포기하지 않으려고 하는 반면에, 두 번째로는 각자 더 많은 권력을 원하기 때문에 국공 합작은 불가능하다고 설명했다. 그러나 단도직입적인 특사 조지 마셜은 포기를 거부했다. 그는 웨드마이어에게 말했다. "저는 제 사명을 반드시 완수할 터이니 저를 도와주십시오." 마셜을 여러 차례 만나 본 로이터 통신 특파원 둔 캠벨은, 때때로 "일부 불쾌한 사건에 대해 창조주의 진노처럼 쩌렁쩌렁하게 화를 내는 것" 외에 그는 표현을 매우 자제했다고 회상했다. 누군가가 이 임무의 본질이 무엇인가를 가르쳐 줄 필요가 있었다.

트루먼은 미국의 대중국 정책이 "강대하고 통일을 완성한 민주적인 중국"을 세우는 것이 목적이라고 말했다. "중국의 불화와 내전으로 인한 분열로 인해 중국이 미국의 원조를 받기에는 현실적으로 적절하지 않다는 판단을 할 수밖에 없다." 대통령의 특사가 장제스에게 가져온 경고는 이제 사실상 압력으로 변했다. 하지만 장제스와 마오쩌둥 사이에서 불편부당한 조정자가 될 것이라는 마셜의 성명은 국민당에게 쏟아붓는 미군의 군사 원조 및 미국 군함의 사용, 그리고 비행기로 장제스의 군대를 북방으로 이동시킨 일에 의해 빛이 바래고 말았다. 워싱턴은 중국 내전을 피하는 것으로 목표를 설정했다. 하지만 이것은 겉만 그럴듯한 추론이었다.

일본군이 쫓겨날 때 파견한 6만 명의 미군으로 항구, 공업 중심지와 광산을 점거하는 것 외에 트루먼은 소련의 영향력을 단호하게 저지하기로 하고, 중국공산당을 모스크바가 조종하는 세계 공산주의 운동의 부분으로 파악했다. 그는 스탈린이 만주에 권력 기구를 세울 기회를 잡을 것을 두려워했고, 마셜의 주요 목적들 중 하나는 국민당군을 충분히 증강해서 그러한 일을 막는 것이었다. 비록 마오쩌둥과 저우언라이는 마셜의 임무에 협조할 때 생기는 이익이 그들의 힘을 더욱 강화할 것이라 내다보았다손 치더라도, 장제스 정부에 대한 미국의 원조는 명백하게 한쪽 편만으로 치우쳤던 탓에 공산당원들 사이에서 소외감이 날로 증가했다. 잭 벨던은 북방 평원의 담벼락 이곳저곳에 붙어 있는 표어, 곧 중국을 미국에 팔아먹는 '장제스 타도'에 퍽 충격을 받았다.[7]

사실 마셜이 그의 66세 생일인 1945년 12월 21일 충칭에 도착한 날부터 총사령관은 그를 마음속으로 경계했다. 이미 반복적으로 보여 주었듯, 장제스는 자신의 지위를 첫 번째로 놓았고 만일 이 지위가 위협받으면 온 힘을 기울여 자신의 주요 동맹국을 방해할 수 있었다. 국민당에 대한 간섭은 외국이 중국에 간여하는 의사(擬似) 제국주의의 되풀이로 쉽게 간주되었기에, 그는 워싱턴에 대해 애착이나 부채감을 느끼지 않았다. 예컨대 두 명의 중국 여학생이 베이징에서 미국 해군육전대 사병들에게 강간을 당한 사건은 전시 동맹국에 대한 매우 보편적인 악감정을 불러일으켰다. 20세기 전반에 근대주의자들에 의해 신봉된, 서구화는 곧 진보라는 등식은 그 호소력을 상실하는 중이었다. 오랜 전쟁 기간 동안 중국 체제는 자신의 조건에 기대어 생존해 왔던 것이다.

국공 연합 정부를 세우려는 미국의 추진력은 공산당만을 도울 뿐이었고, 평화 추구 또한 국민당의 만주 재정복을 저지했다. 장제스는 국내의 적과 가능한 한 빠르게, 가장 광활한 범위 내에서 자웅을 겨루고 싶었지만, 공산당은 결전을 미룰수록 많은 시간을 벌어 군사와 정치 역량을 기르는 현실적 이익을 얻을 수가 있었다. 따라서 장제스의 눈에는 휴전 협정 협상을 중재하고 연합 정부 회담에 개입하는 미국의 노력이 그저 적을 돕는 행위로만 보였다. 국제적 범위로 말하자면, 그는 워싱턴에 대한 지나친 접근이 스탈린과 소원하게 만들 수 있다고 경계했으며 또한 두 개의 초강대국 사이에서 변화의 여지를 되도록 많이 남겨 두기를 바랐다. 국민당의 실력파 인사인 천리푸는 "다른 그 누가 이곳에 오더라도 마셜 장군보다 더 낳을 터"라고 경고했다. 마셜의 사명은 미국을 공산주의 프로파간다 앞에 노출할 것이고, 만일 실패로 종결된다면 국민당에게 책임을 돌릴 수도 있기 때문이었다.

이 특사의 말솜씨 또한 서툴러 받아들이기 힘들었다. 천리푸는 그의 말투가 마치 식민지 총독이 "엄하게 우리를 훈계하는" 듯했다고 회고했다. 마셜이 스틸웰의 옹호자였으며 중일 전쟁 기간 동안 루스벨트가 서명해서 보낸 다소 지나친 어휘로 쓰인 전보들의 원작자라는 배경도 있었다. 환영회가 열리고 연이어 마셜이 진행한 첫 번째 회담이 끝난 뒤, 여러 차례의 회담이 계속해서 진행되었다. 장제스는 일기에서 이 특사는 중국 국내의 문제들과 공산당의 행위를 근본적으로 이해하지 못하고 있다고 토로했다. 그는 "결국 주요 사안에 악영향을 미칠 것"이라고 덧붙였다.[8]

마셜, 저우언라이와 국민당 외교부장 장췬(張群)으로 구성된 3인위원회는 1월 중순에 효력이 발생하는 정전 협정을 신속히 맺었다. 비록 이 협정은 국민당이 만주로 계속 군대를 자유롭게 이동시킬 수 있다고 했지만 마셜은 앞날이 창창한 듯한 서막을 열었다. 이어진 합의는 18개월 내에 정부군은 최대 70만 명, 홍군은 14만 명 선에서 전력을 감축하기로 했다. 장제스는 여전히 최고 원수이고, 공산당은 남방의 소비에트 근거지에서 철수하기로 했다. 옌안에서는 이를 성공한 협정으로 간주했다. 공산당을 없애야 할 과녁이 아니라 협상 파트너로 인정했기 때문이다.

국민당 이외의 정당들이 참가하는 협상 회의를 소집하고, 국민당이 통치하지 않는 지역에서는 임시국무위원회를 건립한다는 안을 포함한 정치 개혁도 원칙적인 동의를 얻었다. 여기서 공산당은 또다시 진전을 내다보았다. 다른 군소 정당과 연합하여 국민당에 도전할 수 있었기 때문이다. 미국은 비밀경찰을 해산하라고 독촉했고, 마셜은 미국인 비밀 정보원 '메리' 마일스가 다이리의 장례식에 참가하는 데 허가를 내리지 않음으로써 다이리를 어떻게 생각하는지 내비쳤다. 여하튼 마일스는 이를 무시하고 장례식에 참석했다.[9]

러시아군이 1946년 3월 중순 만주에서 철군할 때, 마셜은 또 성공을 거둔 성싶었다. 소련군 철수는 분명히 입장이 한층 더 강경해진 서방 측을 달래기 위한 군사 이동이었다. 철군을 시작하기 엿새 전에 처칠은 트루먼을 동반하고 '철의 장막'에 관한 연설을 했다. 소련군은 만주 경내의 공장 전부 외에도 원하는 것이라면 뭐든지 뜯어서 가져가 버렸다. 한 미국인의 조사는 약탈된 것의 가치가 총 20억 달러에 달하리라고 예측했다. 소련 측은 훨씬 더 낮게 평가했다. 미국 대통령 특사는 북방으로 가서 엿새 동안 머물며 마오쩌둥을 만났다. 밤에 그들은 두꺼운 융단이 깔린 침대 의자에 누워 영화를 보았다. 마셜은 마치 불가능한 일을 훌륭하게 해낸 듯 보였다. 그는 3월 중순 워싱턴으로 업무 보고를 하러 갔을 때 영웅처럼 환영을 받았다. 사실 이때가 바로 그가 실패한다는 운명이 정해진 순간이었고, 내전은 끝내 피하지 못하게 되었다.

장제스가 정전 협정에 동의한 까닭은 워싱턴과 모스크바의 공동 지지를 통해 만주에서 압도적으로 우세한 역량을 키울 수 있을 것이라 기대했기 때문이다. 그는 아들 장징궈를 모스크바에 보내 이 협정에 관한 더욱 폭넓은 내용을 스탈린의 언급에서 탐색하도록 했다. 하지만 스탈린은 애초의 입장과는 다르게 미국 군대가 중국에 존재하는 것을 맹렬하게 규탄하기 시작했다. 냉전이라는 배경 아래에서 소련 아니면 미국을 선택해야만 하는 상황을 피하려던 장제스의 시도는 더 계속될 수 없었다. 얄타 회담의 늦은 공포, 게다가 동유럽과 발칸 반도에서의 소련의 군사 활동은 크렘린의 의도를 더욱 깊이 걱정하게 했다. 만주에서 활동하는 국민당 정보 요원이 남아 있는 소련 주둔군과 공산당 간의 공모를 보고했다. 스탈린이 오로지 장제스를 위협할 뿐인 변덕스러운 노선을 선택했기 때문이다. 1946년 3월 6일 중국 정부는 소련이 만주에서 벌이는 활동에 대해 정식으로 항의했다. 또한 적군(赤軍)은 즉시 그리고 몽땅 철수하라고 요구했다. 장제스의 피치 못할 선택이었다.

장제스가 워싱턴 및 모스크바와 공존하려는 희망이 부서지는 것을 볼 때, 마셜의 중재로 달성된 국공 협정도 재빠르게 유명무실해졌다. 소련군의 철수는 공산당이 자유롭게 공격을 하도록 유도했다. 러시아 인들은 노획한 일본 무기들을 홍군에게 대량으로 넘겨주었다. 나중에 타스 통신은 이를 모두 합치면 보총 70만 자루, 경중 기관총 1만 4000정, 대포와 박격포 및 탱크를 포함한 차량 700대라고 보도했다.

천청의 개혁은 국민당군 병력을 1945년의 300만에서 이듬해 중간에 260만까지 감축했지만, 마셜 위원회에서 동의한 군대 축소는 이미 사문화되었다. 허울 좋은 일부 조치가 비밀경찰에 도입되었으나 억압은 예전처럼 계속되었다. 국민당과 공산당 쌍방은 민주주의를 향해 나아가겠다는 의지가 너무나 빈약했다. 마셜은 국공 연합을 평화를 가져오는 수단으로 여겼지만, 공산당은 그것을 권력의 길로 통하는 하나의 절차로 간주했으며 또한 어떤 의미에서는 이렇게 보지 않는 미국에게 매우 고마워했다. 장제스는 적들에게 대문을 열어 주는 꼴을 반드시 피하겠다고 결단했다. 그는 국민 대회에 실제적인 권력을 주겠다는 계획을 철회했다. 우익의 압력은 약속한 개혁을 약화하고, 협상 회의에 대한 공산당과 민주 동맹의 보이콧을 초래했다. 민주 동맹의 충칭 신문사는 국민당 우익 강경파가 조직한 대규모 반소 시위 행진 와중에 공격을 받았다.

국공 내전의 발발

마셜이 4월 중순에 포괄적 원조 계획을 들고 중국으로 되돌아왔을 때 공산당이 창춘을 점령하고 있는 만주에서는 내전이 한창이었다. 국민당은 공산당이 철군하기 전까지는 마셜과 회담을 계속할 수 없다고 나왔다. 공산당도 물러서지 않았다. 장제스는 포위 공격을 명령해서 성공했다. 초여름에 이르기까지 국민당군은 중부와 남부 만주의 모든 주요 도시를 점령했다. 국군의 전진은 장제스가 그 자신의 권력을 잃을 수 있는 공산당과의 평화보다 그가 전망하는 미래의 승리에 훨씬 더 관심이 있다는 기본적인 사실을 도저히 받아들일 수 없는 마셜을 격노하게 했다.[10]

한편 총사령관은 수도를 난징으로 다시 옮기는 일을 감독했다. 자신의 집무실을 쑨원의 총통 관저 뒤 건물에 두고 유리가 덮인 호두나무 책상, 붉은 가죽 의자들, 소파 하나가 진열된 군관도덕분진회에서 이따금 손님을 접견했다. 벽에는 쑨원의 화상을 걸어 두고 마루에는 바둑판무늬 리놀륨 장판을 깔았다. 장제스의 손님들 중 드골이 보낸 한 프랑스 장군은 총사령관을 "민주주의의 최고 투사"라고 칭송하며 대십자가 레지옹 도뇌르 훈장을 전해 주었다. 이후 장제스는 베이징을 방문해 자금성 앞에서 거행된 성대한 환영 집회에 참석한 뒤 선양으로 날아가 만주에서의 군사 작전을 시찰했다.[11]

이때에 이르러 장제스는 일기장에서 마셜을 적극적으로 책망했다. "그의 얼굴과 목소리는 …… 거칠다. …… 나는 끈기 있게 참으며 나를 향한 그의 행동거지를 무시하려 애썼다." 마셜은 다소 강한 카드를 써서 미국 수송기 사용을 중지시키겠다고 위협하며, 워싱턴에 원조를 늘리지 말라고 건의했다. 게다가 만일 국민당군의 진공이 계속되면 임무를 그만두겠다고 밝혔다. 결과적으로 총사령관은 훗날 자신이 "가장 통탄스러운 실수"라고 말한 새로운 정전 협정에 동의했다. 이것은 산하이관(山海關) 서쪽에 있는 몇 개의 공산당 부대가 군사적 압력을 모면하게 해 주었다. 하지만 무엇보다 큰 의미는 만주에서 헤이룽장 성(黑龍江省) 북부의 대도시 하얼빈(哈爾濱)으로부터 남쪽으로 단지 48킬로미터 지점에서 국민당군의 전진을 멈추게 했다는 것이었다. 그리하여 하얼빈은 공산당의 주요 근거지로 변하고, 그들의 군사력을 발전시킬 시간과 공간을 가져다주었다.[12]

날씨가 갈수록 덥고 눅눅해질 때 장제스 일가는 장쉐량과 그의 아내가 마을 한가운데를 가로질러 흐르는 시내 건너편 별장에 머무르고 있는 양쯔 강 가 구링의 산속 피서지로 갔다. 장제스는 지난날과 다름없이 열심히 일했다. 비서로 임명된 한 관원은 도착한 첫날 아침 6시에 총사령관이 벌써 두 명의 손님을 맞이하고 있는 모습을 보았다고 이야기했다. 장제스와 쑹메이링은 캐서린 마셜(Katherine Marshall)의 남편이 중재 문제로 바깥에 나가 있는 동안 그녀를 초청해 산중에서 저녁 만찬을 즐겼다. 그들은 남색 옷을 입은 역부가 메고 가는 하얀 파라솔 달린 가마를 타고 산비탈을 올라갔다. 그들을 기다리고 있는 것은 등의자와 뜨거운 만찬이었다. 25명의 경비병이 보초를 섰다. 철자법이 지독히도 부정확한 마셜 부인은 그 광경이 "아라비아 기사(Arabian Knights)*에 나오는 장면" 같았다고 묘사했다. 그녀가 쓴 한 편지에 따르면, 장제스는 그곳에서 머무는 마지막 날 밤에 가장 행복한 여름이었다고 토로했다 한다. 그녀는 친구에게 이렇게 써 보냈다. "장제스는 이전에 아무런 즐거움도 없었나 봐. 나는 생각지도 못했어. 열네 살에 좋아하지도 않는 스무 살 여자와 결혼하고, 그 이후론 줄곧 전쟁만 하다니."[13]

국민당 정부의 선전에 대한 자문을 구하기 위해 불려온 미국인 존 로빈슨 빌(John Robinson Beal)은 장제스 부부의 초청에 화답해 별장에서 하룻밤을 보냈다. 그는 "별로 치켜세워 주고 싶지 않은" 국민당 영수의 화상이 걸려 있는 큰 방의 벽난로에서 불이 탁탁 소리를 내며 타는 것을 보았다. 장제스 부부는 모퉁이에서 딸들과 함께 다이아몬드 게임을 하며 놀고 있었다. 장제스는 평범한 풀색 군복을 입고, 쑹메이링은 검은색 치파오와 스웨터 같은 황갈색 윗옷을 입고 있었다. 쑹메이링은 마셜 부인이 닷새 전에 크로케 경기와 함께 이 놀이를 가르쳐 주었다고 말했다.[14]

장제스가 구링에 있는 동안 그의 군대는 황허를 건너 산시 성(陝西省) 남부로 진입했고, 또한 장쑤 성과 산둥-허난-산시(山西) 세 성에서 열두 현을 점령했다. 1946년 8월 국군 비행기들은 공산당의 총본부인 옌안을 폭격했다. 마셜의 반대를 무시한 장제스는 베이징의 북서쪽에서 홍군의 주요 요충지가 된 칼간(Kalgan, 장자커우(張家口)의 몽골 어명)을 공격하라고 명령했다. 이 전역을 지휘한 푸쭤이(傅作義) 장군은 미국에서 군사 교육을 받았고 미국인들에게 높은 신임을 얻어 왔다. 그는 옌시산과 관련이 있는 지방색 때문에 장제스로부터 신뢰받지 못하는 또 한 명의 탁월한 지휘관이기도 했다.

만주에서 국민당군의 증강은 인민해방군으로 이름을 바꾼 홍군을 3 대 1의 병력으로 압도했다는 것을 의미했다. 홍군은 이러한 열세에 맞서기 위해 대다수의 중심 도시에서 농촌으로 퇴각하고, 오로지 승리를 확신할 때에만 싸우며

---

* '아라비안나이트(Arabian Nights)'를 잘못 썼다는 것이다. ― 옮긴이

적들의 무기를 탈취한 뒤 신속하게 후퇴했다. 워싱턴은 군사 원조를 중지하겠다고 으름장을 놓으면서 마셜의 중재 노력을 훼손하는 국민당군의 공격을 마지막으로 시험했다. 트루먼은 장제스의 관점에 관해 그에게 경고했다. "국민당과 공산당에 똑같이 존재하는 극단주의자들의 이기심이 중국 인민의 열망을 가로막고 있다."

평화 정착을 향한 성실한 진전을 이루었다는 믿을 만한 증거가 없는 한, 트루먼 대통령은 "미국이 당신의 나라를 향한 관대한 태도를 지속하지 않을 것이라는 점을 예상해야 한다."라고 덧붙였다. 이 어휘들은 마셜이 쓴 게 분명했다. 총사령관은 "마셜의 중재 노력이 실패한 결과 미국의 대중국 정책은 더욱 악화되었다."라는 결론을 털어놓았다. 그는 이 특사가 "중국에 회복할 수 없는 손해를 끼쳤을 뿐 아니라 미국에게도 그랬다."라고 단정했다.[15]

장제스는 그래도 내전 중지에 동의할 용의가 있음을 보일 준비가 되었다고 말했다. 하지만 공산당은 국민당군이 반드시 예전의 주둔 위치로 되돌아가야 한다는 입장을 고수했다. 장제스가 이에 동의하지 않을 게 분명했기 때문에, 마셜은 그의 노력들이 헛되이 될 수 있다는 점을 인정하기 시작했다. 양측의 대표 주자들과는 정전 중재를 성공할 수 없다는 징후가 보이자, 마셜은 자유주의 군소 집단이 중개자로 나서 주길 기대했지만 아무 성과도 얻지 못했다. 공산당원들은 이 특사가 국민당을 지나치게 비호하는 제국주의자라고 비판한 반면에, 장제스는 그가 "중국의 존망"을 전혀 고려하지 않는다고 헐뜯었다.[16]

마셜의 또 한 번의 정전 협정 제안이 실패하자 3인위원회는 와해되었다. 저우언라이는 북방으로 날아가 마오쩌둥과 회합했다. 장제스는 보다 더 강한 군사적 압력을 가하기 위해 고급 장령들이 참가하는 군사 회의를 난징에서 소집했지만, 몸소 배석하는 영광을 베풀지는 않고 천청에게 회의 주재를 떠맡겼다. 이 군정부장은 베이징-우한 철도선을 기필코 3주 이내에 점령해야 한다는 총사령관의 명령을 큰소리로 읽어 내려갔다. 말할 것 없이 아주 뚜렷하게 불가능한 임무였다. 이 계획을 유일하게 반대한 리쭝런은 장제스에게 전보를 보내 명령이 수행될 수 없다고 지적했다. 응답은 리쭝런의 관점에 "찬동"하는 것이었기에 명령은 보류되었다. 장제스가 불가능한 목표를 세운 뒤 갑자기 철회하는 방식을 보여 주는 또 다른 예증이었다.[17]

둘 사이의 격차가 무엇이든 간에 장제스는 여전히 마셜과 정상적인 관계를 유지했다. 그는 생일 기념으로 양쯔 강의 한 작은 섬에서 열린 야찬에 중국을 재방문한 헨리 루스와 함께 마셜을 초대했다. 또 다른 예도 있었다. 쑹메이링이 마셜 부인과 전화 통화를 할 때 장제스가 수화기를 건네받고 영어로 말했다. "안녕, 내일 만나요.(Hello, I see you tomorrow.)" 특사의 부인은 그중 첫 번째 단어만 알아들었다.[18]

1946년 성탄절 전야, 아내가 치료차 하와이로 간 마셜은 난징의 장제스 저택에서 열린 파티에 손님으로 끼여 있었다. 반짝거리는 트리가 연회장 모퉁이에 우두커니 서 있었다. 칵테일이 즐비했다. 마티니가 바닥나자 쑹메이링은 조금 더 조제했다. 만찬에는 토마토 수프, 젤라틴 샐러드, 양념을 한 칠면조 구이, 건포도 파이, 브랜디로 맛을 낸 프루트케이크에 아이스크림도 있었다. 음식을 먹은 뒤 손님들은 거실로 가서 참외와 커피를 즐겼다. 장제스의 부관 한 명이 산타클로스 옷을 입고 병풍 뒤에서 걸어 나와 선물을 나누어 주었다. 마셜은 침대에서 사용하는 독서대를 받았다. 마지막으로 리큐어가 돌면서 유종의 미를 장식했다.[19]

이때 마셜은 이미 짐을 쌀 채비를 했고, 주중 미국 대사로 임명된 학자이자 나이 지긋한 중국통인 존 레이턴 스튜어트(John Leighton Stuart)에게 중국 정부와의 관계를 맡겼다. 키가 크고 위엄 있고 갓 고희에 접어든 스튜어트는 항저우의 전도사 집안에서 태어나 베이징에서 미국인이 후원하는 대학의 총장을 지냈다. 스튜어트는 자신을 둘러싼 어지러운 난국을 처리하려 하면 비극적인 인물이 될 수밖에 없는 운명이었다. 그가 국무부에 발송한 첫 번째 긴급 안건은 그가 달성하고자 한 목표들과 심각하게 어긋나 있었다. 그는 장제스의 생존에 대한 절절한 열망을 표명하면서도, 구(舊)혁명 목표들의 회복뿐 아니라 민주주의 건립을 희망했다.[20]

연말에 새 헌법을 제정하는 국민의회가 열릴 때 그러한 일들이 일어날 가능성은 희박하다는 점이 분명하게 나타났다. 국민당은 자신의 통제 의도를 분명하게 드러냈고, 공산당과 민주연맹은 회의를 보이콧했다. 성탄절에 열린 회의에서 한 국민당 원로가 장제스에게 신헌법을 건네자 우레와 같은 박수가 터져 나왔다. 앞에 리본이 달린 금색 상자는 존 로빈슨 빌이 보기에 마치 "2킬로그램짜리 초콜릿 상자"인 듯싶었다. 물론 그 속에 든 문건은 자유와 진보에 대한 약속을 포함하고 있었지만, 영수의 구미에 딱 맞게끔 강력한 총통제 정부를 제정했다. 행사를 경축하기 위해 장제스와 쑹메이링은 그날 밤 "열일곱 소녀처럼 몸짓이 우아하고 부드러운" 여자를 연기하는 저명한 남자 배우 메이란팡(梅蘭芳)이 주연인 경극 연회를 주최했다.

실질적으로 마지막인 토론에서, 마셜은 장제스에게 홍군은 너무 강해 패배시킬 수 없을 것이라 경고했다. 장제스는 전혀 그렇지 않다고 여겼다. 그는 반드시 군사적 수단으로 적을 다루어야 한다는 입장을 견지하며 열 달 내에 승리하리라 짐작했다. 비록 그는 이렇게 말한 적은 없었지만, 미국과 소련 사이에 장차 전쟁이 발발할 것이고 중국은 쌍방의 비위를 모두 맞추며 이익을 얻어야 한다고 확신했다.[21]

1947년 1월 1일 마셜은 귀국했다. 감기를 앓고 있던 장제스는 전기 히터를 놓으라고 시킨 차에 앉아 친히 난징 비행장까지 배웅을 나갔다. 마셜은 자신의 실패를 국민당의 "반동분자 그룹"과 "골수 공산주의자들"로 인해 더욱 악화된 국공 사이의 "거의 불가항력적인 의심" 탓으로 돌렸다. 이 논평은 급소를 찔렀다. 분명한 사실은 마셜에게 사명을 완수하라고 촉구한 사람이 중국에 전혀 없었다는 것이다. 그의 임무는 전적으로 미국의 작전이었고, 비록 좋은 의도였지만 실패할 수밖에 없는 운명이었다. 장제스에 대한 워싱턴의 원조는 미국 특사가 공정한 조정자로서의 자격을 잃게 만들었다. 조지프 스틸웰의 말마따나, 조지 마셜조차 물 위를 걸을 수는 없었다. 그 역시 총사령관과 뒤엉킨 매듭을 풀지 못했다. 하지만 마셜이 설계한 두 차례의 정전 협정은 공산당으로 하여금 1946년 봄 국군의 무시무시한 군사 압력에서 벗어날 수 있도록 숨통을 틔어 주었다. 또한 홍군이 다시 결집하는 데 꼭 필요한 시간을 벌어다 주었다.

트루먼은 그의 특사가 귀국할 때 국민당 지지를 선언하는 동시에 워싱턴은 중국 문제에 간섭하지 않을 것이라고 선언했다. 이미 보낸 20억 달러 원조에 더하여 10억 달러 가치만큼 할인해 준 무기 장비는 간섭이 아니라는 듯했다.[22]

다른 영역에서 마셜의 개인적 재간과 능력이 어떻든 간에 그는 중국에서 전임자보다 훨씬 더 능숙하다는 것을 증명하지 못했다. 마셜의 임무 즉 국공 합작은 20년을 거슬러 올라가는 악전고투를 무시했고, 이제 냉전에 결박당한 채 버려졌다. 국민당 비밀경찰이 체포하고 고문하고 자유주의자로 보이면 누구든지 학살을 자행할 때, 공산당의 노래 한 곡은 선언했다. "장제스는 중국인을 무수히 도살한 살인자이니, 그 얼굴에는 인민의 피가 가득 덮여 있네." 이러한 배경 아래에서 민주 연합을 추구한 미국 특사의 호의적인 간섭은 그 어떤 성공의 기회도 잡을 수 없었다. 장제스와 마오쩌둥은 그들의 삶을 관통하는 목숨을 건 사투를 더 선호했다.

국군이 북방에서 승리함에 따라, 총사령관은 마셜에게 얻은 전리품을 이용해 자신의 앞날을 뒤바꾸려 시도하는 자들의 머리를 짓누르기 시작했다. 하지만 그의 승리는 가장 강대한 적과 맞닥뜨렸을 때 그는 이제 홀로 서 있다는 것을 뜻했다. 장제스에게, 그리고 장제스의 나라에 마침내 진실의 순간이 도래했다.

26

옌안에서 타이완까지

1947년 8월 7일 장제스는 산시 성(陝西省) 북부의 황토 지대로 날아와 마오쩌둥이 대장정을 마치고 안식처로 삼았던 소도시에 도착했다. 그는 항일 전쟁기에 이 홍군 근거지를 겹겹이 포위했던 서북의 매 후쭝난 장군이 이끄는 의기양양한 장군들을 대동하고 옌안을 활기차게 걸어 다녔다.

그해 초 조지 마셜이 떠난 뒤, 후쭝난은 11년 전에 장쉐량이 지휘를 거절했던 시안으로부터 공격을 시작했다. 무슬림 기병대의 도움 아래 그는 칼날에 피한 방울 묻히지 않고 옌안을 순조롭게 차지했다. 공산당 지도부는 이미 철수를 마무리했다. 이곳은 그 자체로는 별로 중요하지 않았고, 산시 성 북부의 황량한 농촌도 국민당에게 실제 이익을 가져다주지는 않았다. 하지만 마오쩌둥과 그의 동지들이 다시 한 번 도망칠 수밖에 없었다는 약간의 상징적인 의미가 있었다. 마오쩌둥이 말을 타고 가는 사이에 홍군은 그의 주위에서 행군했다. 장제스는 마오쩌둥의 집과 주더의 총사령부까지 연결된 긴 굴을 구경하러 갔다. 국민당의 사진작가는 양귀비를 비롯해 공산당이 아편을 취급했다는 것을 보여 주는 '지방생산공사' 건물을 촬영했다.[1]

거대한 군대와 미국식 무기 장비들에 수송 능력을 결합한 데다 조금은 우수한 북방의 통솔력은 장제스에게 항일 전쟁 종식 후 최초 18개월 동안 마치 천하무적의 지위를 보장하는 듯했다. 용병 부대들도 국민당 깃발 아래로 다시 돌아왔다. 장제스는 미국에서 워싱턴 정객들, 쑹쯔원과 쿵샹시를 둘러싼 상인 네트워크 및 헨리 루스 잡지 제국의 영향력과 밀접한 관계를 맺고 있는 중국 로비스트들의 적극적인 지지를 얻고 있었다. 공화당원 토머스 듀이(Thomas Dewey)는 1948년 대통령 선거에서 트루먼을 충분히 이길 수 있을 것처럼 보였다. 천리푸는 미국을 방문한 뒤 상하이의 한 신문사에게 듀이의 당선은 "엄청나게 놀라운 규모"의 군사 원조 물자가 중국으로 운송된다는 것을 의미한다고 말했다. 하지만 늘 그렇듯이 장제스의 지위는 보기보다 훨씬 더 허약했다. 옌안을 확보할 때 그의 군사적 운은 정점을 찍었고, 국민당 통치 지역의 와해는 코앞으로 다가와 있었다.[2]

하이퍼인플레이션(hyperinflation, 전쟁이나 대재난 뒤 유효 수요가 한 나라의 생산 능력을 초과해서 증가하여 단기간에 극심한 물가 상승이 치솟는 현상)은 중산계급과 정직한 관료 계층을 무너뜨렸다. 상하이의 도매가격은 한 달 새 45퍼센트나 치솟았다. 『대륙의 딸(Wild Swans)』 저자 장룽(張戎)의 모친은 자식을 음식과 바꾸려 애쓰는 거지들이 우글거리는 만주의 진저우에서 막대한 지폐 더미로 학비를 지불하기 위해 인력거꾼을 고용했다. 노동자의 동요도 격화되어 1946년과 1947년 사이 상하이에서는 4500차례 파업이 벌어졌다. 일부 대학에서는 학생으로 위장한 비밀경찰들이 옷 속에 총을 감춘 채 교정을 순찰하며 위험 인물들을 색출했다. 베이징에서는 군대가 학생 시위대 3000명에게 발포해서 여러 명이 사망했다. 쿤밍에서는 다섯 명의 체제 반대자가 비밀경찰에게 총살을 당하고, 1000명 이상이 감옥에 갇혔다. 군인들은 밤새 감옥에 갇혔던 그들을 끌어내 자갈땅에 꿇어앉히고는 총검을 흔들며 공산주의자임을 자백하라고 겁박했다. 미국 저널리스트 잭 벨던은 서른 명 이상이 생매장되었다고 타전했다. 저항 운동은 공산주의자들에 의해 부추겨졌지만, 그 무엇보다도 전쟁 피로감과 더 이상 아무것도 제공하지 못하는 국민당 체제에 대한 항의 표시였다.[3]

인민들로부터 광범위하고 자동적인 선전 선동 활동이 이어지지 않았다면 공산당 지지도 없었을 것이라는 주장도 제기되었다. 하지만 농민을 조직하는 데 뛰어난 기술을 유감없이 발휘한 공산당 혁명은 자연 발생적인 봉기의 결과라기보다는 대개 혁명 지도부의 간섭이 필요했다. 이는 만주국이 망한 뒤 권력의 진공 상태가 된 만주에서 특히나 절실했다. 장제스는 믿을 만한 인물들을 임명해 이 지역을 관리하도록 했지만, 그들은 남방에서 이동해 온 군인들과 마찬가지로 만주를 매우 낯설어했다. 이러한 공백을 메워 가던 공산당은 조지 마셜이 두 차례의 정전 협정을 통해 그들에게 준 시간을 이용해 적대 계급을 깨끗이 제거하고, 토지 개혁을 실시하고, 농민을 동원하여 인민해방군을 위한 강한 농촌 지원 체계를 세웠다. 하얼빈과 머나먼 북방의 다른 성진들은 정치와 경제의 중심지 역할을 했다. 통신 연락망을 다시 세우고 행정 간부 대오를 조직했으며, 자원들은 린뱌오 군대를 강화하기 위해 운송되었다. 이데올로기, 농민 혁명, 정치 조직 그리고 군사 역량 사이의 공생이 절정으로 치달았다. 역사학자 스티븐 레빈(Stephen Levine)이 말한 바대로 "혁명 없이 공산당의 군사적 승리는 있을 수 없었고, 공산당이 없었다면 혁명은 일어날 수 없었다."[4]

장제스의 전선은 크게 확대되어 그가 통제하고자 하는 강역의 크기가 도리어 그의 비축 역량을 소모했다. 그의 군대는 대부분 도시에만 틀어박혀 있었고 파괴되기 쉬운 철도선에 의지했다. 1945년부터 1947년 사이 공산당은 1만 6500킬로미터의 철도선을 파괴했고, 국민당은 6000킬로미터만을 다시 깔았다. 정부군은 1930년대 중기의 토치카 진지전 전략을 적극적으로 추구하는 대신 안전을 더 원했기에 도시의 높은 성벽 뒤를 고수하며 광대한 농촌 지역을 적들에게 넘겨주었다. 또한 고급 변절자들을 모집하고 비밀 무선 전신국을 운영하며 국군의 작전 계획을 적들에게 알려 주는 스파이망에 의해 무력해졌다.[5]

국군 장령들 간의 불화는 지난날과 다름없었다. 무능하고 부패했지만 충성스러운 두위밍을 만주 통솔자로 파견한 예처럼, 장제스는 여전히 능력보다는 충성심을 보여 주는 자만 지휘관으로 임용했다. 대규모 군대를 지휘할 수 없는 그들의 무능력은 실책, 혼란, 비능률로 이어졌다. 장제스는 자문을 구하지 않거나, 단지 몇 명의 측근들만 만난 뒤 명령을 내렸다. 오후 9시에 난징의 군사 회의에서 하달한 명령이 이튿날 전장에 도착할 때에는 대개가 유효 기간이 끝난 뒤였다. 한번은 국군의 한 지휘관이 직속 상관인 참모장과 총사령관에게 서로 모순되는 지시들을 받았는데, 이 때문에 조만간 손에 거머쥘 승리를 모조리 잃어버렸다.[6]

중화민국 초대 총통에 등극하다

1947년 초 야위고 침착한 대장정 참가자 린뱌오의 인민해방군이 동북 지방의 혹한에 얼어붙은 강을 건너 세 차례의 단기 급습에 성공하면서, 공산당은 만주에서 처음으로 반격의 서막을 열었다. 이곳은 지독하게 추워서 얼어 버린 노리쇠를 해동하기 위해 병사들이 보총에 오줌을 누었다고 장쉐량은 언젠가 회상했다. 이번 승리들은 인민해방군이 국군을 소멸시켰을 뿐 아니라 대량의 무기를 얻었기에 매우 중요했다. 성공으로 지나친 자신감에 휩싸여 인민해방군은 초여름에 정면 공격을 감행했으나, 이는 패배로 이어졌다. 하지만 가을에 새로운 공세를 감행하며 국민당군이 점거한 도시를 포위하고, 철도선을 끊는 방식으로 적들을 고립시키고, 대량의 무기를 노획했다. 마오쩌둥이 "철저한 섬멸을 얻어 내라."라는 훈령을 내릴 때, 장제스는 두위밍을 대신하여 천청을 만주 사령관으로 임명하고 증원 부대를 북방으로 보냈다. 트루먼이 이러한 전세에 기초하여 지난해 가을 마셜이 실시한 통상 금지를 해제하기로 결정한 뒤 장제스는 미국의 군사 원조를 훨씬 더 많이 얻었다.

산둥에서도 격전이 벌어져 국민당군은 두 차례 전역에서 거의 10만을 잃었다. 1947년 여름 공산당 군대는 황허를 건너 양쯔 강 변의 옛 근거지인 어위완을 향해 진군하고, 이듬해 봄에 수복했다. 장제스는 두 번째로 황허의 물길을 바꾸었다. 공산당을 양안으로 분리하기 위해 제방을 쌓아 황허의 물이 인공 수로로 흘러가도록 한 것이다. 솟구치는 물이 제방을 넘어 500여 곳의 마을이 홍수 피해를 입었을 뿐 아니라, 1938년에 물길을 바꾼 뒤 강 바닥에 정주한 40만 명이 다시 고향을 등지고 유랑했다. 이로 인해 국민당 정부는 이 일대의 민심을 크게 잃었다.[7]

하지만 국공 내전에서 결정적인 전역은 만주에서 전개되었다. 국공 쌍방은 가장 훈련이 잘되고 장비가 우수한 정예 부대를 배치했다. 미국식 장비를 갖춘 국군 사단들은 린뱌오와 그의 동지들을 맞닥뜨려 중대한 정규전을 준비했다. 1948년 여름, 공산당은 70만 명이 참전한 대규모 진공을 개시했다. 전사자 및 부상병과 탈영병으로 인해 병력이 줄어든 장제스의 부대는 거의 1 대 2의 비율로 열세에 놓여 있었다. 반면 린뱌오는 잘 훈련되었으며 토지 개혁으로 고무된 광범위한 농민 대중의 지지를 받고 있었다. 게다가 그와 그의 부하들은 일본군과 국군에게서 탈취한 현대화 장비를 사용함으로써 신속한 기동전은 물론이거니와 적의 군심을 어지럽히는 양동 작전, 순수한 정규전에 모두 뛰어나다는 것을 입증했다.

장제스는 위장병이 갈수록 심해지는 천청을 불러들이고, 살윈 협곡 전투의 상승 장군 웨이리황을 선양으로 보내 지휘권을 넘겨받게 했다. 이것은 개선을 가져오지 못했다. 중국으로 돌아온 제공권의 예언자 클레어 셔놀트가 그중 하나를 운항한 세 갈래의 항로를 통해 국군에게 보급 물자를 수송했지만, 무기와 식량을 충분하게 실어 나를 수는 없었다. 장제스가 제공권을 장악했지만, 정비 부족과 손실로 국민당 공군이 사용할 수 있는 비행기는 1945년의 1000대에서 5분의 1로 대폭 줄어든 상태였다. 안전 확보를 위해 높은 공중에만 머무른 탓에 폭격기의 공격은 정확성이 크게 떨어졌다.

국민당군은 세 곳의 주요 도시 곧 만주의 수도 선양, 전 만주국의 수도 장춘, 그리고 만리장성으로 가는 길목을 지키는 요충지이자 공업 중심지 진저우를 차지하고 있었다. 장제스가 이 세 도시를 죄다 빼앗긴 방식은 전술가로서의 잘못과 더불어 일본이 항복한 뒤 그가 움켜쥔 주도권을 잃는 과정을 여실히 보여 주었다. 만일 결과가 그토록 비극적이지 않았더라면 국민당 정부의 전술은 실수들이 터져 나오는 코미디를 닮았을 것이라고 미국 총영사는 언급했다.

린뱌오가 진저우를 향해 진격할 때 총사령관은 선양으로 날아가 23만의 위수 부대 중 거의 절반 병력에게 진저우 구출을 지원하러 서남쪽으로 이동하라고 명령했다. 그런 뒤 베이징으로 돌아와 군사 작전을 지휘했지만 작전부와 총참모부에게는 자신이 내린 명령에 관해 통지하지 않았다. 선양으로부터 10만 대군이 천천히 이동할 때, 인민해방군은 맹렬한 폭격과 포위 공격으로 진저우를 점령했다. 건축 계약자가 공사 재료를 암시장에 팔아넘겨 이 도시에서 계획 중이던 방어 공사 체계는 미완성 상태였다. 장제스는 계속해서 빠르게 남진하라고 명령했으나, 대군은 도리어 포위를 당해 철저하게 패배하고 말았다. 이는 고립무원의 선양을 방어하는 데에도 대재난이었다. 기아가 만연했다. 시체들이 나뒹굴었다. 사람들은 피난 가는 비행기에 오르고자 뇌물을 쓰며 싸웠다. 위수 사령관이 투항한 뒤, 인민해방군은 1948년 11월 2일 차가운 바람이 부는 선양의 텅 빈 거리로 환호성을 지르며 진입했다.[8]

국민당군이 만주에서 점거하고 있는 최북단의 도시 장춘도 전기, 가스와 수도가 끊긴 후 포위 공격을 당했다. 영국 영사의 아내는 "무리를 지은 사람들이 늘 쓰레기 폐기장에서 연료로 쓸 만한 것들을 샅샅이 뒤지고 있었다."라고 회고했다. 식량 부족은 인육을 먹는 사태까지 불러일으켰다. 인육은 450그램당 1달러 20센트에 상당하는 가격으로 팔렸다. 쌍방의 군대가 대치 중인 가시 철조망 뒤에 시민 지대가 세워지고, 거리에는 시체들이 빽빽이 쌓여 비집고 걸어갈 틈조차 없었다. 윈난 성 출신의 수비군이 투항하여 공산당은 이 도시를 점령했다. 총사망자는 12만에서 30만 명 사이로 예측되었다.[9]

국민당군은 동북 전역에서 40만의 사상자를 냈다. 불운한 웨이리황 장군을 대신해 만주로 다시 파견된 두위밍 장군은 최전선의 14만 명을 철수시켰다. 공산당은 200대 이상의 트럭, 200대의 탱크 및 장갑차와 더불어 대량의 총포를 노획했다. 공산당이 포로를 우대한다는 소문을 듣고 투항한 대규모의 국군 사병들도 받아들였다. 10월 말 한차례의 인터뷰에서 장제스는 1931년 만주를 잃어버렸던 상황으로 되돌아왔다고 말했다. 그는 고백했다. "역사는 되풀이됩니다." 만일 공산당이 이 지역을 점령하면 "실로 또 다른 세계적 대참사가 시작될 것입니다."[10]

11월 중순 대장정 생존자들은 풍요로운 매장 광물과 농업, 그리고 소련이 약탈한 뒤 남겨 놓은 공업과 함께 만주 전역을 실제로 통치하게 되었다. 중국 중부와 남부에서 온 한때의 유격대원들은 그들이 혁명 중심지로 변화시킨 머나먼 지역에서 중대한 정규전을 승리로 이끌었다. 공산당군은 사기 방면에서 엄청난 승리를 얻었고, 전면전이라는 개념을 이해했다는 것을 보여 주었다. 린뱌오와 그의 동지들이 대규모 군대를 효과적인 방식으로 관리하는 두드러진 능력으로 탁월한 안목과 견고함을 증명한 것처럼, 공산당은 꿋꿋하고 훈련이 잘되어 있으며 장비가 우수하고 전투가 무엇인지 아는 단결된 군대의 배후에 있는 정치적, 경제적 요소를 완벽하게 융화시켰다. 하나의 전투 집단이 적을 철저하게 궤멸하는 섬멸전을 목표로 삼은 공산당의 승리는 또한 중국 전쟁사에서도 혁명적인 위치를 차지했다. 적에게 도망쳐서 구사일생으로 살아남을 퇴로를 열어 주던 기존의 전통과는 확연히 달랐다. "매국노 장제스의 운명이 끝나길" 학수고대하는 인민해방군은 노래를 부르며 베이징과 주요 항구 도시 톈진을 향해 남하했다. 정부 관원들이 강화를 준비하는 와중에, 피난민들은 24킬로미터에 달하는 해자가 파여 있는 톈진의 인구를 거의 200만 명까지 팽창시켰다.[11]

다른 공산당 부대는 옌안을 재탈환했다. 그리고 중국 중부의 대도시들로 진격할 때 인민의 재산과 이익을 존중하라는 장기적 명령 아래에서 엄격한 기율을 보였다. 대장정 참가자 천이(陳毅)는 40만이 참가한 전역을 개시해 격전을 벌인 뒤 산둥의 성도인 지난을 점령했다. 베이징 서부에서 국군 장성 푸줘이는 철도선의 통제권을 다시 차지하려고 했지만, 그의 부대는 포위되어 격파당했다. 공산당이 발전소와 함께 교외의 비행장과 이허위안을 점령할 때 푸줘이는 잔여 부대를 이끌고 성벽 안으로 철수했다.[12]

장제스는 비교적 자유파인 웡원하오(翁文灝)를 총리로 지명하고, 난징에서 국민 대회를 개회해 정치적 지지를 결집하려고 노력했다. 2700명의 대표들 중에는 젊은 상인들과 늙은 학자들, '국민 대회 아가씨(國代小姐)'로 불린 아리따운 만주인도 포함되어 있었다. 자연스럽게 공산당 및 공산당과 합작해서 불법 조직으로 선포된 민주동맹의 의석은 없었다. 그런데 총사령관의 낙관적인 연설 뒤에 국민당 관리들 사이에서 불만의 목소리가 또렷하게 터져 나왔다. 한 허난 성 대표는 영수의 연설이 "부적절"하다고 비판하고, 또한 국민 대회는 광범위한 문제들을 의논할 7개의 위원회를 설립하기로 결정했다. 이 위원회는 "부유한 가문들"을 청산하자는 요구를 포함해 수백 가지의 안건을 제출했다. 하지만 국민 대회는 반공 전쟁 기간 동안 장제스에게 "비상 권력"을 주는 투표를 실시하고, 2430표 대 269표로 그를 총통으로 선출했다.

부총통을 뽑는 첫 번째 선거는 상궤를 벗어났다. 장제스의 후보인 쑨원의 아들 쑨커가 광시 장군 리쭝런보다 득표수가 뒤처졌다. 하지만 리쭝런도 완전히 이기는 데 필요한 투표수가 부족했다. 비록 장제스 추종자들의 협박이 있었지만 나중에 몇 차례의 투표로 리쭝런이 선출되었다. 총사령관의 지고 지상한 권력을 고려한다면 이 자리는 실질적인 의의가 없었다. 하지만 이 일화는 국민당 당내의 정서를 강하게 드러냈다.

장제스는 난징의 제국 종합 건물에서 거행된 의식에서 총통으로 취임했다. 쑨원이 1912년 중화민국 초대 총통으로 취임을 선서했던 곳이었다. 이후 그와 리쭝런은 각자 아내를 동반하고 그들을 축하하기 위해 도열한 고관들을 접견했다. 훈장 하나가 달린 간소한 창파오를 입은 장제스는 쑹메이링과 함께 형식적인 사진 촬영을 위해 포즈를 취했다. 그런 뒤 부부는 밖으로 나가 국민 대회 대표단과 합동 기념사진을 찍었다. 장제스의 표정에는 자신감이 넘쳤고, 그의 아내는 전방을 결연하게 주시했다.*

총사령관은 종합 건물 뒤에 자리한 30년대 벽돌집 1층의 방 세 개 딸린 집무실에서 사무를 처리했다. 이 벽돌집에는 소나무 두 그루가 우뚝 서 있는 뜰이 있었다. 쑨원이 일찍이 집무했던 제국 시기의 누각과 장제스의 벽돌집 건물

* 이 당시 회의장 밖에서 찍은 사진들은 낙엽을 배경으로 하고 있다.

사이에는 기다란 통로가 나 있었다. 장제스는 거실에서 유리를 끼워 넣은 책상 뒤 갈색 안락의자에 앉아 손님을 접견했다. 하얀 장식 덮개로 가린 검은 가죽 의자들을 마루 위에 가지런히 둔 회의실에서는 회담을 주재했다. 쑨원의 사진이 아래를 내려다보고 있었다. 이웃한 최고국가회의청 벽에는 충(忠), 효(孝), 인(仁), 의(義), 화(和) 등속의 한자들이 걸려 있었다.

장제스가 국민 대회에서 총통으로 선출되는 사이, 그의 오래된 맞수 중 하나가 곧 귀국할 참이었다. 1946년 기독교도 장군 펑위샹은 관개와 수자원 보호를 공부하라는 가망 없는 임무를 띠고 미국에 보내졌다. 그는 미국에서 한동안 각계 인사와 인맥을 쌓으며 장제스를 비판하고, 미국의 대중국 무기 운송을 중지하라고 호소했다. 그가 지적한 대로 종국에는 대개가 공산당 수중으로 들어갔기 때문이다. 시어도어 화이트는 뉴욕의 리버사이드에 있는 한 아파트에서 펑위샹을 취재할 때, 마치 곤궁한 생활에 겹겹이 포위라도 당한 듯 그가 식료품, 커피, 통조림 스프와 통조림 고기에 둘러싸여 있는 것을 보았다. 1948년 이 장군은 중국으로 돌아가기로 마음먹고 지중해와 흑해를 경유하는 러시아 배를 탔다. 하지만 9월 5일, 소련의 신문들은 배에서 영화를 상영할 때 영사기에 불이 나서 펑위샹 장군이 질식 혹은 심근 경색으로 사망했다고 보도했다. 이 사건은 즉시 장제스의 더러운 수작 중 하나라는 추측을 낳았으나, 모살의 증거는 발견되지 않았다.[13]

두 달 뒤 미국은 총사령관에게 불리한 소식을 전했다. 장제스 편인 공화당이 1948년 대통령 선거에서 패배하고, 그들의 입장에 섰던 중국 로비 단체의 활동이 트루먼을 격심히 화나게 한 것이다. 쑹메이링이 지지와 자금을 구하는 사명을 또 한차례 수행할 때, 트루먼은 그녀가 백악관에 머무는 것을 거절했다. 트루먼은 훗날 발언했다. "나는 그녀가 매우 좋아할 거라고는 생각하지 않았지만, 좋아하든 말든 개의치 않았다." 또한 그는 중국 정부 내의 "부패 정치인과 사기꾼은 이미 차관에서 10억 달러를 훔쳐 갔다."라고 추측했다. 그는 덧붙여 말했다. "모두 죽어 마땅한 도둑놈들이다." 쑹쯔원의 재산은 5억 달러에서 그 갑절 사이고, 쑹아이링과 그녀 남편의 총재산은 10억에서 20억 달러 사

이일 것이라 추정했다.[14]

국민당과 그리스의 차이점이 강렬한 대비를 이루었다. 트루먼 행정부는 공산당과 내전을 벌이고 있는 그리스 정부가 승리할 수 있도록 온 힘을 기울이고, 중국에 대해서는 매우 냉정한 태도를 취했다. 그들은 전세를 기울게 한 국민당 정부를 좋아하지 않았다. 조지 마셜은 국민당 정부와 그 영도자를 근거리에서 관찰해 오며, 그 어떤 지원이더라도 더 이상 늘리는 것을 장려하지 않았다. 트루먼은 동북 지방의 함락을 "거대한 타격"이라고 언급했지만, 소련군의 만주 철수는 스탈린이 만주를 극동 아시아의 교두보로 삼을 것이라는 근심을 줄여 주었다. 린뱌오 부대를 저지하는 일은 백악관이 채비하고 있지 않던 대규모 미군 병력을 중국에 파견하는 군사적 부담에 휘말리게 했다. 장제스에게는 기회가 있었지만, 조지프 스틸웰의 도착으로부터 여섯 해 동안의 그의 행동은 그의 요령이 바닥났다는 것을 암시했다. 장제스는 다른 시도를 할 수 없을 지경에 이르도록 이미 너무 많은 기회를 낭비했고, 너무 많은 희망을 깨뜨렸다.

미국의 정책이 진주만 공습 이후와 전혀 연속적이지 않은 것은 아니었다. 1948년 11월 29일 주 중국 대사가 국무부로 보낸 전보는 딜레마에서 벗어날 수 없는 워싱턴의 상황을 간단하게 요약했다. 더 많은 원조를 구하기 위한 쑹메이링의 미국행을 논평하면서 연로한 존 레이턴 스마트(John Leighton Smart)가 썼다.

우리는 그 자신의 인민으로부터 지지를 잃어버렸을 뿐 아니라, 바(Barr, 중국에 온 미국 군사 고문단 단장)가 심지어 미국의 직접적인 조언과 장비도 상황을 만회하기에는 너무 늦었다고 확신할 정도로 군사 형세마저 악화시킨 지도자를 도울 것인가, 아니면 공산당이 주도하는 연합 정부 건립을 목도할 것인가라는 선택의 기로에 직면해 있다. 만일 우리가 장 부인이 품고 있는 군사 원조 증가에 대한 희망을 물거품으로 만들면, 총사령관은 아마 권력을 다른 사람에게 양도하라는 국민당의 강한 압력에 굴복할 것이다. 하지만 다른 사람들은 승리를 거둔 공산당과 억지로라도 타협할 수밖에 없다고 생각할 터다. 한편으로 만일 장 부인이 계속적인 군사 원조의 증가를 보증받는다면, 우리는 일 처리가 비효율적인 총사령관의 집정이 지속되리라는 것과, 전쟁을 연장한 우리에 대한 분개의 물결이 나날이 높아질 것임을 예상할 수 있다.[15]

　이러한 상황에서 국무부가 할 수 있는 최선은 미국이 중국에서 할 수 있는 모든 것을 다 했고, 더는 그 무엇도 할 수 없다는 것을 명확히 하는 백서를 발표하는 것이었다. 워싱턴에서 마셜은 형세가 "위급하다"고 말했다. 하지만 장제스가 북방에서의 후퇴를 얄타 회담 탓으로 돌리고 미국은 반드시 도와주어야만 한다고 주장할 때 그가 회답으로 얻은 것은 백악관으로부터 '장제스의 전언을 확인했다'는 반응뿐이었다. 쑨커는 능력 있는 일본 점령군 사령관 더글러스 맥아더를 중국 최고사령관으로 임명해 달라고 호소했지만, 트루먼은 이러한 가능성을 배제했다. 비록 미국은 국민당이 유엔안전보장이사회 상임이사국 자리를 유지할 것을 보장했지만, 미 행정 당국의 원조는 다시 중지했다.

　선택이 분명해질 때쯤 냉전은 중국이 아니라 유럽에서 가열되었다. 장제스에게 책임을 지우지 않은 결정은 중국을 잃어버린 자에 대한 규명과 훗날의 매카시즘을 유발했고, 배리 골드워터(Barry Goldwater)와 로널드 레이건(Ronald Reagan) 등등 공화당 우파의 발흥을 부채질했다. 한 나라의 원수가 민주 국가 클럽에 속하는 열강 대열에 중국을 합류시키려고 한 루스벨트의 곤혹스러운 시도는 국민당 체제를 총체적으로 붕괴시켰다. 자신들이 조성하고 뒤엉키게 만든 난국에 대처하지 못한 미국의 정책 제정자들의 무능력은 주의력과 담력의 상실을 상징했다. 또한 압도적으로 우세한 국가가 어떻게 스스로를 실패하게 하는지를 보여 주는 좋은 예였다.

잇따른 패전 중에 타이완을 내다보다

철도 요충 도시 쉬저우는 1927년 우한의 좌익 정부에 대항할 때 기독교도 장군 펑위샹의 지지로 승리한 곳이었다. 1938년 중국이 일본군에 맞서 중대한 승리를 거두었던 성벽 도시 타이얼좡이 부근에 자리했다. 인구 30만의 쉬저우는 남에서 북으로, 동에서 서로 연결된 철로선의 교차지로 중국 북방과 부유한 양쯔 강 하류 사이를 잇는 중요한 지점이었다. 한 해 전에 공산당원들은 미국 기자 잭 벨던에게, 전쟁은 이 도시에서 전개되는 전역에서 승부가 결정될 것이라고 말했다. 국민당의 한 장관은 일본과 공산당에 관한 비유를 차용해 만일 만주가 수족이라면 화중은 심장이라고 말했다.[16]

1948년 늦가을, 총 50만 명이 넘는 공산당의 두 부대 및 양쯔 강과 황허 사이의 삼각 지대에 거주하는 그보다 갑절 더 많은 농민 대오가 운반자와 조력자로서 쉬저우를 향해 전진했다. 최초의 장시 소비에트 근거지에서부터 마오쩌둥과 함께한 천이가 이끄는 화동야전군(華東野戰軍)은 산둥 성 남부를 통해 진격했다. 동시에 수류탄 폭발로 한쪽 눈을 잃고 대장정 시기에 참모장이었으며 윈난 성의 이족 수령과 함께 닭피를 마셔 삽혈 맹세를 한 독안룡(獨眼龍) 류보청(劉伯承)이 인솔하는 중원야전군(中原野戰軍)은 서쪽으로부터 전진했다.

화이허 강(淮河江)과 평행인 룽하이(隴海) 철로 사이에서 발발했기 때문에 '화이하이(淮海) 전역'으로 유명해진 이 전투에는 국군도 비슷한 병력을 투입했다. 장제스는 화이허 강이라는 자연의 방어 장벽을 따라 남쪽으로 철수할 수도 있었지만, 철도 요충지를 포기하는 것보다 쉬저우 성 밖의 평탄한 농촌에서 싸우는 길을 선택했다. 국민당 부대 하나는 서쪽에, 다른 하나는 성 내에, 그리고 두 개의 부대는 동쪽에 배치되었다. 장제스 군대는 제공권을 장악했고 대포와 차량 그리고 탱크 방면에서 우세했다. 장제스의 양자 장웨이궈가 장갑 부대를 지휘했다. 하지만 남아 있는 비행기가 얼마 되지 않았고, 중형 화기와 자동화 장비를 다루는 데는 서툴다는 것을 드러냈다. 국민당군의 장군들은 협동심이 부족했고, 단지 수도에서 장제스가 내린 평소의 지침만 따를 뿐이었다. 허잉친 장군은 그의 부하들 중 한 명을 전장의 총지휘관으로 임명했지만, 총사령관은 자신의 사람을 확보하고자 측근인 두위밍 장군을 파견해 부사령관으로 삼았다.

인민해방군은 9만 명이 방어하는 소도시를 점령하여 수천 명의 적군만이 운 좋게 도망갈 때 첫 번째 승리를 거두었다. 공산당 보병과 농민들이 반동파의 참호를 맹렬하게 공격하는 전통적인 전투 형상과는 다르게, 이번 승리는 성벽과 해자로 된 이중 방어망을 탱크가 마지막에 맹공격해서 얻었다. 거대한 협공 작전으로 총 30만 명에 달하는 국군을 매우 빠르게 포위하고 맹렬한 포격으로 극심한 타격을 입혔다. 국민당의 자동 기계화 부대는 늪에 빠지고, 공군 조종사들은 너무나 높은 상공에서 날아 폭탄을 정확하게 투하하지 못했다. 국군의 정보는 공산당이 농민 지지자들로부터 얻는 것에 비하면 초라했다. 정부군의 수동적인 방어 전술은 해방군의 속도와 기교에 직면하여 아군을 손쉬운 공격 목표가 되게 했고, 인민해방군은 우세한 병력으로 적의 약점을 집중적으로 공격한 뒤 각개 격파 하는 마오쩌둥의 섬멸 이론을 준수했다.

국군 장군 한 명이 전사했다. 적에게 패배한 뒤 장제스로부터 결별 전보를 받은 또 다른 장군은 총으로 자결했다. 황량하고 한랭한 평원 위에서 고립된 일부 국민당 부대는 식량이 바닥났다. 탈영이 급증했다. 11월 중순 이 지역의 상공에서 한 사진기자는 50킬로미터 이내의 농촌이 모두 깡그리 불탔다고 보도했다. 쉬저우 비행장은 인민해방군이 도시 밖 30킬로미터에서 아치형 전선을 형성하자 방치되어 버렸다. 국군 사병들과 군관들은 마지막 비행기에 탑승하려고 아귀처럼 싸워 댔다. 연료 탱크가 폭파해 2440미터 상공까지 짙은 연기가 피어올랐다.[17]

금니를 한 뚱뚱보 국군 총지휘관 류스(劉峙) 장군은 화이허 강 가와 난징으로 통하는 철도선에 자리 잡은 안전지대 벙부(蚌埠)로 달아났다. 화이하이 전역에서 철수한 국군 부대는 미국제 트럭과 장갑차를 이곳에 집중시켰다. 12월 초 류스는 인민해방군에게 포위된 부대를 구출하도록 두 부대를 쉬저우로 되돌려 보냈다. 그는 방문 기자에게 "우리는 포위망을 쌓았다."라고 말했다. 하지만 반격하는 공산당의 맹렬한 포화로 인해 이는 실패로 끝나고, 국군 1개 사단이 총부리를 거꾸로 돌렸다. 12월 16일, 난징에서 50킬로미터 떨어진 곳에 새로운 방어선을 구축하기 위해 정부군 탱크와 차량은 보병의 긴 행렬을 따라

병부 대교를 꽈르릉거리며 지나갔다. 국민당 군대가 이렇게 움직이는 동안, 공산당은 장제스를 수괴로 하고 쑹쯔원, 쿵샹시, 쑹메이링에 베이징 수비대장 푸쭤이를 포함한 국민당 장군 등 '전범(戰犯)' 40명의 명단을 공표했다.[18]

두위밍 장군 휘하 10만 명 이상의 쉬저우 수비군은 철저하게 가로막혔다. 인민해방군 라디오 방송이 적군을 "철통처럼 꽉 포위했다."라고 자랑했다. 버려진 미국제 차량들은 들판에서 나뒹굴고, 포로수용소로 향하는 국군 병사들의 기나긴 행렬이 이어졌다. 지주들은 숙청당하고 토지는 농민들에게 분배되었다. 마치 1926~1927년의 국민당 군대처럼, 인민해방군은 엄명한 기율과 공정한 매매로 현지 농민들에게 좋은 인상을 심었다. 현지 인민들은 잇달아 공산당 유격대 전사로 변했다. 한 민병 지도자가 간단명료한 해석을 내놓았다. 그는 미국 기자에게 "이곳은 우리들의 토지다."라고 말했다.[19]

일련의 군사 재난들과 함께 동부의 연해 도시에서는 유엔이 조직한 민간 원조 물자가 흘러넘쳐 단기 경제 번영의 거품이 일었다. 원조 물품은 일부 지방에서 암시장으로 흘러들어 가서 표면적인 번영을 조성했다. 특히 상하이에서는 미국 적십자사가 기부한 혈장마저 상점에서 1파인트(pint)당 25달러에 팔렸다. 밀거래된 대량의 물자는 공산당에게 금괴를 받고 팔려 나갔다. 연이어 인플레이션과 통화 가치 하락의 무자비한 압력이 나쁜 결과를 불러왔다. 군사비 지출이 수직으로 상승함에 따라, 정부의 새 화폐 인쇄 규모는 1년 새에 22배로 증가했다. 1달러는 중국의 위안화에 비해 수백만 배 가치에 달했다. 어느 공장은 지폐를 사들여 펄프로 제조하고 훨씬 값비싼 고급 종이를 생산했다고 한다. 한 저명한 교수는 병원비를 내지 못해 자결하고 말았다. 한 소장은 가족이 굶어 죽는 것을 차마 볼 수 없어 배 위에서 투신자살했다. 상하이에서는 20만 명이 나중에 황금으로 바꿀 수 있다는 어음 발행을 밤새 비를 무릅쓰고 줄을 서서 기다렸다. 7명이 밟혀 죽었다.

화폐가 한 푼의 값어치도 없어지자 상점 주인들은 물건을 팔려 하지 않았다. 상품 가치가 며칠 내에 곱절로 뛸 것을 알기 때문이었다. 농민들이 식량을 감추고 저장하기만 하자 도시 지역에서는 곡물가가 폭등했다. 상인들은 홍콩이나 다른 안전한 곳으로 가서 장사를 했다. 중국은 하이퍼인플레이션이 체제를 무너뜨릴 수 있다는 레닌의 이론이 사실임을 증명했다.[20]

정부가 조치를 꺼린 까닭은 인쇄할 수 있는 모든 지폐를 전쟁 비용에 써야만 했고, 또한 강력한 수단으로 인심을 더 잃을까 봐 두려웠기 때문이었다. 일부 시도로 가격, 임금, 신용, 생산을 통제하려고 애썼지만 정부가 인플레이션을 북돋우는 방식 앞에서는 아무런 효과가 없었다. 경제학자 장러아오(張熱傲)가 지적한 바대로, 그러한 조치들이 겨냥한 것은 경제 재난의 증상이지 그 근원이 아니었다.[21]

새로운 화폐로 금원권(金圓券)이 채택되었다. 금원권으로 1원(圓)은 구화폐 300만 위안에 상당했다. 새 화폐로 태환하기 위해서는 수중에 금이나 백은을 갖고 있어야 했다. 이 소식이 전해지자 투기 풍조가 일어나 계획은 폐기될 수밖에 없었다. 천씨 형제가 이 사건을 조사한 뒤, 쑹쯔원이 누설자로 비난받고 광둥 성장으로 좌천되었다. 1948년 8월 새로운 시도가 진행되었다. 장제스는 땅딸막한 상고머리 아들 장징궈를 상하이로 보내 계획의 실행을 감독하게 하고 투기꾼을 겨눈 '호랑이 사냥(打老虎)'을 시작했다. 장징궈는 소련에서 본 방법들을 운용해 그가 이른바 사회 혁명이라고 부른 대중적 지지를 얻고자 중산 계급을 과녁으로 정하고, 소매 상인들에게 매점한 상품들을 팔라고 낮은 가격으로 강요했다. 이는 사재기 풍조를 야기했다. 페니실린 한 병을 낚아챈 막일꾼이 그것이 무엇인지 모르지 않느냐는 질문을 받았다. 그가 대답했다. "모릅니다. 하지만 이게 돈보다 더 값나간다는 건 알죠."[22]

많은 소매 상인들이 파산했다. 새 통화에 대한 신뢰가 급속하게 떨어지고 통화 가치의 급락은 정부에 귀금속을 위탁한 사람들의 예금이 사라지게 했다. 은행에는 지불 청구가 빗발쳤다. 폭민들이 식료품 가게를 약탈했다. 장징궈는 방향을 바꾸어 부자들의 재산을 몰수하고 일부는 구금했다. 두웨성이 영향력을 잃어버렸다는 표식으로 그의 아들도 구금자 대열에 끼게 되었다. 신문 1면에 수갑을 찬 아들의 사진이 실린 후, 이 늙은이는 한 달 넘게 외출이나 손님 접대를 거절하다가 홍콩으로 재빠르고도 은밀하게 떠났다. 장징궈의 요원들은 또한 쿵씨 부부가 통제하는 양쯔강발전공사(長江發展公司)의 창고를 급습했다. 쿵씨 부부의 아들 중 하나인 데이비드(David)는 구금을 당했다. 도널드가 큰언니 쑹아이링을 비판했던 때의 반응처럼, 쑹메이링은 곧바로 상하이로 날아가 친정 가족이라는 입장에서 그녀의 의붓아들과 첨예하게 맞섰다. 심지어 한 기재에 따르면 그녀는 장징궈가 한 행동 때문에 그의 뺨을 휘갈겼다고 한다. 쿵씨 부부도 만일 자신들의 아들을 석방하지 않으면 장씨 부부의 추악한 일을 폭로하겠다며 위협했다고 한다. 보도에 따르면 데이비드는 600만 달러 상당의 재산을 정부에 넘겨준 뒤에야 홍콩 그리고 뉴욕을 향해 떠났다고 한다. 장징궈도 사직했다. 아무래도 그의 아버지가 지나치게 멀리 나갔다고 말했기 때문일 것이다.[23]

1949년 장제스의 신년 인사에는 평화 제의로 간주할 수 있는 내용이 포함되어 있었지만, 용어들이 워낙 강경하여 공산당에게 거절당할 수밖에 없었다. 연말이 지나면서 짧은 소강 상태가 유지된 뒤, 쉬저우 전투가 다시 시작되었다. 시체들은 한데 무덤에 던져지고, 인육을 먹는다는 보도가 흔했으며, 사람들은 잡아먹은 개와 고양이 가죽으로 겨울옷을 짜 입었다. 장제스는 국군 수비대가 포위망을 뚫게 하려고 물자 공급을 중단했지만, 그들은 통일된 움직임을 보이지 않았다. 1월 7일 방어 진지의 일부가 뚫렸다. 일부 국민당 부대는 항복했다. 다른 부대들은 달아났다. 두위밍 장군은 일반 병사의 옷으로 분장하고 공산당 군복을 입은 경호원들에게 포로로 잡혀가는 척하며 달아났지만 잡히고 말았다.* 또 다른 장군은 제복을 벗어 버리고 외바퀴 손수레에 숨어 전장을 빠져나가는 데 성공했다. 장징궈에 따르면, 이 도시의 함락은 공산당이 "우리의 화학 포탄"에 대한 통제권을 얻어 국민당을 타격하는 데 사용할 수 있다는 것을 의미했다.

1월 15일 국민당의 마지막 부대는 상점들을 제멋대로 약탈한 뒤 화이허 강을 건너고 주요 다리를 폭파했다. 그때 다리 위에 있던 서른 명의 민간인이 함

---

* 두위밍은 1959년 그의 범죄 행위를 참회한 뒤 특별 사면을 받을 때까지 전범으로 구금되었다.

께 폭사했다. 이 전역에서 국민당군은 사상자 20만 명이라는 혹독한 대가를 치렀다. 항복하거나 배반한 자는 그보다 훨씬 더 많았다. 승리는 공산당에게 양쯔 강, 난징 그리고 상하이로 가는 길을 열어 주었다. 정부 고관들과 그 가족들은 '이산 열차'를 타고 남쪽으로 대탈주하는 대열에 합류했다. 입법원의 매우 많은 의원들도 수도 난징을 떠나면서 정족수가 부족해졌다. 북방에서 공산당원들은 톈진을 점령하고, 예전의 영미 조계지에 있는 거대한 서양식 건축물 앞을 행진하면서 하늘에 대고 보총을 올렸다.

비록 장제스는 윈난에서 군대를 새로 편성하는 안을 고려했지만, 이제 그의 눈은 50년 동안 점령당한 뒤 일본의 항복과 함께 다시 중국으로 반환된 타이완을 향하고 있었다. 그는 이 섬을 새로운 근거지로 세울 준비를 하기 위해 이미 천청을 파견해 성장을 맡게 했다. 총사령관의 차 중에 네 대가 그곳으로 운반된 것이 그의 의중을 대변하는 표식이었다. 피난민들은 상하이에서 배를 타고 해협을 건너갔다. 배 한 척이 일본군이 전시에 설치했던 수뢰에 부딪혀 침몰하면서 2000명이 익사했다.[24]

3만 6000제곱킬로미터의 타이완 섬은 장제스의 해군이 지킬 수 있고, 공산당이 존재하지 않았기 때문에 이상적인 근거지였다. 볼트 구멍처럼 보이는 해안의 전경은 이곳을 안전하게 여긴 국민당 장군들이 섬의 새로운 주인에게 충성을 바치도록 했다. 대륙인들의 이주는, 엄혹한 통치였지만 상대적으로 진보적인 일본의 식민지였던 곳에 혼란을 불러일으켰다. 섬의 통화 가치는 하락하고 암시장이 번성했다. 콜레라가 창궐했다. 교육은 쇠퇴했다.

대륙인들은 군대의 지지를 등에 업고 현지인의 상업을 강탈하며 정부 전매권을 강요했다. 1947년 2월 28일, 경찰이 전매권법을 위반하고 담배를 팔았다는 죄목으로 체포하는 도중에 저항한 본토인 노파를 구타한 뒤, 섬사람들은 폭동을 일으켜 분노를 표출했다. 군대가 항의 군중에게 총을 발포하고 잔혹하게 진압한 결과 5000명에서 2만 명에 달하는 사람들이 종적을 감추었다. 타이완은 굴복했고, 장제스는 해공군을 포함한 국군 부대를 계속해서 보냈다. 그는 또한 대륙 연안에서 멀리 떨어진 두 개의 섬 마쭈(馬祖)와 진먼(金門)을 점거했

다. 공산당은 그곳을 점령할 수 없었다. 이는 국민당군의 드문 성공 중에 하나였다.[25]

행정원이 즉각적이고 무조건적인 정전을 건의할 때 전쟁 종결을 호소하는 정치적 압력이 크게 증가했다. 하지만 총사령관은 마오쩌둥의 조건들, 곧 정부 내 반동파 제거, 장제스와 쑹메이링 등의 전범 징벌, 관료 자본 몰수, 토지와 군사 개혁, 제국주의와 맺은 조약 폐기 및 비교적 위협이 작은 서력(西曆) 기원 달력 도입에 대한 논의마저 시작할 방법이 없었다. 북방의 국군 지휘관 푸쭤이가 베이징에서 명백하게 투항 담판을 벌여 나갈 때, 장제스는 매우 쓴 쓸개를 맛보게 되었다. 그는 트루먼에게 "미국의 정책은 국민당 정부가 분투하고 있는 사업에 확고한 지지를 보낸다는 성명"을 발표해 달라고 호소했다. 아무 반응이 없었다. 장제스는 난징 총사령부에서 전쟁터의 장군들과 함께 군사 이동 문제에 대해 심야까지 긴장된 토론을 한 뒤 불면증이 생겼다는 것을 깨달았다. 환약은 도움이 되지 않았다. 그래서 그는 위스키 한 잔 반을 마시고 꾸벅꾸벅 졸았다.[26]

기름이 바닥나 꺼져 버린 등잔

1949년 1월 21일 총사령관은 평소처럼 이른 시간에 일어났다. 그는 푸쭤이에게 편지로 계속 저항하라고 독촉한 뒤, 교회당에 가서 기도를 올렸다. 오원(五院)의 원장들과 오찬을 함께한 뒤에는 국민당 중앙위원회 회의에 참석했다. 그리고 그는 "내전이 끝나고 인민들의 고통이 줄어들 수 있기를 바란다."라며 권력을 부총통 리쭝런에게 넘기겠다고 선포했다. 일부 위원들이 울음을 터트렸다. 다른 위원들은 그를 만류하려 애썼다. 하지만 최후의 전술적 퇴각을 해야만 할 시각이었다.

중앙위원회를 떠난 장제스는 검은색 캐딜락을 타고 도시의 가장자리에 위치한 쑨원의 능묘를 참배했다. 그는 지팡이의 도움을 받으며 19년 전 이 국민당 창건자의 관을 따라 걸었던 백색 계단을 올라갔다. 대청에 들어간 뒤 쑨원의 대리석 조각상 앞으로 가서 허리를 세 차례 굽혀 절하는 국궁의 예를 차렸다. 그는 햇볕 아래로 걸어 나왔다. 잠시 동안 그의 수도를 조망하고는 경호원들에게 빼곡히 둘러싸인 채 계단을 내려왔다. 한 무리의 장군들이 그 뒤를 따랐다. 장제스는 차를 타고 비행장으로 가서 아들과 함께 항저우로 향했다. 쑹메이링은 이때 머나먼 미국에 있었다. 장제스는 1911년 항저우에서 혁명 결사대를 이끈 적이 있었다. 그는 항공 학원에 투숙하고, 식당에서 저녁을 먹기 위해 밖으로 나갔다. 침상에 들기 전에 그는 장징궈에게 고백했다. "이렇듯 무거운 짐을 내려놓으니, 마음이 한결 가볍구나."

장제스가 떠나자마자 리쭝런은 마오쩌둥에게 평화 협상을 타진했다. 이틀 뒤 베이징은 공산당에게 양도되었다. 추운 날씨 속에서 200~300명의 인민해방군 위병대가 행진해 왔다. 한 목격자는 그들이 "뺨이 붉었고, 건강하고 의기양양해 보였다."라고 기록했다. 뒤에서 마오쩌둥과 주더의 초상화를 손에 높이 든 학생 대오가 따라왔다. 목격자들은 그들의 장비 대부분이 노획한 미국제 장비라는 것을 알아차렸다. 귀순 협의로 푸쭤이 장군의 이름이 전범 명단에서 제외되고, 그의 군대는 인민해방군으로 통합되었다.[27]

고향 마을로 돌아온 장제스는 "나의 실패의 근본적인 원인은 신제도가 확립되기 전에 구제도가 붕괴되었기 때문"이라는 결론을 내렸다. 그는 국민당의 과오는 사회 개혁이나 인민의 복리 향상을 위해 아무것도 하지 않은 탓에 있다고 적었다. 62세의 총사령관은 시골 마을을 천천히 거닐며 새를 관조하고 평화로운 분위기를 즐겼다. 그는 아들이 심은 토란을 먹는 걸 좋아했다. 장징궈는 일기에 기록했다. "부친께서는 늘 웃으며 손자들을 바라보셨다." 음력 설날에 장제스는 가족 사당에서 조상들에게 참배했다. 밤에 마을 사람들은 그의 영광을 위해 용춤 연등회를 열었다.[28]

비록 시골 마을을 산책하고 손자들에게는 환한 웃음을 비쳤지만, 장제스는 여러 해 전 시커우에 은거했을 때마냥 여전히 막후에서 국민당의 행정부를 조종하기에 여념이 없었다. 그의 사직도 애매모호했다. 성명에서는 리쭝런이

"본인을 대리해 집행할 것"이라고 밝혔지만, 도대체 그가 확실하게 하야한 것인지 아니면 잠깐 쉬는 것인지가 불명확했다. 기자들의 질문이 쇄도하여 난징의 공무원들은 시커우로 연거푸 전화를 걸었다. 장제스는 기자들에게 공식적으로 진술했다. "나는 이미 은퇴를 결정했습니다." 이는 문제를 더 불투명하게 만들었다. 장제스는 여전히 총사령관이자 국민당 총재였다. 그는 충성스러운 지휘관들 및 관원들과 연락을 유지했다. 리쭝런의 힘을 약화시키라는 명령을 내리기도 했다. 평화 달성에 대한 리쭝런의 희망은 공산당의 가혹한 조건과 더불어 전쟁을 계속하길 바라는 오래된 광시 동지 바이충시 장군의 반대로 깨져 버렸다.

음력 설이 지난 뒤 천리푸는 시커우로 가서 그의 옛 우두머리와 의견을 나누었다. 《라이프》와 인터뷰를 할 때 탁자 위에 산적한 청산가리 알약을 가리키며 차라리 죽을망정 항복할 수는 없다고 말했던 모범 장관 옌시산은 산시 성의 금 보유고를 들고 난징으로 도망가기 전에 장제스를 예방했다. 옌시산의 수도 타이위안은 4월에 벌어진 시가전 후 공산당 수중에 떨어졌다. 워싱턴에서 총사령관 측 로비스트들은 공화당 의원들에게 트루먼을 압박해 국민당을 도우라고 독촉했고, 상원은 총 15억 달러에 달하는 원조 법안을 제출했다. 이것은 미국 의회를 통과하지 못했지만, 중국의 로비 단체는 계속해서 압박을 가해 헨리 루스가 간행하는 출판물의 도움 아래 의회에서 장제스 원조 찬성층이 폭넓게 형성되도록 했다.

장제스는 시커우에서 전화로 고급 장령들에게 명령을 내렸다. 리쭝런은 어느 날 밤 총사령관이 저녁 식사 시간에 군대의 참모 총장에게 세 차례 전화를 걸었다고 회고했다. 장제스는 또한 상하이 지구를 책임지고 있는 충성스러운 탕언보 장군에게 자신의 고향인 저장의 성장을 체포하도록 했다. 이유는 불충이었는데, 난징 행정부는 이 일에 대해 아는 바가 없었다. 한편 리쭝런이 장제스에게 장쉐량의 석방에 동의해 달라고 요청할 때, 그는 은퇴자로서 함부로 국사를 경솔하게 다룰 수 없다고 대답했다.

화이하이 전역의 승리자들이 난징을 향해 진군하고 린뱌오 부대도 병사들을 남쪽으로 이동시킬 때, 국민당의 핵심 지역을 방어하는 사안을 놓고 중대한 의견 차이가 벌어졌다. 리쭝런과 그의 사단은 양쯔 강을 방어 해자로 이용하며 남안을 굳게 지키고 싶어 했다. 상하이를 기지로 삼고 있는 탕언보 대군의 참전은 이 계획의 승패를 좌우하는 관건이었다. 하지만 탕언보는 총사령관이 본래 자리를 지키라고 명령했다며 참전을 거절했다. 리쭝런이 주재하는 한 회의 석상에서 작전부 최고 지휘관은 인민해방군이 양쯔 강을 넘는 것을 막으려는 시도가 약화된다고 지적했다. 탕언보는 개의치 않으며 자신은 이미 장제스의 명령을 받았고, 이는 반드시 집행되어야만 한다고 말했다. 그는 탁자를 치고 앞에 놓여 있던 문건을 바닥에 마구 흩뜨렸다. 아울러 큰 목소리로 작전부 지휘관을 총살해 버리겠다고 위협하고, 노발대발하며 밖으로 나갔다. 탕언보의 거친 성격은 유명했기에 그의 위협을 가볍게 볼 수는 없었다. 탕언보는 여행을 하던 중에 배가 교각에 부딪혔다는 이유로 선주를 죽인 적도 있었다. 리쭝런은 이제 총리가 된 허잉친 장군을 바라보면서 어찌해야 좋을지를 물었다. 허잉친은 대답했다. "만일 큰 두목께서 동의하지 않으시면, 우리가 무엇을 할 수 있겠습니까? 상황은 계속 악화될 뿐이겠지요."

장제스는 상하이를 굳게 지키고 싶어 했다. 상하이의 재부를 되도록 많이 착취한 뒤 타이완으로 가져가고자 했기 때문이다. 또 자신이 믿는 부대가 양쯔 강 연선 전투에서 사라지는 것보다 그들을 타이완으로 데려가 군사력을 조금이나마 더 유지하기를 원했다. 탕언보의 부대가 상점들을 약탈하고, 민가를 강점하고, 거리에서 정견이 다른 학생들을 죽이는 가운데 상하이는 잔인한 군사폭정에 신음했다. 엄청난 인파가 남아 있는 예금을 인출하기 위해 은행을 둘러쌌다. 청방 조직원들은 중국은행의 황금과 현금을 배에 가득 싣고 해협을 건넜다. 장제스가 여러 성도를 여행하며 수집한 중국의 국보 골동품과 예술품도 타이완으로 옮겨졌다. 동시에 청년 원수 장쉐량도 타이완으로 끌려가 경찰의 거점 안에 정착했다.[29]

이러한 정세를 타개하기 위해 리쭝런은 장제스가 정권을 다시 잡거나 아니면 이 나라를 떠나게 하려고 시도했다. 단지 시간 낭비였다. 총사령관의 목적은 리쭝런이 고통스럽게 버티고 있는 동안에 반대파가 없는 타이완에서 새로운 권력 근거지를 세우는 것이었다. 목표가 이러할진대 장제스는 그의 계승자를 위해 사정을 더 쉽게 풀어 줄 마음이 전혀 없었다. 사실 그의 이익은 리쭝런의 실패에 달려 있었다. 양쯔 강의 성공적인 방어는 때가 무르익으면 국민당 영수로서 다시 나타나고자 하는 장제스의 야심을 철저하게 부술 수도 있기 때문이었다.

리쭝런은 평화에의 노력이 공산당이 내세운 곤란한 조건으로 가로막히자 워싱턴과 모스크바에 접근했다. 미국의 공군과 해군이 힘을 모아 양쯔 강을 봉쇄한다는 전략이 수면 위로 부상했다. 장제스의 결정적인 은퇴와 관련된 문제이기도 했고, 장차 중국을 독일, 조선, 베트남처럼 둘로 쪼갤 수도 있었다. 만일 워싱턴이 이 건의를 받아들였다면 동아시아의 현대사가 완전히 달라졌거나 냉전 고조기에 미국은 인민해방군과의 전쟁에 휘말려 들었을 것이다. 하지만 예상대로 트루먼과 마셜은 관심이 없었다.[30]

난징 행정부는 또한 러시아의 개입을 좇았다. 스탈린은 꽤나 흥미를 가졌다. 그는 승리를 거둔 마오쩌둥이 유고슬로비아의 티토(Tito)처럼 독립적인 힘을 갖추는 것을 우려하며, 소련의 영향 아래 놓인 허약하고 분열된 중국을 만든다는 생각에 매력을 느꼈다. 1948년 그는 마오쩌둥에게 특사를 보내 미국의 간섭을 불러일으킬 염려가 있는 중국 대륙 전체에서의 승리를 추구할 필요가 없다고 몰아댔다. 이제 모스크바는 인민해방군에게 중국 전역의 통일을 목표로 하기보다 양쯔 강에서 멈추라고 충고했다. 마오쩌둥은 따를 마음이 전혀 없었다. 14년 후 그는 스탈린의 의지를 위반한 덕분에 중국 혁명이 성공했다고 언급했다. 훗날 모스크바와 중국이 어그러진 근원도 크렘린에서 마오쩌둥을 제어하려고 시도한 탓이었다.

장제스의 지지를 얻기 위한 최후의 분투로 리쭝런은 항저우로 날아가 공군 대학에서 회견을 가졌다. 리쭝런의 회고록에 따르면 총사령관은 그에게 지지를 보증했다. 하지만 이렇게도 중요한 시점이었음에도 장제스는 자신의 '체면'을 고려해 이 광시 장군이 구체적인 조치를 취해 달라고 요구하는 것을 저지했다. 리쭝런은 수도로 돌아와서 국민당 정부가 이미 광저우로 천도한 것을 알아챘다. 그는 불면의 밤을 보낸 뒤 지프를 타고 비행장으로 가서 서남쪽의 고향으로 날아갔다.[31]

난징 함락은 국민당 체제 붕괴의 전조였다. 소란한 군중들이 거리에서 제 멋대로 활개를 쳤다. 국군은 기차역을 폭파했다. 군인들과 경찰은 제복을 벗어 던져 버렸다. 강탈자들이 버려진 호화 주택들을 몽땅 약탈했다. 미국 기자 시모어 토핑은 낡고 검은 누더기 웃옷을 입고 전족을 한 늙은 여자가 별장에서 훔친 정치한 자수 깔개 네 장을 들고 발을 절며 비틀비틀 걸어가는 모습을 목격했다. 매우 큰 행정원과 교통부 건물도 창틀을 포함해 떼어 낼 수 있는 물건들은 모조리 도둑맞았다. 허잉친 장군과 리쭝런의 거주지까지 샅샅이 약탈당했다. 후자의 경우는 가정부의 도움 아래 진행되었다.

난징 시장은 금원권 3억을 차에 싣고 달아나려 했지만, 운전사와 경호원 들이 다리를 부러뜨리고 흠씬 두들겨 팬 뒤 돈을 훔치고는 길가에 버려두고 달아났다. 비행장에서는 떼를 지은 시민들이 남아 있는 몇 대의 비행기에 억지로 올라타려고 난리였다. 고급 관료들과 장군들은 가구와 재산을 산더미처럼 쌓아 놓았다. 그중에는 그랜드 피아노도 있었다. 한 망연자실한 국민당 공무원이 테니스 라켓을 쥔 채 사진에 찍혔다. 화평보위위원회(和平保衛委員會)가 조직되어 이 도시를 책임지고 정돈하도록 인수인계를 받았다. 이족의 회장은 카이로 호텔의 어두운 완두콩색 방에 홀로 앉아 있었다.[32]

1949년 4월 20일, 인민해방군은 저항받지 않고 양쯔 강을 건넜다. 국군 수비대는 뿔뿔이 흩어지거나 배신을 했다. 한 부대는 심지어 총구를 거꾸로 돌려 국군 포함을 겨누고 공산당 선박을 보호했다. 사흘 뒤 철모를 쓰고 겨자색 군복을 입은 군인들이 탱크를 몰고 와서 난징을 정식으로 접수했다. 그들을 본 프랑스 무관 자크 기예르메즈는 쌀자루를 비스듬히 멘 채 행진하는 그들이 너무나도 피로해 보여 깜짝 놀랐다.[33]

비록 학생들이 환영 집회를 열었지만, 거리에 있는 대다수 사람들은 새로 온 자들을 조용히 지켜볼 뿐이었다. 다수의 해방군 병사들이 미국 대사의 침실로 우르르 몰려가 가구를 가리키며 "이것들은 곧 인민에게 속할 것"이라고 말했다. 대사관에 물자를 운송하던 영국 해군 함정 애미시스트(Amethyst) 호가 강가에서 공산당 군대에게 포격을 받을 때 더 엄중한 사건이 발생했다. 세 척의 영국 군함이 곧장 지원하러 왔지만 도중에 포격을 맞았다. 총 44명의 수병이 전사하고 80명이 부상했다. 애미시스트 호는 "중국 수역을 불법적으로 침입"한 범죄 행위를 자인하는 서류에 선장이 서명하기를 거절해 100일 동안 겹겹이 포위를 당했다. 이 함정은 결국 엄호를 위해 한 척의 보트를 앞세우고 포화 속에서 탈출했다. 과거에 외국 배들은 양쯔 강을 마음대로 운항했다. 이제 그들은 환영받지 못하는 침입자들이었다.[34]

동쪽에서는 항저우가 점령당하고, 상하이는 고립되었다. 서쪽에서는 린뱌오의 부대가 우한을 휩쓴 뒤 비를 무릅쓰고 남쪽으로 진군했다. 다른 공산당 부대들도 장시 성으로 돌입해 난창을 차지했다. 광시의 무슬림 장군 바이충시는 후난에서 저항군을 조직하려 했지만, 장제스는 여전히 독립 사상을 지닌 지방 지휘관들을 두려워하며 자신의 영향력을 이용해 바이충시 장군에 대한 보급을 중단했다.

군관도덕분진회에 머물며 상하이를 마지막으로 방문한 총사령관은 자신의 권력이 최고점에 오르는 데 큰 기여를 한 이 도시를 굳게 지키라는 명령을 내렸다. 그가 5월 7일 일기에 썼다. "중화민국의 생사존망이 걸린 위기를 지켜보면서 나는 눈물을 훔치며 앞으로 나아가고 있다. 전진하는 길이 몹시도 고통스러우리란 것을 안다. 걱정하지 말자. 혁명적인 선열들의 피로 터놓은 길이다. 우리는 오늘도 전진, 전진해야만 한다. 후퇴는 없다. 우리의 주위는 어둡다. 우리의 전진은 위험하다. 희망의 불빛과 쑨원에 대한 나의 충절에 의지하여, 나는 불요불굴의 싸움을 계속할 것이다." 다른 사람들은 이렇듯 굳건하진 않았다. 목전의 절망적인 형세에 총사령관의 오랜 정신적 스승인 다이지타오는 자결을 하고 말았다. 장제스의 한 비서는 "기름이 바닥나 꺼져 버린 등잔(油盡燈枯)"이라는 쪽지를 남기고 죽었다.[35]

탕언보는 상하이를 제2의 스탈린그라드로 만들겠다고 다짐했다. 그는 역부들에게 아주 깊은 참호를 파고 3미터 높이의 대나무 장벽을 쌓도록 했다. 탕언보의 친척 중 한 명이 목재 장사를 벌여서 이득을 보았다. 탕언보는 군사 자금을 마련하기 위해 제멋대로 징세를 부과하고, 사병들로 하여금 가옥, 호텔, 무도회장 등지에서 값어치가 나가는 물건들은 모조리 징발하도록 했다. 국민당 군대가 패했다는 뉴스는 검열로 인해 삭제되었지만, 이 도시에서는 유언비어와 공포가 날로 범람했다. 화폐 가치는 훨씬 더 급락하고, 항구에 정박해 있는 화물선이 물품에 터무니없는 가격을 매기자 격노한 군중들이 은행마다 물샐틈없이 에워쌌다.

필리핀 영사가 썼다. "도시 곳곳에 파손된 트럭이나 삼륜 택시를 타고 달리는 남자들과 여자들 그리고 아이들이 가득했다. 망연자실해 해골처럼 텅 빈 눈빛을 한 사람들이 안전한 곳을 찾아 도처에서 정처 없이 떠돌았다." 대다수의 국군 수비대는 마치 22년 전의 군벌 부대가 국민당군에 대항해 싸우다가 그랬듯 차츰차츰 사라졌다. 상인협회는 국군 수비대 병사들이 조용히 떠나도록 거금을 건네고, 인민해방군에게는 위문 격으로 자금과 약품을 전달했다. 탕언보는 광저우로 도망가 '주인'의 머나먼 명령을 기다렸다. 1949년 5월 24일 공산당 전초 부대는 구 프랑스 조계지의 에두아르 거리로 들이닥쳤다. 소수의 국민당군 병사들이 저항을 시도했지만, 곧바로 검은 창파오로 갈아입고 도망쳤다. 마오쩌둥의 큰 화상이 대세계오락중심에 걸렸다. 같은 날, 리쭝런은 미국 대사에게 워싱턴의 지지 성명을 얻어 달라고 부탁했다. 존 레이턴 스튜어트가 국무부에 전보를 보냈다. 비록 그는 대리 총통을 매우 동정했지만, 그도 미국으로부터 "군사 문제의 진행 방향을 바꾸는 데 효과적인" 성명을 받을 것이라고는 기대하지 않았다.[36]

국민당의 군사적 패배가 잇따를 때 정치, 경제, 군사의 형세도 한층 혼란스러워졌다. 탕언보가 상하이로 군대를 결집하자, 남방 지구를 방어하는 병력이 더욱 부족해져서 공산당 군대는 양쯔 강에서부터 신속하게 남하할 수 있었다. 장제스가 여러 차례씩이나 간섭하여 광시 장군들의 방어 계획은 번번이 좌절당했다. 배반도 국민당 정부의 지위를 쇠약하게 했다. 바이충시 장군은 후난 성장이 창을 거꾸로 든 뒤 후난으로부터 후퇴할 수밖에 없었다. 인민해방군이 전진함에 따라 총리 신분인 허잉친 장군은 하야를 선포하고, 만약 이렇게 하지 않으면 배반 혹은 자살에 직면할 수밖에 없다고 리쭝런에게 말했다. 장제스는 천씨 형제를 이용해 리쭝런이 신임하는 총리 후보자가 허잉친의 후계자가 되는 것을 저지하며, 여전한 자신의 정치적 영향력을 과시했다. 대신 모범 장관 옌시산이 그 자리를 맡았다.[37]

국민당이 와해되는 동안, 중국공산당은 미국의 양해 없이는 최후의 결전을 벌이지 않겠다는 징후를 보여 주었다. 6월, 중국 북방에 온 존 레이턴 스튜어트의 친구가 이 미국 대사에게 마오쩌둥과 저우언라이는 그의 방문을 환영할 거라고 말했다. 동시에 한 오스트레일리아 기자가 베이징에 머물러 있는 딕시 사절단 전(前) 단장 데이비드 배렛 대령을 찾았다. 공산당은 친소련파 그리고 외국 정부 특히 미국과 협력 관계를 원하는 저우언라이가 우두머리인 자유파로 분열되었다는 저우언라이의 전언과 함께였다. 미국 국무부는 두 파벌 모두 매우 신중하게 대처했다. 월말에 마오쩌둥은 비록 스탈린은 인민해방군을 저지하려고 시도했지만 중국의 진정한 친구는 모스크바이며 서방의 도움을 기대하지 않는다는 연설을 하여 서방 국가와 화해의 가능성을 배제했다.[38]

장제스는 수십만 명의 군대와 관료 기구 및 비축한 금과 백은을 타이완으로 옮긴 뒤, 이제 대륙에서의 마지막 행동을 준비하고 있었다. 7월에 그는 악천후를 무릅쓰고 광저우로 가서 군사 작전 계획을 세웠다. 또한 국민당 중앙집행위원회의 특별위원회라는 기구를 세우고 그 자신이 위원장이 되어 당의 업무를 통제했다. 장제스는 총리 옌시산과 미리 의논하지도 않은 채 탕언보를 타이완 해협 맞은편의 푸젠 성장으로 임명했다. 리쭝런의 진술에 따르면, 일부 남방 장군들이 매우 분노해 '장제스 체포'까지 건의했다고 한다. 리쭝런이 지적했듯 장제스는 국보들을 소유하고 여타 많은 지휘관들의 충성을 얻고 있었기 때문에 시안 사건의 재연은 의미가 없었다.[39]

장제스는 자신이 대륙에서 정권을 다시 거머쥘 수 있도록 평탄한 길을 깔아 줄 미국과 공산주의 진영 간의 제3차 세계 대전은 시간문제일 뿐이라고 굳게 믿고 있었다. 그리하여 그는 필리핀과 남한의 우익 정부를 방문했다. 장제스는 한 인터뷰에서 그에 대한 지지가 실패하면 민주주의는 값비싼 대가를 치를 거라고 경고했다. "만일 우리가 중국에서 공산주의를 쓸어 낼 수 없다면, 저는 온 아시아에 공산주의가 만연하리라고 확신합니다." 장제스는 베트남 전쟁에 이르러서야 정점에 달한 도미노 이론에 관해 이처럼 이른 시기에 해설을 붙였다. 하지만 워싱턴은 최후의 순간까지 구원은 없을 것이라는 입장을 분명하게 표명했다.[40]

장제스는 점점 더 비현실적인 분위기에 휩싸인 채 광저우로 돌아와, 도박과 마약 밀수에 극도의 분노를 표출했다. 바이충시 장군을 만나서는 만일 다 함께 일치단결한다면 모든 것을 잃지 않으리라고 역설했다. 깊이 감동한 무슬림 전사는 동료 리쭝런에게 총사령관은 이 순간에야말로 진실하다고 말했다. 그래서 리쭝런은 장제스를 만찬에 초대했다. 그의 손님은 리쭝런의 집을 빼곡히 둘러싸는 대규모의 경호원들을 대동하고 도착했다. 장징궈가 몸소 부엌으로 들어가 음식에 독이 들어 있지 않는가를 검사했다.[41]

저녁 식사 뒤 리쭝런은 장제스에게 회담을 요청했다. 리쭝런의 회고록에 따르면, 그는 장제스에게 화를 내고 장황하게 공격하며 총사령관의 일련의 결점과 과오를 열거했다고 한다. 리쭝런은 장제스의 겸손한 반응에 놀랐다. 그는 장제스가 떠날 때 문까지 따라와 손을 흔들며 배웅했다. 하지만 관계를 회복하기에는 이미 너무 늦었다. 서북의 매 후쭝난은 산시(陝西)에서 쓰촨으로 후퇴할 수밖에 없었다. 서북의 간쑤 성 전체와 란저우 시가 인민해방군에게 함락되었다. 신장의 광활한 지역도 공산당에 투항했다. 1949년 10월 1일, 마오쩌둥은 수도 베이징을 수복하고 중화인민공화국 건국을 널리 선포하며 "중화 인민이 일어섰다."라고 선언했다. 같은 달 말에 광저우는 《뉴욕 타임스》가 보도한 대로 "가는 한숨 소리조차 낼 틈 없이" 함락되었다. 장제스는 반대 방향 곧 타이완으로 향했지만, 국민당은 그들이 가장 안전하다고 간주하는 도시인 충칭으로 움직였다.[42]

장제스는 10월 그의 생일날 일기에 썼다. "지난 한 해는 나의 일생에서 가장 어둡고, 가장 비참한 때였다." 하지만 연이어 덧붙였다. "나는 하나님의 사명을 경건하게 받아들여야만 하며, 나의 임무를 완수할 수 있으리라고 굳게 믿는다." 그런 뒤 그는 채찍질과 자존감이 전형적으로 뒤섞인 비판을 늘어놓았다. "지난 세월을 헛되이 보냈다. 치욕과 패배를 맛보았다. 하지만 나는 괴로워하지도, 노하지도, 자만하지도 않을 참이다. 하나님과 사람들 앞에서 양심에 부끄러운 바가 없다. 여호와 하나님의 사랑을 입은 나에게 어찌 행운이 가득하지 않겠는가? 위험과 고난이 앞에 가로놓여 있다. 더욱 스스로를 경계하여야 중화 민족을 부흥하고 중화민국을 재건할 수 있을 터이다."[43]

1949년 11월 11일 장제스는 옌시산이 총리 신분으로 보낸 편지를 받았다. 충칭에 총사령관이 부재한다면 붕괴를 거의 피할 수 없다고 적혀 있었다. 사흘 뒤 총사령관은 전쟁 기간 동안 일곱 해를 보냈던 도시로 다섯 시간의 비행 끝에 도착했다. 장제스를 수행한 그의 아들은 충칭이 "공황, 공포와 쥐 죽은 듯 고요한 침묵에 휩싸여 있었다."라고 기록했다. 장제스는 리쭝런과 회합을 가지려고 시도했다. 하지만 장출혈로 신음하던 리쭝런 장군은 기독교장로회 병원에서 진찰받을 수 있는 뉴욕으로 향하기에 앞서 홍콩의 병원으로 가기로 결정했다.[44]

바이충시 장군이 그의 군대를 보존하고자 경계를 넘어 고향인 광시 성으로 진입하기로 결정한 후 구이저우 성이 함락당하고 현지의 한 장군은 사병들의 급여를 가로챈 죄로 즉결 처분을 받았다. 11월 말, 쓰촨 출신의 덩샤오핑이 이끄는 공산당 군대가 충칭에 접근했다. 29일 장제스는 군사 회의를 열고 상세한 퇴각 명령을 하달했다. 그는 피난민과 차량들이 거리를 가득 메운 까닭에 하는 수 없이 걸어서 숙소로 돌아갔다. 밤 10시, 도시 가장자리에서 총격전이 벌어지고 폭발음이 종종 들려왔다. 다음 날 새벽에 장제스는 쓰촨의 성도 청두로 향하기로 결정했다. 일설에 따르면, 승용차에 오르기 전에 마지막으로 충칭의 군사 총사령부를 방문하려 했지만 이미 텅 비어 있었다고 한다. 그는 마룻바닥 위의 지도를 보고는 집어다가 불살라 버렸다. 적의 손아귀로 들어가는 것을 막기 위해서였다. 그 뒤 장제스가 탄 차가 피난 차량에 빽빽하게 들어찬 거리에 멈출 때, 그는 내려서 혼잡한 차량들 한쪽으로 걸어가 지프 한 대를 징발했다. 경찰이 수집한 자료들에 따르면, 장제스는 충칭을 떠날 때 "그가 증오하는 사람들을 죄다 죽이고 싶어 했다."라고 한다. 미중 합작 계획에 따라 세워진 비밀경찰 감옥소에서 대다수의 피수용자들은 총살을 당했다. 탄광 갱도에 갇혀 있던 정치범들도 즉결 처분을 받았다. 이 도시에는 장제스가 특별히 목숨을 빼앗고 싶은 사람도 있었다.[45]

시안에서 장제스 납치를 제안한 양후청 장군은 충칭으로 끌려와 가족과 함께 가택 연금 상태에 놓여 있었다. 공산당이 바싹 다가오자 비밀경찰들이 행동을 취했다. 1949년 9월 중미합작조직 요원들은 우선 양후청의 아들 하나를 총으로 쏘아 죽였다. 그런 뒤 장군을 살해하고 그의 딸, 수행원, 가족까지 총 여섯 명을 죽였다. 시체에 황산을 잔뜩 뿌리고 매장했다. 양후청 장군의 시체는 기다란 벽돌 화분에 묻혔다. 장군의 다른 아들이 훗날 이 유해들을 발굴하고, 양후청과 장쉐량이 13년 전 중국 통치자를 구금했던 도시에 아버지의 시체를 정중하게 안장했다.

1949년 12월 1일 충칭이 함락되었다. 덩샤오핑이 충칭 시장 및 정치위원으로 취임했다. 또 공산당은 바이충시가 어쩔 수 없이 퇴각하자 광시 성을 점령했다. 쓰촨 성 청두에는 장제스의 총통 복직을 호소하는 국민당원들이 여전히 남아 있었고, 후쭝난은 도시를 방어하기 위해 군대를 조직했다. 많은 시민들이 필사적으로 도망쳤다. 차들이 거리를 가득 메웠다. 사병들은 제멋대로 총질을 해 댔다. 약탈자들은 가져갈 수 있는 것을 모조리 빼앗아 갔다. 1949년 12월 8일 행정원은 중국의 수도를 타이완으로 옮기는 안을 표결했다. 10일, 장제스가 13년 전 시안의 총사령부에서 공산당을 최후 섬멸할 준비를 했던 바로 그날 무렵이었다. 타이완에 가기 위해 장제스는 청두 비행장으로 향했다. 항로를 인도하는 무선 전신국이 없었다. 두꺼운 구름층이 항해사가 아래쪽 대지를 참고하며 항로를 바로잡는 것을 가로막았다. 이 DC-4형 비행기는 오로지 조종사의 직감과 풍향 계산에 의지해 비행했다. 밤 9시경 구름층의 한 틈으로 푸저우 연안 밖의 한 섬이 바라다보였다. 타이완으로 가는 항로가 잡혔다. 조종실의 공군 군관이 총사령관에게로 돌아가 보고를 올렸다. 장제스는 고개만 끄덕거렸다.

타이완에 다다른 뒤 장제스는 아들과 함께 섬의 아름다운 명소 중 한 곳인 르웨탄(日月潭)에 자리한 어느 호텔로 갔다. 이곳에서 윈난 성이 함락당했다는 전갈을 받았다. 전기 작가 둥셴광의 기재에 따르면, 66세의 국민당 영수는 장징궈가 산보를 하자고 말하기 전까지 한 시간 동안이나 말없이 묵묵히 앉아 있었다고 한다. 그들은 산책을 나가 숲 가장자리에 다다랐다. 장제스는 앉아서 깊은 생각에 잠겼다. 연후에 그가 낚시를 하자고 제안했다. 배 한 척을 가진 노인을 찾아낸 아들이 호텔에서 배를 세낼 돈을 가져왔다. 아버지는 홀로 배에 올라 그물을 던졌다. 이 이야기에 따르면 그는 1.5미터에 달하는 대어를 잡았다. "매우 좋은 징조였다. 장제스는 그의 뇌리를 깊숙이 짓누르고 있던 어두운 장막이 걷히는 듯 확 트인 기분을 느꼈다."[46]

항일 전쟁 때 싸늘한 주검이 된 1000만 명 혹은 그 이상과 장제스의 초기 전역 때 사라진 300만 명의 생명에 더하여, 국공 내전은 대략 500만 명의 목숨들을 앗아 갔다. 후쭝난의 군대가 머나먼 서부에서 지연 작전을 펴고 바이충시 장군의 군대도 하이난다오를 굳게 지키는 동안 소규모 전투는 여전히 계속되었다. 버마 변경 지역에 남아 있는 다른 국민당 군대는 '황금 삼각 지대(Golden Triangle region, 세계의 생아편 대부분을 생산하는 인도차이나 북부 지대)'에서 아편 무역을 하는 큰 파벌이 되었다. 하지만 이렇게 끝까지 버티는 저항에도 불구하고, 20년 동안 지속된 국민당 체제는 적과의 대규모 최후 결전 없이 종말을 맞았다. 결정적인 전투는 한 해 전이나 보다 이전에 이미 치러졌다. 만주와 북방을 잃어버리고 연달아 화이하이 전역에서 크게 패배한 이래 장제스는 그의 장기적인 미래를 준비해 왔다.[47]

타이완에서 장제스는 길고 지루하며 무미건조한 설명으로 패배를 변명했다. 그는 총반격하여 승리를 쟁취한 뒤 대륙으로 다시 돌아갈 기대가 충만한 상태이기도 했다. 장제스는 홍색 모략에 직면하여 늘 지나치게 믿는 모습을 보였다. 미국의 대중국 정책의 변화는 국제 공산주의가 꾸민 음모의 결과였다.

하지만 모든 것을 잃은 것은 아니었다. 장제스는 1949년 성탄절 일기에 썼다. "만일 내가 나의 야망을 계속해서 단행할 수 있다면, 나는 새로운 사명을 철저하게 이해하고 바로 오늘부터 역사를 다시 시작할 터이다."[48]

장제스와 그의 시대

1936년 말 시안에서 석방된 장제스는 제2의 생명을 얻었다고 말했다. 13년 후, 장제스를 타이완으로 싣고 간 비행기는 그에게 제3의 생명을 부여했다. 중화민국의 독재자로서 장제스는 중국 대륙 연안에서 160킬로미터 떨어진 섬을 26년 동안 통치했다. 대다수 동지들이 타이완 해협을 건너 그를 따라왔지만, 리쭝런과 윈난 성장 룽윈을 포함한 일부는 베이징 신정부와 평화를 추구했다. 다른 사람들은 쿵씨 가족처럼 차라리 미국으로 가거나, 큰 귀 두웨성처럼 홍콩으로 떠났다.

아시아 공산주의의 보루와 대치한 장제스는 1950년대에 냉전의 아이콘이 되었다. 루스벨트가 총사령관을 신세계 질서의 기둥으로 간주했던 시기의 점차 진부해지는 메아리 속에서 국민당이 안전보장이사회 의석에 필사적으로 매달릴 때, 장제스는 미국의 보호를 확신했다. 1960년 무렵 장제스는 마오쩌둥의 대약진 운동이 대혼란을 일으킨 뒤 대륙 진공을 제안했지만, 워싱턴은 공격 지지 또는 그가 원하는 원자탄의 제공을 거절했다. 1971년 유엔은 마침내 중화인민공화국을 타이완을 포함한 중국의 유일한 합법적인 대표로 인정했다. 이듬해 리처드 닉슨이 베이징을 방문하고, 미국은 "오로지 하나의 중국이 있고, 타이완은 중국의 일부분"이라고 선언한 상하이 코뮈니케(Shanghai Communiqué)에 서명했다. 1979년에는 미중 간의 전면적인 외교 관계가 맺어졌다. 비록 장제스는 그 자신이야말로 중국이라는 나라의 유일하고도 합법적인 통치자라고 주장했지만, 1949년 이후 그의 생애와 경력은 이전의 25년과는 현저하게 달랐다. 이 책을 여기서 일단락 짓는 까닭이다.

되풀이되는 폐렴 발작으로 고통을 겪은 뒤, 장제스는 1975년 4월 5일 향년 87세에 심장 마비로 사망했다. 마오쩌둥이 베이징에서 사망한 것보다 17개월이 빨랐다. 대부분의 시간을 미국에서 보낸 쑹메이링은 남편의 임종 무렵 타이완으로 돌아왔고, 공식적인 애도식을 하기 전에 장쉐량으로 하여금 그의 유해를 비밀리에 보도록 했다. 총사령관의 아들 장징궈가 타이완 총통이 되었다. 장징궈와 그의 후임자 리덩후이(李登輝)의 영도 아래 이 섬은 엄청난 경제적 성공 신화를 써 내려갔고, 성숙한 민주주의를 발전시켜 쑨원의 두 번째 원칙을 실현했다. 타이완은 베이징 공산당 정부의 재통일 요구에 직면할 때마다 그 자체의 정체성 확립을 위해 분투해 왔다.

총사령관의 거대한 조각상이 그를 기념하기 위해 타이베이에 건립한 능원을 굽어보고 있지만, 타이완이 국민당의 과거와는 전혀 다른 방향으로 차츰차츰 진화하고 야당에서 총통과 입법 의원이 선출됨에 따라 장제스의 유산은 해마다 퇴색되어 갔다. 쑹메이링은 장제스가 죽은 뒤 국민당 지도층에 영향력을 발휘하는 데 실패했기 때문에 미국의 롱 아일랜드(Long Island) 저택에 은거했다. 이후 맨해튼의 한 아파트로 이사를 간 뒤 이곳에서 2003년 106세의 나이로 사망했다. 장제스의 초상은 이미 일부 은행권 지폐에서 사라졌고, 공무원들은 원한다면 집무실 벽에서 그의 초상화를 떼어 낼 수 있다고 통지받았다.

과거가 훗날의 렌즈를 통해 조망될 따름이라면, 냉전은 장제스에 대한 객관적인 평가를 거의 불가능하게 했다. 언제나 장제스는 우유부단한 서양과 미국 국무부에게 배반을 당하고 교활한 공산당에게 이용된 서방의 충실한 친구로 받아들여졌다. 군벌이나 다름없는 반동적이고 잔인하고 무능력한 독재자인 그는 제때 일본에 맞서 과감하게 일어나지 않은 탓에 중국의 진정한 이익을 저버리고, 아울러 쑨원의 신성한 가르침을 왜곡했다는 것이다. 난징 정부에 대한 수정주의 역사학자들의 평가는 제각기 다르다. 어떤 사람은 난징 정부가 현대 중국의 건설에 필요한 단계였다고 본다. 사익을 추구한 정객들, 장군들, 폭력 조직과 상인들의 부패한 반혁명 소굴로 비난하는 사람들도 있다. 두 가지 관점 모두 어느 정도 진실을 담고 있다. 하지만 참된 척도로 이 인물과 그의 시대를 평가하는 데는 실패했다. 20세기 전반기의 중국에 적용할 수 있다고는 기대할 수 없는 절대적 표준들로 평가했기 때문이다.

장제스는 의심할 여지 없이 동포들의 생명을 경시하고, 더구나 공산당 소탕을 항일 투쟁보다 상위에 둔 반동적이고 권위주의적인 독재자였다. 그는 반파시즘 투쟁과 민주주의가 함께 협력하여 진행된다는 미국의 꿈에 절대로 부응할 수 없었다. 그는 경제를 전혀 이해하지 못했고, 한 국가를 고무하는 데 필요한 대중 운동을 깊이 의심하는 질 나쁘고 무능력한 행정가였다. 일본에 대항하는 총체적인 전략 개념에서는 결과적으로 합리적인 감각을 보였지만, 동시에 대량의 목숨과 영토를 잃어버렸고, 국민당 체제의 사기 저하와 쇠약화를 가져왔다. 그는 전술 지휘관으로서는 전공 기록이 희박했고, 또한 그의 군사적 지위는 전장에서의 역량이 아니라 정략 정치 및 자금과 물자의 통제 덕분에 가능했다. 장제스는 파벌 갈등을 조장하며 이를 악용하고, 용인(用人)을 할 때 업적보다는 충성도를 중요시했다. 그가 부패와 도덕성 부재에 눈감은 것은 국민당 정부의 와해를 부채질했다. 미국과 그의 짧은 갈등은 결국 정말로 중요한 하나의 동맹국을 잃게 했다. 장제스는 최고 권력을 차지하기 위해 끊임없이 권력 투쟁을 벌인 인물로, 자기 자신을 바로 중국을 운명적으로 잃어버린 자로 만들었다. 이 점이 모든 것 중에서 가장 최악이었다.

공산당이 최종적인 승리를 거두면서 장제스에 대해 전적으로 부정적으로 이루어진 평가들은 대개 그의 중요한 역할을 무시한다. 비록 발전은 누더기 옷처럼 불완전했고 그 효과도 중국에서 상대적으로 작은 일부 지역에서만 느낄 수 있었더라도, 중일 전쟁의 폭발로 급브레이크를 밟을 때까지 장제스의 시대는 중국과 같은 나라에서 전대미문의 근대화를 이룩했다. 아무리 그 효능이 불완전했을지라도 국민당은 근대 국가의 기구들을 확립했다. 북벌은 군벌 혼전 시대의 무정부주의를 대체하여 중국이 강한 중앙 집권 추구로 떠받쳐지는 한 국가로서의 지위를 되찾게 했다. 이러한 추구는 1937년 중일 전쟁 발발 때까지 줄곧 계속되었고, 1945년 이후로 다시 시작되었다. 난징 10년은 이 나라가 세계의 다른 나라들과 떳떳한 관계를 맺을 수 있다는 것을 보여 주었다. 외국 조계지가 폐지되었고, 산업과 금융이 발전하기 시작했으며, 도로와 철로가 건설되고 항공 운송도 시작되었다. 비록 국민당 정부와 늘 대립했지만 사상과 문학, 예술과 영화가 번성했다. 1927년에 터진 상하이 대숙청은 공포를 조성했지만, 국민당 체제에 의한 억압은 공산당 치하에서 벌어진 것과 비교하면 아무것도 아니었다.

　장제스의 실패 규모는 초기에 그가 똑같은 크기로 이룩한 성공을 감추어 버렸다. 1925년 3월 쑨원이 사망했을 때 그는 국민당을 이끌 주요 경쟁자도 아니었다. 이듬해 여름 그는 광저우에서 유력 인사가 되었고, 또한 국민당 군대를 이끌고 양쯔 강 유역 전투에서 승리했다. 이후 장제스는 아홉 달 사이에 난징 국민당 우파의 우두머리가 되어 우한의 좌파 국민당 정부에 대항하는 지도자로 급부상했다. 1928년 6월 베이징을 공격하여 함락하고, 한 해 뒤에는 주요한 군사적, 정치적 라이벌들을 물리쳤다.

　이러한 눈부신 승리들이 이어졌음에도 끊임없이 계속되는 전쟁과 대규모의 자연재해에 직면한 탓에 신중국을 건립할 정치적, 행정적, 이념적, 경제적 토대가 부족했다. 한 연구는 1916년과 1949년 사이 중국에서 군사 충돌과 기근으로 총 3500만 명이 죽었다고 추산했다. 1926년 장제스가 광저우에서 정권을 인수한 때부터 1949년 청두에서 비행기를 타고 대륙을 떠날 때까지 모든 사건들은 지나치게 빨리 터졌다. 그는 멈춰 서서 자신의 지위를 공고하게 다질 수가 없었다. 대신 주기적으로 일어나는 도전자들, 일본 그리고 공산당의 군사적, 정치적 도전에 맞서야만 했다. 국민당 군대의 강대함은 단지 명의상일 뿐이었고 유효 전투력은 훨씬 더 낮았다. 장제스의 중앙군은 1937~1938년의 양쯔 강 유역 전투에서 엄중한 타격을 입고 쇠약해졌다. 전체주의적인 국민당 체제의 효율은 매우 낮았다. 총사령관은 비록 인간의 생명에 대한 관심이 모자랐지만, 마오쩌둥이나 태평천국 운동을 진압한 황제가 보여 준 정도의 한결같은 무자비함은 아니었다. 그가 아는 유일한 통치 방식은 언제나처럼 앞으로만 향하고, 저항하는 성들로 권위를 조금씩 확장하며, 종파 정치를 획책하고, 지폐를 찍어 내고, 항상 강제로 집행할 수단은 없는 명령들을 하달하는 것이었다.[1]

가장 높은 데서 명령을 내리는 것이 장제스의 단기적 정치 기술이었다. 일기에서는 포괄적으로 진술했으나 그는 행동을 시종일관 일치시킬 심모원려의 구상이 부족했다. 복종이 전부였다. 중국인을 마치 어린아이처럼 취급했다. 군복을 입은 아버지와 같은 인물의 윤허 없이는 그 어떤 소망도 용납하지 않았다. 장제스가 초기에 거둔 성공에는 조작과 배후 조종에 뛰어난 능력과 비밀주의 및 의심 많은 성격이 주요한 작용을 했다. 하지만 나중에는 같은 점이 그가 세운 중국이라는 대오를 발전시키는 데 장애 요소가 되었고, 결국에는 그를 그의 나라와 격리한 채 밀폐된 현상 유지 상태로 봉인해 버렸다.

뼛속 깊이 보수적이고 현실과는 벽을 둘러친 총사령관은 자신이 성장한 시대에 집착했다. 이는 장제스가 절박하게 진보를 부르짖는 한 나라에 그 어떤 새로움도 제공할 수 없도록 만들었다. 병적일 정도로 그는 낡고 케케묵은 사상을 죽을 때까지 추구했다. 비록 전술적 퇴각과 일시적인 절충안을 고안하는 데는 명석했지만, 그는 지나치게 완고하고 자기를 굳게 믿으며 오로지 자신만이 나라를 대표할 수 있다고 확신했다. 어머니를 숭배하는 표현 방식은 그가 스스로를 사심 없고, 헌신적이고, 강인한 인간상과 동일시하게 했고, 또한 그가 청 제국과 홍색 황제의 중간, 이 '왕조 사이'의 격류에서 항해할 때 의지할 수 있는 나침반이 되어 주었다. 이 모든 점을 고려할지라도, 그의 가장 위대한 공적은 나날이 통일되어 가는 중국의 최전면에서 그토록 오래 생존했다는 것이다. 중국 통일이 최종적으로는 그의 가장 큰 적수의 무대가 되었더라도 말이다.

장제스가 끼친 영향이 무엇인가를 보다 더 정확하게 판단하기 위해서는 좋든 나쁘든 만약 그가 부재했더라면 도대체 무슨 일이 벌어졌을지를 고려해 보아야 한다. 장제스가 없었더라면, 국민당이 왕징웨이, 후한민 또는 국민당 깃발 아래 모인 지방 장군들 중 한 명의 영도 아래 중국 통일을 이루기 위해 광둥 밖으로 나가는 모험을 감행했을까? 만약 그들이 북벌을 추진했다면, 베이징을 차지하고 만주와 중요한 연맹을 맺는 일은 물론이거니와 통일 운동을 하나로 지속시킬 다른 지도자가 나타났을까? 장제스가 없었다면, 군벌 시대와 중국의 분열은 지배 범위를 놓고 끝없이 싸우는 봉건 할거 국면으로 빠져들었을 가능성이 크다.

만일 1936년 총사령관이 시안에서 피살되었다면, 국민당 정부 내의 친일파가 도쿄와 동맹을 맺지 않았을까? 만일 그랬다면 일본 제국 군관들에게 훈련받은 거대한 중국 군대가 일본에 편입되었을 것이고, 히틀러가 서쪽으로부터 소련을 침공할 때 일본군이 동쪽으로부터 소련을 침공했다면, 제2차 세계 대전의 역사는 완전히 뒤바뀌었을 것이다. 만일 1937년 중일 전쟁이 발발한 뒤 국민당 영수의 지위가 교체되었더라면, 어느 누가 아직 점령되지 않은 여타의 중국 지방을 그토록 오랫동안 단결시키며 지켜 낼 수 있었겠는가? 아무리 장제스가 주재한 연맹이 느슨했을지라도 오로지 총사령관이 국가를 상징했고, 군사적 승리들과 더불어 따라온 정치적 성공으로 일본을 저지했다. 이후 만일 장제스가 스틸웰과 마셜을 매우 효과적으로 다루지 않았다면 무슨 일이 발생했겠는가? 만일 정말로 군대를 개혁하며 국공 연합 정부가 출현했다면, 워싱턴은 끝까지 의무적으로나마 지지를 표명했을 것이다. 그리하여 국공 연합 정부는 아마 1948~1949년 최후의 결전이 폭발하는 것을 저지했을 터이고, 어쩌면 중국은 양쯔 강을 경계로 분열된 냉전 국가로 변했을 것이다.

1949년 이후 일반인들이 흔히 품고 있는 통념과는 달리 장제스가 공산당에게 패한 것은 역사적으로 불가피한 필연성의 문제가 아니었다. 장제스는 대장정이라는 크나큰 후퇴가 선명하게 보여 주듯 20년 동안 우세를 점하고 있었다. 만약 시안 사건이 일어나지 않았다면, 총사령관은 최종적으로 홍군을 섬멸했을지도 모른다. 아홉 해 뒤 공산당은 일본이 북방에서 일으킨 전역 탓에 심각하게 쇠약해졌다. 또한 1946년 인민해방군은 만주 북부로 밀려났다. 이와 같이 그 어떤 상황 아래에서든 바다처럼 광대한 농민들의 보호는 거의 도움이 되지 않았다. 장제스가 숙명과도 같이 타이완으로 도망가게 된 까닭은 공산주의 승리의 불가피성이라기보다는 국민당의 허약함, 군사 지도자로서 장제스의 과오 및 경제적 붕괴 탓이었다.

해가 갈수록 장제스는 공산당 치하의 중국에서 금기시되는 주제가 아니다. 난징 기록보관소는 이미 개방되었다. 시커우도 혁신적으로 복구되어 관광객들을 끌어모으고 있다. 구링 산간에 있는 장제스의 피서 별장은 그와 쑹메이링이 마지막으로 떠나던 때의 원형 그대로 보존되어 있다. 총사령관이 홍군을 대장정으로 내모는 전역을 일으킨 루산 군총사령부는 참관이 가능하다. 그의 상하이 주택은 음악 학교가 되었다. 그가 시안성 밖으로 달아날 때의 건물은 탄알 구멍들 및 기타 모든 것이 보존되어 있다. 전시에 살았던 충칭 집은 여전히 강가에 우뚝 솟아 있다. 공산당에게 패배한 만주 방어전 시기에 살았던 베이징의 거주지는 부동산 회사의 본사가 되었지만, 국민당의 상징들은 아직도 마루와 천장 위에 새겨져 있다. 난징에서 쑨원 총통부를 관람하는 방문객들은 장제스가 통치하던 벽돌집으로 가는 통로를 걸어 내려갈 수 있고, 그가 총통으로 선출된 대강당에 입장할 수도 있다.

이렇듯 중화인민공화국 인민의 적과 관련된 유적을 용인한 배후에는 아마 아직 공표되지 않은 동기가 숨어 있을 것이다. 장제스 영도 아래의 중국은 민주주의 수용을 거부하고 억압적인 내부 안전 기관으로 다스리는, 레닌주의 노선에 의해 조직된 일당 정권 체제였다. 세계 밖과 연관성이 점차 증대했다. 상하이는 정치적 진보를 통해서라기보다는 경제적 경로를 좇은 성장과 근대화의 우상이었다. 연해 지방은 번영을 누린 반면에 농촌 지역은 낙후한 내륙으로 남아 있었다. 군대가 엄청나게 중요한 정치적 역할을 맡았다. 국가 지도자는 심지어 다른 직위들은 내려놓을 수밖에 없을 때에도 군사 최고지휘권에는 매달렸다. 정치적 커넥션으로 권력과 부를 추구하고 자녀들을 미국으로 유학을 보내는 엘리트 위주의 중산 계급이 출현했다. 부패의 물결은 여당의 활력을 빼앗았다. 은행 시스템은 국가에 의해 운영되고, 게다가 재정적 블랙홀이 벌집처럼 숭숭 뚫려 있었다. 정부는 야심찬 사회 간접 자본 계획안을 공표했고, 또한 외국인 투자자들이 중국을 새로운 비즈니스 개척지로 바라보았다. 공공의 적으로 맞섰던 미국과는 동맹을 맺었다. 그로부터 몇십 년이 지나 2003년 가을, 마치 신생활운동의 시끌벅적한 메아리인 양 중국인의 예의 바른 행동을 장려하는 공중도덕의 날이 선포되었다.

장제스가 정권을 장악했던 시대의 모든 요소들이 21세기 초 중국에서 다시 상연되고 있다. 장제스의 시대는 많은 방면에서 '포스트(post) 마오쩌둥 중국'의 전조로 바라볼 수 있다. 종교적 열정으로 추구한 30년 동안의 공산 혁명 뒤 중화인민공화국은 총사령관 치하에서 일찍이 경험한 훨씬 더 정상적인 바로 그 국가로 되돌아가고 있는 것이다.

이러한 맥락에서 장제스와 그의 시대는 공산당이 승리한 후의 악몽에 비하면 그 이하이고, 사명을 최후까지 이룩할 자원과 역량이 부족한 통치자와 체제 탓에 기회들을 잃어버린 시기라고 하기엔 그 이상이다. 2002년 말, 서남 지방에서 대장정 길을 따라가며 나는 젊은 가이드에게 장제스를 어떻게 생각하는지 물었다. 그는 만일 국민당이 1949년에 패배하지 않았더라면 중국은 수천만의 생명을 아꼈을 것이며, 결국 마지막에는 오늘날과 거의 같아졌을 거라고 대답했다. 시커우에서 강을 따라 걸으며 나는 총사령관의 고향 마을을 안내해 준 서른한 살의 대학원생에게 똑같은 질문을 던졌다. 그녀가 대답했다. "장제스는 크나큰 실수들을 저지른 중요한 인물이었습니다." 그런 뒤, 잠깐 머뭇거리더니 덧붙였다. "마오 주석처럼요."

때가 되어 운이 호전되길 기다리던 총사령관은 심지어 죽은 뒤까지 그의 사명을 포기하지 않았다. 30년 동안 타이베이 시 교외 호반의 낮은 주택에 안장된 관 속의 유해는 매장되지 않았다. 그의 관곽을 타이완에 묻는다는 것은 승리하여 중국 대륙으로 돌아가겠다는 그의 꿈이 실패했음을 인정하는 격이었다. 하지만 그가 냉전을 바탕으로 독재 정치를 펼치던 이 섬에서 중국의 민주주의는 처음으로 차츰차츰 발전하며 국민당의 지배를 거부했다. 2000년, 그리고 다시 2004년의 대통령 선거에서 승리한 민주진보당(民主進步黨)은 타이완 인의 정체성을 호소하고, 과거의 시볼레스(shibboleth, 장제스의 국민당 집단의 특수한 전통 또는 사상)를 물리쳤다.

타이완 해협 맞은편을 향해 수많은 미사일을 겨누고 있는 베이징은 여전히 이 섬이 통일 중국의 일부분이라고 주장하고 있다. 결정적인 아이러니는 그 문제를 더듬어 올라가기 위해 '하나의 중국'이라는 장제스의 신념을 인용한다는 것이다. 반면 타이완에서는 1947년 장제스가 채택한 헌법을 바꾸고, 또한 그가 물려준 중화민국(中華民國, Republic of China)이라는 이름을 포기하자는 논의가 일어났다. 마침내 유족들은 2005년 초 장제스와 그의 아들을 타이완 군사묘지에 매장한다는 데 동의했다. 총사령관이 그의 나라를 잃은 뒤, 이제 그의 꿈도 죽었다. 그가 질 수밖에 없었던 고투의 끝이었다.

주

영문 문헌 약칭 대조표

CCK   장징궈

CET   *China Express and Telegraph*(《중국쾌신(中國快訊)》)

CKS   장제스

CP   *Conference Proceeding on Chiang Kai-shek and Modern China*(Taipei, 1982)

CWR   *China Weekly Review*(《미러스평론보(密勒氏評論報)》)

MC   쑹메이링

NCH   *North China Herald, Shanghai*(《북화첩보(北華捷報)》)

NYT   *New York Times*(《뉴욕 타임스》)

OH   Harry S. Truman Library for Oral Histories, Missouri(미주리 트루먼구술사도 서관)

PRO   Public Records office, London(런던 공문서관)

SCMP   *South China Morning Post*(《남화조보(南華早報)》)

RTR   Reuters news agency(로이터 통신)

UP   United Press news agency(국제합동통신)

프롤로그

1 이 서술은 장쉐량의 사령부와 보존된 다른 유적들, 장제스가 머물던 건물에 아직 총탄 구멍들이 남아 있는 시안의 화청지를 방문했던 것을 바탕으로 삼았다. 또한 다음을 참조했다. Bertram, pp. 124~138; Tien-wei Wu, 특히 pp. 76~81; *NCH*, December 1927; Selle, ch. 23; CKS and MC in *China at the Crossroads*; 시안 사건 후에 쓰인 장제스 일기; Tong, pp. 212~237; Kuo Kwan-ying이 제작한 장쉐량의 회상을 담은 4부작 비디오 *A century Walked Through*.

2 Wu Tien-wei, p. 80; *NCH*, January 20, 1937.

3 Bertram, *First Act*, p. 134.

4 MC in CKS, *Crossroads*, pp. 93~95; Han-sheng Lin in Coox, p. 234.

5 공산당 입장에서의 시안 사건은 Short, pp. 347~352에 잘 서술되어 있다.

6 Borg, p. 225.

7 Gibson, p. 322; Selle, p. 323.

8 Auden and Isherwood, pp. 55~56.

9 *NCH*, January 20, 1937.

10 MC in CKS, *Crossroads*, pp. 84 이하 참조.

11 Selle, p. 326.

12 Hahn, *Chiang*, p. 209; 또한 시안에서의 장쉐량 사진을 보라.

13 Auden and Isherwood, p. 129.

14 CKS, *Crossroads*, pp. 215 이하 참조; Young-tsu Wong in Barrett and Shyu, p. 17; Mao, *Selected Works*, p. 294.

15 MC, *Crisis in China*, p. 141.

16 Central News, December 28, 1936; Selle, p. 334.

17 Kuo Kwan-ying, *Century*, part 3.

18 Chen Li-fu, p. 126; MC, *Crisis*, p. 83; CKS, *Crossroads*, p. 213.

19 *China Post*, June 7, 2002; *SCMP*, October 18, 2001.

1 소금 장수의 아들

1 *NCH*, October 1887. 2001년 저자의 시커우 방문을 바탕으로 묘사.

2 장제스가 고향에서 찍은 사진 설명 참조.

3 시커우 주민 Sheng Zheng-sheng, 1984년 지방 기록물에서 인용.

4 Chen Chieh-ju, pp. 231~235.

5 같은 책, p. 7; Loh, *Chiang*, p. 10; Furaya, p. 6.

6 Loh, 같은 책, p. 11.

7 같은 책, pp. 9~10, 120.

8 Chen Chieh-ju, p. 54.

9 Tong, p. vii.

10 같은 책, p. 12.

11 Taylor, pp. 6~7, 15.

12 Tong, pp. 13~14.

13 Furaya, p. 18; Tong, p. 15.

14 Furaya, pp. 16~18. 인용문은 1944년과 1946년 장제스의 강연.

15 Loh, *Chiang*, pp. 124~125에서는 "일반적으로 받아들여지는" 1908년의 만남에 대해 사실이 아닐 것이라 지적하고 있다.

16 Hahn, *Chiang*, pp. 13~14; Furaya, p. 30.

2 혁명 생애를 시작하다

1 Jerome Chen, pp. 278~279. 보다 긍정적인 관점으로 Audrey Wells는 쑨원의 사상에 대한 분석에서 "동양과 서양의 사상을 과감하고도 독특하게 종합"했다고 언급했다.(p. 201)

2 Selle, p. 110; Furaya. p. 40.

3 쑨원과 호머 리의 만남이 난징 총통부에 전시되어 있다.

4 Reinsch, p. 2.

5 Loh, *Chiang*, p. 42. 장쉐량 사진은 Spence and Chin, pp. 53, 98~99.

6 *CP*, vol. I, p. 297; Furaya, p. 34.

7 Reinsch, pp. 1~3; Bergère, *Sun*, p. 229.

8 Martin, p. 80; *NCH*, May 1, 1913.

9 Friedman, p. 143.

10 Jerome Chen, p. 309; *CP*, vol. II, pp. 11~12.

11 Bergère, *Sun*, p. 250; Friedman, p. 89.

12 Selle, pp. 133~138; Hahn, *Soong Sisters*, p. 51.

13 *NCH*, November 13, 1915.

14 *CP*, vol. II, pp. 25~27.

15 Chen Chieh-ju, pp. 79 이하 참조; *CP*, vol. II, pp. 24~25.

16 *CP*, vol. II, p. 29; Loh, *Chiang*, p. 131; Furaya, p. 57.

17 *NCH*, May 27, 1915; *CP*, vol. II, p. 32; Chen Chieh-ju, p. 81.

18 *CP*, vol. II, pp. 34, 37 이하 참조.

19 Chen Chieh-ju, p. 87.

20 Bergère, *Sun*, p. 274; Chien Tuan-sheng, pp. 86~87.

3 쑨원 밑에서 권력을 도모하다

1 장제스에 관한 피숑 로의 연구는 영장을 포함해 본문에 묘사된 바대로 장제스의 성격을 철저하게 연구했다. Loh, *Chiang*, pp. 132~133; Martin, pp. 81, 243(note 9).

2 Loh, p. 32; Chen Chieh-ju, p. 49; Chen, Wang and Wang, p. 11.

3 Chen Chieh-ju, p. 7; Tang, p. 252; Chen, Wang and Wang, p. 10; Loh, *Chiang*, p. 32.

4 Chen Chieh-ju, p. 32.

5 같은 책, pp. 3~21.

6 이 단락과 다음 단락은 Chen Chieh-ju, ch. 2에서 참조했다.

7 PRO, Alston/Curzon FO 405/236/219.845 of March 24, 1922.

8 Bergère, *Sun*, p. 302; Saich, *Origins*, p. 40.

9 *CP*, vol. I, p. 278.

10 Sie, p. 131.

11 이 묘사는 Chen Chieh-ju, pp. 21 이하 참조.

12 결혼식 이야기는 Chen Chieh-ju, ch. 4를 참조.

13 Chen Chieh-ju, pp. 53, 66~69.

14 같은 책, p. 73; Taylor, pp. 12~14.

15 Chen Chieh-ju, pp. 83~85.

16 *SCMP*, October 3, 1997.

17 Chen Chieh-ju, pp. 88, 91.

18 같은 책, pp. 91 이하 참조.

19 Bergère, *Sun*, pp. 200, 302; Chen Chieh-ju, pp. 97, 99.

20 Loh, *Chiang*, pp. 70 이하 참조.

21 Chen Chieh-ju, pp. 109 이하 참조.

22 Loh, p. 142.

23 같은 책, p. 72.

24 대사의 편지는 Musée Kahn, Paris, 2002에서 열람; Wilbur, *Frustrated Patriot*, p. 128; Saich, *Origins*, p. 121.

25 Loh, *Chiang*, pp. 76~77, 80~81, 주로 장제스 일기를 인용.

26 Chen Chieh-ju, pp. 112~113.

27 Loh, *Chiang*, p. 87.

4 군대를 키워 통일 역량을 기르다

1   Chen Chieh-ju, pp. 119 이하 참조.

2   Lary, *Warlord Soldiers*, p. 72.

3   Francke, p. 266.

4   Tsin, p. 57 이하 참조.

5   Bonnard, pp. 295~296.

6   Chen Chieh-ju, pp. 130~134; CKS, *Soviet Russia in China*, p. 21; Chen Chieh-ju, pp. 131, 133~135.

7   Wilbur and How, pp. 88~89.

8   Furaya, p. 117.

9   중국에 있었던 보로딘의 삶과 그의 시대는 Jacobs의 전기에 보인다.

10 Bennett, p. 221; Abend, *Life*, p. 19.

11 Jacobs, pp. 115~116.

12 Friedman, p. 57; Bergère, *Sun*, pp. 319~320.

13 CKS, *Soviet Russia*, p. 24.

14 PRO, FO 371-12440/9156. FO 94/87/10; Wilbur and How, Document 3.

15 PRO, FO 371-12501/9132. F 6605/3241/10; Wilbur and How, p. 490.

16 Loh, pp. 94~95.

17 같은 책, p. 95.

18 Chen Chieh-ju, p. 155.

19 Jordan, *Northern Expedition*, p. 17.

20 Landis, in Chan and Etzold, p. 76; Martin, p. 81; Chen Li-fu, p. 64; Loh, *Chiang*, p. 98.

21 Chen Chieh-ju, p. xxiii.

22 Wang, p. 89; Chen Chieh-ju, pp. 142, 156.

23 이 단락과 다음 단락의 인용은 Loh, *Chiang*, pp. 63~65; Chen Chieh-ju, p. 142.

24 CCK, *Calm*, p. 121.

25 Chen Chieh-ju, p. 175.

26 같은 책, pp. 155~156.

27 *CWR*, June 12, 1924, p. 82; Tsin, pp. 88 이하 참조.

28 Chen Chieh-ju, p. 148.

29 *CET*, October 23, 1924; Swisher, pp. 2~3; *NCH*, November 15, 1924; *CET*, October 23,

1924.

30 Swisher, p. 3.

31 *NCH*, November 29 and December 9, 1924.

32 Wilbur, *Patriot*, p. 290; RTR, March 27 and April 2, 1925.

33 *CET*, March 19, 1925.

5 쑨원을 뒤이어 국민당을 장악하다

1 *NCH*, March 3, 1937; Wilbur and How, p. 117.

2 Bennett, pp. 124~125; Wilbur and How, pp. 523 이하 참조; Cherepanov, p. 104.

3 CKS, *Soviet Russia*, p. 51; F. F. Liu, p. 20.

4 Sailsbury, p. 258; *NCH*, April 4, 1925.

5 Wilbur and How, p. 145; Swisher, p. 32.

6 F. F. Liu, p. 16; Wilbur and How, p. 485; *NCH*, September 5, 1925; Chen Chieh-ju, p. 158.

7 Short, p. 157; Chan and Etzold, p. 223; *CET*, March 12, 1925; RTR, March 16, 1925.

8 Wilbur and How, pp. 698, 219.

9 Wang Ke-wen, p. 27; Chen Chieh-ju, pp. 177~178.

10 Furaya, p. 153; Chen Chieh-ju, p. 168.

11 RTR, 4, 6 and 9 June 1925.

12 Swisher, p. 7.

13 Chen Chieh-ju, p. 168.

14 Wilbur and How, pp. 523 이하 참조.

15 *NCH*, June and July 1925; Abend, *Life*, p. 17.

16 T'ang, *Wang*, pp. 113~114; Wilbur and How, pp. 168 and 203(note 89).

17 Cherepanov, p. 158; T'ang, *Wang*, p. 114.

18 Cherepanov, p. 158; T'ang, *Wang*, p. 115.

19 Chen Chieh-ju, p. 164; Wilbur and How, p. 480; Jacobs, p. 183.

20 Chen Chieh-ju, p. 164.

21 같은 책, pp. 161~162; Cherepanov, pp. 163~166.

22 *NCH*, October 17, 1925; Jordan, *Expedition*, p. 12.

23 Young, OH, p. 23; Abend, *Life*, p. 19.

24 Ch'i, pp. 174 이하 참조; Botjer, p. 55; Jordan, *Expedition*, p. 18; Van de Ven, pp. 137~138.

25 Young, OH, pp. 22~23; Jordan, *Expedition*, pp. 15~17.

26 Jordan, *Expedition*, p. 304; Furuya, p. 165; *NCH*, November 28, 1925.

27 Wilbur and How, p. 698.

28 Chen Chieh-ju, p. 182.

29 Boorman, vol. I, p. 206; Chen Li-fu, pp. 24~25.

30 Jerome Chen, p. 315.

31 Chen Li-fu, p. 26.

32 Chen Chieh-ju, pp. 181 이하 참조.

33 Chen Li-fu, p. 28.

34 Wilbur and How, p. 252.

35 Chen Li-fu, p. 29.

36 Cherepanov, p. 202; Van de Ven, pp. 146~157은 가장 최근 중국 연구를 포함한다.; *NCH* May 1, 1926은 4월 5일로 표시된 보고를 실었다.

37 *Min-kuo jih-pao* newspaper, Wilbur and How, p. 257에서 재인용.

38 *NCH*, April 3, 1926, May 29, 1927.

39 Jordan, p. 60.

40 *NCH*, July 10, 1926; Wilbur and How, pp. 705~706.

41 Report of June 14, 1926, French Foreign Ministry papers E-505-4-E22-LA, p. 160; Chen Chieh-ju, pp. 198~199.

42 French Foreign Ministry papers E-505-4-E22-LA, pp. 174, 152; Jordan, pp. 50, 60.

43 Abend, *Life*, p. 19; Chen Li-fu, p. 37; Wilbur and How, p. 292; French Foreign Ministry papers, Chine 187 E50-51.

6 군벌 혼전의 시대

1 Tai Hsuanchih, p. 20; *NCH*, September 27, 1928; Abend, *Life*, p. 64; Pu Yi, pp. 185, 183.

2 Odoric Wou의 우페이푸 전기; Powell, p. 84.

3 Kuo Kwan-ying, part 1.

4 Tong and Li, pp. 256~257; Donald Gillin의 옌시산 전기.

5 Abend, *Life*, pp. 64~65; James Sheridan의 펑위샹 전기.

6 Hewlett, pp. 125~127.

7 Eastman, *Family*, p. 233.

8 Tai Hsuanchih, p. 26.

9 같은 책, ch. IV; Wilbur and How, p. 310; Friedman, ch. 9.

10   Chien Tuan-sheng, p. 12.

11   Pelissier, p. 293.

12   *NCH*, September 4, 1926.

13   *CET*, October 16, 1924.

14   Tuchman, p. 109.

15   Spence, *Gate*, pp. 142~143.

7 북벌 원정을 개시하다

1   Anon., *Military Exploits*, p. 80. 문법적 오류를 약간 수정했다.

2   Chen Chieh-ju, p. 206.

3   Cherepanov, p. 226; Wilbur, *Revolution*, p. 51; Wilbur and How, Document 26; Botjer, p. 56; Abend, *Life*, p. 33; Van de Ven, pp. 137~138.

4   Jordan, *Expedition*, p. 24; Wilbur and How, Document 26.

5   Lary, *Region and Nation*, p. 7; overview of Guangxi, pp. 21~27.

6   Cherepanov, p. 236; Wilbur and How, Documents 49 and 66.

7   Jordan, *Expedition*, p. 71; Lary, *Region*, p. 67; Tong and Li, p. 164.

8   Jordan, *Expedition*, p. 277.

9   Abend, *Life*, p. 33; Jordan, *Expedition*, pp. 74~78, 278, 211.

10   Chen Chieh-ju, pp. 207~208.

11   *NCH*, August 7, 1926.

12   같은 책, February 2, 1929.

13   Cherepanov, p. 256; Fitzgerald, *Why China*, p. 90; *NCH*, September 4, 1926.

14   Wilbur and How, pp. 318~319.

15   *NCH*, August 31 and September 11, 1926; RTR, August 27, 1926; Powell, p. 85.

17   Cherepanov, pp. 241~242; Wilbur and How, Document 69.

18   *NCH*, September 11, 1926.

19   Chen Li-fu, p, 43.

20   Jordan, *Expedition*, p. 85

21   Wilbur and How, p. 324; Document 69.

22   *NCH*, November 6, 1926.

23   Wilbur and How, p. 324

24   *NCH*, December 31, 1926.

25   Wilbur, *Revolution*, p. 62; RTR, November 23, 1926; Lary, *Region*, p. 218; Van de Ven, p.

192.

26   Chen Chieh-ju, p. 214; *NCH*, December 31, 1926.

27   Jordan, *Expedition*, pp. 212, 240~241.

28   Isaacs, p. 111; Jordan, *Expedition*, p. 201. Part 3은 세부적인 증거를 수록하고 있다.

29   Jordan, *Expedition*, p. 281; 이어지는 문단은 MC, *Conversations*, pp. 7~9, 70.

30   *NCH*, March 4, 1927.

31   RTR, December 12, 1926; *NCH*, December 18, 1926; French Foreign Ministry papers
     Chine vol. 188, Série E, carton 505, p. 194; Chesnaux, *Labour*, p. 331.

32   Misselwitz, p. 91.

33   Wilbur, *Revolution*, pp. 64~68; Short, p. 166; Isaacs, p. 117.

34   *NCH*, December 18 and 26, 1926.

35   Chen Chieh-ju, p. 210; Ransome, pp. 67~70.

36   Cherepanov, p. 266; Wilbur and How, Document 69.

37   French Foreign Ministry papers Chine 188 E-505; lsaacs, p. 126; *NCH*, January 26, 1927;
     Wilbur and How, Document 80.

38   *NCH*, February 26, 1927.

39   Chen Chieh-ju, pp. 218, 236.

40   같은 책, ch. 23.

41   같은 책, p. 224.

42   같은 책, pp. 226~227.

43   Jordan, *Expedition*, pp. 283~284.

44   *NCH*, March 26, 1927.

45   Jacobs, p. 240.

46   Chen Li-fu, p. 53.

8 빛, 열기, 권력의 도시

1   Leo Ou-fan Lee, pp. 6~7; Wen-hsin Yeh in Wakeman and Edmonds, pp. 132, 139.

2   Fewsmith, pp. 116, 118~119.

3   Pan, *Shanghai: A Centuty of Change*, p. 51; Johnston and Erh, *A Last Look: Western
    Architecture in Old Shanghai*는 옛 상하이의 서양식 건축물 중 아직 남아 있는 집과 사무실
    들을 보여 준다.

4   Guillermaz, p. 17.

5   *NCH*, November 25, 1930; Perry, p. 170; Dong, pp. 154~156, 160~163; *NCH*, March

13, 1926.

6 Chesnaux et al., *China from the 1911 Revolution*, p. 183.

7 Sternberg, pp. 82~83.

8 Johnston and Erh, *Last Look*, p. 90; Dong, p. 97.

9 Dong, pp. 40~51; Pan, *Shanghai*, pp. 41~42. Hershatter and Henriot을 포함한 매춘에 대한 연구들 참조. Wakeman, *Policing Shanghai*는 보다 짧은 훌륭한 설명과 상하이의 범죄에 대한 조사를 제공한다.

10 Martin, ch. 2, 3; 마약의 일반적 역할에 관해서는 Dikötter et al., *Narcotic Culture*를 보라.

11 Wakeman, p. 25.

12 *NCH*, August 11, 1923, May 16 and 23, 1925, November 17, 1925.

13 이 권총은 상하이 공중안전박물관에 전시되어 있다.

14 Pan, *Old Shanghai*, pp. 38 이하 참조; study of Du in Y C. Wang, *Journal of Asian Studies*, vol. 26; Auden and Isherwood, p. 170.

15 Wakeman, pp. 25, 122, 202~205; Exhibition, Musée Albert Kahn, Paris, 2002.

16 Misselwitz, p. 25; *NCH*, March 24, 1927.

17 Misselwitz, p. 27.

18 Jordan, *Expedition*, pp. 115~117, 211~212.

19 Sergeant, p. 75; *NCH*, March 25, 1927.

20 Sergeant, p. 74.

21 *NCH*, April 2, 1927.

22 같은 책.

23 같은 책.

9 상하이 대숙청

1 *NCH*, April 2, 9 and 16, 1927; Wilbur, *Revolution*, p. 108; Chen Li-fu, p. 55.

2 Martin, pp. 88~90, 113~115; French Foreign Ministry paper Chine, vol. 189, p. 15.

3 Powell, pp. 158~159; Pan, *Old Shanghai*, pp. 53~54.

4 이 살인에 대한 설명은 다음을 참조했다. Martin, pp. 91~93, 104~105; Chen Li-fu, pp. 60, 65; Pan, *Old Shanghai*, pp. 48~51. 공산당과 청방의 관계는 Frazier, *Republican China*, November 1994에서 연구했다.

5 대숙청에 관한 설명은 *NCH*, April, 1927를 바탕으로 삼고 있다.; Wu 'Chiang Kai-shek's April 12 Coup' in Chan and Etzold; Wilbur, *Revolution*, pp. 99~113; Seagrave, pp. 228~229; Fewsmith, ch. 5.

6   Zheng Chaolin, pp. 103~104; CKS, *Soviet Russia*, p. 47.

7   Van de Ven, p. 181; Chen Li-fu, p. 62.

8   Wilbur, *Revolution*, p. 112; *NCH*, April 23, 1927; McDonald, p. 312.

9   CKS, *Soviet Russia*, p. 48; Dong, pp. 184~185; *NCH*, April 30, 1927; Wilbur, *Revolution*, pp. 110~111; *NCH*, April 23, 1927; Swisher diary, April 24 and May 29 1927; Sheean, p. 227.

10 Short, p. 188; McDonald, p. 316.

11 Chapman, pp. 231~232.

12 Coble, *Capitalists*, pp. 33, 34~35, 40; *NYT*, May 4, 1927; *NCH*, April 30, May 21 and June 4, 1927; Martin, p. 197.

13 *NCH*, April 16 and 30, 1927.

14 Trotsky, p. 384; Taylor pp. 42~43; photograph in Academia Sinica library, Taipei.

15 *NCH*, May 14, 1927에 인용된 *Daily Express*; Misselwitz, p. 97; *NCH*, May 14 and 21, 1927; Jacobs, pp. 255~256; RTR, April 14, 1927.

16 Sheean, pp. 197~198.

17 Sheridan, *Warlord*, pp. 197~292 and ch. 9.

18 Jordan, *Expedition*, p. 130.

19 Kuo Kwan-ying, part 2.

20 Tong, p. 86; Tong and Li, pp. 216~217.

21 Taylor, pp. 32~33, 37~38.

22 Misselwitz, p. 118.

23 Coble, *Capitalists*, p. 38; Abend, *Tortured China*, pp. 176~177; *NCH*, June 11, 1927; Misselwitz, p. 123.

24 *NCH*, June 25, 1927.

25 North and Eudin, p. 107; Short, pp. 190~191.

26 North and Eudin, pp. 111, 127.

27 같은 책, p. 123 and ch. 6; T'ang Leang-li, p. 155.

28 Misselwitz, p. 126; Sheean, p. 240; Jacobs, p. 279.

29 장쭤린의 회고록 pp. 131~133은 이 사건들에 대한 일반인의 평가를 보여 준다.

30 Bennett, p. 301; Sheean, p. 256; *NCH*, July 30, 1927.

31 Sheean, p. 302.

32 RTR, *NCH*, August 13, 1927; CKS, *Soviet Russia*, pp. 51~52.

33 Wilbur and How, p. 427; Davies, p. 183.

34 CKS, *Soviet Russia*, p. 52.

35 Tong and Li, pp. 219~220, 222.

36 *NCH*, August 20, 1927.

37 Misselwitz, pp. 138~139.

38 *NCH*, December 17~24, 1927; Wilbur, *Revolution*, pp. 164 이하 참조.

39 *SCMP*, December 14, 1927; *NCH*, December 24, 1927; photographs, Spence and Chin, pp. 90~92; Swisher, pp. 115, 91.

40 *NCH*, December 14, 1927, November 10, 1928.

41 *NCH*, July 16, 1927.

10 정략결혼

1 Mowrer, pp. 80~81; Seagrave, p. 261에 인용된 FBI Memorandum to the Director, January 9, 1943; Chen Chieh-ju, p. 194.

2 Chen Chieh-ju, p. 187, ch. 19에 묘사된 저녁 만찬 참조; Snow, *Journey*, p. 85; Hahn, *Chiang,* p. 86.

3 Chen Chieh-ju, ch. 25.

4 같은 책, pp. 252~254.

5 *NCH*, October 1, 1927.

6 *NYT*, September 24, 1927; Chen Chieh-ju, p. 257; *NCH*, October 1, 1927.

7 Chen Chieh-ju, p. xxix.

8 같은 책, pp. 260~263.

9 Jung Chang, p. 66.

10 이 편지는 나중에 신문에 게재되었다. Croziert p. 6.

11 Wellesley Person of the Week, August 14, 2000.

12 James Hsioung Lee, p. 41.

13 Cowles, p. 90.

14 *NCH*, December 17, 1927.

15 Sues, pp, 69~70.

16 Crozier, p. 123; Furaya, p. 236.

11 난징 정부의 개막

1 *NCH*, April 7~14, 1928.

2 Liang Hsi-huey, pp. 47~48; *NCH*, October 27 and November 17, 1928; F. F. Liu, pp.

61~62.

3   Abend, *Tortured China*, pp. 90~91; *NCH*, May 5, 1927; Van de Ven, pp. 137~138.

4   Kuo Min, May 2, 1928.

5   Furaya, pp. 244~245.

6   *NCH*, May 12, 1928; Botjer, p. 81.

7   Abend, *Life*, pp. 78~80; RTR, May 21, 1928; Furaya, p. 247.

8   *NCH*, May 12, 1928; RTR, May 7, 1928; Kuo Min, May 8, 1926; *Toho*, May 14~15, 1928; CKS, *China's Destiny*, p. 123.

9   *Manchuria Daily News* in *NCH*, July 7, 1928.

10   Furaya, pp. 263~264; Kuo Kwan-ying, part 1.

11   Strand, p. 11.

12   Abend, *Tortured China*, pp. 259 이하 참조.

13   Pu Yi, p. 196; Kuo Kwan-ying, part 2.

14   Abend, *Tortured China*, p. 251.

15   Kuo Min, July 27, 1928.

16   Hahn, *Chiang*, p. 138.

17   RTR, December 13, 1929.

18   RTR, January 21, 1929.

19   Charles Musgrave in Esherick, *City*, pp. 139 이하 참조; RTR, April 22, 1929; *NCH*, December 1~8, 1928 and May 4, 1929; Kuo Min, October 24 and December 1, 1928.

20   Boorman, vol. 1, p. 76.

21   *NCH*, February 2, March 9, April 6 and May 4, 1929; Abend, *Tortured China*, p. 256; *NCH*, January 21~28, 1930; *NCH*, March 9 and 30, 1929.

22   *NCH*, December 28, 1928; RTR, December 2, 1928; *NCH*, February 25, April 8 and May 20, 1930; Martin, pp. 117, 137~139.

23   *CWR*, June 20, 1931.

24   Kuo Min, December 4, 1929.

25   Hedin, pp. 27~28; Mackerras, p. 122.

26   Wang Ke-wen, pp. 49 이하 참조.

27   *NCH*, March 16, 1929; Wang Ke-wen, pp. 250, 258; Kuo Min, March 23, 1929; Falgiot and Kauffer, p. 78; Chen Li-fu, p. 65; Eastman, *Abortive Revolution*, pp. 74~75.

28   Misselwitz, p. 161; Kuo Min, August 3, 1928.

29   *NCH*, January 5, 1929; Crozier p. 30; *NCH*, January 5, 1926; Kuo Min, January 17, 1929.

30   Liang Hsi-huey, p. 50; *NCH*, April 14, 1929.

31   RTR, April 4, 1929; *NCH*, April 13, 1929; Kuo Min, April 9, 1929.

32   *NCH*, June 8, 1929.

33   Abend, *Tortured China*, pp. 61~62.

34   *NCH*, May 25, 1929.

35   RTR, October 13, 1930; Sheridan, *Disintegration*, p. 186; Coble, *Capitalists*, p. 87.

36   *NCH*, July 8, 1930.

37   Abend, *Life*, p. 118; Chen Li-fu, p. 266; RTR, April 11, 1930.

38   *NCH*, October 28, 1930; Hahn, *Chiang*, p. 147.

39   Kuo Min, November 19, 1930; *NCH*, December 3, 1930; RTR, March 3~4, 1930; Central News, March 5, 1930; Chen Li-fu, pp. 104~105.

40   *Rengo*, May 7, 1930.

41   *NCH*, June 9, 1931.

12 두 개의 중국

1   Short, pp. 281~282; *NCH*, December 1, 1931; 저자의 2001년 룽화 방문; Dikötter, *Crime*, pp. 292~293; Fairbank, *Chinabound*, p. 68.

2   Falgiot and Kauffer, pp. 36, 39, 41~42, 46~47, 63; Wakeman, pp. 138~141, 151~160.

3   Falgiot and Kauffer, pp. 67~68; Warren Kuo, vol. II, pp. 313~319.

4   *NCH*, December 1, 1931; Falgiot and Kauffer, p. 79.

5   Eastman, *Abortive Reuolution*, pp. 93~96.

6   Short, pp. 282~283. 공산당 숙청에 관해서는 ch. 8.

7   *NCH*, January 27, 1931; Dreyer, pp. 160~161; Short, pp. 256~257. 서류상의 군사력과 국군의 실제 수 간의 차이 때문에 장제스가 다섯 차례의 반공 위초 작전에 투입한 군대의 수치는 매우 다르다. 여기에서는 Ch'i, *Nationalist China*, p. 246의 수치를 참조했다.

8   Dreyer, pp. 163~164; Short, pp. 258~260.

9   Kuo Min, July 3, 1930.

10   *NCH*, March 1, 1932; 마오쩌둥은 30만이라고 평가했다.(Short, pp. 286~287)

11   Short, p. 287.

12   Martin, p. 140; Seagrave, p. 333; *NCH*, August 23, 1933.

13   *NCH*, July 23, 1931; Abend, *Life*, p. 124.

14   *NCH*, August 11 and 18, September 1 and 8, 1931.

15   Ienaga, pp. 6~11; Iris Chang, p. 218.

16   Bix, pp. 276, 176; Ienaga, pp. 6, 11~12; Furaya, p. 309; Amelia Hill, 'The Day the

Earth Died', *Observer* Magazine, London, March 2, 2003.

17 Furaya, p. 309.

18 Furaya, pp. 316~319; Selle, p. 268; Mitter, pp. 77~79; Bix, pp. 240, 236~239, 247.

19 *NCH*, November 3, 1931.

20 Mitter, pp. 85~87.

21 Photograph, Nanking Presidential Palace.

22 Taylor, pp. 59, 인용된 일기는 December 15~16, 1931 and December 27, 1931.

23 Wang Ke-wen, p. 306.

24 Ransome, pp. 65~66; Abend, *Tortured China*, pp. 267 이하 참조; Wang Ke-wen, p. 311.

25 Kuo Kwan-ying, part 3.

26 Abend, *Life*, p. 132; Wakeman in Wakeman and Edmonds, pp. 141 이하 참조, 151, 158.

13 총사령관 장제스

1 *NCH*, February 2, 1931; Jordan, *Trial*, pp. 11~12; Furaya, pp. 350~351.

2 Furaya, pp. 348~351; Jordan, *Trial*, pp. 7, 11~12; Selle, pp. 270~272.

3 Selle, p. 273.

4 Abend, *Life*, pp. 186~191.

5 같은 책, p. 193.

6 Kwei, pp. 148~151; *NCH*, February 9, 1932.

7 Boorman, vol. I, p. 77.

8 Fewsmith, p. 18; 쑹메이링의 인터뷰는 *New York American*, May 2, 1932.

9 이 단락과 다음 단락에서 장제스의 역할에 대해서는 UP, February 14, 1932; *NCH*, Febrnary 23, 1932; Jordan, *Trial*, pp. 103, 105, 121~122, 130, 138, 144, 155; CKS in *NCH*, October 17, 1934.

10 Jordan, *Trial*, pp. 146~148.

11 같은 책, p. 223; Henriot, *Shanghai*, pp. 92~93.

12 *NCH*, March 22, 1932; Henriot, *Shanghai*, pp. 94~95; Abend, *Life*, p. 193; Fogel, *Journal of Asian Studies*, vol. 59/4; *NCH*, March 22, 1932.

13 Photographs in Han Suyin, *China, 1890~1938*, pp. 212~214.

14 Jordan, *Trial*, pp. 230~231.

15 Kuo Min, June 10, 1932.

16 Hahn, *Chiang*, p. 180.

17 Beasley, p. 261.

18 *NCH*, December 3, 1932.

19 *NCH*, February 26, 1929; RTR, March 2, 1929; UP, March 12 and May 25 1929; RTR, Kuo Min, March 27, 1929; *NCH*, February 1, 1933; RTR, September 4, 1932; *NCH*, September 7 and 14, December 23, 1932.

20 Kuo Min, August 6, 1932; RTR, August 9 and 11, 1932.

21 일본과 공산당에 대한 장시 성장의 옛 표현은 Lattimore, p. 48; Jordan, *Trial*, p. 103에 보인다.

22 *NCH*, October 19, 1932; RTR July 14 and 15, 1932; Kuo Min, December 19, 1932.

23 Fleming, pp. 35~36.

24 *NCH*, October 16, 1935; *NCH*, January 24, 1934.

25 *NCH*, Novemher 11, 1933, December 14, 1932.

26 *NCH*, January 11 and 18, 1933.

27 Fleming, p. 80.

28 RTR, February 20, 1933.

29 Selle, pp. 280~281; RTR, March 4, 1933; *NCH*, March 1 and 8, 1933; Fleming, p. 92.

30 *NCH*, March 8, 1933.

31 *NCH*, January 15, 1933; Kuo Min, September 24, 1933.

32 *NCH*, March 22, 1933; Selle, p. 281.

33 *NCH*, March 22, 1932.

34 RTR, March 8 and 10, 1933; Kuo Min, March 12, 1933; *NCH*, March 15 1933; Selle, pp. 281~284; RTR, May 5, 1933; Kuo Kwan-ying, part 2.

35 Stolley, pp. 22~23; Furaya, p. 408.

36 Abend, *Life*, p. 204.

37 *NCH*, May 24, 1933.

38 같은 책, April 25, 1934; Sheridan, *Warlord*, p. 274.

39 *NCH*, September 20, 1933; Furaya, pp. 417~418.

14 난징 10년의 빛과 어둠

1 *CP*, vol. III, p. 151; White, *History*, p. 117; Wakeman in Wakeman and Edmonds, p. 168.

2 *NCH*, November 4, 1935, January 15, 1936; Ch'i, *Nationalist China*, p. 28; 장제스의

연설은 Omei College, September 1935.

3 Wei and Liu, pp. 64~65, 68; Ch'i, *Nationalist China*, p. 32; Wakeman in Wakeman and Edmonds, 특히 pp. 170 이하 참조.

4 Tien's *Government and Politics in Kuomintang China*는 개괄적 설명을 제공한다.

5 Kirby, *Republican China,* April 1987.

6 Kirby in Wakeman and Edmonds, p. 182.

7 Duara in Wakeman and Edmonds, p. 316; Dikötter, *Crime*, pp. 295 이하 참조; Yeh, pp. 10~11.

8 Mann, ch. 9; Botjer, p. 135.

9 *NCH*, June 14 and 28, 1933; Kuo Min, September 12, 1933; Sheridan, *Disintegration*, p. 223; *CP*, vol. III, p. 648.

10 Fleming, pp. 159~162.

11 Chennault, p. 39.

12 중국과 독일 간의 관계는 다음을 참고했다. *CP*, vol. IV, by E. G. Mohr, Liang Hsi-huey and Hsin Ta-mo; Eastman, *Family*, pp. 205~206; Van de Ven in Wakeman and Edmonds, pp. 99 이하 참조.

13 Spence, *Gate*, pp. 288, 298 이하 참조; Roux in Shanghai annés 30, p. 107.

14 Tien, p. 47~52.

15 같은 책, pp. 54~65; Eastman, *Abortive Revolution*, pp. 47, 78~79, 308~309; Wakeman in Wakeman and Edmonds, pp. 141 이하 참조.

16 UP, July 16, 1935; Tien, p. 23.

17 Dikötter, *Crime*, p. 212; *NCH*, February 11, 1930.

18 Eastman, *Abortive Revolution*, p. 35; *CP*, vol. III, p. 173; Abend, *Tortured China*, p. 303; *NCH*, January 7, 1936.

19 *CP*, vol. III, p. 648; *NCH*, May 29, 1934 and September 2, 1936; Cochran in Yeh, pp. 85~86.

20 Sheridan, *Disintegration*, p. 231~232; Eastman, *Family*, p. 202.

21 Zhang Kaimin in Wakeman and Edmonds, p. 61.

22 Pringle, p. 95; Brook and Wakabayashi, p. 277; Coble, *Capitalists*, p. 195; Young, OH, P. 47.

23 *NCH*, January 24, 1934; Eastman, *Family*, p. 70; *NCH*, Julp 1, 1936; Brodie, p. 120.

24 Wakeman and Edmonds, p. 53; *NCH*, 24 January 1934; Tawney, p. 77.

25 Ch'i, *Nationalist China*, pp. 147~149.

26 Coble, *Capitalists*, pp. 61~65; Perry, p. 106; Perry in Wakeman and. Edmonds, p. 263.

27 Sheridan, *Disintegration*, p. 22.

28 Coble, *Capitalists*, pp. 86~90; Abend, *Life*, p. 215.

29 *NCH*, November 1, 1933.

30 같은 책.

31 이 설명은 다음을 바탕으로 삼고 있다. Coble, *Capitalists*, pp. 178 이하 참조. 중국은행에 관해서는 McElderry, p. 59.

32 Leith-Ross, pp. 207~208.

33 Coble, *Capitalists*, pp. 220, 231~235, 249~250.

34 Sheridan, *Disintegration*, p. 209; Young, OH, pp. 30~32; Tong and Li, p. 419; Li Pusheng in Tien, p. 23; Eastman, *Abortive Revolution*, pp. 18~19, 216.

35 Dikötter et al., *Narcotic Culture*, pp. 332~333; Wakeman, pp. 264~266; Brook and Wakabayashi, pp. 286~289 and 312.

36 Nellist, p. 110; Leith-Ross, pp. 207~208; Sues, pp. 88~90, 92~94.

37 RTR, March 1 and April 18, 1934.

38 이 요약의 출처는 Sheridan, *Disintegration*, pp. 187~203; Ch'i , *Nationalist China*, p. 19.

39 Wei and Liu, p. 78.

40 Tong and Li, p. 306.

41 RTR, October 1, 1933.

42 Warren Kuo, vol. II, pp. 556~557; Eastman, *Abortive Revolution*, p. 125.

43 Abend, *Life*, p. 195; *NCH*, December 26, 1933.

44 Fleming, p. 177.

45 Schwarcz, pp. 214~215, 236~238, 246~247.

46 MC, *New Life*, pp. iii~v; *Time*, January 3, 1938.

47 Cheng and Lestz, pp. 298 이하 참조.

48 Schwarcz, p. 215; *NCH*, March 21, 1934; Central News, December 12, 1934; *NCH*, May 5, June 13, 1934 and April 24, 1936.

49 *NCH*, January 4, 1933; Kuo Min, November 28, 1932; *NCH*, April 29, 1936.

50 Coble, *Capitalists*, p. 236. 이어지는 단락은 ch. 8.

51 Crozier, p. 169.

52 *NCH*, April 4, 1935 and February 19, 1936.

53 Stelle, pp. 289~290.

54 White, *History*, p. 117.

15 대추격전

1   Smedly, *Battle Hymn*, p. 121; Short, p. 2; 다음 단락은 Vladimirov, pp. 140, 272.

2   Farmer, p. 169.

3   Auden and Isherwood, pp. 173 이하 참조; 다음 단락의 선교사에 관해서는 James, p. 19.

4   2002년 3월 저자의 루산 구링 방문을 바탕으로 했다.

5   *NCH*, November 29, 1933.

6   RTR, September 20, 1933; Hedin, p. 59.

7   *NCH*, December 20 and November 1, 1933.

8   *NCH*, November 20 and 29, 1933; RTR, October 15, 1933; *NCH*, April 7, 1935; *NCH*, December 6, 1933.

9   Selle, pp. 289 이하 참조.

10 Kuo Min, April 29, 1934; Short, pp. 313; Mao, p. 231.

11 Wilson, *March*, pp. 55~57.

12 Kuo Min, July 20, September 19 and 24, 1934.

13 Kuo Min, June 6, 1934; *NCH*, June 20, 1934; RTR, 1 July 1934; *NCH*, July 4, 1934.

14 *NCH*, October 24, 1934.

15 RTR, October 12, 1934.

16 Hahn, *Chiang*, p. 183; RTR, October 24 and 31, November 2, 1934.

17 여기와 앞의 설명은 Selle, pp. 305~306.

18 같은 책, p. 304.

19 *NCH*, October 24~31, November 28, 1934; RTR, October 22, 1934. *NCH* 기사는 도널드가 쓴 듯하다.

20 Sailsbury, pp. 62~63; Wilson, *March*, p. 74.

21 Sailsbury pp. 92~104; Short, p. 4; Wilson, *March*, pp. 77~79.

22 Wilson, *March*, pp. 137~143; Central News, December 3 and 14, 1934; *NCH*, December 26, 1934.

23 Wllson, *March*, p. 113.

24 Hedin, pp. 64~67.

25 *NCH*, April 3, 1935.

26 같은 책, June 5, 1935.

27 RTR, April 6, 1935; *NCH*, April 10 and 17, 1935.

28 Davies, p. 161; Lacam, p. 122. 매달린 머리 사진은 65쪽 옆.

29 Hall, p. 175; Lacam, p. 158.

30 *NCH*, April 24, 1935.

31   Mao, p. 128.

32   RTR, May 19, 1935; *NCH*, June 5, 1935.

33   *NCH*, June 12, 1935; RTR, June 6, 1935; *NCH*, June 12, 1935.

34   Wilson, *March*, 다두 강에 관해서는 chs. XV and XVI; Snow, *Red Star*, pp. 224~229;
      Short, pp. 324~326.

35   Short, pp. 327~328.

36   Furaya, pp. 455~456.

37   Wilson, *March*, p. 204.

38   Pelissier, pp. 336~338.

16 민족의 화신

1   *NCH*, November 20, 1935; Central News, October 14, 1936.

2   PRO, FO paper F 10393/27/87, Clark-Kerr to Halifax, August 31, 1938; *NCH*, May 13,
      1926; *NCH*, February 2, May 13 and June 3, 1936; Abend, *Life*, pp. 207~210.

3   RTR, November 1, 1935.

4   Central News, November 2, 1935.

5   Chen Li-fu, pp. 115~116.

6   Levitch, pp. 243~244.

7   Central News, June 9, 1936; Tong and Li, p. 308; *NCH*, September 2 and 9, 1936;
      Abend, *Life*, p. 198.

8   Selle, pp. 313~314.

9   *NCH*, September 2, 9 and 23, 1936.

10   *NCH*, November 11 and 4, 1936.

11   Kuo Kwan-ying, part 3.

12   Wu Tien-wei, pp. 24~25.

13   Kuo Kwan-ying, part 3; 저자의 2002년 시안 방문에서 찍은 팔로군 사무소와 교회당
      사진; *NCH*, January 20, 1937.

14   Kuo Kwan-ying, part 3.

15   *NCH*, Septernber 2 and 16, 1936.

16   Eastman et al., *Nationalist Era*, p. 206; 이 단락과 다음 단락은 Van de Ven, pp. 231, 244.

17   Liang Hsi-huey p. 112; Jason Pipes, Intenet postings, 1996~2001.

18   Abend, *Life*, pp. 223~224; Van de Ven, pp. 247~249.

19   Kuo Kwan-ying, part 3; Van de Ven, pp. 276, 286.

20 Borg, p. 225; *NCH*, March 31, 1937.

21 Wu Tien-wei, pp. 200~202; *NCH*, February 10, 1937.

22 Donald Gillin, 'Problems of Centralization in Republican China', *Journal of Asian Studies*, vol. 27/4, pp. 839~841.

23 Ho-Wang, Han-sheng Lin, in Coox, p. 234.

24 Farmer, pp. 242 이하, 263.

25 *NCH*, January 27, 1937.

26 문맹자에 관해서는 Chang Jui-te in *Modern Asian Studies,* vol. 30/4, p. 1049; Gibson, pp. 362~363; Ch'i, pp. 43~49, 보다 전반적으로는 ch. 2.

27 CCK, *Calm*, p. 123.

28 Kuo Min, April 10, 1937.

29 Abend, *Life*, pp. 240~245.

30 세부 사항은 Ikuhiko Hata's paper in *CP*, vol. 11, pp. 497~524.

31 Hata in *CP*, vol. II, p. 515.

32 Guillermaz, p. 44.

33 같은 책, p. 45.

34 같은 책, p. 47.

35 Farmer, p. 14; CCK, p. 124; Hsu, p. 583; Spence, *Search*, p. 422.

36 Hata in *CP*, vol. 11, pp. 521~522.

37 Central News, July 29, 1937; Liang Hsi-huey, p. 126; Bix, pp. 321~322.

17 중일 전쟁의 개시

1 폭탄이 떨어진 이유에 대한 기술의 출처는 Chennault, p. 45. 대공 포화를 피하기 위해 고공비행한 비행기가 오폭을 했다는 설명들도 있다.

2 이 단락과 이어지는 두 단락은 Farmer, pp. 46 이하 참조.

3 이 기술은 동시대의 기록물들을 바탕으로 삼았다. 특히 *NCH*, Farmer, Abend, Timperley, Donald. 더불어 Dong, Henriot, Lynn Fan, Sergeant, Wakeman의 이 도시에 관한 역사책, Dreyer, Ch'i, Van de Ven, Teitler and Radtke의 군사 연구서 그리고 Bix의 히로히토 평전을 참고했다.

4 Farmer, p. 78; Bix, pp. 324~325.

5 Farmer, p. 55.

6 *NCH*, September 18, 1937; Van de Ven, p. 321; Teitler and Radtke, p. 115.

7 이 단락과 다음 단락은 Selle, pp. 339~340.

8   Farmer, p. 85; Timperley, p. 119.

9   Timperley, pp. 85~86.

10 Farmer, p. 85; *NCH*, September 25, 1937.

11 Farmer, p. 97; Bix, p. 333.

12 Pelissier, p. 382~383.

13 Bix, p. 326.

14 *NCH*, September 8, 1937.

15 Gibson, p. 385; Ch'i, p. 43; *CP*, vol. II, pp. 627~629.

16 Smedley, *China Fights Back*, pp. 123~126.

17 Eastman et al., *Nationalist Era*, pp. 207~208; Guillermaz, p. 65.

18 *NCH*, September 8, 1937.

19 RTR, November 27, 1937.

20 *NCH*, December 1 and 8, 1937.

21 Iris Chang, p. 68에서 인용된 Sun Zhawei, *Nanking Beige*(Taipei, 1995), pp. 31~33;
    the Atlantic Monthly Online.

22 Selle, pp. 341~342.

23 Iris Chang, pp. 72~73.

24 같은 책, pp. 74~76.

25 Caldwell, p. xiv.

26 *Guardian*, October 4, 2002.

27 이 서술은 Iris Chang의 학살에 대한 설명, the *NCH* for December andJanuary 1937~1938,
    Powell, Bix, Timperley and Farnier.

28 Iris Chang, pp. 50, 53.

29 Cheng, Lestz, Spence, p. 330; Farmer, pp. 101~102.

30 Iris Chang, p. 44.

31 Bix, pp. 343~345.

32 RTR, December 10, 1937.

33 Gibson, p. 391; RTR, December 10, 1937.

34 RTR, December 21, 1937.

35 KS, *Wartime Messages*, p. 49; *NCH*, December 12, 1937; *Time*, January 3, 1938.

36 Selle, pp. 343~344.

1   Mowrer, p. 107.

2   Han Suyin, *Destination*, p. 58; White, *History*, pp. 90~91.

3   RTR, March 30, April 2 and 7, 1939.

4   Mowrer, p. 109.

5   Farmer, pp. 136~137.

6   Bertram, *Unconquered*, pp. 163~164, 444.

7   Coox in Coox and Conroy, p. 303.

8   *NCH*, February 28, 1940.

9   Wang, *Journal of Asian Studies,* vol. 26/3; Van de Ven, p. 423.

10 Auden and Isherwood, p. 234; Farmer, p. 289.

11 Farmer, p. 120; *NCH*, February 2, 1938; Mowrer, p. 94.

12 Farmer, p. 128.

13 Farmer, p. 146.

14 Auden and Isherwood, p. 102; Tong and Li, p. 356.

15 Tong and Li, pp. 372~373.

16 Auden and Isherwood, p. 102; Farmer, p. 150.

17 *NCH*, March 29, 1938.

18 Tong and Li, pp. 353~354, 417; Domei, April 4, 1937; Auden and Isherwood, p. 151;
    Teitler and Radtke, pp. 175 이하 참조; Van de Ven, pp. 329~333.

19 *NCH*, June 1, 1938; Furaya, p. 603; Van de Ven, p. 336; Teitler and Radtke, pp. 190
    이하 참조.

20 Auden and Isherwood, pp. 174~175.

21 Domei, June 14, 1938; RTR, June 12 and 14, 1938; Davies, p. 22.

22 CKS, *Selected Speeches*, p. 20; Jerome Chen, p. 109.

23 Selle, p. 342; Central News, October 5, 1937; Chen Li-fu, pp. 135~136.

24 Liang Hsi-huey, pp. 131, 140.

25 Bix, p. 348.

26 MacKinnon, *Modern Asian Studies*, vol. 30/4, October 1969, pp. 933~935.

27 Kataoka, p. 69.

28 Eastman, *Seeds*, pp. 89~90.

29 Cherepanov, pp. 307~308; Dorn, p. 185.

30 *NCH*, August 25, 1938.

31 RTR, August 25, 1938.

32 Farmer, p. 130.

33 Auden and Isherwood, pp. 64~65; Tong, vol. II, pp. 582~583; Hahn, *Chiang*, p. 210.

34 Wu Chi-wei, pp. 228~229, 245, 277, 279~280, 282.

35 Farmer, pp. 168~169.

36 Han Suyin, *Destination*, pp. 91~92.

37 Mowrer, pp. 78~80; Auden and Isherwood, pp. 64~65.

38 Auden and Isherwood, pp. 64~65.

39 Farmer, pp. 172~173.

40 White, *History*, pp. 74~75.

41 RTR, UP, October 22, 1938.

42 Autumn 1938 battles: Yangtze, RTR, September 21, *NCH*, September 28; Jiangxi, RTR, October 10; Wuhan, RTR, October 11~13, *NCH*, September 29, Auden and Isherwood, p. 157.

43 Auden and Isherwood, p. 55; Selle, pp. 345~346.

44 Han Suyin, *Destination*, p. 64.

45 Farmer, p. 180.

46 Han Suyin, *Destination*, pp. 79~80.

47 Farmer, p. 184.

48 *NCH*, October 5, 1938; Dreyer, p. 233; Bix, p. 346.

49 RTR, November 1, 1938.

50 Alley, p. 14.

51 Farmer, p. 193에 실린 포스터; Han Suyin, *Destination*, pp. 98~101.

52 *CP*, vol. II, p. 668; Ch'i, *Nationalist China*, pp. 54~55; Farmer, pp. 186~191.

53 RTR, December 17, 1938; *NCH*, December 21, 1938.

19 독재적인 권력으로 장기전을 이끌다

1 *CP*, vol. III, p. 421; vol. II, pp. 653~654.

2 Bramall, pp. 30, 23; *China Daily*, 7~8 April 2001; Farmer, pp. 192, 199.

3 Fairbank, *Chinabound*, p. 243.

4 Esherick, ch. 11; Farmer, pp. 207~211; White, *History*, pp. 66~76 Han Suyin, *Destination*, p. 162; Peck, p. 143.

5 White, *History*, pp. 67~68; RTR, December 29, 1939; White and Jacoby, pp. 8~9; Esherick, ch. 11.

6   White and Jacoby, pp. 56~57; Eastman et al., *Nationalist Era*, pp. 130~133.

7   Farmer, p. 210; White and Jacoby, p. 8.

8   White, *History*, p. 72; Caldwell, p. xvi.

9   Eastman et al, *Nationalist Era*, p. 131; Basil, p. 2; Han Suyin, *Destination*, p. 163; Fairbank, *Chinabound*, p. 243.

10   Peck, pp. 413~416; *NCH*, Decernber 21, 1938; Farmer, p. 226.

11   *CP*, vol. III, p. 649.

12   Ch'i, *War*, pp. 153~164.

13   *NCH*, December 7, 1938 and January 4, 1939.

14   Payne, *Diary*, pp. 111~112.

15   Peck, pp. 603~604.

16   같은 책, p. 606.

17   White, History, pp. 120; Lattimore, pp. 155~156; Yu Maochun, pp. 43~44.

18   Peter Clarke, *The Cripps Version*(London: Allen Lane/The Penguin Press, 2001), p. 152~156.

19   Davies, pp. 183~184, 233, 343; Tuchman, pp. 262; Crozier, p. 216.

20   Payne, *Diary*, pp. 130~133, 258, 393.

21   Davies, p. 192; White, *History*, p. 74.

22   Guillermaz, p. 87; White, *History*, pp. 75~76; Hart, pp. 27~28; Farmer, pp. 222~225.

23   Peck, pp. 419, 481.

24   Lin Han-sheng in Coox and Conroy, pp. 211~241.

25   Boyle, pp. 228~231; *CP*, vol. II, p. 665; RTR, January 2, 1939; Boyle, p. 231, 278~278; RTR, April 5, 1939; Homer, p. 75.

26   White and Jacoby, p. 124.

27   Farmer, p. 204; Eastman et al., *Nationalist Era*, p. 140.

28   White and Jacoby, p. 140.

29   White, *History*, p. 77; Bix, p. 346; Ch'i, *War*, ch. 2; Stilwell, p. 117.

30   Tong and Li, pp. 426~428; Stilwell, p. 80.

31   Donald Gillin, 'Problems of Centralization in Republican China', *Journal of Asian Studies*, vol. 29.

32   Linebarger, pp. 230~231, 373, 380.

33   Ch'i; *War*, pp. 187~189.

34   Lattimore, p. 147.

35   Caldwell, p. 73; Ch'i, *War*, p. 211.

36   Wang, *Journal of Asian Studies*, vol. 26/3.

37 White, *History*, p. 163.

38 Eastman et al., *Nationalist Era*, pp. 152~153; Ch'i, *War*, pp. 166~176; Young, *Helping Hand*, pp. 300~304 and *Wartime Finance*, p. 304; Botjer, pp. 211~214.

39 Jerome Chen, p. 43; Payne, *Diary*, pp. 99~100.

40 Selle, pp. 348~349.

41 같은 책, pp. 350, 367; Shen Pao, *Shanghai*, Novernber 11, 1946.

42 Farmer, pp. 233~234.

43 Han Suyin, *Destination*, pp. 220~221.

44 RTR, May 25, 1939.

45 이 서술은 다음을 참고했다. Farmer, pp. 230~234; RTR, May 4~5, 1939; White, *History*, pp. 76, 80~83; *NCH*, May 10 and 24, 1939; Pelissier, p. 389.

46 Guillermaz, p. 81; Farmer, p. 233.

47 Han Suyin, *Destination*, pp. 236, 256, 270.

48 Furaya, p. 541; *NCH*, May 24, 1939.

49 Han Suyin, *Destination*, pp. 255~256.

20 미국의 개입으로 전세 변화를 꾀하다

1 RTR, November 18 and 21, 1938.

2 Tong and Li, pp. 379~382; 다음 단락은 Wakeman in Yeh, pp. 314~321.

3 Wasserstein, p. 20; Boyle, p. 278; *NCH*, October 16, 1940 and February 19, 1939; Domei, June 11, 1939; Boyle, pp. 281~285; Wakeman, *Badlands*는 훌륭한 설명을 담고 있다.

4 *NCH*, August 16, 1939; Domei, October 10, 1939.

5 Ch'i, *War*, pp. 590 이하 참조; *NCH*, January 3, 1940.

6 Peck, pp. 277~278.

7 Williams and Wallace, pp. 65, 69~70.

8 *NCH*, April 4, 1940; RTR, June 20, 1940; Hahn, *Soong Sisters*, p. 276; Havas, 28 August 1940; Ch'i, *War*, pp. 62~63.

9 Boyle, pp. 289~293; Kataoka, p. 191.

10 *NCH*, October 16, 1940; Boyle, pp. 299~304; Furaya, p. 654.

11 UP, October 17~18, 1940; Farmer, pp. 238~240.

12 White, *History*, pp. 113~114.

13 Domei, November 18, 1939.

14 Van Slyke, *Modern Asian Studies*, vol. 30/4, October 1996, pp. 979 이하 참조.

15 *NCH*, June 16, 1940.

16 Benton, *Fourth Army*, Appendix에 마오쩌둥과 원링 간의 거래가 나온다.; Xiang agreement, p. 773.

17 같은 책, pp. 515~516, 545~546.

18 같은 책, pp. 563~564, 567.

19 White and Jacoby, p. 76; Benton, pp. 572~578.

20 White, *History*, pp. 115~117.

21 Bachrack, p. 17; Carlos Baker, *Ernest Hemingway*(New York: Scribners 1969).

22 Kataoka, p. 270; Tong, p. 287.

21 중국인 총사령관과 미국인 참모장

1 Davies, p. 223; Franklin D. Roosevelt Library, marist.edu/psf/box2/a15bo2.

2 Furaya, p. 725; Payne, *Diary*, pp. 44~50.

3 Bachrack, p. 18; Koen, p. 27.

4 Franklin D. Roosevelt Library, marist.edu/psf/box2/a16bo5.

5 Davies, p. 221; White, History, p. 134. Van de Ven(Introduction and ch.1)은 Tuchman의 풀리처상 수상 평전이 그린 찬양 조의 인물상과는 다르게 스틸웰에 대한 매우 논쟁적이고 비판적인 분석을 내놓고 있다.

6 White, *History*, p. 158.

7 Hahn, *Chiang*, p. 248.

8 *CP*, vol. IV, pp. 224 이하 참조; Tuchman, p. 235; Davies, p. 237; Hahn, *Chiang*, p. 245; Snow, pp. 61, 69, 73~75, 70~71.

9 Franklin D. Roosevelt Library, marist.edu/psf/box2/a15g03; Tuchman, p. 282.

10 Tuchman, p. 235; Davies, p. 280.

11 Tong, p. 183; Stilwell, p. 50.

12 Stilwell, p. 50, 54~55.

13 Stilwell, p. 62; Romanus and Sunderland, p. 103.

14 Tuchman, pp. 285, 288~289.

15 Stilwell, p. 63.

16 같은 책, p. 77.

17 같은 책, pp. 77~78, 80.

18 같은 책, p. 81; Tuchman, p. 281; 다음 단락은 Tong, p. 305.

19 Chennault, p. 159.

20 Stilwell, pp. 92~95.

21 Chennault, pp. 160 이하 참조.

22 Davies, p. 240; 세부 사항은 Van de Ven, pp. 39~49.

23 Liang Hsi-huey, p. 41.

24 Stilwell, pp. 105~106.

25 같은 책, p. 113.

26 Romanus and Sunderland, p. 154; Liang Hsi-huey, pp. 66~67.

27 Romanus and Sunderland, p. 168.

28 Davies, p. 242.

29 Liang Hsi-huey, pp. 59~60.

30 Amelia Hill, *Observer* Magazine, London, March 2, 2003; Franklin D. Roosevelt Library, marist.edu/psf/box2/a16001; Stilwell, p. 158. 보고서는 Colonel David Dean Barrett, the military attaché. US air stategy, Van de Ven, pp. 53~4.

31 White, *History*, p. 142.

32 Alanbrooke, entry for November 23, 1943.

33 White, *History*, p. 140.

34 Robert Smith, p. 65.

35 Liang Hsi-huey, p. 55; Stilwell, p. 119.

36 Romanus and Sunderland, pp. 169~171; Liang Hsi-huey, pp. 70~72.

37 Stilwell, pp. 122~123, 126.

38 Liang Hsi-huey, pp. 43~44; Stilwell, p. 115.

22 황후 폐하

1 Stilwell, p. 122.

2 Liang Hsi-huey, p. 158; Stilwell, pp. 120~121.

3 Stilwell, p. 122.

4 Guillermaz, pp. 89~90; MacKinnon and Friesen, p. 92.

5 Peck, p. 427~428.

6 Hart, p. 33에 인용된 배럿의 언급; Tuchman, pp. 333~334.

7 Stilwell, p. 156~157; Chennault, pp. 212~216; Tuchman, p. 335.

8 Hart, p. 34; Davies, p. 255.

9 Cowles, pp. 88~89.

10   Davies, p. 255.

11   Stilwell, p. 194.

12   Robert Sherwood, *Roosevelt and Hopkins*(New York: Harper, 1948), pp. 660~661; Eleanor Roosevelt, *This I Remember*(New York: Harper, 1949), pp. 282~283.

13   MacKinnon and Friesen, p. 120.

14   Seagrave, p. 384.

15   Congressional Record, 1943, pp. 1080~1081.

16   Cowles, p. 90.

17   같은 책.

18   Seagrave, pp. 389~390.

19   Lattimore, pp. 168~169; Jerome Chen, p. 79; Tuchman, pp. 352~353.

20   Seagrave, p. 389.

21   Amanda Smith, pp. 581~561.

22   Ch'i, *Nationalist China*, p. 160; White, *History*, p. 150; Belden, pp. 61~64.

23   White, *History*, pp. 146 이하 참조; Peck, p. 393; Belden, p. 62.

24   White, *History*, pp. 147~148.

25   같은 책, p. 155.

26   Furaya, p. 761; Liang Hsi-huey, pp. 118, 122. 중국 기록에 나오는 카사블랑카와 트라이던트 회담에 관한 설명은 ch. 6.

27   Fairbank, *Chinabound*, pp. 252~253.

28   Tuchman, p. 369; Stilwell, pp. 203, 211~212, 215.

29   Peck, pp. 477~478. 다음 단락의 충칭 도착에 관해서도 참조했다.

30   Young, OH, Appendix.

31   Peck, p. 477.

32   Service, pp. 92~96; Peck, p. 477; Stilwell, p. 229.

33   Seagrave, p. 411.

34   Lattimore, p. 142.

35   Stilwell, p. 229.

36   다음의 인용은 Stilwell, ch. 7. Soong, Van de Ven, P. 59.

37   Feis, p. 78; Lattimore, p. 113.

38   Stilwell, pp. 232~233.

39   Liang Hsi-huey, pp. 145, 378~379; Furaya, p. 769; Stilwell, pp. 232~233.

40   Service, pp. 79~84; Seagrave, p. 410.

41   Fairbank, *Chinabound*, pp. 245~246; Furaya, p. 778.

1   Boyle p. 323; Eastman in Akira Iriye, p. 284; Hsiang and Levine, p. 180; Peck, pp. 21~23; Potter and Potter, p. 31.

2   Churchill, p. 328; Alanbrooke, November 23, 1943. Cairo, Van de Ven, pp. 60~71.

3   Hahn, *Chiang*, p. 275; Alanbrooke, November 23, 1943.

4   Churchill, p. 329; Alanbrooke, November 23, 1943; Harold Macmillan, *War Diaries*(London: Macmillan, 1984), p. 304.

5   Alanbrooke, November 23, 1943.

6   Stilwell, p. 255; Davies, p. 278.

7   Stilwell, p. 252; Davies, p. 281.

8   Roosevelt 'fireside chat', December 24, 1943; Stilwell, p. 256.

9   Davies, p. 247.

10   Tuchman, p. 455; Gauss/Service reports in USFRC 44, pp. 312, 319~326, 334~346에서 인용. 다음 단락에 관해서는 Stilwell, p. 252; Frederick Marks, *Wind over Sand*(Athens: University of Georgia Press, 1988), p. 182.

11   Tuchman, p. 413.

12   Liang Hsi-huey, p. 233; Wilson, *Tigers*, pp. 221~222; Caldwell, pp. 54~60.

13   Caldwell, pp. 113~114.

14   같은 책, pp. 102~103, 207.

15   Stilwell, pp. 274 이하 참조.

16   Davies, p. 298.

17   같은 책, p. 299.

18   Stilwell, pp. 273 이하 참조; Van de Ven, pp. 74~77에서는 이 작전을 "실패한 모험"이라 언급한다.

19   Toland, p. 618.

20   Ch'i, *Nationalist China*, pp. 9 이하 참조; Dreyer, pp. 284 이하 참조; White and Jacoby, ch. 12; Peck, p. 560.

21   Chennault, p. 309.

22   같은 책, p. 302; White and Jacoby, p. 188.

23   Chennault, pp. 300~301; Tuchman, p. 472; Stilwell and Ichigo, Van de Ven, pp. 80~82.

24   Furaya, p. 793.

25   Peck, pp. 588, 590.

26   Lattimore, p. 139.

27 같은 책, p. 186.

28 Tuchman, p. 470.

29 Chen in Saich and Van de Ven, pp. 265 이하 참조.

30 같은 책, pp. 273~292.

31 Stilwell, pp. 329 이하 참조; Tuchman, p. 489; CCK, *Calm*, p. 5; Stilwell, p. 327.

32 Chennault, p. 300; Stilwell, pp. 316~317.

33 Chennault, pp. 320~321.

34 Tuchman, p. 492.

35 Furaya, pp. 809, 804.

36 Tuchman, p. 498은 대사의 미 국무부 보고를 인용한다.

37 Liang Hsi-huey, pp. 270~271; Stilwell, p. 343.

38 Davies, p. 337; Stilwell, p. 346; CKS, *Soviet Russsia*, p. 118.

39 Tuchman, p. 504; Stilwell pp. 346~347.

40 Lattimore, p. 217; 스틸웰에 관해 상세히 논한 수정주의적 관점으로는 Van de Ven Introduction and ch. 1.

41 Davies, p. 383.

42 Caldwell, p. 90; Yiji Akashi in Coox and Conroy, p. 267; Eastman in Akira Iriye, p. 286.

43 Davies, p. 378.

44 Tuchman, p. 411; Snow, *Journey*, p. 217; Peck, p. 556.

24 국공 협정의 모색

1 Peck, p. 638.

2 Feis, pp. 208, 212~213; Davies, p. 368.

3 Al Ravenholt of UP in MacKinnon and Friesen, p. 144; Peck, p. 639; Jacoby in MacKinnon and Friesen, pp. 142~143.

4 Vladimirov, p. 261.

5 Barrett, p. 51.

6 Service, p. 1037; Vladimirov, pp. 211 이하 참조.

7 Exhibit 252, Institute of Pacific Relations Hearings, pp. 808~809; Davies, p. 363.

8 Vladimirov, p. 58; Maochun Yu, p. 222.

9 Dreyer, p. 293; Vladimirov, pp. 30, 35, 483~484, 83, 162; Van de Ven, pp. 87~88.

10 Vladimirov, pp. 55~60, 109, 111~113, 120.

11   Chen in Saich and Van de Ven, pp. 265 이하 참조; Vladimirov, p. 123.

12   Vladimirov, pp. 83, 89.

13   Vladimirov, p. 134.

14   Chen in Saich and Van de Ven, pp. 273 이하 참조.

15   Barrett, p. 63.

16   Hart, pp. 49, 51~52; Davies, p. 382.

17   Vladimirov, p. 28.

18   Hart, pp. 59~60.

19   같은 책, p. 61.

20   Wedemeyer, p. 313; Jacoby in MacKinnon and Friesen, p. 143.

21   Chennault, pp. 329~330; Furaya, p. 818.

22   Wedemeyer, pp. 323~324.

23   Dreyer, pp. 304~305; 나는 저장 전역의 중요성을 지적하고 중국의 전투 지도를 제공해
      준 Keith Stevens에게 도움을 받았다. Peck, p. 650; Moorad, pp. 221~222.

24   Peck, p. 650.

25   Caldwell, pp. 9, 26~27, 202.

26   Service, pp. 1418~1423.

27   CCK, *Calm*, p. 52; Furaya, p. 824.

28   Furaya, p. 824

29   같은 책, p. 821; Westad, pp. 31 이하 참조.

30   Furaya, p. xiii.

31   같은 책, pp. 831~832.

32   Donald Gillin과 Martin Bernal이 New York Review of Books(25 February, 1971)에서
      나눈 대화에서 장제스와 만주에 대한 언급이 보인다. 또한 Robert Cowley, *What If?*
      (London: Macniillan, 2000)에 만약 장제스가 만주를 차지하려 애쓰지 않았다면 무슨 일이
      벌어졌을지에 대한 Arthur Waldron의 설명이 보인다.

33   Feis, p. 357.

34   Moorwood, pp. 5~7.

35   Vladimirov, p. 491; Furaya, p. iii.

36   같은 책; Westad, pp. 167~168.

37   Westad, pp. 167~168.

38   Doon Campbell papers; Furaya, p. 853.

39   Campbell papers.

40   Yu Maochun, pp. 235~241.

41   Bland, p. 119; Campbell papers.

42   Furaya, p. 853.

43   다음 단락까지 Short, p. 403 참조.

44   만주에서 벌어진 일들은 특히 공산당 승리에 대한 Steven Levine의 기술과 중국에서의
      냉전 시작의 영향을 분석한 Odd Arne Westad의 분석에 보인다. 이 단락은 Levine, pp.
      49~51과 Westad, pp. 119 이하에서 인용했다.

45   Westad, p. 135.

46   Bachrack, pp. 27 이하 참조. Koen, pp. 66~73.

25 불가능한 임무

1   *CP*, vol. II, pp. 732 이하 참조; Yu Maochun, p. 256; Van de Ven, p. 443; Pickowicz in
      Yeh, pp. 395~396.

2   Tong and Li, p. 437.

3   Dreyer, p. 325.

4   Belden, pp. 224~226.

5   같은 책, pp. 6, 39.

6   Young, OH, pp. 76 이하 참조; Beal, p. 138.

7   Belden, p. 20.

8   Westad, p. 136; Chen Li-fu, pp. 184~185; Bland, p. 153; Jung Chang, pp. 104~112.

9   Clubb, OH, p. 37.

10   Westad, pp. 163~164.

11   Guillermaz, p. 151.

12   Bland, p. 154; Stuart to Secretary of State, July 21, 1946 in Rea and Brewer, p. 2;
      Dreyer, p. 314; Levine, p. 240.

13   Beal, p. 40; Bland, pp. 580, 586, 589.

14   Beal, pp. 147~149.

15   Furaya, pp. 884, 885.

16   같은 책, p. 882.

17   Tong and Li, p. 447.

18   Bland, p. 569.

19   Beal, p. 333.

20   Stuart to State Dept, July 21, 1946, in Rea and Brewer, p. 3.

21   Ronning, p. 116.

22   Beal, p. 349.

1 *Pictorial History*, vol. II, pp. 265~268.

2 Koen, p. 34.

3 Jung Chang, p. 97; Belden, p. 404.

4 이 단락은 Levine, ch. 4를를 참고했다.

5 *CP*, vol. II, pp. 728 이하 참조.

6 Loh, *Débâcle*, p. 11.

7 Belden, pp. 354~357.

8 Loh, *Débâcle*, p. 12; Topping, p. 312.

9 *Japan Times*, Tokyo, February 25, 2002; Hutchings, p. 248; Levine, p. 124; *Time*, April 1, 1948.

10 Levine, p. 237.

11 Dreyer, pp. 350 이하 참조.

12 군사적 훈련에 관한 세부 사항은 Pepper, p. 387.

13 Sheridan, *Warlord*, pp. 277~281; White, *History,* p. 96.

14 Merle Miller, *Plain Speaking*(New York: Putnam, 1973), pp. 288~289; Seagrave, pp. 426~427.

15 Stuart to State Departmlent, November 29, 1948, in Rea and Brewer, pp. 282~283.

16 Belden, p. 421; *Time*, November 15, 1948.

17 *The Times*, December 2 and 4, 1948.

18 Topping, pp. 32~33.

19 같은 책, pp. 35~42.

20 Belden, pp. 407, 410; Chang Kia-ngau in Loh, *Débâcle*, pp. 24~25.

21 Chang Kia-ngau in Loh, *Débâcle*, p. 24.

22 Belden, p. 408.

23 Taylor, pp. 154~161; Perry, p. 126; Dong, pp. 288~289; Taylor, pp. 153~154.

24 *The Times*, January 20, 1949.

25 Barnett, pp. 30~39; Belden, pp. 386~393.

26 Topping, p. 44; CCK, *Calm*, p. 146; Tong, p. 425.

27 CCK, *Calm*, p. 152; Topping, p. 52; Bodde, p. 100; *The Times*, January 24, 1949.

28 CCK, *Calm*, pp. 154 이하 참조.

29 Dong, pp. 291~292.

30 Guillermaz, pp. 191~192.

31 Tong and Li, pp. 515~516.

32   Topping, p. 64.

33   Gillermaz, p. 197; 난징 함락에 관해서는 Topping, ch. 4; Belden, p. 456.

34   Topping, p. 63.

35   Belden, p. 440; CCK, *Calm*, pp. 207, 214~215.

36   Stuart to Secretary of State, 24 May 1949, in Rea and Brewer, p. 326; Barber, p. 125.

37   Tong and Li, pp. 522~528, 526.

38   Hart, p. 76.

39   같은 책, pp. 534~535.

40   CCK, *Calm*, p. 239.

41   Tong and Li, pp. 536~537.

42   같은 책, p. 541.

43   CCK, *Calm*, pp. 276~277.

44   같은 책, p. 283; Taylor, p. 184.

45   다음 단락까지 Kuo Kwan-ying, part 4 참조.

46   Tong, pp. 476~477.

47   Rummel, p. 12.

48   CKS, *Soviet Russia*, pp. 211 이하 참조; CCK, *Calm*, p. 297.

에필로그

1   Rummel, p. 12.

일본 침략 이전의 중국

몽골

신장 성

차하얼 성

러허 성

헤이룽장 성

지린 성

룽강성

조선

닝샤

쑤이위안 성

허베이 성

산시 성

산둥 성

칭하이 성

간쑤 성

장쑤 성

티베트

시캉 성

쓰촨 성

산시 성

허난 성

후베이 성

안후이 성

저장 성

후난 성

장시 성

푸젠 성

타이완

구이저우 성

윈난 성

광시 성

광둥 성

신장 자치구

간쑤 성

칭하이 성

시닝

티베트 자치구

양쯔 강

메콩 강

네팔

라싸

인 도

부탄

방글라데시

쿤

오늘날의 중국

윈난

미 얀 마

라

태국

0 100 200 300 400 500 600 700 800 Km

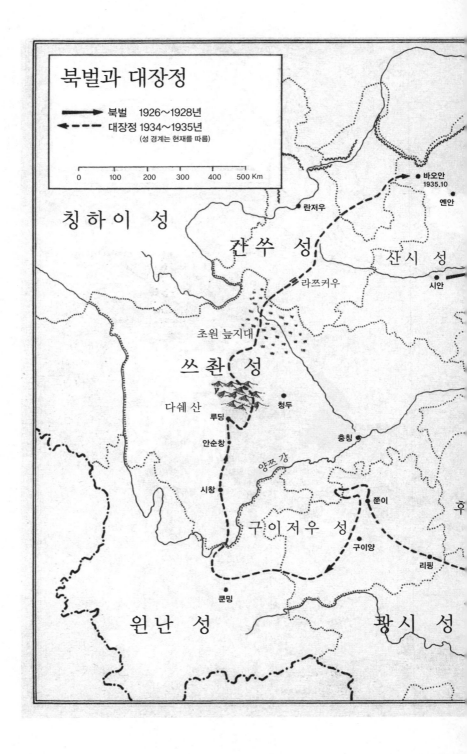

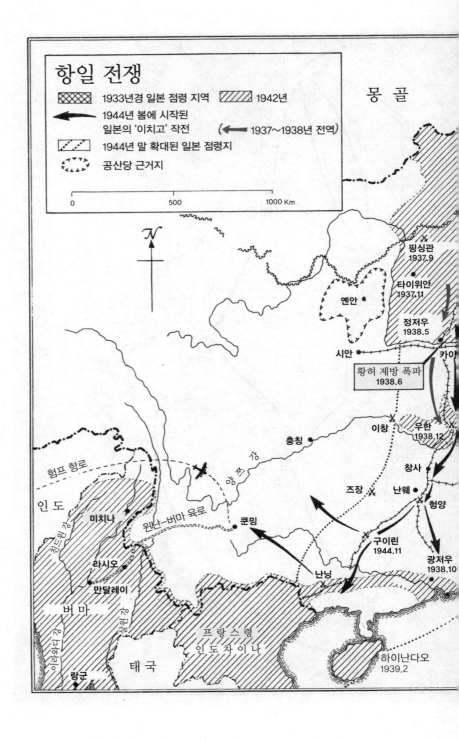

항일 전쟁

1933년경 일본 점령 지역 · 1942년

1944년 봄에 시작된 일본의 '이치고' 작전 (← 1937~1938년 전역)

1944년 말 확대된 일본 점령지

공산당 근거지

0 500 1000 Km

몽 골

핑싱관
1937.9

타이위안
1937.11

옌안

정저우
1938.5

시안

카이

황허 제방 폭파
1938.6

이창

우한
1938.12

충칭

창사

험프 항로

즈장

난웨

인 도

미치나

형양

원난-버마 육로

쿤밍

구이린
1944.11

광저우
1938.10

라시오

만달레이

난닝

버 마

프랑스령
인도차이나

하이난다오
1939.2

태 국

랑군

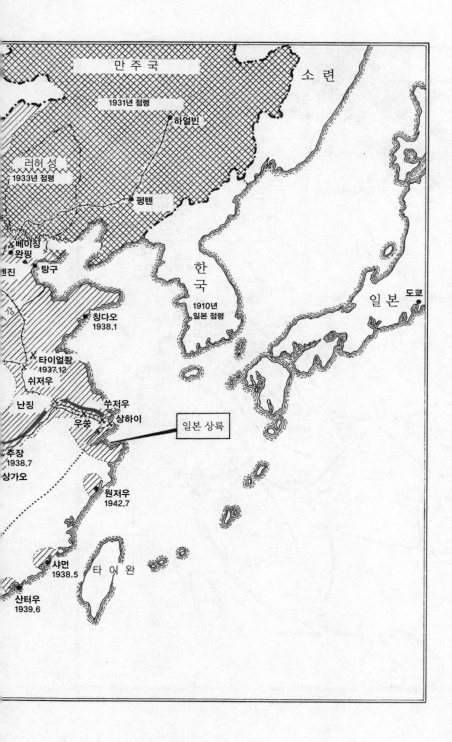

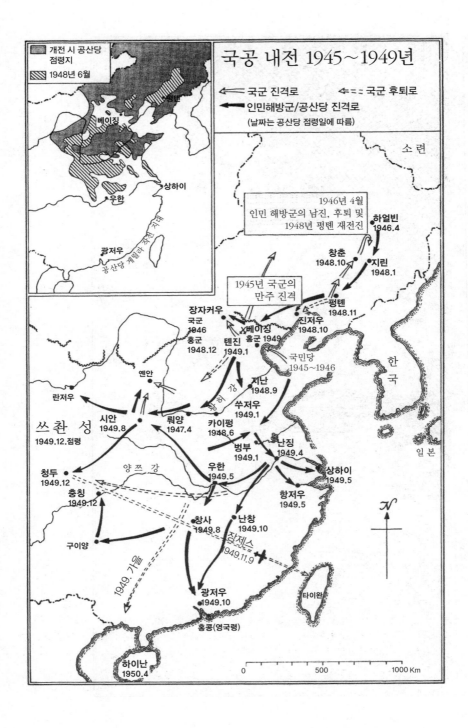

국공 내전 1945~1949년

개전 시 공산당 점령지
1948년 6월

← 국군 진격로 ⇐ 국군 후퇴로
← 인민해방군/공산당 진격로
(날짜는 공산당 점령일에 따름)

펑톈
베이징
상하이
우한
광저우
공산당 게릴라 작전 지대

소련

1946년 4월
인민 해방군의 남진, 후퇴 및
1948년 펑톈 재전진

하얼빈
1946.4

창춘
1948.10   지린
1948.1

1945년 국군의
만주 진격   펑톈
1948.11

장자커우   X베이징
국군   텐진 홍군 1949   진저우
1946   홍군   1948.10
1948.12   1949.1

엔안   국민당
1945~1946

란저우   지난
1948.9
쑤저우
쓰촨 성   시안   뤄양   1949.1
1949.12.점령   1949.8   1947.4   카이펑
1948.6   벙부   난징
1949.1   1949.4
우한   상하이
청두   1949.5   1949.5
1949.12   양쯔 강   항저우
충칭   1949.5
1949.12
창사   난창
1949.8   1949.10
구이양   잔제스
1949.11.9

1949. 가을

광저우
1949.10   타이완

홍콩(영국령)

하이난
1950.4

한
국

일 본

N

0   500   1000 Km

1 고향에서 장제스와 모친.

2 일본 군사 학교에서.

3 1911년 신해혁명 후 상하이에서.

혁명 동지

4 쑨원과 그의 아내 쑹칭링.

5 황푸군관학교 개학식 후 쑨원과 장제스.

적들

6 동북 호랑이 장쭤린.

7 유학자 장군 우페이푸.

동맹자와 맞수

8 광시 장군 리쭝런.

9 만주의 청년 원수 장쉐량.

10 장제스(중앙)와 기독교도 장군 펑위샹(좌측), 모범 장관 옌시산(우측).

11 1926년 광저우 기차역에서 북벌을 감행하는 장제스를 배웅하는 사람들. 보로딘,
신원 미상의 남자, 파냐, 랴오중카이의 미망인, 천제루, 게일런, 장제스(웃고 있음),
장제스의 양자 장웨이궈, 다이지타오, 장징장(앉아 있음).

상하이에서의 마지막 결전

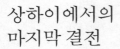

12 1927년, 군벌 부대에 의해 전봇대에 걸려 있는 반란자의 잘린 머리들.

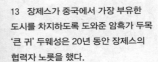

13 장제스가 중국에서 가장 부유한 도시를 차지하도록 도와준 암흑가 두목 '큰 귀' 두웨성은 20년 동안 장제스의 협력자 노릇을 했다.

14 좌파 분자들을 체포하는 장제스의 부대.

15 1927년 국민당군 사형 집행인이 광저우 봉기를 진압하고 있다.

두 아내

16 황푸에서 장제스와 천제루.

17 상하이에서 결혼식을 올린 장제스와 쑹메이링.

국민당 내 경쟁자들

18 왕징웨이.

19 후한민. 왕징웨이와 후한민은 각자
자신이 쑨원의 정치적 계승자라고
주장했으나, 둘 다 장제스에게 패했다.

20　시안 사건이 일어나기 전 장쉐량 부부와 장제스 부부.

21　장제스가 풀려난 후
장제스와 쑹메이링.

22　오스트레일리아 인 고문 도널드와 쑹메이링.
그는 상하이에서 그녀의 생명을 구해 주었다.

23　장제스의 손위 처남인 재정부장 쑹쯔원이
차관 협상을 위해 루스벨트 대통령(그리고 아들 제임스)
을 만나고 있다.

24　재정부장과 총리를 맡았던 은행가 쿵샹시.

25 1937년 7월 장제스가 루산 총사령부 난간에서 대일 선전 포고를 하고 있다.

가장 끔찍한 악몽

26 1937년 폭파된 상하이 기차역의 한 아이.(시사 사진 기자 왕샤오팅(王小亭)이 촬영을 위해 아이에게
자세를 잡게 했다는 주장이 있다.)

27 일본 폭격기 공습 후, 구경꾼들이 연기와 화염을 보고 있다.

28 난징 대학살 기간 일본군이 살아 있는 중국인을 총검 훈련용으로 도살하고 있다.

29 장제스가 우한 철수 전 대중 집회에서 일장 연설을 늘어놓고 있다.

30 쑹아이링, 쑹메이링, 쑹칭링이 새 수도에서 군인들과 함께하고 있다.

31 충칭은 역사상 가장 막대한 폭격을 당해 거대한 묘지가 되었다.

중미 관계

32 서로의 차이점에도 불구하고 장제스, 쑹메이링과 조지프 스틸웰은 함께 웃으면서 이 사진을 촬영했다.

33 버마 전선에서의 비딱이 조. (옆모습이 보이는 가운데 인물)

34 제공권의 예언자 클레어 셔놀트(오른쪽)와 앨버트 웨드마이어(왼쪽)가 윈난 장군 룽윈과 자리를 같이했다.

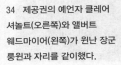

신대륙에서의 황후 폐하

35 1943년 뉴욕의 한 집회에서 쑹메이링이
연설을 하고 있다.

36 할리우드 환영 만찬회에서 영화
「바람과 함께 사라지다」의 프로듀서
데이비드 셀즈닉과 함께 있는 모습.

37 "불안할 정도의 영향력"을 가진 웬델 윌키.

적수들의 만남

38 마오쩌둥(왼쪽)이 장제스와의 회담을 위해 충칭으로 날아오다. 옆에 미국 대사 패트릭 헐리와 저우언라이가 있다.

39 헐리가 옆에서 주시하는 가운데 마오쩌둥과 장제스가 축배를 나누고 있다.

홍군 소비에트 근거지

40 1947년 공산당 근거지가 국민당군에게 점령당한 후 장제스가 옌안을 시찰하고 있다.

41 국민당 정부군이 진입하기 전에 마오쩌둥이 말을 타고 철수하고 있다.

42 조지 마셜의 사명에 대한
≪뉴욕 타임스≫의 만평.

43 장제스와 쑹메이링이
미국 특사를 환영하고 있다.

44 경제가 붕괴되자 군중들이 예금을 찾으러 몰려들고 있다.

45 부대가 와해되어 해산을 기다리고 있는 국군 사병들.

46 1949년 1월 장제스가 사직한 후 난징을 떠나고 있다. 그는 막후에서 영향력을 계속 행사했다.

47 타이완에서 새로운 삶을 시작한 장제스.

장제스 시대의 주요 인물

게일런(Galen)

소련 장군으로 러시아 이름은 바실리 블류헤르(Vasilii Blyukher)이다. 장제스가 초기에 군사적 성공을 거둘 수 있도록 군사 고문으로서 주요한 역할을 했다. 1927년 우한 정부가 러시아 인을 내쫓을 때 중국을 떠났다. 일련의 항일 전투를 진두지휘하다가 스탈린의 명령으로 처결당했다.

다이리(戴笠)

국민당 비밀 정보 기관인 중앙군사위원회 조사통계국 즉 군통의 우두머리로서 사람들의 두려움을 샀다. 국민당 정부 내에서 가장 권력이 센 인물로 간주되었다. 미국과 합작한 비밀 기관인 중미합작조직을 이끌며 미국의 원조를 정치 탄압에 이용했다. 비행기 추락 사고로 사망했다.

두웨성(杜月笙)

'두다얼둬(杜大耳朶, 큰 귀 두)'로 불린 상하이 청방의 우두머리. 1927년 상하이 대숙청에 개입했다. 아편 무역을 독점하면서 다른 사업에도 손을 댔다.

랴오중카이(廖仲愷)

국민당 정치가로 쑨원의 절친한 친구였다. 광둥 정부에서 재정부장을 역임했다. 소련 고문과 연합했으며 1925년 국민당 우파의 음모로 암살당했다.

룽윈(龍雲)

인도로부터의 물자 보급로 끝에 자리한 윈난 성 성장으로 오랫동안 자치주의자였다. 1949년 이후 공산당 정부를 위해 복무했다.

리지선(李濟深)

북벌 때 국민혁명군 제4군을 지휘했다. 남부에서의 반(反)장제스 운동에 가담했다. 1949년 공산당 정부에 들어갔다.

리쭝런(李宗仁)

광시 군벌 우두머리로, 국민혁명군의 북벌 전역에 참가했지만 나중에 장제스에 대항하는 반란을 이끌었다. 1938년 타이얼좡 전투를 지휘했다. 1948년 부총통에 당선되었다. 1949년 장제스가 사임한 뒤 대리 총통을 맡다가 그해 말 뉴욕으로 망명했고, 1965년 중국 본토로 돌아왔다.

린뱌오(林彪)

만주와 화북에서 국민당군과의 전투를 지휘한 대장정 고참병. 마오쩌둥의 계승자로 불렸지만 후에 신임을 잃었다. 소련으로 달아나던 도중 비행기 사고로 사망했다.

마오쩌둥(毛澤東)

1920년대 중반 광저우에서 통일 전선에 복무했고 장시 성에 공산당 소비에트 근거지를 세운 공산당 지도자. 대장정을 이끌어 옌안에 도착했다. 1945년 충칭 회담 때 장제스를 만났다. 1949년 10월 중화인민공화국 건국을 선포했다.

마오푸메이(毛福梅)

1901년 장제스가 고향에서 중매로 결혼한 첫째 아내로 장징궈의 친모다. 1921년 장제스는 그녀와 이혼하고 상하이와 광저우에서 살았다. 일본군 공습으로 사망했다.

바이충시(白崇禧)

광시 군벌에 속하는 무슬림 장군이자 유능한 군사 전략가. 1927년 봄 상하이에서 군사 지휘권을 가지고 있었고, 중일 전쟁에 참전했으며 1949년 화중에서 인민해방군에 맞서 결전을 치렀다.

보로딘(Borodin)

본명은 미하일 마르코비치 그루젠베르크(Mikhail Markovich Gruzenberg)인 국민당의 소련 고문. 중국에서 레닌주의 조직을 세우고 국공 통일 전선을 선전하며 우한 국민당 좌파 정부의 중요한 인물이 되었다. 1927년 중국에서 추방되어 시베리아 수용소에서 사망했다.

쉐웨(薛嶽)

대장정 때 홍군을 추적하고 일본에 맞서 창사를 지킨 것으로 유명한 광둥 장군. 장제스에게 남방 반란군의 동맹자로 의심받아 신임을 잃기도 했다.

쑨원(孫文)

혁명가이자 국민당의 창설자. 중화민국 초대 총통을 단기간 역임했다. 광저우 정부를 이끌며 중국을 통일하고자 했고 삼민주의(三民主義) 즉 민족, 민권, 민생을 주창했다. 1925년 베이징에서 간암으로 사망한 후 '국민당 정부의 수호신'이 되었다.

쑨촨팡(孫傳芳)

양쯔 강 하류 성들을 통치한 동부 군벌. 1926년 국군에게 패하고 이듬해 상하이를 잃었다. 국민당의 난징 정부를 몇 차례 공격했으나 성공하지 못했다.

쑨커(孫科)

쑨원의 아들이다. 장제스와는 의견이 상충했지만 행정원장, 입법원장 등 난징 정부에서 일련의 고관직을 맡았다.

쑹메이링(宋美齡)

쑹씨 자매 중 막내로 미국에서 교육을 받았다. 1927년 장제스와 결혼했다. 중미 관계를 중재하는 조정자가 되어 미국에서 성공적인 강연 여행을 마치기도 했다.

쑹아이링(宋靄齡)

쑹씨 세 자매 중에서 맏언니이다. 쿵샹시와 결혼했으며 남편의 장관직을 남용하여 사익만을 꾀하는 등 '돈을 사랑한 여자'로 유명하다.

쑹쯔원(宋子文)

쑹씨 가문의 맏아들로, 매부인 장제스와 사이가 틀어지기 전에 재정부장을 담당했다. 태평양 전쟁 때 워싱턴 특사를 지냈다. 1944년 귀국하여 총리를 맡았다. 은행가이자 사업가로서 세계에서 가장 부유한 사람이라고 일컬어지기도 했다.

쑹칭링(宋慶齡)

쑹씨 자매 중 둘째로 쑨원과 결혼했다. 저명한 국민당 좌파 인물이다. 중화

인민공화국에서 그녀는 여성 단체와 아동 보호 그리고 교육 분야에서 주도적으로 일했다. 1949년 중화인민공화국 부주석이 되었고, 공산당 정부에서 여러 지위를 맡으며 베이징 친선 대사로 곳곳을 돌아다녔다.

앨버트 웨드마이어(Albert Wedemeyer)

조지프 스틸웰의 뒤를 이어 1944년 장제스의 참모 총장을 맡았다. 그의 외교적 수단이 장제스에 의해 채택되었다.

옌시산(閻錫山)

산시(山西) 지도자로, 2차 북벌 때 국민당과 연합했다. 산시 성의 자치를 지켜기 위해 입장을 바꾼 노련한 정객이었다.

왕징웨이(汪精衛)

국민당 정치가이자 쑨원의 잠재적 계승자로 1926년 장제스에 의해 광저우로 쫓겨났다. 장제스와 때로는 연합하고 때로는 반목했다. 이후 난징에서 친일 협력 정부의 수반을 지냈다.

우페이푸(嗚佩孚)

양쯔 강 유역의 군벌로, 1926년 북벌에서 패했다.

위안스카이(袁世凱)

1911년 신해혁명 이후 혁명 세력과 합의를 본 청 제국의 장군. 쑨원이 물러난 뒤 중화민국 총통에 취임했고 짧은 기간 스스로 황제에 등극하고자 했다.

윌리엄 헨리 도널드(William Henry Donald)

장제스, 쑨원, 장쉐량의 오스트레일리아 인 고문. 시안 사건이 원만하게 조정되도록 도왔다. 장제스의 세 번째 부인 쑹메이링과 사업상 긴밀한 관계를 유지했고 1937년에는 그녀의 생명을 구해 주기도 했다. 그러나 쑹메이링이 그에게 쑹씨 가문의 부패를 비판해서는 안 된다고 하자 중국을 떠났다. 제2차 세계 대전이 끝난 뒤 중국으로 돌아왔다가 상하이의 병원에서 사망했다.

장쉐량(張學良)

일명 '청년 원수'로 아버지 장쭤린으로부터 만주의 지배권을 계승받았다. 장제스와 연합하여 중국 북부에서 만주 군대를 지휘했다. 1931년 만주 사변으로 근거지를 잃었다. 장제스에게 해고당했으나 상급 군사 지도자로서 되돌아왔다. 1936년 시안에서 장제스를 납치했다. 55년 동안 가택 연금을 당했다.

장징궈(蔣經國)

장제스의 유일한 친아들이다. 소련에서 12년을 보내고 돌아와 중일 전쟁 기간에 지방 관직을 맡았다. 국민당 정부가 붕괴되기 전에 상하이 화폐 개혁을 주도했다. 1978년 타이완 총통이 되었다.

장징장(張靜江)

저장 성 출신인 상하이 사업가로, 쑨원을 지지했고 장제스의 초기 후원자였다. 국민당 우파로서 저장 성장 및 전국재건위원회 주임을 맡았다.

장쭝창(張宗昌)

'개고기 장군'으로 불린 산둥 군벌. 1927년 양쯔 강 하류 지역에서 국민혁명군에 대항하여 난징까지 위협했으나 패해서 달아났다.

장쭤린(張作霖)

'대원수'로 불린 만주 군벌로 1920년대 중반 주요 내전에 관여했다. 일본과 연합했으나 그의 군대가 국민당에게 베이징을 양도하자 일본군으로부터 암살당했다.

저우언라이(周恩來)

황푸군관학교의 정치부 주임을 맡은 뒤 상하이에서 공산당을 조직했다. 마오쩌둥과 함께 대장정을 이끌었다. 시안 사건의 해결에 관여했다. 국민당과 교섭한 공산당 주요 대표였다.

조지 마셜(George Marshall)

제2차 세계 대전 때 미군 참모장 수석 대표였다가 훗날 미국 국무 장관이 되었다. 1945년 중국으로 파견되어 국민당과 공산당 사이를 중재했다. 중국 내전을 종식하는 정전 협정을 주도했지만 쌍방의 비타협으로 인해 1년 후 임무는 실패로 끝났다.

조지프 스틸웰(Joseph Stilwell)

1942년 참모 총장으로 파견된 미국인 장군. 장제스와 지속적으로 불화를 빚었으며 그를 '땅콩', '방울뱀'으로 언급했다. 중국 군대의 전면적 개혁을 제안하고, 버마에서 대일 공세를 지휘했다. 1944년 소환 명령에 의해 워싱턴으로 되돌아갔다.

천씨 형제(천궈푸(陳果夫), 천리푸(陳立夫))

장제스의 심복 부관이자 국민당 CC단의 우두머리. 장제스의 청년 시절 지도자였던 천치메이의 조카들로, 극우 반공주의자였다. 천리푸는 국민당 정부 교육부장을 역임하며 대학에 복종을 강제하고자 했다.

천제루(陳潔如)

장제스와 1921년에 결혼한 둘째 부인이다. 1927년 장제스가 쑹메이링과 결혼하기 위해 그녀를 버리기 전까지 상하이와 광저우에서 함께 살았다. 장제스는 천제루를 미국으로 보내고 자신의 부인으로 인정하지 않았다.

천중밍(陳炯明)

초기 광둥광복공화정부(廣東光復共和政府) 사령관이었던 하카 장군. 1922년 그의 광둥 군대는 쑨원의 국민당 군대를 몰아냈다. 두 차례의 동방 원정에서 그를 격파한 장제스와 끊임없이 충돌했다.

천청(陳誠)

장제스가 후계자로 뽑은 국민당 장군. 제2차 세계 대전 동안 윈난에서 Y군을 지휘했다. 군정부장으로서 군대 개혁을 도입하고자 했다. 만주에서 공산당에 대항하는 사령관을 잠시 역임하기도 했다.

천치메이(陳其美)

상하이 혁명론자이자 장제스의 스승이었다. 1911년 상하이 도독이 되었으나 축출되었다. 장제스와 함께 여러 차례 성공하지 못한 기의를 꾀하다가 암살당했다.

쿵샹시(孔祥熙)

재정부장과 총리를 역임한 은행가로, 통화 팽창을 일으키고 금융 시스템을 붕괴시킨 화폐 인쇄를 감독했다. 장제스의 처형인 쑹아이링과 결혼했다.

클레어 셔놀트(Claire Chennault)

제공권을 주창한 미국인이다. 장제스를 위해 미국 조종사들을 지휘했다. 전략과 군수품 공급 방면에서 스틸웰과 심한 불화를 일으켰다. 1945년 이후 국민당 정부를 위한 민간 항공 회사를 경영했다.

탄옌카이(譚延闓)

후난 성의 전임 성장으로, 북벌 당시 제2군을 이끌었다. 난징 정부에서 행정원장으로서 장제스를 보좌한 주요 인물이었다.

탕성즈(唐生智)

북벌 시기에 국민혁명군과 연합한 후난 성의 장군이다. 우한에서 주요 군사적 인물이 되었으나 난징 정부에 패하고 일본으로 도망했다. 돌아와서 장제스와 일했다.

탕언보(湯恩伯)

항일 전쟁 시기에 화중 지구를 책임진 국군 장령이다. 1944년 허난에서 일본군에게 패배했다. 국공 내전 말기에 상하이 경비사령관을 맡았다.

패트릭 헐리(Patrick Hurley)

1944년 대통령 특사로 중국에 파견된 미국 정치가. 미국 대사로서 장제스와 마오쩌둥이 국공 연합 정부를 협의하도록 애썼지만 실패했다. 훗날 자신의 실패에 관해 미국 국무부 내 공산당 동조자들을 질책했다.

펑위샹(馮玉祥)

2차 북벌 당시 국민당과 협력했다가 장제스에 맞선 큰 전역에 참가했다. 난징 정부와 번갈아 가며 불안한 맹우 혹은 적수였다. 1948년 러시아 선박의 화재 사고로 사망했다.

푸쭤이(傅作義)

중국 북부에서 국민당군을 이끌고 공산당에 대항하여 싸운 옛 군벌 장군이다. 1949년 초 베이징에서 인민해방군에게 투항했다. 이어 공산당 정부에서 요직을 맡았다.

허잉친(何應欽)

오랫동안 군정부장을 맡았다. 1920년대 중반부터 장제스의 동료였다. 북벌 당시 국민혁명군 제1군 군단장을 맡았다. 1936년 시안 사건 때는 시안을 폭격할 것을 주장했다. 열렬한 반공주의자였다.

후쭝난(胡宗南)

'서북의 매'라고 불린 장군. 항일 전쟁 기간에 국민당 군대를 지휘하여 공산당이 통치하는 중국 북부 지역을 겹겹이 포위했다. 1949년 쓰촨에서 공산당과 최후의 결전을 벌였다.

후한민(胡漢民)

국민당 우파 정객이자 이론가이다. 1925년 광저우 정부에서 쫓겨났다. 나중에 장제스와 연합하여 난징 정부 입법원을 이끌었으나, 장제스와 대립하게 되었다.

참고문헌

신문 자료

North China Herald, Shanghai(NCH, *North China Daily News*(《자림서보(字林西報)》)의 주말판); *China Express and Telegraph*(CET); *China Weekly Review*(CWR); *South China Morning Post*(SCMP); Reuters; United Press International); Kuo Min news agency(국민통신사(國民通訊社)); Kuo Wen news agency(국문통신사(國聞通訊社)); Central News(중앙통신사(中央通訊社)); Domei(도메이통신사(同盟通信社)); *The Times*(《런던 타임스》); *Guardian*(《가디언》); *New York Times*; *Time*(《타임》); Havas news agency(아바스통신사).

정기 간행물

Republican China and Twentieth Century China, St John's University, New York; *China Yearbook*, *China Quarterly*, *Modern Asian Studies*; *Journal of Asian Studies*.

공문서

Public Records Office, London; French Foreign Ministry, Paris; Kuomintang, Taipei; Academia Sinica, Taipei; Harry S. Truman Library for Oral Histories; Franklin D. Roosevelt Safe files; Doon Campbell private papers.

Abend, Hallett, *Tortured China*(New York: Washburn, 1932).

_____, *My Life in China*(New York: Harcourt Brace, 1943).

Alanbrooke, Field Marshal Lord, Alex Danchev and Dan Todman ed., *War Diaries*(London: Weidenfeld & Nicolson, 2001).

Alley, Rewi, *Amongst Hills and Streams of Hunan*(Peking: New World Press, 1963).

Anon, *Suppressing Communist-Banditry in China*(Shanghai: China Today, 1934).

_____, *President Chiang Kai-shek: His Life Story in Pictures*(Taipei: n.p., 1971).

_____, *In Everlasting Memory of the Late President Chiang*(Taipei: n.p., 1977).

_____, *Military Exploits of Generalissimo Chiang Kai-shek*(n.p., n.d.).

Auden, W. H., and Isherwood, Christopher, *journey to a War*(London: Faber & Faber, 1938).

Batbayar, Bat-Erdene, *Twentieth Century Mongolia*(Cambridge, MA: White Horse Press, 1999).

Bachrack, Stanley, *The Committee of One Million*(New York: Columbia University Press, 1976).

Baker, Barbara, *Shanghai*(Oxford: OUP, 1998).

Barber, Noel, *The Fall of Shanghai*(New York: Coward McCann & Geoghegan, 1979).

Barrett, David, *Dixie Mission*(Berkeley: University of California Press, 1970).

Barrett, David, and Shyu, Lawrence N. eds., *China in the Anti-Japanese War*(New York: Peter Lang, 2001).

Barnett, A. Doak, *China on the Eve of the Communist Takeover*(London: Thames & Hudson, 1963).

Basil, George, *Test Tubes and Dragon Scale*(Chicago: Winston, 1940).

Beal, John Robinson, *Marshall in China*(Toronto: Doubleday, 1970).

Beasley, W. G., *The Modern History of Japan*(Tokyo: Charles E. Tuttle, 1982).

Bedeski, Robert, *State-Building in Modern China*(Berkeley: University of California Press, 1981).

Belden, Jack, *China Shakes the World*(New York: Modern Reader Press, 1949).

Bennett, Milly, *On Her Own*(Armonk: M. E. Sharpe, 1993).

Benton, Gregor, *Mountain Fires*(Berkeley: University of California Press, 1992).

_____, *New Fourth Army*(Richmond: Curzon, 1999).

Bergère, Marie-Claire, *L'age d'or de la bourgeoisie chinoise*(Paris: Flammarion, 1986).

_____, *Sun Yat-sen*(Stanford: Stanford University Press, 1998).

Berkoff, Robert, *Strong Man of China*(Freeport: Books for Libraries Press, 1938).

Bertram, James, *First Act in* China: *The Story of the Sian Mutiny*(New York: Viking, 1938).

_____, Unconquered: *A journal of a Year's Adventure Among the Fighting* Peasants *of*

North China(New York: John Day, 1939; reissue, New York: Da Capo Press, 1975).

Bianco, Lucien, *Origins of the Chinese Revolution*(Stanford: Stanford University Press, 1971).

Bix, Herbert, *Hirohito*(New York: HarperCollins, 2000).

Bland, Larry ed., *George C. Marshall's Mediation Mission to China*(Lexington: George C. Marshall Foundation, 1998).

Bodde, Derk, *Peking* Diary(New York: Octagon Books, 1976).

Booth, Martin, *Opium*(London: Simon & Schuster, 1996).

Bonnard, Abel, *In China*(London: Routledge, 1926).

Boorman, Howard ed., *Biographical Dictionary of Republican China*(New York: Columbia University Press, 1967-1971).

Borg, Dorothy, *The United States and the Far Eastern Crisis of 1933-1938*(Cambridge, MA: Harvard University Press, 1964).

Botjer, George, *A Short History of Nationalist China 1919-1949*(New York: G. P. Putnam's Sons, 1979).

Boyle, John Hunter, *China and Japan at War, 1937-1945*(Stanford: Stanford University Press, 1972).

Bramall, Chris, *Living Standards in Sichuan, 1931-1978*(London: SOAS, 1989).

Brandt, Conrad, *Stalin's Failure in China*(New York: W. W. Norton, 1958).

Brodie, Patrick, *Crescent Over Cathay*(Oxford: OUP, 1990).

Brook, Timothy, and Wakabayashi, Bob Tadashi eds., *Opium Regimes*(Berkeley: University of California Press, 2000).

Caldwell, Oliver, *A Secret War*(Carbondale: Southern Illinois University Press, 1972).

Candlin, Enid Saunders, *The Breach in the Wall*(London: Cassell, 1973).

Chan, F. Gilbert ed., *China at the Crossroads*(Boulder: Westview, 1980).

Chan and Etzold eds., *China in the 1920s*(New York: New Viewpoints, 1976).

Chang, Iris, *The Rape of Nanking*(London: Penguin, 1997).

Chang, Jung, *Madame Sun Yat-sen*(London: Penguin, 1986).

_____, *Wild Swans*(London: HarperCollins, 1991).

Chang Kia-ngau, *The Inflationary Spiral: The Experience in China 1939-1950*(New York: John Wiley, 1958).

Chang, Maria Hsia, *The Chinese Blue Shirt Society*(Berkeley: University of California, 1985).

Chapman, H. Owen, *The Chinese Revoltion, 1926-27*(London: Constable, 1928).

Chassin, L. M., *La Conquête de la Chine par Mao tse-tung*(Paris: Payot, 1952).

Chen Chieh-ju(Chen Jieru), *Chiang Kai-Shek's Secret Past*(Boulder: Westview Press, 1993).

Chen, Jerome, *China and the West*(London: Hutchinson, 1979).

Chen, Leslie, 'Chen Jiongming and the Chinese Federalist Movement'(*Republican China*, November 1991).

Chen Li-fu, *The Storm Clouds Clear Over China*(Stanford: Stanford University Press, 1994).

Chen Tung-hsi, Wang An-tsiang and Wang I-ting, *General Chiang Kai-shek: The Builder of New China*(Shanghai: Commercial Press, 1929).

Chen Yung-fa, 'The Blooming Poppy Under the Red Sun', in Saich and Van de Ven(q.v.).

_____, Israel, John, and Klein, Donald, *Rebels and Bureaucrats*(Berkeley: University of California Press, 1976).

Cheng Pei-kai, and Lestz, Michael, with Spence, Jonathan, *The Search for Modern China: A Documentary Collection*(New York: W. W. Norton, 1999).

Chennault, Claire, *Way of a Fighter*(New York: Putnam, 1949).

Cherepanov, A. I., *As Military Adviser in China*(Moscow: Progress Publishers, 1982).

Chesnaux, Jean, *The Chinese Labour Movement, 1919-1927*(Stanford: Stanford University Press, 1968).

_____, *Secret Societies in China*(London: Hutchinson, 1972).

_____, Le Barbier, Françoise and Bergère, Marie-Claire, *China from the 1911 Revolution to Liberation*(Hassocks: Harvester Press, 1977).

Ch'i Hsi-sheng, *Warlord Politics in China*(Stanford: Stanford University Press, 1976).

_____, *Nationalist China at War*(Ann Arbor: University of Michigan Press, 1982).

Chiang Ching-kuo, *My Father*(Taipei: Ming Hwa Publication, n.d.).

_____, *Calm in the Eye of a Storm*(Taipei: LeMing Cultural Enterprises, 1978).

Chiang Kai-shek, *China at the Crossroads*(London: Faber & Faber, 1937).

_____, *Cllected Wartime Messages* of *Generalissimo Chiang Kai-Shek, 1937-1945*(New York: John Day, 1945; two volumes).

_____, *Soviet Russia in China*(New York: Farrar, Straus & Cudahy, 1965).

_____, *President Chiang Kai-shek's Selected Speeches and Messages, 1937-1945*(Taipei: China Cultural Service, n.d.).

_____, *China's Destiny*, commentary by Philip Jaffe(London: Dennis Dobson, 1947).

Chiang Kai-shek, Madame, *Meiling Soong: New Life for Jiangxi*(Shanghai: n.p., 1935).

_____, *May-ling Soong: War Messages and Other Selections*(Hankou: n.p., 1938).

_____, *Conversations With Mikhail Borodin*(n.p., n.d.).

Chien Tuan-sheng, *The Goverment and Politics of China, 1912-1949*(Stanford: Stanford University Press, 1950).

China Quarterly, 'Reappraising Republican China'(June 1997).

Chu Shao-jang, *On Chiang Kai-shek's position on Resisting Japan*(Thesis submitted to University of British Columbia, 1999).

Churchill, Winston, *Closing the Ring*(London: Cassell, 1950).

Clark, Carter Blue ed., *Chiang Kai-shek and the United States*(Long Beach: California State University, 1986).

Clubb, Edmund, *Twentieth Century China*(New York: Columbia Univeraity Press, 1964).

Coble, Parks, *The Shanghai Capitalists and the Nationalist Government, 1927-1937*(Cambridge, MA: Harvard University Press, 1980).

_____, *Facing Japan*(Cambridge, MA: Harvard University Press, 1991).

Colville, John, *The Fringes of Power*(New York: W. W. Norton, 1986).

Coox, Alvin, and Conroy, Hilary eds., *China and Japan*(Santa Barbara: ABC Clio, 1978).

Cornelius, Wanda, and Short, Thayne, *Ding Hao: America's Air War in China, 1937-1945*(Gretna: Pelican, 1980).

Cowles, Gardner, *Mike Looks Back: The Memoirs of Gardner Cowles*(New York: Gardner Cowles, 1985).

Crowley, James, *Japan's Quest for Autonomy*(Princeton: Princeton University Press, 1966).

Crozier, Brian, *The Man Who Lost China*(London: Angus & Robertson, 1976).

Curtis, Richard, *Chiang Kai-shek*(New York: Hawthorn, 1969).

Davies, John Paton Jnr., *Dragon by the Tail*(London: Robson Books, 1974).

Dikötter, Frank, *Crime, Punishment and Prison in Modern China*(London: Hurst, 2002).

_____, Laamann, Lars, and Zhou Xun, *Narrotic Culture*(Centre for Crime and Justice Studies, 2002).

Dolan, Sean, *Chiang Kai-shek*(New York: Chelsea House, 1988).

Dong, Stella, *Shanghai*(New York: William Morrow, 2000).

Dorn, Frank, *The Sino-Japanese War, 1937-1941*(New York: Macmillan, 1974).

Drage, Charles, *The Life and Times of General Two-Gun Cohen*(New York: Funk & Wagnall, 1954).

_____, *One Arm Sutton*(London: White Lion, 1973).

Dreyer, Edward L., *China at War*(London: Longman, 1995).

Dryburgh, Marjorie, *North China and Japanese Expansion*(London: Curzon, 2000).

Dubarbier, Georges, *La Chine contemporaine*(Paris: Librarie Orientaliste, 1926).

Easttnan, Lloyd, *The Abortive Revolution*(Cambridge, MA: Harvard University Press, 1974).

_____, *Seeds of Destruction: Nationalist China, 1937-1949*(Stanford: Stanford University Press, 1984).

_____, *Family Fields Ancestors*(Oxford: OUP, 1988).

_____, 'China's Democratic Parties and the Temptation of Political Power'*(Republican China*, November 1991).

_____, et al., *The Nationalist Era in China*(Cambridge, MA: Harvard University Press, 1991).

Epstein, Israel, *The People's War*(London: Gollancz, 1939).

_____, *The Unfinished Revolution in China*(Boston: Little, Brown, 1947).

Esherick, Joseph, 'War and Revolution: Chinese Society During the 1940s'*(Twentieth Century China*, November 2001).

_____ ed., *Last Chance in China: The World War II Despatches Of John S. Service*(New

York: Random House, 1974).

_____ ed., *Remaking the Chinese City*(Honolulu: University of Hawaii Press, 2000).

Etzold, Thomas H., *Aspects of Sino-American Relations Since 1784*(New York: New Viewpoints, 1978).

Fairbank, John King, *Chinabound*(New York: Harper & Row, 1982).

_____, *The Great Chinese Revolution, 1800-1985*(New York: Harper & Row, 1986).

_____, *China: A New History*(Cambridge, MA: Harvard University Press, 1994).

_____ and Feuerwerker, Alfred eds., *Cambridge History of China, Vol. 13*(Cambridge: CUP, 1986).

Falgiot, Roger, and Kauffer, Rémi, *The Chinese secret service*(New York: William Morrow, 1987).

Farmer, Rhodes, *Shanghai Harvest*(London: Museum Press, 1945).

Feis, Herbert, *The China Tangle*(Princeton: Princeton University Press, 1953).

Feng Chongxi, and Goodman, David, *North China at War*(Lanham: Rowman & Littlefield, 2000).

Fewsmith, Joseph, *Party, State and Local Elites in Republican China*(Honolulu: University of Hawaii Press, 1984).

Fitzgerald, C. P., *The Birth of Communist China*(Harmondsworth: Penguin, 1964).

_____, *Why China*(Melbourne: Melbourne University Press, 1985).

Fitzgerald, John ed., *The Nationalists and Chinese Society*(Melbourne: University of Melbourne Press, 1989).

_____, *Awakening China*(Stanford: Stanford University Press, 1996).

Fleming, Peter, *One's Company*(London: Jonathan Cape, 1934).

Forman, Harrison, *Report from Red China*(London: Robert Hale, 1946).

Francke, Harry, *Roving Through Southern China*(New York: The Century Co., 1925).

Frazier, Martin W., 'Mobilizing a Movement: Cotton Mill Foremen in the Shanghai Strikes of 1925'(*Republican China,* November 1994).

Friedman, Edward, *Backwards Towards Revolution: The Chinese Revotionary Party*(Berkeley: University of California Press, 1974).

Friedman, Edward, Pickowicz, Paul, Selden, Mark, *Chinese Village Socialist State*(New Haven: Yale University Press, 1991).

Fung, Edmund S. K., *In Search of Chinese Democracy*(Cambridge: CUP, 2000).

Furaya, Keiji, Chiag *Kai-shek*(New York: St John's University Press, 1981).

Geisert, Bradley, 'Toward a Pluralistic Model of KMT Rule'(*Chinese Republican Studies,* February 1982).

Gibson, Michael, *Chiang Kai-shek's Central Army 1924-1938*(Dissertation, George Washington University, 1985).

Gilbert, Rodney, *What's Wrong With China*(New York: Frederick A. Stokes, 1932).

Gillin, Donald, *Warlord: Yen Hsi-shen in Shansi Province, 1911-1949*(Princeton: Princeton University Press, 1967).

_____, 'The Case of Chen Cheng and the Kuomintang'(*Journal of Asian Studies,* August 1970).

_____, *Falsifying China's History: The Case of Sterling Seagrave's 'The Soong Dynasty'*(Stanford: Stanford University Press, 1986).

_____, and Myers, Ranton eds., *Last Chance in Manchuria: The Diary of Chang Kiangau*(Hoover Archive, 1989).

Ginsbourg, Sam, *My First Sixty Years in China*(Beijing: New World Press, 1982).

Gittings, John, *The World and China, 1922-1972*(London: Eyre Methuen, 1974).

Godley, Shirley, 'W. Cameron Forbes and the American Mission to China(1935)'(*Papers on China,* Vol. 14, 1960).

Gottschang, Thomas, 'Incomes in the Chinese Rural Economy, 1885-1945'(*Republican China,* November 1992).

Gray, Jack, *Rebellion and Revolution*(Oxford: OUP, 1990).

_____, *Modern China's Search for a Political Forum*(London: OUP, 1969).

Guillermaz, j., *Une Vie pour la Chine*(Paris: Pluriel-Laffont, 1989).

Hahn Emily, *The Soong Sisters*(London: Robert Hale, 1942).

_____, *Chiang Kai-shek*(New York: Doubleday, 1955).

Hall, J. C. S., *The Yunnan Provincial Faction, 1927-1937*(Canberra: Austrailian National University, 1976).

Han Suyin, *Destination Chungking*(London: Jonathan Cape, 1943).

_____, *A Mortal Flower*(London: Panther Books, 1972).

_____, *China, 1890-1938*(Vaduz: Jeunesse Verlagsansalt, 1989).

Hart, john, *The Making of an Army Old China Hand*(Berkeley: Institute of East Asian Studies, 1985).

Hauser, Ernest, *Shanghai: City for Sale*(New York: Harcourt Brace, 1940).

Hedin, Sven, *Chiang Kai-shek: Marshal of China*(New York: John Day, 1940).

Henriot, Christian, *Shanghai, 1927-1937*(Berkeley: University of California Press, 1993).

_____, *Prostitution and Sexuality in Shanghai*(Cambridge: CUP, 2001).

Hershatter, Gail, *Dangerous Pleasures*(Berkeley: University of California Press, 1997).

Hewlett, Meyrick, *Forty Years in China*(London: Macmillan, 1943).

Holcombe, A. N., *The Chinese Revolution*(New York: Alfred A. Knopf, 1930).

Homer, Joy, *Dawn Watch in China*(London: Collins, 1941).

Hsiang, James, and Levine, Steve eds., *China's Bitter Victory*(Armonk: East Gate, 1991).

Hsiung S., *The Life of Chiang Kai-shek*(London: Methuen, 1948).

Hsu, Immanuel C. Y., *The Rise of Modern China*(Oxford: OUP, 2000).

Huang, Phillip, 'The Study of Rural China's Economic History'(*Republican China,*

November 1992).

Hunt, Michael H., *The Genesis of Chinese Communist Foreign Policy*(New York: Columbia University Press, 1996).

Hutchings, Graham, *Modern China*(London: Penguin, 2000).

Ienaga, Saburo, *The Pacific War 1931-1945*(New York: Pantheon, 1978).

Iriye, Akira, *The Chinese and the Japanese*(Princeton: Princeton University Press, 1980).

Isaacs, Harold, *The Tragedy of the Chinese Revolution*(Stanford: Stanford University Press, 1938-1961).

Israel, John, and Klein, Donald, *Rebels and Bureaucrats*(Berkeley: University of California Press, 1976).

Jacobs, Dan, *Borodin*(Cambridge, MA: Harvard University Press, 1981).

Jeans, Roger, 'Third Force'*(Republican China,* November 1993).

Johnson, Chalmers A., *Peasant Nationalism and Communist Power*(Stanford: Stanford University Press, 1963).

Johnston, Tess, and Erh, Deke, *A Last Look: Western Architecture in Old Shanhai*(Hong Kong: Old China Hand Press, 1993).

_____, *Far from Home*(Hong Kong: Old China Hand Press, 1996).

Jones, F. W., *Changing China*(Kilmarnock: Christian Literature Publications, 1946).

Jordan, Donald, *The Northern Expedion*(Honolulu: University of Hawaii Press, 1978).

_____, *Chinese Boycotts v Japanese Bombs*(Ann Arbor: University of Michigan Press, 1991).

_____, *China's Trial by Fire*(Ann Arbor: University of Michigan Press, 2002).

Kapp, Robert, *Szechwan and the Chinese Republic, 1911-1938*(New Haven: Yale University Press, 1973).

Kataoka, Tetsuya, *Resistance ad Revolution in China*(Berkeley: University of California Press, 1974).

King, Frank H. H., *A Concise Economic History of Modern China*(London: Pall Mall, 1969).

Kirby, William, 'Joint Ventures: Technology Transfer and Technocratic Organization in Nationalist China'*(Republican China,* April 1987).

_____, *State and Economy in Republican China*(Cambridge, MA: Harvard University Press, 2001).

_____, *Engineering China: Birth of the Developmental State 1928-1937 in Yeh, Becoming Chinese*(q.v.).

Koen, Ross, *China Lobby*(New York: Harper & Row, 1974).

Kou Chang-ming, *Labour and Empire: the Chinese Labour Movement in the Canton Delta, 1895-1927*(Doctoral Dissertation, Stanford University, 1975).

Kuo, Helena, *Westward to Chunking*(London: Hutchinson, 1943).

Kuo Kwan-ying, *A Century Walked Through*(four-part video documentary and interview with the Young Marshal)(Taipei, 1993).

Kuo, Warren, *Analytical History of the Chinese Communist Party*(Taipei: Institute of International Relations, 1969).

Kwei Chung-shu et al., *Japan's Undeclared War*(Shanghai: Chinese Chamber of Commerce, 1932).

Lacam, Guy, *Un Banquier au Yunnan dans les années 1930*(Paris: L'Harmattan, 1994).

Lary, Diana, *Region and Nation: The Kwangsi Clique*(Cambridge: CUP, 1974).

_____, *Warlord Soldiers*(New York: Columbia University Press, 1985).

Lattimore, Owen, *China Memoirs*(Tokyo: University of Tokyo Press, 1990).

Laughlin, Charles, *Chinese Reportage*(Durham: Duke University Press, 2002).

Lee, James Hsioung, *A Half Century of Memories*(Hong Kong: South China Printing, undated).

Lee, Leo Ou-fan, *Shanghai Modern*(Cambridge, MA: Harvard University Press, 1999).

Leith-Ross, Sir Frederick, *Money Talks*(London: Hutchinson, 1968).

Leung, Edwin, *Historical Dictionary of Revolutionary China*(New York: Greenwood Press, 1992).

Levine, Stephen, *Anvil of Victory*(New York: Columbia University Press, 1987).

Levitch, Eugene William, *The Kwangsi Way in Kuomintang China*(Armonk: M. E. Sharpe, 1993).

Liang Chin-tung, *General Stilwell in China*(New York: St John's University, 1972).

Liang Hsi-huey, *The Sino-German Connection*(Amsterdam: Van Gorcum, 1977).

Lin Hua, *Chiang Kai-shek, De Gaulle contre Ho Chi Minh*(Paris: L'Harmattan, 1994).

Lin, Yu-tang, 'The Dogmeat General' in Edgar Snow (ed.), *Living China: Modern Chinese Short Stories*(New York: Reynal & Hitchcock, 1937).

Linebarger, Paul, *The China of Chiang Kai-shek*(Boston: World Peace Foundation, 1941).

Liu, F. F., *A Military History of Modern China*(Princeton: Princeton University Press, 1956).

Liu Po-cheng et al., *Recalling the Long March*(Peking: Foreign Language Press, 1978).

Loh, Pichon, *The Kuomintang Débâcle of 1949*(Boston: Heath, 1965).

_____, *The Early Chiang Kai-shek*(New York: Columbia University Press, 1971).

Iou Ruiqing et al., *Zhou Enlai and the Xian Incident*(Beijing: n.p., 1963).

Lu Han-chao, *Beyond the Neon Lights*(Berkeley: University of California Press, 1999).

Lumley, F. A., *The Republic of China Under Chiang Kai-shek*(London: Barrie & Jenkins, 1976).

McCord, Edward A., 'Warlordism at Bay' (*Republica China,* November 1991).

_____, *The Power of the Gun: The Emergence of Chinese Warlordism*(Berkeley: University of California Press, 1993).

McCormack, Gavan, *Chang Tso-lin in Northeast China*(Folkestone: Dawson, 1977).

McDonald, Angus, *Urban Origins of Rural Revolution*(Berkeley: University of California Press, 1978).

McElderry, Andrea, 'Robber Barons or National Capitalists: Shanghai Bankers in Republican China'(*Republican China,* November 1985).

MacFarquhar, Roderick, *The Whampoa Military Academy*(Cambridge, MA: Papers on China, Vol. 9, 1955).

Mackerras, Colin, *Sinophiles and Sinophobes*(Oxford: OUP, 2000).

MacKinnon, Stephen, and Friesen, Oris, *China Reporting*(Berkeley: University of California, 1987).

McLane, Charles, *The Soviet Union and the Chinese Communists, 1920-1942*(New York: Columbia University Press, 1958).

MacNair, Harley Farnsworth, *China in 'Revolution: An Analysis of Politics and Militarism Under the Republic*(Chicago: University of Chicago Press, 1931).

Malraux, André, *La condition humaine*(Paris: Gallimard, 1946).

Mann, Susan, *Local Merchants and the Chinese Bureaucacy*(Stanford: Staliford University Press, 1987).

Mao Zedong, *Selected Works*(Beijing: Foreign Languages Press, 1967).

Maochun Yu, *OSS in China*(New Haven: Yale University Press, 1996).

Marshall, George, *Marshall's Mission to China*(2 volumes)(Arlington: University Publications of America, 1970).

Martin, Brian, *The Shanghai Green Gang*(Berkeley: Universiity of California Press, 1996).

Misselwitz, Henry Francis, *The Dragon Stirs*(New York: Harbinger Books, 1941; Ann Arbor: University Microfilms, 1978).

Mitter, Rana, *The Manchurian Myth*(Berkeley: University of California Press, 2000).

Moorad, George, *Lost Peace in China*(New York: Dutton, 1949).

Moorwood, William, *Duel for the Middle Kingdom*(New York: Everest House, 1980).

Mowrer, Edgar Ansel, *Mowrer in China*(Harmondsworth: Penguin, 1938).

Myers, Ramon, *The Chinese Peasant Economy*(Cambridge, MA: Harvard University Press, 1970).

Nellist, George, *Men of Shanghai and North China*(Shanghai: n.p., 1933).

North, Robert C., and Eudin, Zenia J., *N. M. Roy's Mission to China*(Berkeley: University of California Press, 1963).

Pan, Lynn, *In Search of Old Shanghai*(Hong Kong: Joint Publishing, 1982–1991).

_____, *Shanghai: A Century of Change in Photographs*(Hong Kong: Hai Feng, 1991).

_____, *Old Shanghai: Gangsters in Paradise*(Singapore: Cultured Lotus Publishers, 1994).

Payne, Robert, *Chungking Diary*(London: Heinemann, 1945).

_____, *Chinese Diaries*(New York: Weybridge & Talley, 1945, 1947, 1950).

_____, *Chiang Kai-shek*(New York: Weybridge & Talley, 1969).

Peck, Grahanl, *Two Kinds of Time*(Boston: Houghton Mifflin, 1950).

Pelissier, Roger, *The Awakening of China*(London: Secker & Warburg, 1967).

Pepper, Suzanne, *Civil War in China*(Lanham: Rowman & Littlefield, 1999).

Perry, Elizabeth, *Shanghai on Strike*(Stanford: Stanford University Press, 1993).

Philips, Richard T., *China Since* 1911(London: Macmillan, 1996).

Pictorial History of the Republic of China(Taipei: Modern China Press, 1981; two volumes).

Potter, Sulamith Heins, and Potter, Jack M., *China's Peasants*(Cambridge: CUP, 1990).

Powell, John, *My Twenty-Five Years in China*(New York: Macmillan, 1945).

Pringle, J. M. D., *China Struggles for Unity*(Harmondsworth: Penguin, 1939).

Proceedings of Conference on Chiang Kai-shek and Modern China(five volumes)(Taipei, 1987).

Pu Yi, Aisin-Gioro, *From Emperer to Citizen*(Beijing: Foreign Languages Press, 1989).

Pye, Lucian W., *Warlord Politics*(NewYork: Praeger, 1971).

Rabe, John, *The Good Man of Nanking*(New York: Alfred A. Knopf, 1998).

Ranbir, Vohra, *China's Path to Modernization*(Englewood City: Prentice Hall, 1987).

Rand, Peter, *China Hands*(New York: Simon & Schuster, 1995).

Ransome, Arthur, *The China Puzzle*(London: Allen & Unwin, 1927).

Rawski, Thomas, *Economic Growth in Pre-war China*(Berkeley: University of California, 1989).

_____, 'Ideas about Studying China's Rural Economy'(*Republican China,* November 1991).

Rea, Kenneth ed., *Canton in Revolution: The Collected Papers of Earl Swisher*(Boulder: Westview Press, 1977).

_____, and Brewer, John eds., *The Forgotten Ambassador: The Reports of John Leighton Stuart*(Boulder: Westview Press, 1981).

Reinsch, Paul, *An American Diplomat in China*(London: Allen & Unwin, 1922).

Reischauer, Edwin, and Craig, Albert, *Japan: Tradition and Transformation*(Tokyo: Tuttle, 1978).

'Republican China: Disintegration and Integration of Political Systems'(*Twentieth Century China,* April 1978).

Republican China, Symposium on Second Sino-Japanese War(April 1989).

Roberts, J. A. G., *Modern China*(Stroud: Sutton Publishing, 1998).

Romanus, Charles, and Sunderland, Riley, *Stilwell's Mission to China*(Washington: Department of the Army, 1953).

_____, *Stilwell's Command Problems*(Washington: Department of the Army, 1956).

_____, *Time Runs Out in the CBI*(Washington: Department of the Army, 1959).

Ronning, Chester, *A Memoir of China in Revolution*(New York: Pantheon Books, 1974).

Roy, N. M., *Revolution and Counter-revolution in China*(Calcutta: Renaissance, 1946).

Roux, Alain, *Le Shanghai ouvrier des années trente*(Paris: L'Harmattan, 1993).

_____, *Grèves et politiques à Shanghai*(Paris: Editions de l'EHESS, 1995).

Rummel, R. J., *China's Bloody Century*(London: Transaction Publishers, 1991).

Saich, Tony, *The Rise to Power of the Chinese Communist Party*(New York: M. E. Sharpe, 1996).

_____, and Van de Ven, Hans, *New Perspectives on the Chinese Communist Revolution*(New York: M. E. Sharpe, 1995).

_____, *Oriigins of the First United Front in China*(Leiden: E. J. Brill, 1991).

Salisbury, Harrison, *The Long March*(London: Macmillan, 1985).

Schoppa, R. Keith, *Columbia Guide to Modern Chinese History*(New York: Columbia University Press, 2000).

Schram, Stuart, *Mao Tse-tung*(Harmondsworth: Penguin, 1967).

Schurman, Franz, and Schell, Orville eds., *Republican China*(Harmondsworth: Penguin, 1967).

Schwarcz, Vera, *The Chinese Enlightenment*(Berkeley University of California Press, 1986).

Schwartz, Bemjamin, *Chinese Communism and the Rise of Mao*(Cambridge, MA: Harvard University Press, 1951).

Seagrave, Sterling, *The Soong Dynasty*(London: Sidgwick & Jackson, 1985).

Selden, Mark, *The Yenan Way of Revolutionary China*(Cambridge, MA: Harvard University Press, 1971).

_____, *China in Revolution: The Yenan Way Revisiited*(Armonk: M. E. Sharpe, 1995).

Selle, Earl Albert, *Donald of China*(New York: Harper, 1948).

Sergeant, Harriet, *Shanghai*(London: John Murray, 1991).

Service, John, *The Americasia Papers*(Berkeley: Center for Chinese Studies Research, 1971).

Sheean, Vincent, *Personal History*(New York: Garden City, 1937).

Sheridan, James, *Chinese Warlord*(Stanford: Stanford University Press, 1966).

_____, *China in Disintegration*(NewYork: The Free Press, 1977).

Short, Philip, *Mao: A Life*(London: Hodder & Stoughton, 1999).

Sie Cheou-kang, *President Chiang Kai-shek: His Childhood and Youth*(Taipei: China Cultural Service, n.d.).

Sih, Paul ed., *Nationalist China During the Sino-Japanese War*(Hicksville: Exposition Press, 1977).

_____, *The Strenuous Decade, 1927-1937*(New York: St John's University, 1970).

Smedley, Agnes, *China Fights Back*(London: Gollancz, 1938).

_____, *Battle Hymn of China*(London: Gollancz, 1944).

_____, *Portraits of Chinese Women in Revolution*(New York: Feminist Press, 1976).

Smith, Amanda, *Hostage to Fortune: The Letters of Joseph P. Kennedy*(New York: Viking, 2001).

Smith, Robert, *With Chennault in China*(Blue Ridge Summit: Tab Books, 1984).

Smith, Sara, *The Manchurian Crisis, 1931-1932*(New York:, Columbia University Press, 1948).

Snow, Edgar, *Red Star over China*(London: Gollancz, 1937).

_____, *Journey to the Beginning*(London: Gollancz, 1960).

Snow, Philip, *The Fall of Hong Kong*(New Haven: Yale University Press, 2003).

Spence, Jonathan, *The Gate of Heavenly Peace*(New York: Penguin, 1981).

_____, *The Search for Modern China*(New York: W. W. Norton, 1999).

_____, *Mao*(London: Weidenfeld & Nicolson, 1999).

_____, and Chin, Annping, *The Chinese Century*(New York: Random House, 1996).

Stapleton, Kristin, *Civilizing Chengdu*(Cambridge, MA: Harvard University Press, 2000).

Sternberg, Josef von, *Fun in a Chinese Laundry*(New York: Mercury House, 1988).

Stilwell, Joseph, *The Stilwell Papers*(ed. Theodore White)(New York: Schocken Books, 1972).

Stolley, Richard ed., *Life: World War Two*(New York: Bullfinch Press, 1999).

Stone, Albert H., and Reed, Hammond, *Historic Lushan*(Hankou: Arthington Press, Religious Tract Society, 1921).

Strand, David, *Rickshaw Beijing*(Berkeley: University of California Press, 1989).

_____, 'A High Place Is No Better Than a Low Place: The City in the Making of Modern China', in Yeh, *Becoming Chiilese*(q.v.).

Strauss, Julia C., *Strong Institutions in Weak Politics*(Oxford: OUP, 1998).

Sues, Ilona, *Shark's Fin and Millet*(New York: Little, Brown, 1944).

Sun Tzu, *The Art of War*(Oxford: OUP, 1963).

Sutton, Donald, *Provincial Militarism and the Chinese Republic: The Yunna Army, 1905-1925*(Ann Arbor: University of Michigan Press, 1980).

Swisher, Earl, *Canton in Revolution, 1925-1928*(Boulder: Westview Press, 1977).

Tai Hsuanchih, *The Red Spears, 1916-1949*(Ann Arbor: University of Michigan Press, 1985).

Tang, Peter S. H., *Russian and Soviet Policy in Manchuria*(Durham: Duke University Press, 1959).

T'ang Leang-li, *The Inner History of the Chinese Reuolution*(London: Routledge, 1930).

_____, *Wang Ching-wei* (Peiping: China United Press, 1931).

Tawney, R. H., *Land and Labour in China*(London: George Allen & Unwin, 1932).

Taylor, jay, *The Generalissimo's son*(Cambridge, MA: Harvard University Press, 2000).

The Opium Trade, Vol. 6(Wilmington: Scholarly Resources, 1974).

Teitler, Ger, and Radtke, Kurt eds., *A Dutch Spy in China*(Leiden: Brill, 1999).

Thomson, James C. jnr., *Communist Policy and the United Front in China*(Cambridge, MA: Papers on China, Vol. 11, 1957).

Thornton, Richard, *China: The Struggle for Power, 1917-1972*(Bloomington: Indiana University Press, 1973).

Tien Hung-mao, *Government and Politics in Kuomintang China*(Stanford: Stanford University Press, 1972).

Timperley, Harold, *What War Means*(London: Gollancz, 1938).

Toland, John, *The Rising Sun*(London: Cassell, 1970).

Tong Te-kong and Li Tsung-jen(Li Zongren), *The Memoirs of Li Tsung-jen*(Boulder: Westview Press, 1979).

Tong, Hollington, *Chiang Kai-shek*(London: Hurst & Blackett, 1938, two volumes; revised edition, Taipei, 1953).

Topping, Seymour, *Journey Between Two Chinas*(New York: Harper & Row, 1972).

Trotsky, Leon, *Problems of the Chinese Revolution*(New York: Pioneer Publishers, 1932).

Tsin, Michael, *Nation, Governance and Modernity in China: Canton, 1900-1927*(Stanford: Stanford University Press, 1999).

Tuchman, Barbara, *Stilwell and the American Experience in China*(New York: Macmillan, 1970).

Twitchett, Denis, and Fairbank, John K., *The Cambridge History of China*, Vol. 12(Cambridge: Cambridge University Press, 1983).

Van de Ven, Hans, *Nationalism in China, 1925-1945*(London: Routledge, 2003).

Van Slyke, Lyman, *The Chinese Communist Movement During the Sino-Japanese War* (*Cambridge History of China*, Vol. 13).

Vladimirov, Petr Parfenovic, *China's Special Area, 1942-1945*(Bombay: Allied Publishers, 1974).

Wakeman, Frederic, *Policing Shanghai*(Berkeley: University of California Press, 1995).

_____, 'Hanjian(Traitor), Collaboration and Retribution in Wartime Shanghai' in Yeh, *Becoming Chinese*(q.v.).

_____, and Edmonds, Richard Louis eds., *Reappraising Republican China*(Oxford: OUP, 2000).

_____, *Spymaster: Dai Li*(Berkeley: University of California Press, 2003).

_____, *The Shanghai Badlands*(Cambridge: Cambridge University Press, 1996).

Waldron, Arthur, *From War to Nationalism: China's Turning Point, 1924-1925*(Cambridge: Cambridge University Press, 1995).

Wang Ke-wen, *After the United Front: Wang Jingwei and the Left Kuomintang*(*Republican China*, April 1993).

_____, *The Kuomintang in Transition*(Dissertation, Stanford University, 1985).

Wasserstein, Bernard, *Secret Wars in Shanghai*(London: Profile Books, 1998).

Wasserstrom, Jeffrey ed., *Twentieth Century China*(London: Routledge, 2003).

Wedemeyer, Albert, *Wedemeyer Reports*(New York: Henry Holt, 1958).

Wei, C. X. George, and Liu, Xiaoyuan, *Chinese Nationalism in Perspective*(Westport: Greenwood Press, 2001).

Wells, Audley, *The Political Thought of Sun Yat-sen*(Houndsmill: Palgrave Macmillan, 2001).

Westad, Odd Arne, *Cold War and Revolution*(New York: Columbia University Press, 1993).

White, Theodore, *In Search of History*(London: Jonathan Cape, 1978).

_____, and Jacoby, Annalee, *Thunder Out of China*(New York: Da Capo Press, 1980).

Who's Who in China(Shanghai, 1931).

Who's Who in China, 1918-1950(Hong Kong: Chinese Materials Centres, 1982).

Wilbur, C. Martin, *Sun Yat-sen: Frustrated Patriot*(New York: Columbia University Press, 1976).

_____, *The Nationalist Revolution in China*(Cambridge: Cambridge University Press, 1983).

_____, and How, Julie Lien-ying, *Missionaries of Revolution*(Cambridge, MA: Harvard University Press, 1989).

Williams, Peter, and Wallace, David, *Unit 731*(London: Hodder & Stoughton, 1989).

Wilson, Dick, *The Long March*(Harmondsworth: Penguin, 1971).

_____, *When Tigers Fall Out*(London: Hutchinson, 1982).

Wilson, Sandra, *The Manchurian Crisis and Japanese Society*(Lonqon: Routledge, 2002).

Wong, R. Bin, 'Studying Republican China's Economy'*(Republican China*, November 1992).

Wong Young-tsu, *The Xi'an Incident and the Coming of the War of Resistance*, in Barrett and Shyu(q,v.).

Wou, Odoric, *Militarism in Modern China: Wu Peifu, 1916-1939*(Canberra: Australian National University Press, 1978).

Wu Chi-wei, David, *A Historical Analysis of Selected Speeches by Generalissimo Chiang Kai-shek During the War of Resistance against Japanese Aggression, 1937-45*(Dissertation presented to Ohio University, 1986).

Wu Tien-wei, *The Sian* Incident(University of Michigan Papers in Chinese Studies, 1976).

Wylie, Raymond F., *The Emergence of Maoism*(Stanford: Stanford University Press, 1980).

Yamamoto, Masahiro, *Nanking: Anatomy of an Atrocity*(Westport; Praeger, 2000).

Yang Tianshi, 'The Hidden Story of the Zhongshan Gunboat Incident'*(Republican China*, April 1991).

Yeh Wen-hsui ed., *Becoming Chinese*(Berkeley University of California Press, 2000).

Yongnian Zheng, *Discovering Chinese Nationalism in China*(Cambridge: CUP, 1999).

Young, Arthur, Oral History in Truman Library.

_____, *The Helping Hand, 1937-1945*(Cambridge, MA: Harvard University Press, 1963).

_____, *China's Wartime Finance and Inflation*(Cambridge, MA: Harvard University Press, 1965).

Young, Ernest P., *The Presidency of Yuan Shih-k'ai*(Ann Arbor: University of Michigan Press, 1977).

Yu Maochun, *OSS in China*(New Haven: Yale University Press, 1996).

Yu Min-ling, 'A Reassessment of Chiang Kai-shek and the Policy of Alliance with the Soviet Union' in Leutner ed., *The Chinese Revolution in the 1920s*(London: Curzon

Press, 2002).

Zheng Chaolin, *An Oppositionist for Life* (trans. Gregor Benton) (Highlands, NJ: Humanities
Press, 1997).

옮긴이의 말

모름지기 평전은 우선 '사실이 말하게' 하는 실사구시의 정신에 충실해야 한다. 역사적 사실에 바탕을 둔 다음에야 지은이의 관점과 해석이 나오고 메시지가 도출된다. 이 책은 이러한 전제에 충실하다. 1차 사료를 숱하게 인용하며 사실성을 확보하고 지은이의 의견을 강도 높게 피력한다는 점이 가장 큰 미덕이다. 당파성에 따른 선전을 위해 인물의 원래 모습을 왜곡하지 않는 역사 과학적인 저술 태도로 장제스의 복잡다단한 일생을 전면적으로 찬술한 데는 중국 특파원 경험이 있는 저널리스트이자 동아시아 전문가 저자 조너선 펜비의 중국어 독해 능력이 큰 도움이 되었을 터이다.

본문을 읽다 보면 느낄 수 있다. 저자는 가능한 최대한도의 관련 자료를 수집 및 열독하고 상관 문헌을 연구하며, 장제스의 지인, 동료, 부하들을 방문 인터뷰하고 그의 고향, 사적지 등 역사적 현장을 몸소 취재하는 열정을 보였다. E. H. 카는 "자신의 사실을 가지지 못한 역사가는 뿌리가 없는 무능한 존재다."라고 말했다. 이 테제는 역사 인물 평전을 쓰는 이에게도 해당될 터인데, 저자는 무수한 사실들 중에서 장제스의 성격과 인물상을 도드라지게 나타낼 수 있는 사실을 선택하고 정돈해서 그 사실의 총체성을 나름의 관점으로 해석하는 데 뛰어난 역량을 발휘하고 있다. 중국 전문가 저널리스트가 쓴 평전답게 역사성과 현장성이 강한 이 책은 광범위한 자료들을 인용하면서도 그저 나열하는 수준을 벗어나 전형성을 확보하고, 동시에 객관적이고 냉정한 시각을 유지한다. 아울러 사실을 단조롭게 서술하는 취재 기사의 건조한 틀을 뛰어넘어 인물의 초상 묘사에도 치중했기에, 각각의 상황에 따른 주인공의 심리를 세밀하게 부각하는 문학적인 형상 표현에는 생동감이 살아 있다. 문장은 방대한 분량을 소화해야 하는 만큼 장쾌하다. 평전은 역사학과 (사실) 문학의 통합이라는 것을 잘 보여 주고 있는 셈이다.

1990년대 말 타이베이의 장제스 문서보관소가 개방된 이후로 중국, 러시아, 일본, 미국 등지에서 장제스에 관한 새로운 자료가 대량으로 쏟아져 나왔다. 저자는 객관적인 관점과 세부 내용을 갖추기 위해 중국 본토를 비롯해 세계 각지의 학자들이 광범위하게 연구한 성과를 취합했다. 런던대학 소아즈 도서관의 자료처럼 이전에는 사용되지 않았던 자료들도 인용했다. 그리하여 저자가 밝힌 바대로 30년 만에 처음으로 '전격적인' 장제스 평전이 탄생했다. 역사적 전기가 성공하려면 반드시 저자만의 특색이 있어야 하는데, 이 책은 대량의 장제스 일기를 이용해서 쓴 첫 번째 평전이라는 것이 큰 특징이다. 장제스는 일생 동안 거의 하루도 빠트리지 않고 일기를 쓴 것으로 유명하다. 10여년 전 장제스의 후손들이 미국 스탠퍼드대학 후버연구소에 기증한 방대한 분량의 친필 일기 원본이 공개되자 저자는 신속하게 열람한 듯싶다. 장제스의 일기는 문언이고 모필(毛筆)이며, 행서(行書)로 쓰였고 표점이 없다. 저자는 이를 독해하는 데 꽤나 많은 땀을 흘렸을 것이다.

이 책의 또 다른 특징은 서구인의 입장에서 장제스와 현대 중국사에 대한 견해를 제시하고 있다는 점이다. 중국 속담에 "당사자보다 제3자가 더 잘 안다.(當局者迷, 旁觀者淸.)"라는 말이 있다. 경력, 교양, 사유 방식이 중국인과 다른 이방인으로서 저자는 중국사에 깊이 집중하면서도 중국의 당파나 정치 집단 간의 은원과 이해관계를 벗어나 자신만의 유장하면서도 명징한 문체로 장제스의 생애와 사상을 복원했다. 저자는 결국 장제스를 고도로 모순적인 인물이라고 생각하고 그의 장단점과 공과 등을 중립적이면서도 복합적으로 다루었기에 이 책은 중국 현대사를 관통해 온 장제스라는 복잡하고도 전기적인 인물을 이해하고 연구하는 데 하나의 독특하고도 유익한 이정표가 되었다. 아울러 리둥팡(黎東方)의 『장제스 평전』(1980), 산케이신문(産經新聞)에서 간행한 『장제스 비록』(1976), 『장제스 회고록』(1977년, 신태양사) 및 몇 권의 2차 연구서밖에 없는 한국에서 처음 출간되는 장제스 평전이라는 점에서도 그 의미가 자못 크다고 할 수 있다.

1975년 장제스가 사망할 때 그에 대한 일반적인 인식은 반세기 가까이 권력을 장악한 '포악한 독재자'였다. 동시에 마오쩌둥에게 중국 대륙을 빼앗긴 패배한 군사 지도자이고, 정치가이자 지도자로서 한 명의 전술가이지 전략가는 아니라는 것이었다. 장제스 자신은 청렴하고 성실했으나 지지자들의 보편적인 부정부패는 눈감아 진정한 원칙과 이상이 없고, 평생 내내 큰 업적을 이루지 못했다는 평가가 많았다. 이러한 관점이 형성되는 데 큰 영향을 미친 책들이 있다. 브라이언 크로지어(Brian Crozier)의 『중국을 잃어버린 남자(*The Man Who Lost China*)』, 해럴드 이삭스의 『중국 혁명의 비극』, 그레이엄 펙의 『두 종류의 시대(*Two Kinds of Time*)』, 앙드레 말로의 『인간의 조건(*La Condition humaine*)』, 바버라 터크먼의 『바람 속의 모래(*Sand against the Wind*)』, 에드거 스노의 『중국의 붉은 별(*Red Star over China*)』 등이다. 특히 전후 서양인의 붉은 중국에 대한 관념에 강렬한 영향을 미친 에드거 스노는 공산당은 소박한 애국자로 묘사했지만 국민당은 부패하고 신뢰할 수 없는 자로 묘사했다.

장제스는 과연 서양인이 그동안 흔히 묘사해 온 대로 천박하고 무능력하고 잔인한 인물에 지나지 않았던 것일까? 아니면 1980년대 이전 타이완 곳곳에서 볼 수 있는 동상처럼 공적과 은덕을 찬양해야만 하는 역사의 거목일까? 물론 장제스의 위치는 중요하고 경력은 복잡하며 예로부터 쟁의가 끊이질 않았다. 마오쩌둥은 대일 항전 초기에는 장제스를 쑨원의 뒤를 잇는 '위대한 영수'라고 말했지만 항전이 끝나고 나서 '인민의 공적'으로 배척했다. 중국에 개관논정(蓋棺論定)이라는 성어가 있다. 즉 사람의 공과와 선악은 죽고 나서야 결정된다. 그런데 장제스의 관은 이미 덮인 지가 얼추 40년이 되어 가지만 논쟁은 끊이지 않고 있다. 기존의 서방 학자들이 대부분 장제스를 '대륙을 잃어버린 실패자'로 바라보았다면, 저자는 장제스에 대한 호평도 잊지 않고 일부 방면에서는 매우 높게 평가하기도 한다. 총체적인 평가는 '장제스와 그의 시대'를 논평한 에필로그에 잘 정리되어 있다.

눈 밝은 독자라면 이 책의 독특한 시각에도 매력을 느낄 수 있을 것이다. 가령 북벌에 대한 새로운 시각을 보자. 기존의 연구자와 공산당의 입장 즉 '아래로부터의 대중 봉기'가 아니라, '정치 지도자들의 연맹과 국민혁명군에 의한 위로부터의 혁명'이라고 한다. 공산당과 국민당을 바라보는 관점은 시종일관 중립적이며 모두에게 비판의 메스를 날카롭게 들이댄다. 심지어 공산당과 국민당 모두에게 추앙받는 국부 쑨원이 그 자신의 저항 운동 경력을 신화적으로 엮어 내기 위해 공산주의 사상을 접한 지식층이 주도한 5·4 운동을 깎아내렸다고 비판한다. 3부에서는 공산당의 잔인함에 대해 적나라하게 밝혔다. 15장처럼 장제스와 마오쩌둥의 특질을 가정 환경, 결혼, 취미, 패션, 인생관, 국가관, 정치 기술 등으로 비교하는 대목을 비롯해 기존의 중국 역사서에서는 알 수 없었던 구체적인 서술들이 읽는 맛을 쏠쏠하게 한다. 역사적 사실에 기초한 일화들을 소설처럼 흥미진진하게 써 내려가는 저자의 글솜씨와 플롯 가공 능력 덕분이다. 가령 전시 지휘관으로서의 장제스의 군사적 무능력을 평가하는 스틸웰, 쑹메이링과 윌키 대통령 후보의 스캔들, 공산당의 수동적인 항일 전투 행각, 홍군의 대규모적인 마약 사업, 대장정 이후 옌안의 "편집광적인" 정치풍토, 이데올로기가 아니라 철저하게 현실적 이득에 의해 장제스와 협정을 맺은 스탈린, 장제스에게 결국 등을 돌린 트루먼 대통령에 관한 내용 등등이 그렇다.

마오쩌둥이 '독재, 내전, 매국의 삼위일체'라고 비난했던 장제스는 요즈음 중국 대륙에서 '항일 애국자'이자 '중국 통일의 선지자'로 복권되고 있다. 장제스에 관한 책들도 쏟아져 나와 독자들에게 큰 호응을 얻고 있다. 특히 세 가지 업적 즉 북벌 단행, 항일 전쟁 주도, '하나의 중국' 원칙 고수가 부각된다. 중국 통일을 이루는 데에 있어 장제스는 타이완 인의 마음을 끌어당기는 고리가 될 수 있기에 대륙의 공산당 정부로서는 장제스의 효용가치가 너무나도 클 수밖에 없기 때문이다. 옮긴이는 번역을 하는 내내 중국에서의 이러한 장제스 열풍과 하나의 중국이라는 대원칙 그리고 남북한의 긴장 국면을 바라보며 장제스에 대한 대륙의 평가가 한국에게 하나의 반면교사나 타산지석이 되지 않을까 하는 생각이 끊이지 않았다. 훈풍이 부는 양안과 한풍(寒風)만 자꾸 거세지는 휴전선 사이에서 이 책의 주인공은 역사를 바라보는 하나의 새로운 역발상의 문제를 던져 주었다. 저자가 이 책을 정리하며 "장제스가 끼친 영향이 무엇인가를 보다 더 정확하게 판단하기 위해서는 좋든 나쁘든 만약 그가 부재했었더라면 도대체 무슨 일이 벌어졌을지"를 고려해 던진 질문들을 보자. 저자의 가정은 만약에 장제스가 없었더라면 국민당이 중국 통일을 이루기 위해 광둥 밖으로 나가는 모험을 감행했을까 하는 물음에서 시작해 중국이 양쯔 강을 경계로 분열된 냉전 국가가 되었을지도 모른다는 추론까지 이른다. 이러한 역발상은 한반도의 역사를 다시 되새김질하며 이해하는 데도 좋은 생각의 나침반이 되지 않을까?

　　장제스의 직함은 여러 가지였고, 호칭도 갖가지였다. 우선 1924년 황푸군관학교 교장을 역임해 장교장이라 불렸다. 1926년 국민정부 군사위원회 주석, 국민혁명군 최고사령관, 국민당 중앙집행위원회 상무위원회 주석을 맡았다. 1928년에는 난징 국민 정부 주석, 1931년에는 군사위원회 위원장, 1938년에는 국민당 총재, 항일 전쟁기에는 국방최고위원회 위원장, 동맹국중국전국최고통수, 1948년에는 중화민국 총통으로 당선되었다가 1949년 1월 은퇴를 선언했고 같은 해 타이완으로 물러난 뒤 1950년 3월 총통으로 복직했으며 국민당 총재에 당선되었다. 최근 중국의 대일 항쟁을 다룬 영화나 드라마에서는 당시의 직무에 따라 '장 위원장(委員長)'이라 불러, 이는 장제스를 호칭하는 가장 유명한 대명사 중에 하나가 되었다. 한국에서는 일반적으로 장제스 '총통'이라는 직함이 익숙하지만 이는 타이완에서 장제스가 행정 수반 즉 총통직을 오래한 데서 유래한다. 영어로는 흔히 장제스를 Gimo라고 하는데, 최고군사지휘관이나 총사령관, 대원수를 뜻하는 generalissimo의 간칭이다. 1949년까지의 국민당 정부는 훈정 즉 군사 정부 성격이 강했다. 대륙에서의 국민당 정부와 장제스의 활약상을 다룬 이 책의 원서 제목도 『총사령관(*Generalissimo*)』이다. Generalissimo를 총통이나 대원수로 옮길 수도 있겠지만 책의 초점을 난징 정부에 맞춘 저자의 의도에 따라 '총사령관'이라고 번역했다.

끝으로 중국 관련 분야에 지속적으로 관심을 갖고 있는 옮긴이에게 중국 현대사의 중요한 주인공 중 하나인 장제스에 대한 책을 옮길 기회를 주고, 서툰 번역을 지적하고 꼼꼼하게 교정을 봐 준 민음사 편집부에 이 자리를 빌려 감사의 마음을 전한다.

2014년, 우리 시대가 늦가을만 같을 때
옮긴이

찾아보기

노만수

성균관대 정치외교학과를 졸업하고, 《경향신문》 기자 생활을 하다가 동아시아를 공부하기 위해 일본에서 수학한 후 중국으로 건너가 북경과학기술대학과 북경대학에서 수학했다. 성균관대 동아시아학술원에서 동아시아학을 전공했으며, 서울디지털대학 문예창작학부 초빙교수로 재직하고 있다. 대학 시절 연작시 「중세의 가을」로 《경향신문》 신춘문예에 당선되었으며 《조선일보》, 《중앙일보》, 《동아일보》 등 여러 매체에 칼럼을 연재했다.

옮긴 책으로 『논어(論語)와 주판』(삼성경제연구소 추천도서·학술원 우수학술도서), 『사마천 사기(史記)』(국립중앙도서관 추천도서), 『정조(正祖)의 사기영선(史記英選)』, 『헤이안(平安) 일본』, 『미야모토 무사시 오륜서』, 『언지록(言志錄)』, 『섬』, 『쟁경(爭經)』 등이 있다.

장제스 평전

1판 1쇄 펴냄 2014년 12월 5일
1판 3쇄 펴냄 2023년 8월 9일

지은이 조너선 펜비
옮긴이 노만수
발행인 박근섭, 박상준
펴낸곳 (주)민음사

출판등록 1966. 5. 19. (제 16-490호)
주소 서울특별시 강남구 도산대로1길 62(신사동) 강남출판문화센터 5층 (우편번호 06027)
대표전화 02-515-2000 | 팩시밀리 02-515-2007
홈페이지 www.minumsa.com
한국어판 ⓒ민음사, 2014. Printed in Seoul, Korea

ISBN 978-89-374-3146-3 03990

* 잘못 만들어진 책은 구입처에서 교환해 드립니다.